新版
世界各国史
10

アフリカ史

川田順造 編

山川出版社

ジェンネの大モスク前で市に集う人たち(マリ)

(上)グレート・ジンバブウェ遺跡の巨大建造物
(ジンバブウェ，13−15世紀)

(左)キルワにのこる円蓋をもつモスクの内部
(タンザニア，15世紀頃)

(前ページ上)黄金の都トンブクトゥのモスク(マリ，14−16世紀創建)

(前ページ下右)アクスム王国の巨大石柱(エチオピア，4世紀頃)

(前ページ下左)シオンの聖マリア教会(エチオピア，17世紀頃)

ヒョウタンの太鼓を打つモシの王宮付き楽師（ブルキナファソ）

総選挙の勝利を祝うマンデラ（南アフリカ，1994年）

まえがき

世界各国史と銘打ったこのシリーズの歴史書で、サハラ以南アフリカのような広大な「地域」で一巻が構成されるのは、他にも、4「中央ユーラシア史」、7「南アジア史」、27「オセアニア史」等々の例がある。全二十七巻のうち、現在「国家」と自他共に認めている範囲で、一巻を構成している1「日本史」、3「中国史」、11「イギリス史」などのほうが、少数派だ。

だが、たとえば19「ドナウ・ヨーロッパ史」というある程度の広域で一巻になっているものは、「オーストリア・チェコ・スロヴァキア・ハンガリー」というように、その巻が対象とする地域のなかに含まれる「国家」を列挙して、帯に示してある。

もしアフリカの巻の一九六〇年以降について、同じことをやろうとすれば、特別に細かい字で記すか、帯の幅を表紙の半分くらいにまで広げなければならないだろう。逆に、第二次世界大戦が終わった一九四五年の時点で、サハラ以南アフリカについて「独立国家」を列挙するとすれば、サハラ以南にエチオピアも含めたとして、他にリベリアとの二カ国だけになる。だがさらに時代を十九世紀前半以前に遡れば、今度は世界で、サハラ以南アフリカほど、数多くの「王国」が割拠した地域はないといってもいいくらいだ。

「国家」をどのようなものとして考えるか、「国家」に定義を与えたとして、その定義で明らかにされるものは何か、を考えなければならない。現在の「国家」を単位にして一巻をつくることが自明のような、たとえば日本、イギリス、フランスなどについても、時代を遡れば少しも自明でないことは、それぞれの巻の内容をみればわかる。

だがアフリカも含めて、国家単位での「歴史」というもののまとめ方を、地球全体についてあえて試みることには、おおいに意義があると私は思うし、シリーズ全体の構想にかかわった山川出版社の方々も意義を認めたからこそ、これだけの歳月をかけ、これだけの執筆者を動員して、この企画を実行し完成させたのであろう。

その意義というのは、何か。「国民・国家」という、同語反復、あるいは相互に他方を前提として成り立つような二項からなる制度、歴史的にみれば十九世紀に、西洋世界発でそれこそ熱病のように蔓延した制度、そして二十世紀後半には人類史始まって以来はじめて、それが世界を覆いつくした、言葉を変えれば世界を分断しつくしたことによって形骸化した制度について、私たちがこのシリーズのような世界史把握の試みを通して、改めて考える機会を与えられることが、その意義ではないだろうか。

国家、あるいはより限定的に国民国家を、批判的に再考するうえで重要なのは、これも国家に劣らず多義的な「地域」の概念であろう。この点でもサハラ以南アフリカは、極限的といってよい場を提供する。立ち入った考察は以下の諸章にゆずるが、基本的に本書では、地域を脱時間的な「文化領域」とせず、序章にも具体例について検討したように、複数の人間集団や文化が交わる動態的な「場」としてとらえる立場をとった。そしてアフリカ史のさまざまな地域間交渉、外部世界との交渉と、それぞれの「地域」で意味をもつ時代区分もあわせて考え、第Ⅰ部「地域の歴史」を、六地域によって構成した。

さらに、アフリカ史の全体を世界史の視野で位置づけるために設けた第II部では、三つの大きな時代区分によって、「世界史のなかのアフリカ」を描く。

第III部として、現代から未来へ向かうアフリカの諸問題を、「国民国家」を切り口に論じた。本書第I部「地域の歴史」の執筆者二人に加えて、現代アフリカの問題に異なる地域に異なる方法でかかわっている、三人の気鋭の研究者に参加をお願いし、それぞれの主張を妥協なしに出しあって討論し、長い時間をかけて加筆した結果の記録である。

日本人がアフリカを論じるうえでの一つの利点は、欧米列強のように、奴隷貿易や植民地支配を通して、アフリカと生々しくかかわった過去をもたなかったことに求められるだろう。だがそれは裏返せば、現実の感触におけるアフリカとの疎遠、アフリカ認識における自己中心的傾向とも結びあわされる。その一つの表れとして、本書でのアフリカの国名表記で改めて意識させられたことだが、日本語としてしか存在しないアフリカ国名がある。ギニア、ケニアなどがそれだ。

日本語で「ギニア」と呼ばれている国の名は、最初にこの地方に到達したヨーロッパ人であるポルトガル人の呼び名では「ギネー」、後にその主要部分を植民地化したフランス人による呼称も「ギネー」、独立後の国名も「ギネー」、イギリス人によるこの地方の呼び名は「ギニー」、西アフリカ原産のホロホロチョウの英語名は「ギニー・ファウル」等々で、「ギニア」という呼び名は日本語以外には用いられていない。東アフリカの日本名「ケニア」という国は、現地でのスワヒリ語起源の発音は「ケニャ」、この地方を植民地支配したイギリス人による呼び名も「ケニャ」(Kenya)、独立後の自称の国名も「ケニャ」だ。

日本人は、インドネシア、ミクロネシアなど、島を意味するギリシア語「ネーソス」に由来するラテン語の接尾語(-nesia)のついた島々と縁が深かったためもあり(戦後には、日本列島弧を広く指す島尾敏雄の造語「ヤポネシア」という語とイメージも広く用いられるようになった)、片仮名表記の地名、国名の語尾には、「ア」をつけるという考えが、なかば固定しているのかもしれない。だがいまの地球化時代には、外務省表記をはじめ地理歴史の教科書や一般図書、地図でも、「ギネー」「ケニャ」に、是非改めてもらいたいものだ。

本書にご執筆いただいた方々はいずれも、頻繁なアフリカでの現地調査と、その反動で帰国後に集中する忙しさのために、原稿を完成していただくのが遅れ、もちろん編者の私の力不足もあって、刊行が予定より著しく遅れて、このシリーズの最後になってしまったことを、早く原稿を出してくださった執筆者や、お待ち下さった読者に、お詫びしなければならない。だがそのために「怪我の功名」で、先史学の領域など最新の知見を取り入れることができた面もある。

こうした状況にもかかわらず、長いあいだ誠心誠意原稿の催促ととりまとめ、記述内容と用語の統一、照合にご尽力下さった、山川出版社の担当編集者に、頼りない編者として、改めて厚くお礼を申し上げなければならない。

二〇〇九年五月二十九日

川田順造

目次

アフリカ史

序章 アフリカ史の困難、そして意義

1 アフリカ史の特殊性

「みずから語りえない者」の歴史

アフリカ、とくに本書の主題であるサハラ以南のアフリカを歴史の相でとらえる作業に、これまで数多くかかわってきた者として、この作業のむずかしさと意義とを、同時に痛感する。むずかしさはなによりも、サハラ以南アフリカの大部分の社会が、かなり新しい時代まで、自前の文字史料をもたなかったことに由来している。だがそのむずかしさは、アフリカを歴史の相でとらえることの意義にも通じる。「歴史とはなにか」という問いを、もっとも根源的《ラディカル》なかたちで、考え直すことを迫られるからだ。そこからさらに、二つの問いが生まれる。一つは、歴史とは、当事者が主体的に語るべきものであるかという問いであり、二つ目は、文字史料とはなにかという問いである。

第一の問いは、なによりも、歴史認識というものの倫理的な意味にかかわっている。ある歴史を生きた

「当事者」にとっての、歴史の認識とその倫理的な意味があると同時に、同じ対象についての「よそ者」の、当事者とは異なる歴史認識がありうる。当事者が生きた歴史についての、当事者による認識は、その「かけがえのなさ」だけで、認識論上も正当化され、倫理的にも絶対化されるわけではない。より広い視野と、より多くの参照点をもつよそ者の歴史認識のほうが、諸事実間の「整合性」という点においてはまさり、第三者へのより大きい説得力をもつこともしばしばだし、当事者の歴史認識が、それによって修正されることもありうる。

同一の対象についての、「当事者」の歴史認識と「よそ者」の歴史認識が異なる場合、両者相互の検討によって「より高次の相互主観性」とでもいうべき、一致した共通の歴史認識に到達できるだろうか。その可能性については、私自身のアフリカでの体験からは、否定的にならざるをえない。なによりもまず、「より高次の相互主観性」に達したと判定するのは誰なのか、当事者かよそ者かという問題で、行き詰まってしまうからでもある。

同じ種類の認識論上の問題は、死者ないしは「みずから語りえない者」の、まぎれもない「当事者」としての観点は、真正なものとしては歴史認識に生かされえないというジレンマにも含まれている。サハラ以南アフリカの各地に形成された王国で、文字史料によらない、語り部の口頭伝承や、王宮付きの楽師の「太鼓言葉」による王の系譜などによって復元される歴史は、支配を正当化し安定させるために、「歴史を必要とした」人たちの歴史だ。これらの王に支配されて、生きそして死んでいった、名もなく先祖の系譜も知らない無数の人たちは、その歴史認識にかかわる余地はない。

ヒロシマやアウシュヴィッツの何十万の死者の声は、死をまぬがれた「代弁者」によってしか後世に伝えられないという不条理とも共通するこの種の問題は、「被抑圧者は語ることができるか」という歴史認識のあり方への問いかけとして、より一般化されたかたちでも論じられてきた。

巨視的にいえば、長いあいだ「暗黒大陸」として貶《おとし》められてきた、アフリカに生きた人たちの全体が、みずからを語る場をもちえなかったということもできる。第二次世界大戦が終わるまでの、西洋人や東洋人によって書かれた歴史のなかで、アフリカは「不在」だった。

大部分のアフリカがまだ植民地支配から政治的に独立していなかった、第二次世界大戦終結後間もなくの一九四七年、マルティニク出身の黒人エメ・セゼールや、当時パリで学んでいたセネガル出身のレオポルド・サンゴールやアリウヌ・ディオップ、それに若く先鋭なフランス人アフリカ研究者ジョルジュ・バランディエも加わって、パリ＝ダカールで生み出され、アンドレ・ジードやジャン＝ポール・サルトルらも創刊号に寄稿した雑誌『プレザンス・アフリケーヌ』。その題名にすでに集約されている、アフリカは世界に「不在」なのではなく「存在」(プレザンス)するという自己主張は、以後のアフリカ研究、とくに歴史の相でのアフリカ研究への、出発宣言でもあった。

文字の特質

歴史研究にとって、文字史料の価値が絶対でないことは、現在ではある程度広く認められているといえるだろう。だが、文字史料の特質をどのように位置づけるかについての検討は、十分になされてきたとはいえない。

ヒトの文化全体からみれば、歴史的な古さにおいても、地域的・社会的な広がりにおいても、いわゆる文字と文字文化は、きわめて限られた場を占めているにすぎない。それにもかかわらず、生物のなかでヒトに特有の「文字」が、ヒトの文化においてはたした役割はきわめて大きい。

文字文化の基底にあるのは、強い二次元指向だ。紙、木簡、竹簡、粘土板、パピルス、羊皮紙、石碑面、岩壁面等々、一次元、三次元、四次元の事象よりも、固定および固定後の処理・操作が容易で、視覚によって詳細に識別しやすい二次元での記号化への指向が、そこには働いている。大脳新皮質に多くつながる視覚、聴覚、指先の触覚のうちでも、弁別能力が格段に大きい視覚への依存度が、二次元表象では大きい。

広義の文字文化は、一次元の音、声、言葉、ものの移り変わり(「時間」として抽象化され概念化されてきたもの)を、二次元に固定し視覚化しようとする指向とも結び合わされている。ヨーロッパの五線譜に代表される楽譜は、主として音の高低、長短、強弱を二次元に表記し、音色を重視する日本の口唱歌《くちしょうが》(楽器の旋律、リズム、音色を言語音で唱え、記す記譜法)や節博士《ふしはかせ》(声明《しょうみょう》や雅楽の記譜法で、折線や曲線で音の動きをあらわす)にみられる狭義の文字表記と、共通点とともに差異を示している。日時計に始まる時計、カレンダー、年表などは、すべて「時間」と呼ばれる実体のよくわからないものの二次元表象化であり、レコード、磁気録音装置も、一次元の音の変化を二次元に固定して、反復参照と操作を可能にするものだ。地図、設計図(平面図、立・断面図)も、サイズや次元の縮減によって、対象の認識や検討を容易にする。

このような面で、文字を含む二次元表象は、文化のある面での精練、伝達、蓄積に、大きく貢献してきたといえる。

狭義の文字の起源を、アジアの東西に大別した場合、いずれも始源においては象形性から始まって、西では表音性と、社会的機能における行政・契約へ特化し、東では漢字の表意性と、社会的機能では甲骨文字のような卜占《ぼくせん》に始まって、表意性をとどめたまま、中国と日本で用いられ続けている。原初の象形性においても、西で最古のメソポタミアの楔形文字のもとになった絵文字では、きわめて即物的で、たとえば男、女が、それぞれ性器の象形であらわされているのにたいし、漢字の「男」は「田」と、耒(すき)の象形である「力」の組み合わせ、「女」は女性が跪《ひざまず》いた象形というように、社会的意味を強くおびている。

さらに注目すべきは、表音性に富んだ西の文字が、その到達点であるアルファベットのように、閉鎖系をなす限られた数の構成要素によって、すべての言葉を表記できる書記体系を形作っているのにたいして、表意性を保った東の漢字は、日本でつくられた国字をはじめ、意味を担った部首の組み合わせによって追加可能な、開放系だということである。このことは、世界の認知方式の根本にかかわり、どちらの体系の文字も用いなかったアフリカ人の認知方式と対比することとの意味を私は考えているが、ここでは論じる紙数がない。

文字および文字文化の基本的な特質を、音声言語との対比であげれば、つぎの四点に要約される。(1)時間・空間における遠隔伝達性、(2)同一メッセージの反復参照可能性、(3)個別参照可能性、(4)発信・受信過程での中途休止の無制約な自由。

西アフリカの王制社会、とくにモシ王国(現ブルキナファソ)に王の系譜伝承を伝達・広報する手段とし

祖父の傍らで，みようみまねで太鼓(ベンドレ)で王の系譜語りを打つ豆楽師　モシ，ワルガイ王の王宮で(ブルキナファソ南部，1968年撮影)。

て発達した「太鼓言葉」は、(1)(2)の性質をある程度文字と共有しているといえるが、しかし主として音声言語の分節的特徴を消して、韻律的特徴によって意味の伝達をおこなう点で、私は裏返された文字、「マイナスのエクリチュール」と位置づけてきた。しかし、(3)(4)の特徴をもたないという点で、文字が人類文化のある側面での洗練、蓄積にはたした役割は、太鼓言葉はもちえないといえる。ただ、歴史の表象のあり方として、私が「文字」と「声」を対比させ、叙事詩(声で過去を現在に甦らせる)と年代記(文字で現在を過去に送り込む)という典型概念を設けて論じてきた観点からいえば、太鼓言葉による歴史表象は、文字と声とは異なる第三の位置を占める。

　このような視野で文字と声と太鼓言葉を論じる場合、私は従来慣用されてきた「かく」にかえて、「しるす」という動詞を用いたい。文字の始源となった、粘土板に刻んだ楔形文字も、甲骨に刻んだ漢字も、「掻いた」のであり、ヨーロッパ諸語で「書く」を意味する多くの語のもとになった、ギリシア語の *graphō* や、ラテン語 *scribere* のインド・ヨーロッパ語源も「掻く」という意味だ。それにたいして「しるす」は「著《しる》くする」ことであり、アフリカで広くおこなわれてきた、声や器音で祖先の名を顕彰する上記

「叙事詩モデル」につながる行為として、漢字で「名」が「文字」と同義である由縁も裏書きする。

(1)の時間における遠隔伝達性を考えるうえで、とくに歴史意識との関係で、伝達の媒体は重要だ。太鼓言葉のような器音を打つ手の動きの身体伝承や、歌・語りの口頭伝承、舞踊・儀礼などの身体伝承では、生きた人間が伝達に直接関与し、伝達のされ方は「情動的」であり、伝承の長さの単位は人間の一生だ。これにたいし、二次元表象の文字による伝達では、伝達は受信者の視覚による「知的」で能動的な受信によってのみ可能である。伝達の媒体は、紙や木から石や金属まで、メッセージの記された材質の持続度に著しい差違がある。秦の始皇帝が己の偉業を刻ませた石碑文が、紙に書き写し継がれて後世に伝わったように、時間的な遠隔伝達性の大小は、メッセージの媒体そのものの持続度とは無関係だ。文字史料によって人類文化を探求しようとするときの、非文字史料との関係の多面性の一部も、そこに由来している。

石の碑文の一回性にたいして、書き継ぎ、語り継ぎなどの反復再生による継承は、原則としてはてしなく持続しうる。伊勢神宮の式年遷宮にみる一三〇〇年におよぶ形象メッセージの反復再生は一つの極致だが、それを可能にした、建築作業の文字・口頭・身体伝承などによる継承は、書承、口承の反復再生による継承と同じ指向と手続きに支えられている。いうまでもなく、反復再生による継承は、継承過程での意図的・無意図的な改変を含んでいる可能性があり、その批判的点検が必要だ。

物質化された史料の反復再生による継承

サハラ以南アフリカで、歴史の媒体として、反復再生による継承が重要であるのは、口頭伝承、身体伝承だけではない。ピラミッドやスフィンクスに代表される石の記念建造物が多い北アフリカとは対照的に、サハラ以南アフリカでは王宮やモスクをはじめとして、焼成していない土――日干し煉瓦、または一段ずつ乾かしてから積み上げてゆく練り土壁(モロッコ南部のベルベル社会で遺物もきわめて多い「版築《はんちく》」は、サハラ以南にはない)――、あるいは枡目状に編んだ、ヤシの葉軸などでつくった木舞《こまい》を、練り土で埋めてゆく方式の、補修しなければ、熱帯のはげしい自然条件のなかで、三〇年くらいで消滅してしまう建造物ばかりだ(三五ページ参照)。トンブクトゥの大モスクのように、基礎部分にかなり石を使った建物も含めて、絶えず補修するか、大多数の王宮のように、王の代ごとに別の場所に新しく、焼成していない土で王宮をつくるので、建造物においても口頭伝承と同じく、反復再生による継承がおこなわれることになる。

ただ、第I部第四・五章でも述べられているように、いくつかの王制社会では、アシャンティ王国(現ガーナ)の王の椅子、ダホメー王国(現ベナン)の王の杖、ベニン王国(現ナイジェリア)の儀礼用音具、コンゴ王国(現コンゴ共和国)の王の座像など、著しく様式化、類型化された標章《しるし》が、先祖王をあらわすものとして祀られていることもある。これらの造形表象がどの程度、「個」としての過去の王をあらわしているかについては、それぞれの文化に即しての検討が必要であり、ここでは立ち入らない。

このように類型化された標章で権力者の系譜が「しるされて」いる社会も、前述したモシ王国の王宮付きの楽師集団内で、身体伝承化された「太鼓言葉」によって、王の系譜が「しるされて」いる社会とともに、サハラ以南アフリカに形成された多くの集権的政治組織をもった社会のごく一部であったにすぎない。このような「王国」の被支配民や、非集権的社会を形成していた圧倒的多数のアフリカ人は、木で彫った仮面や祖先像を、古くなったものを祀り棄てては作り直す、反復再生によって歴史の記憶を「しるして」きたといえる。

2　地域と時代の区分が提起する問題

気候帯と植生

アフリカのような広大な地域――アメリカ合衆国と中国、インド、オーストラリアを合わせたより広い一つの世界――を、サハラ以南に限ったとしても、まずどのように分けて歴史の相で取り上げるかが問題となる。そしてその問題は、歴史叙述の基本となる時代区分との組み合わせで、考えられなければならない。

出発点としてわかりやすい地域区分は現在の国家であろう。だが、起源が伝説のなかにかすむほど古いエチオピア――その後継とされていた旧来の帝政は、一九七四年の革命で倒れたが――を別にすれば、十九世紀初めに、アメリカの解放奴隷が入植してつくったモンロヴィアのような、土地出身でない外来移住者が政治的主導権を握る都市を中心に、現地住民との関係で問題をかかえて成立した国家リベリア（一八四七年独立）のほかは、一九五〇年代末以降、旧植民地の境界を国境として独立した国家ばかりだ。現在の国家の枠組みとなった植民地分割も、おもに十九世紀末以来の、ヨーロッパ列強のナショナリズムが拡大投影されたものだ。

アフリカの多くの国家は、第III部でも論じられているように、形式においては十九世紀ヨーロッパの、現在では大幅に形骸化し、とくにアフリカでは初めから現実にあわない、「国民国家」モデルでつくられている。これらの国家名を、本書の歴史上の地名にも、読者の地理的参照の便宜のために、括弧にいれるなどして用いてはいるが、ガーナ(一九五七年独立)、ギニア(一九五八年独立)以外の大部分の国は、一九六〇年以降に独立国となったのだから、この時代よりさかのぼる歴史の記述には、これらのアフリカの国名は、現在との関係を参照する以外に、意味をもたない。したがって、十九世紀末の植民地支配以前の時代について、歴史的に意味のある地域と時代の区分を考えなければならない。

まず、地域区分の前提となる自然条件をみよう。気候帯と植生では、赤道をはさんで、ほぼ「西南四半分が欠けた同心円状」に、熱帯多雨林、湿性サバンナ、乾性サバンナ、砂漠、地中海性植生に分かれる。高度では、低地の熱帯多雨林を囲んで台地が広がり、東部のエチオピアから南へ走る東部地溝帯(その東部にアフリカの最高峰キリマンジャロがある)と、ウガンダ、ルワンダ、ブルンディに位置する西部地溝帯の山地、南部アフリカ東南部のレソトを中心とするドラケンスバーグ山脈などの高地がある。こうした地形を反映して、水系では、チャド湖、ヴィクトリア湖、タンガニーカ湖、マラウィ湖をはじめとする、内陸水系の性格をもったものが多く、地中海に注ぐナイル川を別として、海に直接河口をもつニジェール川、コンゴ川(ザイール川)、ザンベジ川などの大河も、内陸部とのあいだに急流が多く、船の連続した遡行を困難にしている。大陸外の世界と内陸部との交流に、大河が重要な役割をはたさなかったことは、アフリカの歴史を長い視野でみるときの、一つの注目点というべきだろう。

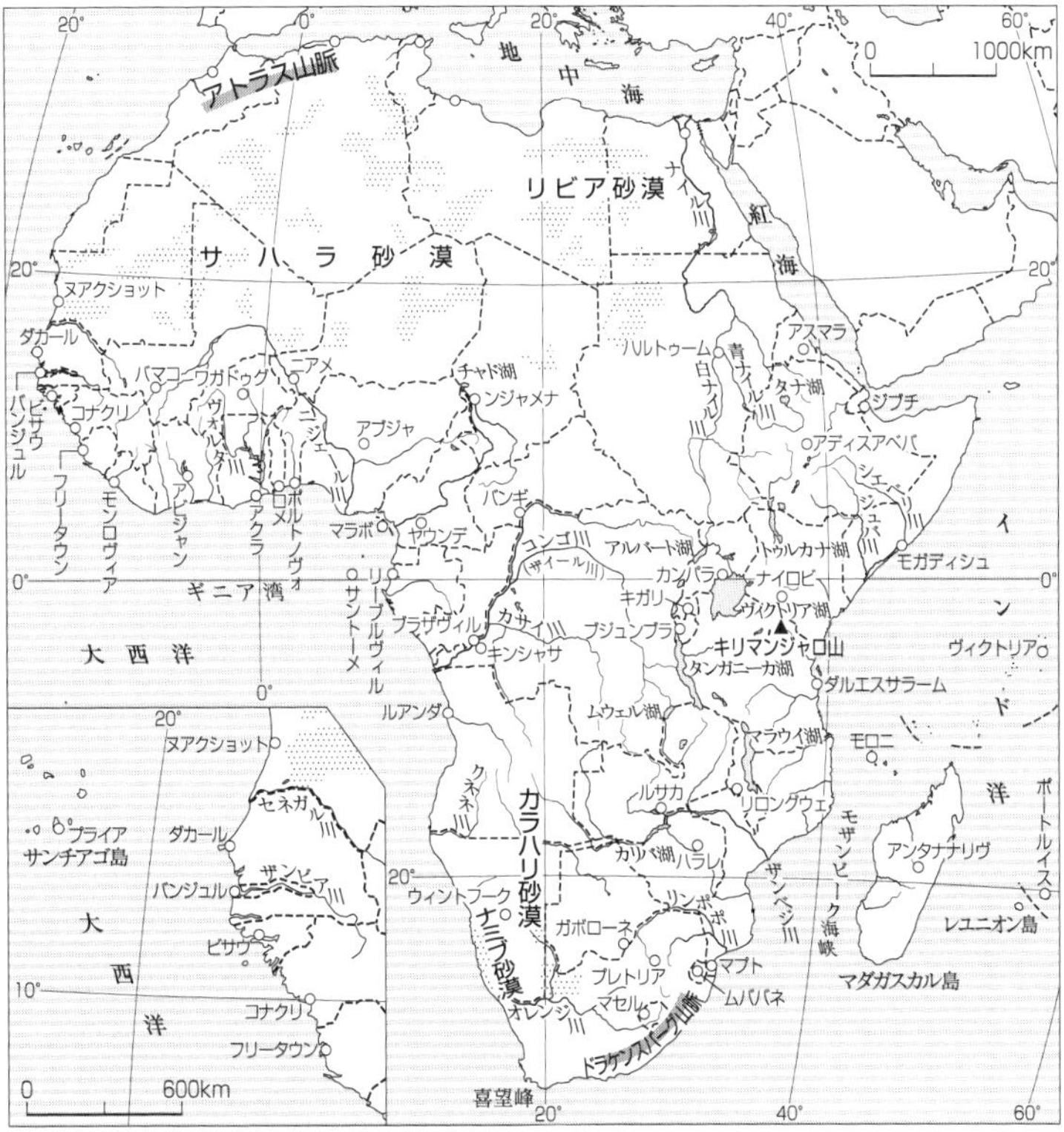

アフリカの地勢

モシ王国の始祖の墓とバオバブの樹　樹の根元，左側にある三角の藁に覆われているのが，伝説上の始祖ズングラーナの墓(ブルキナファソ南部)。

気候帯と植生の「四半分が欠けた同心円状」の分化と同時に、それぞれのなかでの広い連続性は、有用植物の広域への迅速な伝播を可能にした。マダガスカル起源で、アフリカ西端までのサバンナにかなり古く広まった有用野生樹バオバブ、おそらくアビシニア(現エチオピア)およびサハラ南縁のサバンナ東部あたりを起源地とし、アフリカのサバンナで主穀物として栽培されてきたトウジンビエやモロコシ、東南アジア起源で、熱帯多雨林、一部湿性サバンナに広まったヤムイモやバナナ、東部アフリカ海岸部には早くから自生していたと思われるが、西部アフリカには遅く(おそらく十四、五世紀頃)伝わり、以後急速に広まったココヤシ、アメリカ大陸原産で、おもにサバンナに広まったトウモロコシとラッカセイ、熱帯多雨林のマニオク(キャッサバ)やパイナップルなどは、その代表的なものだ。

ウマ、ロバ、ウシの文化的・社会的意味

家畜・家禽のうち、サハラ以南アフリカで、文化的・社会的に大きな意味をもったものとしては、ウマ、ロバ、ウシがあげられる。

ウマは、北アフリカからサハラ砂漠を越えた交易によって、南のサバンナ地帯にもたらされた、重要な商品だった。王侯貴族の飾り立てた威信財であり、戦士の騎乗用として、サバンナでの機動力と威嚇効果からも最適であったが、砂漠の長距離移動がむずかしかったのと、サハラ以南では繁殖が困難であったために、貴重で高価な商品だった。十五世紀にセネガルをおとずれて見聞記を残したヴェネツィアの船乗りカダモストは、アラブ人がもってくるウマを、黒人首長が一頭にたいし奴隷一五人と引き換えで手にいれ

ると記している。十九世紀末の西アフリカ内陸サバンナでも、ウマは奴隷との交換でなければ手にいれるのがむずかしいと、この地方を広く探検して詳細な記録を残したフランスの軍人バンジェルは書いている。西アフリカでも森林地帯では、ツェツェバエが媒介するアフリカ・トリパノソーマ症(眠り病)のために飼育がむずかしかったとされているが、ヨルバ王国やベニン王国の青銅像などにも騎馬戦士の姿がみられるから、ウマの軍事的意味は大きかったと考えられる。

第I部第四章2節で詳述するが、一五九一年、サハラの岩塩と南の黒人帝国を支配することに野心をいだいていた、マラケシュ(現モロッコ南部)を都とするサード朝のマンスール王が、砂漠を越えて送った鉄砲を装備した少数の軍隊が、ガオ(ソンガイ)帝国(現マリ東部が中心)の大騎馬軍を壊滅させた。

鉄砲(おそらく燧石《ひうちいし》銃)がサハラ以南にも広く知られてからは、ウマは軍事手段としての価値を減じた。しかし、戦闘には不向きの華美な馬具に飾られた、王侯の特権的乗り物としての威信財の性格を強める一方で、小規模な襲撃や略奪に、機動力と威嚇効果を発揮し続けたことは、十九世紀末のヨーロッパ人探検家の記録からもうかがわれる。

戦闘用あるいは威信財としてのウマが、西アフリカだけでなく、チャド湖周辺に十六世紀後半を最盛期として栄えたカネム＝ボルヌー帝国(北アフリカに進出したオスマン帝国と、サハラを越えて緊密な交渉があった)をへて、その西のハウサ王国などにも広まっていた一方で、野生のシマウマが多数棲息する東アフリカのサバンナに、接触が密だったアラブ世界からウマがもたらされても、騎馬文化が発達しなかったのはなぜか。

アフリカのインド洋岸で、三角帆をそなえたアラブの大型縫合船「ダウ」を用いて、季節風を利用してさかんにおこなわれていた交易で、アラブ世界からウマが運ばれたことはあったらしい。だがおそらく、帝国や王国が興亡した西アフリカのサハラ南縁のサバンナとは異なる、アフリカ住民の政治・社会組織が、高価で飼育に手のかかるウマの導入を、必要としなかったのではないか。これは、西アフリカの「サヘル」と東アフリカの「スワヒリ」という、砂の海である砂漠を越えたアラブ人にとっての“*al-Sahil*”(岸)と、海で隔てられた“*al-Swahil*”(岸の複数形)との比較からも検討すべき、アフリカの地域区分の問題としての研究課題だ。

サハラ以南アフリカでは、ウマは高価で高貴な乗り物として、荷物の運搬には決して使われなかったし、車輪や犁が知られていなかったので、牽引獣として労役に使われることもなかった。

同じウマ科の家畜でありながら、人間との関係でウマとは対照的な位置を占めているのが、サバンナのいたるところで荷駄獣および乗用として使われてきた、いくつかの亜種が知られているロバだ。エジプト南部からサハラ各地の先史時代の岩壁画にもロバ狩りの光景が描かれており、北アフリカ、東アフリカにロバの野生種がいて、家畜化されたのではないかと考えられている。前三二〇〇年ごろのエジプトで、すでに飼育されていたらしい。十一世紀の西アフリカ内陸(現モーリタニア東南部)に、金と岩塩の交易を経済基盤として形成されたガーナ帝国で、ロバが岩塩の運搬に使われていたことを、同時代のアラブの地誌家バクリーが記している。

西アフリカのサバンナに十五世紀ごろ形成されたモシ王国の起源伝説に、南のマンプルシ王国(現ガーナ北部)で騎馬軍を率いて戦う男まさりの王女が、ウマで出奔し、ゾウの狩りをしていた北の国の王子と荒野で結ばれ、生まれた男の子にウェドラオゴ(牡馬)という名をつけることが語られている。王女がウェドラオゴを連れて父王のもとに帰ると、父王は騎馬軍をつけてウェドラオゴを送り返し、ウェドラオゴの子孫が、モシ王国を創始する。モシ王国では、騎馬軍を掌るウィディ(ウマの複数形)・ナーバ(首長)は重臣の筆頭で、王の後継者を決める「キング・メーカー」の主席でもある。王の儀礼でも、ウマは重要な役割をはたす。

奴隷として売るための捕虜を連行するモシの騎兵(19世紀末の『バンジェル探検記』より)　サハラ以南の地域ではウマの繁殖がむずかしく，きわめて高価な乗り物であった。そのため，ウマは奴隷との交換でなければ手にいれることができなかった。

ウマの騎乗は支配層のみに許され、被支配層の先住民はロバに乗る。マンプルシ王国から南に分かれ、騎馬の征服者が、大地儀礼を掌る先住民の長老「土地の主《ぬし》」を殺して支配を成立させたダゴンバ王国(現ガーナ北部)の王の即位儀礼では、新王ははじめにロバにまたがり、そのあとそのロバを生け贄《にえ》にして、改めてウマに乗って王となる。

アフリカ大陸におけるウシの系譜は錯綜していて、おそらく将来も解明されえないと思われる。アジア起源で、アラブが七世紀以後の北アフリカ進出とともに大量に導入したゼブウシの系統と、これよりアフリカへの導入がはるかに古く前五〇〇〇年紀にまでさかのぼると思われる、アフリカ・トリパノソーマ症への耐性のある、西アフリカ森林地帯のンダマと呼ばれる小型ウシなど、いくつかのタイプのウシがあり、それらとの交雑も進んでいる。

ウシを中心とする「牛牧文化」と呼べるようなものを形成したのは、東アフリカのサバンナに住むバントゥ系の人々と、西アフリカ西端の原郷からサバンナを東へ向かって拡散、移動し、スーダンにまで達した遊牧民ないしは半農の牛牧民で、言語上バントゥ系とはまったく異なるフルベ系の人々だ。

この東西の「牛牧文化」を対比すると、東アフリカのバントゥ系牛牧文化では、人間とウシのあいだの情緒的絆が強く、荷駄獣としては用いず、乳や、頸静脈から採る血が、日常の食生活で重要だが、儀礼で生け贄にされたウシ以外には肉を食用にしない。これにたいし、西アフリカのフルベ系では、ウシは貴重な財ではあるが、荷物の運搬に使役し、市の日などに土地の肉屋に売って食肉にする。農耕民からの依託飼育というかたちでウシの群れを管理することが多い。

ウマの場合と同様、牽引獣として労役に使われなかったことは、東西のアフリカで共通する。したがって、犂耕をとおしての農耕との結びつきもなかったことは、北アフリカやアビシニアと異なる点だ。

技術にみる特徴

これまでの記述でもみてきたように、十九世紀末に始まるヨーロッパ列強の植民地支配以前のサハラ以南アフリカは、生業をめぐる基礎的技術において、北アフリカやアビシニアと異なる特徴を示していた。通史としての歴史の相でサハラ以南アフリカをとらえる場合の、重要な点を二つあげる。

まず、車輪をはじめとする回転原理、およびテコの原理を応用した道具がないこと。前三〇〇〇年ごろから乾燥化が進む以前のサハラは、草が繁り、キリン、ゾウ、カモシカなどの草食獣が群れていた。数多く遺された岩壁画には、獣を弓矢で追う狩人や牛飼いの牧人にまじって、ウマにひかせた二輪車に乗る人の姿が描かれている。だが、乾燥化以後のサハラ以南には、車輪文化だけでなく、回転原理を応用した道具——井戸水を汲み上げる滑車、糸の紡ぎ車、土器成形の回転轆轤《ろくろ》、穀物を挽く回転石臼など——がなかった。独楽《こま》のように回転させる紡錘、濡らした粘土のうえで大型の受け皿を回してその惰性があるうちに土器の成形をする方法(北アフリカの影響の強いサハラ南縁の交易都市、ジェンネ、モプティでだけ、私は見たことがある)はあるが、固定軸をもった回転道具ではない。

穀物を挽くのには、回転する石臼ではなく、浅くくぼんだ、よく用いられる表現では鞍(サドル)形の石の上に穀粒をのせ、別の長楕円球の石を両手で前後させて砕く、やはり回転原理が知られていなかったアメリカ先住民と共通する道具を用いる。東アフリカ・インド洋岸のダルエスサラームで、昔から使っているという回転石臼を私は見たが、いつの時代から、どのくらい広く使っていたのか不明だ。ダウ船の季節風交易によって、アラビア、ペルシア、インドなどから、古い時代にもたらされていた可能性もある。

西アフリカのサハラ南縁部に、かなり古くから用いられてきた織機の、二枚の綜絖《そうこう》(緯糸《よこいと》をとおすために経糸《たていと》を上下に開く、織機の要《かなめ》となる部品)を吊した紐の下端を足で交互に引いて上下させる滑車は、固定された軸のまわりを「半回転」の往復運動を繰り返す。この型の織機が北アフリカから伝えられたことは、私自身の北アフリカと対応させた広域調査によって、綜絖の名称などからも明らかだ。

テコの原理を応用した踏み鋤は、ニジェール川中流域の氾濫原(現マリ東部のガオ付近)でグラベリマイネを栽培するのに、自然木の枝分かれを利用した大型のもの(日本の岩手県北部から青森県東部でかつて使っていた「踏み鋤」とそっくりだ)を、足で踏んで使っているのを私は見たことがあるが、同種のものはエジプトのナイル川の氾濫原でも用いられており、その二地域を結ぶサハラ南縁地帯に、連続するかたちで用いられているということを、チャド湖周辺地域の農具に詳しいフランス人研究者から聞いたことがある。エジプトからの伝播なのか、独立発生か、今後の研究課題だ。それ以外は、西アフリカの乾性サバンナの砂地で除草に用いられる、スペード型の刃を長い柄の先につけて斜めに押す農具や、森林地帯の一部にみられる、かなり柄の長い鋤型の農具でも、足をかける突起はなく、両腕の力だけで使う。

サハラ以南アフリカの耕耘《こううん》具全体に認められる特徴は、柄の短い、引いて使う鍬が圧倒的に多いことで、耕耘具からみた世界大の農耕の類型では、サハラ以南アフリカは「耨耕《どうこう》」(手鍬による農耕)と位置づけられる。しかもこれは、アフリカ黒人の体型(骨盤が前傾し、前腕と下腿が相対的に長い)や身体技法(深い前屈姿勢が、体力効率のもっともよい作業姿勢であること)、自然条件(とくにサバンナ地帯で、酸化鉄をしばしば五〇%以上含む、不毛なラテライトの表面を薄く覆っている腐植土層を活用した、浅耕・播種、浅く掻き取る除草。森林地帯の塊茎植物栽培でも、短い柄の鍬で土盛をする)、金属加工技術(硬度の低い鉄の刃の農具)に、もっとも適した農法でもある。

そして農法全体としては、無施肥、混作・輪作に基づく焼畑農法で、私的にも共同体的にも土地所有制がなく、大地祭祀を司る「土地の主《ぬし》」などと呼ばれる役割の者に、土地利用を認めてもらえばよい。したがって、生産手段として土地はすべての人に共通であり、土地の授受や知行《ちぎょう》を通しての支配‐被支配関係は、一般に成り立ちえなかった。ただ、ハウサ王国(現ナイジェリア)やブガンダ王国(現ウガンダ)でのように、施肥農法が発達した地域では、「封建的」支配‐従属関係が成り立ちえたし、ハウサ王国ではそれに基づく官僚制が発達した。

そのほか、北アフリカには豊かにありながら、サハラ以南の黒人アフリカ社会にはなかった技術上の要素で、歴史研究に意味の大きいものとしては、アーチ(迫持《せりもち》)の技術を含む石造建築、モロッコ南部には遺跡を含む多数の実例がある版築などの、建築技術があげられる。もっともアーチの技術は、西アジア、インドの一部、地中海世界、ヨーロッパではさかんに用いられたが、古代中国にも、メキシコやペルーの建造物の多い諸文化にもなかったのだから、むしろアーチのあった地域のほうが、世界で特殊だったともいえる。石造や版築についても、前述したように、反復のなかの更新による継承の思想が、黒人アフリカ文化の根底にあったとすれば、一回きりのものとして固定したかたちで、「とき」のなかにメッセージを託することを好まなかったのではないかと、考えるべきかもしれない。

鉄器文化の語るもの

つぎに先史学的に概観するとき、現在までの知見では、サハラ以南のアフリカで、一般に農耕・牧畜などの生産経済をともなわない新石器文化ないしは晩期石器文化から、農耕・牧畜をともなう鉄器時代への移行が認められる。サハラ以南アフリカでは、青銅器の使用は、鉄器文化の成立より遅れて、実用品としてよりは奢侈品、装身具、威信財として導入された。鉄器使用の始まりの時代は、地域により必ずしも明確ではなく、新しい発見もあいついでいるが、西アフリカ内陸サバンナや東アフリカの大湖地方では、前一〇〇〇年紀にまでさかのぼると思われる。

一九六三年、七二~七五年、八六~九四年に、西アフリカ内陸で鍛冶と土器作りを含む技術の調査を広汎におこなった者として、私は、アフリカの技術一般にも通じる問題として、鍛冶と土器作りについて述べたい。

酸化鉄の含有量が多いラテライトに覆われた西アフリカのサバンナでは、地表で鉄鉱石を採取することが容易だ。この地域では土器の製作もきわめて古くさかのぼると考えられているが、現在まで男性の鉄の鍛冶師と女性の土器作りが内婚的職業集団をつくっている社会が多い。どちらも、特殊技術を用いて「土」を火によって変形し、人間の生活になくてはならぬものを作り出す存在として、社会一般にも、王権によっても、畏怖されてきた。こうした内婚集団による、鍛冶と土器作りがさかんにおこなわれてきたマリで、土地の有力言語バンバラ語では、土器作りのことを「ヌムムソ」(*numumuso*「女鍛冶師」)と呼ぶ。鍛冶師の妻という意味でもあるが、実際に土器作り、とくに焼成の段階で、猛暑の日中を避けた夕暮れの野外で、赤く灼熱して輝く壺を、長い鉤《かぎ》の先に引っかけて焼けた草藁《くさわら》の灰の山から取り出し、音と湯気を立てて水のなかに浸す作業を見ていると、鍛冶師の仕事との共通性を実感する(土地の鍛冶の技術に、「焼き入れ」はないのだが)。

円筒形に土で築いた溶鉱炉に、鉄鉱石とその倍量の木炭を交互に重ねて詰め、底に何箇所も設けた焚き口のそれぞれに手押しの鞴《ふいご》を設置して、交替で三昼夜焚き続けると、銑鉄《せんてつ》がとれる。アフリカの鍛冶師の使う木炭は、穴を掘って木を放り込んで点火し、火が回ったところで土をかけて蒸し焼きにしただけの、消し炭に近い低火度のものだから、鉄の鋳造は不可能で、鍛造加工しかできない。炭は鍛冶師が、自分で木を伐ってきてこしらえる。サバンナに自生するマメ科やシクンシ科の何種類かの木が、火力が強いといって好まれる。

鍛造に用いる槌《つち》にあたるものとしては、私が調査した大部分の鍛冶師は、柄がついていない、長さ三〇センチくらいの鉄の延べ棒を使っていた。鞴など他の道具には、それぞれ現地語の名称があるのに、この延べ棒だけは、どこでも「マルト」と呼んでいた。この地域を植民地支配したフランス人がもたらした、フランス語の「マルトー」("marteau")「かなづち」から取り入れた言葉だということも、みな知っている。それ以前は、堅い石の塊を握って叩いていたということで、その現物がまだ作業場の隅にあって、見せてくれたこともある。植民地化以後は、自動車の廃品などの屑鉄が手にはいりや

土で築いた溶鉱炉　高さ4～5ｍの大型炉。一般には小型の炉が多い(ブルキナファソ北部コングジ地方，1963年撮影)。

すくなったので、鉄鉱石を使うことは徐々に減った。

こうした調査を通じて、私が考えずにいられなかったのは、この地方で前八〜前五世紀に製鉄が始まったとすると、それから二五〇〇年以上、鉄の加工技術にほとんど変化がなかったのではないかということだった。鉄鉱石採取から自然石の塊を握っての鍛造までの作業は、おそらくその始まりのときにも必要だった、最低限のものだと思われる。

火の温度をあげるための鞴も、藁をまぜた練り土でこしらえた一対の壺か、木で彫った鉢の上面を、中央に穴をあけた皮で覆っただけのもので、その穴の部分を手でつかんで、押し下げるときは握り、あげるときは開く動作を左右交互に繰り返して、壺や鉢の下にそれぞれついている、やはり焼成していない練り土の二本の管で、木炭を焚いている火床に風を送る、これも鞴としての最低限の装置だ。前二〇〇〇年紀のエジプトでは、手で綱を引いて持ち上げては、足で交互に踏む鞴が鍛冶に用いられていたが、梃子の原理を応用した他の道具と同様、サハラ以南アフリカにはいらなかったのであろう。

炭は一度に二、三つかみを、土でざっとしつらえた低い囲いのかげで焚くだけなので、熱は散逸してしまう。このようにしてえられる火床の温度は、そこで熱せられる鉄片の色が、明るい赤か、せいぜい橙色であるところからみて、九〇〇度から一〇〇〇度くらいではないかと思われる。事実、融点が一五〇〇度強の鉄は熔けず、打ち延ばして加工できるだけだ。

鍛造する鉄塊をのせる「鉄砧《かなとこ》」も、文字通り鉄の台を使っているところもあるが、大きな石を埋め込んだだけのものも多い。焼き入れ、焼き戻しの技法はなく、鍬の刃もたいそうやわらかいので、ラテライト質の堅い地面を引っ掻いているうちに、はじめの半分くらいにすり減ったままで使っているのを見るのもまれではない。

サハラ以南アフリカでは、地域によって多少の違いはあっても、粗製の木炭と手動の鞴が用いられてきたことは共通しており、鉄の鋳造はおこなわれなかった。原料としての鉄鉱石は豊富にありながら、鉄で鋳造した鍋釜はつくられず、火にかけられる器の役割は、土器が一手に引き受けてきた。

木炭も、もう少し工夫してつくれば火力の高いものができるし、鞴や火床のつくり方にも、改良の余地はいくらもあると思われる。こうした「よそ者」の意見は、当時のオートヴォルタ政府の要請で、私が日本のOTCA(海外技術協力事業団)派遣の専門家として、「伝統的技術を開発に役立てうる可能性の基礎研究」プロジェクトを足かけ三年指導した、最終報告書に書き、現地のワガドゥグ国立博物館でも、再版がでるくらい売られ、読まれたのだが、現実には「開発」というのは、西欧の技術や装置を輸入しておこなうものだという当時の現地政府や住民の頑迷な既成観念を破ることはできなかった。

鉄の加工技術は重要性が大きいので取り上げたが、鍛冶の技術に限らない、技術一般の、サハラ以南アフリカに認められる停滞的性格は、歴史を考えるうえでも避けてとおれない大問題だ。これには、技術の継承のあり方もかかわっていると思われる。

とくに鍛冶師と土器作りにおけるような内婚集団内での継承では、鍛冶師の夫と土器作りの妻とのあいだに生まれた子は、息子なら将来鍛冶師となって土器作りの娘と結婚し、娘なら将来土器作りとなって鍛冶師の息子と結婚する。男の子は幼いときから父親のそばで鍛冶師の見習いをし、女の子は母親のそばで

土器の露天焼き　粘土で成形した土器は，木の枝や草藁や乾かした牛糞などで覆い焼成する。アフリカの多くの社会では，鍛冶師(男性)と土器作り(女性)は同一集団内で結婚し，技術が継承される。

土器作りの見習いをする。実際にこういう家庭を訪ねても、物心つくかつかないかのころから、それぞれ父や母の手伝いをしながら、みようみまねでそれぞれの仕事を覚えてゆく。

　このようなしきたりのなかでは、世代から世代への技術の継承は、強力におこなわれるが、異なる地域間の横の交流はまったくない。子は親の世代の仕事を、幼いときから、そういうものとして、身体的記憶として「刷り込まれて」育つ。横の交流がないから、親の代から受け継いだものを、批判的にとらえる契機に乏しい。モシ王国の人たちが、なにかにつけて「しきたりだから」というときの、「しきたり」にあたるモシ語「ローグン・ミキ」とは、「生まれて、見たもの」という意味だ。生まれたときに見たものによって、すべてが正当化されるという思考の重みを、鍛冶や土器作りの技術の伝承においても、私は痛感せずにいられない。

　こうした技術の継承方式の対極にあると思われるのが、ヨーロッパで発達し、現在も力をもっている、遍歴職人制度だ。ある職の徒弟は、何人もの異なる地域の親方のところを遍歴して修行したのちにはじめて、親方(マスター)として認めてもらう作品(ピース)、つまり「マスター・ピース」を完成して、ある親方に認められれば、今度は自分が親方になって、徒弟の指導をする。国境も越えるこうした地域間交流が、技術の改良にどれだけ貢献したかは、改めて指摘するまでもない。科学技術におけるヨーロッパ世界の力は、直接役に立たない「理論」を徹底して究明する学者と、その理論を実験によって証明し、同時に実生活の役に立つようにする「技術」を工夫した職人の、分業と協力によってつちかわれたものだ。

3　地域からみた「アフリカ史」

「地域」をめぐるさまざまな試み

これまで、サハラ以南アフリカを歴史の相でとらえるうえの、基本的な問題点のいくつかの提示を試みたが、アフリカ大陸の地域と時代の交錯が生む壮大なダイナミズムに向き合う下絵を描くには、まだ遠くおよばない。以下、本書では、サハラ以南アフリカを、歴史の相で概観するために、いくつかの「地域」に分け、それぞれの専門家による記述をおこない、同時に地域全体を通じての問題の検討をおこなった。ここではまず、歴史および文化研究において「地域」がもつ意味について、学史的検討も含めて考察したい。

文化が共通する地域を「文化領域」として設定することは、一九一〇年代にアメリカで始まったが、これは北アメリカ先住民の多様な文化を、博物館の展示のために分類する必要から起こった。その一方で、

アフリカの文化領域(Herskovits, 1924 による)

世界の諸文化を、伝播をおもな要因として文化圏に分け、そのなかに歴史的前後関係をもって重なり合う文化層を想定する、ドイツ・オーストリア文化史学派の観点があった。

「文化領域」の考え方をアフリカに適用し、文化の共時的な地理上の分布を明らかにする目的で、アメリカの文化人類学者メルヴィル・ハースコヴィッツは、九つの文化領域を、地中海岸を除くアフリカに設定した。ハースコヴィッツは、彼の「文化領域」のとらえ方が、文化史学派の考え方と、二つの点で異なることを強調する。一つは、文化史学派のように、恣意的に選び取った特徴から組み立てられた「文化複合」の起源と伝播を再構成するのではなく、共時的で連続した文化の地理上の分布を問題にすること、第二は文化特徴を相互に関連なくならべるのではなく、文化特徴のあいだの、心理的・物質的連関を、文化を担っている人間の側からみることである。しかし、実際にハースコヴィッツが記述している文化領域の内容は、心理的・物質的連関を云々するにはあまりに粗略であり、また「共時性」の問題は、「民族誌上の現在」をいつに定めるかという、民族誌的認識につねにともなう困難を含んでいる。

他方、文化史学派の文化圏、文化層の概念を継承したドイツのヘルマン・バウマンは、アフリカの文化の系譜と複合の様相を明らかにする目的で、アフリカ文化全体を七つの基層的「文化」の歴史的な展開と重なり合いとしてとらえ、その結果として二七の地理的な文化の「地方」に分けることを試みた(三〇・三一ページ参照)。

七つの基層的「文化」とは、①ピグミー文化、②草原狩猟民文化(狩猟民ないし元来の狩猟民文化―草原狩猟民文化の影響を強く受けた文化)、③東ハム文化(良好に保持されている地域―他文化との混交が著しい地域)、④西アフリカ文化(北部グループ―原森林文化、南部グループ―母権バントゥ文化)、⑤古黒人文化(支配的な地域―重要な構成要素をなしている地域)、⑥新スーダン文化およびローデシア文化、⑦古地中海文化である。

これらはあくまでバウマンがアフリカの諸文化の形成を、「文化層」的発想で歴史的に捉え直そうとした試みの結果であるといえる。現在の研究のレベルで再考を要する点も多いが、たとえば、「西アフリカ文化」「新スーダン文化」「ローデシア文化」「古地中海文化」というとらえ方など、問題発見に資する価値をもっており、たんに共時的・羅列的に文化の特徴を地域別に整理してゆくのとは異なる、文化を歴史的・重層的にとらえる指向性をもっている。

他方、人類文化の世界大の地理的分布に関心をいだく、アメリカの文化人類学者ジョージ・ピーター・マードックは、とくに栽培植物の起源・伝播と生業に重点をおいて、狩猟民の三グループ(ピグミー、ブッ

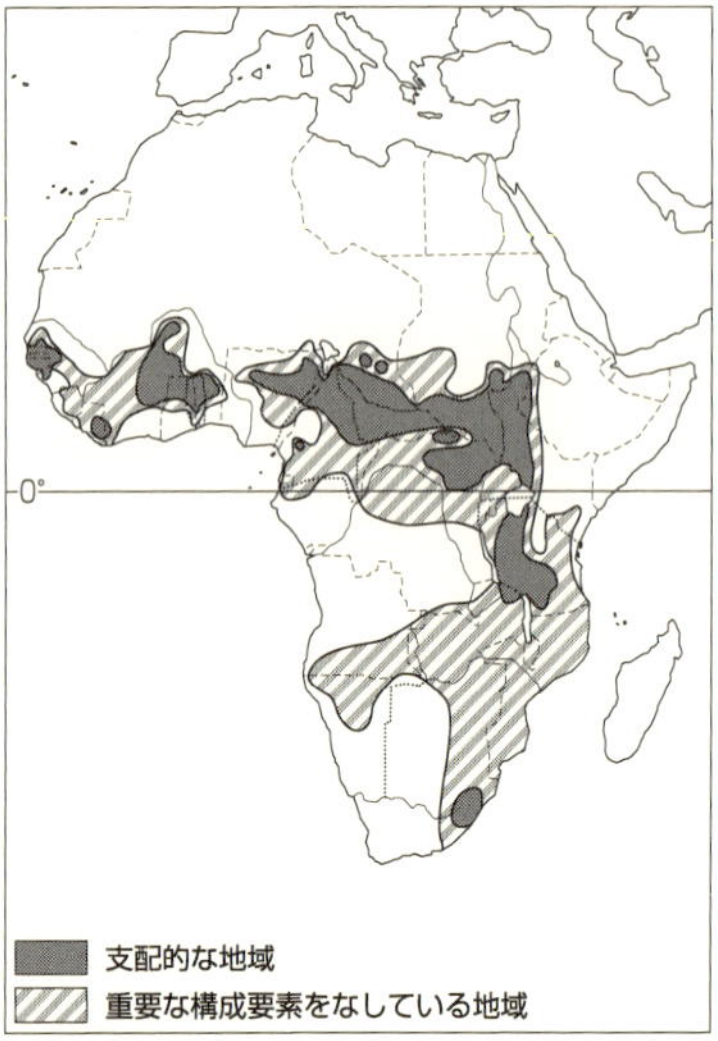

古黒人文化

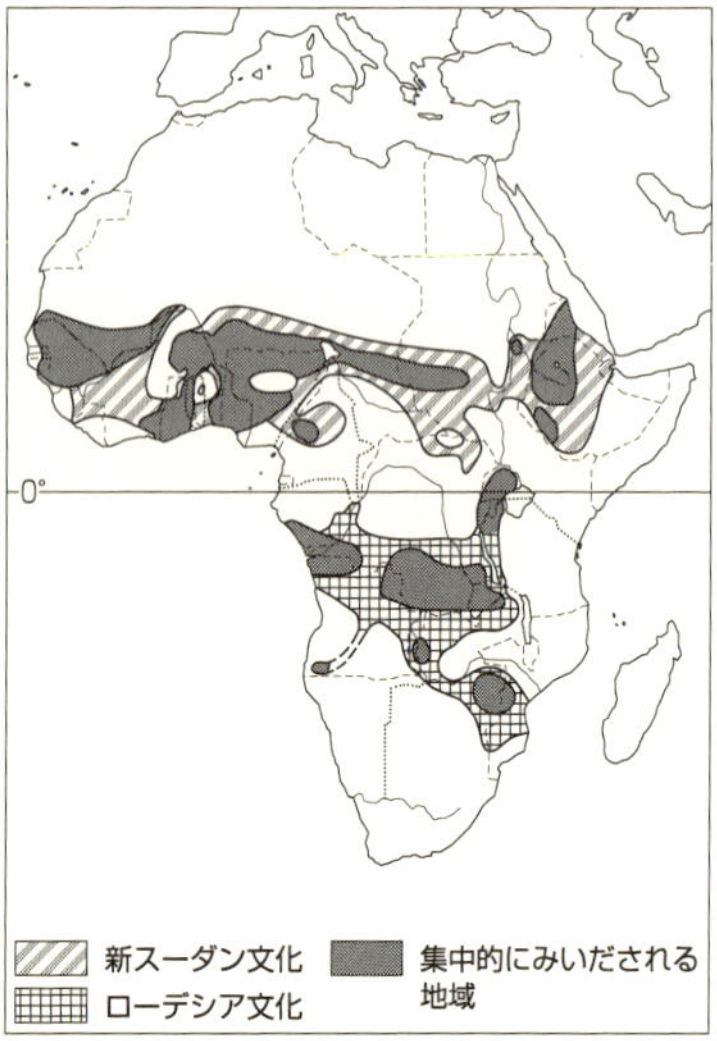

新スーダン文化およびローデシア文化

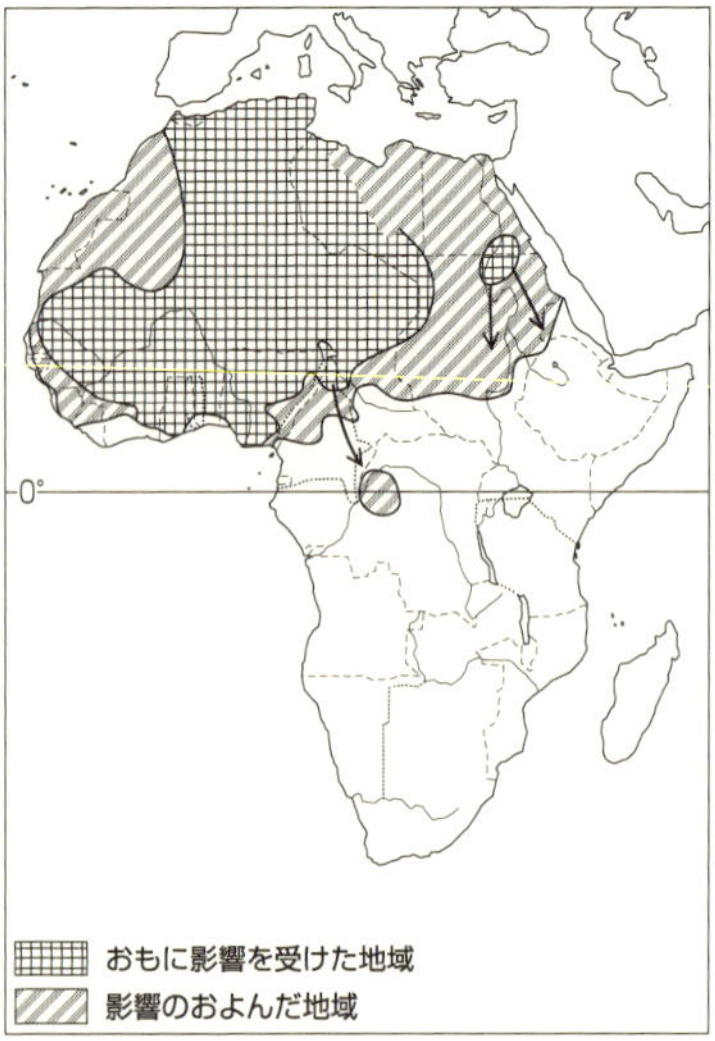

古地中海文化

アフリカの7つの基層的「文化」
(Baumann, 1940 による)

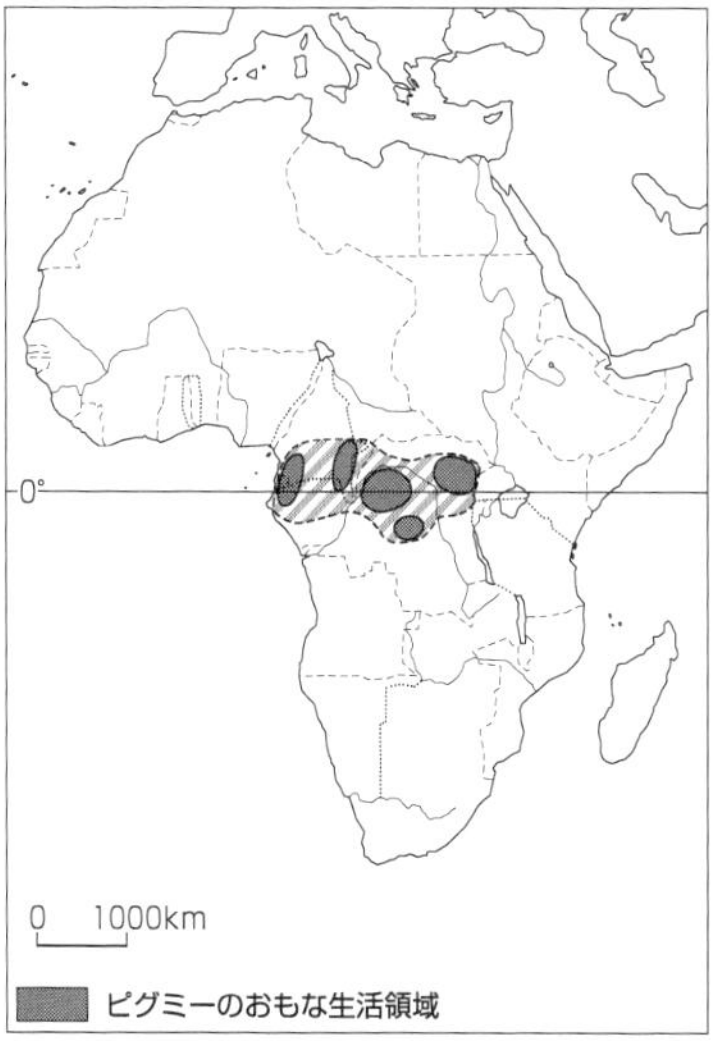

ピグミー文化

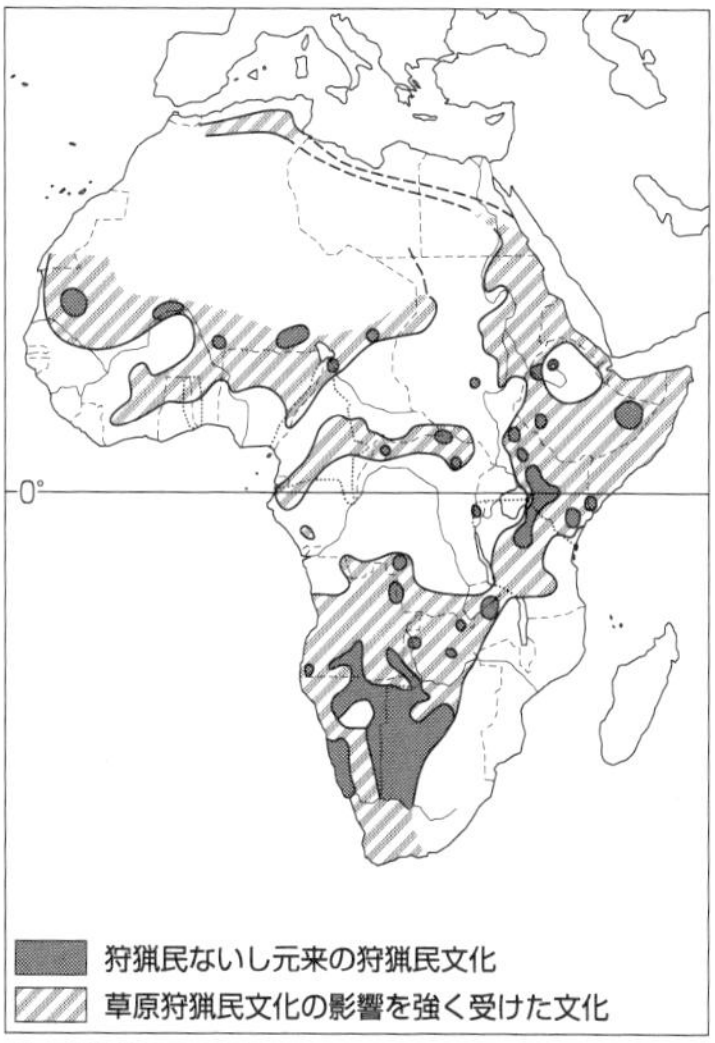

草原狩猟民文化

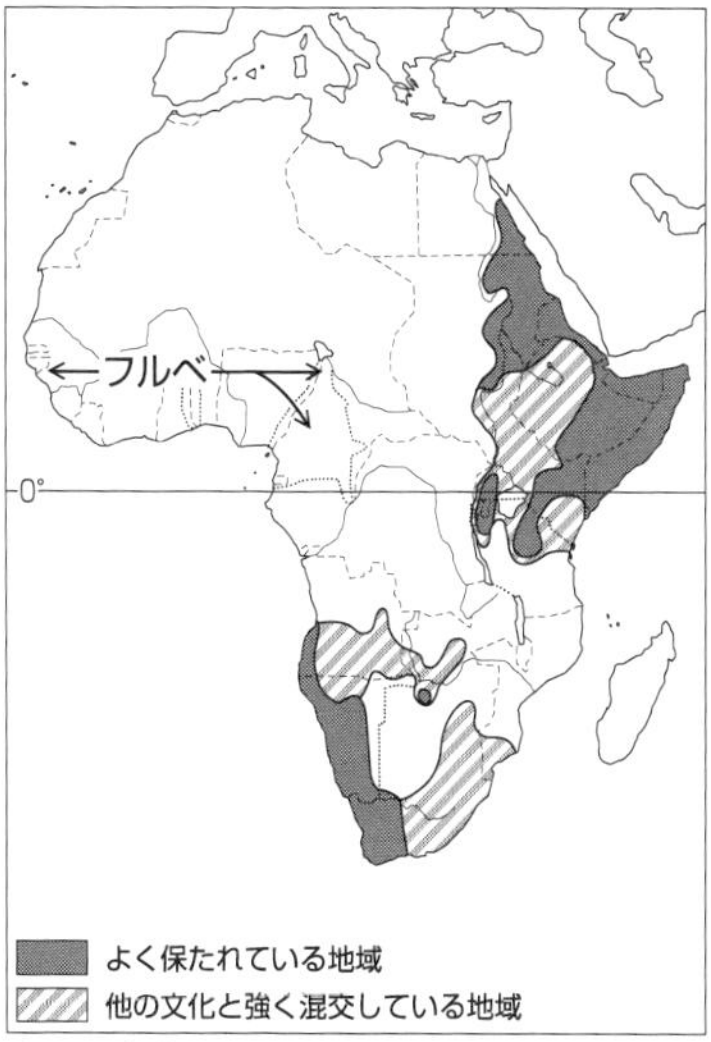

東ハム文化

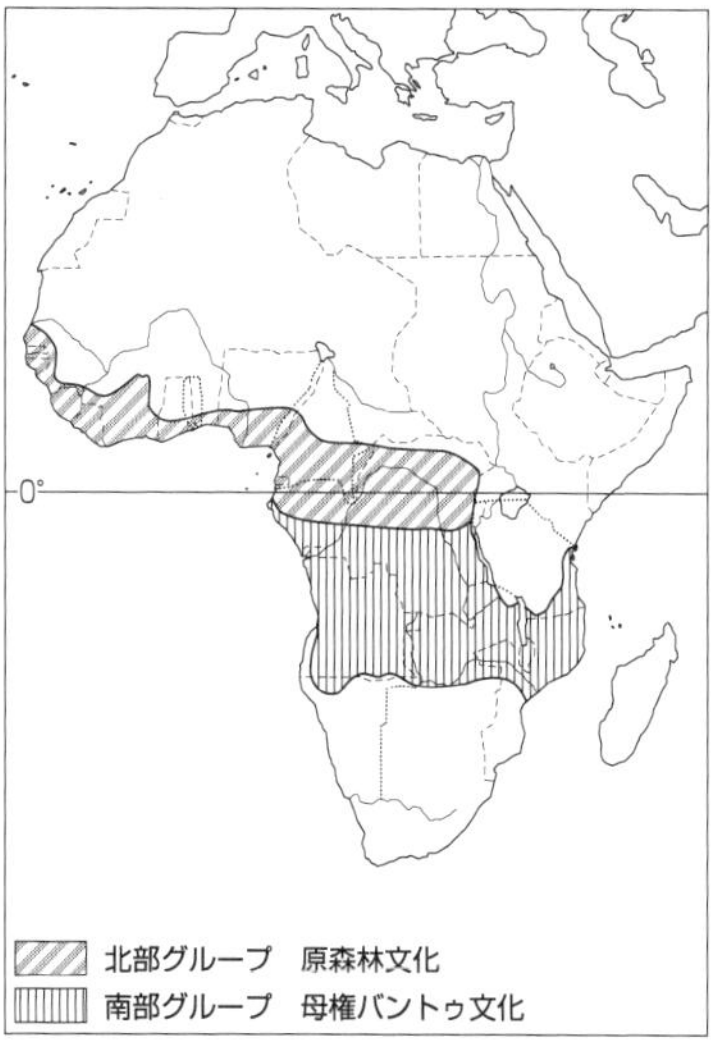

西アフリカ文化

シュマン、東アフリカ狩猟民）のほか、アフリカを一〇のグループに分けた全体像を描こうと試みた。これは栽培植物や住民の歴史的な移動を重視しているため、地図上に示すことは困難だが、本書の地域別の記述でも、随所で参照されている。

具体例に基づく「地域」の検討

これらの考え方を具体例について検討するために、西アフリカ内陸サバンナから海岸の森林地帯にかけて、東西六〇〇キロメートル、南北八〇〇キロメートルの空間に近接してみいだされる一二社会を例にとってみよう。これらの社会の基本的生業は農耕だが、自然条件も、歴史的背景も、政治・社会組織も多様で、言語の系統のうえからも、マンデ語系、グル語系、クヮ語系という三系統が併存する。これら一二社会については、川田が現地調査および信頼できる文献資料によって詳細に検討した結果がある。

なお、これらの一二社会は、前記バウマンの二七の「地方」では、「東大西洋地方」と「ヴォルタ地方」を合わせたものと、ほとんど一致する。ハースコヴィッツの九つの文化領域では、「コンゴ文化」領域のギニア湾沿いに西方に伸びている領域と「西スーダン」領域の中央部を合わせた地域に、ほぼ対応する。また、マードックの分類による、「スーダン農耕文化」のかなりの部分、「インドネシアの文化的インパクト」を受けた文化のうちの「南部ナイジェリア住民」の一部に対応する。

文化の諸要素のうち、自然条件と密接に結びついて地域的特徴を示すと思われるものの一つに、住居がある。ここで取り上げる一二社会の含まれる地域は、バウマンの七つの基層的「文化」の一つ「古地中海文化」がおもに影響を与えた地域に含まれるが、バウマンが「古地中海文化」の特徴の一つとしている、「住居などにおける土の広汎な使用」という点では、これら一二社会のすべてがこの特徴を共有しており、アフリカ中部や東部の、農耕民という点では共通するが、住居に土を用いる度合いがはるかに少ない他の多くの社会とは、明らかに異なる特徴を示している。

しかし土の用い方を、(I)土だけで壁面をつくるか、(II)アブラヤシの葉軸やタケなどを組み合わせた骨材のうえに土を塗りつけて壁をつくるか、というようにさらに分けて考えると、⑩⑪のアシャンティとバウレだけが(II)を含むことになる((I)も少数だが併存する)。だが、(I)のなかにさらに、(i)練り土を層にして一層ずつ乾かしながら積み重ねてゆくか、(ii)日干し煉瓦を積んでその表面に粘土を塗るかという規準をいれると、①〜④の多くが(ii)に含まれ、他は⑩〜⑫の一部も含めて(i)に分類される。また、屋根について、(a)勾配のついた草葺きか、(b)平屋根で上面が土で固められテラスになっているかで

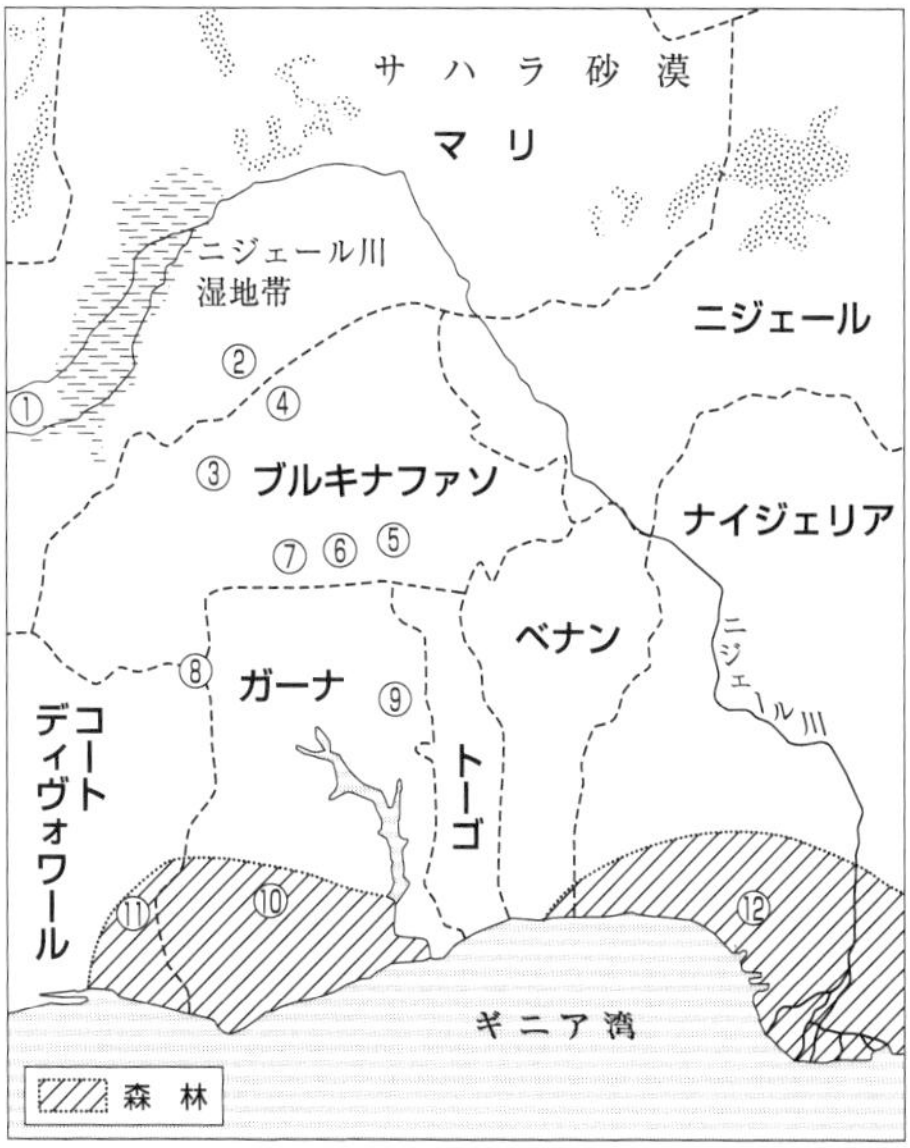

西アフリカの一地域における12社会
①バンバラ(セグー)　②ドゴン　③南部サモ
④北部モシ　⑤南部モシ　⑥ビサ　⑦カセナ
⑧ロビ　⑨ダゴンバ　⑩アシャンティ
⑪バウレ　⑫ベニン

社会名	年降雨量 mm	主作物	言語	集落形態	住居 壁	屋根	平面	部屋	親族組織	政治組織	造形表象
①バンバラ(セグー)	400〜650	穀物	マンデ北	集村	日干し煉瓦	平	方形	複	父系	王	○
②ドゴン		〃	グル?	〃	〃	〃	〃	〃	〃	長老	○
③南部サモ		〃	マンデ東	〃	〃	〃	〃	〃	〃	〃	×
④北部モシ		〃	グル(オティ・ヴォルタ)	散村	日干し煉瓦／練り土	円錐	円形	単	〃	王	△
⑤南部モシ	650〜1000	〃	〃	〃	練り土	〃	〃	〃	〃	〃	×
⑥ビサ		〃	マンデ東	〃	〃	〃	〃	〃	〃	首長・王	×
⑦カセナ	1000〜1500	〃	グル	〃	〃	平	〃	〃	〃	首長	×
⑧ロビ		〃	〃	〃	〃	〃	方形	複	二重出自	長老	△
⑨ダゴンバ		塊茎／穀物	グル(オティ・ヴォルタ)	〃	〃	円錐	円形	単	父系	王	×
⑩アシャンティ	1500〜2000	塊茎	クヮ	集村	木舞	寄棟	方形	複	二重出自	〃	○
⑪バウレ		〃	〃	〃	〃	〃	〃	〃	父系	首長	○
⑫ベニン	2000〜3000	〃	〃	〃	練り土	〃	〃	〃	〃	王	○

西アフリカ12社会の文化の比較

バウレの木舞壁の家(コートディヴォワール南部)

《壁づくりにみる建築技術》

北部モシの日干し煉瓦の壁づくり（ブルキナファソ北部）

北部モシの薄い練り土による円筒形の壁づくり（ブルキナファソ北部）

ロビの厚い練り土による壁づくり（ブルキナファソ南西部）

分ければ、④〜⑥と⑨〜⑫が(a)に、他は(b)に分かれる。(a)をさらに、(a′)円錐形屋根か、(a″)寄棟屋根かで分けると、④〜⑥と⑨が(a′)に、⑩〜⑫が(a″)になる。しかし、壁に囲われた平面が(あ)円形か、(い)方形かという分け方をすれば、今度は④〜⑦と⑨が(あ)で同じグループになり、それ以外が(い)という分かれ方になる。(ア)一つの建物が一部屋か、(イ)複数の部屋を含むかを規準にとっても、同じ分かれ方になる。

つまり、この地域の社会にかんするかぎり、右にあげた規準のうち二つの異なる規準で地理的分布が一致するのは、(あ)―(ア)、(い)―(イ)という、物理的必然にかなりの程度支配された結びつきのものだけということになる。

この検討から、二つのことがわかる。第一に、文化要素の共通性と差異をはかる規準も、そのうちのどのレベルで比較するかによって、それにあてはまる社会が異なってくること。第二に、住居はなによりもまず、建築素材や気候といった自然条件や、集落形態、社会組織、家族形態と結びついていると考えられるが、同時に技術の伝播や、より広い「文化の系譜」とでもいうべきものも、大きな決定要因になっていること。さらに、住居の形態についてのこれらの異同を、三四ページの表によって、言語、親族組織、政治組織、造形表象の豊かさなど、文化の他の側面とも対比させてみると、文化の性格をあらわす基本になると思われるこれらの要素についてさえ、一二社会のうちに一致した重なり合い方、分かれ方をみいだせないことがわかるのである。

つまり、統合された文化が、時代による変化を越えて同質的に一定の地域に広がっているという前提で、そのような地域を単位として「文化領域」を設定することは、事実に即して検討してみても不可能だといえる。「文化領域」という概念の最大の難点は、それが基本的に文化の共時的把握のうえに成り立っているところにある。つまり、文化のさまざまな要素の地理上の分布が、いつの時代のことなのかを検証してゆくと、地域によってずれが生じて、同質の要素の空間的広がりとしての「文化領域」が、単一の要素についても成り立たなくなることが一般的であるからだ。多くの要素の複合については、なおのことである。

自然・人間・文化の動態的な交渉の場としての「地域」

だがそのことも考慮にいれ、固定された図式としてではなく、文化のさまざまな側面が、ある自然条件をもった地域的広がりのなかで、人々によって生きられ、変えられ、運ばれる動態をみるうえの作業仮説としてなら、領域という角度から文化の地理上の分布をみるこの考え方は、意味をもちうるだろう。

元来が博物館の標本整理の必要から生まれた「文化領域」の発想には、とかく人間不在のきらいがあった。しかしその一方では、モノに即して、自然条件や接触・伝播・移動の条件のなかで、具体的に文化のあり方をとらえるという長所ももっている。文化の一線的進化主義や、観念的文化圏説にたいする批判という点で、学説史上の意味をもちえたのもそのためだったし、その後の、地域による生態学的条件の多様性を重視した、ジュリアン・スチュワードらの文化の多系的進化説へとつながる面もそなえていたといえる。

文化を空間的広がりの観点からとらえるにせよ、文化は要素の分布地図のなかの点や色分けとしてあるのではなく、しばしば集団として移動もした人間によって、ある歴史的条件のなかで生きられてきたものであるということを軽視してはならない。こうした観点から、「地域」を、複数の人間集団や文化がまじわり、変化し、さらに新しい文化を生んでゆく、動態的な「場」としてとらえることが、重要であると思われる。

Ⅰ 地域の歴史

第一章　東・北東アフリカ

本章で扱う地域は、アフリカ東部と北東部である。現在の国名でいえば、スーダン、エチオピア、エリトリア、ジブチ、ソマリア、ウガンダ、ケニア、タンザニア、ルワンダ、ブルンディを含む。さらに、コンゴ民主共和国(旧ザイール)の東部とチャドも隣接地域として言及されることになろう。この地域には、言語系統の異なる、きわめて多様な民族集団がモザイク状に分布している。現在の分布は、数千年にわたる人々の移動と接触の結果であり、その過程を明らかにするのが本章の目的のひとつである。「スワヒリの世界」と呼ばれる東アフリカのインド洋沿岸は、次章で論じられるので、本章では扱わない。スワヒリの世界は、アラビア半島、ペルシア、インドを含む環インド洋世界との交流のなかで成立し、発展したが、同様の開かれた世界性は、北東アフリカでもみてとることができる。紅海と地中海を介した交易によって世界とつながっていたエチオピア高原北部、およびナイル川中流域は、古代エジプトを除けば、アフリカ大陸でもっとも古く国家形成がおこなわれた地域であった。

他方でこの地域は、国家を形成しなかった首長制社会や、首長さえ存在しない平等主義的な社会が多数存在した。これらの多くは、生業的な農耕と牧畜を基盤とする社会であったが、狩猟採集民の社会も二十一世紀にいたるまで存続している。こうした社会は、歴史的な発展から取り残され、孤立して存在していたわけではない。一見すると「停滞」とみなせるような事象も、数千年にわたる諸集団間と外部世界との動態的な接触、交渉の結果である。

十九世紀末から二十世紀初頭にかけて、ヨーロッパの列強に植民地として、また、拡大する近代エチオピア帝国の領土の一部として包摂されたのは、このように多様な諸社会——伝統的な国家、首長制社会、そして平等主義的社会——であった。本章では、先史時代から十九世紀までの時代を論じる。

1　多様な自然環境と言語＝民族集団のモザイク状分布

多様な自然環境

東岸は紅海とインド洋に面した、東・北東アフリカの地理的空間を特徴づけているのは、ナイル川と大地溝帯《グレイト・リフト・ヴァレー》である。全長六六九〇キロに達するナイル川は、世界最長の大河である。ブルンディ領内に発した源流は、アフリカ大陸最大の湖ヴィクトリア湖をへて、スーダンを貫流する。これが白ナイルである。他方、エチオピア高原のタナ湖に発する青ナイルは、ハルトゥームで白ナイルと合流し、ナイルの本流となって地中海へと注ぐ。流域には、ブルンディ、ルワンダ、ウガンダ、スーダン、エジプトの大部分と、エチオピア西部、およびケニア、タンザニア、コンゴ民主共和国の一部が含まれる。その流域面積は約三〇〇万平方キロである。

一方、大地溝帯は、中東シリアに発し、紅海をへて東・北東アフリカを縦断する、断層によって陥没した長大な構造帯である。アフリカ大陸には、東部地溝帯と西部地溝帯の二つが存在する。東部地溝帯は、ジブチからエチオピア高原を北東より南西に縦断し、ケニア、タンザニアにいたる。西部地溝帯は、ウガンダ北西部からルワンダ、ブルンディ、タンザニアとコンゴ民主共和国の国境をへて、マラウィ、モザンビークにいたる。多数の湖が連なる地溝の幅は三〇～四〇キロほどあり、地溝底と肩との高度差は、東部地溝帯の場合は一五〇〇メートルほどであるが、西部地溝帯では、水深一四三五メートルのタンガニーカ湖のように、三〇〇〇メートルを超える箇所がある。この場合、湖底である地溝底は、海面下六五三メートルに位置する。地溝帯の東西にはこの地域の屋根といえる山脈が連なっている。東部地溝帯の東には、アフリカ大陸の最高峰キリマンジャロ山(標高五八九五メートル)とケニア山(キリニャガ、標高五一九九メートル)があり、西部地溝帯の東には「月の山」ルウェンゾリ(標高五一〇九メートル)が聳《そび》えている。

私たちは、大地溝帯は人類の進化と深くかかわり(第II部第一章)、またナイル川は古代エジプト文明をはぐくんだことを知っている。本章とのかかわりでは、両者は人々が移動する際の障壁であったと同時に回廊の役割をはたしたことが重要である。

つぎに、この地域の多様な気候と植生を概観しておこう。スーダン北部とエジプトは、サハラの東端にあたる砂漠である。ナイル川の流域にのみ人口が集中している。その南側にはサヘル地域の半砂漠が広がる。紅海とインド洋に面したエリトリアからソマリアにかけての地域も同様の半砂漠である。これらの乾燥地域の内側には、標高の高い広大なサバンナが広がっている。サバンナは高木の少ないグラスランドと、高木をともなうウッドランドに分かれる。標高千数百メートルを超えるエチオピアと東アフリカの高原は、比較的冷涼で降水量も多く森林が発達している。

降水量は植生を決定する主要な要因であるが、それ以外にも土壌、雨季と乾季という降雨のパターン、および人為的な攪乱《かくらん》も重要な要因である。植民地時代には商品作物の大規模な生産が開始されたが、それ以前も数千年にわたって人々は畑の開墾、家畜の放牧、乾季の野焼き、燃料と建材用の伐採などによって植生を含む自然環境に影響を与えてきた。

自然環境の変動と生業経済

過去数千年にわたって、東・北東アフリカの人々は農耕と牧畜を営んできた。一般的には、湿潤の度合いが強まるほど農耕の比重が増し、乾燥度が高くなるほど牧畜が重要になる。しかし、湿潤な高原地帯でも人々は農耕と並行して牧畜を営むし(半農半牧)、年間降水量三〇〇ミリほどの乾燥地でもモロコシ(アフリカ原産の穀物、3節)の栽培は可能である。農耕と牧畜以前の食糧獲得手段であった、漁撈、狩猟、採集は、食糧生産の開始以降も重要な手段であり続けた。人々は、河川や湖沼で魚をとり、原野で野生動物を狩り、食用になる野生植物を採取してきた。狩猟の重要性は、植民地化以降の近代に急激に低下したが、漁撈と採集は現在でも広くおこなわれている経済活動である。

アフリカの自然は豊かで恵み深く、人々は安定した生活を営んできたといってよいのだろうか。たしかにそういってよい場所や時期もあっただろう。しかし、歴史を考えるうえで重要なのは自然の苛酷《かこく》さと自然のもたらす災厄である。もっとも重要な自然要因は、降雨の量とパターンである。乾燥地と半乾燥地では、雨が人々の生存を規定することはいうまでもないが、年間降水量の平均が数百ミリを超えるような比較的湿潤な地域でも、年によっては旱魃《かんばつ》が生じる。作物の生育に必要なのは、年間降水の総量ではなく、播種《はしゅ》からの三、四カ月のあいだの適度で集中的な降雨である。一般的に、年と地域による降雨の量とパターンはミクロな変動が激しく、食糧生産は不安定にならざるをえない。

雨以外にも災厄をもたらす自然要因がある。イナゴの大群が飛来すると作物は壊滅する。また、人間と家畜を襲う熱帯特有の病気もある。蚊が媒介するマラリアや、ツェツェバエが媒介する眠り病が典型である。植民地支配が浸透しつつあった十九世紀末には、東・北東アフリカ一帯に牛疫《リンダーペスト》が大流行し、牧畜は壊滅的な被害を受けた。

この地域の人々は、苛酷な自然環境のもとで飢餓と隣り合わせに生きてきた。数年に一度は小規模な飢餓に、数十年に一度は大規模な飢餓に見舞われるというサイクルを繰り返してきたといえる。人々はこうした環境に適応しつつ、生存のための戦略を発展させてきた。異なる自然環境を利用する、異なる生業のあいだの相互依存は、主要な戦略のひとつである。ひとつの集団が農耕、牧畜、狩猟、漁撈、採集を営み、危険を分散させる場合もあるし、農耕民と牧畜民とのあいだで、あるいは農耕民・牧畜民と狩猟採集民とのあいだで、ある種の同盟関係を確立する場合もある。つまり、作物の収穫に失敗したときには牧畜への依存度を高める、作物も収穫できず家畜も失ったときには漁撈と狩猟、採集で生き抜くといった戦略をとるのである。こうした側面は、民族集団間の関係を考えるうえできわめて重要である。また、農耕と牧畜が古くから成立していたにもかかわらず、狩猟、採集と漁撈からなる採取経済が現在まで存続していることも、自然環境と生存戦略から説明可能だろう。

苛酷な自然にたいするもうひとつの重要な対処法は、より好ましい土地を求めて移動することである。旱魃や飢餓は、人々の離合集散を引き起こしてきた。

自然環境の変動は、数千年から数万年という長期的なスパンのなかでとらえなければならない。更新世(約一八〇万年前～一万二〇〇〇年前)のあいだ、世界の気候は約一〇万年の大周期に基づいて変化してきた。最後の寒冷期が終わり、温暖化が始まったのは約一万年前、完新世の初めごろである。その直前の時期から野生植物の栽培化と野生動物の家畜化という、人類史上の革命的できごとが、本章で扱う地域と隣接した西アジアで進行しつつあった。北・北東アフリカでも、独自の栽培化と家畜化の歴史が存在することは後に述べる(３節)。

さて、過去一万数千年のアフリカにおける気候変動を振り返ってみよう。更新世の最末期にあたる約一万三〇〇〇年前にきわめて乾燥した時期があった。その後、完新世初期の約一万一〇〇〇年前から八〇〇〇年前にかけてのアフリカは、現在よりはるかに湿潤な時期であった。サハラ砂漠は緑に覆われ、チャド湖と大地溝帯の湖はずっと巨大であった。たとえば、現在は砂漠化のために干上がりつつあるチャド湖は、約三五万平方キロの大湖で、ベヌエ川を通じて大西洋へと流れ出していた。東アフリカでは、東部地溝帯の底にあるナクル湖の湖面は現在より約一八〇メートルも高く、トゥルカナ湖の水は北西に流れ出しナイル水系とつながっていた。湿潤な時代は、四五〇〇〜四〇〇〇年前ごろに終わりを告げ、厳しい乾燥期にはいる。その約一〇〇〇年後にふたたび小規模な湿潤期をむかえたのち、おおむね現在と同じ気候が続いている。

こうした自然環境の変動は、人々の移動、生業経済の変化、社会の再編成を規定する主要な要因であった。

言語＝民族集団の分類と分布

東・北東アフリカの広大な空間と、数千年にわたる時間の枠内で展開された歴史の主体として扱われてきたのは、言語系統を基準として分類された民族集団《エスニック・グループ》である。言語＝民族集団を歴史の主体とすることの問題点はのちに論じるとして、ここでは、現在の分類と分布を概観してみよう。

多様な言語＝民族集団の、入り組んだモザイク状の分布は、少なくとも過去数千年にわたる集団の移動、接触、吸収、混交の結果であり、それ自体が歴史の証人であるといえる。現在における諸言語の分布と語彙にかんする研究は、過去を再構成する際に、不可欠の重要な資料を提供する。歴史研究における言語学の役割については後述するが(2節)、本節の記述では先取りするかたちで、言語＝民族集団の移動と拡散についても概説する。なお、「現在の分布」とは、それぞれの集団のホームランドをもとにしたものであり、その境界は必ずしも明確ではなく、とくに植民地化以降の近・現代においては都市や開拓地への移住のため、分布の様相は大きく変化している。

東・北東アフリカ地域には、アフリカ大陸の四語族(言語分類の最大の単位)のすべてが分布する。つまり、アフロ・アジア語族、ナイル・サハラ語族、ニジェール・コンゴ(ニジェール・コルドファン)語族、コイサン語族の四つである。左図は概念図であり、実際の分布はもっと複雑で入り組んでいる。また、言語の分類も言語学の進展にともない、時代とともに変化するが、基本的な枠組みは、グリーンバーグの古典的研究『アフリカの諸言語』[1963]以来、さほど変わっていない。

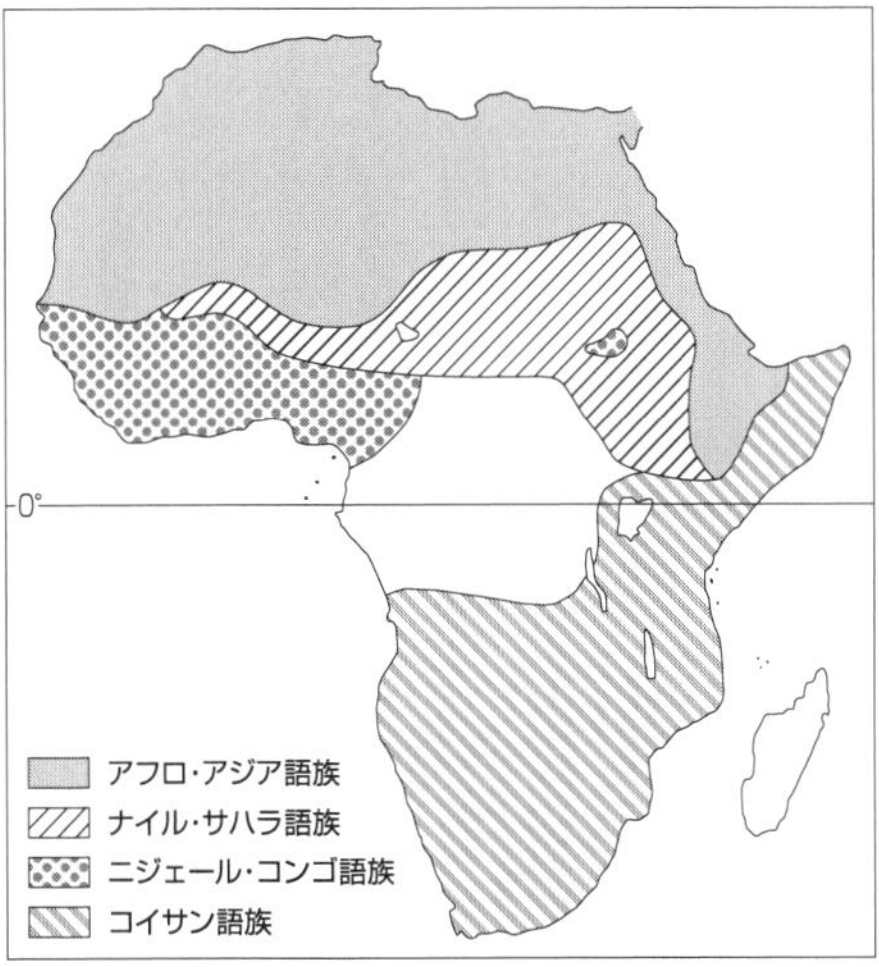

前2500年ごろの言語分布(グリーンバーグによる。一部改変)

理論的には、ひとつの語族に属する数百の言語の分類体系は、生物進化の系統樹のようなものと考えられる。つまり、祖先種にあたる共通の祖語から分岐したものである。語族、語派、諸語、語群といった分類のレベルは、生物の分類でいう門、綱、目、科、属などに相当し、ひとつの言語はひとつの種に対応する。そして、各分類レベルの祖語の話者たちが、もともとどの地域に居住しており、のちにいつ、どのように移動・分散していったかを推定することは、アフリカの歴史研究の重要な柱である。

以下、それぞれの語族について簡単に述べたい。

アフロ・アジア語族　アフロ・アジア語族の諸言語は、サヘル以北、東・北東アフリカに分布し、四つの語派（セム語派、クシ語派、オモ語派、チャド語派）に分類されている。もっとも広い地域で話されているのはセム語派のアラビア語である。アフリカ土着の言語ではないアラビア語は、七世紀以降、イスラームとアラブ人の拡大とともにアフリカ大陸の各地に広がった。それは言語が拡大する過程（アラビア語化）であるとともに、アフリカ人のアラブ人化とイスラーム化の過程でもあった。

セム語派にはエチオ・セム語群と呼ばれる、主としてエチオピア、エリトリアで話されている一八言語が含まれる。エチオピアの共通語であるアムハラ語のほか、ティグリニャ語、グラゲ語などがある。アクスム王国の文字言語であったゲエズ語もこの語群に含まれる。現在では、話し言葉としては死語となっているが、エチオピア正教会の典礼言語として生き残っている。

ゲエズ語同様、死語となったセム系言語には、古代エジプト語、およびその末裔であるコプト語がある。かつてはハム系と呼ばれたクシ語派の四八言語は、アフリカ北東部を中心に分布する。地理的分布によって北、中央、東、南に分類される。東クシ語群のオロモ語は、現在の話者人口が二〇〇〇万を超す大言語であり、ソマリ語はソマリアの国語になっているほか、周辺諸国でも話されている。イラク語など南クシ系の諸言語は、他のクシ系から孤立してタンザニアで話されている。この言語の孤島も、かつて東アフリカに連続して分布していた南クシ系諸語の残存とみなされている。

オモ語派の三六言語は、エチオピア西南部に分布する。

古代エジプト文明だけでなく、古代エチオピア文明の担い手もセム語派の話者であった。ただし、エチオピアの場合は、農耕・牧畜文化を含む文明の精華のすべてをセムに帰する「セム史観」には近年疑問が呈されており、クシ語派の話者の貢献が注目されている。この問題は原郷の問題ともかかわってくる。エチオ・セム語群の起源は、従来の定説ではアラビア半島南部に求められていた。しかし、この語群の原郷は、エチオピアからスーダン北部にかけての地域であったとする説が近年提出されている。

エチオ・セム語群と、クシ語派の一部(とくに中央クシ語群)の話者たちは、エチオピア高原北部の居住者であり、数千年前から独特の農耕文化を発達させてきた。また、紀元前から国家の形成をおこなった。それにたいして、クシ語派の話者の多くは、エチオピア高原周辺の乾燥した低地に居住する牧畜民であった。紅海沿岸のベジャ語、アデン湾とインド洋岸のソマリ語の話者たちは、海岸部から内陸にいたる長距離交易のルートを支配した商業民でもあった。オロモ語の話者は、十六世紀以降、エチオピア‐ケニア国境の低地から拡大を開始し、エチオピア高原のほぼ全域に居住するにいたった。

南・東クシ語群の話者たちは、東アフリカでも大きな歴史的役割をはたした。言語学上の推論に基づき、南クシ語派の人々は、エチオピア高原の南端から、それまで狩猟採集民の世界であったケニアとタンザニアに移住した最初の食糧生産民であったとされている。推論の主要な根拠は、現在のバントゥ系やナイル系の諸言語の、農耕と牧畜にかかわる基礎語彙に、南クシ系からの借用語が多数存在することである。移住の時期は約五〇〇〇〜三〇〇〇年前と考えられている。

東クシ語群の人々は、約三〇〇〇〜二〇〇〇年前に、エチオピア、スーダン、ウガンダとの国境に近いケニア北西部のトゥルカナ湖畔に居住していたと推定されている。そこから、南部スーダン、ウガンダ北部、ケニア北部と東部に移動していった。彼らは南クシ系と同様に食糧生産民であったが、より牧畜に傾斜した人々であった。

ナイル・サハラ語族　この語族の諸言語は、アフリカ大陸の言語地図のなかで、北方のアフロ・アジア語族と、南方のニジェール・コンゴ語族のあいだに挟まれるように分布している。この語族の特徴のひとつは、分布が連続的ではなく島状になっていることである。ナイル・サハラ語族は、ソンガイ語、サハラ語派、マバ語派、フル語派、シャリ・ナイル語派、コマ語派の六つに、大きく分類される。ソンガイ語は、西アフリカのニジェール川流域で話されている。この語族では、もっとも西に離れて位置する言語である。チャドを中心に分布するのは、サハラ語派の諸言語であり、スーダンのダルフール地方では、フル語派の言語が話されている。エチオピアとスーダンの国境地帯には、コマ語派の諸言語が分布する。

東・北東アフリカの歴史ともっとも深くかかわるのは、最大の言語数を擁する、シャリ・ナイル語派である。東スーダン諸語(六〇言語)と中央スーダン諸語(一二六言語)に大きく分類されるこの語派の諸言語自体が、島状の分布を呈している。中央スーダン諸語は、ウガンダ、スーダン、コンゴ民主共和国、チャドの国境地帯に、断続的に分布する。東スーダン諸語はヌビア地方、エチオピア‐スーダン国境、南コルドファン地方のほか、最大の塊は、南部スーダンから東アフリカに貫入するようなかたちで存在している。この塊を構成するのは、西・東・南の三語群から構成されるナイル諸語の二六言語である。

西ナイル語群の諸言語は、南部スーダンから東アフリカにかけて、主として白ナイル流域に分布する。東・南ナイル語群は、かつてナイル・ハム系と呼ばれていた。これらの語群の諸言語は東部地溝帯沿いに分布している。

ナイル系の人々は、南部スーダンの原郷から南下してきたと考えられている。もっとも早く東アフリカに到達したのは南ナイル系の人々であった。農耕と牧畜を営む彼らは、現在のスーダン、エチオピア、ケニアの国境地帯から二〇〇〇年以上前に移動を開始し、ケニア、ウガンダの国境沿いに南下した。ヴィクトリア湖岸をへてさらに南下してタンザニア北部にいたった。移動の過程で、先住民であった東・南クシ系の人々と接触したと考えられている。現在の民族集団でいうと、タンザニアのダトーガ、ケニアのカレンジンは南ナイル系である。

東ナイル系の人々は、千数百年前に移動を開始し、現在のマサイの原集団は東部地溝帯沿いに南下して、南クシ系、南ナイル系の人々と接触しつつタンザニア北部にいたった。

ナイル系のなかで、最後に大移動をおこなったのは西ナイル系の人々である。ヌエル・ディンカ語の話者は南部スーダンにとどまったが、ルオ語の話者たちは南部スーダンから移動を開始し、白ナイル沿いに南下して、十五、六世紀にはヴィクトリア湖畔に到着した。

ニジェール・コンゴ語族　アフリカ大陸のギニア湾沿岸、中部、そして東部から南部にかけてのほとんどの地域はこの語族の言語で覆われている。本章で扱う地域では、スーダンの南コルドファン地方を中心にコルドファン語派の三六言語が分布し、スーダン、コンゴ民主共和国、中央アフリカ共和国の国境地帯にアダマワ・ウバンギ語派の諸言語(ザンデ語など)が分布するほかは、東アフリカから大湖地方、コンゴにいたる地域は、ベヌエ・コンゴ語派のバントゥ諸語の世界である。「バントゥ」(Bantu)とは、これらの諸語に共通する「人間」を意味する語根「ントゥ」(-ntu)の複数形であり、ヨーロッパの研究者によって、この言語＝民族集団群全体をさす概念として用いられるようになった。

アフリカ大陸の南半分を覆うバントゥ諸語は、五〇〇以上というきわめて多数の言語からなるが、分類上はごく小さな単位にすぎない。アフリカの諸言語のなかでも、バントゥは言語間の関係と祖語の復元にかんする研究がもっとも進展している。ただし、全言語の系統関係のみならず、全語群間の系統関係についてもいまだ仮説の域をでない。確かなことは、比較的短期間のあいだに広大な地域に拡散したために、多数の類縁関係にある言語に分化したということである。

東アフリカと大湖地方で話されている主要なバントゥ諸語は東部バントゥと総称され、湖間語群（ルワンダ語、ニョロ語、ガンダ語など二七言語）、ルヒア語群、ギクユ語群、タイタ語群などで構成されている。なお東アフリカとその周辺で広く話されているスワヒリ語は、言語学的にはバントゥ諸語のひとつである。

バントゥの原集団は、約三〇〇〇年前にナイジェリア南東部からカメルーン西部にかけての原郷から移動を開始したと考えられている。コンゴ盆地を東進したバントゥ系の人々が、大湖地方に到達したのは、約二〇〇〇年前のことであった。

この移動は、西部と東部に大別されるバントゥ全体の移動の歴史においては、東部の核をなすものであった。東部バントゥの一部は、ヴィクトリア湖西方からタンガニーカ湖の東方を南進した。他の一部はヴィクトリア湖南岸をへて東アフリカ高地へ東進し、その一部はインド洋岸に達してさらに南進していったと考えられている。

大湖地方に到達したバントゥ系の人々は、その地域の先住民であった、ナイル・サハラ語族の中央スーダン系の人々(そしておそらくアフロ・アジア語族の南クシ系の人々)と接触した結果、それまでの根栽農耕に加えて、雑穀農耕とウシの牧畜も生業に加えた。鉄精錬の技術も、従来の説では大湖地方に到達したあとに獲得したとされていたが、近年では彼らがもともと身につけていたとする説が提出されている。

コイサン語族　コイサン語族は、主として南部アフリカのサンとコイコイの諸言語からなるが、東アフリカのタンザニアにも、二言語(サンダウェ語とハッツァ語)が飛び地のように分布している。またケニア北西部のタナ川流域に居住し、近年まで狩猟採集民であったダハロは、アフロ・アジア語族の南クシ語群に属する言語を話している。ダハロ語には、コイサン語族の言語学的な特徴である吸打音(クリック)が存在する。さらにケニア山の北麓に分布する東クシ語群のヤーク語の基礎語彙には、明らかにコイサン系のものがいくつかある。これらの言語学的事実は、狩猟採集民であったコイサン語族の話者たちが、食糧生産民(農耕民と牧畜民)であった他の語族の人々が移動してくる以前は、東・南部アフリカに広く分布していたことの証拠とみなされている。

2　歴史研究の枠組み――認識論と方法論の展開

歴史研究の展開――ヨーロッパ中心史観の克服

東・北東アフリカの内陸部がヨーロッパ人に知られるようになったのは十九世紀後半になってからのことにすぎない。探検家スピークとグラント(九六ページ参照)が、ナイル川の水源(ヴィクトリア湖からの流出口)を確認したのも一八六二年である。探検家と宣教師、そしてのちには軍人と行政官によって、自然や諸部族の社会と文化にかんする情報が収集されていくが、基本的には「歴史のない未開社会」という認識が継続した。

しかし、東・北東アフリカの特殊性は、古代エジプトとエチオピアという「文明」が存在したことである。エジプト文明は過去のものであったが、イスラエルのソロモン王とエチオピアのシェバの女王とのあいだに生まれたメネリク一世が始祖であるという建国神話をもつエチオピアは、独立したキリスト教王国であった。一八九六年には皇帝メネリク二世の軍勢が、アドワの戦いにおいてイタリア軍を撃破し、ヨーロッパ列強も国際社会における「エチオピア帝国」の主権を認めざるをえなかった。ところで、古代エジプト文明やエチオピア文明の存在が、暗黒大陸アフリカのイメージを転換する役割をはたしたかというと、じつはそうではない。なぜなら、これらの文明の担い手は、黒人(ニグロ)ではなく広い意味の白人(コーカソイド)に属するハム系の人々であると考えられたからである。つまり、エジプトとエチオピアはアフリカ大陸に位置しながら、アフリカではない存在であり、ヨーロッパ人にとって、黒人の暗黒大陸というアフリカ観の見直しをする必要は回避できたのである。

近代ヨーロッパの人種観は、たんに研究のレベルだけでなく、植民地統治のあり方や脱植民地期の政治にも大きな影響を与えてきた。ここで、二十世紀前半におけるアフリカの人種分類の代表例として、イギリスの人類学者セリグマンが著した『アフリカの諸人種』を取り上げてみよう。一九三〇年に出版されたこの本[オックスフォード大学出版局]は、三九年、五七年と版を重ね、広く読まれた。形質人類学と民族誌がまじりあった、現在からみれば奇異に思える内容は、当時はむしろ科学的なものとして受け入れられたのだろう。セリグマンは、肌の色、身長、頭髪の縮れぐあい、頭部のかたち、顔と鼻の形状といった身体的特徴に基づき、アフリカの諸人種を以下のように分類した。

(1) ブッシュマン(サン)、ホッテントット(コイコイ)、ニグリロ　ニグリロとは身長の低い黒人種のことで、ここではピグミーをさす。

(2) ニグロ　アフリカにおけるふつうの黒人をさす。

(3) ハム　エジプト人とエチオピア人のほとんど、ソマリ人、ベジャ人など、北東アフリカの諸集団と、北アフリカのベルベル人を含む。エチオピアのアムハラ人はもともとセム系の言語を話していたがハム化した。

(4) ハム化したニグロ(ナイル・ハム系、ナイル系、バントゥ系)　ナイル・ハム系は主として東アフリカに、ナイル系はスーダン南部と東アフリカに居住する。

(5) セム　アラブ人をさす。

セムとハムは旧約聖書に由来する名前である。「創世記」によれば、ノアにはセム、ハム、ヤペテという三人の子があり、全世界の民は彼らの子孫である。ハムが父ノアの裸を見たために、ノアはハムの息子カナンを呪った。「カナンは呪われよ。彼はしもべのしもべとなって、その兄弟たちに仕える」〔「創世記」第九章、日本聖書協会訳〕。ユダヤ人とアラブ人はセムの子孫と考えられたが、ハムという概念の内容は時代とともに揺れ動いた。近世ヨーロッパでは、すべての黒人は「呪われた人々」であるハムの子孫と考えられ、それは「劣等人種」としての黒人の地位とうまく整合した。近代になると、黒人一般をさすのではなく、身体的特徴が黒人的ではなく、ヨーロッパの基準からすると顔立ちの整った(鼻筋のとおった高い鼻と分厚くない唇をもつ)北東アフリカの人々を意味する語として用いられるようになった。そして、セリグマンのように、ハム系の人々は黒人という意味でのアフリカ人ではなく、むしろ白人であるとみなされるようになったのである。後述のように、現在ではハムという用語は、その人種主義《レイシズム》的な偏向のゆえに、言語学的にも人類学的にも死語となっている。

さて、セリグマンの『アフリカの諸人種』によれば、アフリカの諸文明の担い手は、白人、つまり「ヨーロッパ人」であり、アラビア半島が原郷であると考えられたハムである。ハムの影響の経路は二つあり、ひとつは古代エジプト、もうひとつは牧畜民のハムである。牧畜ハムは、鉄器文化を有しており、軍事的に卓越した優秀な人々で、石器時代の段階にあったニグロの農耕民を征服して国家を形成した。大湖地方の諸王国(ニョロ、アンコーレ、ルワンダなど)がその例である。これは征服国家説のひとつであり、「ハム仮説」と呼ばれる。また、セムとの混血によって鉄器文化を獲得したバントゥ系の人々は、その卓越した技術のゆえに、サンやコイコイなどの原住民を征服、吸収しつつ、アフリカの東部、中部、南部にまたがる広大な地域に拡大することができた。

近代ヨーロッパ人は、アフリカに高文化や文明の証拠をみいだすと、アフリカ人の手による自生的な発展の結果ではなく、「外部」からもたらされた他生的なものとみなす傾向があった。「未開」の部族が住む「暗黒大陸」では、そうした発展はありえないという先入観があったからである。エチオピア文明と大湖地方の諸国家は、そうした例であり、他のアフリカ地域では、南部アフリカのグレート・ジンバブウェ遺跡、西アフリカ、ベニン王国の青銅鋳造技術などが、当初はアフリカ人ではなく、フェニキア人やユダヤ人、ギリシア人がつくったものであると真剣に考えられていた。

「ハム仮説」は、人類学や歴史学という研究のレベルだけでなく、現実の政治にも影響をおよぼしている。ルワンダは、一九九四年の大虐殺をはじめとして、ツチ人とフツ人のあいだの「民族紛争」が独立以降、繰り返されている国である。この国は、植民地化以前はツチを支配階層とし、フツを被支配層とする王国を形成していた。国家の起源は、北方から移動してきたハム系牧畜民ツチが、バントゥ系農耕民のフツを征服したことにあると考えられていた。植民地化以前の支配‐被支配の関係、および搾取の形態については議論の余地があるが、植民地化以降にツチとフツの境界が固定される一方で、ヨーロッパ人の「ハム仮説」をルワンダ人自身が受容したことが、独立後の紛争の主要な原因のひとつであると指摘されている。つまり、ツチは身体的にも美しい優等人種であり、フツは劣等人種であるという認識をルワンダ人が自らのものとしたことが、独立後の政治史を方向づけることになったのである。

エチオピアの文明を担った人々は、のちにハム系ではなくセム系、つまりユダヤ人やアラブ人と同系の「白人」と認識されるようになったが、その起源がアフリカ大陸の外部に求められたことにはかわりがない。後述のように、エチオピアの歴史研究は「セム史観」に大きく傾倒しつつ発展してきた。その結果、非セム系の人々がはたしてきた歴史的役割が十分に評価されなかったばかりでなく、エチオピア史をアフリカ史の文脈に位置づける試みもないがしろにされた。また、セム史観は、近代のエチオピアにおける民族紛争の主要な原因のひとつにもなった。

ヨーロッパ中心史観のもうひとつの側面は、時代区分である。前世紀の前半、考古学的調査が進展するにつれて、西アジアとヨーロッパで用いられてきた、旧石器時代―新石器時代―鉄器時代といった時代区分がアフリカにも適用されるようになった。しかし、現在ではこうした区分の妥当性には大きな疑問が呈されている。既存の外来の物差しをあてはめるのではなく、実証的な調査研究を積み重ねて、アフリカの各地域における発展を解明することが、第一の課題であると考えられるようになったのである。

他のアフリカ地域と同様、東・北東アフリカにかんする歴史研究は、一九六〇年代以降、大きな変貌をとげてきた。それを担ったのは、欧米の新世代の歴史家とアフリカ人の歴史家であった。それは、ヨーロッパ中心史観と「未開の暗黒大陸」としてのアフリカ観を克服する過程であり、旧植民地の独立という大きな政治的潮流とも連動していた。

こうした作業は現在も進行中である。また、史料の制約と、その地域的・時代的ばらつきのため、私たちの知識には大きなギャップがある。さらに、東・北東アフリカの多様性(自然環境、言語、文化、民族集団の多様性と、歴史的発展過程の多様性)のゆえに、古代―中世―近世といった統一的枠組みのもとに歴史記述をおこなうことは不可能である。本章の記述は、こうした、さまざまな限定のなかで、現時点における共通理解――それ自体、しばしば論争の対象ではあるが――に基づいたものであり、将来の歴史研究の展開によっては大幅な書き直しもありうることをお断りしておく。

過去再構成の方法論

アフリカの過去を再構成するには、文献史料、口頭伝承、考古学的資料、言語学の成果、および自然科学の成果などを複合的に組み合わせる必要がある。その組み合わせ方には地域と時代による違いがあるが、アフリカの歴史を学ぶうえで、主として文献史料だけに依拠するのは不可能である。なぜなら多くの社会が、近代になるまで無文字社会だったからである。東・北東アフリカでも、ナイル川上流部と東アフリカの内陸部は、十九世紀後半になってヨーロッパ人が足を踏み入れるまで文字記録は存在しない。しかし、ナイル川下流地域、紅海沿岸部、およびエチオピア高原にかんしては、文字で書かれた記録が存在し、他のアフリカ地域とは異なる特徴を示している。

古代エジプトの象形文字で書かれた記録には、ナイル川上流のヌビア地方にかんするものが散見される。ヌビアでは、クシュ王国の時代に独自のメロエ文字が発達したが、部分的にしか解読されていない。ヌビアを含む北部スーダンについては、六世紀以降は、アラビア語の史料が存在する。十六世紀以降は、ヨーロッパ人による記録も登場する。

エチオピアについては、一世紀からギリシア語で書かれた文献があり、南アラビア語、ギリシア語、およびゲエズ語(エチオピアの古語)で記された石碑の碑文、および貨幣の銘文があり、アクスム王国研究の重要な史料となっている。十三世紀以降になると、ゲエズ語で書かれたエチオピア正教会の文献や王の年代記が存在する。十五世紀末から十六世紀にかけては、イエズス会の神父たちなどエチオピアを訪問したヨーロッパ人が文献を遺した。アルヴァレスの『エチオピア王国誌』は、その代表的なものである。

これらの地域でも、過去を再構成するには文献史料だけでは不十分であり、他の資料の助けを借りざるをえない。口頭伝承の研究(口承史)、考古学、言語学は、文献史料の不足と欠落を補う三本の柱である。また、十九世紀末から二十世紀にかけての民族誌的な資料も、過去を再構成する際の参考資料として利用される。とくに、物質文化、生業経済、集落と家屋の形態、社会組織と儀礼などにかんする情報が重要である。

無文字社会の研究にとって口頭伝承が不可欠であることは当然であり、アフリカ史の研究は、口頭伝承の史料としての重要性を証明してきたといってよい。問題は、口頭伝承だけに依拠した場合、遡及《そきゅう》できる時代に限界があることである。四〇〇年から五〇〇年ほど前までは有効であるが、それ以前の歴史の解明に口頭伝承が中心的な役割をはたした例は少ない。また、口頭伝承は不変のものではなく、世代とともに変化していく。それはたんに伝承内容の一部が忘れ去られたり、混乱が生じたりするだけではない。そもそも口頭伝承は、伝承されている時点での、現在の秩序と過去のできごとにたいする人々の認識の表現であるから、イデオロギー性をもつと同時に、たえず改訂と追加がおこなわれている。伝承が生きている社会では、それは現在進行形で生成・創造されているのである。この特性のゆえに、口頭伝承は興味深い資料であるのだが、同時に史料としては慎重な扱いが必要である。

考古学は、発掘調査がおこなわれた地域が、広大な東・北東アフリカのごく一部、それもヌビアやエチオピア高原北部など、国家と文明が存在した場所に限られていることに問題がある。また、民族の移動と離合集散が激しいこの地域では、ある遺跡の居住者、あるいはその文化の担い手が誰であったのか――つまり、現在のどの民族集団の祖先であったのか——を特定することは容易ではない。

具体的な例をひとつ検討してみよう。現在のサハラ砂漠からサヘル地域、そしてナイル川流域から東アフリカの大地溝帯にかけての広い地域で、約一万二〇〇〇年前から四〇〇〇年前にかけての湿潤時代の遺跡が分布している。特徴的な遺物は、骨角器の銛《もり》と、魚骨や貝殻で刻した波目文のある土器である。考古学者サットンは、これらの遺跡は共通する漁撈文化を代表しており、その担い手はナイル・サハラ語族の人々であったという仮説を提唱した。この大胆な仮説は、さまざまな批判を受けた。広大な地域の数千年にわたる諸遺跡を、単一の文化と呼ぶことと、その担い手をある語族の人々に帰してしまうことの二点の妥当性に疑問が付されたのであった。この問題は、考古学的事実から歴史を推測することがいかにむずかしいかをよくあらわしている。

しかし、重要なことは、以上のような限界はあるが、考古学的研究はアフリカ史の不可欠の柱だということである。発掘調査の一層の進展と、遺物の科学的研究方法の開発、および年代測定の技術進歩の結果、考古学は将来においてより大きな成果をもたらすことが期待される。

言語学はアフリカの歴史研究に大きな貢献をはたしてきた。基礎語彙の比較によって、同じ系統に属する言語間の関係の遠近が解明される。つまり、祖語からの分岐の過程を明らかにすることができるのである。この手法は語彙統計学《レキシコスタティスティクス》と呼ばれる。さらに、言語年代学《グロットクロノロジー》と組み合わせることで、現在は別の言語となった二言語が、いつ分岐したのかを推定することが可能になる。

一九六〇年代以降は、言語学の方法論にも修正が加えられた。個別言語集団の文化や社会の文脈に照らして適切な語彙が選ばれるようになると同時に、インド・ヨーロッパ語族の研究において発達した言語年代学を、アフリカの諸言語に適応することの妥当性に疑問が呈されるようになったのである。修正の結果、文化的な意味のある語彙――農耕、牧畜、漁撈、狩猟など生業にかんするもの、鉄や製鉄にかんするもの、割礼や年齢集団などの社会的慣行や組織にかんするものなど――を選択的にリストアップし、比較することで祖語の語彙を再構成するという方法がとられることになった。

アメリカの言語学者エーレトらは、こうした方法論の開拓に主導的な役割をはたしてきた。彼らの研究によって、東・北東アフリカの多様な言語のあいだの、文化語彙の貸借の方向――異なる集団間の文化接触のあり方を示す――が明らかになり、言語集団の移動と拡散、集団間の接触についても説得力のある仮説が提唱されるようになったのである。先に述べた、南クシ系の言語を話す人々が、東アフリカに農耕と牧畜をもたらしたこと、バントゥ系の人々は、原郷にいたときには穀物栽培と製鉄の技術をもっていなかったことなどは、言語学的研究の発展によってもたらされた推論である。このような言語学の研究は、文化史の再構成と言いかえることもできるだろう。

考古学の資料が過去の遺跡や遺物であるのにたいして、言語学の資料は、文字化された古語の文献を除けば、現在の諸言語の語彙である。つまり、現在の姿から過去を再構成するわけである。厳密な方法論を適用することで、言語間の関係の解明や祖語の語彙の再構成はかなりの程度可能になるが、ある過去の時点において、ある言語の話者たちがどこに居住しており、そこからどう移動したのか――歴史の重要な側面――は、また別の課題である。この課題の解決には、いくつかの方法を組み合わせる必要がある。考古学上の遺跡を特定の言語集団と結びつけることは、集団を時間と空間のなかに定位することである。また、現在の言語分布から過去の分布を推論することも方法のひとつである。

さて、考古学、言語学、および人類学の知見をもとに過去を再構成するとき、「言語＝民族集団」という概念を使わざるをえないが、その際には十分な注意が必要である。なぜなら、「集団」は中心的な概念であると同時に、認識の落とし穴でもあるからだ。「集団」概念の否定的な側面は二つあり、ひとつは移動にかんするものである。私たちは、ある系統の言語の話者たちが、政治的に統一されたひとかたまりの「集団」として、比較的短い期間のあいだに移動したと考えがちである。しかし実際には、個人、家族、あるいは親族からなる人々の集まりが、別個に長い時間をかけて移動していったと考えるほうがより妥当であろう。もうひとつの問題は、集団間の関係にかかわるものである。「集団」という概念は、その境界の明確性を前提にしているが、植民地化以前と植民地化以降の民族間関係が明らかにしているのは、そもそも民族集団間の境界は曖昧《あいまい》であり、人々のアイデンティティはひとつの集団に固定されたものではなかったことである。多くの人々は多言語の話者であり、また、個人は、民族集団に基づく農耕民、牧畜民、狩猟採集民の境界を越えることが可能であった。つまり、家畜を失った牧畜民が、農耕民や狩猟採集民になる(「集団」の視点からすると、別の民族集団のメンバーになる)ことや、その逆、つまり家畜を獲得した農耕民や狩猟採集民が牧畜民になることは、ごくあたり前に実践されていたのである。

実際の歴史記述においては、言語＝民族集団を主要な主体にすえざるをえず、民族集団は、言語と文化の面で明確な境界をもつという前提に立つ傾向があるので、上記の認識の落とし穴に陥らないよう、慎重な配慮が必要である。

アフリカ史の研究は、以上のように文献、口頭伝承、考古学、言語学などの資料を総合的に動員して相互参照しつつおこなわれてきた。さまざまな領域の資料の総合的な利用と関連するのが、アフリカ史の研究につきまとう、絶対年代の測定という困難な問題である。いくつかの科学的な手法が、測定に利用されている。有機物に含まれる放射性炭素による年代測定は代表的な例である。誤差や誤りがありうるため、測定結果の信憑性はしばしば論争の種になる。大規模な気候変動は、花粉分析による植生の変化、ナイル川の水位の変化などから推定が可能である。また、口頭伝承で語られている日蝕《にっしょく》の年代を、天文学の知識によって同定することもできる。

最後に、近年のヒトの遺伝子にかんする研究の進展は、アフリカの多様な言語＝民族集団間の系統的な関係の理解に、大きな変革をもたらす可能性がある。ただし、この場合にも、集団を代表する個体のサンプリングには方法論的な精緻《せいち》化が必要である。さもないと、またしても「集団」に依拠した認識の罠《わな》に陥る危険性がある。

3　食糧生産と鉄器使用のはじまり

農耕の開始

東・北東アフリカでは、日本よりずっと古くから食糧生産（農耕と牧畜）がおこなわれていた。さらにこの地域は、いくつかの重要な作物の栽培化の中心地でもあった。ただし、農耕と牧畜の展開には、地域内部で大きな違いがあり、北東アフリカでは早く、東アフリカでは相対的に遅かった。また、先に述べたように、多くの地域では農耕と牧畜の開始以降も、採取経済は消滅するのではなく継続した。

東・北東アフリカは、世界の栽培植物起源地のうち、二つの中心をかかえている。ひとつは、アフリカ大陸を東西に横切るサヘル地域の東部であり、もうひとつはエチオピア高原である。前者はサバンナ雑穀農耕複合の起源地であり、モロコシ、シコクビエ、トウジンビエなどの穀物(雑穀、次ページ上)、ササゲや緑豆などの豆類、ゴマ、オクラ、ヒョウタンなどが栽培化された。これらの作物は、日本を含む世界各地に伝播し、栽培されている。アフリカが世界史にはたした大きな貢献のひとつといってよい。後者では、イネ科のテフ、バショウ科のエンセーテ(次ページ下)、キク科の油料作物ヌグやコーヒーの木などが栽培化された。コーヒーを除くと、これらの作物はエチオピア高原以外の地域には広まらなかった。

さて、これらの植物は正確にはどこで、いつごろ栽培化されたのだろうか。現在のところ、確たる考古学的証拠はなく推測の域をでない。また、穀物は野生のものが採取されていた長い歴史があり、穀粒痕をもつ土器や、石臼として使用されたと思われる石器が発掘されたとしても、野生のものか栽培されたものかを判断するのは容易ではない。しかし、栽培化の歴史は、アフリカ史の不可欠の部分を構成し、とくに最重要の作物であるモロコシの品種には民族移動の歴史が反映されている。

モロコシには多様な品種があるが、ビコロル、ギニア、コダトゥム、カフィール、ドゥラの五種に大別される。ビコロル種はもっとも野生種に近い品種で、広い地域に分布する。ギニア種は、西アフリカの雨

サバンナに起源をもつ雑穀類　左からモロコシ，シコクビエ，トウジンビエ。

エンセーテ　高さは4～5ｍになる。葉柄と塊茎の澱粉を食用にする。

量の多い地域で、ニジェール・コンゴ語族の人々によって栽培されている。コダトゥム種は、チャド湖からエチオピアの西端にいたる一帯で、ナイル・サハラ語族のシャリ・ナイル語派の人々が栽培している。カフィール種は、南部アフリカで、バントゥ系の人々が栽培している。最後のドゥラ種は、サヘル地域で主としてムスリムによって栽培されている。これらのうち、ビコロル種がもっとも古い品種であり、野生種との比較から、チャドからスーダンにいたるアフリカ北東部で栽培化されたと考えられる。他の品種はビコロル種から分化したものと推定されている。

では、モロコシはいつごろ栽培化されたのか。インドでは、約四〇〇〇年前のモロコシが発見されている。また、アラビア半島では、穀粒痕のある約四五〇〇年前の土器が出土している。したがって、アフリカでの栽培化がそれ以前であることは明らかである。また、これらの証拠は、アフリカ―アラビア―インドという、環インド洋地域の交渉史の古さを物語っている。ハルトゥーム郊外のナイル川沿いにあるカデロ遺跡は、約五五〇〇〜五〇〇〇年前の定住的な集落跡である。ここからは、大量のウシ、ヤギ、ヒツジの骨とともにモロコシ、シコクビエ、トウジンビエなどの穀粒痕のある土器が発見されている。研究者のなかには栽培種か野生種かの判断に慎重な態度をとる者もいるが、もっとも古い栽培の証拠のひとつと考えるのが妥当であろう。

トウジンビエは乾燥に強い穀物であるが、スーダンから西アフリカにいたるサハラで栽培化され、サヘル地域に伝播したと考えられている。シコクビエは、野生種の存在する、東アフリカとエチオピアの高原で栽培化されたと推定されている。いずれも、栽培化の歴史はモロコシ以上に明らかではない。

エチオピア固有の栽培作物、とくに主食となるテフとエンセーテがいつごろ栽培化されたのかは、考古学的証拠が乏しいため現在のところよくわかっていない。

牧畜の開始と拡散

アフリカで牧畜の対象になっている家畜は、ウシ、ヤギ、ヒツジ、ラクダの四種類である。北アフリカで野生の原牛(オーロックス、*Bos primigenius*)が独自に家畜化された可能性があるほかは、これらの家畜は西アジアから伝来した。アフリカにおける牧畜の歴史は古く、時代と地域によっては農耕よりも重要な生業であった。また、移動性の高い牧畜は、人々の拡散と混交においても不可欠な役割をはたしてきた。

ウシは、経済的・文化的にもっとも重要な家畜である。アフリカのウシにはさまざまな品種があるが、大別するとユーラシア起源のウシ（*Bos taurus* こぶのないタイプ）と、アジア起源のコブウシ（*Bos indicus*）の二系統がある。さらに長角と短角という類型化もある。これらの品種が数千年にわたって複雑にまじりあい、現在の多様なウシが形成されたのである。

約八〇〇〇年前には、牛牧畜は北アフリカ一帯で広くおこなわれていた。サハラの砂漠化の結果、ウシを連れた牧畜民は南方と東方に移動した。先に述べたハルトゥームのナイル河畔にあるカデロ遺跡（五五〇〇〜五〇〇〇年前）では、ウシの骨が大量に出土している。東アフリカでは、まずケニア北部で四五〇〇〜四〇〇〇年前ごろに牛牧畜が成立した。それから約一〇〇〇年かけてタンザニアまで南下している。後述のように、東アフリカにおける初期牧畜文化の担い手は、南クシ系の人々であったと考えられている。

骨から品種を同定するのは容易ではないが、これらの初期のウシは、おそらくこぶのないタイプだったと考えられる。なぜなら、サハラの岩壁画に描かれているのはこぶのないタイプであり、最古のコブウシの証拠は、三五〇〇年前ころの古代エジプトの絵画だからである。コブウシには頸部から胸部にかけてこぶのあるタイプと、胸部にこぶのあるタイプの二種類があるが、前者が先に紅海経由で渡来した。両者は在来のこぶのないウシと交配し、現在の品種を形成していった。

南部アフリカに牧畜が普及するのは東アフリカよりもかなり遅れた。また、ウシに先んじてヒツジの飼養が広まった。約二〇〇〇年前には、南端のケープ地方でヒツジが飼養されていた証拠がある。ウシは初期鉄器時代の紀元一〇〇〇年紀に、バントゥ系の諸集団の移動と拡散とともに南下し、アフリカ大陸の南端にまで達した。

鉄器使用の開始と拡散

アフリカにおける土器の使用と食糧生産(農耕と牧畜)は、世界的にみても早い時期から開始されたが、多くの地域では金属器の普及はむしろ遅かった。また、エジプトなど一部の地域を除くと、青銅器時代や銅器時代をへずに鉄器時代をむかえた。東・北東アフリカの内陸部では、鉄器時代にはいっても、鉄は希少な金属であり続け、槍の穂先などの武器と鍬などの農具、および鉄片は、王や首長の威信財や婚資(交換財)として使用された。南部スーダンでは、二十世紀の初頭でも、耕作に掘棒と骨角器が使用されていた。

鉄生産(精錬と鉄器製作)の技術は、フェニキア人によって前八世紀ごろに北アフリカに伝えられたと考えられている。一般的には、アフリカにおける鉄器使用は、北アフリカおよびエジプトから南方に広がっていったものと考えられる。しかし、これは仮説の域をでず、鉄生産の技術はアフリカで独自に発明されたとする説もある。前四世紀から後四世紀にかけてクシュ王国の首都であった、北部スーダンのメロエには、大規模な鉄精錬の遺跡があるので、サハラ以南のアフリカの製鉄技術はすべてメロエに由来すると想定されたこともあった。しかし、現在の考古学上の知見では、こうした単一起源とそこからの伝播は否定されている。

サハラ以南のアフリカ各地では、紀元前に鉄器生産がおこなわれていたことを示す考古学的証拠が発見されている。西アフリカのナイジェリアで前一〇〇〇年紀の中期から後期にかけて発達した「ノク文化」の製鉄技術――サハラ以南では最古のもののひとつ――は、ほぼ同時期の鉄精錬の証拠は、ガボンのオゴウェ川流域からも発見されている。

東アフリカでもっとも古い鉄器使用の証拠は、ヴィクトリア湖周辺から出土している。その年代については諸説があるが、紀元前にさかのぼることは確実とされている。この鉄器文化は、土器製作、農耕・牧畜、恒常的な集落とセットになっていた。同様の考古学的証拠は、東アフリカから南部アフリカの東部にいたる広大な地域で発見されており、きわめて同質的な特徴を有している。イギリスの考古学者フィリップソンは、この文化複合を「初期鉄器文化複合」あるいは、モザンビークの遺跡名にちなんで「チフンバゼ複合」と呼んでいる。

フィリップソンによると、この文化は、二~四世紀にかけてのわずか二〇〇年ほどのあいだに、約二〇〇〇キロ南下し、現在の南アフリカ・ナタール州にまで達した。この地域にとってこの文化複合の到来は、革命的なできごとであった。狩猟採集生活から、鉄器と新しい土器をともなう、食糧生産民への移行を意味したからである。文化複合の拡散は、文化の担い手が移動した結果生じたものであり、その担い手とはバントゥ系の人々であったと考えるのがもっとも妥当である。

ただし、東・南部アフリカにおける経済と文化の革新のすべてを、バントゥ系に帰することは、かつては定説であったが、現在では多くの保留が付されている。たとえば言語学者のエーレトは、バントゥ祖語の復元に基づいて、バントゥが原郷(ナイジェリア南東部からカメルーンにかけての地域)を離れた時点では、穀物栽培と牛牧畜の語彙と同様、鉄、および製鉄に関連する語彙ももっていなかった——つまり、鉄器文化を獲得していなかった——と主張している。彼によれば、最初に東アフリカに到達したバントゥは、大湖地方に定住したが、前九〇〇年という早い時期にすでに製鉄の技術を身につけていた。つまり、彼らはその技術を先住民であるナイル・サハラ語族の中央スーダン系の人々から学んだものと考えられる。

4　古代王国の盛衰——クシュとアクスム

エジプト文明は「アフリカ」のものか？

古代エジプト文明は、まぎれもなくアフリカ大陸の文明であった。しかし、エジプト文明がどの程度「アフリカ的」であったか、つまり「黒人」によって担われていたのかについて、通常の歴史学は否定的な立場をとってきた。古代エジプト史学は、サハラ以南のアフリカ史学とはまったく別のジャンルとして成立し、展開してきたのである。

セネガル人の研究者シェイク・アンタ・ディオップが著した『文明のアフリカ的起源——神話か現実か』[1955、英訳 1974]は、こうした傾向に異議を唱え、エジプト文明の担い手はアフリカ人であり、サハラ以南の諸文化とエジプト文明のあいだには多くの共通点があると論じた。これは未解決の課題である。

さて、古代エジプト文明を除いても、アフリカには二つの古代文明が、いずれも本章で扱うアフリカ北東部に存在した。ひとつは、エジプトに隣接するナイル川中流域のヌビア地方で、前九〜後四世紀にかけて繁栄したクシュ王国であり、もうひとつは、エチオピア高原北部で一世紀に興隆し、十二世紀まで存続したアクスム王国である。いずれもエジプトの影響を受けつつ、独自の文明を発展させた。

ヌビア地方における諸国家の興亡

エジプト南部のアスワンから、スーダン北部のハルトゥームまでのナイル川中流域は、ヌビア地方と呼ばれる。ナイル川はS字型に大きく湾曲して流れ、途中には船舶の航行が不能な急流(カタラクト)が六カ所ある。この地域は、古代エジプトと関係が深く、少なくとも五五〇〇年前には農耕と牧畜が開始されていた。また、のちにはエジプトおよび地中海世界、紅海、エチオピア高原北部を含む青ナイルとアトバラ川上流地域、そして白ナイルの上流地域を結ぶ、長距離交易の中継地でもあった。

ヌビアは、エジプトにとっては南方のフロンティアであり、支配圏は時代によって拡大と縮小を繰り返した。中王国時代(前二〇〇〇〜前一六〇〇年)、エジプトがヌビアから撤退した時期に、第三急流の近く、現在のドンゴラ地方北部に位置するケルマを中心に、ヌビア人による文化が誕生した。ケルマ遺跡では、墳墓と建造物が発掘されている。これを、「黒人アフリカ最初の国家」とみなす立場もある。

ケルマ遺跡では、数千の墓が発掘されている。その多くは、内部に日干し煉瓦でつくられた墓室と通廊をもつ墳丘墓で、最大のものは直径九一メートルに達する巨大な規模であった。墓室には、武器と装身具が副葬された遺体が安置されているが、それ以外にも墓室と通廊には多数の遺体が埋葬されている。ある墳丘墓からは、三二二体分の遺骨が発掘され、もともとは、四〇〇体以上の遺体が埋葬されていたと推定されている。これらの遺体は、人身供犠の証拠と考えられているが、もし事実だとすれば、強大な政治権力の存在を示唆するものである。墳墓以外には、日干し煉瓦造りの二つの大規模建造物が知られている。小さなほうの建造物は墓地に位置しており、礼拝堂であったと考えられている。大きなほうの建造物は、土台部分の長辺が五二メートル、短辺が二七メートルあり、ナイル交易に関係した監視塔兼工房であったと推定されている。

ケルマ以降、ヌビアの歴史にはクシュ王国の勃興まで数百年の断絶がある。クシュ王国は、前九世紀にケルマより上流、ナイル川第四急流の下流部に位置するナパタを中心に成立した国家であった。エジプトの強い影響を受けつつ、前八〜前七世紀には、エジプトを征服して第二五王朝を建設した。前四世紀に王国の中心は、さらに上流のメロエに移る。エジプトが、プトレマイオス朝からローマ帝国の支配下にあった時代にメロエは繁栄した。多数の小型の石造ピラミッド、墓地、神殿、そして日干し煉瓦造りの住居跡などの遺跡がある。しかし、体系的・包括的な考古学的調査は不十分にしかおこなわれておらず、メロエ文字で記された碑文も部分的にしか解読されていない。遺跡には、製鉄の際にできた鉱滓《こうさい》の山がいくつもあり、メロエが鉄生産の一大中心地であったことがうかがえる。鉄製品は、各地に輸出されていたと考えられている。

メロエは、アフリカ大陸北東部の十字路に位置していた。北はエジプト、地中海世界とつながり、東は、アトバラ川沿いのルートでエチオピア高原北部のアクスム王国と結びついていた。つぎに述べるように、アクスム王国は紅海に面した港アドゥリスを通じて、インド洋世界・地中海世界と交易をおこなっており、メロエはこの交易圏のなかに位置づけられていた。南には、白ナイル・青ナイル流域の農耕・牧畜地帯があり、西はダルフール地方をへてチャドとつながっていた。

クシュ王国は二世紀ごろから衰退し、四世紀には滅亡する。衰退の原因のひとつは、過剰放牧と森林伐採(製鉄は大量の薪炭を消費する)による環境破壊であったと推定されている。四世紀中ごろのアクスム王エザナの軍事的遠征にたいする敗北は、衰退過程の最後に位置づけられる事件であった。

クシュ王国滅亡後も、ヌビア地方では国家と都市の伝統は存続した。エジプト‐スーダン国境地帯の下ヌビアでは、五〜六世紀の墳墓と集落跡が発掘されている。バラナ遺跡では、三つの墓室をもつ墳墓から、男女の貴人(王と王妃と推定されている)の遺骨、装飾品と武器、鉄の鋳塊、ワイン用壺形土器、および犠牲に供されたと考えられるウシ一頭と人間七人の遺骨が発見されている(次ページ図)。

ヌビアには六世紀にエジプトからキリスト教が伝来した。ヌビアにおける国家の伝統を継承することになるのは、北部のマクリア(ムクッラ)、南部のアルワという二つのキリスト教王国であった。この時代は、封建時代、あるいは中世と呼ばれることがある。アラブ化・イスラーム化の波は、ヌビアにも押し寄せてきたが、キリスト教王国は数百年にわたって存続した。

ヌビア人とは誰か

ヌビア研究の権威ウィリアム・アダムスは、ヌビアを「アフリカへの回廊」と呼んだ。地中海世界、エジプトと、ナイル川上流部、さらにはサハラ以南のアフリカとを結ぶ回廊というわけである。グレアム・

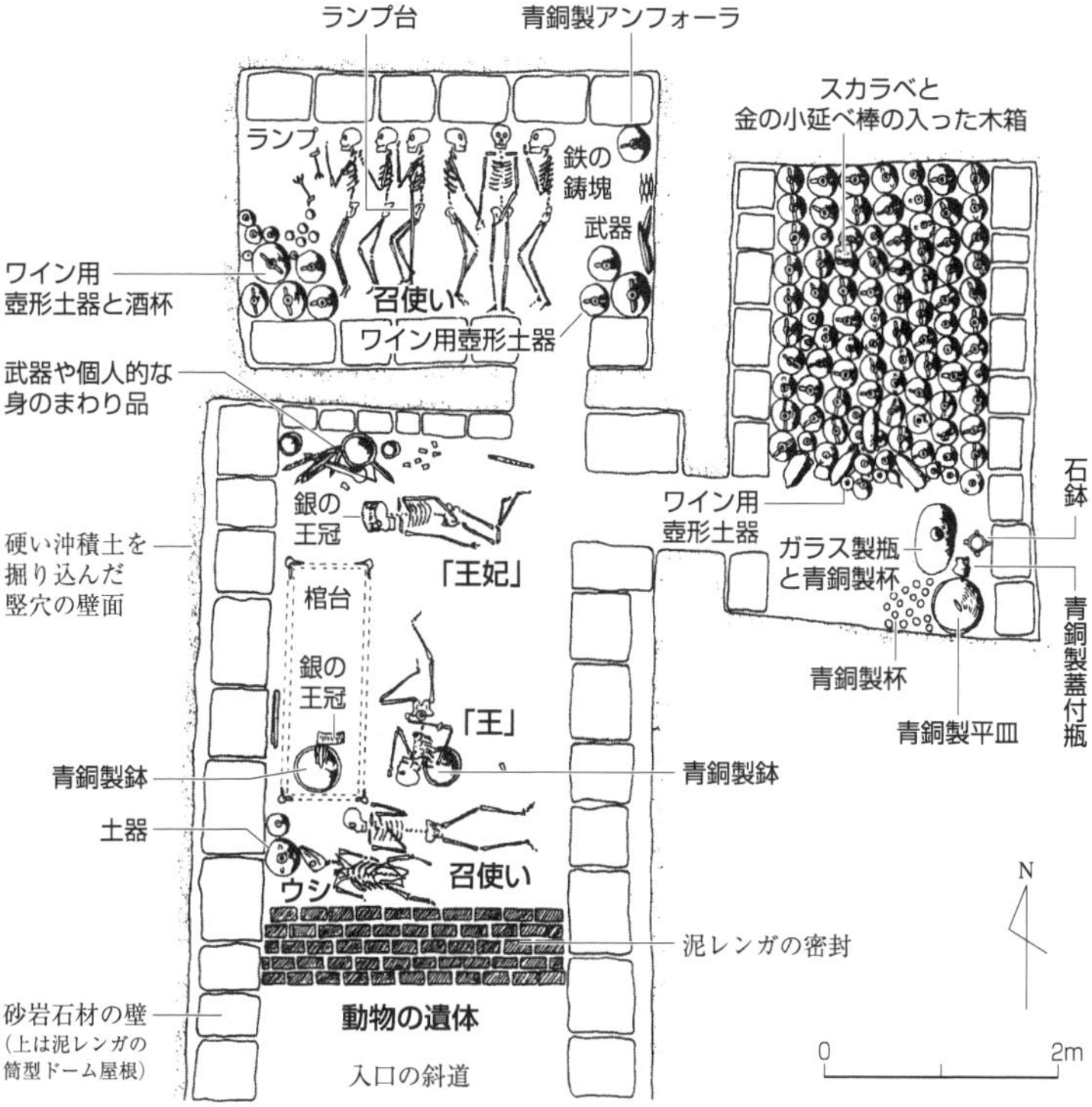

バラナ遺跡95号墓平面図

コナーは、著書『熱帯アフリカの都市化と国家形成』のヌビアを論じた章を「回廊か袋小路か」と題している。彼は、ヌビアの開放性よりむしろ閉鎖性を強調した。

言語学的には、現在のヌビア語群は、アフロ・アジア語族のアラビア語の大海に浮かぶ、異質な細長い島である。ヌビア語群は、ナイル・サハラ語族、シャリ・ナイル語派の東スーダン諸語に属する。言語系統のうえでは、コルドファン地方の諸言語や、南部スーダンから東アフリカにかけて分布するナイル語群に近い。

ところで、ヌビアのキリスト教王国の王位は、母系で継承されていたことも注目に値する。アラブ社会はもちろんのこと、東スーダン諸語の諸社会も父系であり、この点でヌビアの特徴はきわだっている。スーダンにおけるアラビア語化、アラブ化、そしてイスラーム化の過程の結果、ヌビア人の多くは自らの言語とアイデンティティを失ってしまったが、ヌビア人とは誰かという問題は、ナイル川流域の歴史の考察だけでなく、スーダン人とは誰かという、一九五六年のスーダン独立以来、ナショナルなレベルの政治において主要な争点となってきた問題にとっても、きわめて重要なテーマである。

私たちは、クシュ王国以降のヌビアを、キリスト教王国時代、アラブ化・イスラーム化の時代といった普遍的・二元論的区分でとらえがちであるが、こうした視点からはみえにくい側面がある。たとえば、キリスト教王国時代の晩期、ドンゴラの王はタブーに囲まれ、人々から崇拝されていたという記録がある。歴史学者スポルディングはそこに、アフリカの東西を横切るスーダン・ベルトに共通する「神聖王」の姿をみてとり、ヌビアの土着的な「アフリカ性」に注目する必要性を論じている。

エチオピア高原北部——アクスム王国の繁栄

アクスム王国は、一世紀に成立し、十二世紀まで存続した。アクスムは、きわめて高度で特徴的なアフリカの古代文明であり、かつて王国の首都がおかれていた、現在のエチオピア北部にある町の名前でもある。巨大な石造建造物を建設し、独自の文字を発達させ、貨幣を鋳造した。王の名前や銘文が記された貨幣は、重要な史料でもある。エチオピア高原北部が中心地であったが、その勢力圏は西方のナイル河谷、東方は紅海を越えてアラビア半島にまでおよんだ。また、インド洋を介してペルシアやインドと、紅海とナイル川を介してエジプトや地中海世界と国際的な交易をおこなった。四世紀という早い時期にキリスト教を受容して国教とした。

アクスム王国は突然出現したわけではない。首都アクスムの東方にあるイェハ遺跡からは、前五〜前四世紀ごろの神殿、宮殿、墓地、および鉄器と青銅器が発掘されている。この時期には、ダモト(ディアマト)と呼ばれる王国が存在したと考えられている。従来の研究では、これらの文化は南アラビアの直接的な影響下にあるとされていたが、近年ではエチオピア内部の自生的発展や、ヌビアの影響も重視されている。

アクスム王国の記念碑的建造物のうち、もっともよく知られているのは、首都アクスムを見晴らす高台に建てられた六本の巨大な石柱である。最大のものは高さ三三メートル、基部は縦三メートル、横二メートルあり、石柱の四面には宮殿を模した一二階建ての建物が刻まれていたが、現在は倒壊している。二番目に大きなもの(高さ二四メートル)もやはり倒壊していたが、イタリアの占領時代に戦利品としてローマに運ばれ復元された。三番目の、一〇階建ての建物が刻まれた、高さ二一メートルの石柱は、現在でもアクスム遺跡に立っている(次ページ)。いずれも花崗岩《かこう》の一枚岩を切り出してつくられたもので、高度な技術と膨大な人力が使用されたと考えられる。これらの大規模な石柱だけでなく、小規模な多数の石柱も墓地に建てられた標識である。巨大石柱に隣接する墓の被葬者は、アクスムの王たちと推定されているが、特定はされていない。

首都跡からは、いくつかの宮殿と推定される巨大な住居建築が発掘されている。二十世紀初頭に調査されたエンダ・ミカエル、エンダ・セモン、タアカ・マリアムの三遺跡と、一九六〇年代に調査されたドゥングル遺跡が代表的なものである。前三者にはそれぞれ、石積みの基壇の上に建てられた、中心的な石造建築物がある。最大のエンダ・セモンのものは、三五メートル四方あり、内部には多数の石柱で支えられた大広間がある。エンダ・ミカエルの中心建造物は二七メートル四方で、一〇の部屋をもつ。六世紀のギリシア人の記録には、「四つの塔のあるエチオピア王の宮殿」が記載されていることから、これらを三階建てか四階建てで、四隅に塔をもつ建物と推定する考古学者もいる。ドゥングルの住居建築は、より完全なかたちで発掘されたが、前三者より小規模な方形の中心建物が、中庭を挟んで、全体として方形をなす一群の部屋で囲まれたものであった。建坪約三〇〇〇平方メートル、全四〇室の複合建築である。

アクスム王国の遺跡は、首都アクスム以外にも分布している。重要な遺跡としては、紅海沿岸の港湾都市アドゥリス、そしてアドゥリスとアクスムを結ぶ街道の中間に位置するマタラがある。また、マタラとアドゥリスのあいだに位置するコハイトには、高さ三メートル、全長六七メートルの石造ダムの遺跡があ

アクスムの石柱碑　中央の石柱の左側には，かつてこれよりも大きな石柱２本が屹立していた。基壇の石垣は，近年修復されたもの。ムッソリーニが掠奪した石柱の返還は国際問題となっていたが，2008年に約70年ぶりに返還され，もとの場所に設置された。

る。このダムは、現在でも貯水機能を維持している。

アクスム王国の繁栄を支えた重要な要因のひとつは対外交易であった。地中海世界、北東アフリカ、アラビア半島、ペルシア、インドから、金属製品、貴金属製品、ガラス器、陶器、織物、ワインとサトウキビ、植物油、香辛料などが輸入され、アクスムからは、象牙《ぞうげ》、金、香料、亀甲《きっこう》、犀角《さいかく》、カバの皮革、奴隷、サルなどの生きた動物などが輸出された。

もっとも知られたアクスムの王は、エザナとカレブであろう。エザナ王は、三三三年ごろにキリスト教に改宗し、国教とした。シリアから伝えられたキリスト教は、のちにエチオピア正教として制度化され、今日にいたるまでエチオピアの主要な宗教であり続けている。また、エザナ王は各地に軍事的遠征をおこない、クシュ王国まで兵を進めて勝利をおさめたことが記録されている。カレブ王は、五二〇年ごろ、紅海を越えてイエメンに軍事的遠征をおこなった。

アクスムの国内的な経済基盤については、いまだに未解明の部分が多い。先に述べたようにエチオピア高原における農耕と牧畜の歴史は古く、アクスム時代には、穀物栽培(西アジア、エチオピア、サバンナ起源の作物の混合)と牧畜を中心とし、ウシが引く犂で耕すという、現在の形態とほぼ同様の食糧生産がおこなわれていた。灌漑とテラス状の畑(段々畑)の耕作もおこなわれていたと考えられている。社会組織と社会の階層化にかんする情報は一層限られているが、農民、牧民、職人、商人、聖職者、貴族などの諸階層から構成される複合社会であったと推定されている。

アクスム王国は、一一三七年ごろに、中央クシ系アガウ人のザグウェ朝によって滅ぼされた。しかし、その衰退は数世紀前から進行していたようである。その原因としては、過剰な土地利用による環境破壊、気候の乾燥化、そしてアラブ人とイスラームの勃興によって、紅海の交易ルートを失ったことなどが考えられている。

ザグウェ朝は一世紀あまりしか存続しなかったが、ラリベラ王(在位一一八五〜一二二五年頃)は、アクスムの南方、タナ湖の東方に位置する現在のラリベラの町に、岩盤をくりぬいて一一の教会を建設したことで知られている。最大のメドハネ・アレム教会は、幅三三・五メートル、奥行二三・五メートル、高さ一一メートルある。これらの特異な教会の様式と建造技術は、ザグウェ朝がアクスム王国の後継者であったことを示している。

一二七〇年、シェワ地方のアムハラ人の支持を基盤に、キリスト教会の支持もとりつけたイェクノ・アムラクは、ザグウェ朝を攻め滅ぼし、自ら皇帝に即位した。エチオピア史において、この新王朝の樹立は「ソロモン王朝の復活」として語られてきた。

「ソロモン王朝」のイデオロギー

一九七四年の革命によって打倒されるまで、エチオピアは「帝国」であった。最後の皇帝ハイレ・セラシエ一世が制定した欽定憲法には、皇統はエチオピアの女王マケダ（シェバ）とイスラエルの王ソロモンのあいだに生まれたメネリクに由来することが明記されている。女王ははるばるイェルサレムにソロモン王を訪問した折に一夜をともにし、メネリクを身ごもったのであった。エチオピアで生まれたメネリクは、成人に達すると父のもとに赴いた。ユダヤの学問を修めた彼は、父によってエチオピアの王として祝福され、廷臣となるべきユダヤ人たちと帰国することになった。その折、彼らはモーセが神から授かった、「十戒」の刻まれた石板をおさめた聖櫃《せいひつ》を「盗んだ」のであった。この行為は神の同意をえたものとされている。モーセの聖櫃は、現在でもアクスムにあるシオンの聖マリア教会に厳重に保管されているといわれている。

この伝承は、エチオピアの皇統は「万世一系」であり、ユダヤの正統的後継者であることを示している。クシ系のアガウ人が担ったザグウェ朝は、この皇統が一時的に中断した時期であり、メネリク一世の直系を自称するイェクノ・アムラクが開始した王朝は、「ソロモン王朝の復活」とみなされたのだった。

エチオピアとユダヤ人、ユダヤ教のあいだには、おそらく紀元前から、つまりキリスト教の伝来以前から、深い関係があったことは歴史的な事実と考えられている。しかし、エチオピアという国家自体の起源をソロモン王に求める「セム的歴史観」は、イデオロギーとして構築されてきた「神話」である。文献上の典拠となっているのは、十四世紀に編纂された『ケブレ・ネガスト』(諸王の栄光)である。この書物編纂の意図は、ザグウェ朝を倒した新王朝に正統性を付与することにあった。アクスムやザグウェより南方にあり、当時のフロンティアであったシェワ地方を基盤とする新王朝は、北部の旧勢力にたいして自らの正統性を主張しなければならない立場におかれていたのである。近代のエチオピア帝国も同様に、「ソロモン王朝」の伝承を国家統合の公的イデオロギーとして利用したのだった。

エチオピア人の「セム的歴史観」は、ヨーロッパ人のエチオピア観と相互補完的な関係にある。十五、六世紀のヨーロッパ人は、エチオピア（アビシニア）を、失われた伝説上の東方のキリスト教王国「プレスター・ジョンの国」とみなした。また、近代欧米のエチオピア研究者たちも、二〇〇〇年以上におよぶ国家と文字システムの歴史を有し、四世紀からキリスト教の伝統があるエチオピアを、他のアフリカ地域とは異なる「文明国」であると考えた。そしてこの文明は、土着で自生的なものではなく、非アフリカ的で外来のセム的なものととらえたのである。

エチオピアは、たしかに独自の歴史と伝統を有する国である。近代においてヨーロッパ列強による植民地化をはねのけて独立を維持した事実とあいまって、「セム的歴史観」は、近現代のエチオピア人に自信と誇りを与えてきた。しかし、このイデオロギーは、エチオピア正教徒であるセム系エチオピア人(主としてアムハラ人とティグライ人)以外のエチオピア人には受け入れがたいものであった。現在では国民の過半数を占める、クシ系やオモ系、さらにナイル・サハラ語族の人々、および人口のほぼ半数を占めるといわれるムスリムは、エチオピアの偉大な歴史と伝統から排除されたばかりでなく、しばしばその敵対者とみなされてきたのである。

　エチオピアの歴史を考えるうえで重要なもうひとつの要因は、地理的な孤立である。十八世紀の歴史家ギボンが、『ローマ帝国衰亡史』のなかで、「四方を彼らの宗教〔キリスト教〕の敵〔ムスリム〕に囲まれ、エチオピア人は自らが忘れられた世界のことを忘れ、一〇〇〇年近くも眠っていた」と述べたことは有名である。たしかに、開放性と世界性を特徴としたアクスムと比べると、十二世紀以降のキリスト教諸王国は、深い谷と断崖によって分断され守られた北部高原で、外部世界からは切り離されて存在していたといえる。もちろん、完全な孤立ではなく、たとえばエチオピア正教会の大司教はアレクサンドリアのコプト教会から派遣されていたし、エチオピア人の巡礼は聖地イェルサレムを訪問していた。また、エチオピア皇帝は十五世紀に二度にわたってヨーロッパに使節団を派遣し、ヨーロッパ人も時折エチオピアを訪問していた。しかしこれらは、いわば、か細いパイプであった。

　エチオピアのキリスト教王国の孤立という事実は、ユニークで独自という歴史観を強化する役割をはたしてきた。その結果、エチオピアにかんする歴史研究は、内部的にはキリスト教諸王国とセム系の人々の偏重と、非キリスト教徒と非セム系の人々の排除、外部的には、東・北東アフリカのなかでエチオピアをとらえる視点の欠落という偏向をもつことになったのである。こうした偏向がエチオピア内外のエチオピア研究者によって認識され、是正の方向が模索されるようになったのは近年のことにすぎない。

　帝政の崩壊後、社会主義の時代(一九七四〜九一年)をへて地方分権と連邦制の時代をむかえた現在、エチオピア人とは誰か、エチオピアの歴史をどのように書くかは、国民的な政治課題である。エチオピア史をめぐる諸問題は、歴史認識と記述の政治性を端的にあらわしているといえるだろう。

5　イスラームの浸透とキリスト教国家

ナイル河谷――キリスト教諸王国の滅亡

北東アフリカは、紅海を隔ててアラビア半島と隣接している。したがって、七世紀以降、アラブ人とイスラームの拡大の直接的な影響を受けた。現在、この地域の国々の人口の多数はムスリムである。影響のルートには、エジプトからナイル川をさかのぼり南下するものと、紅海沿岸から西進して内陸部に向かうものの二つがあった。東アフリカのインド洋沿岸地域におけるスワヒリ文化の成立とイスラームの浸透については、次章で論じられるので本章ではふれない。東・北東アフリカは、古くから、かつ広範囲にわたってアラブとイスラームの影響を受けてきた。それにもかかわらず、白ナイル上流から東アフリカの内陸部にいたる広大な地域では、十九世紀になるまで両者の直接的な影響はほとんど存在しなかったことにも注意しておくべきである。

ヌビア地方に六世紀に成立したキリスト教諸王国は、衰退しつつも十五世紀まで存続した。つまり、それ以前、ヌビアとエチオピア北部は、アトバラ川や青ナイルを介して地理的につながった、連続したキリスト教世界だったのである。ヌビアのキリスト教諸王国の遺跡(石と煉瓦でつくられた教会、修道院、城砦《じょうさい》、および都市と集落)は、アスワンからハルトゥームにいたるナイル川流域に点在している。

この時代のヌビアは「封建時代」と呼ばれる。十二世紀以降の後期には、同時代のヨーロッパや中東と同様に軍事封建主義的傾向が強くなる。教会は国家を統合する求心力を失い、各地方に城砦を築いて割拠した領主のもとに小作人たちが集まり社会を構成していた。教会建築は、その規模が時代をへるにしたがって縮小する傾向がある。これは、コプト教会の秘教的性格のゆえに脱俗的な側面が強くなり、社会との接点を失ったためと考えられている。

ヌビアのアラブ化とイスラーム化は、数百年かけて徐々に進行した。ファーティマ朝(九〇九～一一七一年)時代、エジプトとマクリア(ムクッラ)王国との関係は、おおむね友好的なものであり、両者は平和的に共存していた。十三世紀にはいりマムルーク朝(一二五〇～一五一七年)の時代になると、国家に討伐されたアラブ系遊牧民が、大量に南下してヌビアに侵入した。彼らは破壊と掠奪を繰り返したので、マクリア王国は弱体化した。また、アラブ人とヌビア人との混交が進んだ。他方で、マムルーク朝とマクリア王国は、軍事的な抗争状態に陥り、敗北した後者は属国化した。十四世紀初頭には、再度マムルーク朝の介入によって、ムスリムがマクリア王にすえられた。マクリア、そして南方のアルワ王国がいかに最後をむかえたのか、史料からは明らかでない。徐々に衰退し、十五世紀には完全に消滅したと考えられる。それは、ヌビアのアラブ化とイスラーム化の過程でもあった。母系制は、この過程を推進する役割をはたしたと考えられている。ヌビア人の女性と結婚したアラブ人の息子は、土地、財産、地位にたいする正統な権利を獲得したからである。

アラブ人、およびアラブ化した、ヌビア人をはじめとする土着のスーダン人は、南方だけでなく、西方のコルドファン地方、ダルフール地方、さらに現在のチャドやナイジェリアにまで拡大していった。これらの人々は、アラブ人としての正当性を主張するため、アラビアに起源を求める出自を名乗った。代表的なものに、ジュハイナと、アッバース朝との血縁を主張するジャアリーンがある。それぞれ、さまざまな氏族と部族を含む、「超部族」のようなカテゴリーであり、現在のスーダンでアラブ人としてのアイデンティティをもつ人々のほとんどは、いずれかに属している。

後述のように、ヌビアのキリスト教諸王国の後継国家となったのは、南方から移住してきた民族集団によって、十六世紀初頭に建国されたフンジ王国であった。フンジの王家もムスリムに改宗するが、十六世紀以降もアラブ化・イスラーム化は北部スーダンにおいて徐々に進行していった。そこで重要な役割をはたしたのは、アラビア半島やマグリブから来住した聖者《ファキ》であった。多数の信者を獲得した聖者は、イスラーム神秘教団(タリカ)の指導者となった。そのなかには、フンジ王から権限を認められて、世俗的な支配者になるものもあらわれた。

アラブ化とイスラーム化が、不可分のセットになって進行したことが北部スーダンの大きな特徴である。なぜなら、世界の他の地域では、ムスリムになることは、アラブ人になることを意味しないからである。北部スーダン人のほとんどはムスリムになり、多数はアラブ人と自認するようになった。しかし、現代においても、青ナイル地方や南コルドファン地方には、アラブ化もイスラーム化もしていない少数民族集団が存在する。さらに、アラブ化・イスラーム化の波は、白ナイル上流の南部スーダンにはついに到達しなかった。

エチオピア——キリスト教王国とムスリム勢力の攻防

一二七〇年に「復活」した「ソロモン王朝」の権力基盤は当初脆弱であった。十四世紀前半、卓越した武将でもあったアムダ・シヨン皇帝(在位一三一四〜四四)は、エチオピア各地に軍事的遠征をおこない、多民族・多宗教の国家を建設した。その勢力圏は、エチオピア高原を中心に、紅海、アデン湾沿岸にまでおよんだ。

この「帝国」は官僚制に基づく中央集権的な国家ではなかった。首都と呼べる恒久的な都市はなく、多数の兵士や女官を従えて移動する皇帝の在所は、基本的に露営地であった。皇帝に服属した地方の領主は、税や貢物をおさめるかわりに支配権を安堵された。また、一部の占領地は、皇帝配下の武人兼貴族に封土《ほうど》として下賜された。皇帝は「王中の王」であり、その戴冠式は、エチオピア正教会の主教(アレクサンドリアから派遣されたエジプト人)によって執行された。教会は、国家権力と密接な関係をもち、帝国の新しい版図に教会や修道院を建設していった。「ソロモン王朝」の拡大は、アムハラ語とキリスト教の浸透を意味したのである。こうしたエチオピア国家の構造は、基本的には近代まで存続したといってよい。

さて、前の時代に引き続いて、金、象牙、奴隷、香料はエチオピアの重要な輸出品であった。これらの商品は、内陸の交易ルートをキャラバンによって輸送され、紅海の港ミツィワ(マッサワ、現エリトリアの港町)やアデン湾の奥にあったゼイラ(現ジブチとソマリアの国境付近に位置する)から輸出された。

内陸への交易ルートを掌握していたのはムスリム商人であり、イスラームも交易ルートにそって浸透し、人々は改宗してムスリムになっていった。すでに十一世紀ごろには、イスラームはエチオピア高原のシェワ地方に達していた。こうした商業活動と深く結びついて、ゼイラからエチオピア高原の中心部にいたる交易ルート沿いに、二つのムスリム国家、アダルとイファトが成立した。アムダ・ションシ皇帝による帝国の拡大も、こうしたムスリム商人と国家の権益を認め、共存することによって可能になったのであった。

経済と宗教をめぐるキリスト教徒とムスリムの関係は、時折の抗争はあったものの共存的なものであったが、十六世紀にはいって全面的な軍事的対決の時代をむかえる。スルタン国アダルの武将であり、敬虔なムスリムとしてイマームの称号をえていたアフマド・イブン・イブラヒム・アル・ガジ(通称アフマド・グラニィ)は、キリスト教王国にたいする「聖戦」を宣言した。一五二七年から一六年間にわたって、エチオピアは未曾有の戦乱状態に陥ることになる。オスマン帝国はムスリムを、ポルトガルはキリスト教徒を支援したので、この戦乱は国際紛争でもあった。

アダルの兵士に、イスラーム化した低地の牧畜民が加わったグラニィの軍勢は、キリスト教王国の全土から召集され、レブナ・デンゲル皇帝(在位一五〇八～四〇)自らが指揮する軍勢を、現在のアディスアベバ南方に位置するシムブラ・クレの戦い(一五二九年)で撃破し、軍事的優勢を決定づけた。グラニィの軍勢はエチオピア高原のほぼ全域を席捲し、キリスト教の教会や修道院を破壊した。

マスケット銃で武装したポルトガル人部隊の加勢を受けた新皇帝ガラウェドス(在位一五四〇～五九)の軍勢は、一五四三年、タナ湖畔におかれていたグラニィの本営を奇襲し、グラニィは戦死した。カリスマ的指導者を失った軍勢はアダル・スルタン国へと撤退し、キリスト教王国は壊滅の危機をまぬがれた。しかし、長年にわたる戦乱の結果、エチオピアの民と国土は疲弊し、その打撃から立ち直ることは容易ではなかったのである。

十六世紀から十七世紀にかけて、キリスト教王国エチオピアでは、エチオピア正教会とイエズス会宣教師によってもたらされたカトリックとのあいだの神学論争が、政治問題になっていた。イスラーム勢力との対抗上、キリスト教王国はヨーロッパのカトリック諸国と友好関係を確立する必要があり、イエズス会は皇帝による保護を受けた。しかし、同じキリスト教とはいえ、「キリスト単性説」を信じ、ユダヤ教や土着宗教の影響の色濃いエチオピア正教会は、カトリックの立場からすれば異端であった。ススネヨス皇帝(在位一六〇七〜三二)は、秘密裏にカトリックに改宗したが、このことが明らかになると、皇帝・イエズス会と、王族・貴族・エチオピア正教会の対立は激化した。最終的には、ススネヨスの息子、ファシリダス皇帝(在位一六三二〜六七)の代にイエズス会はエチオピアから追放され、この宗教・政治問題に決着がついた。

十七世紀以降のエチオピア

十六世紀中期から十七世紀にかけての混乱の時期に、現在のエチオピア・ケニア国境地帯を原郷とするクシ系牧畜民オロモが、エチオピア高原への拡大を開始した。彼らは、アムハラ人をはじめとする諸民族集団と文化接触を重ねつつ、高原のほぼ全域に進出していった。その過程で、農民化、キリスト教化とイスラーム化、および社会階層の分化が進行した。

オロモ人は、あらたな主体としてエチオピア史の舞台に登場した。キリスト教王国の支配階層は、軍事的に対抗しつつも、ススネヨス皇帝のようにオロモの有力者と姻戚関係を結び、彼らを国家のなかに取り込もうとした。現在では全人口の三割以上を占める最大の民族であるオロモ人が、エチオピアという国家の統合された一部を構成するか否かは、十七世紀から現代にいたるまで、政治社会をめぐる根本問題であるといえる。

十六世紀のムスリム勢力との戦乱ののち、キリスト教王国は十四世紀の繁栄を回復することはなく、各地に諸侯が乱立し、「帝国」とは名ばかりの状態が続いた。とくに十八世紀はその傾向が強まった。帝国の再編と再統一がおこなわれるのは、十九世紀中期以降、テオドロス二世(在位一八五五〜六八)、ヨハネス四世(在位一八七二〜八九)、メネリク二世(在位一八八九〜一九一三)という三人の皇帝の時代のことである。

もちろん、首都ゴンダールの建設など、王国の求心力を確立するための努力は続けられた。ファシリダス皇帝は、タナ湖の北方に石造りの城郭、宮殿、教会を建設し、復興した「ソロモン王朝」ははじめて都市と呼べる首都をもったのである。ゴンダールは、十九世紀中期まで歴代の皇帝が住まう首都として機能した。一七七〇年に訪問したスコットランド人の旅行家、ジェイムズ・ブルースの記録によれば、ゴンダールには一万戸の家があり、それとは別に三〇〇〇戸のムスリム地区があった。

アクスム王国の時代と同様、エチオピアのキリスト教王国の経済的基盤は、紅海および北部スーダン地域との交易であり、ゴンダール在住のムスリムはその担い手だった。

十三世紀から十九世紀にわたるエチオピア高原のキリスト教王国は、王族・貴族、聖職者、平民、商人・職人、奴隷から構成される階層社会であった。王とその代理人である地方の支配者は、教会や家臣にグルトと呼ばれる土地にたいする権利を与えた。グルト権の保持者は、その土地の住民から貢納物や税を徴収し、労役を徴用する権利を有するとともに、地方支配者や王に貢納し、兵士や人夫を供出する義務を負っていた。農民は小作ではなく土地にたいする用益権リストを有する自作農であり、平民階層を構成していた。リスト権は、父系・母系の両方によって相続された。グルト権とリスト権が絡まり合いつつ、土地制度が成り立っていたのである。

こうした階層化と土地制度は、エチオピア高原の社会の大きな特徴であった。他の東・北東アフリカでも、王国の発展したところでは社会の階層化は当然存在したが、土地は父系出自集団(クラン、氏族)が所有しているのが一般的である。この点でエチオピアの土地制度は特異である。エチオピア高原の社会はむしろ、ヨーロッパの封建制と形態的には類似している。しかし、グルト権は世襲ではなく農民の自律性が高かったこと、それゆえに階層間の流動性も高かったことなどが主要な相違点であると指摘されている。

エチオピア高原北部に位置するキリスト教王国の求心力が低下する一方で、南部のオモ系民族集団やオロモ人のあいだでは、カファ王国、ギベ諸王国、ワライタ王国といった国家の形成や発展がみられた。こうした小規模な国家は、王朝の多くが北部から移住してきたティグライ人やアムハラ人を始祖とする伝承をもつなど、キリスト教王国の影響を受けつつ、紅海やアデン湾沿岸部との、およびキリスト教王国との交易(主要な交易品はコーヒー、香料、奴隷など)を、その経済的基盤としていた。これらの諸王国は十九世紀末にメネリク二世のもとでエチオピア帝国の版図に組み込まれるまで、政治的自立を保った。

6　十五〜十七世紀の国家形成

フンジとダルフール

十六世紀から十七世紀にかけて、スーダン北部では二つの王国が形成され、十九世紀まで存続した。青ナイル河畔の都市センナールを中心に、白ナイルと青ナイルの流域を支配したフンジ王国(スルタン国)と、西部のダルフール地方に本拠をおいたケイラ王国(ダルフール・スルタン国)である。

十五世紀から十六世紀初頭にかけて、ヌビア地方はアブダッラー・ジャンマーというアラブ人の勢力下にあった。アブダッラーは交易ルートを支配していたと考えられる。前の時代に引き続き、ヌビアは、金、ゴム、乳香、麝香《じゃこう》、犀角、ラクダおよび奴隷などの供給地として国際交易のなかで重要な位置を占めていた。これらの交易品は、アラビアとエジプトに輸出された。

十六世紀初頭、南方からアマーラ・ドゥーンカスという指導者に率いられたフンジと呼ばれる人々が登場し、青ナイル沿岸のアルバジーの戦いでアブダッラーの軍勢を打ち破ってフンジ王国を建国した。一五〇四年のことである。アマーラの勢力圏は、ヌビア北部のドンゴラ地方ばかりでなく、当時国際的な貿易港として繁栄していた紅海沿岸のサワーキーン(スワキン)にまでおよんだ。

アマーラは、最初ムスリムではなかった。しかし、建国後二〇年足らずのあいだに支配層はムスリムに改宗し、王はスルタンと称するようになった。改宗の要因は、エジプトやエチオピアとの交易を促進するためであったと考えられている。キリスト教王国エチオピアとの交易もムスリムの手に握られていたからである。人々のイスラーム化も徐々に進行し、アラビア語も、多民族国家であったフンジの共通語として広まっていった。しかし、宮廷ではフンジ語が継続して使用され、アラビア語の公文書があらわれるのも十八世紀になってからのことであった。

さて、フンジと呼ばれる人々はいったい誰だったのか。これは、現在でも答えのでていない、スーダン史における大きな謎である。フンジの起源については三つの仮説がある。一番目はシルック説である。一七七二年、エチオピアを訪問した帰途にセンナールに立ち寄ったスコットランド人旅行家ジェイムズ・ブルースは、フンジは黒人であるシルック人であると記している。神聖王で知られるシルックは、白ナイルの上流、南部スーダンに居住する西ナイル系の言語を話す民族集団である。二番目の仮説は、フンジ王朝の起源を、西アフリカのボルヌー帝国から来訪した流浪の王子に求めるものである。三番目は、フンジ人は青ナイルの上流の、現在のエチオピア領内に居住していたとする仮説である。十九世紀に編纂された『フンジ年代記』には、フンジ人はもともと青ナイル上流部に居住する、遊動的な牛牧畜民であったことが記されている。

フンジ王国の勢威は、ヨーロッパ人旅行者が臨席する機会をえた、一六九九年に催された王の晩餐会《ばんさん》の記録をみれば明らかだろう。宮廷から離宮へと赴いた王に従ったのは、最初に三、四〇〇人の騎兵、王を称える歌を歌いながら歩く多数の従者と歩兵、彼らとともに食物が盛られたバスケットを頭上に運ぶ七、八〇〇人の女官、そして最後はふたたび二、三〇〇人の騎兵であった。こうした壮観な行事は、王の威光をあますことなく示している。しかし、常日頃、王は迷宮のような宮廷の奥深くに鎮座し、臣下を謁見するときは顔をベールで覆っていたのだった。キリスト教ヌビア王国の神聖王的性格は、フンジ王国にも継承されていたのである。

しかし、フンジ王国は十八世紀末から衰退する。一八二一年、エジプトの支配者であったムハンマド・アリが、スーダンの支配をめざして派遣した軍隊がセンナールに到着したとき、王は戦わずして降伏し、王国は滅亡したのであった。

ケイラ王国は、ダルフール地方のマッラ山の山麓に中心をおく王国で、ケイラは王を輩出した、フール人の氏族の名称である。王国の由来は詳らかではないが、十七世紀中期には史料に登場する。ムスリムであった王はスルタンと称した。もともとは、サヘル地域の諸王国に共通する神聖王権であったものが、スルタン国に変質していったものと考えられている。ケイラ王国は、十八世紀前半には勢力を拡大し、東方のコルドファン地方の支配権をフンジ王国と争うようになった。そして十八世紀末には、スルタン、ムハンマド・タイラブの指揮下、フンジの勢力を駆逐して、コルドファンを支配下におさめた。

ダルフールは、東のナイル河谷と、西のサハラ・サヘル地域とを結ぶ要衝であった。また、北方のエジプトとは、ナイル川経由ではなく、砂漠を縦断する「四十日路」によって直接結びついていた。南方の南部スーダンとの境界あたりから供給される奴隷は、エジプトとの交易における重要な交易品であった。

エジプトの軍隊が進軍してきたとき、弱体化していたフンジ王国と異なり、ケイラ王国は最盛期にあった。ケイラの軍勢は、一八二一年、近代火器で武装した軍隊に敗北したものの、王国は独立を維持し、七四年まで存続した。マフディー国家が、イギリス゠エジプトの連合軍によって滅亡した機会をとらえて、九八年に王国は再興される。そして、植民地支配への抵抗を開始し、植民地政府軍の軍門に降《くだ》る一九一六年まで、再建ケイラ王国は独立を維持したのであった。

大湖地方

東はヴィクトリア湖、西は西部地溝帯の底に連なるアルバート湖、エドワード湖、キヴ湖を擁する地域は大湖地方、あるいは湖間地方と呼ばれる。この地域の最古の住民は、ナイル・サハラ語族の中央スーダン系の人々であったと考えられている。その後バントゥ系の人々が来住し、さらに時代の前後関係は明確ではないが、クシ系やナイル系の人々の移動があった。こうした移動と混交、そして内発的な経済発展の結果、この地域では十四世紀から十六世紀にかけて、いくつかの王国が勃興した。その起源と正確な時期については諸説がある。

現在の民族集団の分布をみると、北部のアルバート湖周辺に西ナイル系や中央スーダン系の人々が居住し、西部のコンゴ民主共和国との境界地帯に人口的には少数の「ピグミー」が居住するほかは、バントゥの世界になっており、モザイク状の複雑な民族集団分布を呈する、東・北東アフリカの他地域とは状況が異なる。これは、歴史的過程のなかで、他の言語゠民族集団がバントゥ化したことを意味している。おそらく、中央集権的な王国の存在が、バントゥ化の推進に一定の役割をはたしたのであろう。また、同じ氏

ガンダ王に拝謁するスピークとグラント　1862年2月，探検家スピークとグラントは，ヨーロッパ人としてはじめてヴィクトリア湖の北岸にあったガンダ王国の王都に到達し，王宮の威容と王の権力の強大さに驚かされた。

族が集団間の境界を越えて、さまざまな民族集団に分布することもこの地域の特徴であり、歴史研究の手がかりのひとつになっている。大湖地方の歴史を再構成する際、王朝と氏族の口頭伝承が主要な史料であり、考古学的資料が補助的に用いられる。

十九世紀後半にナイルの水源を求めて内陸部をめざしたヨーロッパの探検家達は、いわば最奥部である大湖地方で、ガンダ王国やニョロ王国を「発見」した。巨大な宮廷と、多数の廷臣に囲まれ、威厳に満ちた王の姿に、ヨーロッパ人たちは強い印象を受けた。それは、他地域の社会が、王の存在しない未開の「部族社会」であったことと対照的であった。これら内陸の諸王国の存在を説明するのに、「ハム仮説」が用いられたことは先に述べた。王国の起源は、北方から来住した「白人」かつ牧畜民であるハム系の集団が、先住民であるバントゥ系農耕民を征服したことに求められたのである。二十世紀後半における、この地域を対象とする歴史学の営みは、ハム仮説の修正、およびそれからの脱却をめざしたものだったといってよい。

大湖地方最古の国家は、アルバート湖の東方から南方にかけて存在したキタラ王国であるといわれている。のちのニョロやトロなどの王国はキタラの後継諸国家であり、それらの「本家」としてのキタラは「帝国」と呼ばれることもある。ケニア人の歴史学者オゴトは、キタラと後継諸国家の全体を「キタラ複合体」と呼んだ。口頭伝承によれば、キタラの形成に主要な役割をはたしたのは、テンブジ人、チュウェジ人、ビト人と呼ばれる三つの外来の集団である。彼らがどの系統の民族集団に属し、どこから移住してきたのかは、論争の種になってきた。もっとも初期のテンブジ人については、そもそも神話と歴史のいずれの領域に属するかについて議論されている。チュウェジ人については、エチオピア起源の「ハム系」であったという説や、西ナイル系のルオ人であったという説がある。

ともあれ、帝国の建国者は、十四世紀中期に実在したとされるンダフラ王であるとされている。オゴトはキタラ王国の「自成説」を提唱し、チュウェジ人はバントゥ系の貴族階層であったと主張している。その後、「ヒマ」と呼ばれる牛牧畜民が来住したのであった。

この時期の遺跡に、エドワード湖から流れ出し、ヴィクトリア湖に注ぐカトンガ河畔に位置するビゴ遺跡がある。全長一〇キロ以上の数重の壕で囲まれた遺跡で、平面図は本丸の周囲に曲輪《くるわ》を配した中世日本の山城に類似している。十四世紀中期から十五世紀のものと推定され、王家の巨大な牛囲いであったという説や、牧畜王国キタラの首都であったという説がある。キタラを支えた経済的資源は、ウシと鉄、およびアルバート湖畔で産出する塩であったと考えられている。

キタラの後継国家のひとつであるニョロは、十六世紀には大湖地方でもっとも栄えた王国となった。その覇権は、ヴィクトリア湖北岸で勃興しつつあったガンダ王国に脅かされることになる。

キタラ複合体の南方、ヴィクトリア湖西方の地域には、ルヒンダ複合体と総称されるンコーレ王国やカラグウェ王国があり、さらにその南方にはルワンダ王国を中心とするルワンダ複合体があった。ルヒンダとは、複合体の諸王国の始祖とされる王の名前で、十五世紀前半に実在したとされている。彼も富裕な牧畜民ヒマであった。ルワンダ王国の成立について、近年の新しい説を要約すれば以下のようになろう。すなわち、牧畜民ツチが集団で来訪し、農耕民フツを征服することによって突如国家が形成されたのではなく、十五世紀末と考えられる強力な国家の成立以前に、複数の小国家がすでに存在しており、牧畜民と農耕民の関係も、支配‐被支配という単純なものではなかったのである。

さてガンダ王国は、十七世紀の初めまでは小王国にすぎなかったが、それ以降、二十世紀まで続く領域の拡大を開始した。その過程で、王を頂点とし、世襲および任命制の首長から構成される中央集権的な国家体制が確立した。十八世紀後半には、インド洋岸のスワヒリ世界との長距離交易ルートがガンダまで到達し、交易を独占した王の権力はさらに強化された。十九世紀には、この地域の覇権をめぐって、ガンダ王国とニョロ王国は全面的な対決をむかえることになる。

7　白ナイル上流部と東アフリカ高地における民族移動と文化接触

バントゥ系諸集団の移動と定着

東はスワヒリの世界であった東アフリカのインド洋沿岸部、西は大湖地方に挟まれ、北は南部スーダンにいたる地域では、南クシ系、東クシ系、南ナイル系、東ナイル系、西ナイル系、そしてバントゥ系のさまざまな集団が移動と接触を繰り返し、せめぎあい、共存するなかで集団と文化の形成がおこなわれた。この地域では中央集権的な国家の形成はみられず、小規模な首長制国家や、国家なき平等主義的な社会が多数存在した。考古学的資料は乏しく、主として言語学的資料と口頭伝承に基づいて過去の再構成がおこなわれてきた。

現在のケニアとタンザニアで人口の大多数を占めるバントゥ系の人々も、十二世紀ごろの居住地域は現在よりずっと限られていた。大湖地方に諸王国を形成した西部バントゥの一部がヴィクトリア湖北岸に定着しており、東部バントゥの一部はヴィクトリア湖の南方から北東に進み、ケニア山やキリマンジャロ山の山麓に定着し、さらに東進してインド洋岸に到達していた。アラビア語の史料によれば、遅くとも十世紀までには現在のソマリアの海岸部にバントゥ系と思われる人々が存在していたことが確実である。

この時代、内陸の高原とサバンナには、前の時代に引き続いて、南クシ系や南ナイル系の諸集団(半農半牧民か牧畜民)と狩猟採集民が居住していた。十二世紀から十六世紀にかけて、バントゥ系の諸集団は先住の諸集団から影響を受けつつ、彼らを吸収し拡大していった。彼らは牧畜も営んでいたが、基本的に農耕民であり、乾燥・半乾燥地帯にはさほど拡散しなかった。

西部バントゥのなかでは、現在の民族集団の原集団が形成された。ヴィクトリア湖北岸のブソガやルヒア、北東岸のグシイ、クリア、東岸のイコマなどの原集団である。東部バントゥのうち、インド洋岸の集団は、ミジケンダと総称される諸民族集団の祖先と考えられている。彼らは従来の雑穀に加えて、東南アジア起源の根栽作物やバナナを栽培するようになった。より内陸部では、キリマンジャロ山麓の原チャガ人、ケニア山麓の原ギクユ・メル人などが集約的な高地農耕を発達させた。これは、南クシ系から受け継いだと思われる灌漑と施肥に基づく農耕に、あらたにバナナの栽培が加わって成立したものである。

集約的農耕を発達させた人々も含めて、これらのバントゥ系諸集団は、国家を発達させた大湖地方と異なり、国家をもたない小規模な首長制社会か平等的社会であり続けた。社会の単位は氏族であり、多くの場合、先住のクシ系から受容した年齢組織が、氏族を越えたレベルの連帯を保証する制度となっていた。

東・西ナイル系諸集団の移動と定着

東部地溝帯とその両側のサバンナは、乾燥地帯であるがゆえにバントゥ拡大の舞台とはならなかった。この地域は、北方から南下する牧畜民、半農半牧民の回廊であった。すでに述べたように、スーダン南東部・エチオピア西南部付近の原郷から南下した南ナイル系の諸集団は、約二〇〇〇年前には東アフリカの奥深くに到達していたと考えられる。彼らは南クシ系の先住民を吸収し、バントゥ系の人々と接触しつつ、

十一、二世紀ごろには現在のカレンジン諸集団やダトーガの原集団を形成していた。

南ナイル系のタンザニア中央部への拡大は十六世紀まで続くが、それを後追いするかたちで拡大したのが、東ナイル系のマサイ人である。原マサイは、十六世紀初めにはすでに東部地溝帯東側の高地、北はケニア山、南はキリマンジャロ山に挟まれた地域に到達していたと思われる。十七、八世紀、マサイはこの地域から北方、西方、南方へと拡大し、牛牧畜に適した広大な草原を占有するにいたった。マサイは、農耕、狩猟、採集、漁撈といった牧畜以外の生業を営まない、特化した牧畜民である。マサイが拡大する過程で、南ナイル系の諸集団は分断や後退を余儀なくされた。マサイの社会には首長や王が存在せず、多数の部族の連合体であったが、年齢組織に基づく強力な軍事力を有していた。

十四世紀から十六世紀にかけて、マサイ以上の大移動をおこなったのは、西ナイル系ルオ諸語の諸集団である。西ナイル系の原郷は、南部スーダンと考えられるが、ヌエル・ディンカ人、およびルオのなかでもシルック人などは南部スーダンにとどまり続けた。残りのルオの諸集団は南下し、十四世紀にはすでにウガンダ北部に到達していた。彼らは、非ルオの集団を吸収しつつ、さらに南方に移動し、キタラ王国の成立と展開にも一定の役割をはたした。もっとも南進した諸集団は、十五世紀から十六世紀にかけて、ヴィクトリア湖北東岸に到達した。

ルオのさらなる移動の波を生み出したのは、旱魃と飢餓であった。十六世紀末から十七世紀初期にかけての約三〇年間に、東・北東アフリカのほぼ全域が数度にわたって未曾有の旱魃と飢餓に見舞われた。エジプトでは、ナイル川の水位が極端に低下し、飢餓のために人口が半減したことが史料から明らかになっている。上流地域では、その災厄は口頭伝承によって現在まで記憶されている。

この大旱魃と飢餓は、ナイル川上流部、とくに南部スーダンからウガンダ北部にかけての諸社会に多大な影響をおよぼしたと考えられる。難民化した人々は食糧、水、牧草を求めて、少しでも条件のよい地域へと移動した。より湿潤な山岳地帯と大湖の周辺が避難場所となった。集団は離合集散を繰り返し、あちこちで社会の再編成がおこなわれた。ルオの一部は、ヴィクトリア湖北東岸に南下し、すでに定着していた先発のルオと合流した。ブニョロ王国がこの時期に南方を侵略したのも、旱魃によるウシの減少を回復するためとみなされている。

マサイ以外の東ナイル系諸集団が、ケニア、スーダン、ウガンダ国境付近の原郷から東と南に移動したのもこの時期である。南下した集団はカリモジョン・クラスター、あるいはアテケルと総称される諸民族集団を形成することになる。彼らは現在、スーダン東南部、ケニア西北部、ウガンダ東北部、エチオピア西南部に居住している。西に向かった集団は、現在のスーダン東南部に居住するロトゥホ・クラスターと呼ばれる諸民族集団になった。

文化接触と地域の形成——植民地化以前の「民族」のあり方

さまざまな集団の接触と混交は、文化要素や社会組織の伝播と拡散をもたらした。それは多くの場合、言語と民族集団の境界を越えた、地域性というべきものを生み出している。男女の割礼と年齢組織は、バントゥ系、南ナイル系、東ナイル系、クシ系にかかわらず、東アフリカの諸社会に広くみられる。成人儀礼である割礼は、年齢組織と深く結びついている。東・北東アフリカの年齢組織は、ほぼ同じ年齢の同輩たちから構成される年齢組、系譜上同じ世代に属するメンバーから構成される世代組、加齢に従って、若者、一人前の成人、長老と上昇していく年齢階梯などが組み合わさった複雑な組織であり、儀礼、経済、政治、軍事など、さまざまな機能を担っている。南部スーダン東南部からウガンダ北部にかけての地域や、東アフリカ高地と大地溝帯では、隣接する諸社会のあいだで、年齢組織の相同化、共鳴とでもいうべき現象がみられる。年齢組織、言語と民族集団の境界を越えた、共通の観念と行動の表現として生成してきたといえる。

異なる言語＝民族集団に属する人々のあいだには、共通する年齢組織のほかにも、境界を越えるさまざまな紐帯が存在した。複数の集団にまたがる氏族はそのひとつである。つまり、氏族へのアイデンティティは、集団を横断しているわけである。制度化された友人関係や結婚による姻戚関係も重要な紐帯である。経済的には、塩や鉄といった産地や生産者が限られた貴重で必須の物資の交易が、異なる集団を結びつけていた。また、集団が生業的に特化している場合、農耕民、牧畜民、狩猟採集民のあいだには、経済的な相互依存関係が存在する。農耕民は農産物を、牧畜民は家畜と乳製品を、また狩猟採集民は野生動物の肉を供給した。旱魃と飢餓の時期には、こうした相互依存が一層明確になる。乾燥地・半乾燥地に居住する牧畜民が生き残った家畜をつれて、より湿潤な地域の農耕民のもとに身を寄せることもあった。また、飢えた農耕民と牧畜民が、狩猟採集民とともに野生の動植物に依存して生き残りをはかることもあった。生業に基づく集団の区分が持続的に存続していた一方で、人々は状況によって境界を越えていたのである。

ナイル川上流部から東アフリカ高地にいたる広大な地域の民族集団の分布は、十七世紀から十八世紀にほぼ現在の姿になった。各集団は移動を繰り返しつつ、先住の集団と接触、混交し、集団そのもののかたちを変容させていった。諸集団は土地やウシといった資源と財をめぐって時には激しく戦いつつ共存し、長い年月をかけて言語＝民族の違いを維持しつつ、同時に違いを越えた地域性をはぐくんできたといえる。

十九世紀になって、ヨーロッパ人が内陸部にはじめて足を踏み入れたとき、彼らが出会ったのは、発達した王国から単純な狩猟採集民の社会にいたる、多種多様な人々であった。しかし、その多様性と複雑性はあるがままに理解されたわけではない。むしろ、社会進化論や文明と未開・野蛮の二元論に基づく硬直化した認識が優越していた。エチオピアを除く東・北東アフリカは、十九世紀末にはヨーロッパ列強によって分割され植民地化された。植民地統治は、「民族」のありようを大きく変容させた。ひとつの集団が人為的な国境で分断されたばかりでなく、民族集団間の境界が固定化され、「部族」として実体化していったのである。

現代の東・北東アフリカは、慢性的な「民族紛争」の舞台となっている。スーダンの内戦（一九八三～二〇〇五年）の犠牲者は二五〇万に達したといわれており、ルワンダでは、一九九四年に「ジェノサイド」といわれる大量虐殺が発生した。ウガンダ、ブルンディ、エチオピア、ソマリアも長期の内戦を経験している。紛争の主要な原因のひとつは、植民地時代に「創造」された部族＝民族集団のあり方に求められる。植民地化以前は、流動的で柔軟な、ソフトな存在であった民族集団が、植民地化以降は統治の必要上、固定されたハードな実体に変化したばかりでなく、国家権力との関係によって階層化された。特定の民族集団の出身者が行政の末端を担う役人や兵士・警官として登用される一方で、他の民族集団は国家のなかで周辺化された。独立後は、植民地時代に中・下級官僚であったアフリカ人エリートが国家のヘゲモニーを掌握し、こうした構造は一層強化されると同時に、ヘゲモニーをめぐる争いも激化したのである。現在のような民族紛争は、けっして伝統的なものではない。二〇〇三年にスーダンのダルフール地方で発生し、二〇〇八年末の時点でも継続している「民族紛争」も、二〇〇七年、ケニアの大統領選挙後に生じた「民族紛争」も、適切な理解のためには、まず、歴史的文脈のなかに位置づけられる必要がある。紛争の原因を理解し、殺戮《さつりく》によって生じた傷を癒し、あらたな民族集団と集団間の関係のあり方を構想しようとするとき、私たちが過去から学ぶことは大きい。歴史の現代的意義はそこにあるといえる。

第二章　東アフリカ沿岸部・スワヒリの世界

本章の対象とする地域は、ソマリア南部(北緯二度付近)からモザンビーク北部(南緯一二度付近)にいたる約二〇〇〇キロの東アフリカ沿岸部である。

この地域は、広大なインド洋の最西端に位置し、象牙《ぞうげ》や金、あるいは奴隷の積み出し地としてアラビア半島からインド亜大陸をへて中国までを包摂する長い交流史の一端を担ってきた。残存する文字史料、遺跡から発掘される建物の遺構や陶磁器や貨幣などの考古学的資料もそれを裏づけている。担い手は、おもにアラブ人やペルシア人やインド人である。彼らの交易活動を可能にしたのが、半年ごとに風向きを変えるモンスーン(季節風)とそれがつくりだす海流。人や物や情報を満載した木造帆船(ダウ)は、このモンスーンと海流に乗ってインド洋西域を自在に航行し、各地に異種混交の文化を開花させてきた。そのひとつが、東アフリカ沿岸部の「スワヒリ」である。

「スワヒリ」の語源は、「縁」や「水辺」を意味するアラビア語のサワーヒル(単数サーヘル)である。このサワーヒルを、東アフリカの特定の沿岸部をさす名称としてはじめて記録に残したのは、十四世紀のイブン・バットゥータの『大旅行記』であるとされている。しかし、それは、あくまでも地理的名称を越えるものではなかった。そのサワーヒルが、現地語訛りの「スワヒリ」となり、しだいに東アフリカ沿岸部の人々や文化や社会や言語を示す名称として定着していくことになる。こうして登場したのが「スワヒリ世界」である。その歴史や社会にかんする研究が本格的に開始されたのは、一九六〇年代以降のことであった。

研究者の関心は、スワヒリ社会の起源や形成期の担い手の問題に集中した。その研究史を概観すると、二つの相対立する学説を指摘することができる。つまり、アラビア半島やペルシア湾岸からの移民が沿岸部に住みつき、アフリカ人との混血である彼らの子孫がスワヒリ社会の担い手だったとする「外因説」と、その担い手はあくまでアフリカ土着の人々であり、彼らが移民と外来の文化を吸収しながら独特の社会を発展させたとする「内因説」である。アフリカ人の主体性を重視する独立後のナショナリスト史観を引き継ぎ、最近は、もっぱらこの「内因説」に焦点をあてた議論が、アフリカや欧米の研究者のあい

木造帆船のダウ(タンザニア海岸)　2000年以上の歴史をもち，現在もインド洋西域で航海と貿易活動に使用されている。

だで展開されている。

　ここでは、なるべく多くの旅行家の記録、年代記、回想録などの一次史料や考古学の知見を紹介しながら、「外因説」や「内因説」を相対化しつつ、スワヒリ社会の歴史像を検証することにしたい。

1　スワヒリ文化圏の成立

「体格のすこぶる偉大な海賊ども」の謎

　東アフリカ沿岸部にかんする最古の文字史料は、『エリュトゥラー海案内記』である。紀元一世紀ごろ、エジプト生まれの無名の商人が著したギリシア語の文献である。「エリュトゥラー」とは、ギリシア語で「紅」を意味する形容詞「エリトロス」に由来し、「紅海」を意味する。しかし、当時の「紅海」は、インド洋、ペルシア湾、紅海を含めた総称として用いられていた。東アフリカに関係する部分を村川堅太郎訳から引用しよう。

〔第十六節〕　其処から岸沿いの二日の航程の後にアザニアーの最後の取引地があり、ラプタと呼ばれ、この名は前述の組木小舟《ラプタプロイアリア》に因《ちな》んでいる。此処にはまたごく多量の象牙と亀甲とがある。この地方には体格のすこぶる偉大な海賊どもが住んでいて銘々その場処で自身をあたかも支配者《テュランノス》のように考えている。この地方は古い権利によって、第一アラビアとなった王国に属しているのでマパリーティスの藩王が所有している。しかしムーザの人々が王から納貢の義務付きでこの地方を得ており、此処にかなり多数の船を送るが、彼らはその際原住民と親密でまた姻戚関係をもち土地柄と原住民の言葉とをよく弁えたアラビア人を舵手や使用人に用いている。

〔第十七節〕　これらの取引地には主としてムーザ特産の槍や小斧や短刀や突錐や種々のガラス製品が輸入され、また所によっては少なからぬ量の葡萄酒と麦とが輸入されるが、これは商業用ではなくて原住民との友好関係維持に充てるためである。これらの場処からはアドゥーリのよりは劣等の象牙が多量に出され、また犀角とインドのに次いで優秀な亀甲と少量の椰子油とが輸出される。

要約すれば、アザニアーと呼ばれていた東アフリカ沿岸には、ラプタという名の港町があり、そこに住む「体格のすこぶる偉大な海賊ども」とアラビア半島のムーザという町のアラブ商人とのあいだで交易や通婚がおこなわれていた、ということになる。ムーザというのはイエメンのモカ、ラプタはタンザニア(パンガニ説とリュフィジ説がある)、またはケニア沿岸部(ラム諸島説)のいずれかに位置する港町であるとされている。

この短い記述のなかで研究者たちの注目を集めてきたのは、「体格のすこぶる偉大な海賊ども」である。彼らは一体何者だったのか。古代史家は、内陸部の状況などを勘案しながら、その謎解きに長い時間を費やしてきた。

見解は三つに分かれている。ひとつは、北方から南下した背の高いクシ系言語(アフロ・アジア語族のひとつ)を話す人々であったという説、もうひとつは、土着の狩猟採集民だったという説、そして、西方や南方から移住したバントゥ系の言語(アフリカ諸語のなかのニジェール・コンゴ〈ニジェール・コルドファン〉語

19世紀のインド洋西海域

族中、最大の言語グループ。西部から東部・南部にかけて広く使われている)を話す人々であったという説である。結論はでていない。通婚についても詳細は不明である。ただし、それが沿岸部の社会に影響を与えるかたちで展開してはいなかったことは、その後の資料から容易に推測できる。

『エリュトゥラー海案内記』に続く記録としては、同じくギリシア人であるプトレマイオスの『地理書』(二世紀)とエジプト人コスマスの『キリスト教徒の地形学』(六世紀)などがあるが、いずれも地理的な描写に終始しており、沿岸社会内部の情報はえられない。したがって、十世紀以降にオマーン人やアラブ人が書き残した文字史料があらわれるまでの期間にかんしては、考古学的発掘資料によるしかない。

土器は語る

一九四〇年代に着手された考古学的発掘調査は、独立後に引き継がれ、現在、発掘件数は四〇〇カ所以上におよんでいる。出土品も膨大な数にのぼり、それらをもとに、八〇年代以降、総合的な分析が精力的に進められてきた。その結果、一世紀から十五世紀までの集落の歴史的変遷が、かなりの信憑性をもって浮かび上がってきている。

ここでは、長いあいだ発掘調査にかかわってきたケニア人考古学者クシンバの説を、文字史料の欠落期間である十世紀末までに焦点をあてて紹介しよう。クシンバは、十五世紀までを三期に分けているが、ここで紹介するのはそのうちの第一期と第二期である。

第一期(前一〜後四世紀頃)　この時期、沿岸部には製鉄技術をもち、雑穀を耕作し、土器の製造をおこなっていたバントゥ系言語、あるいはクシ系言語を話す人々が集落を形成していた。その集落から出土した土器は、前四世紀に大湖地方(ヴィクトリア湖周辺)で使われていたものと同種である。彼らが沿岸部に移住定着した時、沿岸部には、先住の狩猟採集民と遊牧民が生活を営んでいたと推定される。

第二期(四~十世紀頃)　この時期の集落からは、三角形の線画が幾重にも重なった絵柄をもつ地場産の土器が発掘されている。同時にササン朝の陶器やガラスや紅玉髄《こうぎょくずい》のビーズなど、外来製品も発掘されているが、数量的には地場産の土器が圧倒的に多く、しかもアラブ人やペルシア人が現地社会に影響をおよぼすようなかたちで移民していた形跡はない。また、発掘された鉄製の農具、魚や動物の骨から推察して、生活レベルは、地元の資源を利用した自給経済であったと推定される。家屋は、珊瑚《さんご》石の土台の上に木造の枠組み、それを日干し煉瓦で囲った単純な方形をしていた。しかし、九世紀以降の遺構からは、ササン朝の陶器のほかに、中国製の陶磁器なども出土しており、地域間交易に進展があったことを示している。

以上のように、十世紀ごろまでの東アフリカ沿岸部は、基本的にアフリカ的環境のなかでの自給経済の段階にとどまっており、インド洋交易は、既存の社会構造に大きな変化をもたらすほどには展開していなかったと思われる。

スワヒリ世界の夜明け

十世紀なかば、ペルシアのシーラーフ港を拠点とする船乗りたちの話を集めた『インド奇談集』という本が編まれた。編者はブズルグ・ブン・シャフリヤールという名の船主。そのなかに、「ザンジュ」(語源は「黒い人」を意味する中世ペルシア語に由来すると考えられている)の「カンバルー島」(現タンザニア沿岸部のペンバ島と推定されている)に向かう途中で嵐のためにソファラ(現モザンビーク沿岸部の港)方向に流され、とある「黒人」王国と接触したオマーン人水夫の冒険談が登場する。それは、黒人王をだまして奴隷として連れ帰ったこの水夫の一行が、つぎの航海で再度同じ王国に流れ着き、王と再会し、王の口をとおして、王がいかにして奴隷の身分から脱出し、自力で王国に帰り着いたかについての長い物語を聞くという筋立てになっている。ここで注目すべきことは、この冒険談をとおして語られている東アフリカについてのさまざまな情報である。たとえば、「カンバルー島」が交易船の目的地であったこと、黒人王国がソファラに近い東アフリカ沿岸部に位置していたこと、王国の人々がきわめて礼儀正しく交易に熱心だったこと、イスラームはまだ普及していなかったこと、などである。

ブズルグと同時代の記録に、オマーン生まれの旅行家マスウーディーの『黄金の牧場と宝石の鉱山』がある。登場するのは、同じくペルシア人とオマーン人の船乗りたちであり、目的地も同じく「カンバルー島」である。そして、金の産地であるソファラあたりが「ザンジュ」と呼ばれていた地域の南端であると記されている。産出する交易品は、金と象牙。食料としてはバナナやココナツや雑穀が登場する。鉄の使用とウシの飼育についても言及されている。また、カンバルー島にはムスリムが住み、その他の地域は「ムファルメ」の称号をもつ支配者が統治する多神教の世界であることなどが記されている。

これらの文字史料に描かれている内容から推察できることは、大部分の沿岸部は、まだアフリカ的環境にとどまっていたが、島嶼部ではすでにイスラーム化が進行していたことである。ケニア沿岸北部のシャンガ遺跡から八世紀末の小さなモスクの遺構が発掘されていることも、イスラーム化は、まず島嶼部から始まったことを示している。

これらのことを総合すると、イスラームが島嶼部で受け入れられ始め、交易もほぼ定期的におこなわれるようになった八～十世紀ごろを「スワヒリの夜明け」と呼ぶことができるだろう。ちなみに、ギリシア人が「アザニアー」と呼んだ東アフリカ沿岸部は、これらアラブ人の史料では「ザンジュ」に変わっている。

その後、いくつかの書が編まれたが、十三世紀のアラブ人地理学者ヤクートと、十四世紀の大旅行家イブン・バットゥータの登場までは、いずれも伝聞に基づくものであり信憑性は低い。ということは、十～十三世紀の約二〇〇～三〇〇年間は、信頼できる史料が存在しないことになる。この二〇〇～三〇〇年間の文字史料の欠落は、考古学的発掘調査の成果に依拠するしかない。ふたたび、クシンバの論考にもどることにしよう。これは、クシンバが設定した第三期(十～十五世紀頃)の前半に相当する。

スワヒリ世界の展開

十～十三世紀ごろの考古学的発掘とそれについてのクシンバの見解は、およそつぎのように要約することができる。

十～十一世紀の地層からは大量の鉄の鉱滓《こうさい》や地場産の土器類が出土しており、生産力の向上がみられたことを示している。同時に、輸入品が激増し、はじめて珊瑚石で囲われた家屋の遺構も見つかった。十二

18世紀の柱塔墓(左，タンザニア沿岸部，ダルエスサラーム近郊クンドゥチ)**と14〜18世紀のスルタンの墓**(右，タンザニア沿岸部，バガモヨ近郊カオレ)　東アフリカ沿岸部には，墓に柱を立てる伝統があり，それが柱塔墓や柱塔を備えたドーム型の墓に発展したと思われる。左の柱塔墓にはめこまれているのは中国製の皿。

世紀末ごろになると、石造りの家屋が一般的になり、十三世紀のキルワ、マンダ、モガディシュなどの港湾都市の遺跡からは、下絵の浮き出たイスラーム様式の壺や中国製の陶磁器の出土品とともに、内陸部で産出する水晶なども見つかっている。また、地元でつくられた素焼の紡錘が発掘されており、紡績と織物生産の存在を裏づけている。金曜日に集団礼拝をおこなう石造りのモスクの遺構が発掘されたのもこの十三世紀の遺構からである。このことは、この時期までに多くの人々がイスラームに改宗していたことを示している。さらに、中国製の皿をはめこんだ柱塔墓が建てられるようになったのもこのころである。

以上の要約から明らかなように、八

〜十世紀がスワヒリ黎明《れいめい》期にあたるとしたら、その後の十三世紀までの二〇〇〜三〇〇年間は、イスラームが広く普及するとともに、織物生産などの技術的な向上もみられ、スワヒリ文化の展開期にあたるといってよいだろう。注目すべきは柱塔型の墓の出現である。これらは、沿岸部土着の様式に、インド洋交易をとおして伝えられた物質文化が融合したものであり、スワヒリ文化のアフリカ的展開を象徴している。

こうした東アフリカ沿岸部の歴史的展開のなかで、キルワ島の都市国家キルワ・キシワニは十四世紀に全盛期をむかえることになる。これについては、イブン・バットゥータの『大旅行記』を参照しよう。

キルワの繁栄——イブン・バットゥータの大旅行

タンジャ(モロッコ)生まれのアラブ人、イブン・バットゥータが東アフリカを訪れたのは一三三一年のことである。そのころ、キルワ島の都市国家は成熟期をむかえていた。イブン・バットゥータはその様子を『大旅行記』〔原典の書名は『諸都市の新奇さと旅の驚異に関する観察者たちへの贈り物』〕のなかでつぎのように描写している。

クルワーは、海岸に沿った規模の大きな町で、そこの住民の多くは漆黒のザンジュ人たちである。……クルワーの町は、諸都市のなかでも最も綺麗な町の一つであり、最も完璧な造りである。町のすべては木造であって、家々の屋根は雨が多いので、ディース葦で葺いてある。彼らは、(周囲を)ザンジュの異教徒たちと隣接する孤立の地にあるために、聖戦《ジハード》の民である。そして、彼らの大部分は(イスラムの)信仰に忠実な善行に勤しむ人たちであり、シャーフィイー派法学に従っている。

このようにバットゥータは、キルワ(文中では「クルワー」)の景観や繁栄ぶりとともに、スンニ派イスラーム(シャーフィイー派法学はスンニ派四法学のひとつ)が定着した東アフリカ沿岸島嶼部の様子を伝えている。このころには王の名称もアフリカ的な「ムファルメ」からアラブ的な「スルタン」に変わっている。

また、十世紀の史料との比較で興味深いことは、この時期、シーラーフやオマーンのアラブ人にかわって、イラクのヒジャーズやイエメンのハドラマウトからのアラブ人が登場することであろう。その背景には、家島彦一が述べているように、アラビア半島におけるイスラーム勢力圏の変化(アッバース朝からファーティマ朝へ)や拡大があった。

ところで、キルワ・キシワニの人々は、この時代の王朝を「シラジ」の名で呼んでいる。「シラジ」とは、いったい何者なのか。それは、スワヒリ文化圏の形成とどのように関係しているのか。その謎を解く鍵を提供しているのが『キルワ年代記』〔原典の書名は『キルワ情報に関する慰めの書』〕である。

『キルワ年代記』とシラジ朝

『キルワ年代記』の原文は一五二〇年ごろに書かれたと推定されているが、現存する唯一の写本(アラビア語)は、大英図書館に所蔵されている。一八六七年に当時のザンジバル王のために筆写されたとの添え書きがある。

序および一〇章(現存しているのは第七章まで)から構成され、イスラーム暦三世紀(西暦九世紀)以降のキルワの王朝史が記録されている。このうち、王朝の創設にかんする記述は第一章。そこには、危機的状況

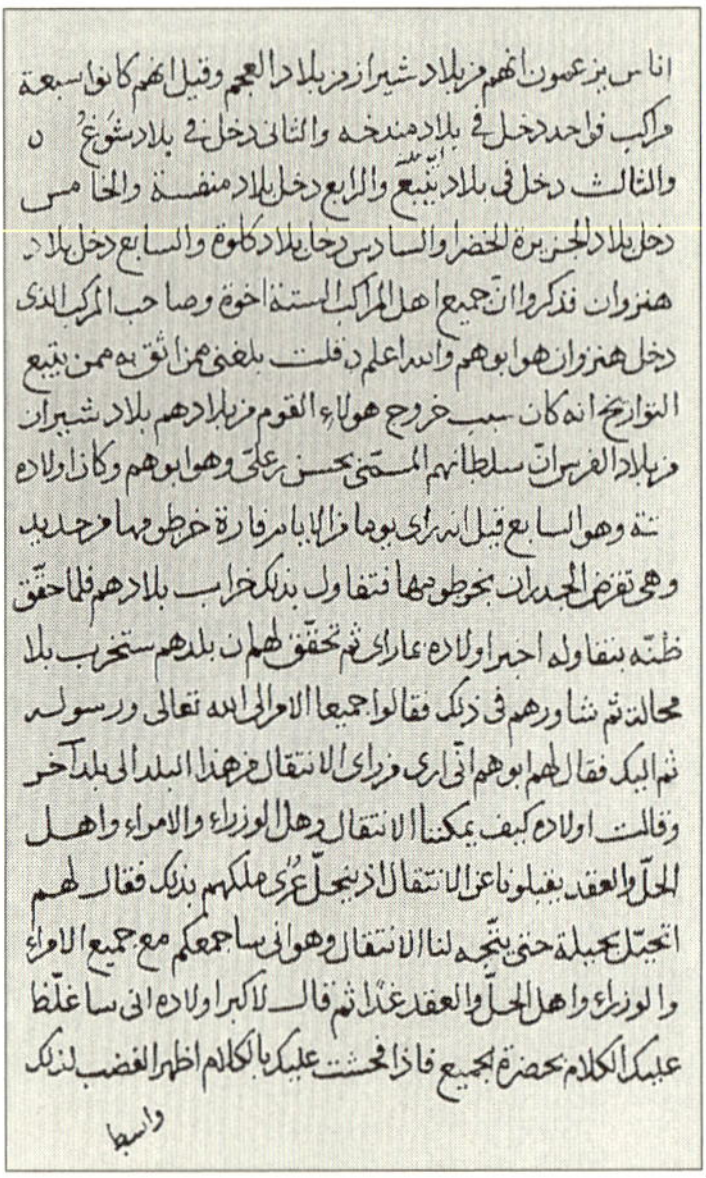
اناس يزعمون انهم من بلاد شيراز من بلاد العجم وقيل انهم كانوا سبعة
مراكب فواحد دخل في بلاد منذخه والثاني دخل في بلاد شوغ
والثالث دخل في بلاد ينبع والرابع دخل بلاد منفسة والخامس
دخل بلاد الجزيرة الخضرا والسادس دخل بلاد كلوة والسابع دخل بلاد
هنزوان فذكروا ان جميع اهل المراكب الستة اخوة وصاحب المركب الذي
دخل هنزوان هو ابوهم والله اعلم قلت بلغني ممن اثق به ممن يتبع
التواريخ انه كان سبب خروج هولاء القوم من بلادهم بلاد شيراز
من بلاد الفرس ان سلطانهم المسمى بحسن بن علي وهو ابوهم وكان اولاده
ستة وهو السابع قيل انه راى في نومه فارا فمها من حديد
وهي تقرض الجدران بخرطومها فتفاول بذلك خراب بلادهم فلما حقق
ظنه بتفاوله اخبر اولاده بما راى ثم تحقق لهم ان بلدهم ستخرب بلا
محالة ثم شاورهم في ذلك فقالوا جميعا الامر الى الله تعالى ورسوله
ثم اليك فقال لهم ابوهم اني ارى من راي الانتقال من هذا البلد الى بلد آخر
فقالت اولاده كيف يمكننا الانتقال وهل الوزراء والامراء واهل
الحل والعقد يقبلونا عن الانتقال اذ يبعد عن ملكهم بذلك فقال لهم
انحتال بحيلة حتى يتجه لنا الانتقال وهو اني ساجمعكم مع جميع الامراء
والوزراء واهل الحل والعقد غدا ثم قال لاكبر اولاده اني ساغلظ
عليك الكلام بحضرة الجميع فاذا فحشت عليك بالكلام اظهر الغضب لذلك
واسطا

『キルワ年代記』の写本　大英図書館に保存されている唯一の写本の一部。4行目に「キルワ」，7行目に「シーラーズ」などの地名が散見される。

にあったペルシアの都市シーラーズを脱出したひとりのスルタンと六人の息子の話が語られている。彼らは七艘の船に分乗し、東アフリカ沿岸部に向かうが、暴風に遭遇して別々の土地に漂着する。キルワ島に漂着したのは六番目の王子で、この王子が、やがてキルワ朝を開くという展開になっている。キルワ朝が「シラジ朝」の名称で呼ばれるようになったのは、王子の出身地であるシーラーズ（あるいは、ペルシア湾岸の港町シーラーフ）に由来する、というわけである。

この話を歴史史料としてどのように読み解くかは、研究者によって異なる。スワヒリ文化の起源をアラビア半島やペルシアに求める「外因説」をとる研究者は、ペルシア人による王朝成立をほぼ史実として承認する。一方、「内因説」をとる研究者は、この話をキルワ朝の血統の正統性を裏づけるための創作であるとみる。シラジは「シュングワヤ」（ケニア北部）をさし、ペルシアとは無関係であるとするのである。また、ラム島の人々が、たまたま南方へ移住する際、自らの出身地を、当時、隆盛を誇っていたシーラーズと主張し、そのことによって自分たちを権威づけたと解釈する研究者もいる。しかし、ザンジバル島南部に、一一〇七という建立年とともにシーラーズ地方で使われていたクーフィック体のアラビア文字が記されているモスクが残存しており、それはペルシア移民が実在したことを立証しているようにも思われる。また、すでに紹介したように、十～十一世紀のアラビア語文献に登場する船乗りが、ペルシア湾のシーラーフやオマーンなどを拠点としていたペルシア人やアラブ人であったことも知られている。加えて、十三世紀以降の文字史料にみられるペルシア系やアラブ系の支配層の存在などをあわせ考えると、年代記の記

「シラジ・モスク」のミフラーブ　シラジ・モスクはザンジバル島南部の漁村キジムカジにあり，東アフリカでもっとも古いモスクとされている（1107年建立）。何回か改築されているが，このミフラーブ部分は建立された当時のままである。ミフラーブとは，カーバの方向を示すために礼拝堂の内部正面の壁につくられたくぼみ状のもので，クーフィック体のアラビア文字が，ミフラーブの上部と下部を区切る装飾に使われている。

述をめぐる議論は、当分終わりそうもない。

いずれにせよ、研究者のあいだで一致している見解は、交易の発展による階層分化の進展とともに、「シラジ人」であることが、内陸部の非ムスリムである「ムシェンズィ」(スワヒリ語で「野蛮人」の意)から自分たちを区別するためのアイデンティティとして重要な意味をもつようになったという社会史的意味づけである。

やがてシラジ朝は、ポルトガルの侵攻とその支配によって打撃を受け崩壊するのだが、そこにいたるまでの九～十六世紀を、ここではスワヒリ史における「シラジ時代」と呼ぶことにする。

ところで、スワヒリ文化の成立過程を歴史的に検証する際、なにをもって「スワヒリ文化」とするかを明らかにしておく必要があるだろう。これまでみてきた文献、考古学、年代記による考察では、石造りの家、王族の出現にともなう社会の階層分化、イスラーム化、交易の発展といった要因がひとつの指標の役目をはたしている。しかし、それだけでは十分ではない。文化を「スワヒリ」たらしめている中核に位置づけられるのは「言語」的要因、つまり「スワヒリ語」である。スワヒリ語が、どのように、そしていつ形成されたのか。ここには、スワヒリ文化の形成とその担い手の決め手となる重要なヒントが隠されている。

スワヒリ語の形成過程

スワヒリ語の形成過程にかんしては、ナースとスピアによる共同研究の成果である『スワヒリ』という本がある。この研究書は、現在のバントゥ諸語の基本単語をスワヒリ語と比較することによって、スワヒリ語のルーツとその形成過程を検証している。著者の見解は、つぎのように要約することができる。

スワヒリ語は、ヴィクトリア湖やタンガニーカ湖を越えて東進した人々がもたらしたバントゥ語を母体としている。彼らは、いくつもの言語グループに分かれながら紀元前後に東アフリカ沿岸部に達し、二世紀ごろにはそのなかのひとつであるプロト・サバキグループが現在のケニアとタンザニアの沿岸部に定着する。推測するに『エリュトゥラー海案内記』の著者が出会ったのは、彼らではなかったか。そのプロト・サバキグループが、七世紀ごろに分散し、さらにいくつもの言語グループに枝分かれする。そのひとつが、プロト・スワヒリである。プロト・スワヒリは、人々の移住にともない各地に拡散し方言化して生き延びながら、九世紀ごろには現在のスワヒリ語の原型に近い言語へと変成し、十六世紀までに沿岸部一帯に定着した。

分析は明解で、論点は二つに絞られる。ひとつは、スワヒリ語の共通語としての成立過程が、これまでみてきたスワヒリ文化の形成過程と時期的に重なること、第二に、スワヒリ語が、アフリカの言語であるバントゥ諸語の一分枝であるということ、である。このことは、スワヒリ文化が、基本的にアフリカ人によって、アフリカ的条件のなかで、インド洋海域の人と物と情報の刺激を受けながら形成されていったことを示している。アラビア語の語彙が多い(三〇~五〇%)ことから、これまで、スワヒリ語のルーツをアラビア語に帰する考えが流布していたが、ナースとスピアの研究は、スワヒリ語がバントゥ起源であることを立証したのである。

このようにして、シラジ時代のスワヒリ文化は、キルワ、モンバサ、ザンジバル、マリンディといった諸都市国家を中心としたスワヒリ言語圏で大きく開花したのだった。ちなみに、その他の小さな町を含めると、この時期、スワヒリ沿岸〔現ソマリア南部からモザンビーク北部まで〕には一七三もの集落が存在したことが知られている。

さて、静かな繁栄を享受していたスワヒリ世界に突如姿を現したのが、ヴァスコ・ダ・ガマ率いるポルトガル船団であった。一四九八年のことである。スワヒリ史におけるポルトガル時代の開幕である。

2　スワヒリ都市社会とポルトガル支配

ヴァスコ・ダ・ガマの来航

『キルワ年代記』第七章に、ポルトガル船団の来航についてのつぎのような記述がある。

ファダディールの治世期に、フランクの国々から人々がやってきたとの報《しら》せが、マスィームバフ〔モザンビーク〕からもたらされた。船は三隻。船長の名は、アル・ミラティー〔ヴァスコ・ダ・ガマ〕。数日後、船団はキルワを通過し、マンファサ〔モンバサ〕に向かったとの報告が届いた。マンファサの領主は、フランク人が善人かつ正直者だと考え大歓迎した。しかし、彼らの正体を知る一部の人々は、彼らが堕落した輩《やから》であり、この地を偵察し奪い取ることだけの目的でやってきたことに気づいた。そこで、ムスリムたちは船団を漂流させて船を破壊するか、戦利品にしてしまおうと、艫綱《ともづな》を切断することにした。これを知ったフランク人たちは、マリンディへと立ち去った。マリンディの人々は彼らを見た時、彼らが戦いと破壊をもたらすと考え、非常な恐怖心をいだいた。そこで、乞われるままに水、食料、薪などを提供した。フランク人はインドに行き、それから故郷へ戻るまでの水先案内人も要求した――神の呪いあれ！

［アラビア語からの訳、〔　〕は訳者注］

この一節は、スワヒリ社会の人々が、ヴァスコ・ダ・ガマの来航をどのようにみていたか、その最初の驚きと不安を記述していて興味深い。彼らはポルトガル人を「フランク人」と呼び、「堕落した輩」ととらえている。当初は、一行を歓迎していたモンバサ王が、やがて一転し、艫綱を切らせる行動に打って出た背景には、ポルトガル人によるモザンビークでの「蛮行」があったことは、この節に先立つ部分に記されている。このようにして、スワヒリ社会とポルトガル人との最初の出会いがあったのだが、『キルワ年代記』には、続く第八〜第一〇章が欠落していて、その後のことは、ポルトガル人の記録に頼るしかない。

それによると、ポルトガル船は、オマーン軍の支援を受けたスワヒリ勢力によって、最終的に沿岸部から追われる一六九八年までに、何度もスワヒリ諸都市に寄港しており、随行した船長やカトリックの伝道師や外科医などによる見聞録が残されている。十六世紀末、偵察のためにインド洋にあらわれたオランダ人やイギリス人の記録を含めると、私の手元には約一六編の記録がある。いずれも貴重な同時代史料である。

これらの史料をとおしてみる当時のスワヒリ諸都市と、そこに住む人々の様子はどのようであったか。キルワとモンバサを中心に、その実像を探ってみよう。

キルワの盛衰

十四世紀、イブン・バットゥータによって「世界でもっとも美しい町」と絶賛されたキルワ島の都市国家キルワ（現在は、大陸部のキルワ・キヴィンジェと区別してキルワ・キシワニと呼ばれている）は、一五〇二年にポルトガルの朝貢国となることをいったんは了承したが、まもなく態度を一変し、その義務をはたすことを拒否した。その結果としてキルワは、〇五年、アルメイダ提督率いるポルトガル艦隊によって攻略され、略奪され、破壊された。掌砲長としてポルトガル軍に同行したドイツ人が、破壊される直前のキルワの様子を記録している。

キルワには、数階建ての堅固な家が建ちならんでいる。石とモルタルでつくられ、しっくいでさまざまなデザインがほどこされている。人口は約四〇〇〇。土地は非常に肥沃で、トウモロコシ、バター、蜂蜜、ワックスを産す。オレンジ、レモン、タマネギ、芳醇な香りのハーブもとれる。色の白いムーア人より、黒人奴隷の数がはるかに多い。彼らは、トウモロコシなどの農作業に従事している。ウシやヒツジやヤギもいる。岸壁には大小のボートが何隻も波に揺れている。大きいものは五〇トンほどもあろうか。船板は、釘を使わずに、ココナツ繊維で編んだロープでしっかり縫い合わされている。このロープははしごにも使われる。人々はヤシの葉で編んだハンモックで寝る。男たちは弓と巨大な矢で武装し、剣をもっているものもいる。綿花が、いたるところで栽培され、品質はよい。奴隷は腰布だけ、色の白いアラブ人や奴隷所有者は二枚の綿布を身に着けている。一枚は腰に、一枚はローブのように肩にかける。銅貨が使われている。アーチ型の天井をしたモスクがたくさんあり、上層

のムーア人はロザリオを持ち歩いている。［抜粋］

ここには、モスクと高層建築の建ちならぶ美しい町キルワが描かれている。それは「色の白いアラブ人」「色の白いムーア人」「奴隷所有者」「黒人奴隷」からなる階層化された社会であり、農作物を生産し、綿花を栽培し、人々は銅貨を使用する。ここで注目すべきは、「色の白いアラブ人」と「色の白いムーア人」、そして彼らが所有していた大勢の「黒人奴隷」である。ここからは明らかに、スワヒリ社会の人種的・民族的、あるいは宗教的に差異化された階層社会がみてとれる。奴隷と自由人の衣服の違いも、十九世紀末の奴隷制廃止まで続くスワヒリ階層社会の文化的表象とみることができる。

その後、衰退の一途をたどったキルワについて、一五六九年に同地を訪れたイエズス会の神父は、こう書いている。「かつて町には、人々があふれ繁栄していたが……今は貧しく、権力も失われてしまった。王というより族長と呼ぶほうが似合っている」。

モンバサの抵抗

スワヒリ諸都市のなかで、当初から一貫してポルトガルに協力的だったのはマリンディであり、一方、執拗にポルトガルに抵抗し続けたのが、そのマリンディと対立関係にあったモンバサである。

十五世紀末のモンバサは人口約一万、町のたたずまいはキルワ・キシワニとそっくりだが、より豊かな町だったようである。スペイン人の技術者を雇い、港には砲台をも設置していたというから、イブン・バットゥータが訪れたときと比べると、格段の発展をとげていたと思われる。発展の原動力となったのは、内陸部との象牙交易と、象牙を対価としたインド洋交易で、インドからの交易品は、おもに綿布やビーズや穀類であった。ところがそのモンバサも、キルワと同じく、アルメイダ提督によって一五〇五年に略奪・放火され、壊滅的打撃をこうむる。インドで仲買人をしていたポルトガル商人バルボサは、一七年に故国への帰路モンバサに寄港し、その様子を「大量の金製・銀製の腕輪、耳飾り、ビーズや銅製の器具が略奪され、町は廃墟と化している」と記している。

しかし、モンバサ王も住民も、ポルトガル軍に屈服したわけではなかった。それどころか、やがてモンバサは、ポルトガルの支配をはねのけ、都市としても以前の繁栄を取り戻してゆく。そのことは、一五六九年にモンバサを訪れたイエズス会の神父が残した記録が証言している。それによると、「(町は)大きく、繁栄している……ドン・ペドロ総督が建設を命じた要塞の建設は中断され……キリスト教文化も根づいていない……」。

それから約二〇年後の一五八八年、モンバサの運命を大きく変える事件が勃発する。かねてから東アフリカへの進出の機会をねらっていたオスマン帝国のガレー船が、救援を求めるスワヒリ沿岸住民の要望に応えてモンバサにやってきたのである。危機感をつのらせたポルトガルは、ただちに艦隊をインドのゴアから派遣した。スワヒリ沿岸部最良の港を、みすみすオスマン権力に譲り渡すわけにはいかなかったからである。おりしも、キルワと同じく内陸部から「ズィンバ」(内陸のアフリカ人)がモンバサ襲撃のチャンスをねらっていた。海からと内陸からの板ばさみのなかで、モンバサ‐オスマン軍は、ポルトガル軍によって打破された。ポルトガル軍は、略奪と虐殺をズィンバの手に委ねて、モンバサから引きあげたのであ

南東から見たフォート・ジーザス全景　手前の平屋根の建物は兵舎跡に建てられた博物館で，現在は中国やペルシアの陶器や磁器などが陳列されている。

る。ポルトガル軍は、インドへの帰路、オスマン軍の招聘《しょうへい》にかかわったラムを攻略し、王を打首にしている。一五八九年のことであった。

これを機に、ポルトガルはモンバサを防備すべく、イタリア人建築家に要塞の建設を命じる。要塞は、一五九三年に完成した(その後、何回か増築されたが、原形は失われていない)。それが、今もインド洋を臨むモンバサ島の断崖に聳《そび》え立つ「フォート・ジーザス」である。

以後、スワヒリ沿岸部におけるポルトガルの拠点は、マリンディからモンバサへと移った。ポルトガルは、モンバサに税関を設置するとともに、マリンディ王を呼び寄せ、モンバサの統治にあたらせた。これによって、モンバサのシラジ朝は終焉する。

あらたにモンバサ統治を委ねられたマリンディ王とポルトガルとのあいだに、領土や政治的な主権をめぐる対立が起こるのに時間はかからなかった。やがて、それは宗教的な対立とも絡んで、モンバサの住民を巻き込んだ反乱へと展開する。一六三一〜三二年のことであった。この反乱も結局は、ポルトガルによって鎮圧されるのだが、こうした動きは、ポルトガルの圧政に拍車をかけ、それが、スワヒリ諸都市の反ポルトガル感情をさらに刺激することになる。

こうしたなかでオスマン帝国にかわって、スワヒリ諸都市の支援に乗り出したのが、アラビア半島東南部のオマーン王国であった。オマーンは、ポルトガルからモンバサを奪取し、一六九八年、ポルトガル勢力をスワヒリ沿岸から駆逐する。この最後の戦いで、ポルトガル側についたのは、パテと対抗していたファザ(ともにラム諸島)だったことは、モンバサとの対抗上マリンディがポルトガルに協力したように、スワヒリ諸都市間の抗争がポルトガルとのスタンスの決定要因のひとつとして働いていたことを示している。その後、一七二八〜二九年、ポルトガルによるモンバサ奪回が一時的に実現するが、このときは、内陸部のアフリカ人を味方につけたスワヒリ連合軍が、自力でポルトガルを駆逐している。

こうして、オマーンというあらたな盟主のもとで、スワヒリ諸都市の新しい時代が始まることになる。

一方、一貫して親ポルトガル政策を維持していた唯一のスワヒリ都市マリンディは、ポルトガルの拠点がモンバサに移行したことによって、急速に衰退した。かわって台頭したのが、パテ島である。パテは内陸部のオロモ人と良好な関係を結び、象牙や皮革を手にいれ、交易活動を展開し、十七〜十八世紀に最盛期をむかえた。しかし、それも十八世紀後半に台頭したラムとの戦い(シェラの戦い、一八一三〜一四年)に敗れ、その地位をラムに譲りわたした。ちなみに、マリンディが再び活況を取り戻すのは、十九世紀後半のことになる。

ポルトガル支配とスワヒリ諸都市

ポルトガルのスワヒリ沿岸支配については、さまざまな角度から検証がなされてきた。たとえば、ポルトガルの国家戦略との関係、既存のインド洋交易との関係、世界システムとの関係、スワヒリ諸都市との関係などである。ここでは、スワヒリ諸都市との関係に焦点をあてて、ポルトガル支配の歴史的意味を考えてみたい。

まずは、スワヒリ諸都市のポルトガルとの関係を、いくつかの類型に分類してみよう。

(1)　キルワ、モンバサ、ソファラ　　ポルトガルの略奪、焼き討ち、内政干渉によって衰退。

(2)　マリンディ　　ポルトガルに協力することによって繁栄したが、モンバサに拠点が移ると、時代の流れから取り残され衰退。

(3)　ラム諸島(パテ、ラム、スィウ、ファザ)　　内陸部の民族集団(オロモ)との交易を通じて、十六世紀末以降に経済的発展をとげた。一六三三年、ポルトガルが、パテ島に税関を設置したことがその繁栄を立証している。ポルトガルの搾取にたいする三六〜三七年のラム諸島の反乱も、鎮圧されはしたが、発展途上にあった都市の勢いを伝えている。

(4)　ザンジバル、ペンバ　　ポルトガルに服属し、武力抵抗はおこなわなかった。しかし、モンバサと提携しながら最終的には反ポルトガル陣営に与《くみ》した。

(5)　モガディシュ、コモロ諸島　　ポルトガルによって支配されなかった。

こうしてみてみると、ポルトガルによって大きな影響をこうむった都市もあれば、その権力を利用した都市もあり、また、ポルトガルの統制の網の目をかいくぐってインド洋交易に活路をみいだした都市もあったことがわかるだろう。

ケニアの歴史研究者サリムは、ポルトガルはスワヒリ沿岸の諸都市を支配下におくことに失敗したと述べている。その理由として、脆弱で無能かつ無秩序な植民地システム、官僚の決断力の欠如、むら気、愚かさ、貪欲さ、投入された人員の少なさ、厳しい気候、現地住民の無視などの要因をあげている。これらは、しかし、すべてポルトガル側の要因である。スワヒリ諸都市の立場に立てば、もっと異なる側面がみえてくるはずである。たとえば、キリスト教徒への不信感、価値観の違い、言語の壁(アラビア語の通訳を介してのコミュニケーション)、そして、ポルトガルがもたらす経済的デメリットなどである。こうした側面を検証するためには、各都市の歴史を丹念にひもとく必要がある。

かくして、スワヒリ世界の人々は、ポルトガル勢力の駆逐を支援してくれたイスラーム国家オマーンの支配を受けいれてゆくことになる。ポルトガル支配がスワヒリ社会に残した最大の置土産は、オマーンという新興勢力に、東アフリカ進出の舞台を用意したことだったといえるかもしれない。

スワヒリ文化とポルトガル支配

ところで、スワヒリ史におけるポルトガル時代ともいえるこの期間に、アフリカ的環境のなかで発展したシラジ時代のスワヒリ文化はどのような変化をとげたのか。この問いにかんしては研究者によって大きく見解が分かれている。まず、そのうちのいくつかを紹介しよう。

(1)　家島説　「ポルトガル人による要塞の建設、海上路の封鎖や戦艦による監視にもかかわらず、インド洋を隔てた地域間の文化的・経済的交流関係はますます隆盛をみせた。この時期に、サワーヒルは次第にひとつの文化圏として、また社会圏としての独自の性格を強くもつようになった」

(2)　日野説　「ポルトガルの支配は、南のモザンビークをのぞけば、海岸に砦《とりで》を建設しての海上封鎖に終始したが、沿岸都市の経済的基盤である交易の手段は収奪され、旧秩序の急激な変化を余儀なくされた。いっぽう、この時期は、内陸部における大きなバントゥ民の移動の時期であった。沿岸都市は孤立状態におかれ、食料の確保のためにも、沿岸バントゥ民との密接な社会関係を確立する必要に迫られた。それは、混血と、スワヒリ文化のバントゥ化を促進させた」

(3)　クシンバ説　「植民地期の被害者は、まず伝統的なアフリカ陶器産業であった。大規模な鉄生産、織物業、ビーズ生産が衰退し、アフリカ人社会が輸入品に依存するようになると、最終的にはすべて放棄された。土着の建築技術も衰退し、消失した。大きな公共建築は外国の建築家によって外国様式のデザインが採用された――ポルトガル、スペイン、インド、アラブ。……スワヒリ文化のユニークな特徴は消え去り、一連の外来思考や態度がそれにとってかわった」

(4)　ポーウェルズ説　「皮肉なことに、沿岸部における文化的・宗教的リバイバルを巻き起こしたおもな要因は、ポルトガルの商業的・宗教的積極性だった。このリバイバルは、まず、北方や紅海地域との強い商業網を維持してきた港におけるポルトガルの圧政への抵抗に端を発している。……一五二〇年代以降、イスラーム知識階層に属するベナディール（モガディシュを中心としたソマリア沿岸部）、ハドラマウト、イエメン出自の有力クランメンバーがパテやラムに流入した」

外部との接触を断たれた結果としてスワヒリ文化のバントゥ化が起こったと主張する日野説を除き、他の三人の見解は、海外との交流の進展によってスワヒリ文化や社会が大きな変化をとげたことを指摘している。とはいえ、変化の内容についての見解が一致しているわけではない。アラビア語文献に依拠する家島説は、スワヒリ文化圏の一層の統合強化を、クシンバ説は、考古学の立場からスワヒリ文化の特徴の消滅を、ポーウェルズ説は家系調査の結果から、移民の増加とそれにともなうイスラーム復興を主張する。シラジ時代との関連でいえば、日野説、家島説、ポーウェルズ説が連続説、クシンバ説は断絶説ということになるだろう。

ここでは、これまでみてきたスワヒリ諸都市とポルトガルとの関係からこれら諸説を検証しておくことにする。

まず、ポルトガル期にスワヒリ世界と外部の世界との交流が閉ざされたという点にかんしては、パテのように、統制の網の目をくぐって交易が発展した都市もあれば、キルワ・キシワニやマリンディのように、外部の世界からの隔絶を経験した都市もある。前者は、家島説のように、既存の社会の発展による独特なスワヒリ文化の展開がみられたであろうし、後者は、発展から取り残され、日野説のいうスワヒリ文化のバントゥ化が進行したかもしれない。また、一六三一年のモンバサ反乱の原因が、キリスト教に改宗した王にたいする住民の反感が背景にあったことを考えると、ポーウェルズのいうキリスト教国の支配にたいする抵抗の砦としてイスラーム意識が強化されたことはおおいにありうることである。また、クシンバ説については、交易立国の発展は外来品の増加を意味し、それが、在来の産業を衰退させたであろうことも容易に想像できよう。

このようにみてくると、スワヒリ沿岸部の都市社会は、この時期、ひとつの変化の道をたどったわけではないことがわかるだろう。インド洋と内陸に展開した多様な政治的・経済的状況の変化や、スワヒリ諸都市間の対立抗争、それにたいする支配層の戦略に応じて、都市の数だけ異なる歴史的経験が積み重ねられたのである。

3　オマーン支配とスワヒリ社会

『パテ年代記』とオマーン支配

スワヒリ世界の歴史を再構成するにあたって、近年、注目を集めているのは年代記である。古老の記憶を集大成した年代記は、スワヒリ社会の人々のあいだに伝えられてきた王朝の政治的変遷を記録しているからである。とりわけ『パテ年代記』は、『キルワ年代記』や『ラム年代記』に比べて内容が充実しており、史料的価値は高いとされている。七種類の写本があるが、ここでは、もっとも詳しいスティガンド版から、初期のオマーン支配の状況を探ってみよう。

パテは、すでに述べたように、十三世紀以降、オマーン（マスカト）出身のナバハニ一族の末裔が王位を継承してきたスワヒリ都市国家である。

　ポルトガルとマスカトのヤアーリバ朝イマームと組んだ全スワヒリ都市とのあいだに抗争が勃発。スワヒリ勢力は全勢力を結集してポルトガルと戦い、モンバサを除く地域を解放した。その後、ヤアーリバ朝イマームはモンバサの要塞からポルトガル人を駆逐するつもりであることをパテのスルタンに伝えて、着々と準備を進めた。そこで、パテとモンバサの住民は、共同して計画を練り、パテ軍は、一〇人、二〇人という小さな部隊に分かれてモンバサに集結した。日曜を待って急襲し、ポルトガル人を殺して要塞を占拠した。以来、ポルトガルは沿岸部全域を失った。

　その後、パテのスルタンのブワナ・タムは、「わたしは、要塞の奪回を完了し、ポルトガルを追い出した」との手紙をヤアーリバ朝イマームに送った。するとイマームは、「要塞を引き渡しなさい。軍隊を配備し、ポルトガル人をみつけしだい、協力して追い出そう」と返信した。

　そこで、ヤアーリバ朝イマームはマズルイと呼ばれる部族を送り込んだ。彼らは、兵士と首長を引き連れて、要塞を占拠した。これが、マズルイがこの沿岸にやってきたいきさつである。その後、ヤアーリバ朝イマームは収入なし、支出のみがかさむという困難な状況に直面した。

　マズルイは、「経費については、われわれに任せてください。名目的には、要塞はあなたの名義のままにしましょう」と提案した。

　その後、ヤアーリバ朝イマームは七人のセフという同じ名前をもつ人々を送り込んできた。彼らはイマームに反抗したので、イマームがやってきた。マズルイが軍隊の指揮をとり、要塞を取り返した。

その際、多くのマズルイ一族のメンバーが死んだ。このあと、イマームは要塞をマズルイに委譲し、マズルイがマスカトから独立して要塞を統治することになった。マズルイは要塞を拠点としてモンバサ島および隣接する大陸部を征服した。こうして、マズルイは、サイード・ビン・スルターンによって放逐されるまでモンバサにとどまることとなった。

ここには、オマーンが、パテを中心としたスワヒリ軍と組んでポルトガル勢力を駆逐した一六九八年から、モンバサ防衛のために配置されたマズルイ勢力がその後独立し、オマーン(ブー・サイード朝のサイード王)によって放逐される一八三七年までの歴史的経緯が凝縮されている。『パテ年代記』はさらに、マズルイ勢力が、その間、パテとラムとの抗争に介入し、サイード王が拠点に定めたザンジバル島以北のスワヒリ諸都市にいかに睨《にら》みをきかせていたかを詳しく伝えている。

ここで重要なことは、ポルトガルを駆逐したのち、オマーン王の東アフリカへの進出を阻んだ最大の勢力が、モンバサのマズルイ一族だったということである。

オマーンの王朝史は、その背景にオマーン国内における派閥対立があったことを記録している。たとえば、パテ朝のナバハニ一族は、十三世紀にヤアーリバ朝に駆逐された敗残者の末裔であり、マズルイ一族は一七四一年にブー・サイード朝に追い落とされたヤアーリバ朝に忠誠を誓った臣下だった。長年にわたるオマーンの権力抗争が、東アフリカ領にそのまま移されたのである。一八三七年以降、ブー・サイード朝による東アフリカ支配を脅かした政治的内紛は、ほとんどがこうした派閥対立に絡んだ王位継承権や領域をめぐる支配者層内部の争いであったといってよい。それは、奴隷貿易とならぶブー・サイード政権の弱点であり、やがてイギリスは、この弱点にくさびを打ち込むことによって東アフリカ侵略の道を切り開いてゆくことになる。

かくしてマズルイ勢力を制圧したサイード王は、ザンジバル島を統治の拠点に選んだ。その理由として、ザンジバル先住民の懐柔が容易だったこと、交易の中継地としての地理的利点、そして、クローヴ生産など農業開発への展望などをあげることができるだろう。サイード王は、以後、一八五六年に没するまで、マスカトとザンジバルを往復しながら、アラビア半島から東アフリカ沿岸にまたがる広大な領土を統治することになる。

サイード王は、ザンジバル、キルワ・キヴィンジェ（キルワ島の対岸近くの大陸部に位置し、十九世紀にキルワ島にかわって交易拠点となった）、モンバサ、ラムのほか、バガモヨやパンガニといった内陸部への長距離交易路の拠点に税関を設け、象牙や奴隷やコーパル（植物性天然樹脂。ワニス〈塗料〉の原料）の流通網を掌握するとともに、アラブ人商人やインド人商人、あるいはアメリカ、イギリス、フランスの商人を誘致して、ザンジバル島をインド洋中継貿易の中心地に発展させた。それだけではない。王は、一八一八年ごろにアラブ人商人がザンジバル島にもたらしたモルッカ諸島原産のクローヴに目をつけ、ザンジバル島を世界的なクローヴ生産地に変貌させたのである。ザンジバル島から発信された新しい時代の息吹は、スワヒリ都市社会にどのような変化をもたらしたのだろうか。

リワリ制と王権の正統性

サイード王がザンジバル島に王都を建設したころ、島にはハディムと呼ばれる先住民の首長制国家があった。彼らは、ペルシア系やアラブ系の血筋を引く首長(称号は「ムウェニ・ムクー」)のもとに、シェヒアと呼ばれるいくつかの地区に分かれ、それぞれの地区はシェハと呼ばれる地区長によって統括されていた。当初、サイード王はこの政治組織を利用して人頭税を徴収し、賦役を課した。しかし、奴隷労働力の増加にともない、賦役は一八五〇年ごろには自然消滅し、人頭税も、一八七〇年代にムウェニ・ムクーが廃位された時点で中止された。以後、シェハが行政機構の末端に組み込まれ、オマーン支配の一元化が完成する。

一方、サイード王は、モンバサやラムやキルワ・キヴィンジェといった遠隔地にはリワリ制を導入した。リワリとは、支配地域に派遣される総督のことである。通常、オマーン王家のメンバーのなかから選ばれた。リワリのおもな任務は税関の警備を統括することにあり、警備には、バルーチ兵(当時オマーンは、現パキスタン南部の港町グワダールを領有しており、そこからバルーチ人が傭兵として東アフリカにやってきていた)が、税関の実務にはインド人商人があたった。重要なことは、原則として、リワリが土着の権力機構や内政に介入することがなかったことである。二元的な政治機構、あるいは間接統治といってもよいだろう。サイード王が、このような政策を採用した理由として、つぎの三点を指摘できる。

(1)　スワヒリ都市住民がスンニ派シャーフィイー派法学のムスリムであったのにたいし、オマーン支配層がイバード派という少数派のムスリムだったこと。

かったこと。

(2)　サイード王の目的は、インド洋と内陸部の長距離交易路を掌握することにあり、領域的支配にはなかったこと。

(3)　サイード王は、ポルトガルがおこなったような都市社会への武力的介入は考えていなかったこと。それは、王が東アフリカ領に配置した兵士の数(東アフリカ全域で四〇〇人程度)からも明らかである。

ここからは、経済活動を優先し、できるだけ土着勢力との軋轢《あつれき》を避けようとしたサイード王の意図が読み取れる。そして、ほとんどのスワヒリ都市社会は、大きな抵抗もなくリワリ制を受け入れた。その背景には、すでにみてきたように、オマーン軍の支援によってはじめて、スワヒリ都市はポルトガルを駆逐することができたという歴史的経緯があったことを見逃すわけにはいかない。それは、オマーン王権の正統性をスワヒリ都市民に認知させる大きな効力を発揮した。サイード王は、祝祭時にザンジバルの王都で臣民に大量の贈与を分け与えることによって、それに応えたのである。

クローヴ・奴隷・象牙・穀物

スワヒリ沿岸部は、サイード王とその後継者が力を注いだ経済活動の展開にともない大きく変化した。それは、どのような変化だったのか。いくつかの事例を紹介しよう。

ザンジバル島　ザンジバル島では、二つの経済活動が同時並行的に展開した。中継貿易とクローヴ生産である。内陸部から運び込まれる象牙や奴隷を求めて、世界各地の商人が綿布や銃などの工業製品を携えてやってきた。一方、アラブ人移民が奴隷労働力を駆使して開設したクローヴ農園は、やがて島の北西部や中部へと拡大し、肥沃な土地を住民から奪っていった。そこに展開したのは、内陸部との長距離交易に従事しながらクローヴ農園の経営をおこなうアラブ系地主やインド人仲買人が集住する王都の賑わいである。アメリカ領事館(一八三三年開設)をはじめ、各国の領事館が開設され、王都はますますコスモポリタン的雰囲気を高めた。

マリンディ　ザンジバル島やアラビア半島向けの穀倉地帯として、不死鳥のようによみがえったのがマリンディであった。生産者は、近隣のラム諸島やモンバサ、あるいはオマーンからやってきたアラブ系の入植者である。もちろん、インド人商人もやってきた。豊かな土壌にめぐまれた穀倉地帯では、奴隷労働力によってソルガム(雑穀の一種)、ゴマ、豆類、トウモロコシなどが生産され、その規模三万エイカー、入植者数は九〇〇〇人にのぼったという。石造りの家も建てられ、ポルトガル時代末期以降、すっかりさびれはてていた町は、住民構成もあらたに復興をとげたのである。

モンバサ　狭いクリークを隔てたモンバサ島対岸の大陸部にも、マリンディと同様、米、トウモロコシ、ココナツなどの農園が展開した。経営者も、同じく新参のアラブ人移民やインド人。彼らは、現地の共同体が所有する土地を購入し、奴隷労働力を導入して、新興地主としての地位を築いた。こうして、スワヒリ社会の一部では、西欧諸国による植民地化に先行して、共同体から個人への土地所有権の移行が進展した。

キルワ　奴隷のおもな供給先は、もっとも古くはインドとアラビア半島だった。十八世紀に仏領マスカレーン諸島(現モーリシャスなど)がそれに加わり、十九世紀中葉からは沿岸部のクローヴや穀類のプランテーションに比重が移った。奴隷の需要が高まるなかで、内陸からの奴隷の積み出し港として、めざましい発展をとげたのがキルワである。しかし、このキルワは、かつての栄光ある島のキルワ（キルワ・キシワニ）ではなく、大陸部のキルワ（キルワ・キヴィンジェ）であった。内陸から運ばれた奴隷を取引するには、島より大陸部の港のほうが便利だったからである。こうして、キルワ・キシワニは歴史の舞台から姿を消し、キルワ・キヴィンジェが、奴隷取引のあらたな進展のなかで台頭した。

バガモヨ　奴隷の主たる積み出し港として台頭したキルワ・キヴィンジェにたいし、象牙の主要な積み出し港として急速に発展したのがバガモヨであった。これは、オマーン支配の拠点ザンジバル島にもっとも近い港であり、十九世紀以前から象牙を沿岸部にもたらしていた内陸部の商人たち（ニャムウェジ人）が開いた長距離交易路が、内陸のタンガニーカ湖畔から延びていた。この交易路は、一八五〇年ごろまでに、内陸のアフリカ人商人にかわってアラブ商人やスワヒリ商人の支配するところとなってゆく。一八七〇年代に沿岸部のプランテーションにおける奴隷の需要が高まると、バガモヨでもさかんに奴隷が取引されるようになった。十九世紀最大のアラブ系交易商人といわれるザンジバル生まれのハメド・ビン・ムハンマド・アル・ムルジェビ（通称ティップ・ティプ）は、この交易路沿いのタボラを拠点として活躍し、十九世紀末にはコンゴ自由国の東部州知事に就任している。

ラム　ラムは、すでに述べたように十九世紀初頭にパテとの戦い（シェラの戦い）に勝ち、パテにかわって一躍スワヒリ沿岸北部の一大勢力として台頭した。オマーン支配のもとでの経済的繁栄は、そうしたラムにさまざまな利益をもたらした。ひとつは、アラビア半島に輸出される奴隷貿易の中継地として、二つ目はインドへ輸出される象牙や皮革の集積地として、第三に大陸部の農園経営者の居住地としてである。インド人商人が仲買人として移住するなど、十九世紀スワヒリ社会に共通のパターンが展開し、一八五〇〜六〇年代に最盛期をむかえた。

以上のように、オマーン支配がもたらした経済効果によって、沿岸部のスワヒリ諸都市に多くの富が集積された。もちろん、時代の波に乗りそこねた都市もある。明暗を分けたのは、内陸部との関係にあった。近接する穀倉地帯の有無、象牙と奴隷の供給地への長距離交易路のターミナルとしての機能の有無である。こうした有利な条件を備えた都市には、仲買人であるインド人商人が住みつき、交易や農園経営からの収益を求めてオマーン、ハドラマウト、コモロなどから新しい移民が到来した。スワヒリ都市の社会的変化をうながしたのは、こうした新移民の到来であった。それは、どのような社会変化だったのだろうか。

ウスタアラブ（文明開化）

十九世紀のあらたな移民の特徴は、きわめて現実的な経済倫理の持主だったことにある。彼らは、既存の社会的権威や階層社会の枠にとらわれず、経済的立身出世を優先した。たとえば、ハドラマウトから移住して農業労働者から身を起こし、穀物輸出で成功し、ラクダの牽引《けんいん》力を利用したゴマ油の工場生産にも着手したマリンディのアリ・ビン・サリム・バシャラヒルはその代表的な事例である。

新興スワヒリ都市の経済発展の牽引力になったこうした移民の到来は、それまでの都市構造にも変容をもたらした。新市街の出現である。たとえば、ラム島のランゴニはその典型的な例であった。こうした新

20世紀初頭のスワヒリ社会（ザンジバル）　イスラームの大祭の日であろうか。先頭の白い貫頭衣（カンズ）にハンジャルと呼ばれるナイフを腰につけたアラブ人，そのあとに続くのはスワヒリ人男性。見物している女性たちはブイブイと呼ばれる外套を身に着けている。

市街に住みついたイエメン、オマーン、コモロからの移民は、やがて隣接する旧市街の上層社会を脅かす存在になってゆく。旧市街のスワヒリ上層社会の価値観は「ウングワナ」というスワヒリ語に象徴されてきた。それは、奴隷の「野蛮性」に対置される「文明化した自由民の状況」を意味した。ウングワナの価値観は、血縁によって結ばれた一部の集団によって独占され継承されてきた家屋や土地やイスラーム的知識によって構成されていた。これらすべてが、新移民がもたらした富やイスラーム的知識の開放によって脅かされたのである。

こうした新旧の価値観の出会いが生み出したもの、それが、「ウスタアラブ」であった。ウスタアラブとは、現在、「文明化した生活を送るために必要な知識や物」を意味するスワヒリ語として使用されているが、その本来の意味は十九世紀スワヒリ社会の経済発展のなかで生まれた新しい文明観、すなわち、「アラブ人のようになること」だったのである。とりわけ、旧市街の支配層は、きそってアラブ的な名前や衣服や知識を採用して新移民に対抗した。彼らのモデルとなったのは、王都の生活習慣であり、リワリとして現地に派遣された王族たちの生活であった。アラビア語の読み書き能力も重視されるようになり、聖典(コーラン)にそったオーソドックスなイスラームの知識が権威をもつようにもなった。

ウスタアラブ時代は、それまでのアフリカ的価値観が蔑視され、アラブ文化やイスラーム的価値観に強く傾斜した時期であったといえよう。

十九世紀末、スワヒリ史におけるウスタアラブ時代は、奴隷貿易禁止運動と一体となったキリスト教宣教団や探検家を尖兵とする西欧列強の侵略によって終止符が打たれ、「植民地時代」に取ってかわられた。以後、スワヒリ沿岸部は、イタリア(モガディシュ、ソマリア)、イギリス(ラム、マリンディ、モンバサ、ザンジバル)、ドイツ(バガモヨ、キルワ・キヴィンジェ——第一次世界大戦後はイギリス)、フランス(コモロ)の支配下におかれ、あらたな歴史を歩み出すことになる。

4　植民地時代

植民地化への抵抗

東アフリカにおける最初の反帝闘争は、一八八八年四月にザンジバル王(サイード王の没後、ザンジバル王領がオマーンから分離独立)と「ドイツ東アフリカ会社」(DOAG、代表カール・ペーテルス)とのあいだで調印された条約に端を発した。この条約が、DOAGに、パンガニからキルワにいたる沿岸部の関税徴収権と行政権を与えたからである。

沿岸部のスワヒリ社会は、すでに述べたようにザンジバル王が任命したリワリと土着の支配者(ジュンベ)とが並存する二重構造になっていた。リワリは、アラブ人やコモロ人など新移民層を配下におき、ジュンベは土着の商人、農民、ポーター、奴隷を統率していた。

一八八八年八月、DOAGの代表が沿岸部に上陸し、条約に基づいて行政改革に着手しようとしたとき、これに抵抗したのは主としてジュンベたちであった。ジュンベたちは、内陸との長距離交易に深くかかわっており、ドイツ人による武器・弾薬の取り締まりやさまざまな規制によって直接的な損害をこうむる立場にあったからである。

DOAGへの抵抗は、沿岸部一帯に広まり、バガモヨやパンガニでは、戦闘によって多くの犠牲者をだした。犠牲者の多くは下層の住民やポーター、あるいは内陸部から応援に馳せ参じたアフリカ人戦士たちだった。反乱軍を率いて対独抵抗を続け、一八八九年に絞首刑になったアラブ系交易商人のブシリ・ビン・サリムは、この反乱の指導者のひとりである。

スワヒリ社会は、ドイツの侵略にたいして統一戦線をくむことができなかった。その理由は、ザンジバル王の腹心であるリワリがDOAG側に与《くみ》したからである。また、抵抗運動の中核を担ったジュンベたちが、ザンジバル王への忠誠をすてきれない穏健派と、自分たちの土地をドイツに売り渡したとしてザンジバル王を攻撃の対象とする過激派とに分裂したことも、理由のひとつにあげることができるだろう。

ドイツ人へのスワヒリ沿岸部の人々の抵抗は、一八九〇年にキルワ・キヴィンジェがドイツ軍によって砲撃され、陥落したのを最後に終焉する。

こうした一連のスワヒリ諸都市の抵抗に対処しきれなくなったＤＯＡＧは、一八九〇年、領土の統治をドイツ政府に委ねた。ドイツ領東アフリカの誕生である。しかし、ドイツ支配への抵抗はその後も続き、なかでも、南部一帯で勃発し鎮圧されたマジマジ運動（一九〇五〜〇七年）は、ドイツ植民地統治の「民主化」をうながした反帝闘争として多くの人々の記憶にとどめられている。

なお、このほかのおもな沿岸部の抵抗運動として、モンバサ近郊でのムバラク・ビン・ラシド（マズルイ一族のメンバー）による「イギリス東アフリカ会社」（ＩＢＥＡＣ）への抵抗（一八九五〜九六年）をあげておく。

奴隷制廃止とスワヒリ社会

ウスタアラブの時代はイスラーム的文明開化の時代であったと同時に、東アフリカの奴隷貿易がスワヒリ史上最大規模に拡大した時代でもあった。ここで重要なことは、この奴隷貿易の展開が、スワヒリ社会の奴隷制の確立をうながしたことである。内陸から沿岸部に運ばれた奴隷の一部が、家内労働力や農業労働力としてスワヒリ社会内で消費されたからである。

一八四五年にザンジバル領以外への奴隷の輸出が禁止されると、スワヒリ社会にもたらされる奴隷の数は急増した。ザンジバルのクローヴ生産もマリンディの穀物生産も、こうした奴隷制の展開によってはじめて可能となったのである。このことを考えると、十九世紀スワヒリ社会の繁栄は、奴隷制に支えられて

植民地下のスワヒリ・タウン(ザンジバル)　こうしたタウンに住めたのは支配層のイギリス人やアラブ人，そして商業を営むインド人であった。

いたといっても過言ではない。その奴隷制が、植民地下で廃止されたのである(ザンジバルでは一八九七年、モンバサやマリンディでは一九〇七年)。奴隷制廃止がスワヒリ社会に与えた影響は、つぎの二点にしぼることができるだろう。

第一に、奴隷制廃止による労働者不足により、農園を経営していたアラブ人地主階級の没落が始まったこと。解放された奴隷を賃金労働者として雇わねばならなくなったからである。この切り替えがうまくいかなかったマリンディの穀物地帯などでは、破産する農園が続出した。ザンジバルでも、経営難から債務をかかえ、債権者であるインド人の手に渡るクローヴ農園が続出した。

ところで、奴隷所有者は、オマーンなどからの新移民とジュンベを筆頭とする土着の支配階層に大別できるが、奴隷解放によって損害をこうむったのは、奴隷を動産のごとくに扱った前者であった。後者が大きな打撃を受けなかったのは、奴隷を家族の一員に同化させるアフリカ社会固有のパトロン‐クライアント関係を維持していたため、奴隷は解放後も家族のメンバーとして残ったり、主人の土地で農耕に従事し続けたケースが多かったからである。

第二は、奴隷身分が消失したことにより、それまでのスワヒリ社会の基本的な階層構造が崩壊したこと。とはいえ、解放奴隷と自由民との境界が一挙になくなったわけではない。解放後の社会的地位は、それまでの奴隷の状況によっても異なっていた。

スワヒリ社会の奴隷は、内陸から連行された第一世代の奴隷(ムジンガ、またはムシェンズィ)、沿岸部生まれの第二世代以下の奴隷(ムザリア)、ポーターなどの賃労働に貸し出される奴隷(キバルア)、逃亡した奴隷(ムトロ)の四つに区別されていたが、解放後、生活手段に困って社会的な問題を起こしたのはムジンガ層であり、ムザリアはもとの主人の家を離れず、キバルアは容易に賃労働者に移行した。とりわけキバルア層は、それまで禁じられていた自由民の衣服を身につけ、経済的にもさまざまな分野に進出し、積極的にスワヒリ社会に同化していった。

あらたな移民の到来

植民地下でスワヒリ社会の変化を推し進めたその他の要因に、内陸からのアフリカ人出稼ぎ移民の到来がある。スワヒリ社会の港湾労働者や農園労働者の賃金が、内陸部の賃金より割高だったからである。没落したアラブ系地主にかわって農園経営に乗り出したのもこうしたあらたなアフリカ人の移住者であった。第二次世界大戦後、内陸部の諸都市に先駆けて、ザンジバルやモンバサで労働運動が展開したのは、世界の動きをいち早くキャッチできるスワヒリ都市ならではの現象であった。しかし、その担い手が主として内陸からの出稼ぎ労働者だったことは、スワヒリ社会に大きな地殻変動が起こりつつあることの予兆でもあった。このことは、奴隷制廃止後、スワヒリ社会の旧支配層が経済的な転身に失敗し、近代化の波に乗り遅れてしまっていたことを示している。

その典型的な事例をザンジバルにみることができる。一九五〇年代の独立運動のなかで、ザンジバルの住民は、内陸のアフリカ人を主体とした政党との協調路線に踏み切れず、結局、王制を擁護するアラブ系の政党に独立後の政権を委ねてしまった。それが、一九六三年の独立後一カ月をへずして勃発し、アラブ系支配層を王もろとも追放したザンジバル革命(一九六四年)の原因となったのである。

革命後、十七世紀末にポルトガル勢力を追い出して以来、アラブ的な価値観を体現してきたオマーン王家の最後の砦ザンジバルで、脱アラブ化をともなうスワヒリ文化の再編が進んだ。この再編過程は、革命後の政治状況を安定化するためにザンジバルとタンガニーカ(一九六一年独立)が連合したことにより、さらに促進されている。しかし、一〇〇〇年以上の歴史の積み重ねのなかで展開したスワヒリ文化が、それによって消滅することはないだろう。それどころか、スワヒリ文化のアフリカ化ともいうべきこの過程は、内陸部の文化との垣根を低くすることによって、沿岸部スワヒリ文化のさらなる拡散を招来するきっかけともなっている。とはいえ、内陸部の人々と沿岸部のスワヒリ社会の人々とのあいだには、まだ厳然とした違いがある。そのひとつが、アイデンティティのありようである。

たしかに、スワヒリ社会の住民は、多様なアイデンティティをもっている。ムハディム、ムペンバ、ムトゥムワ、シラジ、ムヴィタ、バジュン、スワヒリ、アラブ……といった具合である。しかし、彼らのあいだには、内陸部の人々がおたがいを隔てている文化的な違いはない。その意味では、スワヒリ社会の人々は、イスラームという宗教とスワヒリ語の共有によって普遍的世界へと脱民族化した人々なのである。

女性史からの視点

スワヒリ社会の形成と展開を、可能な限り、一次史料に依拠しながら概観してきた。みえてきたのは、「内因説」と「外因説」のいずれにもわかちえない、多様で動的な展開である。換言すれば、アフリカ的要因とアラブ的要因との関係は、時代により、地域により、階層により、多様で動的であったということである。たとえば、植民地下に例をとると、そこではアラブ的要因がしばしば「内因」に転化している。スワヒリ社会や文化を規定してきたのは、こうした多様な関係の動的ありようなのである。ところで、こうした分析を進めるなかで、従来の歴史学が見落としてきた重要な視点がある。それが、女性史からの視点である。

ここでは、すでに引用した『パテ年代記』をてがかりに、これからのスワヒリ史研究における女性史的視点の重要性を指摘しておきたい。

「ウマイヤ朝のカリフが派遣したシリア人によって七世紀に創設された」、という書きだしで始まるこの年代記は、一二〇四〜〇五年に、王権を奪われたオマーンのナバハニ一族が住みついたあたりから歴史的現実味をおびてくる。そこでの女性の重要な役割に注目してみよう。

第一は、婚姻関係をとおして、移民男性に支配の正統性を与えるという女性の役割である。たとえば、ナバハニ一族の族長がパテの首長の娘と結婚し、その二人のあいだに生まれた男子が初代のパテ王に叙任されるという構図である。

第二に調停役や支配者としての女性の役割である。具体的には、二代目の王位継承をめぐる兄弟間の抗争にパテ女性である王妃が介入し、調停をおこなっているのだが、考えようによっては、王位継承者の選任を左右する権限にまで発展する可能性も否定できない役割である。支配者としては、一六五〇年ごろに即位したムワナ・ハディジャという名のパテの女王が知られている。十七世紀から十九世紀にかけて、パテのほかにもザンジバル、モンバサ、マフィア、コモロなどのスワヒリ社会でも女王が輩出されている。支配層の女性に付与される権限は、アフリカ的伝統に根ざすものであり、父権的なアラブ文化のアフリカ化に貢献してきたとみることができる。

第三は「地母神」としての女性の役割である。年代記によれば、パテが近隣の首長国との戦闘の際、捕虜になりそうになった女性が大地に呼びかけると、大地が割れ、女性を飲み込んでしまう。この奇跡を知ったパテ王は、その場所に寺院を建設し、女性を祀るとともに、パテの繁栄を祈願したという。ここには、女性の霊力にたいする畏怖《いふ》の念があり、それはイスラーム的というよりアフリカ的な女性観としてみることができよう。

第四に、「奴隷」としての女性の役割をあげておこう。戦闘において奴隷として略奪されたのはもっぱら女性であり、男性の捕虜はほとんどが殺された。だが、その女奴隷の労働力を搾取していたのが自由民の女性であったことを、年代記は伝えている。また、元奴隷であった男性の妻を、王が見初めて奪ったという話からは、移民男性と女奴隷との妻妾関係の展開を推測することができる。

　このように、沿岸部の女性や奴隷として内陸部から運ばれた女性は、さまざまな回路をとおしてアラブ文化とアフリカ文化の仲介役をはたし、文化の相互浸透を可能にした。いや、たんなる仲介役ではない。スワヒリ社会独特の性役割、あるいはエスニシティやアイデンティティの創出に重要な役割をはたしている。それは、「シニャール」「セニョール」と呼ばれた西アフリカのヨーロッパ人との混血がはたした役割と相通じるものがある。今後、以上のような史料の読み直しをとおして、スワヒリ女性史を再構築することによって、より多様でより動的なスワヒリ社会の全体史に向かって研究が進展することを期待したい。

第三章　マダガスカルとインド洋西域島嶼世界

本章において叙述するマダガスカルとインド洋西域島嶼世界の歴史は、「マダガスカル人」という文化的あるいは政治的一体性や共通性をもつと共通に想像されるにいたった人々についての、歴史記述である。すなわち、「マダガスカル人」を「マダガスカル人」たらしめる一体性や共通性が、歴史のある時期に既成のものとして登場し、その「マダガスカル人」は現在の「私たちマダガスカル人」と連続した存在であると、「マダガスカル人」自身によって疑いを差しはさむ余地のない当然のこととして想像されたうえで流布され増殖されてゆくとき、このような「マダガスカル人」の歴史的原像はいつごろどのように成立し、それはいかなる歴史的な細部に基づいて組み立てられているのかという問題の記述である。

本章では、五世紀から八世紀ごろマダガスカル島に人が居住を始めて以降、「マダガスカル人」意識を生み出すよりどころとなった歴史的できごとを追いながら、一八九六年からのフランスによる植民地化の経験をとおして「マダガスカル人」意識が形成され、それが最終的に一九六〇年のマダガスカル共和国という領域的国家として結晶化し、「マダガスカル人」と「マダガスカル国民」の双方が合致するまでの経緯を、インド洋西域島嶼世界の歴史的脈絡において記述してゆきたい。

1　オーストロネシア語族の移住

「原マダカスカル人」の形成とインド洋海域世界

方言差をともないながらも全島の人々のあいだで用いられ相互に理解可能なマダガスカル語は、インドネシアやフィリピンあるいはマレーシアや台湾の先住民の人々の言葉と同じオーストロネシア語族へスペロネシア語派に属している。また、中央高地の住民のあいだでとりわけ顕著であるものの全島で南方モンゴロイド的な顔立ちをみることができる。

年間降水量八〇〇ミリを下回る南部地方を除いて島を特徴づける風景をつくりだしているアジア稲を用いた水田と焼畑、双方における稲作、東部海岸地方でみいだされる高床《たかゆか》式の米倉、吹き矢や双胴の鞴《ふいご》、竹の表皮を剥《は》いで琴柱《ことじ》を立て、弦《げん》とした竹琴など、東南アジアで用いられているものとそっくりそのままといってよい道具の数々、絣《かすり》や、絹・野蚕《やさん》を用いた織布あるいは樹皮布の技術、そして太平洋からインド洋に広く分布する浮舷《ふげん》材のついたアウトリガー式カヌーなど、マダガスカルの人々と東南アジアの人々との眼で見ることのできるつながりだけでさえ、マダガスカル人の祖先の集団の一部がインド洋を渡ってやってきたことを雄弁に物語っている。

しかしながら、十六世紀にヨーロッパ人がマダガスカルに進出してきた当時、すでにインド洋八〇〇

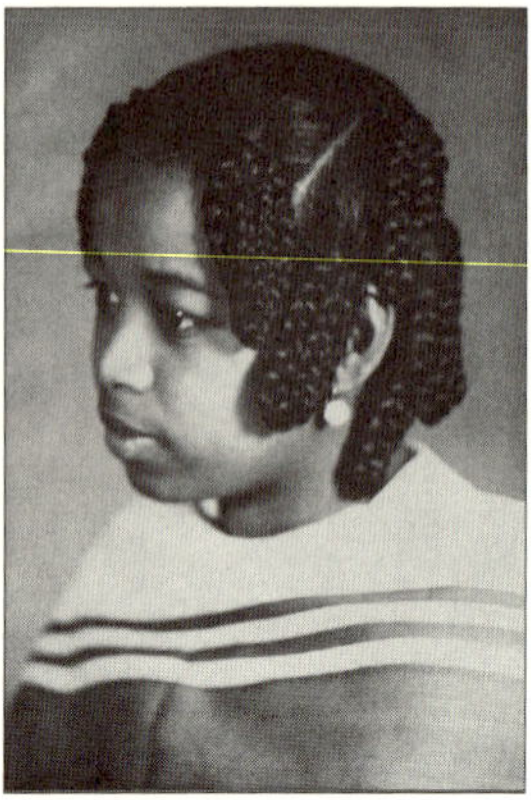

ベツィレゥの女性　アジア的あるいはモンゴロイド的形質の優勢なマダガスカル人の例。

キロ以上にわたる人の移動は終了していたために、いつごろマダガスカル人の祖先たちはどこの故郷から出発したのか、どのような航海技術を用いてインド洋のどのルートを渡ってきたのか、一回の航海で何人の人がなにを携えて海を渡り、そのような航海と移住が幾たび繰り返されたのか、そしてなんの目的のために遠く離れたマダガスカルにまでやってこなければならなかったのか、移住の実態と細部については現在もなお明らかではない。

そもそも現在のマダガスカル人の大多数が農耕民ないし農耕牧畜民であり、海とは無縁の生活を営んでいる。もちろん、南西部の海岸地方でアウトリガー式カヌーを操りながら漁撈生活を営むヴェズの人々のなかに、過去の海洋民の姿をみてとることができるかもしれない。しかしながら、このヴェズの人々でさえ星などを用いての長距離航海の技術を伝えてはいないばかりか、そのカヌーは速度がでるものの、船底には足ひとつはいらないため遠洋航海にはまったく不向きなのである。とはいえ、ヨーロッパ人が進出する以前のインド洋が、沿岸漁撈民だけにとっての生活領域であったと想像することは、この世界のもつ動態性を不当に軽視することであり、活発な商業や交易のネットワークが展開される世界であったことは、歴史的事実として疑いようがない。

紀元一世紀ごろにエジプト在住の船乗りによってギリシア語で書かれた『エリュトゥラー海案内記』に

は、紅海からペルシア湾・アラビア海からベンガル湾にかけ、すでに金銀・ガラス製品・象牙《ぞうげ》・香料・真珠・亀甲《きっこう》といった奢侈《しゃし》品からムギ・鉄製品・銅・綿布などの生活用品、そして奴隷といった多様な交易品が海上輸送によって地域間でさかんに流通・交換されているさまが描かれている。その交易網の広がりは、当時すでに東は東南アジア、西は東アフリカのザンジバル付近までをも覆っている。マダガスカル語のなかにインドのサンスクリット語に由来する語彙がジャワ語などに比べて少ないことは、マダガスカル人の祖先が、東南アジアへのインドの文化的影響が強まる五世紀ごろまでに故郷のインドネシア地域を旅立った可能性を示す証拠とされている。またマダガスカル語諸方言の言語年代学による分析も、およそ一五〇〇年から一六〇〇年前にすべての方言がひとつになることを推定しており、マダガスカル人の祖先の第一波のインドネシア地域からの旅立ちを、このインド洋交易網の成立と重ね合わせることができよう。

その後このインド洋交易網は、アラブ人が海上交易に進出してくる八世紀以降、より一層活発化していく。ポルトガルなどのヨーロッパ人が海上覇権を握る十六世紀以前にいかに整然とした交易や取引の秩序がインド洋海域世界一帯に広く確立し、定期的な海上航路網が発達していたかについてのありさまは、十四世紀のモロッコに生まれ、西アフリカから東アフリカ、中央アジア、南アジア、東南アジア、それに中国までを旅したイブン・バットゥータによる著名な旅行記に詳しい。さらに十五世紀には明の永楽帝が鄭《てい》和《わ》を提督とした船団を七回にわたってインド洋に派遣し、その分遣隊は東アフリカ沿岸のモガディシュ(モガディシオ)からマリンディに寄港している。

オーストロネシア語族の人々の移住とマダガスカル語の成立

マダガスカル人の祖先たちが冒険的なゆくえ定めぬ航海の末にたどりついたというよりも、この古代から中世にかけて存在していたインド洋交易網に沿って重層的な移住をおこない、その結果、現在のマダガスカル人にみることのできるような形質的また文化的混交を、マダガスカルの地において生み出したと考えることのほうが適切であろう。したがって、この交易網がインド洋に臨むさまざまな地域のさまざまな人々によって担われたのであるならば、一人インドネシア系の人々のみならずそれらの多様な地域の人々もまたマダガスカルにやってきたと考えることが妥当である。現在はスワヒリ語系のコモロ語を話し、ムスリムが多数を占めるコモロ諸島の住民のなかにも、インドネシア系に属する人々の形質的また言語的痕跡が認められることも、この当時インド洋西域の島嶼部で進行した移住と混交を物語っている。しかしその一方、現代のマダガスカルの人々のあいだに多様性や混交だけではない、共通性や斉一性が存在することもまた否定しえない事実である。このことは、マダガスカル語が語彙のなかにインドのサンスクリット語やアラビア語、ペルシア語、さらにはアフリカ沿岸部のスワヒリ語もしくはバントゥ系の言語に由来する単語を数多く含んでいるにもかかわらず、文法および語彙の面からみてオーストロネシア語族へスペロネシア語派に属する事実に典型的に示されている。

これらの点から、無人島であったマダガスカルに最初にやってきた人々は、インドネシア系の人々であり、それらの人々が人口上も占有面積上もマダガスカル人の「基層」を形成し、その「基層」からそれぞれの集団が定住した島内の生態環境や歴史的状況に応じて「民族」としての個別性を生み出していったとする学説が、有力視されるのである。そうでなければ、政治的な統一もなされていなかったこの広大な島で、ヨーロッパ人がやってきた十六世紀当時、すでに各地で相互に理解可能なマダガスカル語があまねく用いられていた事実を説明することはむずかしい。

ところが、ここにもマダガスカル人とマダガスカル世界の形成をめぐる逆説と難問が横たわっている。すなわち、島内の諸民族のなかでもっとも南方モンゴロイド的な容貌が顕著であり、その移植や灌漑水系制御をともなったきめ細かい稲作技術とともに、マダガスカル人の「アジア的」もしくは「インドネシア的」特徴をもっともよく示す民族といわれる島中央部に居住するメリナの人々が、インドネシアから最初に島にやってきた人々の末裔どころか、逆に島内でも一番新しくやってきた集団に属することが研究者によって指摘されているからである。メリナの人々が示す顕著な「インドネシア的な特徴」は、インドネシアから途中経由や途中滞在の少ないルートをたどり、他の移住者たちに比べ近年にマダガスカルに移住してきた比較的人数規模の大きな集団という事柄に由来し、けっして「マダガスカル人」の共通の基盤を与えた「基層」や「古層」に属することに由来するものではないと研究者によって考えられているのである。

現在、教育や行政文書や放送などで用いられている公用マダガスカル語は、中央高地のメリナの人々のメリナ方言を基礎につくられており、そのためメリナ方言が全島にゆきわたり、あたかもマダガスカル語の代表のような印象を与えている。しかしながらこのことは、十九世紀のイメリナ王国による島内各地の征服と王国内におけるキリスト教宣教団の支援をえて広まったメリナ方言による識字教育と学校制度の普及、および、その後のフランス植民地政府によるイメリナ王国下における教育政策を受け継ぎながら整備された学校教育制度の確立という政治的なできごとに根ざしている。この十九世紀以降に展開された政治的な側面を別にした場合、むしろメリナ方言を最大話者人口とする中央高地方言群のほうが、他の方言群と比べて発音、語彙、統辞法などの面で異質性が際だっているといえよう。とりわけ、統辞法の面において中央高地方言群はヘスペロネシア語派に属する諸語と共通する細かい規則が多く、それにたいし東部方言群や南部・西部方言群では統辞法にかんする規則がゆるく、語彙や発音などの違いを超えたピジンないしはクレオール的な性格が共通してみいだされるのである。

すなわち、マダガスカル語は、最初にやってきたインドネシア系の人々の言語をもとにインド洋のさまざまな地域からやってきた人々の地域間共通言語として島の沿岸部において成立し、やがてその地域間共通言語を母語とする人々があらわれて普及したあと、十二世紀から十四世紀ごろに島の北東部のアントンジール湾内に上陸したメリナの人々も、自らのインドネシア系の言語を核としつつもすでに「クレオール語」として通用していた「原マダガスカル語」を受け入れながらメリナ方言を成立させていったのではないかとの仮説が、近年では有力視されているのである。

稲作にみる「原マダガスカル人」起源の複数性

水田と稲作ほど現在のマダガスカルを、「アジア色」に染め上げている風景もないであろう。そればかりか、ご飯(ヴァーリ)とおかず(ラウカ)を対比させた料理の分類方法、苗(ケツァ)、穂(サルーヒ)、籾《もみ》(アクチュ)、焼米(ラング)、粥《かゆ》(ススア)やおこげ(アンパング)といった単語の存在、小一時間を「ご飯が炊きあがるまでのあいだ」（マハマサバーリ）と表現する慣用語句、またマダガスカル国民一人当り、一年間に籾米一三〇キロを消費している計算になる世界有数の米食民族であることを示す統計数値などは、マダガスカル人の米や稲作との深い結びつきをよくあらわしている。さらにまた、十七世紀中央高地に成立したイメリナ王国の歴代の王の語り継がれている勲功のひとつが、アンタナナリヴ平野に広がっていた川がつくりだした沼沢地に堤防を築き排水路を掘削しながら進めた水田開墾であり、十九世紀以前のイメリナ王国の財政は王国民一人一人にたいして給付された水田に課せられた収穫米の半分の納付という税によって支えられていたのである。ところがここにも、マダガスカル世界形成の複雑さが顔をあらわす。すなわち、イメリナ王国についての十九世紀にまとめられた歴史伝承集が、メリナ系の人々がアンタナナリヴ平野に進出してきた十五世紀ごろ、そこではまだイネも稲作も知られていなかったと語っていることである。

フランスの稲作研究者の一人は、マダガスカルにおけるイネと稲作の伝播と普及について、自らの調査成果に基づきながらつぎのような歴史段階を推定している。

(1)　十世紀から十二世紀ごろ、新しくやってきたインドネシア系集団もしくは「アラブ‐イスラーム」系集団が、島の北西部から北東部にはじめてイネと稲作をもたらした。

(2)　その人々の島内での移動にともない、稲作は、ヨーロッパ人が島にきた十六世紀までに、東部海岸一帯と北西部海岸一帯に普及した。

(3)　中央高地に居住していたメリナの人々が、東部海岸ないし北西海岸からイネと稲作を受容し、王を頂点とする政治統合を基盤に大規模公共土木工事をおこない、十六世紀ごろから水田稲作を急速に発展させた。

(4)　十八世紀までに稲作は、年間降水量八〇〇ミリを下回る島の南西部から南部一帯を除いて、広くおこなわれるようになり、ウシや奴隷とともに米は主要な交易品となった。

(5)　十九世紀のイメリナ王国の島内各地の征服にともなう領土の拡張とメリナの人々の入植は、灌漑稲作法を各地に普及させた。

(6)　二十世紀にはいり、「植民地の平和」のもとで東南海岸部に住み人口の増加圧を生じていたアンタヌシやアンタイサカの焼畑耕作民の人々が、土地を求めて人口の希薄だった西部から西南部一帯に移住を始め、それに高地のベツィレゥの人々も加わってこの地方での稲作が進み、ほぼマダガスカル全島を稲作の風景が覆うようになった。

ここでもまたイネと稲作は、マダガスカルに最初にやってきたインドネシア系の人々の「古層」や「基層」とは結びつかないのである。栽培されているイネの品種がアジア稲のなかでも東南アジア島嶼部と共通するインディカ種およびジャワ種であること、水を張った水田のなかでウシの群れを行き来させることによって田拵《たごしら》えをおこなう踏耕《とうこう》ないし蹄耕《ていこう》、小型のナイフを用いた穂刈りと穂刈りした稲穂を高床式の米倉に貯蔵しておく技術、掘棒の先に鉄の刃をつけたと思われる道具(アンガディ)による水田の耕起、そしてまた稲作もしくはイネにかかわる儀礼の存在など、マダガスカルのイネと稲作に東南アジアの稲作の系譜を色濃く認めることができる。けれども、その稲作儀礼にしても、東南アジアのようにイネそのものに霊的な存在の宿りを認め、これに働きかけるとの観念は報告されていない。マダガスカルの稲作儀礼の細部は地域や民族ごとに異なっているものの、その土地に棲まう土地の霊もしくはその土地や水田を拓いた祖先を豊穣の働きかけの対象とすることでは共通しており、「稲作儀礼」と呼ぶよりはむしろ「土地儀礼」と呼ぶほうが適切である。このこともまたマダガスカルの農耕において「稲作以前」の期間が存在し、相当期間存続していたことを示すものと考えることができる。

稲作以前にみる「原マダガスカル人」起源の複数性

マダガスカルにおける「稲作以前」に栽培されていた作物、すなわち最初のインドネシア系の移住者たちが携えてやってきたと推測される作物とは、なんであろうか。マダガスカルには、数多くの固有の植物が生育しているが、現在食用とされている栽培作物は、すべて外来のものであり、固有植物のなかから選抜されて食用として栽培されるようになったものはほとんど知られていない。イネはアジア原産、マニオク(キャッサバ)・トウモロコシ・サツマイモ・ジャガイモ・インゲン・ライマメ・ラッカセイはアメリカ原産、モロコシ・ササゲ・バンバラマメ・ウリ・スイカはアフリカ原産であり、各地の市場を彩る豊かな野菜や果実もまたさまざまな年代に海外からもちこまれたものにほかならない。それらのなかで、「稲作以前」に属する可能性のある栽培植物を求めるとするならば、ヤムイモとタロイモ、それにバナナがその有力候補であろう。いずれの植物も、東南アジアから南アジアが原産地もしくは栽培センターである。

ヤムイモは、マダガスカル各地で栽培もしくは野生状態での生育がみられるが、現在では十九世紀にヨーロッパ人によってもちこまれたジャガイモの生産量にもおよばないものの、その「ウヴィ」というオーストロネシア語族で広くヤムイモをさすのと同じ単語が全島で用いられていること、塊茎を食べる種類からむかごを食べる種類まで多様であること、栽培から半野生または野生状態のものまでひとつの地域においてみられることなどから考えて、古い時代からの栽培を想定させる。

バナナは、全島で栽培されているとともに、生食用種から調理用種、一説では塊茎に蓄えられた澱粉を食べるエンセーテ種まできわめて品種が多く、東部地方では現在でも焼畑もしくはその跡地における栽培植物として重要であることもヤムイモと共通している。唯一の相違点は、バナナには、島内でもさまざまな呼び名があることであり、東部地方の「(フ)ンツィ」はオーストロネシア語族に由来する一方、中央高地の「アクンチュ」はスワヒリ語に由来すると指摘され、その他にも北部の「カタカタ」、南部の「キダ」などの名称があり、マダガスカルにもたらされた年代および導入し栽培した集団の起源が重層的であった可能性を示唆している。

タロイモは、比較的雨量の豊富な中央高地から東部地方に栽培が集中しているものの、タロイモも呼び名(サゥンズ、サホング、タフ、サフンビアなど)および栽培品種が多い点で、バナナと類似している。タロイモがオーストロネシア語族の人々の移動にともなって東南アジアから太平洋地域に栽培が広まったことで有名な作物であることを考え合わせれば、稲作以前にインドネシア系の移住者たちがこれをもちこんだとしても不思議はない。その一方、バナナと同じく名称が多様性に富んでいることから、同じ年代に同じ集団によってもちこまれたのではなく、栽培化の起源が複数あったことを想定するべきであろう。

このほかにも、サトウキビ(ファーリ、西部ではフィシキャ)とココヤシ(ヴアニウ)は、全島で栽培されるとともにほぼ同一の呼び名が用いられ、いずれも太平洋地域から東南アジアを原産地とし持ち運びも容易であることから、やはり古い時代にインドネシア系の移住者たちによってもちこまれたものと推測される。さらに、マダガスカル語で酒をさす「トゥアカ」の語が、スマトラやボルネオの島々ではヤシ酒をさすとともに、ココヤシの実をさす「ヴアニウ」がオーストロネシア語族でヤシの樹をさす「ニウ」に由来することは、両者がセットとして、島にもたらされた可能性を示唆しているといえよう。

2　アラブ系、アフリカ系の人々の移住

アラブ系文化の影響と非イスラーム的「マダガスカル人」

マダガスカルの文化と社会のなかにも、八世紀以降インド洋に積極的に進出してきたアラブ系の人々の影響と足跡を、北西海岸から北東海岸に残されたスワヒリの家や町の建築様式に類似し、時にはモスクをももつ、かつての交易拠点の遺跡をはじめとして、明瞭に認めることができる。そもそもマダガスカル人とおぼしき人々が歴史上に登場するのは、十世紀にワクワクと呼ばれる人々が東アフリカ沿岸を襲撃したとのアラビア語文書の記録を、嚆矢《こうし》とするともいわれる。またマダガスカルの人々は、マダガスカル語を書き記す固有の文字を、生み出さなかった。そのため、現在の公用マダガスカル語のアルファベットによる正書法は、十九世紀初頭にイメリナ王国の王と顧問外国人と宣教師団が協議のうえ定めたものであり、それ以前、マダガスカル語はアラビア文字を用いて書き記されていたのである。このアラビア文字によっ

て書き記されたマダガスカル語文書をスラベと呼び、東南部のアンタイムルやアンタイサカなどの民族のあいだにおいて、幾世代にもわたって受け継がれてきており、そのもっとも古いものは十二世紀ごろにまでさかのぼる王家の系譜を記載している。このスラベを保持してきた民族のあいだでは、王族や貴族やさまざまな職能者集団がアラビア半島やメッカからやってきたとの口頭伝承が、広く流布されている。もちろんこの口頭伝承をすべて歴史的事実として肯定することはできないにせよ、アラブの慣習やおそらくはイスラームをも身につけた人々が、実体は「アラブ人」よりもペルシア系、アフリカ系、インド系、インドネシア系の出身者もしくはそれらの混交集団であった可能性が高いとしても、十世紀ごろから島の東南部や北西部の沿岸地帯を中心に居住していたことには、きわめて高い蓋然性が認められる。

そしてこれらの人々が、それまでのインドネシア系を中心とした移住者たちのあいだに、文字や製紙に代表されるさまざまな新しい技術や習慣、そして観念を島にもたらしたのである。現代の公用マダガスカル語で用いられる曜日の名称は、ほぼアラビア語の名称そのままであり、それというのも、マダガスカル人側がもっとも積極的に受け入れたアラブからもたらされた技術と習慣が、占い、とりわけ暦法および占星術の体系をもとにした「土占い」であったためである。このアラビア式の占いの暦法は、シキーディと呼ばれる「土占い」とともに、現在ではマダガスカルのほとんどの地域と民族でおこなわれている。十八世紀にイメリナ王国では王が、東南部のアンタイムルの人々のなかから占い師やスラベを書き記すことのできる書記を召し抱え、その技術の導入をはかったことが知られており、ここ二〇〇年ほどのあいだにマダガスカル人の好みと適合して急速に流行した結果である。

さらに、マダガスカル各地に存在するブタと豚肉にたいする禁忌、アフリカから東南アジアまで広くおこなわれている盤上ゲームのマンカラ(マダガスカル名、カチャ)などもこの「アラブ」の影響をあらわしているが、なによりも現代マダガスカルのほとんどの民族のあいだでおこなわれている男子割礼は、これらアラブ系の人々から広まった習慣と考えられている。その証拠に、東南部の民族のひとつで祖先がメッカからきたとの起源伝承をもつアンタバファカの人々のあいだで現在でも七年に一回おこなわれている割礼祭サンバチャは、かつてイメリナ王国においても同様な祭りがおこなわれていたものの、イメリナ王国のそれは十六世紀から十七世紀ごろに王国の外から導入されたことが伝承されているのである。

また、研究者のなかには、十六世紀から十七世紀ごろにかけて、東部のアンタイムル、中央高地のイメリナ、西部のサカラヴァなど、マダガスカル各地に王国や首長国の形成が活発化した事実から、「王国」や「王」という観念そのものが、これらアラブ系の人々によってマダガスカルにもたらされたと主張する人もいる。

北部にあるアンタンカラナ王国の王および兄弟と息子(19世紀末)

しかしながら、習慣や技術として現代にいたるまで、大きな影響を与えたアラブ系の人々の来島も、結局その当時携えていたであろうイスラームそのものは、まったくといってよいほどマダガスカル人社会のなかに定着することはなかった。その点では、インド洋交易によってえた富をもとに意図的にイスラーム教化を推し進めた、マダガスカルとよく似た人々の歴史的形成過程をたどってきた同じインド洋のコモロ諸島とは、対照的である。逆にマダガスカルでは、アラブ系の人々自身が定住していくなかで、しだいにイスラーム本来の姿を失って「マダガスカル人化」していき、習慣の断片としてのみイスラームを伝える結果になったことは、アラブ系の外来者たちを宗教的職能者や政治的支配者として受け入れつつもイスラーム総体を拒否した当時のマダガスカル人側のインドネシア系「基層文化」の確立とその厚さを、そこにみることができるかもしれない。

アフリカ系文化の「マダガスカル人」形成への影響とその謎

マダガスカル島とアフリカ大陸とは、そのもっとも近いところでは、モザンビーク海峡を挟んで四〇〇キロを隔てているにすぎない。さらに、マダガスカルの人々の容貌や形質には、南方モンゴロイドの特徴を広く認めることができるにせよ、黒人の形質が優勢であることは否定しがたい。かつては、マダガスカル人のあいだに卓越する黒人的形質について、それがメラネシアなどのオセアニア系黒人に由来するとの説が主張されたものの、現在ではアフリカ大陸の黒人に由来する部分がはるかに多いことが定説とされている。

ところが、それにもかかわらず、インドネシア系やアラブ系の人々の移住と比べ、両者の歴史的関係やそのあいだのつながりを示す記録や事実に乏しいという逆説がここにも存在するのである。アフリカ大陸の人々がマダガスカルにやってきたことを示すもっとも確実な証拠は、インド洋交易を掌握してきたアラブ系やスワヒリ系の人々の手によって、あるいは十六世紀からインド洋に乗り出してきたヨーロッパ人の手によって、十七世紀から十九世紀にアフリカ大陸から奴隷として連れてこられた人々である。とりわけ、水田干拓の大規模公共工事に着手するとともに島内での軍事征服を推し進めたイメリナ王国には、十八世紀から多数の奴隷が、対岸のモザンビークをはじめアフリカ大陸から、欧米の商人やコモロ諸島などのスワヒリ商人によって導入され、その結果、モザンビークに居住する一民族の名称にすぎないマクアが、現代マダガスカルでは「黒人」にたいする一般名称、もしくは肌の色の黒さや頭髪の縮れといった「黒人的な形質」をさす形容詞として用いられているのである。

　このためマダガスカル人およびマダガスカル世界の成立および形成にたいするアフリカ大陸の人々の関与や影響を、過小評価するような見解もまれではない。二十世紀以降のマダガスカルの知的エリートたちのあいだには、インドネシアを筆頭とするアジアとの歴史的つながりを誇り、またそれを探求し民衆に伝え教育しようとする文化ナショナリズムが顕著である一方、アフリカやアフリカ人を「遅れたもの」「劣ったもの」として、マダガスカルという国や人が「アフリカに属する」ことを快く思わない傾向がみられるのである。

南部のマハファーリの女性
アフリカ的，あるいは黒人的形質の優勢なマダガスカル人の例。

　しかしながら、イネとならんでマダガスカルの風景をつくりだし、マダガスカルの全人口よりも多いといわれるウシは、東南アジアの農耕で用いられる水牛ではなく、背にこぶをもち乾燥や虫、寄生虫に強い熱帯牛のゼブウシであり、そのウシをさす全島で用いられているマダガスカル語の名称「ウンビ」ないし「アオンビ」は、バントゥ諸語の「ンオムベ」に由来することからも、ウシがアフリカ大陸からもたらされたことに疑いの余地はない。さらに、ニワトリ(アクー、アコー)、イヌ(アンブア)、ヤギ(ウシ)、ヒツジ(ウンジュ)も、その語源はバントゥ諸語にあると指摘され、家畜や家禽の多くが同様にアフリカ大陸からもたらされた可能性をもっている。栽培植物では、モロコシ(アンペンバ、アンペンビ)およびウリ(ヴアタング)は、原産地がアフリカであるうえ、そのマダガスカル語の名称もバントゥ諸語起源であることから、アフリカ人の手によってアフリカ大陸から伝えられたことを物語っている。土鍋(ヌング)、水瓶《すいびょう》(サズア)、水差し(シーニ)なども語源は、バントゥ諸語もしくはスワヒリ語にさかのぼるといわれ、土器の製作技術も、その一部はアフリカから伝えられた可能性を見過ごすことはできない。

アフリカ系の人々が、マダガスカル人およびその文化・社会に与えた影響として指摘されている習慣が、冗談関係および憑依《ひょうい》儀礼である。冗談関係(ジヴァ、ルハテーニ)とは、特定の民族間に属する人々のあいだにおいて、日常生活や葬式などの際にたがいに「冗談」や「悪口」を交わすとともに、儀礼や困窮時にはたがいに助け合う習慣のことであり、対岸のタンザニアからモザンビークの諸民族のあいだでも類似の習慣が広くみられるものである。憑依とは、チュンバと呼ばれる亡くなったサカラヴァ王国の王や王族の霊の憑依をさし、もともとはサカラヴァ王国内部で、故王の霊媒をとおした託宣としておこなわれていたものが、二十世紀にはいって急速にサカラヴァという民族の枠を超えてマダガスカル全土にさまざまな状況に対応した治療儀礼として流行した経緯をもつものである。このチュンバ以外にもジンやシャイチュアンと呼ばれる憑依は、東アフリカ沿岸からコモロ諸島におけるスワヒリ文化の憑依儀礼の系譜に連なると指摘されている。

しかしながら、アフリカ大陸とマダガスカルとのあいだは四〇〇キロにすぎないとはいえ、モザンビーク海峡の海流は速く、これを渡るには相応の航海技術が不可欠である。マダガスカルに、形質的また言語的・文化的にもっとも影響をおよぼしたとされるバントゥ系の人々は、農耕牧畜民が大半であり、遠洋航海技術を伝承していないため、その移住の年代および形態は、インドネシア系およびアラブ系の人々の移住よりもさらに謎が多く残されている。一部の研究者は、バントゥ系の人々との接触および混血は、マダガスカル内部よりもむしろインドネシア系やアラブ系の人々が移住の途中で滞在したであろうアフリカ大陸側で生じたとの説を主張している。

3　世界システムのなかのインド洋島嶼世界と植民地分割

ヨーロッパ人のインド洋進出と諸王国の形成

マダガスカルとヨーロッパとの関係は、一五〇〇年、インドへ向かっていたポルトガル人航海者による「偶然の発見」から始まる。十六世紀末から十七世紀にかけオランダが北東部のアントンジール湾に、イ

1595年当時のマダガスカル南部住民についての挿画　ハウトマンの『東インド諸島への航海』に掲載された，マダガスカルの住民について残されているもっとも古い図版のひとつ。中央にバオバブ，周囲にカナボウノキなど，マダガスカル固有の植物も描かれている。

ギリスが東部のサントゥ・マリー島や南西部のサン・オーギュスティン湾に、フランスが南東部のフォー・ドーファンに、それぞれ交易拠点や砦を建設し、マダガスカルにおける定住や植民をはかったものの、それぞれの本国の情勢やマダガスカル人社会との軋轢《あつれき》によって十七世紀末までにはことごとく撤退を余儀なくされている。

一方、アラブ人航海者によってその存在は知られていたものの、定住者のいなかったマダガスカルの東方洋上に浮かぶモーリシャス島とレユニオン島も、一五一二年ごろにこれらの島を「発見」したポルトガル人航海者の名前にちなんで、マスカレーニャス諸島と命名された。その後九八年、オランダがモーリシャス島を占領し、自国のナッソー王家のマウリッツ公にちなんでマウリティウスと名づけ、マダガスカルなどから奴隷を導入し、サトウキビ栽培や黒檀《こくたん》伐採などの植民活動を進めたが、南アフリカにおける植民に国家事業の重点を移した結果、一七一〇年にモーリシャスを放棄した。

ヨーロッパの国家的事業としてのマダガスカルへの定住と開発が失敗したあとの間隙を埋めるように進出してきた人々が、インド洋交易や巡礼のヨーロッパ船やアラビア船を襲撃するための拠点をサントゥ・マリー島からアントンジール湾およびディエゴ・スアレス湾にかけて設けたヨーロッパ系の海賊である。彼らがマダガスカルで活動した期間は、十七世紀後半から十八世紀前半の四〇〜五〇年ほどにすぎないものの、その機動力と武力を駆使し、その真偽について諸説あるもののマダガスカル北部に「海賊共和国」を樹立したり、コモロ諸島におけるスルタンたちの権力闘争に介入したりしたうえ、マダガスカル人女性とのあいだに混血児をもうけ、そのような混血児(ザナ・マラータ)の一人ラツィミラフ(別名ラマルマヌンプ)は、十八世紀前半、東部海岸一帯に長大なベツィミサラカ王国を樹立するにいたっている。ラツィミラフ王の死後ベツィミサラカ王国は分裂するが、十八世紀後半からはベツィミサラカやサカラヴァの人々、そしてヨーロッパ系の海賊が共同し、コモロ諸島から東アフリカ沿岸の都市の略奪を繰り返し、甚大な被害を与えた。マダガスカル系海賊のたび重なる襲来にさいなまされたコモロ諸島のスルタンたちが、イギリスやフランスに救援や庇護を要請したことが、その後のフランスによるコモロ各島の植民地化のきっかけを生んだ。

この時期のマダガスカル人と欧米人との交易は、マダガスカル全島の海岸部でおこなわれ、一部のヨーロッパ人商人たちは、中央高地にまで進出するようになっていた。マダガスカル人側は、米やウシや奴隷と交換に、ヨーロッパ人やアメリカ人たちから銃器や火薬、またラム酒や布、それにアフリカ大陸からの奴隷を手にいれている。とりわけ、マダガスカル島内で鉄砲が大量に流通を始めるのは、十七世紀から十八世紀にかけての欧米人との交易をとおしてであり、獲得された鉄砲は、西部のサカラヴァ王国、東部のベツィミサラカ王国、そして十八世紀後半から急速にその勢力の拡大を始めた中央高地のイメリナ王国といった長大な王国の形成や拡張に大きな役割をはたしている。また、マニオクやトウモロコシ、それにサツマイモといった現在のマダガスカル人の副食ないし乾燥地帯の主食として大きな位置を占めている栽培植物が、このころ欧米人との沿岸交易をとおしてアメリカ大陸からもたらされていることも忘れてはならない。

インド洋海域世界とイメリナ王国の生成・発展

中央高地のアンタナナリヴ平野に十七世紀ごろ成立した小さなイメリナ王国は、稲作の導入、鉄の精錬や鍛造技術の導入、公共土木工事による水田の開発、王を中心とした新年祭(ファンジュルアナ)や割礼祭といった王国儀礼の創設など、一連の技術的また制度的な改革や革新に成功した。また、欧米との奴隷貿易によって鉄砲を獲得した結果、イメリナ王国を再度統一したアンドゥリアナプイニメリナ王によって十八世紀末から急速にその範域を武力的に拡大し、十九世紀前半には全島のほぼ三分の二を勢力下におさめることとなった。このことは、群小勢力が割拠し、マダガスカルとのあいだで安定した経済的また外交的関係、あるいは植民や布教の機会を模索しながらもえることのできなかった欧米諸国に、マダガスカルにおける絶好の地歩を与えることとなった。

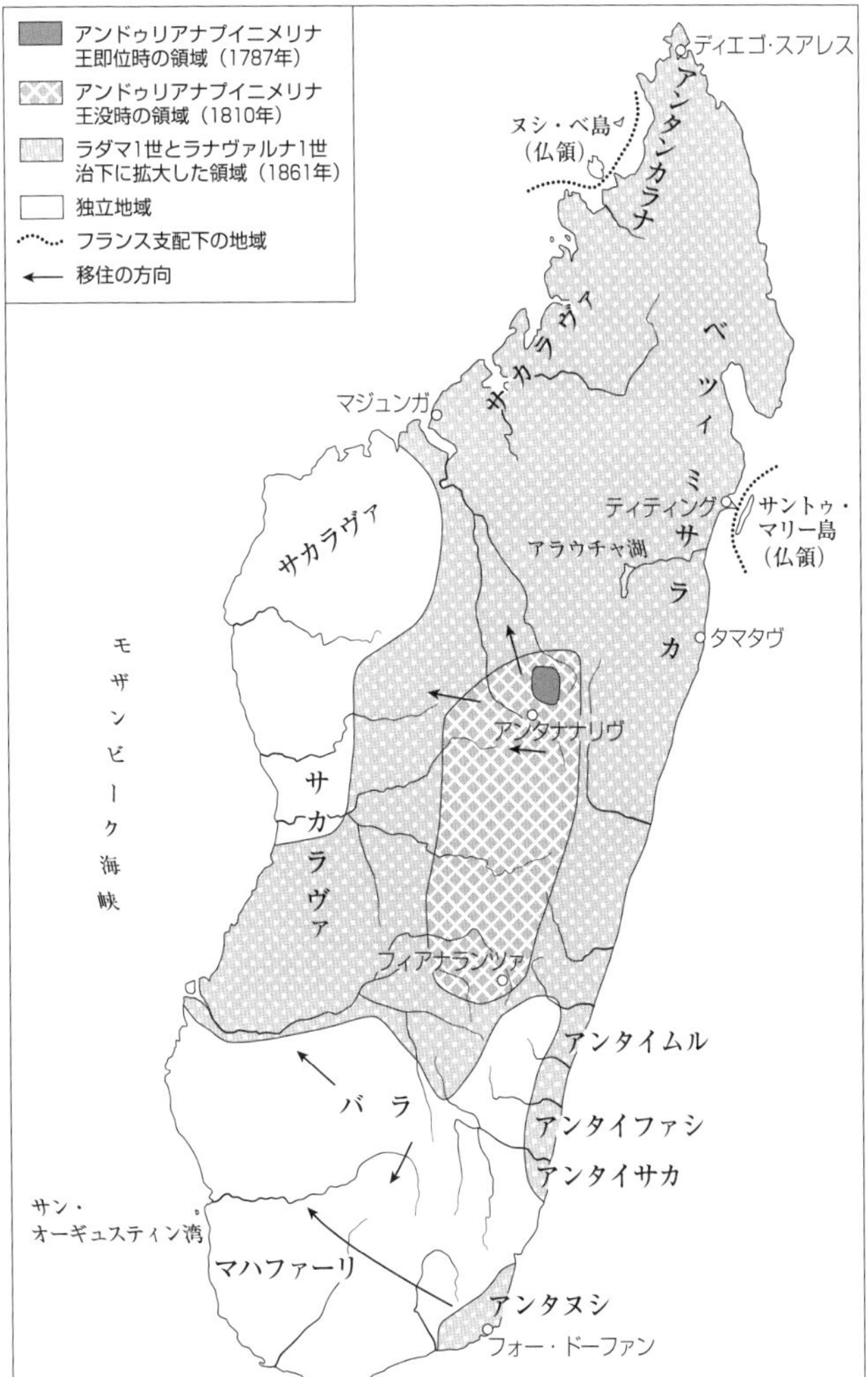

イメリナ王国の拡大(18〜19世紀)

マダガスカルにたいするフランスの領土的進出と権益の主張は、一六四二年に島の南東部に東インド会社を設立、さらに翌年、同地にフォー・ドーファンと名づけた入植基地を建設したことにさかのぼる。この企ては、基地のフランス人とマダガスカル人社会との軋轢や抗争、フランス本国における政治状況の推移などにより、七四年に駐在員と駐屯部隊が完全撤収したことによって終了した。しかしながら、八六年にフランス国務院がマダガスカルの併合を一方的に宣言したことにみられるように、この失敗に終わった十七世紀の国家的事業による定住と開発が、これ以降フランスのマダガスカルにたいする領土的野心と権益主張の基盤を形成することとなった。

一方、フランスは港湾に適した場所がなかったため植民化がほとんどおこなわれてこなかったブルボン島(のちのレユニオン島)を一六三八年に、続いてオランダが植民を放棄したあとの一七一五年にフランス島(のちのモーリシャス島)を領有化し、一六七四年のインドにおけるポンディシェリ基地の建設と八八年の正式領有化とあわせて、インド洋における交易や植民などの活動拠点を徐々に築き上げていった。しかしながらフランスは、ナポレオン戦争敗北後の一八一四年のパリ条約に基づいて、一八一〇年以来イギリスの占領下にあったマスカレーニャス諸島のうち、良港をもつフランス島をイギリスにたいし割譲した。

「マダガスカル王」の登場とイギリス宣教団

パリ条約によってモーリシャス島(旧フランス島)というインド洋におけるあらたな活動拠点を手にいれたイギリスは、すぐさま総督を派遣し、モーリシャス総督ファーカーを通じて、当時マダガスカルの中央で政治的・軍事的支配域を急速に拡大しつつあったイメリナ王国のラダマ一世とのあいだで、安定的な国交を樹立するための外交交渉を開始した。一八一七年、イギリスとイメリナ王国とのあいだで友好通商条約が締結され、その条文のなかで、島外との奴隷貿易を禁止する見返りとして王は金貨や銀貨および銃・銃弾・弾薬・軍服など軍備をも毎年供与されること、さらにラダマ一世を「マダガスカル王」と認めることが明記された。そもそも「マダガスカル」という名称は、マルコ・ポーロが『東方見聞録』において「モグダシオ島」の名称のもとに、現在のマダガスカルとソマリアのモガディシュを混同した記述を残したことに由来するといわれるが、異説もあり確定はしていない。しかしその語源がいずこにあろうとも、「マダガスカル」という名称を用いてきたのはもっぱらヨーロッパ人であり、当のマダガスカル人のあいだには、自分たちをさす名称や自称詞がなかったことに、曖昧《あいまい》な点はない。それゆえこの通商条約は、島に住む人々が、「マダガスカル」という現在にいたるまでの民族の違いを超えた自分たちや自らの範域にたいする名乗りを手に入れた、歴史的瞬間でもあった。

イギリスとイメリナ王国とのあいだに正式な国交が開かれ条約改訂がなされた一八二〇年から、モーリシャス総督とイメリナ国王双方の後援を受けたロンドン宣教協会(LMS)が、王都アンタナナリヴを中心に自らが制定したマダガスカル語のアルファベット表記化を活用し、布教・教育活動を展開した。また、建築家、鍛冶師、なめし革師、織工、活字工、煉瓦職人、メッキ工などの技術者を派遣し、技術面と文化面の双方において大きな革新と移転を王国にもたらした。ラダマ一世は奴隷貿易禁止の見返りとしてイギリスから供与された武器と派遣された士官をもとに常備軍を創設、一七年からマダガスカル各地に遠征軍を送り、全島の三分の二近くを一〇年ほどのあいだに勢力下におくことに成功し、イギリスによって与えられた「マダガスカル王」という名乗りに、その実質がしだいに付与されていった。

しかしながら一八二八年にラダマ一世が三十六歳で亡くなったあと、その地位を継承した妻のラナヴァルナ一世は、急速な西欧化やキリスト教化によって生じた社会や伝統の変化に反発する為政者内部における守旧派の台頭とともに、洗礼や改宗、宗教教育の禁止、あるいはマダガスカル人信者の迫害などの反キリスト教的政策をしだいに強めていった。退去命令こそ発令されなかったものの布教活動ができなくなったため、三六年に外国人宣教師は一部の職人たちを残して国外退去した。イメリナ王国とイギリスをはじめとする外国との関係も、タマタヴなど王国側が指定したいくつかの沿岸地域における交易に限定される状態に後戻りした。外国との関係を断絶する意図をイメリナ王国の支配者層がもっていたわけではなかったにせよ、このような半鎖国状態は、ラナヴァルナ一世が亡くなり、その息子がラダマ二世として即位する六一年まで続いた。

マダガスカルにおける権益をめぐるイギリスとフランスの確執

マダガスカル島内で支配的な地位を占めるにいたったイメリナ王国と友好通商条約を締結したイギリスにたいし出遅れたフランスは、イメリナ王国の宗主権外にあったマダガスカル周辺の島々を足がかりに、王国の支配権にたいし、事あるごとに異議を唱え、時には否認し、一貫して自国のマダガスカルにおける勢力と領土的権益の拡大をはかった。一八〇七年、フランス島(のちのモーリシャス島)の長官によって、フランス人のシルヴァン・ルーが貿易代理人の肩書きで当時のマダガスカルの交易拠点であった東海岸の港町タマタヴの長に任命された。ルーは、一七五〇年に土地の「女王」から譲渡されフランス・インド会社がいったんは占有したものの、現地住民の反乱やフランス革命の混乱によって占有と放棄を繰り返していた東海岸にあるサントゥ・マリー島を、一八二一年に再び占拠し、フランスの領有を確定した。このサントゥ・マリー島の長官は、ブルボン島総督の権限のもとにおかれた。一方西海岸では、ラナヴァルナの派遣したイメリナ王国軍の追撃を受けた西海岸一帯に広がっていたサカラヴァ王国群の王たちの一部は、北西海岸にあるヌシ・ベ島、ヌシ・ミツィウ島、ヌシ・ファーリ島などの島々に逃げ込み、そこから自分たちの領土をフランスの保護下においてもらいたい旨の手紙を、レユニオン島のフランス当局に宛てて送った。これを受けて四一年、レユニオン島の総督は、サカラヴァ王国群の王たちとのあいだで条約を交わし、これらの島々をその要求どおり保護下においた。

フランスとイメリナ王国との最初の抗争は、ラダマ一世死去直後の一八二九年に生じた。フランスは、時の政権が威信を高揚させるために、「親英派」のラダマ一世の死とそれにともなうイギリスとの友好通商条約の破棄の間隙をねらって、東海岸における領土的権益を拡大するために、サン・マリー島の対岸のマダガスカル本島にあるティンティング湾とタマタヴの町を艦艇から砲撃し、これを占拠した。この侵攻は、イメリナ王国側の防戦およびフランスで生じた七月革命によって、領土的権益の拡大という当初の目的を達成することができず失敗に終わった。さらに、四五年には、同年に布告された外国人にたいしてもマダガスカル人と同じようにイメリナ国内法が適用されるとの条文が発布された。これを問題視したタマタヴ在住の外国人商人からの訴えを取り上げたレユニオン島とモーリシャス島の総督が、本国政府からの指示なしに、フランス＝イギリス連合艦隊を派遣し、タマタヴを砲撃したうえ占領を企てた。このときも、イ

1850年代のアンタナナリヴの町並みと女王ラナヴァルナ１世の行列　丘の項上にはお雇い外国人Ｊ.ラボルドゥが1839年に建てた女王宮をはじめ，西欧の影響を受けた建物が遠望される。女王宮を取り巻く家々は，屋根の高い板壁の伝統的な家屋の様式を保持している。

メリナ王国守備隊の反撃を受け、フランス＝イギリス連合軍は撤退した。

一八五五年、フランス国籍をもちモーリシャスの貿易商兼農園主であったランベールが、南東部のフォー・ドーファンで現地住民の反乱にあい窮地に陥っていたイメリナ王国の守備隊にたいし糧食を提供した功を認められて王都アンタナナリヴにのぼり、ラナヴァルナ一世に拝謁した。ランベールは、のちにラダマ二世として即位するラクトゥ・ラダマ皇太子と知己をえ、皇太子をとおしてマダガスカルにおける鉱物資源と農産物資源開発利権の特許状を入手した。このとき、皇太子はマダガスカル本島のフランス保護領化をも求めたといわれるが、クリミア戦争に忙殺されていたナポレオン三世とフランス政府は、イギリスとの同盟に反することにしかならないこの政策を却下した。五七年、ランベールはラナヴァルナ一世を退位させ、そのあとに親西欧的な皇太子のラクトゥ・ラダマを王位につける宮廷内クーデタを計画したものの、事は事前に露見し、ランベールはマダガスカルから追放された。このクーデタ計画は、マダガスカル国内のみならず、ヨーロッパにおいてもフランスによるマダガスカル侵略の意図として受けとめられた。

一八六一年、ラナヴァルナ一世の死後、ラダマ二世として即位したラクトゥ・ラダマは、さきのクーデタ計画に連座して島外追放されたランベールを呼び戻し、ランベールをイギリスとフランスへ外交使節として派遣して、自分を「マダガスカル王」として承認するかどうかの意向を打診させた。イギリスもフランスも、ラダマ二世を「マダガスカル王」として承認する同意を与えたうえ、親善使節および領事を派遣した。フランスはナポレオン三世からラダマ二世に宛てた手紙を送り、そのなかでマダガスカルにおける古くからの自国のさまざまな利権について漠然と言及したものの、ラダマ二世の宗主権を認めることを明らかにした。さらにフランスは、アンタナナリヴ駐在領事を通じて、島を占領する意図のないこと、および、特定の利権をめぐりイギリスと争う意志のないことを表明した。

その一方で、一八六二年、ラダマ二世は、五五年にランベールに与えられた鉱物資源と農産物資源開発利権の特許状を裁可し、さらにモーリシャス出身でイギリス国籍のコールドウェルにたいしても、島北東部にあるヴヘマール地方についての譲渡状を発行した。また同年、フランス国の代理人、コモドール・デュプレは、ラダマ二世に、マダガスカル島内のいくつかの地方にたいするフランスの権利を承認する旨の秘密協定に署名させた。この秘密協定への署名が発覚するや、フランス政府は「関知せず」との態度を表明したものの、王府の閣僚たちは無差別に外国や外国人との書類に署名しているかに思われた王にたいする不信感を募らせた。

ラダマ二世が、各港における関税の支払いに基づく自由な交易を再開し、宗教の自由を認めた結果、いったん本国やモーリシャスに撤退していたロンドン宣教協会は、イメリナ王国への布教を再開し、同時にフランス側もイエズス会宣教団を送り込みカトリックの布教を始めた。ラダマ二世の性急にすぎた外国にたいする門戸開放といささか思慮分別に欠けた西欧化や西欧びいきの行動は、ラナヴァルナ一世時代から王制を支えてきた平民出身の宰相一族の反発と不安を招き、一八六三年にラダマ二世は彼らによって暗殺された。しかしこのような事件といえども、イギリスをはじめとする諸外国との外交・貿易関係、また、国内におけるキリスト教化と西欧技術や文化の導入、およびそれによって生じる社会や生活の変化を、もはや押しとどめることはできなかった。

イメリナ王国の宗主権に挑むフランス植民地主義

一八六三年にラダマ二世が暗殺されると、その妻がイメリナ国女王ラスヘリナとして即位した。しかしながら王国の実権はもはや女王にではなく、平民出身の宰相一族の掌中にあった。とりわけ、六四年からイメリナ王国政府宰相と軍最高司令官の地位に就いたライニライアリヴニは、ラスヘリナ、ラナヴァルナ二世、ラナヴァルナ三世と、その時々の女王三人と結婚を繰り返し、九五年の第二次フランス‐イメリナ戦争まで、イメリナ王国とマダガスカルの運命を左右する政策上の頂点に立ち続けることになった。ラスヘリナ女王政府は、まず国家の独立を危険にさらす恐れのあるランベールとコールドウェルにたいし発行された特許状を破棄した。新政府は、レユニオン島のフランス当局とモーリシャス島のイギリス当局にたいして書簡を送り、ラダマ二世の暗殺から新政府樹立までの一連の経緯および新政府の政策の骨子の説明をおこなった。さらに六三年、新政策を明らかにし、六二年にラダマ二世とのあいだで結ばれた条約の改定をはかるために、政府はイギリスとフランス本国に使節団を派遣した。イギリス政府側の対応はおおむね好意的であり、コールドウェルに与えられた特許状の破棄をも受け入れた新条約が、六五年にアンタナナリヴで調印された。

一方フランス政府は、ラダマ二世の暗殺そのものを、ロンドン宣教協会の差し金によって引き起こされたものではないかと疑っていた。そのためフランス政府は、条約およびランベールにたいして与えられた特許状双方の破棄の承認をかたくなに拒んだ。さらに、ランベールへの特許状はナポレオン三世自身の援助のもと実現に向けて動き始め、租借地開発を目的とした「マダガスカル会社」がすでに一八六三年に設立されていた。それゆえ一八六二年条約と特許状の破棄は大きな経済的損失を被ることを意味し、六三年、フランス政府はイメリナ王国との外交関係を断絶する道を選択した。パリでは、ランベール特許状の履行のためにマダガスカルに軍事侵攻すべしとの声が強まった。しかしながら五九年からベトナムなどの侵略を開始し、さらには六二年から外債を停止したメキシコにたいしイギリスやスペインとともに軍事干渉をおこなっていたフランス政府は軍事侵攻論をおさえ、イメリナ王国政府にたいして一二〇万フランの賠償金の支払いを条件に、条約の改訂と特許状の破棄を提案した。

一八六六年、イメリナ王国政府はこの賠償金を支払い、フランスとのあいだで新条約締結に向けての交渉を開始した。その交渉の過程でフランス側は、フランス国籍所有者にはマダガスカルにおける土地所有を認めるとの案文を強引に条約に盛り込もうとしたものの、すでに新条約を締結していたイギリスの同意をえることはできなかった。紆余曲折のやりとりのすえ、新イギリス‐マダガスカル条約とほぼ同じように、外国人がマダガスカルで土地を買ったり所有したりする権利は最恵国待遇条項およびイメリナ王国の土地法によって保証されると明記された新フランス‐マダガスカル条約が、六八年アンタナナリヴで調印された。この条約改定にいたる一連のフランス政府の対応は、イメリナ王国政府関係者にたいしイギリスが友好的かつ控え目であるのに比べ、フランスは非友好的なばかりか敵対的であり、マダガスカルを侵略する意図をもっているのではないかとの強い印象を植えつけることとなった。

一八六九年、イメリナ王国ラナヴァルナ二世とその夫であり宰相のライニライアリヴニというイメリナ王国の最高権力者の二人がプロテスタントに改宗し、それまで王国を守護するとされてきた呪物を廃棄した。その改宗の背景には、イメリナ王国支配者層内部におけるロンドン宣教協会派改宗者たちの勢力と、ロンドン宣教協会の後見力の拡大を抑止しようとする宰相の政治的意図があったが、それでもこの改宗は、キリスト教のイメリナ王国への浸透、なかんずくプロテスタントの支配者層への浸透の大きさを物語っていた。しかしながら、新フランス‐マダガスカル条約締結直後に生じたこの改宗は、フランス側からは、イメリナ王国支配者層のイギリスへの肩入れおよびフランス文化とフランスの影響にたいする拒絶の示威行動として解釈された。

一八七一年、プロイセンとの戦争に敗北したフランスは、それからのおよそ十年間、国力を蓄えながら内観のときを過ごしたものの、「一八七〇年から一九〇〇年。これはフランス帝国主義がもっとも昂揚した時期である。この間に、植民地の拡張を支持する潮流が反対勢力を決定的に凌駕し、三〇年におよぶ激動の歴史を経て、全体で一一〇〇万平方キロメートルの領土と、四〇〇〇万の人口をかかえるまでになった」「ヤコノ」と指摘される時期、マダガスカルは再び、「広大な消費市場、未知の富の地、イギリスが渇望してやまない島」として喧伝され、フランスの帝国主義的野望の関心を集めることとなった。マダガスカルにたいするフランスのあらたな領土的野心は、レユニオン島選出のフランス人国会議員によって計画的に唱和され、右派カトリック・グループによって推進され、フランス本国の植民地主義者によって支持されることにより、胚胎し増幅した。レユニオン島選出国会議員の院外団は、レユニオン島内のクレオールの過剰人口をマダガスカルへ移住させ、またイギリスが開発をねらっていると思われた鉱産資源や農産資源をわがものとするすることができるよう、マダガスカル島全体の完全征服を要求した。

一方、イメリナ王国における布教においてロンドン宣教協会の活動に比べ、大きく出遅れたカトリックの宣教師たちは、フランス政府による政治の後押しを要請した。また、進出著しいイギリスやアメリカの商人をだしぬき、マダガスカル市場の制覇を目論むフランスの一部実業家によっても、院外団や宣教師たちの要求は支持された。

カトリックの議員団と植民地主義を進める院外団の支援を受けたレユニオン島選出の国会議員は、一八八二年、フランス政府をマダガスカルへの軍事行動に踏み切らせるため、つぎの三つの口実を用意した。

第一は、外国人による土地の相続権の問題である。ラナヴァルナ一世に召し抱えられ、大砲、銃器、弾薬、煉瓦、石鹼などをマダガスカルの工場で生産するとともに貿易商も兼ねてイメリナ王国の政治にも深くかかわり、ラダマ二世の即位時にはフランス領事をもつとめた、フランス人のジャン・ラボルドゥが、一八七八年、不動産を残してアンタナナリヴで死去した。パリに在住していたラボルドゥの甥たちが、六八年の新条約に基づいてその遺産相続を請求したものの、イメリナ王国政府側は、「全ての土地は女王に帰属する」という土地にかんする国内法を根拠にこれを拒絶した。すなわち、外国人による土地の用益権はその生存中に限り認めるが、当該人の死後その用益した土地は女王に返還されるというのが、イメリナ王国側の条約案文および国内法に照らした解釈であった。遺産相続が認められるか否かは、マダガスカルに多数居住していた外国人農園主や商人にとっては、自分たちの生活基盤にかかわる切実な問題であった。

一八八一年、この問題をめぐりフランスから代理人が派遣され、その代理人がマダガスカルに到着する直前に、イメリナ王国において「三〇五条法典」が布告された。その法典の第八五条には、マダガスカルの土地を外国人に売却することはできないことが記載されていた。フランス側はこのことを条約違反ととらえ、代理人にたいし宰相による二五万フランの対価の提供を拒絶させ、四五万フランの賠償請求を指示した。

第二は、一八八一年に起きたトゥアレ号事件である。すでに当時フランスが領有していたコモロ諸島からやってきたダウ船トゥアレ号のフランス臣民の身分をもつアラブ人で、船主およびムスリムの船員たちが、イメリナ王国の宗主権のおよばない島の北西部のマランビツィ湾で、サカラヴァ王国の兵士たちによって殺害された。銃器の密輸に携わっていたこれらの人々は、サカラヴァ王国の兵士の臨検を受け船荷の引き渡しを命令されたものの、兵士たちに発砲し、逆に四名が射殺されたのである。このときフランス側は、六八年の新条約においてイメリナ王国女王をマダガスカル全島の宗主権者として認めた条項を根拠に、イメリナ王国側に六〇〇〇フランの賠償金を請求した。イメリナ王国政府は、トゥアレ号の乗組員たちが非合法なサカラヴァ地域への銃器の密輸に携わっていたこと、および先に発砲したことをあげ、この賠償金請求を拒絶した。

第三は、イメリナ王国旗の掲揚問題である。一八八一年、宰相ライニライアリヴニによって北西部のサンビラヌ地方へと派遣されたロンドン宣教協会関係者二人が、同地方のサカラヴァ王国の首長たちに、イメリナ王国旗を掲揚するよう求めた。これにたいしフランス側は、四〇年と四一年にサカラヴァ王国の王たちとのあいだで締結した保護条約を理由に、イメリナ王国政府に抗議をおこなった。同地方におけるイメリナ女王の宗主権の確立と確認を意図していた宰相のライニライアリヴニは、六八年に「マダガスカル女王」とナポレオン三世とのあいだで結ばれた条約を持ち出し、この抗議をはねつけた。

フランス側が、これら三つのできごとに共通する「イメリナ王国の宗主権」について本気で論議する意図はなく、あくまでもマダガスカル全体の保護領化という最終目的に向けた口実をさがしているにすぎないことは、ライニライアリヴニをはじめとするイメリナ王国の権力者たちの誰の目にも明らかであった。この「油断のならないフランス」に対抗してイメリナ王国政府は、海外からの銃器・大砲や弾薬の購入調達を強化したが、このことは王国民に重い負担を課すこととなった。

第一次フランス‐イメリナ戦争と「保護領」論争

一八八二年三月二十一日、在アンタナナリヴ・フランス領事は突如外交関係を断絶し、王都を退去した。同年六月、フランスの軍艦が、イメリナ王国の宗主権について係争中の北西部のアンパシンダヴァ湾において、とくに抵抗も受けずにイメリナ王国旗を引きずりおろした。このような事態に直面し、宰相ライニライアリヴニはフランスとの戦争を回避するために、八二年十月から八三年八月にかけ、自分の甥である外務大臣を団長とする外交使節団を、ヨーロッパおよびアメリカ合衆国に派遣した。使節団は、係争中のアンパシンダヴァ湾からイメリナ王国旗をおろしたうえ、守備隊を引き揚げることに同意した。さらには外国人にたいする長期借地権を受け入れたにもかかわらず、エジプトにおける自由裁量権とのひきかえを望むイギリスの後押しを受けたフランスは、一切の合意を拒否した。

一八八三年五月、マダガスカルの外交使節団がまだヨーロッパにとどまっているあいだに、フランス海軍は北西部の港町マジュンガを砲撃し、ここに第一次フランス‐イメリナ戦争が勃発した。「戦争」とはいってもこの第一次フランス‐イメリナ戦争は、フランス海軍の小艦隊が島の北西部や東部のイメリナ王国支配下の港湾を砲撃し、最大の港町タマタヴを占領して主要な港湾を封鎖しただけであり、軍事的側面よりも外交戦の様相の強いものであった。当初フランスは、南緯一六度以北の土地の割譲および島内に居住するフランス人の土地所有権の承認を、ライニライアリヴニにたいして求めた。けれどもこの外交戦が長びくにつれ、フランスの要求は、マダガスカル全島の保護領化の強制へと変化していった。フランス側が領土要求を突きつけ、イメリナ王国側がそれに抵抗する外交戦がはてしなく繰り返され、両国間に厭戦気分が広がり始めた。イメリナ王国側では、港湾封鎖と戦費調達によって経済的危機が生み出され、それが政治的な不安を増大させていた。フランス側も、八三年からベトナムのトンキン湾への派兵をおこなっていたため、マダガスカルに大軍を追加投入して軍事的に制圧し占領するという二正面作戦を展開することは困難であった。

一八八五年十二月十七日、いずれが勝者か敗者かの決着がつかないまま両国間で条約が締結され、第一次フランス‐イメリナ戦争が終結した。停戦条約において明文化された重要な合意事項は、以下のとおりである。

(1)　フランスは、マダガスカルの外交関係のすべてを代行する。
(2)　フランスは、ラナヴァルナ女王がマダガスカル全島の君主であり、唯一の土地所有者であることを認める。
(3)　マダガスカルは、フランスに一〇〇〇万フランの賠償金を支払う。
(4)　フランス海軍は、ディエゴ・スアレスを占有する。
(5)　フランスは、アンタナナリヴに武装警護兵とともに公使を駐在させる。
(6)　フランス国籍を有する人間は、九九年間の長期借地権を取得することができる。

(4)と(5)については付帯条項があり、占有することのできる範域、駐在させることのできる警護兵の人数を定めていたが、締結後の交渉においてフランス側はこれを顧慮することなくふるまい、一方イメリナ王国側は、この条項を根拠にフランス側の領土要求にたいして抵抗を試みた。このような条約をめぐるさまざまな齟齬や軋轢のなかでもとりわけ大きな争点をなしたのが、(1)と(2)の条項それぞれから引き出される、フランス側とイメリナ王国側との解釈の違いであった。当然のことながらイメリナ王国側は、(2)の条文を王国の独立および主権の確認と解釈した。一方フランス側は、(1)と(2)の条文双方をもって、マダガスカル全島が条文中にその語は一切存在しない「保護領」であると解釈した。そのからくりは、「メリナ(フヴァ)の君主のマダガスカル全土にたいする主権を承認する。そのうえで、その王国を保護下におく。それはとりもなおさず、マダガスカル全土を保護下におくことではないか。それまでの『フヴァ』(メリナ系ないしイメリナの人々のこと)という名指しへの執着をすてて、相手の『マダガスカル』という名乗りを承認することで、一転してフランスは全島を手中におさめること」〔森山 2002〕からなっていた。

第二次フランス‐イメリナ戦争とイメリナ王国の終焉

宰相ライニライアリヴニは、ディエゴ・スアレスの占有範域を含めたこのようなフランスによる「保護領化」を目的としたあらゆる領土要求に抵抗を続けた。多額の賠償金の支払いは、各港における関税収入を担保とした国立パリ割引銀行からの借款としておこなわれたため、イメリナ王国政府は主要な国家財源を奪われてしまった。歳入不足を埋めるため、イメリナ王国政府は鉱山資源や森林資源の開発権を外国人に与えたものの、それはさしたる歳入をもたらさなかった。そのためさらにイメリナ王国政府は王国民にたいし、課税および昔から存在した公共労役を強化した。これら一連の措置は、王国民にとって重い負担となり、課税や労役から逃亡や逃散した農民たちが山賊や強盗団を結成して王国内の治安に深刻な影響を与えるようになった。それらに加えフランスの侵略に備える軍備増強によって王国は経済的に疲弊し、王国政府内では宰相の地位をねらったクーデタ未遂事件が発生し、脱走兵のあいつぐ軍隊は弱体化して、一八八三年の第一次フランス‐イメリナ戦争勃発当時よりも、イメリナ王国は確実にその力を弱めていた。

一八九〇年、フランスがイギリスのザンジバルにたいする保護領化を認めるかわりに、イギリスはフランスによるマダガスカルの保護領化を認める英仏協定が締結された。将来的な領土分割の合意がフランスとイギリスのあいだで成立したとき、もはや条文解釈としての「保護領」が問題ではなかった。マダガスカル全島の主権者たる女王を擁するイメリナ王国政府が、現実の保護領化を受諾するか否かであった。九四年一月、フランス議会は政府にたいし、フランス国籍の者を保護して秩序を回復し、またマダガスカルにおけるフランスの「諸権利」を維持するため、いかなる手段をもとることについて完全な承認を与えた。八三年当時とは異なり、今回は世論も議会も、マダガスカルの保護領化を実現する軍事行動を支援していた。九四年十月、マダガスカル駐在公使をつとめたこともあるル・ミール・ドゥ・ヴィレーが、フランス側特使としてマダガスカルに派遣された。ヴィレーは、外交だけではなく内政についての掌握、すなわち実質的植民地化をさし示した新しい草案を宰相ライニライアリヴニらに提示し、その受け入れを期日を定めて迫った。その最後通牒の返答期限の十月二十六日、宰相からなんの実質的回答もえられなかったため、翌二十七日特使ヴィレーは公使公邸のフランス国旗をおろし、フランス国籍をもつ者は自分に続くよう命令を発して首都を去り、東海岸に向かった。九四年十一月三十日、フランス議会は投票の結果、三七二票対一三五票(もしくは三七七票対一四三票)の大差で、マダガスカルへの派兵とそれにかかわる六五〇〇万フランの戦費支出を可決した。

4　植民地統治とインド洋島嶼世界

フランス植民地化と「マダガスカル人」意識の形成

十七世紀の植民の試みから始まったフランスによるマダガスカル領有への歩みは、一八九五年の二万五〇〇〇人の兵士と軍夫を北西部海岸の港町マジュンガに揚陸してのイメリナ王国の軍事征服、同年九月三十日のアンタナナリヴ占領、翌十月一日のイメリナ王国政府代表者による保護領化承認文書への署名、その後九六年六月二十日のフランス議会におけるマダガスカル全島の併合決議とそれに続く八月六日の植民地領有化宣言となって完結し、マダガスカルが再びマダガスカル人の手に戻るには一九六〇年を待たなければならない。このフランスによる六十有余年にわたる支配と統治は、衣食住といった物質の面でも、文化や言語の面でも、社会制度の面でも、マダガスカルのあらゆる地域のあらゆる人々のあいだに、おそらく限られた時間のなかではもっとも大きな変化をもたらしたといっても過言ではない。

そのひとつひとつをここであげていくことは不可能であるが、フランスの統治がマダガスカル人におよぼした最大の革新とは、もしかしたら「マダガスカル人」および「マダガスカル国民」という意識の覚醒そのものであるかもしれない。五九万平方キロという広大な面積にもかかわらず、全島の住民たちのあいだにおいて相互に理解可能なマダガスカル語が通用し、十九世紀にはイメリナ王国が全島の三分の二を支配下においた歴史的事実がある。しかしながら，そのこと自体は民族や王国などの違いを超えた地平に成立する「マダガスカル人」というわれわれ意識およびそのマダガスカル人自身が統治の主体たる「マダガスカル国民によるマダガスカル国家」の観念を生み出したわけではなかった。その証拠に，一八九五年のフランス軍侵攻は，マダガスカル国王ないし女王の称号を認定されたイメリナ王国の統治者にとっては「マダガスカル国家の危機」ではありえても，とりわけイメリナ王国に征服された地域の人々や民族にとっては，自分たちとは直接かかわりのないフランスとイメリナ王国とのあいだの戦争でしかありえなかったのである。それゆえ，イメリナ王国がフランス軍との国家間の戦争に敗れたのちにはじめて，フランスからみれば自己が法的な統治主体となった土地における平定作戦の対象たる民衆のさまざまな武装抵抗が，各地で繰り広げられたのである。

1895年9月30日，派遣フランス軍と降伏を伝えるイメリナ王府使者との会見(写真に基づくエッチング画)

そして，「マダガスカル人」という政治的主体を覚醒したとき，フランス人すなわち「白人」(ヴァザハ)による植民地統治の不当性と「マダガスカル国民によるマダガスカル国民のためのマダガスカル国家」の正当性の論拠として，インドネシアを祖先の起源地とするわれわれマダガスカル人の言語や文化の一体性、あるいはこの地に先住するわれわれの「土地の主」としての優位性と「祖先が切り開き祖先が埋葬されているマダガスカルという土地に居住する正統な権利をもつわれわれマダガスカル人」というマダガスカルの土地そのものの聖化の言説が、はじめてマダガスカルの歴史上に登場したのである。

植民地体制の確立とイメリナ王国の存亡

一八九六年九月に仏領インドシナや仏領西アフリカにおける豊富な行政経験をもつ生粋の軍人であるガリエニ総督が、マダガスカルに着任し、当初いわゆる「人種政策」を導入した。総督は武力による実効支配の確立を進め、九五年のフランス軍によるアンタナナリヴ制圧後まもなくからイメリナ王国の支配地域の各地で生じた反フランスや反西欧を標榜する民衆のメナランバと呼ばれる反乱の責任を問うかたちで、九六年十月十五日、ラナヴァルナ三世のおじにあたるラツィママンガと内務大臣のライナンドゥリアマパンドゥリの二人を銃殺した。さらには、翌九七年二月二十八日、女王自身をも島外に追放してイメリナ王国廃止を宣言するとともに、メリナ系の人々と対立ないし敵対していた民族や王国の王を国内保護領や現地行政官のかたちで優遇したうえ、同年十月には学校教育におけるフランス語学習を義務づけた。

しかしながら皮肉にも、マダガスカルにおいてすみやかなフランスの実効支配を確立するためには、島内の広範囲で実施されていた旧イメリナ王国の制度や組織を利用し、また学校教育を受け識字率の高かったメリナの人材を採用するほうが効率的であることが、ガリエニをはじめとするフランスの支配者たちのあいだで、ほどなく認識された。その結果、「人種政策」は段階的に撤回されていくこととなった。このため、フランス語学習の義務化こそ見直されはしなかったものの、フランス人教員といえどもマダガスカル語を学ぶことが要求され、そのためにマダガスカル語の夜間授業が開設されたうえ、マダガスカル語能力検定制も導入され、さらに一九〇二年にはマダガスカル学士院がガリエニ自身の手によって創設された。

その一方、一九〇一年、マダガスカルにおいて「原住民司法制度」が施行された。これにより、十九世紀初頭以来ブルボン島(のちのレユニオン島)総督の権限下におかれていたため「帰化民」として扱われたサントゥ・マリー島民を除いて、マダガスカル島に住むマダガスカル人は、フランス共和国市民ではなく「臣民」として、共和国の法律によってではなく、マダガスカル現地の法律と裁判制度によって裁かれることとなった。この原住民司法制度の根幹をなした法律とは、イメリナ王国のもとで一八八一年に公布された「三〇五条法典」であった。さらに、ガリエニ総督はイメリナ王国で実施されていた夫役制(ファヌンプアナ)を取り入れ、成人男子に年間五〇日の無償労働の提供を義務づけた。

ラナヴァルナ3世とその姪　配流先のアルジェリアにて。

後任のオガニュール総督は、反インフレーションという自らの政策信条に基づく財政支出削減の観点から、マダガスカル語の夜間授業を廃止してフランス人教員のマダガスカル語習得義務をなくす一方、一九〇九年にはフランス語の会話能力といくつかの条件のもとでマダガスカル人にフランス市民権を取得する道を正式に開いた。

すなわち、表面上はガリエニ時代と言語教育政策の面で大きく変わった点はないものの、明らかにフランス語学習の必要性と優位性が高まったのである。学校内部においてフランス語は依然として必修外国語にすぎなかったものの、かたやマダガスカル語はマダガスカル人を「国民」たらしめる「国語」としての地位を失っていった。

一九〇八年四月九日、コモロ全島が、マダガスカル総督府の管轄下におかれ、コモロ諸島は「マダガスカル」の政治的範域へと組み込まれたが、このことが現代にいたるまでのコモロの独立と帰属をめぐる紛争の遠因をなすこととなった。

二つのナショナリズム――市民権獲得運動から独立運動へ

第一次世界大戦では、マダガスカルからも四万五〇〇〇人以上が「志願して」参戦し、そのうちの四万一〇〇〇人が兵士として一二のマダガスカル人歩兵連隊に組織され、四〇〇〇人あまりの戦死者をだした。さらに一九一五年暮れ、ロシアを破った日本を例にとりながらマダガスカル民族主義を説くラヴェルザウナ牧師の主張に共鳴して集まった学生、教員、公務員、事務員などからなるフリーメーソン集団ＶＶＳ（鉄と石と芽）が、「フランス人毒殺の謀議」をおこなったとして植民地当局によって摘発され、訴追された者の多くが強制労働つき懲役刑などの厳しい判決を受けた。この事件を契機に、メリナの人々のあいだにマダガスカル民族主義を発生させる温床となりうることへの危惧から、公教育におけるメリナ方言に基づいた公用マダガスカル語採用策が見直され、公用マダガスカル語とフランス語の二言語併用策へと転換された。

一九二一年、タナナリヴ(イメリナ王国時代のアンタナナリヴ)や東部の港町タマタヴでペストが流行し、町の防疫封鎖が実施された。植民地政府は、すべてのマダガスカル人とアジア人がタナナリヴからでることを一律に禁止した一方、ヨーロッパ人にたいしては一〇日間の観察を受けることを条件に旅行許可証を発行した。さらに防疫封鎖解除後は、ヨーロッパ人には自由な出入りを認めたのにたいし、マダガスカル人にはペスト予防接種証明書に基づいて発行される検疫旅券の取得を義務づけた。この差別的措置は、フランス共和国の内部に居住しながらも、自分たちマダガスカル人臣民と彼らフランス市民とのあいだに厳然と引かれた法的身分の違いがもつ重みを、改めて人々に認識させることとなった。

日常生活のなかのさまざまな機会に醸成されたこのようなマダガスカル人の漠たる被差別意識とそれにたいする不満を、この時期「マダガスカル人ナショナリズム」としてかたちにし、同じフランス市民としての平等の実現とフランス市民権の獲得という具体的な政治運動へと向かわせたのは、第一次世界大戦の退役軍人であり社会主義者でもあったラライムングとその支持者たちであった。一九二二年にマダガスカルに帰国したラライムングは、北部の港湾都市ディエゴ・スアレスを中心に新聞を発行して自らの主義主張を喧伝し、またフランス人入植者によるマダガスカル人の土地権利侵害にたいする抗議行動などを展開した。

一九二六年、「公共工事のための労役」(SMOTIG)が制定され、植民地政府が指定した建設現場などへ第二次徴兵者を二年間から三年間の労働に送り込むことが制度化された。イメリナ王国の夫役制の再導

マダガスカル人歩兵連隊兵士たち（1916年）

入以来、公共資本を整備するための労働力の徴募に苦慮してきた植民地政府の側の視点に立てば、ＳＭＯＴＩＧとはそのための廉価で手ごろな解決策であり、一方マダガスカル人にとってＳＭＯＴＩＧとは、「あらたに導入されたかたちを変えた奴隷制」であり、嫌悪と忌避の対象にほかならなかった。

一九二七年から始まった中央高地の町フィアナランツァと東海岸の港町マナカラとを結ぶ一六三キロの鉄道の建設には、ＳＭＯＴＩＧによって招集された労働者たちが投入されている。フランス市民権獲得をめざすライムングらマダガスカル民族主義者たちにとって、このＳＭＯＴＩＧの存在こそは、臣民と市民とのあいだに引かれた不平等と差別の証しであり、その廃止は具体的な政治的要求の柱のひとつとなった。

このようなフランス市民権獲得をめざしたマダガスカル民族主義者たちの運動は、一九二九年五月十九日、フランス市民権の獲得を求める「マダガスカル住民の請願書」の提出をめぐってタナナリヴで開催された集会に、フランス市民権をもたないマダガスカル人臣民の参加が植民地政府によって禁止されたことをきっかけに、「自由と集会の権利は不変だ！」「原住民司法制度打倒！」などのスローガンを叫ぶ大衆の街頭示威行動と植民地行政府による弾圧へと発展したことで、ひとつの頂点をむかえた。

一九三〇年、前レバノン総督でアルジェリア系フランス人のレオン・カイラがマダガスカル総督として着任すると、彼はラライムングらを自宅軟禁処分にするとともに、出版法を制定し、出版物への規制を強化した。さらに翌三一年、フランス植民地省大臣パウル・レノーが「フランス臣民全員にたいする市民権の付与はありえない」と公式に発言したことにたいする反発がマダガスカル民族主義者たちのあいだで広まり、ここまでフランス市民権獲得運動に凝縮されてきたマダガスカル民族主義は、これ以降しだいに「独立」へとそのかたちを変えていくこととなった。

その後一九三六年六月、フランス本国に人民戦線政府が樹立されると、フランス政府は各植民地における政党と労働組合の結成を認める方針をとった。マダガスカルにおいてもSMOTIGが廃止され、十月にはタナナリヴの製缶工場において、賃金をめぐる初のストライキが実施され、マダガスカル地区共産党が結成されるなど、マダガスカル人の要求と権利を認めるあらたな動きが生まれ、「独立」への欲求を後押しするかのようにみえた。しかしながら、植民地経済をも直撃した世界恐慌と迫りくる第二次世界大戦の足音によって、一時「独立」運動へと昂揚するかにみえたマダガスカル民族主義も、一九三〇年代後半には急速にその勢いを失墜していった。

5　独立への歩み

第二次世界大戦期イギリス占領とフランス第四共和政――MDRM蜂起の背景

一九四〇年六月、フランスのドイツへの降伏に際し、マダガスカル総督府は、当初、自由フランス側に、続いてヴィシー対独協力政府側に与《くみ》した。このため、四二年五月七日、日本海軍にたいする北部の港湾都市ディエゴ・スアレスの便宜供与を恐れたイギリス政府が陸・海軍を派遣し、ディエゴ・スアレスを攻撃、これを占領した。同年五月三十日、日本海軍の特殊潜行艇が、ディエゴ・スアレスに停泊中のイギリス海軍艦艇を魚雷攻撃した。当初、ディエゴ・スアレスだけの占領を目的としたイギリス軍の軍事行動は全島へと拡大され、同年十一月六日、マダガスカルのフランス軍は、イギリス軍に降伏した。翌四三年一月、マダガスカルは、再び自由フランス側に返還され、新総督が派遣された。一年にも満たないイギリス統治ではあったものの、武力をもって対抗することが不可能にみえた白人のフランス人が、同じ白人であるとはいえマダガスカル人の眼前でイギリス軍に武力で負けたこの戦争は、マダガスカル人に強い印象を残したといわれる。さらに、舞い戻ったフランスの支配にたいする反発は、武装蜂起をも選択肢に含む「マダガスカル社会主義国民党」(PANAMA)や「愛国青年同盟」(JINA)などの秘密組織の結成や活動をうながすこととなった。

一九四四年の一月三十日から二月八日にコンゴのブラザヴィルで開催されたフランス植民地の戦後秩序の再構築を討議する会議に基づき、一九四五年、「フランス連合の枠内での自由国」たるマダガスカルを主張するラヴァハンギとラセッタの二人が投票によって選ばれ、フランス市民側から選出された代議員二人とともに、第四共和政第一回憲法制定議会にマダガスカルの代議員として参加した。四六年二月、ラヴァハンギとラセッタ、それにラベマナンザーラらは、「フランス連合の枠内での自由国」という自分たちの主張を実現するために、「マダガスカル革新民主運動党」（ＭＤＲＭ）を結成した。しかしながら、一九四六年十月に制定されたフランス第四共和政憲法において、マダガスカルは依然としてフランス共和国の海外領土として扱われることとなった。同年十月、フランス国民議会代議員選挙においてラヴァハンギ、ラセッタ、ラベマナンザーラの三人が選出されただけではなく、あらたに設けられた州議会の選挙においても、ＭＤＲＭは、マジュンガ州を除く各州で過半数の議席を獲得した。しかしながら、同じ年に、メリナ系以外の民族の人々が中心となって「マダガスカル無産者党」（ＰＡＤＥＳＭ）が結成されたこと、およびマダガスカル全島が

1947年の反乱後におこなわれたマダガスカル人抵抗勢力のフランス当局にたいする恭順式典

五つの州に分けられ各州に議会が設けられたこと、これらをフランスによる分割統治の策動とみなすMDRM支持者らのあいだで緊張が高まった。

一九四七年三月二十九日の夜半から、タマタヴ州、フィアナランツァ州、タナナリヴ州の一部で反フランス支配の武装蜂起が勃発した。フランス軍によって蜂起は厳しく鎮圧され、フランス側はメリナを中心とするMDRMがこの蜂起を計画し指導したとの図式を描き、ラヴァハンギ、ラセッタ、ラベマナンザーラをはじめMDRM関係者の多くを逮捕し、死刑や流刑あるいは強制労働刑の判決をくだした。一年半以上にわたって続いた蜂起による直接・間接のマダガスカル人側の死者は、一〇万人を超えるとも推計されている。蜂起にたいするこの苛酷な弾圧は、マダガスカルの人々のあいだに改めてフランスの統治に抗うことへの恐怖感を植えつけ、分離独立の主張は大きく後退した。

マダガスカル共和国への道

一九五六年一月、MDRMの有力メンバーのほとんどが訴追されて重罪を言い渡され、党自体もまた解散を命ぜられたなか、フィリベール・ツィラナナが、フランス国民議会の代議員に選出された。同年、フランス本国において「海外領土基本法」が可決され、各海外領土には普通選挙制度に基づく議会と行政府が創設された。これにより実施された選挙によって、同じくツィラナナが、行政評議会の議長となった。

一九五八年九月二十八日、第四共和政憲法国民投票がおこなわれ、そのなかで海外領土のマダガスカルとコモロ双方における「独立」が審判に付された。コモロがフランスにとどまることを選択した一方、マダガスカルは「独立」を支持し、同年十月十四日、一八九六年のフランス議会によるマダガスカル併合議決の廃止が宣言され、マダガスカルはフランス共同体内のマダガスカル共和国の道を歩むこととなった。

一九六〇年六月二十六日、ツィラナナを初代大統領とするマダガスカル共和国が、内外に独立を宣言した。一方コモロ諸島でも、六一年十二月十二日、高等評議会が設立されて、フランスの高等弁務官よりも上におかれ、独立への気運が高まった。六八年一月三日、コモロ諸島四島はフランスの自治領となった。七四年十二月二十二日には、独立をめぐる国民投票が再度実施され、三島では独立が圧倒的な支持を受けたものの、マイヨット島においては独立反対票が独立賛成票を上回った。七五年七月六日、アーメド・アブダラー大統領は、グランド・コモロ島、モエリ島、アンジュアン島、マイヨット島の四島によるコモロ共和国の独立を一方的に宣言したものの、マイヨット島住民の分離運動派は、フランス共和国にとどまる法的手続きをとり、「コモロ人」によるコモロ共和国は十九世紀以来のフランスの影を引きずりながら現在なお未完の途上にある。

第四章　西アフリカ

第四章で取り上げる「西アフリカ」の範囲は、現在の国名でいうと、西からセネガル、マリ、ニジェール、その南に隣接しギニア湾に臨むナイジェリアで囲まれた地域だ。言語の面では、チャド湖より東の、ナイル・サハラ語族が支配的な地域(第一章)と、ナイジェリアより東の、バントゥ系の言語が優勢なカメルーンに始まる大陸中部のバントゥ・アフリカ(第五章)より西の地域だ。

ただ、現在のマリ東部にあたる、ニジェール川大湾曲部東部のガオを中心とする地方は、言語分類上はナイル・サハラ語族に含められるソンガイ(ソンライ)語の話者が広く居住していて、3・4節で述べられているように、西アフリカの歴史に重要な役割を演じたガオ(ソンガイ)帝国の中核をなした。

この西アフリカ地域の第一の特色は、言語をはじめとする文化や、社会・政治組織の著しい多様性にあるといえるだろう。海岸部の西アトランティック諸語(現セネガル、ガンビア。ただし、内陸サバンナを東へ拡散移動したフルベ語も含まれる)、マンデ・フゥ諸語(ギニア、シエラレオネ)、クル諸語(リベリアとコートディヴォワール西部)、クヮ諸語(コートディヴォワール東部からナイジェリアなど)と、内陸のマンデ・タン諸語とグル諸語、フルベ語などが共存してきた。一人の人が、状況に応じていくつもの言語を使い分けることは、広くおこなわれている。

社会・政治組織のうえでも、広域支配の帝国型(古ガーナ、古マリ、ガオ)、階層化された集権的王国型(ハウサ、ヨルバ、モシ、マンプルシ、ダゴンバなど)、十五世紀以後のヨーロッパ勢力との交易で強大化した、軍事・交易国家(ベニン、ダホメー、アシャンティなど)が存在した一方で、家族が社会組織の主要な単位であるような非集権的平等社会(ロビ、ダガリ、ドゴンなど)、結社が結節の役割をはたす非集権的平等社会(イボ、イビビオなど)が共存してきた。

1　西アフリカ概観

歴史資料における西アフリカの特色

文字を使用する者の範囲が、きわめて限られていたサハラ以南のアフリカ社会を、歴史の相で問題にしようとするとき、資料のあり方がまず問題になる。その社会の構成者による資料としては、集権的政治組織をもつ社会、つまり歴史を必要とした社会における、「語り部」のような職能者が保持する、王の系譜などの言語伝承(太鼓言葉によるものも含めて)、または先祖をかたどった造形(視覚)表象が中心になる。

集権的政治組織をもたなかった社会については、言語資料としては、村落レベルでの村の由来や住民の移住にかんする口頭伝承の、丹念な採録と比較検討が必要だ。非言語資料としては、物質文化や技術文化

（鍛冶《かじ》、土器作り、木工、皮加工、染織など）、動植物、とくに家畜や栽培植物とその名称、利用法の伝播と変化などの、広範囲での比較が、「歴史」の解明に手がかりを与えてくれる。

外来者の文字記録としては、アラビア語、ヨーロッパ諸語のものが主だ。

これら歴史資料のあり方は、サハラ以南アフリカでも、地域によって著しく異なっている。本書で取り上げる他の地域と比べたとき、西アフリカの特色として、つぎの三点をあげることができるだろう。

第一に、王制などの集権的政治組織が、数も多く形態も多様であること、第二に、物質文化、技術文化が豊かで、地方的な変化に富んでいること、第三点として、地域外の観察者によるアラビア語、ヨーロッパ諸語の文字記録が、古い時代から現代まできわめて多いこと、である。

第一の点についてみると、サハラ砂漠を越えての長距離交易の掌握を経済的基盤とする、点と線の広域支配のうえに成り立った、ガーナ、マリ、ガオなど、王国というよりは帝国と呼ぶべき政治社会が、八世紀ごろから十六世紀ごろにいたる長い期間にわたって、サハラ西部南縁に興亡した。

これは、この地域に特有の地理的条件によるところがきわめて大きい。砂漠という、海洋と同じく、その両側の地域を隔てると同時に、途中の媒介者なしに直接に結びつける地帯を越えての、砂漠の船団であるラクダの隊商による北アフリカ・地中海世界との交渉が、西アフリカではかなり古くからあった。同時に、サハラ西部南縁に「へ」の字形に突き出た全長約四二〇〇キロのニジェール川、ひと続きの「川」というよりは、「つなぎあわされた水系」の大動脈が、西アフリカの森林やサバンナとサハラ南縁とを、丸木舟や縫合船による水上交通で結び合わせており、輸送をなりわいとする水上生活民もいた。

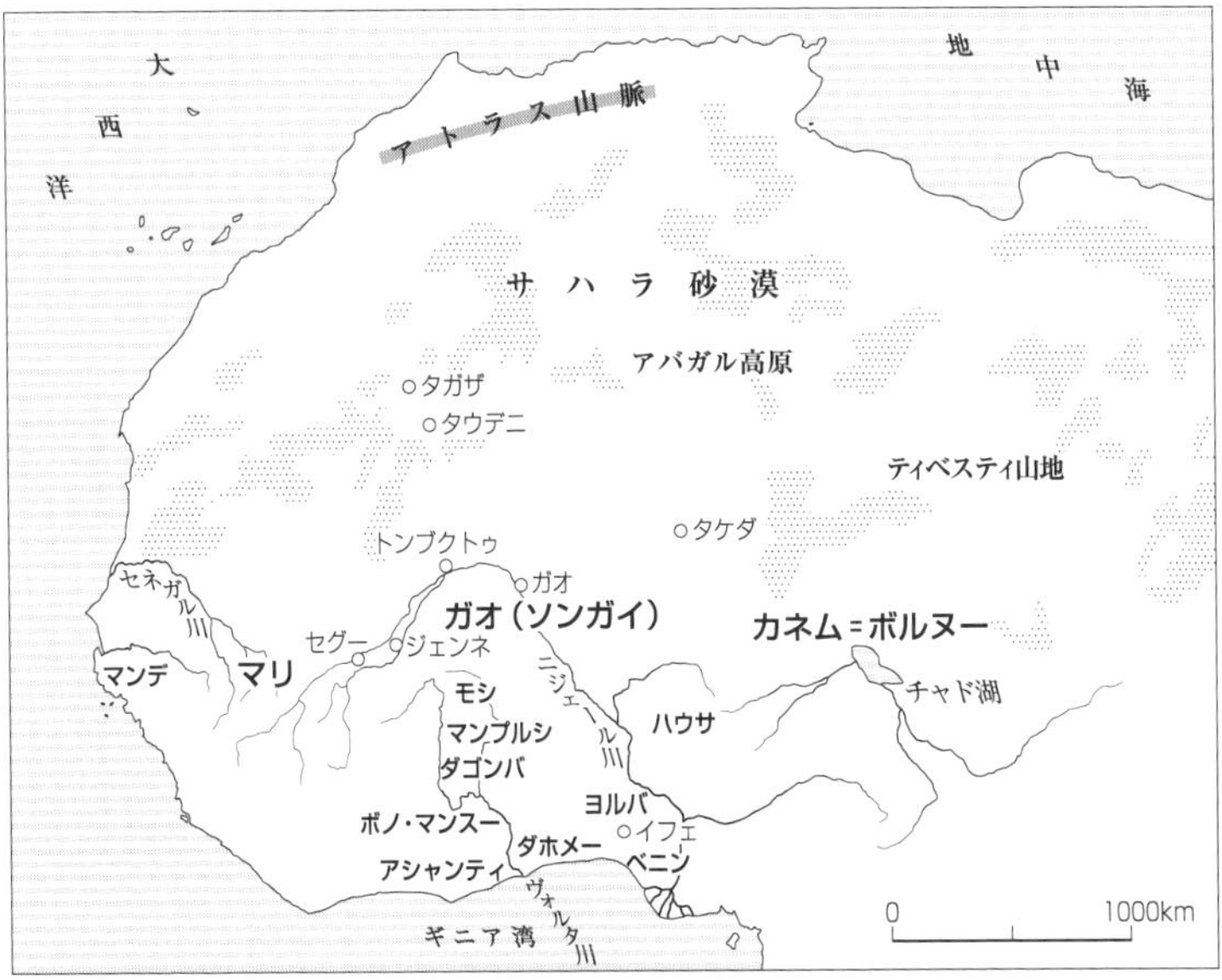

15〜17世紀の西アフリカ

ガーナ王国の都の跡とされるクンビサレーの遺跡　ガーナの都は，非ムスリムだった王や廷臣，騎馬の兵士，呪術師などが住む町と，そこから少し離れたところにあった，ムスリムである北アフリカの商人をおもな住民とする町とから成り立っていた。この遺跡は商人の住む町の一部(1996年撮影)。

一方、西アフリカ海岸部は、十五、六世紀に始まる西ヨーロッパの海路による大進出時代に、この動きを主導したイベリア半島、地中海世界に近く位置しており、早くから強い影響を受けた。さらに、十八世紀を頂点とする「大西洋三角貿易」の時代(2節、第Ⅱ部第二章)にも、ヨーロッパ諸勢力との交渉が、アフリカ大陸のうちでも西アフリカ海岸で、もっとも高い密度でおこなわれている。軍事的に強力な集団による、奴隷獲得のための弱小民の捕獲で、西アフリカ社会が荒廃する一方、捕虜を奴隷としてヨーロッパ商人に売ってえた利益や、見返りの火器、弾薬によって勢力を拡大した首長や王もあり、ヨーロッパ諸語による文献資料も多いという状況が生まれている。また、アメリカ大陸原産の栽培植物、ラッカセイ、カカオ、トウモロコシ、マニオク(キャッサバ)、サツマイモ、パイナップル、タバコが、アフリカでもっとも早く導入され、食料や嗜好品として大きな意味をもった。

こうした自然地理的条件と、砂漠を媒介としての北アフリカのアラブ・イスラーム文明、および海を媒介としての西ヨーロッパ諸国との、長期にわたる密度の高い交渉のなかで、いまあげた第二、第三の特色も生まれたとみることができる。

ニジェール川上流地帯に大量に産出した金と、西部サハラの岩塩との交易に、ガーナ、マリなどの「帝国」が経済的基盤をもっていたことは、十一世紀のバクリーから十四世紀のウマリーにいたるアラブの地誌家の文字記録によって、かなり詳細に知ることができる(4節)。その一方で、この塩と金の、末端での取引が、当事者同士が姿をみせず言葉も交わさない「沈黙交易」によっておこなわれていたことを示す貴重な聞き書きが、十五世紀のヴェネツィアの船乗りカダモストの航海記にある。

このように西アフリカでは、アラビア語資料とヨーロッパ諸語資料が、相互補完的に併用できる場合もあり、全体に外来者の文字資料の密度が高く、種類も多く、長い時代にわたっている。

歴史資料としての図像、物質文化

十五世紀、香料と金のあふれる東方の国へ、イスラーム勢力の媒介なしに、海路、到達したいという念願から、ポルトガルのエンリケ航海王子は、まず、西アフリカ海岸への探検航海を企てた。王子の死後、遺志を継いだジョアン二世は、西アフリカ海岸を、さらに東に向かって探検航海を続けさせた。その延長として、まもなくヴァスコ・ダ・ガマによる、インドまでの航海が可能になる。一四八二年にジョアン二世は、現在もガーナにのこるエル・ミーナの城砦を、ヨーロッパ人による西アフリカでの最初の交易拠点として築き、金や、のちには奴隷の積み出しにあてた。

ポルトガル人は、さらに東方、十四世紀ごろにはすでに勢力を築いていたベニン王国(現ナイジェリア東部)と十五世紀末から接触し、交易をおこなった。ベニン王国では、ポルトガル人が象牙《ぞうげ》、のちには奴隷貿易の見返りに大量にもちこんだ「マニーリャ」と呼ばれる真鍮《しんちゅう》ないし青銅製の腕輪・足輪を素材にして、それ以前から知られていた可能性が大きい失蠟《しつろう》法(cire perdue; lost wax)による真鍮・青銅細工、とくに歴史表象の性格をもつ多様な記念像をつくった。

ポルトガルとの接触以前から、ベニン王国には先祖をあらわす造形表象として、木彫りや焼いた土の頭像、杖形に彫った木の儀礼用祭具「ウクレ」、彫刻をほどこした象牙などが、最高首長から地方首長、家

ベニン王国の重臣の家での年次祖先祭「ウギエ」
うしろの祭壇には先祖をあらわす杖形の儀礼用祭具「ウクレ」や頭像などが祀られている（ナイジェリア，1989年撮影）。

長にいたるまで、祭壇に祀られていたが、こうした「歴史表象」自体が、ポルトガルとの接触によって著しく変化したといえる。

　十五、六世紀のポルトガル人は、探検航海者がベニンへ、ヴァスコ・ダ・ガマがインドへ、「南蛮人」が日本へ、深紅に染めたラシャ（「ラシャ」も「襦袢《じゅばん》」も、「合羽《かっぱ》」「如雨露《じょうろ》」と同じく、この時代のポルトガル語から日本語に取り入れられた言葉だ）を土地の有力者に贈り、どこでも珍重された。

　ベニンの王の称号「オバ」は、赤が象徴する「困難」を克服する者を意味し、元来王権と結びついて、王と重臣だけに着用が許されていた禁色《きんじき》だった。ポルトガル人がもたらした深紅のラシャを、王がとくに歓迎したのもそのためだったと思われる。

　ガマが一四九八年に、ヨーロッパ人としてはじめてたずねた南インドのカレクー（カリカット）の王は、ガマに託したポルトガル王宛ての手紙で、「わが国には肉桂、丁子《ちょうじ》、生姜《しょうが》、胡椒《こしょう》、宝石がたくさんある。貴国の金、銀、珊瑚《さんご》、深紅の布地がわたしの望む品々である」と、ガマが王に贈った品に触発されて書いている。

他方、戦国時代末期の日本では、南蛮渡来のラシャの深紅は、伝説上の怪獣猩々《しょうじょう》の血で染めた「猩々緋《ひ》」と呼ばれて珍重された。猩々緋の陣羽織は、矢や銃弾も、槍や刀もとおさないといわれた。この鮮やかな緋色には、イラン原産で南ヨーロッパにも古くから伝播していた植物、ケルメスカシに寄生するカイガラムシの一種、ケルメスが用いられていたらしい。

しかしコロンブス以後、アメリカ大陸原産のウチワサボテンに寄生する、別種のカイガラムシ、コチニールが手にはいりやすくなってからは、これがケルメスに取ってかわり、「コチニールで染めた緋色」という言い方が一般に広まった。だが、ベニンの王や重臣が儀礼のときに着る、深紅のラシャの衣裳の初期のものや、織田信長など婆娑羅《ばさら》大名が愛好した「赤い陣羽織」に用いられたのは、コチニールではなく、ケルメスで染めた緋色であった可能性が大きい。

いま一端をみたにすぎない、西アフリカ海岸部における、歴史資料としての豊かな物質文化、技術文化は、以下の2節で取り上げる鉄砲伝来の問題など、遠く離れた同時代のインドや日本も参照しながら検討することを可能にする。西アフリカ海岸部では、物質文化や造形表象の密度がとくに高いとはいえ、アフリカ外との比較検討の有効性は、たとえば東アフリカ海岸部についても、アラビア、ペルシア、インド、中国、インドネシアなどとの比較というかたちで、認められるものだ。

2　西アフリカ海岸部

自然と社会の概況

西アフリカ全般の歴史資料についての概観を踏まえて、西アフリカ海岸部の事例を検討しよう。

この地域の自然の特徴は、多少の偏差はあるにせよ、高地は少なく、高温多湿の熱帯多雨林の気候と植生で、多くの地域で、年二度の長い雨季と短い乾季がある。西アフリカ原産のアブラヤシが自生し、または栽培され、東南アジア原産のココヤシ、ヤムイモ、イネ、十六世紀以後アメリカ大陸からもたらされたマニオク、サツマイモ、トウモロコシ、パイナップル、タバコなどが栽培されている。

家畜・家禽としては、ブタ、アヒル、ニワトリ、西アフリカ原産のホロホロチョウが、広く飼育されている。ツェツェバエが媒介する眠り病(アフリカ・トリパノソーマ症)のため、内陸サバンナでは多く飼育されているゼブウシ、ウマ、ロバはまれだが、ウマは軍事的首長が乗る威信財として、特別に飼育されていた社会もある。由来・系統について多くの論議のある、バウレウシその他の地方名で呼ばれている、眠り病への耐性のある小型ウシは、いくつかの社会で飼育され、婚資などに用いられてきた。大部分の社会で生業の基本は農耕だが、食料獲得のための狩猟、漁撈、採集(多様な野生植物のほか、野生の蜂蜜、巨大なカタツムリなど)の重要性が大きい。

十九世紀末の欧米による植民地化以後は、プランテーションでのアブラヤシ、カカオ、コーヒー、木材用のチーク、一部でゴムの栽培もおこなわれるようになった。

西アフリカ海岸部の社会を、3・4節で述べる内陸部と比べると、外部世界との関係で、内陸部では北アフリカのアラブ・イスラーム圏との交渉が、歴史の相で大きな意味をもっているのにたいし、海岸部では十五世紀以後現代にまでおよぶ、ヨーロッパおよび中部・南部アメリカとの関係が重要であるといえる。ただ、以下に検討するアシャンティ王国やベニン王国のように、内陸サバンナ地域との関係が、間接的に重要である場合もあり、ジュラ、ハウサ商業集団による内陸部と海岸部を結ぶ長距離交易や、内陸サバンナと海岸地方にまたがる、十九世紀のサモリ「帝国」がもたらした影響も、軽視することはできない。

本節の限られた紙数で、西アフリカ海岸部社会の多くを取り上げることはできないので、ここでは、ベニン王国、ダホメー王国、アシャンティ(アサンテ)王国を集権的政治社会の事例として一括して、イボを非集権的社会の事例として、それぞれ検討する。

香辛料と黄金から奴隷へ

西アフリカ海岸地方、とくに王国について述べるのに、まずこの地方へのヨーロッパ諸勢力の進出の意図とその変化について概観しておく必要がある。

ギニア湾に面した、現在のリベリア、コートディヴォワール、ガーナ、ナイジェリアにあたる地域は、十九世紀まではヨーロッパ人によって、それぞれ、胡椒粒《グレインズ》海岸、象牙海岸、黄金海岸、奴隷海岸などと呼び慣わされていた。

地中海東岸・南岸を覆っていたアラブ世界の仲介なしに、香辛料や黄金のあふれる東方世界に、海路、到達したいという執念に突き動かされて、十五世紀以来、はじめポルトガル(西アフリカ西端セネガル沖のカボヴェルデから三七〇レグア〈一七七〇キロ〉で、子午線に沿った線の、東側ポルトガルと西側スペインに勢力範囲を分けた一四九四年のトルデシリャス条約の結果、スペインは当時のアフリカへは進出していない)、ついで、フランス、イギリスをはじめ、ヨーロッパ諸勢力の商船が、この西アフリカ海岸部に渡来した。そして十八世紀を頂点とする、アメリカ大陸向けの奴隷貿易が、この海岸地帯のアフリカ人社会と、ヨーロッパ人との主要な取引になった。このヨーロッパ諸勢力の西アフリカ海岸にたいする欲望の痕跡を、これらの「海岸」名は如実に示している(コートディヴォワールだけが、かつての「海岸」名を、独立後の国名としている)。

初期のヨーロッパ人航海者たちは、まず香辛料と黄金をさがし求めた。正確には、胡椒ではなく、ショウガ科のメレゲータ・コショウ(*Aframomum melegeta*)の粒状の香辛料が見つかった土地が、この粒を噛むと天国に昇る心地がするというので「天国の粒《グレインズ・オブ・パラダイス》」(初めはポルトガル語)と呼ばれたところから、胡椒粒海岸と名づけられた(かつての日本の地図には「穀物海岸」と誤記されていた)。黄金がはじめて手にはいった黄金海岸(現ガーナ)に築いた砦を「エル・ミーナ」(鉱床〈金鉱〉)と名づけたことにも、その執着ぶりがよくあらわれている。

だが、その後間もなくヴァスコ・ダ・ガマが喜望峰をまわり、本物の胡椒が大量にインドからはいってくるようになると、ヨーロッパ人にとっての「天国の粒」への関心はうすれていった(南アメリカやインドの一部では、その後も栽培された）。南アメリカで大量の金が見つかってからは、西アフリカの海岸部で手にはいる、期待したほどの量ではなかった金よりは、南アメリカを開発するための奴隷を西アフリカから積み出すほうに、ヨーロッパ人の関心が移ってゆく。

この西アフリカの海岸部には、土地の首長から買い取った奴隷を鎖につなぎ、つぎの船がくるまでたくわえておくために、当時ヨーロッパ人が築き、さまざまな国で争奪を繰り返した交易拠点の砦が、あるものは廃墟となり、あるものは博物館に改築されて、現在も海岸に数多く点在している。このようにして、奴隷貿易は海岸部に発達した諸王国の勢力拡大に、大きな役割をはたした。

王国の興亡とウマと鉄砲

ベニン、ダホメー、アシャンティなど、海岸部の諸王国は、いずれも、海岸に拠点を築いたヨーロッパ勢力との交易、とくに鉄砲の大量入手によって発達したといえる。一九七一年、イギリスの人類学者で西アフリカ研究者のジャック・グッディは、国家形成において従来重視されてきた「生産手段」にたいして、とくに西アフリカの場合「破壊手段」がはたした役割が大きいとして、内陸サバンナ社会の広域支配におけるウマと、海岸森林社会における集権的政治組織の形成と発達にとっての鉄砲を、それぞれ主要な「破壊手段」として対比した。この説は、当時盛んだった新マルクス主義の議論で問題にされた「アジア的生産様式」論を、アフリカ社会に安易に適用した「アフリカ的生産様式」などの図式的議論にたいする反発もこめて、提出されたものであると思われる。

北アフリカからサハラ砂漠を越えての交易によって、内陸サバンナ社会にもたらされたウマは、サハラ以南の風土では繁殖がむずかしかった。したがってきわめて高価で、王侯貴人の乗り物だったが、車が存在しなかったサハラ以南アフリカで、広域支配のための迅速な移動手段として、さらに徒歩の戦士にたいしての騎馬の威嚇効果において、絶大な価値をもっていた。十五世紀なかばにセネガル地方をおとずれた、ヴェネツィアの船乗りカダモストは、アラブ人のもってくるウマを、一頭にたいして奴隷一五人と引き換えに、黒人首長が手にいれると記している。くだって十九世紀末に西アフリカ内陸を探検し、交易にかんして詳しい観察記録を残したフランスの軍人バンジェルも、ウマは貴重で、奴隷との交換でなければ手にいれるのがむずかしいと書いている(一七ページ参照)。

だが、十七世紀以後、内陸部でのウマが依然として重要であり続ける一方で、北アフリカと、とくに南の海岸部からもたらされた鉄砲が、ウマにたいして軍事上優越した力をもつようになる。

マリ帝国にかわって、十六世紀に内陸ニジェール川大湾曲部に広大な版図を築いたガオ帝国は、当時西アフリカのサバンナで無敵といわれた大騎馬軍を擁していた。だが、サハラの塩の採掘権を手にいれるため、ガオを支配下におさめようとした南部モロッコのサード朝君主、マンスールが、一五九一年サハラを越えて送った少数の鉄砲隊は、それまで鉄砲を知らなかったガオの騎馬軍を潰走させた。十七世紀にトンブクトゥで編まれた史書『タリフ・アル・ファターシュ』によると、砂漠を越えてきたモロッコ軍は一〇〇〇人、迎え撃ったガオ軍は、一万八〇〇〇の騎兵と九七〇〇の歩兵からなっていたといわれる。同時代のトンブクトゥのもう一つの史書『タリフ・アル・スーダーン』は、モロッコ軍三〇〇〇、ガオ軍は騎兵一万二五〇〇、歩兵三万という数字をあげている。いずれにせよ、モロッコの鉄砲隊は、ガオの騎馬軍とは比較にならない寡勢だったのであろう。

『タリフ・アル・ファターシュ』の伝えるところでは、ガオの騎馬軍は、直接の戦闘による損害を少なくするために、一〇〇〇頭の荒くれ牛を先に立て、モロッコの歩兵を一気に蹴散らしてしまおうという作戦だったらしい。モロッコ軍は、突進してくるウシの群れに鉄砲の一斉射撃をあびせた。はじめて聞く鉄砲の音に驚いたウシたちは、向きを変えて全力で逃げ、騎馬軍は算を乱して敗走した。この西アフリカにおける、騎馬軍にたいする鉄砲隊の勝利に一六年先立って、日本でも長篠合戦で、新兵器火縄銃を装備した少数の織田軍が、切れ目のない三段構えの銃撃で、武田の騎馬の大軍を破っている。

いずれの場合も、当時の先込め銃による実際の殺傷よりは、牛馬にたいする轟音《ごうおん》の威嚇効果がもたらした勝利だったと思われる。その意味では騎馬軍は、鉄砲隊にたいしては、散開した歩兵よりももろかったといえるだろう。サハラ南縁では、チャド湖周辺のボルヌー帝国に、これより早く一五七〇年代に、オスマン帝国の支配していた当時の北アフリカ(現リビア)から鉄砲がもたらされている。

これは北アフリカからの鉄砲だが、やや遅れて十七世紀ごろからは、サバンナの南の、ギニア湾沿岸の森林地帯の王国に、ヨーロッパの鉄砲が船で大量にもたらされるようになる。

ヨーロッパ勢力とベニン王国

ヨーロッパ勢力のうち、ポルトガルはもっとも早く十五世紀末にギニア湾に到達し、第一六代のベニン

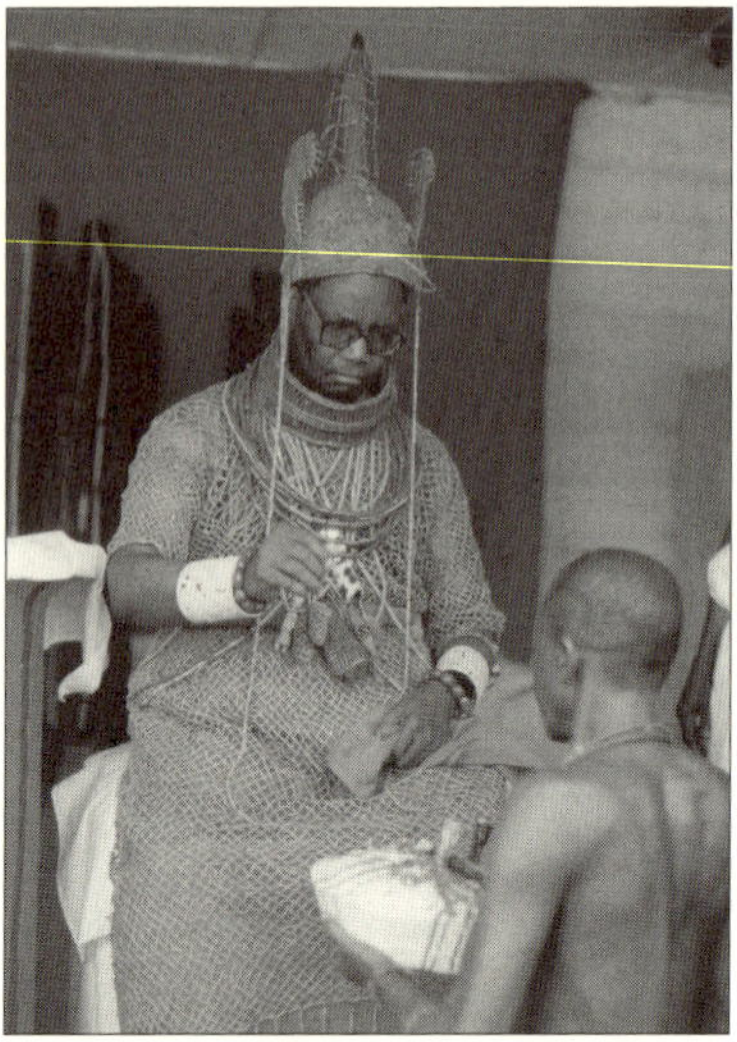

ベニン王国の最高首長「オバ」の年次大祭「ウギエ」　オバはポルトガル人がもたらした，特権のシンボルである地中海産珊瑚の首飾り・王冠や衣装をまとっている(ナイジェリア，1989年撮影)。

王オバ・オゾルアのベニン王国と接触した。ポルトガル王ジョアン二世は、当時すでに華やかな宮廷文化を形成していたベニン王国に強い関心をいだき、大使とともにカトリック宣教団を派遣する。オバ・オゾルアの子オバ・エシギエは、再びベニンをおとずれたポルトガル人との交易に強い関心を示し、ポルトガルに使者を送った。オバ・エシギエは、王自身がポルトガル語も習うほどポルトガルに傾倒したが、宣教師たちの勧めにもかかわらず、キリスト教には入信せず、エシギエ以後のオバも、同様だった。

ベニン王国は、最高神オサノブアの子として地上につかわされた兄弟の末弟を始祖として創設されたと考えられている。兄たちは、二〇〇キロ北西に位置するイフェやヨルバ諸王朝の始祖となった。オギソ(王)の国はやがて混乱に陥り、オギソは兄であるイフェのオニ(王)に、強力な支配者を送ってほしいと懇願する。オニがつかわした王子は、ベニンの土地の娘に身ごもらせてイフェに帰る。この娘から生まれた男子が成長してオランミヤンと名乗り、現在まで四〇代続いているベニン第二王朝の始祖となった。

生きた神として崇敬されてきたオバは、国の安寧と豊饒を象徴する存在であるとともに、国民の家族レベルでの祖先祭祀を、国家レベルで統合する祭祀の長でもあった。王宮内には、オバの先祖を祀る数々の祭壇があり、オバが毎年ベニン暦の新年におこなう祖先祭ウギエ・エラ・オバには、大勢の臣下が参加し、王への忠誠をあらたにする。その後、重臣、地方首長、一般民も、それぞれ、家族ごとの祖先祭をおこなう。王の先祖の祭祀では、かつては人身御供《ひとみごくう》があり(現在ではウシの咽《のど》を切って生き血を供える)、王が死ぬと大勢の廷臣が、自らすすんで、生きたまま王とともに埋葬され、殉死したといわれる。

ポルトガルは鉄砲を装備した兵士も送り、十六、七世紀に比定されるベニンの青銅像には、銃を構えたポルトガル兵をあらわしたものもある。オバは鉄砲を要求し、ポルトガル人は、王がキリスト教徒になれば鉄砲を与えるといったが、ベニン王は入信を拒んだので、ポルトガル時代には、鉄砲はベニン王国にははいらなかった。

このことは、バントゥ・アフリカのコンゴ王国のように、ポルトガル人の勧めで国王がキリスト教に入信したことが、王権存立の基盤を失わせた例(第五章3節参照)や、日本の南蛮大名の事例、そして信長、秀吉、家康らの対バテレン政策とも比較して、興味深い。十七世紀以後のイギリス人は、奴隷貿易をさかんにおこなうために、ベニン王の軍隊がより容易に多くの捕虜を捕獲できるよう、鉄砲を大量に、大砲までも与えた。イギリス人は、ベニン王をキリスト教に入信させようとはしなかったが、イギリス統治の影響によるものであろう、独立後、ベニン王オバ・アケンズア二世は、元来の「生きた神」の性格を保ちながら、英国国教会《アングリカン・チャーチ》を模倣した独自の政教一体の宗教組織と儀礼をつくり出し、現在まで存続している。

つまり、ベニンの最高神オサノブアを祀り、天孫降臨神話によってその子孫とされる現人神《あらひとがみ》オバを教会の長とする、組織としては英国国教会まがいの聖アルオサ教会を、アケンズア二世は創設したのだ。土地の人は伝統の復活だといっているが、建物も、儀礼も新式のものだ。一段高い正面内陣左手にひときわ大きいオバの玉座がある。会衆が跪《ひざまず》いて祈禱できるようにした木のベンチや説教壇、内陣に向かって右手には合唱団席、ヨーロッパの楽器とアフリカ楽器混成の楽団席など、キリスト教会風のこしらえだ。

内陣の上方には、緑・白・緑の縦縞のナイジェリア国旗をあらわす、緑と白の三角旗が、交互に横にならんでさがっている。長い白衣の司祭、白衣の上に肩までの短い深紅のケープ（カッパ）をつけた助司祭がおり、説教も祈りも、ベニン王国の言語エド語でなされる。「オサノブア」という言葉がしきりにでてくる説教の節目ごとに、会衆はナチスの敬礼のように右腕を伸ばして「イセー」（賛同、服従をあらわす儀礼的間投詞）と叫ぶ。ついで司祭も会衆も調子のよいアフリカ式ポリリズムの奏楽に合わせて、席にいて立ったまま肩や腰を振り、手を打って歌いながら踊る。踊るうちに憑依状態になって椅子に倒れ込む女性信徒もいる。

一般民のキリスト教徒の数ははっきりしないが、諸会派あわせたプロテスタントより、カトリックのほうが多いとされている。

イギリス風も取り入れたベニンの宮廷文化が、ポルトガルとの初期の接触によって受けた影響については、深紅のラシャの衣服が、宮廷儀礼で現在も用いられていることを、すでに述べた。王や廷臣が儀礼のときに着る、日本の二重回しを連想させる純白の「カッパ」も、おそらくこの時代にベニンにきた、ポルトガル人の宣教師から伝えられたものだ。

　伝承によるとベニン初期王朝の王オグウォラ(十三世紀末)は、イフェに青銅細工師を送るよう要請し、イフェの王は、イグウェガという細工師を送ってよこした。イフェでは十二世紀ごろすでに、精巧な青銅細工が、王宮直属の工芸師の手でつくられていた。今日でもベニン王宮直属の工芸師たちは、イグウェガを神格化して祀っている。このように、伝承のうえでは海岸のベニン王国は、内陸のイフェとの関係を重視する。

　しかしイフェとベニンの青銅細工における関係は、十七世紀以前にはさかのぼりえないとする研究者もいる。また、造形の様式上は、両者はまったく似ていない。ベニン王国で失蠟法(二〇七ページ参照)によって大量につくられた青銅細工の、原料と技術の起源がどこにあったのかについては、北方のイフェではなく、さらに古く現在のナイジェリア東南部にあったとする見方もあり、謎が多い。

奴隷貿易から植民地支配へ

　ベニン王国のオバは、絶対君主として、相手のかわるヨーロッパ人との交易も、直接、全面的に掌握していた。ヨーロッパ人の求める交易品目も、初めは油脂をとるアブラヤシの実の核や、ヒョウの毛皮、象牙などが主だったが、アメリカ大陸開発のための奴隷の需要が増すにつれて、奴隷が交易の「品目」になった。積み出された奴隷の正確な人数は、もっとも信頼できる見積によると、最盛期の十八世紀にイギリスがおもに西アフリカ海岸から積み出してアメリカで売った奴隷の数は、二五三万人だったと推定される(同じ時期の同様の奴隷の数は、ポルトガル一八〇万人、フランス一一八万人、オランダ三五万人、デンマ

懲戒討伐隊と略奪品　ベニン王宮にあった象牙や青銅製品，木彫品など，多くの財宝が並べられている（1897年撮影）。

ーク一七万人。その他も含めて、六一三万人がアメリカまで着いたが、積み出された奴隷の二〇％が途中で死亡したとされる）。船上での死亡者も含めると二六〇万人近くのアフリカ人が西アフリカからイギリス人商人の手で積み出され、そのかなりのものは、かつてナイジェリア海岸の大部分におよんでいたベニン王国の勢力圏からだったと思われる。

十八世紀末から十九世紀にかけて、イギリスが先頭を切って、ほかの西欧諸国もこれに続いて産業革命をなしとげ、奴隷貿易よりは、アフリカ、アジアを地域と住民ごと植民地化して、ヨーロッパの産業のための第一次産品の供給地で、同時に製品の市場とする方向に政策が転換された。併行して人道主義的な奴隷貿易反対運動も強まり、イギリスはデンマーク（一八〇二年）に続いて一八〇八年に奴隷貿易を廃止した（オランダは一八一四年、フランスは最終的には一八四八年）。

一八八四〜八五年に、ヨーロッパ列強にアメリカ、ロシア、オスマン帝国も加わった一四カ国が参加してベルリンで開かれたアフリカ分割を調整する会議のあと、さらに熾烈《しれつ》さを増した列強のアフリカ植民地化の一部として、イギリスは一八九二年、ベニン王国をイギリスの保護領とする条約をオバ・オヴォンラムウェンとのあいだに結んだ。しかし一八九七年、イギリスは使節が殺されたことにたいする報復として、「懲戒討伐隊」を送ってベニン王国を一挙に軍事征服し、王宮を破壊し、財宝を略奪し、植民地化を決定的にする。オバ・オヴォンラムウェンは捕えられ、ナイジェリア最東部オールド・カラバールに流刑にされた。

流刑先で死んだ王の長男を、一九一四年、イギリスはオバとして即位させ、イギリスの植民地統治下で地方行政官の地位を与え、王宮での儀式も復活させた。以後、四代目のオバが、連邦共和国としてナイジェリアが独立して半世紀たった今も、遺制の王として存続を認められ、王の先祖を祀る儀礼をおこなっている。

ダホメー王国と奴隷貿易

ナイジェリア西部と接し、住民の文化も連続する旧フランス領植民地ダオメー(ダホメーのフランス語読み)中部に、十七世紀初頭に興ったダホメー(現地語発音はダンホメ)王国は、ヨーロッパとの接触と興隆、崩壊、植民地化の過程において、前述のベニン王国と並行するような歴史をたどった。その初期に接触したヨーロッパはどちらもポルトガルだったが、ダホメーではその後の奴隷貿易においても、植民地支配においても、おもにかかわったヨーロッパ勢力はフランスだった。

ダホメー王の先祖は、西方、現在のトーゴ領内のタド(またはサド)から東南にくだり、さらに東北に進

ダホメー王国の旧王都アボメーにある，最後の王ベハンジンの王宮壁面画

んでアラダから北上して移動してきたと伝えられる。そして十七世紀初めごろ、中部高地アボメーに定着して王朝の始祖となったのは、ダコという王だった。

ダコという即位名は、アボメーに王朝を創始する直前、南方のアラダで染料のアイ(藍)をつくっている最中の敵を殺し、アイの甕のなかにいれてころがしたという故事に由来している。王の紋章は、アイの甕と、「ダコ」と同音の物体である火打ち石と地面とで、判じ絵のように構成されている。ダホメーの王宮には、歴代の王をあらわす具象・多彩色の図像表象が、椅子・杖などの物体や薄肉彫りの壁面画や、アプリケの布などとして豊かにみられる。とくに具象・多彩色の薄肉彫りの壁面画は、アフリカの王宮でほかに類例がない。

ダコの息子ウェバジャは父王のあとをついで、第二代の王として一六五〇～八〇年まで、その息子で第三代の王アカバは一六八〇～一七〇八年まで、アカバの弟で第四代の王アガジャは、一七〇八～二八年まで在位した(古い時代の王の在位年代は、口頭伝承による在位年数を、最近の王の在位年代からさかのぼって逆算した推定)。

おりしも、ヨーロッパでは海上交易の覇権が、ポルトガル、スペインからイギリス、オランダ、大西洋岸のフランスに移ったときで、西アフリカにもこれら新しい商業勢力が殺到していた。ルイ十四世の絶対王政の財務総監だった重商主義者コルベールのもと、ダホメーでは第二代ウェバジャ王在位中の一六六六年に、海岸の要地ウィダーに、フランス西インド会社が交易拠点を築き、オランダ西インド会社と競合しながら、海岸部の小王国ジュダと交易をおこなっていた。しかし収益が上がらず、この地域におけるフランスの交易活動の主体は、まもなく西インド会社からフランスのセネガル会社へ、さらに絶対王制下のフランス政府へと移ってゆく。

一六七一年には、フランス政府はそれまで交易拠点であったウィダーに、大砲で武装した砦を築いた。ダホメー王国の第四代アガジャ王は支配を海岸まで拡大し(その紋章は二本のマストに旗をつけた洋風の船と大きな一本の櫂《かい》をあらわしている)、以後ダホメーの王が、近隣の弱小民を襲ってえた捕虜を、ウィダーのフランス砦で、火器弾薬や綿布や装身具や火酒などと引き換えに、直接大量に売ることが容易になった。

ポルトガルは、フランスより遅れて一七二七年にウィダーに奴隷貿易用の砦を築いた。おもな輸出先だったブラジルが、世界で最後に奴隷制を廃止した一八八八年の翌年からは、この砦はアブラヤシの交易に使われていたが、一九九一年七月三十一日、ダオメー(現ベナン)共和国の独立一周年に、ポルトガル人はガソリンをかけてこの砦を焼き、駐在者も全員引き揚げた。

ポルトガルの砦はフランスによって修復され、現在、博物館として公開されている。展示のなかに、一

ダカール沖ゴレ島の「奴隷の家」と呼ばれている建物　ゴレ島は，奴隷貿易航路の拠点であった。この「奴隷の家」は，17世紀にオランダの商人によって造られたとされる。現在は塗り替えられて博物館になっている(1962年12月撮影)。

七一二年からフランス革命があった一七八九年までの、フランス砦の歴代司令官二〇人のリストもある。それをみると、平均して一人四年にもみたない在任期間中、リストの五人目は、着任二年後に砦の近くで殺害され、八人目は一七三二年着任の年に、この砦で病没している。マラリヤ、黄熱《おうねつ》病、眠り病に脅かされ、飲料水は天水桶に溜めた雨水に頼る、高温多湿で不衛生な砦での生活は、フランス本国との交信手段もなく、あてにならない白国のつぎの来船を砦で待ちながら、奴隷の買い入れや管理をする白人たちにとって、心身ともに不健康なもので、病死や上司への反逆も多かったようだ。

ウィダーの砦がフランス革命の年に閉鎖されてからも、ナポレオン一世は、アンティル諸島マルティニクのサトウキビ大農場主の娘だった最初の后ジョゼフィーヌの要望で、奴隷制を復活させた。フランスがアンティル諸島などの海外県も含めて、奴隷制を全面的に廃止したのは、第二共和制になった一八四八年のことだ。

ダホメーの植民地化以後、ダオメー(現ベナン)の独立後にいたるまで、フランスは、奴隷貿易をおこなったのはとくにポルトガルだということを、あらゆる機会に現地のアフリカ人に印象づけようとしてきた。そして、ポルトガルが世界でもっとも遅く奴隷制を廃止したブラジル向けに、ヨーロッパ諸国のうちではもっとも遅くまで、ウィダーの砦から奴隷を積み出していたことを強調しているが、現地人社会の破壊という点では、フランスのおよぼした力のほうが、はるかに大きいことはいうまでもない。

ブラジル系の住民や、現地人との混血の子孫もベナンの海岸部には多い。建物や街のつくりも、とくに街の名前からしてポルトガル語の、ベナンでもっとも活気のある商業都市で、首都でもあるポルトノヴォ(ポルトガル語で「新しい港」の意)に行くと、ブラジル北東部の、黒人が圧倒的に多い街、バイアにいるのではないかと錯覚するくらいだ。

ダホメー王朝の支配の確立と滅亡

続くダホメー王朝第五代テベスー王(在位一七二八〜七三)、その弟の第六代ペングラ王(在位一七七三〜八九)、ペングラ王の子、第七代アゴンロ王(在位一七八九〜九七)の治世は、王位をめぐる権力争いにおいても、奴隷として売る捕虜狩りのおもな対象だったナゴと呼ばれる東方のヨルバ系住民との関係でも、波乱の多い時代だったようだ。

アゴンロ王の長子で父の王位を継ぐはずだったが、その暴虐ぶりが批判されていたアダンザンを、弟のゲゾが退けて、第八代の王位に就いた(在位一八一八〜五八)。ゲゾ王の息子レレが第九代王(在位一八五八〜八九)となり、植民地獲得のため侵入してきたフランスと、海岸部をフランス保護領にする協約を結んだ。

その長子ベハンジンは、第十代の王として即位すると(在位一八八九〜九四)、父王がフランスと結んだ協約を破棄し、フランス軍(その主力となって戦ったのは、早くからフランスに植民地化されたセネガルで、フランス式訓練を受けた「セネガル狙撃兵」、通称「セネガル歩兵」だ)と、自分の軍を率いて二年近く頑強に戦った。だが一万ともいわれる犠牲者をだして結局投降し、流刑先のアルジェリアで没する。フランスはベハンジン王の弟を傀儡《かいらい》王として即位させたが、フランス植民地行政府と折り合わず、結局旧ダホメー王朝直系の王による王政は廃止された。

「黄金海岸」アシャンティ王国

西アフリカ海岸森林地帯の王国だが、これまでにみた二王国とはかなり異なる歴史をもった、アシャンティ王国についてみてみよう。

基層文化として、言語という観点から大別すれば、アシャンティ王国はベニン王国やダホメー王国と同じく、現在のナイジェリア東部からコートディヴォワール東部まで続くクヮ諸語に属し、内陸のグル語群地帯の社会と異なっている。しかしベニン王国とダホメー王国が、クヮ諸語のなかでも東部のエウェ語群に分類されるのにたいし、アシャンティ王国は、さらに西の現在のコートディヴォワール東部の住民とも共通の、社会組織の特徴としては母系制が広くみられる、アカン語群に属する。

王国としても中央集権的に組織されていたのではなく連合体で、しかも王位の継承が母系原理によっていたため、ベニン王国やダホメー王国の場合のように、王の系譜を明確にたどることがむずかしい。十七世紀末、それまで支配されていたデンキラ王国の軛《くびき》を脱したアシャンティ連合の、最初の「アサンテ・ヘネ」(最高首長の称号)にオセイ・トゥトゥが、以後、王都となるクマシで即位した。以後十九世紀末イギリスに植民地化されるまで、植民地調査官としてアシャンティにかんする詳細な記述を残したラットレー大尉は、一三人のアサンテ・ヘネの名を、相互の系譜関係なしにあげている。

オセイ・トゥトゥ以来、アサンテ・ヘネは、金箔で飾った「黄金の床几《しょうぎ》」に三度腰をおろす仕草をすることで即位する仕来りだが、金の産地であるアシャンティ王国には、王を取り巻くものにも「黄金の」イメージがあふれている。

言語と母系制以外に、歴史・地理的な側面で、アシャンティ王国がベニン王国やダホメー王国と著しく異なっている点を、いくつかあげよう。

まず、王都の海岸からの距離は、ベニン王国とダホメー王国では七〇〜八〇キロで、両王国とも海岸に勢力を伸ばしていたのにたいし、アシャンティ王国の王都クマシは海岸から約一八〇キロ隔たっていたうえに、海岸部はアシャンティ王国に敵対するファンティ連合王国の勢力範囲だった。のちにイギリス人によってゴールド・コーストと呼ばれたこの海岸は、十五世紀なかばから、黄金と香辛料のインドに、海路、到達することを求めて西アフリカへ探検航海を繰り返していたポルトガル人が、はじめてかなりの量の金を手にいれた土地でもあった。十七世紀末に形成されたアシャンティ王国は、この初期ポルトガル人の時代には、まだ王国としては存在していなかった。

タウデニの鉱床から掘り出され，板状に切り，運ばれてきた岩塩
岩塩はラクダのキャラバンによってサハラからトンブクトゥまで運ばれ，舟でニジェール川を下り，モプティまで運ばれる。ここからはトラックやロバの背に積んでサバンナの市場へと向かう。

一四八二年、ポルトガル人はこの海岸にヨーロッパ勢力として最初の交易用の城砦を築き、サン・ジョルジュ・ダ・ミーナ、通称「エル・ミーナ」（「鉱床〈金鉱〉」の意）を拠点として金を積み出すことに精を出した。

アシャンティ王国が、ベニン王国やダホメー王国と著しく異なっている他の重要な点は、アシャンティが北のサバンナ地帯に発達した帝国、王国の交易拠点と南の森林地帯を結ぶ、長距離交易網を利用して勢力を拡大したことだ。

ガーナ、マリ、ガオなどの繁栄を支えた、サハラの岩塩と西アフリカ内陸の金とのいわゆる「塩・金交易」の担い手だった長距離交易商人集団が、内陸諸地方とアシャンティ王国を結んで往来した。ワンガラ、ジュラ、ヤルシなど、地方によってさまざまな名称で呼ばれているこの商人たちは、血縁集団の信用取引によって、手形も契約書もなしに、行く先々の権力者の庇護をえながら、それ自体が商品でもある奴隷やロバの一隊に、荷を運搬させたキャラバンを組んで、金、岩塩、布、ウマ、奴隷、コーラの実（森林地帯特産でサバンナの人々に覚醒作用をもつ嗜好品として珍重された)などを商ったが、これらの商品には、西アフリカにおいて、集権的政治権力の形成に、軍事手段や威信財として、あるいは贈答品として、重要な意味をもっているものが多かった。

ニジェール川大湾曲部最後の帝国ガオが、先にも述べたサード朝モロッコの鉄砲隊の攻撃で滅びたのち、サバンナと森林地帯を結ぶ長距離交易集団として重要性を増した、現在のナイジェリア北部を本拠地とするハウサ商人のなかにも、現在のマリの領内であるニジェール川大湾曲部から、東のハウサ社会に移住したワンガラ商人が多数まじっていたといわれる。現在のガーナにあたる森林地帯のアカン社会でもっとも古く、おそらく十五世紀中ごろに形成されたボノ・マンスー王国も、ハウサ・ワンガラ商人の南方での重要な取引相手で、この地方の金を北方に運んでいた。

アカン地帯の北方にはさらに、大交易都市サラガを中心とするワンガラの商業活動を、北方のマンデ起源の支配者が掌握するかたちで、おそらく十六世紀初期に形成されたゴンジャ王国があった。

アシャンティ王国は、形成されるとまもなく一七二三年にボノ・マンスー王国を攻略し、以後アシャンティ王国はハウサ・ワンガラ商人の重要な取引相手となった。同時にアシャンティ王国は、ゴンジャ王国のワンガラ、ジュラ、ヤルシ商人を媒介として、森林地帯北部からサバンナ地帯にかけて、十五世紀ごろから、ダゴンバ、マンプルシ、モシなどの王国の誕生をうながし、それらの国々とも、交渉をもつようになった。

このようにして、アシャンティ王国の勢力範囲を含むアカン地帯の金は、内陸に強固に作り上げられていた交易網を通じて北方へ運び出され、海岸へは向かわなかったのではないかと思われる。

金の交易

かつて有力だった西アフリカ史の解釈では、内陸最後の帝国ガオが十六世紀末に滅びたのは、十五世紀末のポルトガル以後、海岸地帯に交易拠点を設けたヨーロッパ勢力が、海路、金を大量に運び出したことにかかわりがあるとされていた。サード朝モロッコの攻撃がとどめの役をはたしたにせよ、それまでガオ帝国が握っていた北アフリカ向けの金の交易が、ヨーロッパ勢力の海からの金の産地への接近によって、流れを変えられたとみるのだ。

時代的にはたしかにこの二つの事象は合致する。だが、西アフリカからもたらされた金についてのポルトガル側の資料の検討と、アフリカ内陸の交易についての研究の進展の結果、ポルトガルの進出は、海岸地方の金についても、西アフリカ内陸の金、とくに最大の産地だったニジェール川上流のブレ地方の金についても、交易の流れを大きく変えなかったのではないかという見方が強まっている。

たしかに「黄金海岸」エル・ミーナは、その名にたがわず、初めのうちは大量の金をポルトガルにもたらした。毎年、八隻、九隻、一二隻という大型帆船が、年平均七〇〇キログラムもの金を、リスボンに運んだ。だがそれも一五二〇年ごろまでで、以後エル・ミーナでえられる金は減少の一途をたどる。一五六七年には、ただ一隻の大型帆船がリスボンに行っただけで、エル・ミーナ城砦の維持さえ困難になっていった。十七世紀なかば以降は、ポルトガル、スペインにかわって、イギリス、オランダ、大西洋岸のフランスなどが、海上覇権を握るようになり、エル・ミーナ城砦も、一六三七年にはオランダに奪われた。十七世紀末には、数キロ東のケープ・コーストに、英王室アフリカ会社が総司令部としての大規模な城砦を築いた。

これらの城砦では、金の積み出しではなく、奴隷の貯蔵と出荷がもっぱらおこなわれた。いまも海岸に博物館などとして残るこれらの城砦では、大砲はすべて海のほうを向いているが、砦にこもる者にとっての最大の敵は、いつ沖から襲ってくるかもしれない、競争相手の国の船だったのだ。

海に向かって大砲が並んでいるケープ・コーストの海岸

天井に監視窓がついた奴隷の収蔵庫のほか、砦にこもる白人の上司への反逆を裁いた部屋や牢もある。日々アフリカ人首長が運び込む男女の捕虜を、以後は奴隷という「商品」になったことを思い知らせるために、あえて手荒くむち打って検査、選別し足かせをはめ、会社の焼印をおして収蔵庫に追い込む白人たちのすさんだ生活は、奴隷貿易という人類史の暗黒の行為が、白人たちにとっても悲惨であったことを思わせる。ダホメーのウィダーの砦と同様、砦での生活はけっして衛生的ではなかったと思われ、砦で病死した白人の墓もある。

西アフリカでのポルトガル勢力の衰退は、このころポルトガルが進出し、金をはじめとして莫大な利益をあげていたブラジルとの関係でも考えられるべきであろう。ポルトガル王室が金の交易にたずさわる者にたいして、あまりに厳しい規制をしいていたことも原因にあげられる。だがより根本的には、先に述べたボノ・マンスー王国など、アカンの金産出地帯に進出した、内陸交易のベテラン商人たちによって、金は結局北へ吸いとられたためとみるべきだと思われる。

モロッコ南部のマラケシュを中心に、十六世紀中ごろに勢力を拡大したサード朝の野心家の君主マンスールは、それまでガオ帝国の支配下にあったサハラの岩塩採掘地タガザを武力で奪い、ガオ帝国を攻略して、宗教・学芸都市トンブクトゥや大交易都市ジェンネをはじめ、ニジェール川大湾曲部一帯に覇権を確立した。こうしてモロッコは、黒人の国の交易中継地や、金の入手に不可欠な岩塩の採掘地タガザ、そしてその南のタウデニも手中におさめた。キャラバンは、マラケシュやフェズへ、大量の金を運び続けた。

鉄砲の重要性

ベニン王国やダホメー王国と同様、アシャンティ王国にとっても、海岸のヨーロッパ勢力からもたらされた鉄砲は、勢力拡大にとって重要な役割をはたした。アシャンティ王国の創始者オセイ・トゥトゥをつぎ、十八世紀前半から最高首長として在位していたオポク・ワレが、鉄砲隊カンボアンセの威力によって北のダゴンバ王国を攻略したことは、アシャンティ、ダゴンバ双方の伝承が一致して伝えている。その年代が一七四四年だったことは、アシャンティ王国と取引していたケープ・コーストの英王室アフリカ会社側の資料からわかる。

この時代の海岸ヨーロッパ勢力にとっての主要商品は、すでに金ではなく奴隷であり、奴隷用の捕虜獲得を容易にするために、イギリスは捕虜と交換に鉄砲をアシャンティに供給した。オポク・ワレのダゴンバ侵攻も、交易用奴隷の獲得が目的で、ダゴンバの王ガリバを捕え、身の代として二〇〇〇人の奴隷を要求し、一度に不可能と知ると、毎年二〇〇人ずつ一〇年間みつぐことを要求した。

最高首長直属の鉄砲隊カンボアンセは、そのままの名称と服装で、北方のダゴンバ、マンプルシ、モシの諸王国に取り入れられ、それぞれの王の勢力の拡大と安定に貢献した。ただ、鉄砲そのものはそれ以前に北アフリカからもたらされており、名称もマドファ、マルファなど、モロッコで大砲をさす語の変異形で呼ばれている。

西アフリカでの鉄砲の呼び名は、三つの系統に大別できる。一つは、モロッコなど北アフリカ西部の「マドファ」の系統であり、他はチャド湖周辺部以東の、アラビア語で鉄砲を意味する「ブンドゥキーヤ」系の語と、アシャンティなど海岸森林地帯の、「トゥン」「トゥ」など鉄砲を撃つ音の擬音語に由来するものである。火縄銃、燧石銃《ひうちいし》などの発火装置はアフリカの鍛冶屋にもつくれたが、高熱に耐えて真っ直ぐに弾を発射しつづける銃身はつくれなかった。そのため、北アフリカからにせよ海岸からにせよ、鉄砲はたえず外から補給しなければならなかった。この事実は、サハラ以南アフリカの集権的政治権力が、勢力の拡張ないし安定のために、外来の「破壊手段」を入手する必要から、金や奴隷用捕虜、象牙などの「産品」を供給するという交換経済の形態を生んだ。

これまでのような、アフリカにおける集権的政治社会の成立基盤としての特異な「生産様式」は、アフリカ史を世界史のなかに位置づけるためにも、今後さらに検討されるべき課題だと思われる。

非集権的イボ社会の基礎構造

西アフリカ海岸部で、植民地化以前に集権的政治組織をまったく欠いていながら、かなりの人口規模と、文化的同質性を示していた集団の例として、現ナイジェリア東部のイボをあげることができる。

言語は、先にあげたベニン王国のおもな構成民エドの言語と同じクヮ諸語の一つで、大きく二つの方言群に分かれる。西部と南部のイボの一部は、十五世紀ごろベニン王国の支配下にはいっていた可能性がある。

イボは、イギリスの奴隷貿易の最大の犠牲者だったと思われる。海岸の小島にあるボニーは、西アフリカにおける最大の奴隷市場の一つであったが、島の住民の大部分はイボで、一七九〇年の記録によると、この年に積み出された二万人の奴隷のうち、一万六〇〇〇人はイボだったとされている。この地方での奴隷貿易は、一八四一年まで続いた。

イボの総人口は、一九〇〇年のイギリスによる植民地支配成立から間もない一九二一年に、約四〇〇万と推定されているが、人口がそれぞれ二万以下の、自立性の大きい二〇〇以上の集団からなっていた。それぞれの集団は、さらにそれぞれ人口四、五〇〇〇の村落に分かれていた。村落は、熱帯多雨林のなかに切り開かれた、三～八平方キロの土地に散在していた。

イボの居住地は、典型的な熱帯多雨林で、八月と、十二月から二月までの短い乾季をはさんで、三月から十一月まで続く長い雨季に、南部では二六〇〇ミリを超す年間降雨量がある(北部でも、一五〇〇ミリ以上)。ヤムイモ、マニオク、タロイモなど、塊茎類が自給作物の中心だが、ヨーロッパ勢力との接触以後は、もともと油脂作物として重要だった、西アフリカ原産のアブラヤシが、換金作物として多くつくられるようになった。

各村落の中央部には、市場と神殿と集会所を兼ねた広場があり、そこから道が放射状に伸びている。道に沿って、父系血縁集団ごとにまとまった住居がある。父系血縁集団が祖先祭祀や村内の紛争の調停にあたるのにたいして、地域的に分散した母系血縁集団は、冠婚葬祭や、土地の用益権などの面で役割をはたしている。

村の秩序維持に主要な働きをしている組織は、年齢集団と、いくつかの階位に分かれた結社だ。十五〜十八歳の男子からなる若者組は、道路の整備、森の開墾、村や市場の警備、相互扶助などにあたる。娘組をもつ地方もある。金品を差し出し、宴を張って大盤振舞いをした者が、称号をえる結社は、その最高の階位の者が儀長となって、村の成人男子すべてが参加する集会を司る。結社における地位は、上位の権力者から与えられるものでも、世襲でもない。

司法においては、村落群ごとに共同で広場に祀っている大地の神「アラ」に捧げものをして、神意を問う神託や神明裁判が、重要な役割をはたす。アラのほか、祖霊やさまざまな精霊も含む超自然の力への信仰が、社会の秩序を維持する基盤になっており、これら超自然の力をあらわす仮面の結社が、秘儀によって制裁をおこなう地方もある。

このようにイボの社会は、血縁集団においても、結社においても、多様なものが共存して、相互に規制しあい均衡を保って機能している。しかも、地位が世襲によって特定の血縁集団に集中することもない。

平常は自立して生活を営んでいる村落群のあいだに、紛争や武力衝突が起こることもあるが、戦いの仕方、和平回復の手続き、賠償の方法などにおいて、基本的合意が存在した。

その一方で、共通の外敵にたいしては、村落群が結束して戦う。イギリスの植民地だった十九世紀末に、弁務官殺害事件で何度かイギリス軍の懲戒討伐隊が送られたときも、イギリス軍は、村落軍連合の頑強な武力抵抗にあっている。

もともと人口密度が高く、他地域への出稼ぎが多かったが、植民地化以後の時代には、積極的に中央に進出した。イスラームが浸透せず、キリスト教が広く受容され、キリスト教ミッションによるイギリス式教育も普及していたために、植民地時代、一九六〇年の独立後も、中央の各界でイボ出身者は有利で、重要な地位を占めた。

こうした状況が、イボを中心とする地域で新しく発見された石油資源の専有と、一九六七年のビアフラ共和国としての分離独立宣言、ナイジェリア他地域の社会からの共通の反発につながった。その後二年半にわたったビアフラ戦争で、孤立した戦いを強いられ、二〇〇万人にのぼるともいわれる犠牲者をだした。この長期戦においても、元来、集権的組織をもたなかったイボ社会が、共通の外敵にたいして、強い連帯と独立精神を発揮することが示されたといえる。

3　西アフリカ内陸部文明の黎明期

探検家のみた西アフリカ

一七九五年、ニジェール川中流域に栄えていたセグー王国をヨーロッパ人としてはじめておとずれたイギリス人探検家マンゴ・パークは、王都セグーについてつぎのように書いている。

さて、到着したバンバラの首都セグーは、正確にいうと四つのべつべつの町からなっている。……町はすべて高い泥の壁に囲まれ、家は粘土でつくられており、四角く、屋根は平らにつくられている。二階建ての家もあり、多くは水しっくいが塗ってある。……この広い都市の眺め、川に浮かぶおびただしいカヌー、人口の多さ、そして周囲の耕地、これらすべてが壮大な文明の繁栄をあらわしていた。アフリカの奥地で、このような文明をみようとは夢にも思わなかった。

その約三〇年後、セグーから東に四〇〇キロほど離れたジェンネの町をおとずれたフランス人探検家ルネ・カイエもまた、その繁栄ぶりを驚嘆をこめて書いている。

ジェンネの住人はたいへん勤勉である。……彼らは投資のために奴隷を働かせる賢明な人々であり、自由人のうち、富者は商業に、貧者はさまざまな職業に従事している。トンブクトゥに送る衣服をつくる職人や、鍛治屋、大工、皮細工師、水上運搬人、人足、漁師などである。……

ジェンネの人間が知っているのはアラビア文字だけである。その意味についてはよく理解していないとはいえ、ほとんど全員が読み書きできる。……ジェンネの住人の食事はたいへんよい。毎日市が立つので、彼らは新鮮な肉と一緒に米を炊いて食べる。……大人も子どももたいへん清潔な服を着ている。彼らが身につけているのはスーダンの布でつくって縫製した服であり、その色はたいていい彼らの好む白である。

彼らは西欧諸国による植民地化に先立って、単身で西アフリカ内陸部に向かい、行く先々で現地の社会を観察し記録した探検家であった。すでに本国で市民革命と産業革命を経験していた彼らが、「文明」「繁栄」「勤勉」「読み書き」「投資」など、西洋近代を支える諸価値を用いて西アフリカ諸社会を記述していたことは注目に値する。それは、今日の熱帯アフリカの諸社会の記述が、乾燥化や貧困、疫病、内戦などの否定的な言葉であふれていることと対照的であろう。西欧諸国による植民地支配が進行する十九世紀末以前の西アフリカは、社会の豊かさと安寧を実現していたのだろうか。もしそうであるとすれば、その豊かさや安寧を支えていたのはいかなる産業であり社会組織であったのか。そしてそれは、どのようにして今日の経済的および社会的困難へといたったのか。

さらに問いを重ねるならば、今からわずか二〇〇年前の西アフリカ諸社会を記述するのに、なぜ私たちはヨーロッパの探検家の記録を参照しなくてはならないのか。これら二人の探検家の記述は、植民地期になされた記述ほど人種的偏見や優越意識に満たされていないとはいえ、そこには外部の記録者であるがゆえの偏見や錯誤は存在しないのか。

アフリカの歴史を再構成する試みは、史料の多くが外部の人間の手になるものであること、それゆえそ

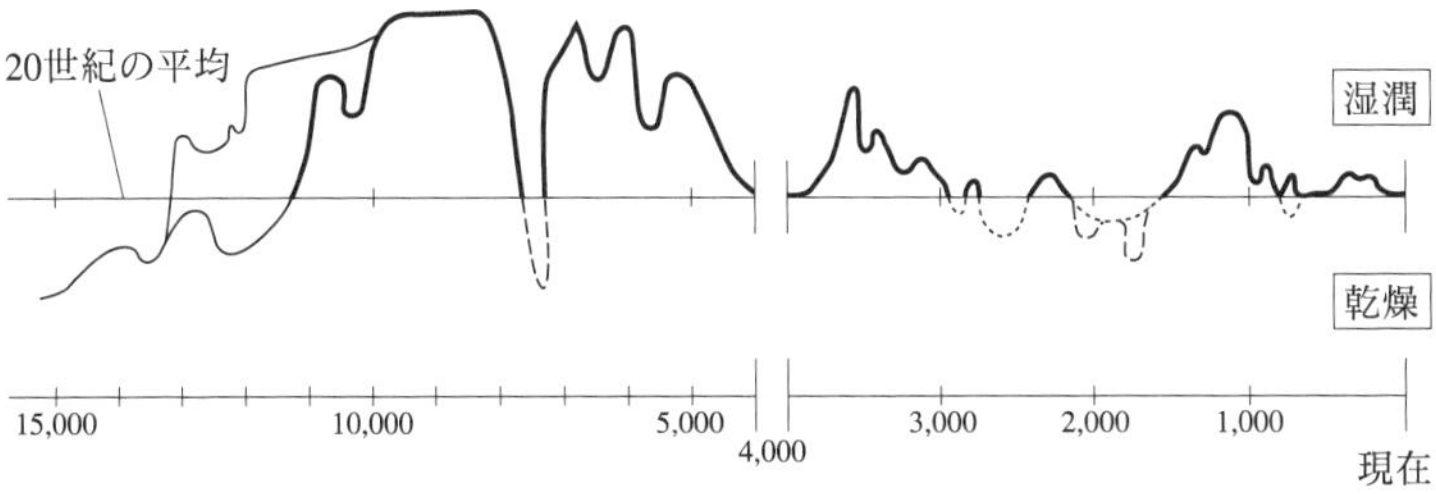

西アフリカの気候変動(McIntosh, 1998 による。一部改変)

こには多くの偏見や偏向が含まれているであろうことに、敏感であることが求められる。こうした偏見や偏向をできるかぎり避けるために、3・4節では、アフリカを外部から見るのではなく、可能なかぎり内部の視点を取り上げながら記述をおこなっていきたい。すなわち、近年著しく進展した考古学資料を中心に、岩壁画や物質文化の比較研究、環境変化などを主材料としつつ、八〜十六世紀のアラビア語文献や、十六世紀以降のヨーロッパ人の手になる記録を適宜参照しながら、その歴史を再構成していきたいと考えているのである。

サハラの乾燥化と農耕および鉄の起源

北西アフリカ内陸部は、今日ではサハラ砂漠に代表されるように乾燥化が進んでいる。しかしそこにも数千年前までは、豊かな自然環境と人々の生活があったことは、サハラ各地に残る岩壁画の存在が示している。チャド湖の水位の変化を中心にした気候変動の研究によれば、サハラは幾たびかの乾燥化と湿潤化を経験したのち、約一万一〇〇〇年前から五〇〇〇年前まで、例外的な湿潤期を経験している。この時期、サハラは緑と水に覆われており、ゾウやキリンなどの野生動物が渉猟し、それを狩猟し、漁撈や採集をおこな

タッシリ・ナジールの岩壁画　中央にロートのいう「円頭人」が描かれている。ロートは，狩猟→牧畜→戦車の時代順を考えたが，この絵は狩猟と牧畜の場面がほぼ同時期に描かれており，ロートのいう時代構成にたいする批判の根拠とされている。

う人々の営みが存在していた。彼らはサハラの各地に岩壁画を残しているため、それによって当時のサハラの風景と人々の暮しぶりを知ることができる。

アルジェリア南部のタッシリ・ナジールをはじめとする多くの岩壁画を発見し、その比較調査をおこなったフランスのアンリ・ロートは、これらの岩壁画を三期に分けている。ゾウやキリン、サイ、レイヨウなどの野生動物が描かれ、黒人種と思われる丸い頭をした人間が登場する狩猟民主体の第一期。大量のこぶのないウシのほかに、ヤギ、ヒツジなどの家畜の飼育風景が描かれるコーカソイド系主体の第二期。ウマに引かれた二輪の戦車が登場し、社会の階層化が進行していたと考えられる第三期である。ロートがおこなった時代区分は今日ではむしろ批判の対象となっているが、その研究は今なお創始者としての価値を有している。

その後、サハラ各地でなされた考古学研究は、より正確なデータを私たちに与えている。それによれば、約一万一〇〇〇年前から五〇〇〇年前までの湿潤期のあいだ、サハラの多くは水に覆われていたため、人間の居住は中央の高地に限られていたようである。サハラ中央のホガールやニジェールのアイールなどの高地では、前八〇〇〇年ごろから土器をともなう遺跡が出現し、大量の魚や野生動物の骨とともに、炭化したオリーヴやウバメガシが出土している。これらの遺跡を残したのは黒人種とされるが、この前八〇〇〇年というのはナイル川流域の遺跡より古い数字であり、土器にかんして世界で最古とされる中東地域とほぼ同時期である。また、牧畜の開始についても、サハラ各地で小型のウシとヒツジないしヤギの骨が前七〇〇〇〜前六〇〇〇年の地層から出土しており、これもエジプトより一〇〇〇年以上古いものである。一方、サハラより南に広がる現在のサバンナ地帯や森林地帯は、当時は河川や湖に覆われるか、うっそうと繁る森林地帯であったのだろう。人々はおそらく孤立した生活を送っていたのであって、この時期の遺跡はこれまでのところ確認されていない。

サハラの生態系を大きく変えたのは、前三〇〇〇年ごろに始まる乾燥化であった。二三九ページの図は、この時期から前二〇〇〇年にかけて急速な乾燥化が進行し、サハラとその周辺地域が今日と同じほどの乾燥化にみまわれたことを示している。乾燥化によってサハラを追われた人々は、その南部のサバンナ地帯や北部の地中海沿岸に移動したにちがいなかった。前四〇〇〇年ごろ以降は、高地以外の各地に人間の居住跡が出現しており、土器をもち、牧畜をおこなう人々が各地に拡散するようになったことをうかがわせている。その後のさらなる乾燥化にともない、これらの人々はニジェール川流域をはじめ、南のサバンナ地帯に移動したのであろう。サハラ南縁のメマ地区では、土器をともなう人間の居住が前二五〇〇年に始まること、初期には漁撈と水棲動物の猟を中心に、小型牛の牧畜がおこなわれていたことが確認されている。こうした人々の生活ぶりは、初期の西アフリカのサバンナ各地に共通するものであった。

西アフリカにおける農業はいつごろ開始されたか。アフリカの農業はエジプトの影響下で開始されたというのが、二十世紀前半までのヨーロッパの研究者の定説であった。「すべての文明は白人種に始まる」という人種主義的見解は、ヨーロッパの歴史意識を規定していたのである。こうした人種主義的臆説《おくせつ》にたいして最初に異議を唱えたのが、フランスの農学者ポルテールであり、アメリカの人類学者マードックであった。ポルテールは、グラベリマイネやトウジンビエ、フォニオ（西アフリカのサバンナの一部で栽培されてきたイネ科の植物）など、西アフリカ原産の作物の野生種と栽培種の分布や名称、栽培化の歴史を丹念に比較することで、西アフリカにおける独自の農業起源をあとづけた。一方、マードックは、農業をはじめとする文化諸要素を組み合わせて理解することの必要性を説いて、西アフリカ諸文化の独立性と完結性を明らかにした。

西アフリカで独自に農業が開始されたのが事実であるとするなら、残る問題はその開始時期である。この点について、マードックらはつぎのように推論する。エジプトで麦類の栽培が開始された前五〇〇〇年以降、まもなく西アフリカにもこれらの穀物が伝えられたはずである。しかしながら、その時期までに西アフリカはトウジンビエ、グラベリマイネなどを中心にした独自の農業体系を発展させていたために、これらの穀物を必要とはしなかった。それゆえ、西アフリカにおける農業の開始は、遅くとも前四五〇〇年以前にさかのぼるはずだというのである。

この推論はかなりの妥当性をもつと思われるが、問題は考古学の発掘調査とのずれである。これまでに考古学調査で発掘された最古の西アフリカの穀物は、ガーナ北部のキンタンポ遺跡のソルガム（前一八〇〇

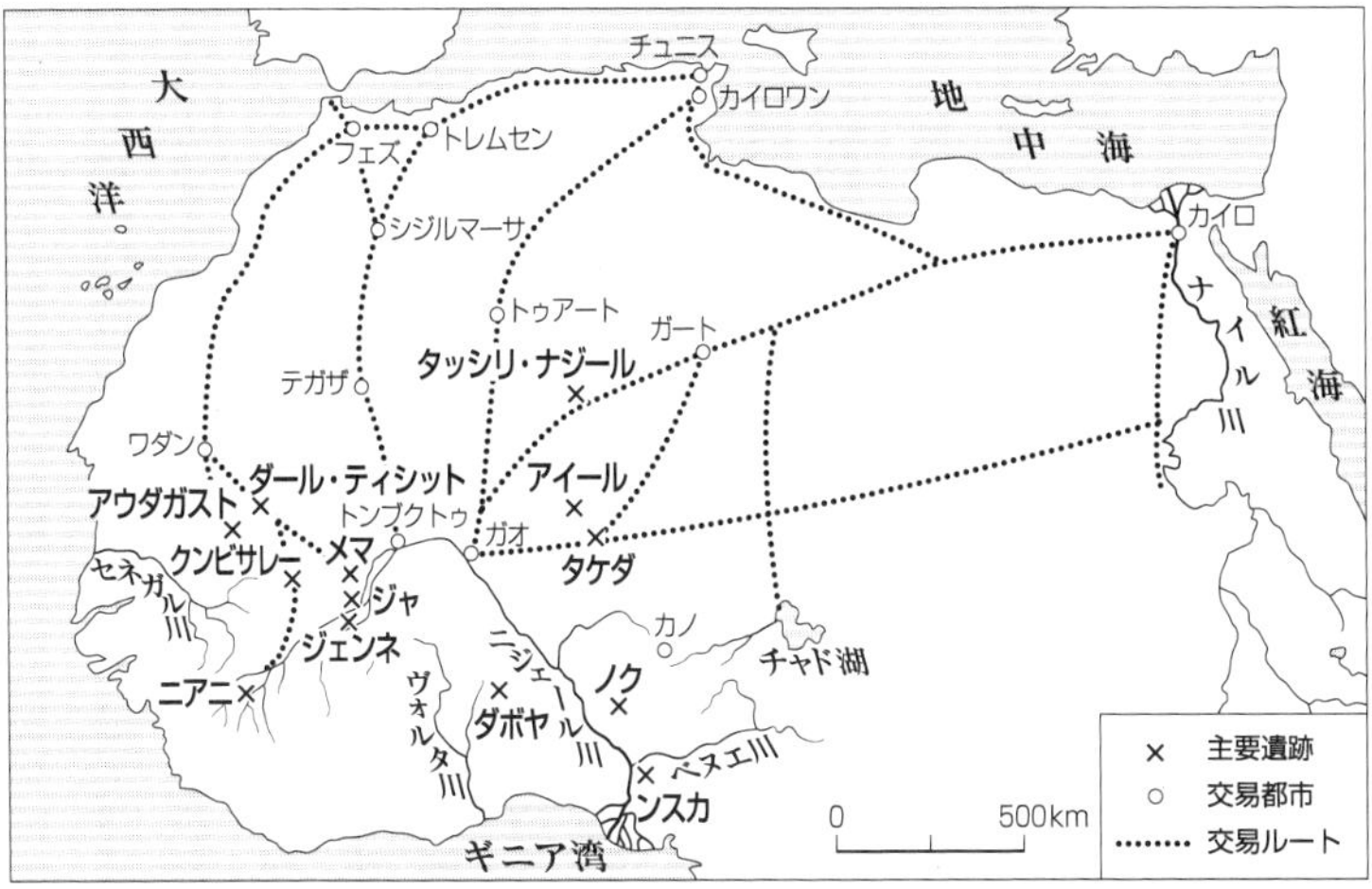

サハラ・西アフリカの主要遺跡と交易都市

〇年)であり、これに若干遅れて、モーリタニアのダール・ティシット遺跡で出土した土器片に残るトウジンビエ痕(前一五〇〇年)がある。そのほかの穀物としては、マリとモーリタニアの国境付近のメマ地区での私たちの発掘から前九〇〇年のフォニオが、またそこから二〇〇キロ南のジャ近郊のショーマ遺跡からは、前五〇〇年のグラベリマイネが出土している。これらのデータは、前二〇〇〇~前五〇〇〇年には、西アフリカ各地でさまざまな穀物の栽培が開始されていたことを示している。しかし、依然としてマードックらの推論との時間的ずれは残っており、今後の課題といえる。

農業起源の問題に加え、熱帯アフリカの考古学におけるもうひとつの重要な課題は、鉄および金属器の起源にかんするものである。人類は新石器→青銅器→鉄器と段階を追って「進化」の階梯を歩んだというのが、これまでの世界の考古学の「常識」であった。しかし熱帯アフリカでは、銅の生産と鉄の生産の開始がほぼ同時期であるところから、鉄の起源をめぐって議論がたたかわされてきた。すなわち、中東地域からの鉄生産技術の伝播を唱える説と、熱帯アフリカにおける独立起源説である。

西アフリカにおける銅の生産は、今のところニジェールのアイール山地のマレンデッド(タケダともいう)やモーリタニアのアクジュジト遺跡の前八〇〇年というのが最古である。一方、鉄の生産にかんしては、前八〜前五世紀という世界でもかなり早い時期に始まっていたことが確認されている。この時期の鉄を産出した遺跡として、マリのメマやジャ、ニジェールのアイール山地のドディンミ、ナイジェリアのノクやンスカ、ガーナのダボヤなど、西アフリカの広い範囲の遺跡をあげることができる。独立起源説を擁護する研究者は、このように広い範囲で鉄の製造が確認されていること、各地の製鉄技術、とくに鞴《ふいご》の形状にかなりの変異がみられること、中東および北アフリカと西アフリカを結ぶ中間地帯での鉄の生産が確認されていないこと、などをその理由としてあげている。

一般に西アフリカでは、鉄の原材料となるラテライトの地層が広く分布しており、その入手および加工は容易であった。西アフリカにおける土器製作の開始が前八〇〇〇年にさかのぼるとすれば、人々は古くから手工業的な火の使用に親しんでいたであろう。独立起源説と伝播説とのあいだの決着はまだついていないが、私としてはむしろ前者の説を支持したい。

4　諸国家の興亡

西アフリカにおける産業の発展と大帝国の成立

比較的多くの考古学調査が実施されているニジェール川大湾曲部を舞台として、西アフリカにおける産業の発展と、国家ないし帝国と呼ばれる社会組織の発展をあとづけていきたい。

ギニア山地に源を発するニジェール川は、全長約四二〇〇キロと、アフリカ第三の長さをもつ河川である。熱帯多雨林に水源をもつこの川は、湿潤サバンナ、乾燥サバンナを貫いて流れ、トンブクトゥ付近でサハラ砂漠に接したところで大きく湾曲して、一路、ギニア湾に向かう。その長大さに比して、わずかに一〇〇〇メートルの高低差しかもたないニジェール川は、各地に広大な氾濫域を形成し、流域の社会と産業の発展に寄与してきた。ニジェール川中流域には、七世紀ごろに始まるガーナ王国およびガオ王国、十三〜十四世紀に最盛期をむかえたマリ帝国、十五〜十六世紀に西アフリカ史上最大の版図を誇ったガオ(ソンガイ)帝国と、西アフリカ史を彩る諸王国ないし諸帝国があいついで成立した。その後も、十八世紀のバンバラのセグー王国、十九世紀前半のフルベのマーシナ国家をはじめ、社会組織の発展はとだえることがなかった。それゆえ、これらの国家を支えた経済的基盤を明らかにすることは、西アフリカ史理解のために不可欠といえる。

西アフリカ最初の大規模国家としてアラビア語史料に記録されるガーナ王国は、モーリタニアとマリの

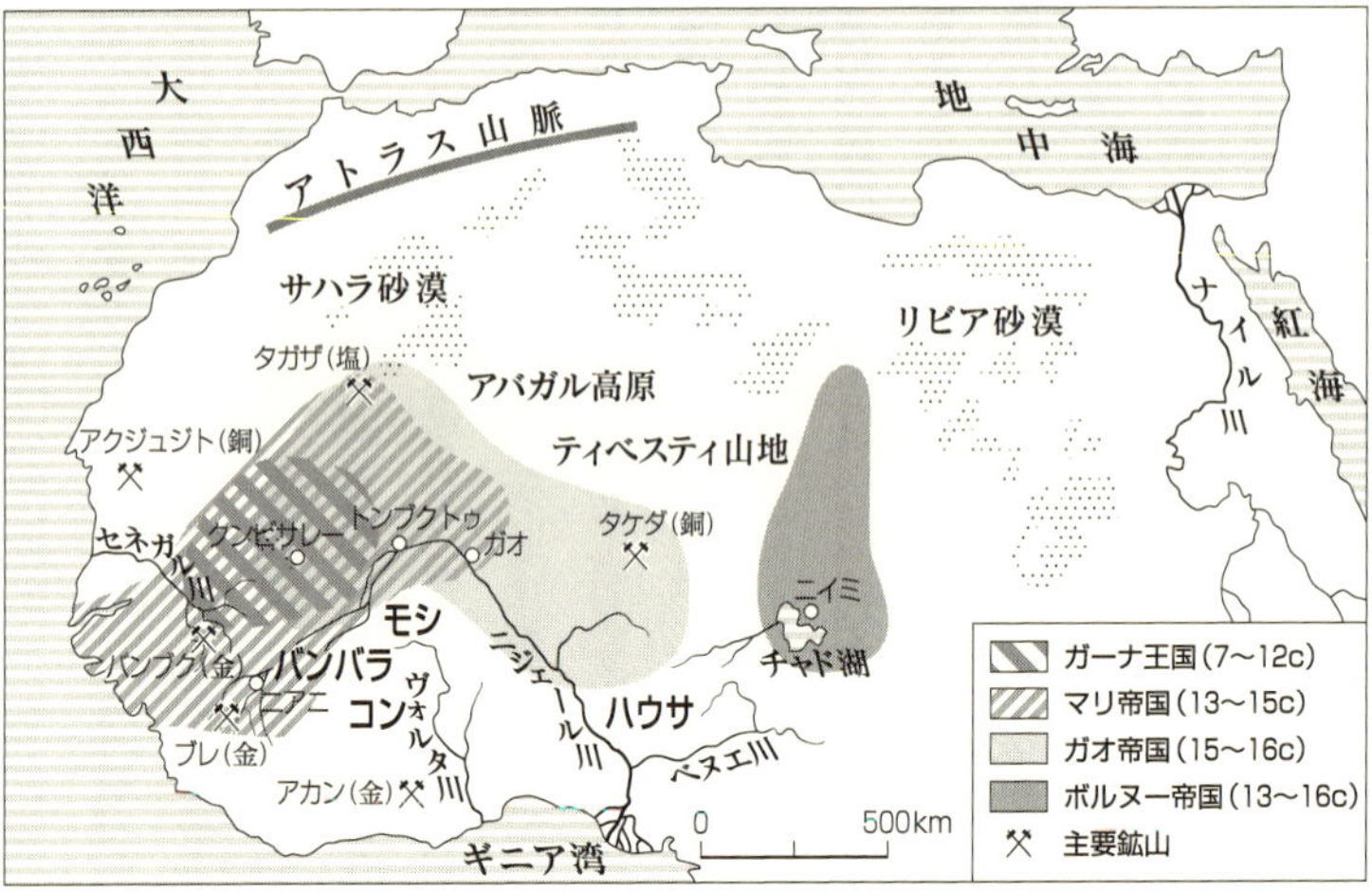

西アフリカの諸帝国と地域的諸国家，主要鉱山

国境付近の、セネガル川とニジェール川に挟まれた地帯に成立した。現在では年間降水量二五〇ミリ前後と、厳しい乾燥化の進行したこの地域であるが、ガーナ王国の成立した七〜十二世紀は湿潤な時期であり、農業や牧畜が可能であったと推測される(二三九ページ図参照)。ガーナ王国地域はこれまで比較的多くの考古学調査がなされているので、それに基づきながらこの地域の政治・経済的発展をあとづけてみよう。

この地域での人間の居住は、乾燥化にともなうサハラからの移動によって前二五〇〇年ごろに始まり、漁撈と狩猟、若干の牧畜を中心に生活が維持されていた。やがて前一五〇〇〜前一〇〇〇年ごろに乾燥化がさらに進行すると、人々は食糧を確保し、人口を維持するためにフォニオなどの穀物栽培を開始することで対応した。ふんだんに存在するラテライトの地層を利用して、鉄の製造が開始されたのもおそらくこのころである。その後、前三〇〇年ごろに乾燥化はいっそう深刻化し、人々はニジェール川流域の氾濫域に移り住んで、グラベリマイネを栽培するようになった。一方、三〇〇年ごろにはふたたび湿潤な気候となったので、人々は氾濫域の外部に進出し、そこで農業と手工業にいそしむようになった。

再度の湿潤期であるこの時期は、ガーナ王国地域と、とりわけその南部に位置するメマ地域で急激な人口増加がみられた時期であり、そのことはこの時期の遺跡の大型化と多数化に反映されている。とりわけメマ地域には厚いラテライトの地層が存在することから、製鉄業が著しく発展し、五〜十五世紀のブレル遺跡やプチュワル遺跡には五〇〇を超える溶鉱炉の跡が確認されている。ある考古学者は「工業的」と称しているが、その言葉がけっして誇張とはいえないほど、多くの製鉄遺構が存在しているのである。実際、十二世紀のアラビア語資料も、鉄をもたない周囲の人々にたいし、「ガーナの人々は(鉄の)槍や剣をもっていたために勝利をおさめた」と明記しており、農業と漁業と牧畜からなる安定した生業システムとともに、大量の鉄の製造が国家組織の発展に寄与したことは疑いない。

こうした地域の産業の発達に加え、ガーナ王国の発展を可能にしたのは西アフリカ各地で産出する金であった(前ページ図)。七世紀ごろのガーナ王国成立の前後から、各地の遺跡では大量のガラスビーズや磁器、銅製品などの北アフリカの産品が出土しており、王国の成立が長距離交易の進展と密接に関連していたことを示している。とりわけ、セネガル川上流のバンブクやニジェール川上流のブレ、南部のヴォルタ川流域を主産地とする金は、ガーナを経由してサハラ交易で北アフリカまで運ばれており、「金の国ガーナ」はサハラの北の住人にとっても大きな関心事であった。西アフリカからマグレブに運ばれた金は、ア

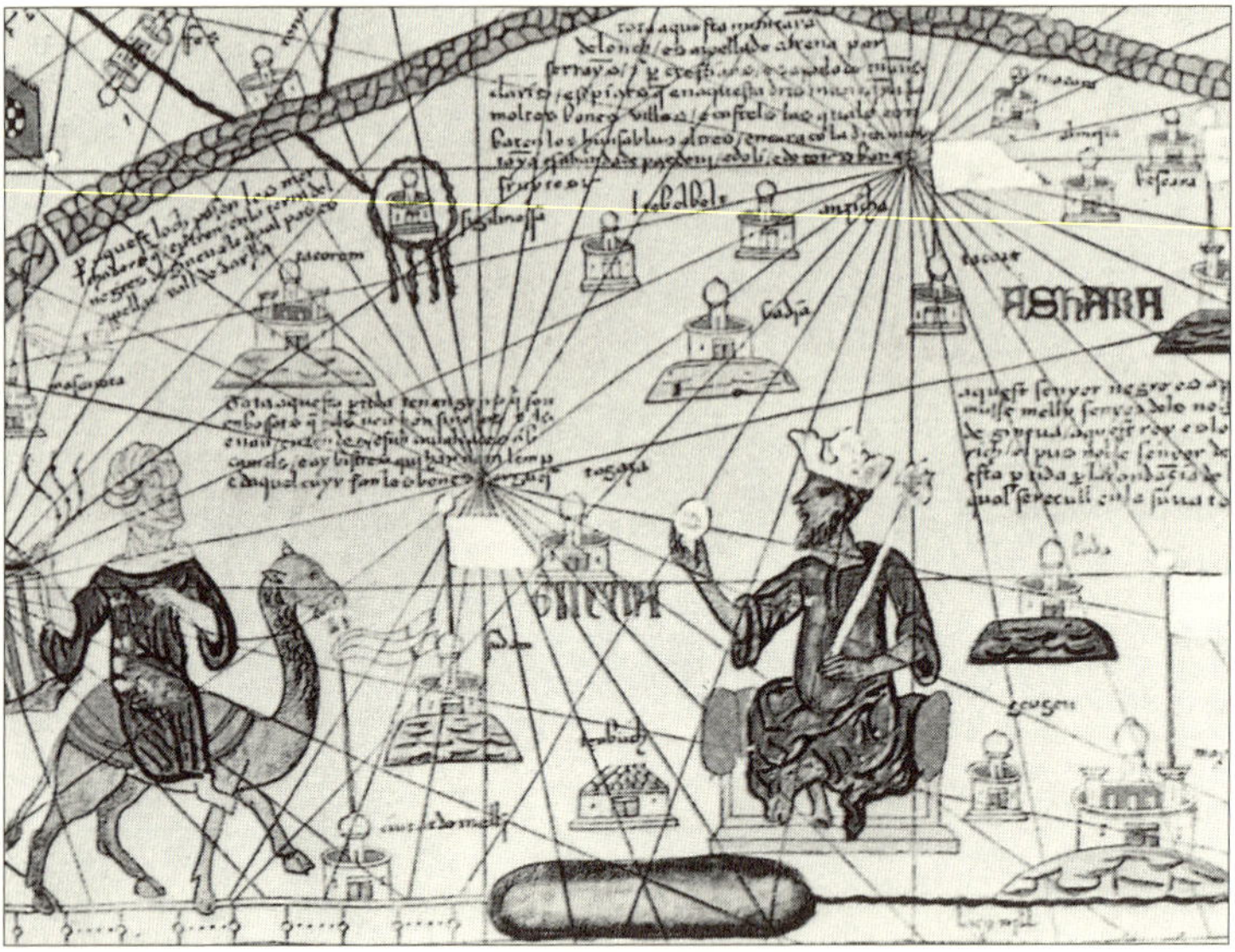

金の塊を手にしたマリの王が描かれたカタロニア地図

トラス山脈南部のシジルマーサなどの交易都市で鋳造されたあと、イスラーム世界はもちろんヨーロッパでも広く流通するなど、世界規模の商業の拡大に貢献したのである。

　砂漠の民の圧力によって十二世紀にガーナ王国が弱体化したとき、そのあとを襲ったのが、ニジェール川上流を本拠とするマリ帝国であった。一二三〇年ごろに、伝説の英雄スンジャータのもとでスス王国の軛《くびき》から脱したマリは、のちにイスラームを受け入れることで社会制度の発展と対外交易の進展を実現した。このマリ帝国の発展と拡大は、金の主産地であるニジェール川上流およびセネガル川上流地帯のすぐ近くに位置していたことが有利に働いていたと考えられている(二四六ページ図参照)。

　マリ帝国の繁栄を物語るのは、後世にまで語り継がれたいくつかの黄金伝説である。一三二四年、最盛期の王カンカン・ムーサ(マンサ・ムーサ)が大量の金とともにおこなった豪勢なメッカ巡礼は、当時の金融の中心であったイスラーム世界の金の価格を下落させたとされている。また、ユダヤ人記録者を多く擁した中世のマジョルカ島でつくられたアフリカの地図には、金の塊を手にしたマリの王が描かれている。さらに、十五世紀にポルトガルが大航海事業に乗り出した理由のひとつも、イスラーム商人の手で地中海世界に運ばれていた西アフリカの金を、直接手にいれたいとの願望であった。そして3節の冒頭でとりあげた十八〜十九世紀のヨーロッパ人探検家をつき動かしていたのも、「黄金の都」トンブクトゥの神話だったのである。遠隔地であるがゆえに増幅された西アフリカの黄金伝説は、世界史を動かすベクトルのひとつだったのである。

ガオの王宮とみられる建物跡　2005年に発見された，総石造りの建物。2カ月半の発掘により，28×20mの石の壁が発掘されたが，その後，東翼は36mあることが確認された。

もっとも、金の交易を過大評価することには注意が必要である。西アフリカ諸国家の交易相手であった北アフリカの人々の関心が主として金にあったことを考えれば、彼らがそれに関心を集中させるあまり、その記述がかたよったものになっていた可能性があるからである。たとえば九世紀前半に、ガーナ王国とならんで最初にアラビア語史料で言及されているガオ王国やカネム王国(チャド湖付近にあった考えられている）の場合には、金の占める位置はずっと低かったと推測される。金の産地を後背地にもたないガオ地区における私たちの発掘からは、北アフリカからの輸入品である大量のガラスや貴石のビーズとともに、銅製品や鉄製品、製布のための紡錘車が八世紀初頭から出土しており、サハラ交易の重要性とともに、地域的な産業の発展のあとが顕著である。

ガオやカネムの王国では、金の輸出にかわって、象牙、食糧、衣服、奴隷などの輸出をおこなうことで、発達した社会組織をつくりあげていたのであろう。八世紀前後のガオの遺跡からは、片翼三六メートルの巨大な石造りの建物跡も出現しており、北アフリカから運ばれたと考えられる磁器やガラス製容器などの貴重品も出土している。この遺跡の周囲数十キロの範囲には、建物に用いられた石が存在しないことを考えると、「国家」と呼びうる巨大な労働力の組織化がこの時期に実現されていたことを、この発掘は証拠立てているのである。

サハラ交易とイスラーム化の進展

西アフリカに外部から大きな影響を与えたのは、まず紀元前数世紀のラクダの導入であり、七世紀なかばからのムスリム・アラブ人による北アフリカ進出であった。前者は、乾燥化の進んだサハラ砂漠を縦断するルートを可能にすることで、西アフリカを北アフリカに、そしてそれを越えてアジアとヨーロッパに開かせた。そして後者は、これまで考古学資料しかもたなかった西アフリカの歴史にアラビア語史料を加えるとともに、北アフリカとサハラの先住民であるベルベル人のもとでのイスラーム化を進行させた。彼らベルベル人は、新しく進出してきたアラブ人に対抗するために異端的なイバード派の信仰を受容したが、これはイスラームへの改宗を強制しない平和的な宗派であり、その影響は、アラブ人によって「アル・スーダーン」と呼ばれたサハラ以南アフリカに長く残ることになった。

十一世紀前半にスーダーンについての詳細な記録を著したバクリーは、ガーナの王都についてつぎのように書いている。「首都は二つの都市からなっており、ひとつはムスリムの住む都市であり、……王の住む都はそこから六マイル離れたところにある」。石造りの家が建ちならび、一二のモスクをもつイスラーム国際交易都市であった前者にたいし、後者は国の名称の起こりとされる、「聖なる森《アル・ガーバ》」を崇拝する神聖王をいただく伝統都市であった。

こうした伝統的権威に依拠する非イスラームの王と、経済を担ったムスリム交易者および手工業者とのあいだの二重構造は、西アフリカに成立した地域的諸国家の多くにみられた現象であった。こうした構造を採用することにより、異質な政治構造や宗教体系をもつ諸社会のあいだにも、ムスリム交易者のネットワークが築かれることになった。とくにマリ帝国が発展をみた十四世紀以降、ワンガラやジュラなどと呼ばれたマンデ系交易者集団は、西アフリカ全土を結ぶ交易ルートを建設することで、西アフリカ全土にゆるやかな文化的共通性を実現した。その文化は、特有の織機、製鉄業、土器製造などの技術とともに、それらの技術を専門的に担う専門的職業人をともなうものであった。

西アフリカに成立した諸国家にとって、交易はいかなる位置を占めていたか。ガーナ王国の課税システムについて、バクリーはつぎのように書いている。「王は国にはいってくる塩にはロバ一頭につき一ディナール、でていく塩には二ディナールの金を課している。その他、銅については五ディナール、その他の商品については一〇ディナールの金を課している」。アラブの地誌家や歴史家の記録は、九〜十六世紀の西アフリカを理解するうえで不可欠であるが、先にも述べたように、彼らの多くが自らは現地に赴かず、商人などからの二次的情報に頼っていたために、彼らの記述は金の生産と流通を過大評価する傾向があった。アラビア語の史料が、金の交易を独占していたガーナ王国やマリ帝国の記述に多くのページをさいているのはそのためだが、西アフリカにはガーナやマリのほかにも、ガオやカネムなど多くの国家が存在していたことを忘れてはならない。金の産地から離れたこれらの国家は、金の交易だけではなく、農業をはじめ、鉄製造や織物業といった産業の発展のうえに立脚していた。そうしたなかで、ガーナやマリ、十五世紀以降のガオなどの少数の国家が、金の交易の独占と、北から運ばれてくるウマを用いた騎馬軍団の整備によって、帝国と称されるほどの広域支配を実現することができたのである。

ガーナによる広域支配の実現は、サハラの勢力分布に大きな影響を与えずにはいなかった。金の交易によって利をえていたベルベル人は、ガーナの北への拡張に危機感をいだき、正統派イスラームの一派マーリク派の教義で武装したイブン・ヤーシンのもとに集結して、ムラービト朝と呼ばれる国家を建設した。彼らは一〇七六／七年にガーナにたいしてジハードを宣言し、西アフリカの国家としておそらくはじめてイスラーム国家を成立させた。その後、十三世紀以降のマリ帝国、十五世紀末以降のガオ帝国は、イスラームにのっとった堅固な国家組織を築き、北アフリカのイスラーム勢力との関係を緊密にすることで、かつてなかったほどの版図の拡大と経済的発展を実現したのである。

一三二三年、マリ帝国をおとずれた旅行家イブン・バットゥータは、マリの治安のよいこと、人々がイスラームの教えに熱心であること、イスラーム法にのっとって生活していることを、美点として書きとめている。その一七〇年後、ガオをマリ帝国の軛から脱出させたソンニ・アリ王の非イスラーム政策を改革するべく、一四九三年にアスキア朝を築いたアスキア・ムハンマドは、即位するとすぐにメッカに巡礼して、メッカのシェリフからカリフの位を授けられて帰国している。多民族からなる大帝国を統治するには、地域的な小国家がそうであったような民族原理に基づく伝統的権威だけでは不可能であり、超民族的なイスラームを受容することによってこそ、それは維持できたのである。

ガーナやマリ、ガオといった大帝国の継起した七〜十六世紀の西アフリカは、その繁栄の絶頂にあった。ガオ帝国の最盛期、十六世紀前半にその地をおとずれたレオ・アフリカヌスは、当地の豊かさについてつぎのように書いている。「ニジェール川沿いの土地はとても耕作に適しており、穀物がたくさん実り、家畜の数は数えきれない」。当時のニジェール川中流域には七〇七七もの村が存在したとされ、そこから運ばれてくる物資が集まるジェンネの市は、「イスラーム世界最大の市」と評されるほどであった。また、サハラ交易の出発点であったトンブクトゥには、五〇〜一〇〇人の徒弟をかかえる二六軒の仕立て屋が存在し、そこから輸出される綿の衣服は、西アフリカのみならず、北アフリカ全土に運ばれていた。湿潤な気候にめぐまれた七〜十六世紀の西アフリカは、農業と手工業の発展に加え、北アフリカやヨーロッパで渇望されていた金の交易を通じて、外部からの旅行者をも驚かせるほどの繁栄を実現していたのである。

サバンナの大帝国から地域的小王国へ

　西アフリカの繁栄を実現したのが、生産力の向上という内的要因と、イスラームの受容や長距離交易に代表される外的要因の結合であったとすれば、それを潰《つい》えさせたのも同じ複合的要因であった。北からのポルトガル、東からのオスマン帝国の圧力に危機感をいだいたサード朝モロッコは、サハラの交易ルートとタガザ塩山を直接支配することで勢力を維持しようとし、一五九〇年にガオ帝国の首都に軍隊を派遣した。四〇〇〇のモロッコ軍を迎え討つガオ軍は、一万二五〇〇の騎馬兵と三万の歩兵からなっていたとされるが、鉄砲を備えたモロッコ軍の前にあえなく壊滅した。それ以降、それまで繁栄を誇ったニジェール川流域は、モロッコの前衛基地であるトンブクトゥに居を定めた総督と、南に逃れたガオ帝国の残党とのあいだで戦争を繰り返す無政府状態になっていったのである。

　この十六世紀末のガオ帝国の崩壊は、西アフリカの歴史の転換を象徴するできごとであった。十六世紀までの西アフリカの諸国家が、サハラ砂漠に近いニジェール川流域やチャド湖近辺に本拠をおいていたのにたいし、十七世紀以降西アフリカ全土で乾燥化が深刻になったこともあり、人々はより湿潤な土地を求めて南部へ移住した。それに加え、西アフリカの繁栄を支えていた対外交易の主要ルートが、サハラ交易からヨーロッパの交易者とのあいだの大西洋交易に移ったことも、西アフリカの地殻変動の主要な要因になった。これらの要因が重なることで、西アフリカの政治的・経済的な重心はサバンナ地帯から南部の沿岸地方に移動した。その結果、十七世紀以降の西アフリカは、今日のセネガルのウォロフ、マリのバンバラ、ブルキナファソのモシ、ガーナのアシャンティ、コートディヴォワールのコンなど、地域的な国家が並立する再編成の時代をむかえた。そしてこれらの王国の多くは、西アフリカの地域的国家の多くがそうであったように、伝統的な権威に依拠する王と、経済的実権を握るムスリム交易者とのあいだの二重構造のうえに築かれていたのである。

そうした全体的な動きのなかで、西アフリカの繁栄を引き継いだのは、今日のナイジェリア北部に分布するハウサの人々であった。チャド湖付近に八世紀ごろから栄えたカネム王国、のちのボルヌー帝国（カネム＝ボルヌー帝国とも呼ばれる）と、西のニジェール川流域のガオ帝国のあいだに挟まれたハウサ諸国家は、双方の影響下に勢力をたくわえていった。十四世紀に、マリ帝国を本拠とするマンデ系交易者集団の手でイスラームを伝えられた彼らは、その後、小国家を建設し、ガオの軛から解放された十六世紀末以降は、西アフリカ内陸部の繁栄を一手に握ったのである。

初期にはカノやザザウなど、城壁に囲まれた七つの都市国家からなっていたハウサ諸国家は、その後南部にも都市国家を拡張しつづけ、西アフリカの交易の主要な担い手になっていった。十九世紀中ごろに西アフリカを旅したドイツ人科学者で探検家のハインリッヒ・バルトは、歴史に残るガオが人口三〇〇のみすぼらしい寒村でしかないのにたいし、カノが人口三万を擁する大都市であることを驚きをこめて記している。肥沃な土地での農業とウシやヒツジの牧畜、綿織物や鉄製造、皮革加工などの手工業を中心に、長距離および地域的交易を加えることで安定した勢力を維持したハウサは、今日では人口数千万の、アフリカでも有数の大人口集団を構成している。

西アフリカ全土が政治的・経済的な再編成をむかえるなかで、十七世紀後半以降は、アメリカ大陸および島嶼部でのプランテーション農業の成功をみたヨーロッパ諸国が、労働力としての黒人奴隷を求めて西アフリカへの介入を活発化していく（第Ⅱ部第二章）。これらの諸国は、沿岸各地に砦を築くことで交易の拠点とすると同時に、内陸部諸社会の情報の蓄積にもつとめた。しかしながら、奴隷貿易によってある程度の情報の蓄積が可能であった沿岸部の社会と異なり、西アフリカ内陸部はヨーロッパ勢力にとってまったく異質な存在であり、それへの侵攻には多くの時間と試行錯誤が必要であった。そうしたなかで、十八世紀後半にはロンドンに「アフリカ協会」が設立され、探検家の派遣や情報収集への積極的な取り組みが開始された。そうした試みの尖兵として送り込まれたのが、3節に登場したマンゴ・パークやルネ・カイエらの探検家であり、その多くは困難な旅の途中で命を失うか、あるいは無事に帰国できたとしても、その後まもなく絶命したのである。

十八世紀後半以降西アフリカ内陸部では、今日のギニアのフータ・ジャロン、セネガルのフータ・トロ、ナイジェリアのソコト、マリのマッシナを中心に、あいついでイスラーム国家が建設された。これは、「トロッド」と呼ばれるイスラーム聖職者集団を中心に、フルベ牧畜民が主体となっておこなわれたジハードによって建設されたものであり、それにマンデやハウサの交易者集団が加わることで堅固な国家が築きあげられた。西アフリカのサバンナ全域でウシの飼育をおこなってきたフルベ牧畜民は、それまで政治権力からは遠ざけられてきており、彼らがなぜこの時期に覇権を獲得できたのかは謎のままである。しかしながら、彼らの国家建設を可能にした条件として、つぎのことを指摘することはできよう。十九世紀以降、西洋諸国が奴隷貿易を廃止したことにより、西アフリカが全体として経済的活況を呈するようになったこと、そして西アフリカの経済的重心が、ヨーロッパ交易と結びついた沿岸地帯から砂漠南縁のサバンナに戻りつつあったために、彼らサバンナの牧畜民が有利な位置にあったことである。

さらに大局的にいえば、ナポレオンのエジプト遠征に代表される西欧の膨張にたいしてイスラーム世界が危機感をもち、各地でイスラーム復興の試みがおこなわれたこともその一因であった。十八世紀後半から十九世紀前半にかけて西アフリカにあいついで建設されたイスラーム諸国家は、イスラーム世界の西端に位置する西アフリカの人々の政治的・文化的再組織化の試みのひとつであった。そしてその後の十九世紀後半にも、これらの国家を継続するかたちで、セネガルおよびマリのトゥクルール国家やギニアを中心としたサモリ国家など、イスラームを基底におく国家が建設され続けたのである。

これらのイスラーム諸国家が、西アフリカの歴史にたいしていかなる寄与をはたしえたか、それらがいかなる歴史的可能性をもっていたかは、残念ながら知ることができない。それらが十分成熟する前に、西欧列強のアフリカ侵略と植民地支配によって壊滅させられたためである。確実なことは、ジハードによって建設されたこれらのイスラーム神権国家が、西欧諸国の植民地拡大にたいする最大の抵抗勢力となったことであり、今日ではイスラーム人口が西アフリカ全体の人口の約三分の二を占めるなど、その影響が今なお残り続けていることである。長期にわたる歴史的営為のなかで、独自の文化と経済のメカニズムを築いてきた西アフリカ内陸部は、異質な「他者」の侵入にたいする抵抗もそれだけ根強いものがあったのである。

第五章　バントゥ・アフリカ

本章で取り上げるのは、現在の国名でいえば、北緯四度から一〇度ほどに広がるカメルーン、赤道直下にならぶガボン、ガボンとカメルーンに挟まれた小さな国赤道ギニア、コンゴ共和国、コンゴ民主共和国(旧ザイール)などである。赤道を挟んだ中央アフリカの地域が対象となるが、他の章のように地域ではっきりと区分されているわけではない。

バントゥ・アフリカという呼び方では、本来、もう少し広い地域をさす。もっとも広くとれば、カメルーンの南半分を含む大西洋岸の北緯四度の地点からインド洋の海岸の北緯二度まで斜めに引いた線がその北の境界にあたり、南の境界線は、南アフリカ共和国の半分ほどを含んで、アフリカ大陸南端のオレンジ川より少し北に右下がりに引いた斜線で示すことができる。アフリカ大陸の赤道以南の地域がほぼすっぽりとはいる広大な地域である。したがって本書ではこの地域の東部は、東・北東アフリカ(第I部第一章)と東アフリカ沿岸部・スワヒリの世界(第I部第二章)の章で扱われ、南の部分は南部アフリカ(第I部第六章)で扱われる。地域区分とは必ずしも一致しない章立てとなっているのである。

1　バントゥ・アフリカの広がりと移動

「バントゥ」という言葉

すでにいくつかの章で、「バントゥ」という日本語の読者には耳慣れない言葉は紹介されている。すでにふれられているとおり、この「バントゥ」という言葉はもともと言語学からきているが、言語の類似性からの類推で民族集団のまとまりをさす言葉として頻繁に使われるようになった。

その用法の両極端を示せばつぎのようになるだろう。かつてアパルトヘイト(人種隔離)政策のおこなわれていた南アフリカでは、アフリカ人を国土の十数%にすぎないほとんど不毛の土地に押し込め、形式的な自治権を与えて「バントゥスタン」と称していた。南アフリカ地域に暮していたさまざまな民族集団を十把一絡げに「バントゥ」と称し、もともとはインドの言葉で国や土地をさす蔑称としての「スタン」を付け加えたとされる。オランダ系の移民が

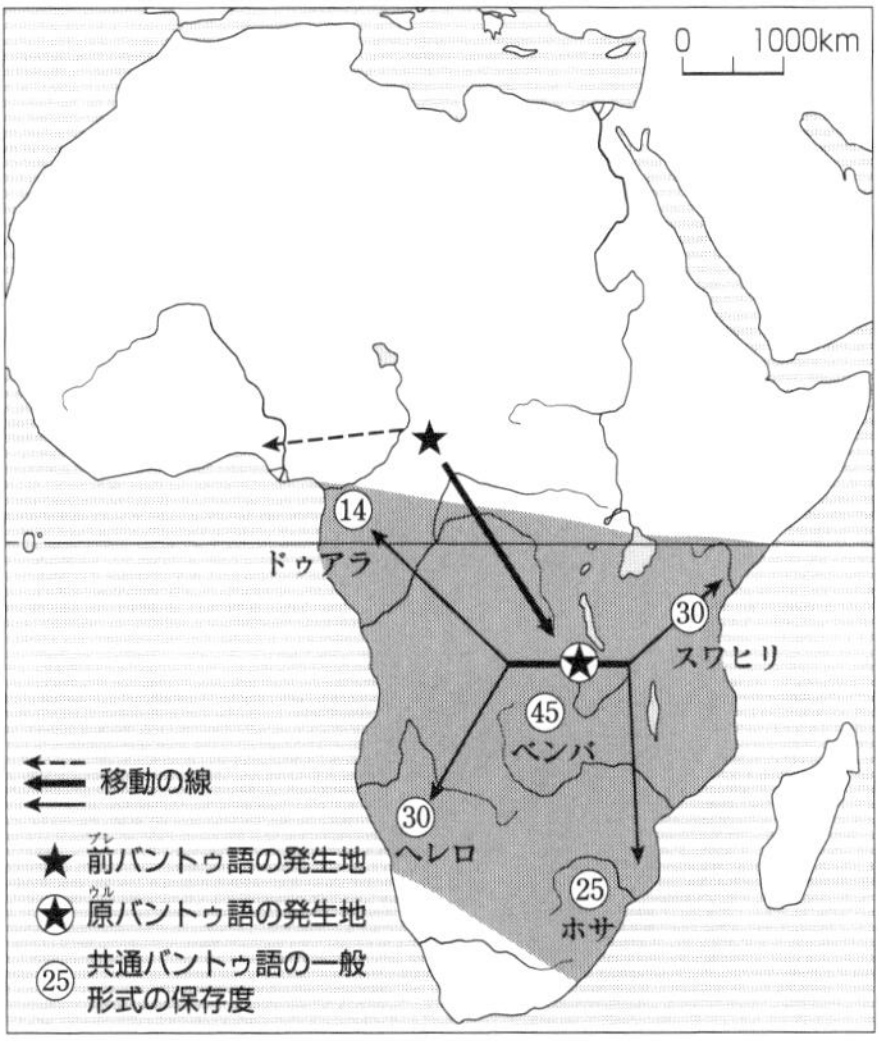

バントゥ諸語の分布(アレクサンドル, 1972 による)

南アフリカに到来する以前からこの地域に居住し、時には移動生活を送っていた多様な民族集団が、自分たちをどういう集団と考えているかをまったく無視して押しつけたレッテルとして「バントゥ」という言葉が用いられたのである。

一方、一九八〇年代に原油生産で潤ったガボンの首都リーブルヴィル(「自由の街」の意。十九世紀なかばにアメリカ大陸から多くの解放奴隷が送り込まれてできた街。名前の由来はシエラレオネの首都フリータウンに似ている)に「バントゥ文明研究センター」がガボン政府の肝煎りで開設され、英・仏・スペイン・ポルトガルの四言語による『ムントゥ』という研究誌が発行されていた。赤道以南の「バントゥ」系の多くの民族集団に共通する「バントゥ文明」の研究が標榜されていた。独立から二〇年ほどをへて、政府のリーダーシップのもとに国民国家の枠を越えた共通のアイデンティティの探求がアフリカ知識人自身のイニシアティヴによって試みられたといえよう。書誌情報データベースで調べられるかぎりでは一九九〇年以後、『ムントゥ』という機関誌が継続されている形跡はない。総合的な「バントゥ文明」の追及を持続するには、赤道以南の諸国の政治・社会・文化状況はあまりに複雑で、パン・バントゥ主義的な志向が具体的な力をもつにはいたらなかったと考えるべきなのだろうか。

当事者たちの意向におかまいなしに貼りつけられたレッテルと、国を越えた総合的アイデンティティ追求の意思表示としての名称。これらは「バントゥ」という名称がおびる政治的意味合いの両極端ともいえる。

言葉の由来と言語学の知見

アフリカの歴史人類学的研究においては「バントゥ」という語は、先に述べたアフリカ大陸の南半分の地域のあるまとまりをあらわすために頻繁に用いられている。こうした研究をリードしてきたベルギー出身のファンシナ(ウィスコンシン大学名誉教授)の指摘するとおり、この言葉が「政治的」意味合いを与えられることには強く警戒しながらも、アフリカ歴史人類学の記述の大枠としてはなくてはならぬ用語として使われている。一方、言語学の専門家のなかにはたとえばアレクサンドルのように、この語をバントゥ言語学の枠を越えて歴史や人類学の大枠として用いること自体にたいへん慎重な者もいる。実際には、言語学者によるバントゥ諸語の著しい言語学的共通性の指摘を受けて、人類史的尺度からみるときわめて短い時間(といっても一〇〇〇年を単位とした)にこれらの言語がアフリカ大陸南部にどのように拡散したかをさまざまな仮説的な歴史再構築によって説明する、という作業がバントゥ・アフリカの歴史人類学研究の内容となってきた。おもにアレクサンドルの要約に従って、言語学の成果がバントゥ歴史人類学にどのような議論の基礎を提供してきたかをみてみよう。

バントゥ諸語をひとつの、かなりまとまった語群とみることは、ドイツ出身で南アフリカのケープ州総督付司書であったヴィルヘルム・ブリークが『南アフリカ諸語の比較文法』の第一巻[1862]で、これらの言語で人間をあらわす言葉の複数形 Ba-ntu(単数形は Mu-ntu、先にふれたバントゥ文明研究センターの研究誌のタイトル)をとって語群の呼び名としたことがきっかけとなって定着した。とはいえすでに十六世紀から、とりわけポルトガル人などによってアフリカ南部の大西洋側とインド洋側の言語に共通性があることは気づかれていたという。十九世紀末にドイツの言語学者マインホフは、史的音声学の方法にのっとってこれらの語群の共通の祖語「原《ウル》バントゥ語」を構成し、その文法を推定した。

その後、第二次世界大戦中から戦後にかけてイギリスの言語学者ガスリーが、現在、話されているバントゥ諸語を構造言語学の視点から比較し、その共通性をはかる基準を確立した。バントゥ諸語では、語の多くは一〇から二〇のクラスに配置され、単数／複数で対をなす接頭辞によって示される文法的な「ジャンル」をつくること(Mu-ntu/Ba-ntu はその代表的な例)などがもっとも目立つ特徴である。ガスリーの見方からはクラスのあるバントゥ諸語とクラスのない他のアフリカの言語との差異が強調されることになる。また、ガスリーは自らの基準を援用して、バントゥ諸語の前身「前《プレ》バントゥ語」の故地を現在の中央アフリカ共和国のサバンナに想定し、そこからバントゥ語の集団が赤道直下の熱帯多雨林を縦断し移動したあと、現在のコンゴ民主共和国の南部、ザンビアとの国境近くの一帯で諸語の多様化・分化が起こったと想定し、ここからまず東西の方言に分かれ、さらに南北に拡散したと考えた。一方、アメリカの言語学者グリーンバーグは語彙と形態の比較から、クラスをもつ言語ともたない言語の連続性を重視し、バントゥ諸語を西アフリカの言語をも含むニジェール・コンゴ(ニジェール・コルドファン)語族の下位分類に位置づけ、バントゥ諸語の起源地を現在のカメルーン南部に想定した。

細かなニュアンスを度外視すれば、ガスリーとグリーンバーグの二つの見方が、バントゥ諸語の他のアフリカの諸言語との関係、バントゥ諸語の分化についての代表的なものといえよう。いずれもバントゥ諸語の祖を熱帯多雨林の北側の縁に想定し、言語の担い手が南部に移動し言語が拡散し多様化したと考えている。こうした言語学の見解を基礎に、人類学、考古学、歴史人類学の研究者が、とりわけアフリカ諸社会の現地調査の成果がでそろい始めた一九六〇年代以後にさまざまな仮説を提出して、バントゥ・アフリカの歴史の再構成を試みることになったのである。

バントゥ歴史人類学の論点

すでにみたように、バントゥ・アフリカのもっとも北の地域には広大な熱帯多雨林が広がっている。移動するには大きな障害になると思われるこの深い森にどのように対処してバントゥの祖先は移動したのか、という問題が人々の関心をひいてきた。いったん森を突破すると、その南には、コンゴ盆地とも呼ばれる比較的起伏の少ない広大な湿潤サバンナが広がっている。その湿潤サバンナのほぼ中央にあたる現コンゴ民主共和国南部のカタンガ(旧シャバ)州を中心にバントゥの拡散が生じたとガスリーは考えたわけである。湿潤サバンナの南には大西洋に面したナミビアの海岸から食い込むようにカラハリ砂漠を擁した乾燥地帯が内陸に広がり、それを取り囲むように乾燥サバンナが帯状に広がっている。

「アフリカ独立の年」(一九六〇年)の前後、植民地体制のもとで始められた人類学的フィールド研究の成果がつぎつぎに公刊された。湿潤サバンナ一帯で十六～十七世紀に勃興したルバ－ルンダ王国群とそこから分化した諸王国、熱帯多雨林南縁のサバンナと河川にそった森の回廊とがパッチワーク状に連なる地域に成立したクバ王国、西欧にもっとも早く知られたが、ポルトガルによる政治支配の影響を強く受けて解体したコンゴ王国、そしてこの王国の成立とも深いつながりをもっていたと考えられる現コンゴ共和国、海岸部のロアンゴ王国や内陸のテケ王国(小規模な王国が並立した首長国群とみなすべきかもしれない)など、中央集権化が進んだ社会のフィールド研究が王国形成史への関心を軸に歴史人類学的研究をリードしていった。コンゴ王国のようにポルトガルに残った古文書によって接触初期の歴史の再構成を試みるというランドルのユニークな研究もあった(ランドルは同様の手法で現ジンバブウェのモノモタパ王国史の研究もおこなった)。また、これらの王国の中央集権化とは対照的に、王国をつくらない、あるいは王国をつくることを回避しようとしたとも考えられる特色ある社会についての民族誌も少数ながら公刊された。

こうした研究を参照して、バントゥ・アフリカ研究のいくつかのポイントが整理されていった。それはおおまかに以下のようにまとめられる。

(1)　バントゥの起源地と、起源地からの移動のルート(熱帯多雨林をどこで縦断したか、あるいはどこで迂回し、大地溝帯・大湖地方を南下したか)。

(2)　バントゥの農耕のベースはなにか(熱帯多雨林の地域でも耕作可能な根菜類から、サバンナに適した雑穀への切り替えはどのようにして起こったか)。

(3)　牧畜はどのように導入されたか(小型の家畜であるヤギ・ヒツジの飼育はどのように始まり、また大型家畜のウシはどのようにしてどこから導入されたか)。

(4)　農耕の生産力の向上に決定的な意味をもったと想定される鉄製品はどのようにしてつくり始められたか(製鉄、鍛造技術の起源地はどこか、バントゥ固有の発明か、地中海起源か、移動の初期から鉄加工技術があったのか)。

(5)　遠距離交易はいつごろどのように始まったか、また、社会への影響はどのようなものだったか。

こうした設問への答えは、個別社会を現地調査し民族誌をつくることに専念していた人類学者よりも、もともと各地から発掘された土器の広域的な比較と編年に関心をよせていた考古学者によって探求されていた。研究者によってこれらのポイントのどれかに、よりウエイトをかけて歴史的再構成が試みられていた。バントゥの移動の「歴史」という言い方がされるにしても、その時間の尺度は一〇〇〇年、あるいは短くても五〇〇年ないしは一〇〇年単位ではかられる考古学的時間を基礎としたものである。また農耕技術の変化にしても鉄加工技術の展開についてもさまざまな解釈が提起され、つきあわされているのが現状であり、ここに示すのも、その部分的で不完全な総括にすぎないことをお断りしておきたい。

一九八〇年までの概観と八〇年代以後の展開

一九七〇〜八〇年代までのバントゥの「移動」と拡散についての考え方は、考古学者のフィリップソンによってまとめられている。その概観はつぎの二つの地図に明確にあらわされている(二六六・二六七ページ図参照)。

これによればバントゥの起源地は熱帯多雨林の北西の縁にあって、主要な移動は赤道直下の熱帯多雨林を迂回して大湖地方にでて西に回り込んで現在のアンゴラ最北部で定着して分化したあと、一部がより東の現コンゴ民主共和国カタンガ州に移動し、ここからより大規模な分化と拡散が生じたということになる。

こうしたバントゥ語の中央アフリカ地域への拡散は前三〇〇〇年からほぼ後六〇〇年のあいだに生じたとさ

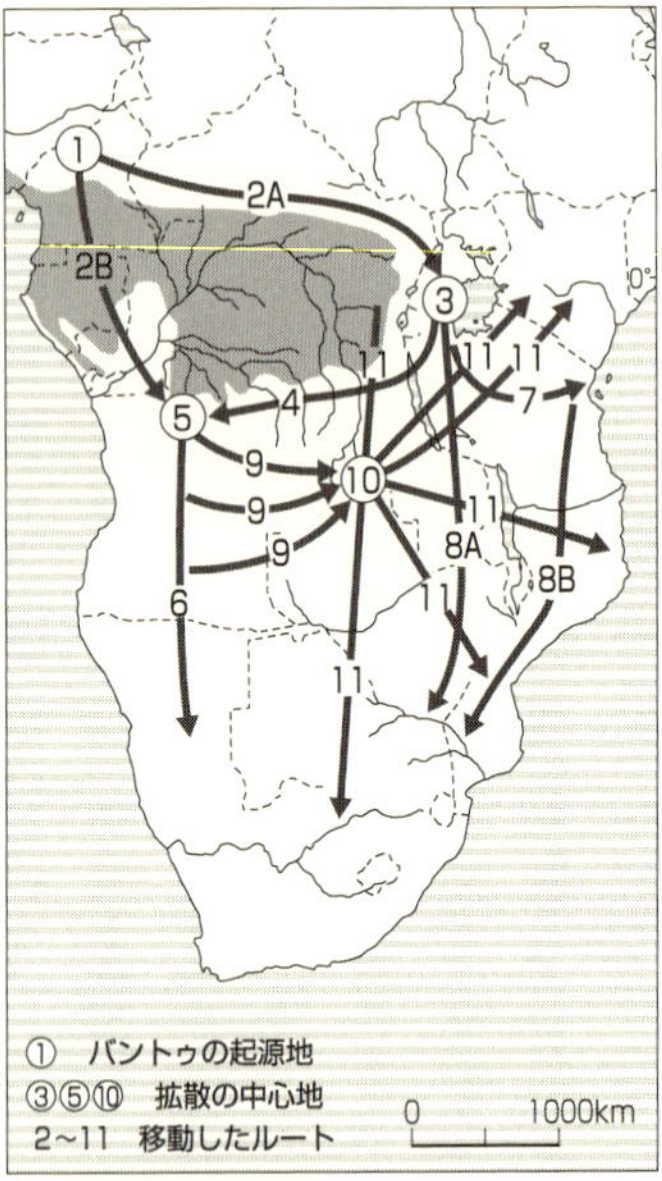

バントゥの移動にかんするフィリップソンの考え　フィリップソンは，4の熱帯多雨林の南縁を迂回したルートを重視する。(フィリップソン，1977による)

れる。その担い手は鉄器製造の技術をもっていた。しかし、フィリップソンによればこの「初期鉄器時代文化」は、とりわけ東部バントゥ語圏では十一世紀に急速に全般的な崩壊を示し、地域ごとの大きな多様性を示す「後期鉄器時代文化」に移行するという。

フィリップソンによる概観は、土器や製鉄遺跡の研究の進んだ東部バントゥについては詳しいかわりに、熱帯多雨林の南西側についての説明は明快ではない。その考え方の基本はガスリーにならっていえば前《プレ》バントゥ語の集団は熱帯多雨林の北縁を東に向かって移動し、大湖地方で中央スーダン諸語を話す集団と遭遇し、彼らからウシとヒツジをそのスーダン語系の名称とともに取り入れた。ウレウェ様式と呼ばれる土器がこの集団には共有されており、これとよく似た様式が、この集団の移動の途上にあたるチャド湖の南の地域でも発見されることが、ひとつの証拠としてあげられている。

一方、熱帯多雨林の西方ルートについては、密度の高い森林が農耕民の移動には大きな障害となったと想定されている。にもかかわらず、現カタンガ州からザンビアにかけての地域は土器の様式からも西方系統の影響がおよんでいるとされる。ひとつの解決策としてフィリップソンは、一九七〇年代末の段階では大湖地方から熱帯多雨林の南縁にそって西に回り込んで、現アンゴラ北部に定着し分化した集団の存在を想定しているわけである。西側のルートで直接熱帯多雨林を縦断してアンゴラ北部の湿潤サバンナに到達した集団のみでは、あまりに少数で西方系統が成立しえないという暗黙の前提があるためであろう。

こうした見方にたいして、一九八〇年代以後、フランス語圏の考古学者を中心に、とりわけガボンにおける発掘調査が進展し、長いスパンでの気候変動についての研究の発展とあいまって、西方の移動ルートの解明が大きく進展し、バントゥの「移動」の理解は大幅な見直しがなされることになった。その概観を最近のオスリスリらの総括に従って確かめてみよう。

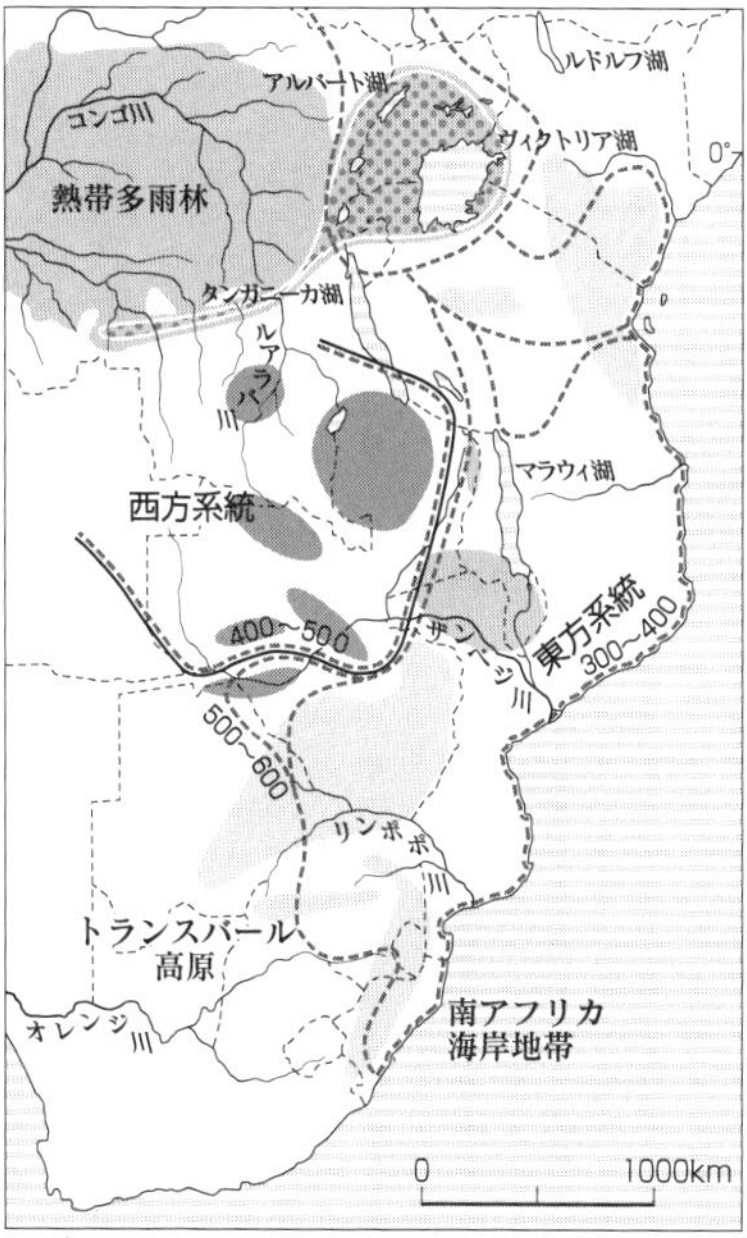

東方系統の普及（フィリップソン, 1977 による）

ガボン中央部のオゴウェ川中流域がそうした集中的な考古学調査発掘の舞台である。考古学的な証拠の確認できる中期石器時代は、この地域ではほぼ七万年前から始まる。そのころから現在にいたる

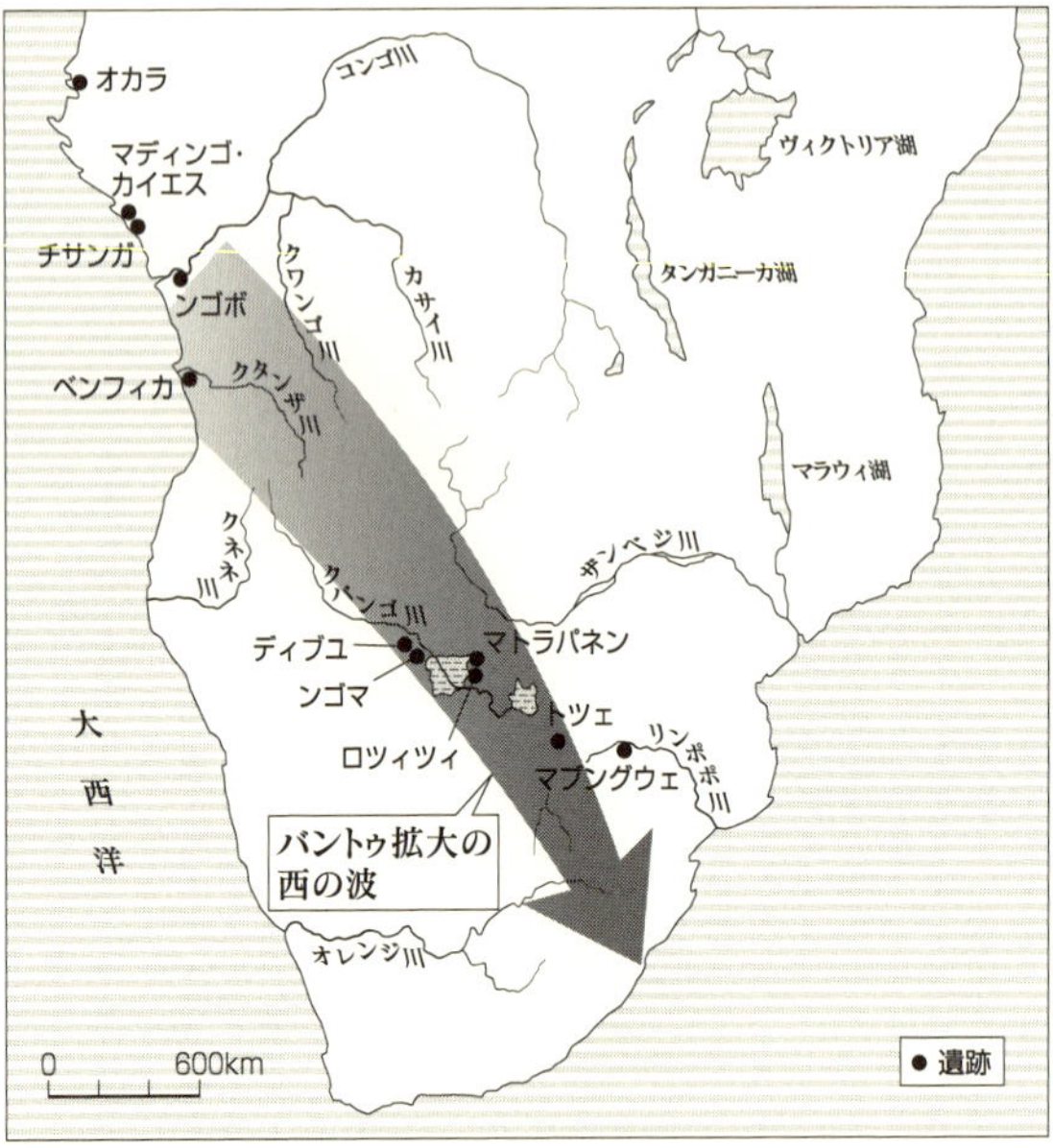

西方ルートのバントゥの移動(Denbow, 1990 による)

までにこのアフリカ中央部では湿潤期と乾燥期が交代し、乾燥期にはサバンナが拡大し、カメルーン南部からオゴウェ川を横切って現コンゴ共和国の湿潤サバンナまで稜線にそって南方に移動する回廊が形成されたというのが、現在示されている見方である。とりわけ三回目の乾燥期にあたる約三五〇〇年前から二〇〇〇年前(ほぼ紀元0《ゼロ》年に相当する)は、後期石器時代から初期鉄器時代に相当し、鉄器をもち周辺サバンナを切り開いて農耕をおこなうバントゥの集団が容易に南下し、コンゴを通過して、二〇〇〇年ほど前からふたたび湿潤期に転じて地表を覆った現在の熱帯多雨林の南縁部に到達しえたということになる。

こうした考古学の知見は次節で立ち入って検討するが、これと並行して、一九八〇年代には歴史人類学の分野でこうした西方ルートを念頭においてファンシナが「西方バントゥ集団の拡張」についていちはやく見解を発表し、また考古学と人類学を架橋するかたちでデンバウが、大規模な西方ルートのバントゥの

「移動」とその南方バントゥおよび先住狩猟採集民との関係についてのあらたな仮説的な見解を打ち出している。前ページの図に示されるとおり西方ルートの移動は、カラハリ砂漠をとりまく乾燥サバンナ地域の狩猟採集民の社会とも、これまで想定されていたよりも早い時期から接触と交渉を成立させ、バントゥ系農耕民と狩猟採集民の双方に重要な変容をもたらしていたはずだ、というのがその推論である。

この推論があたっているとすれば、南方アフリカの狩猟採集民と農耕民の共生と相互影響はこれまで考えられていた以上に長期にわたるものであり、狩猟採集民が外部から比較的独立した自立的な社会であったとする見解に変更を迫るカラハリ「修正主義論争」にもあらたな視点を導入するものとなる。こうした見解を踏まえて、南方アフリカの歴史人類学にはあらたな総合が試みられる段階にいたっているとも考えられる。

オゴウェ川中流域における考古学の知見

ガボンでは一九八〇年代にはいって豊富な考古学的遺跡の発見があった。原油生産による好況のため、道路建設がさかんになったことも、工事現場での遺跡の発見をうながしたのであろう。とりわけ中央部のオゴウェ川中流域には長期にわたる遺跡群が確認された。二〇〇〇年代初頭のまとめに従ってその成果とそこから引き出される推論をみることにしたい。

ガボン中央部とりわけドゥ・シャイユ高地は、バントゥの故地とみなされたカメルーンから熱帯多雨林を横切ってアンゴラからコンゴのサバンナにいたるルートのほぼ中央に位置する。そこで約七万年前から五〇〇年ほど前までの遺跡が確認されたことの意味は大きい。湿潤と乾燥の交代についての最近の成果と対照した年表がある。

これによれば約一二万年前から二〇〇〇年ほど前まで、この地域では湿潤期の森林の拡張と乾燥期のサバンナの拡大とが繰り返され、約二〇〇〇年前から現在の熱帯多雨林の繁茂する時期が継続している。と

年前	石器の様式と鉄器時代編年	気候による時代区分	おもなできごと
120,000	？	前マルエキア期	湿潤期
70,000	サンゴアン複合 中期石器時代	マルエキア期	乾燥期 サバンナの拡大
40,000	？	ンジリア期	森林の拡張 湿潤期
30,000	ルペンバ複合 中期石器時代	レオポルド期	乾燥期 サバンナの拡大
10,000	チトリア複合 12000～4500年前 後期石器時代	キンバング期A	湿潤期 森林の拡張
4,500	新石器時代 4500～2500年前		
3,500		キンバング期B	乾燥期 サバンナの拡大 人間による影響
2,500	初期鉄器時代 2500～1500年前		
2,000			森林の拡張 湿潤期
1,500			
1,000			
500	後期鉄器時代 800年前～現代		

オゴウェ川中流域における考古学の知見(Oslisly, 2001 による)

はいえ、約三五〇〇年前のサバンナの拡大期にさしかかった新石器時代の地層には、人為的と思われる樹木の燃焼、すなわち焼畑の痕跡が確かめられるという。この時期のあと、二五〇〇年前から一五〇〇年前までが初期鉄器時代とされる。

今日の深い熱帯多雨林地帯では、樹木の繁茂した川沿いを歩くことも容易ではない。またオゴウェ川中流域では随所にある急流がカヌーによる航行をむずかしいものにしている。むしろ稜線、とりわけカメルーン南部からガボン北部の分水嶺とガボンのドゥ・シャイユ高地の稜線はひとつの移動ルートの可能性を提供する。そのことをいきいきと描く一節を引いておこう。

川と川とのあいだの稜線には、ふつうゾウの踏み分け道があり今日でも人によって利用されている。こうした道をたどると樹木の切れ間から、遠く離れた稜線や渓谷をみはるかすことができ、景観と距離感をえることができる。こうしてとりわけガボンの南北に走る稜線においてゾウの道は、早期の人類が熱帯多雨林地帯を移動するうえでは鍵となる要素だったのである。［Oslisly, 2001］

七万年さかのぼる中期石器時代と、一万二〇〇〇年前から四五〇〇年前までの後期石器時代のにない手が、バントゥではない狩猟採集民であることは確実視されている。土器をともなう新石器時代(四五〇〇〜二五〇〇年前)の人々が非バントゥの集団であり、鉄器をもったバントゥ集団の到来によって駆逐されたという、かつては容易に受け入れられたであろう見方は、今日ではより慎重に受けとめられるべきものであろう。両集団は一定期間共存していたと考えられているのである。いずれにしてもオゴウェ川中流域には長期にわたる数波の移住の痕跡が残されており、今日の熱帯多雨林地帯を縦断したバントゥ集団の南下

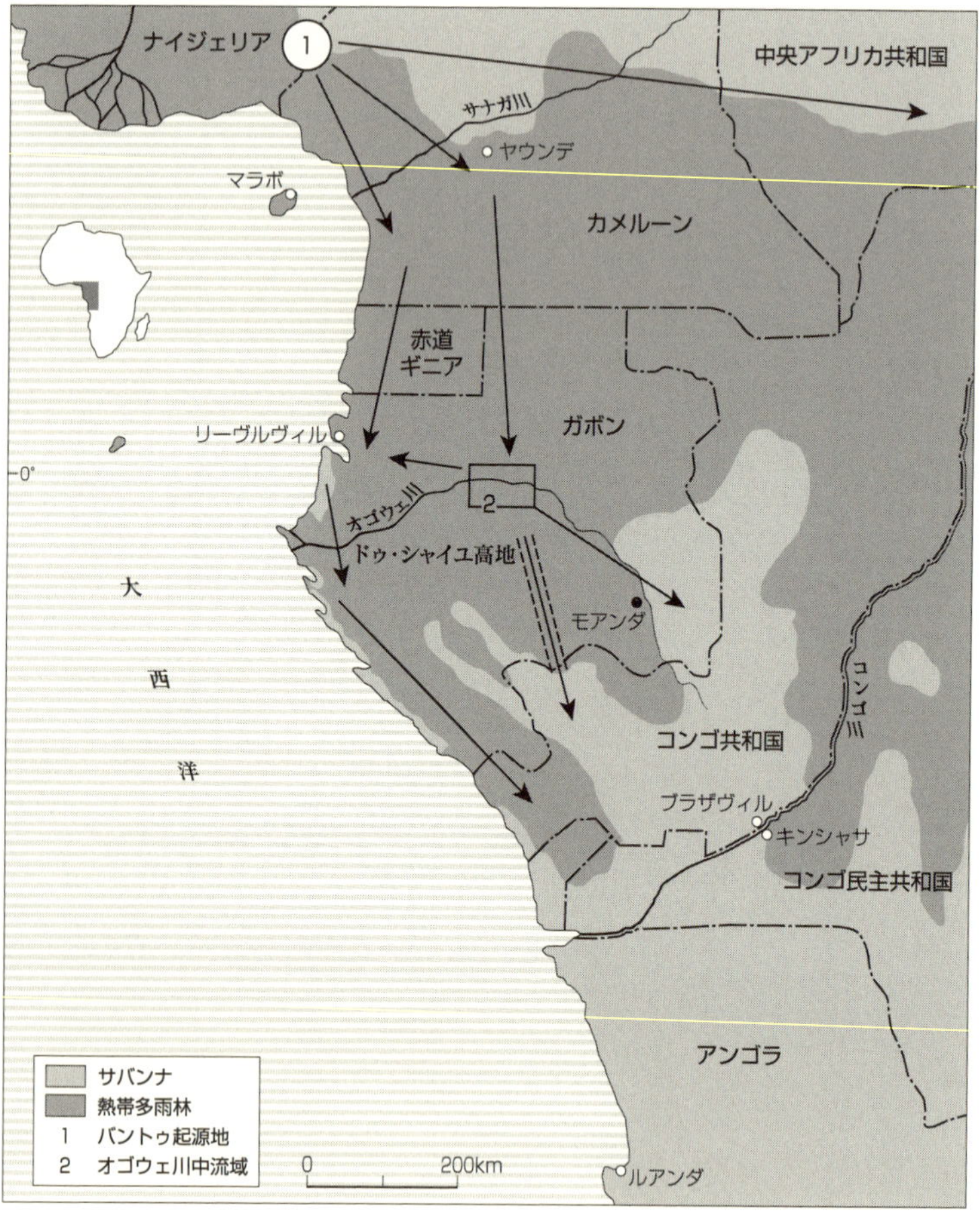

ガボン，オゴウェ川中流域(Oslisly, 2001 による)

は疑いえないものとなった。

鉄器時代の遺跡の分布密度や人口の推定の試みは明確に提示されてはいない。それでも、左の図にも鉄器時代の集落がより大きな規模の人口を擁するものであったことが示唆されている。また、鉄の製造炉が下り斜面の縁に好んで立地されたことも指摘されている。

ガボンにおける鉄製造の考古学は、現在も基礎的な資料の収集が進められている段階であり、バントゥ集団の鉄加工技術の起源地(現在のカメルーンに想定されている。さらにその起源が地中海域にたどられるのか、アフリカにおける独立発生なのかを含めて未解決の課題が多い)との継承関係、ルワンダからタンザニアにかけて東部に展開した鉄製造技術との関係など近年の成果を総合する知見はまだ提示されていない。ガボン考古学の文脈においては、鉄器をもった集団の中部ガボンへの到来は一九〇〇年前から一八〇〇年前とされ(ただし鉄器と共伴する同一様式の土器は、放射性炭素による年代測定ではさらに二三〇〇年前までさかのぼるとされる)、粘度製の高さ一メートルほどの高炉がつくられ、炉の底部にも粘土製の送風管(鞴《ふいご》

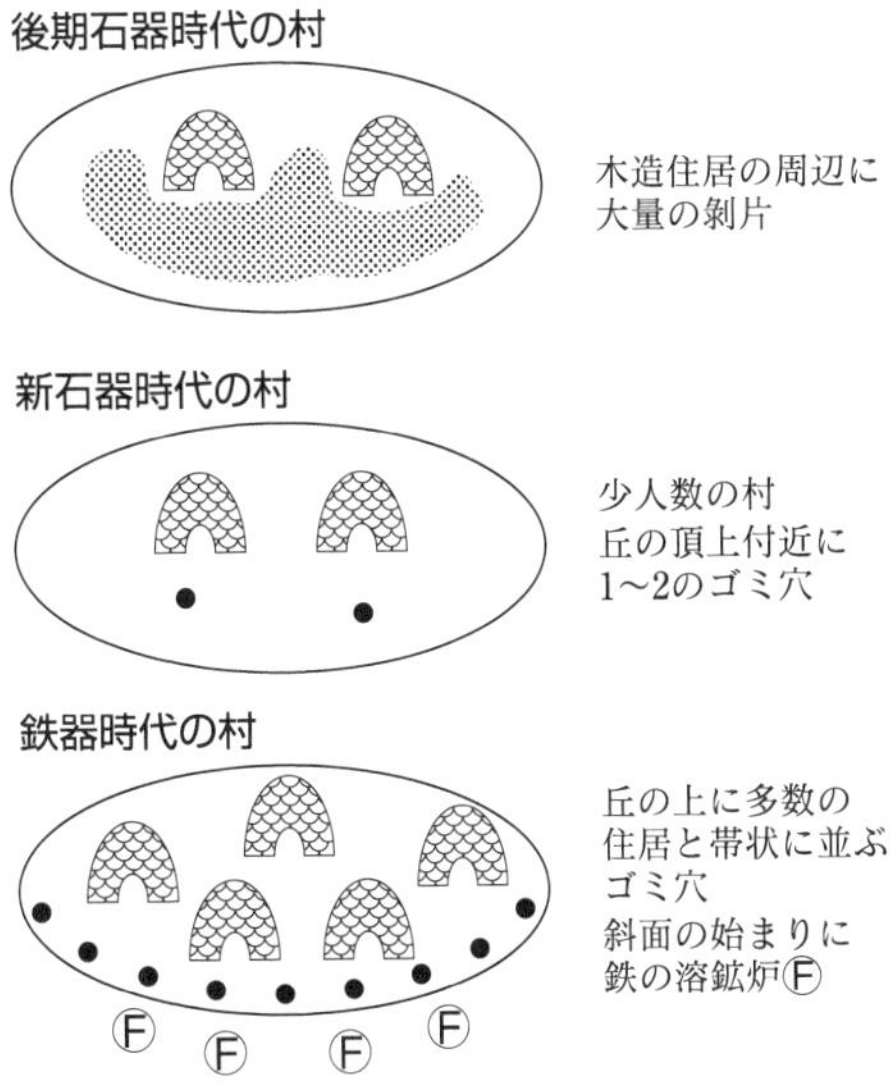

文化相の違いによる村のかたち(完新世)
(Oslisly, 2001 による)

に接続される）が複数取りつけられたと推測されている。

　こうした鉄製造技術の痕跡は、より東南部のオゴウェ川上流域のモアンダの鉄器時代遺跡に関連し、このガボン領内の遺跡からさらに現コンゴ共和国の熱帯多雨林南縁のテケ首長国群の鉄製造遺跡群へと関連をたどることができるのである。現在の知見ではモアンダ遺跡の放射性炭素測定年代がオゴウェ川中流域のそれからさらに数百年さかのぼるとされていることは気になるが、今後の総合作業の過程で解決されるであろう。

2　バントゥ集団の多様化

バントゥ「移動」研究の現状

　一九八〇年代以降のガボンにおける考古学的研究は、バントゥ集団が南部のサバンナ地帯に進出するにあたってアフリカ大陸西部のルートが重要な役割をはたしえた、たしかな証拠とみなすことができよう。

　このルートをたどって、鉄器製造技術をもったバントゥ集団が大挙して南部に移動したというイメージを描くかどうかはまた別の問題である。歴史人類学者のファンシナは「大量の人口」がアフリカ大陸南部に移動した（移動の過程では集団間の衝突と、鉄器をもったバントゥ集団の優越性が想定されている）というかつて多くの考古学者に受け入れられていた考えを否定し、農耕・牧畜の組み合わせと鉄器加工技術の複合が波状に伝播したという考えを主張している。近年の研究成果は以下のようにまとめられている。

赤道以南のアフリカにおいて、前二〇〇〇～後一〇〇〇年のあいだに生じたもっとも重要な発展は狩猟・採集から農耕への変化であり、これがその後、より複雑な社会が開花する条件となった。農耕は二つの方向から導入された。前四〇〇〇～前三〇〇〇年に西アフリカで発展した根菜複合〔ヤムイモをベースとした農耕〕は赤道地域にむけて南西方向に広がった。穀類と牧畜を基礎とする複合は前七〇〇〇～前六〇〇〇年に北東アフリカで発展し、ケニア、ウガンダ、セレンゲッティ〔タンザニア北部〕へと広がった。根菜複合は……熱帯多雨林に広がりコンゴ下流域からさらに南にも広がった。紀元前後にはナミビアにいたったのであろう。穀類と牧畜複合は一〇〇〇年近くセレンゲッティにとどまっていたが、前一世紀ごろ土器製作をともなってザンベジ川にまでいたった。その後、牧畜と土器製作はほぼ二世紀のあいだに急速にザンベジ川から喜望峰にまで広がった。一〇〇年ごろまでに製鉄技術をともなう農耕複合がタンザニアから南に向けて三つの方向で広がり、三五〇年ごろまでに南東アフリカ全域にみられるようになった。さらに遅れて穀物複合がザンビアから西に進み、八〇〇年ごろまでにアンゴラの大西洋岸に達した。〔Vansina, 1995〕

あえて長い引用をしたが、比較的最近のこうした総合の試みにおいても、まだ不明な点が多く、時間の尺度もたかだか五〇〇年あるいは一〇〇〇年単位でしかないことを読みとることができよう。

ファンシナは、まず新石器時代にバントゥ集団が移動し、熱帯多雨林より南の中央アフリカから南部アフリカへ浸透し、バントゥ諸語の分化が生じたと考えている。そのルートはバントゥ集団の故地カメルーンから東に進み大湖地方から東アフリカに進出したものと、西アフリカをほぼ南に直進したものを想定し

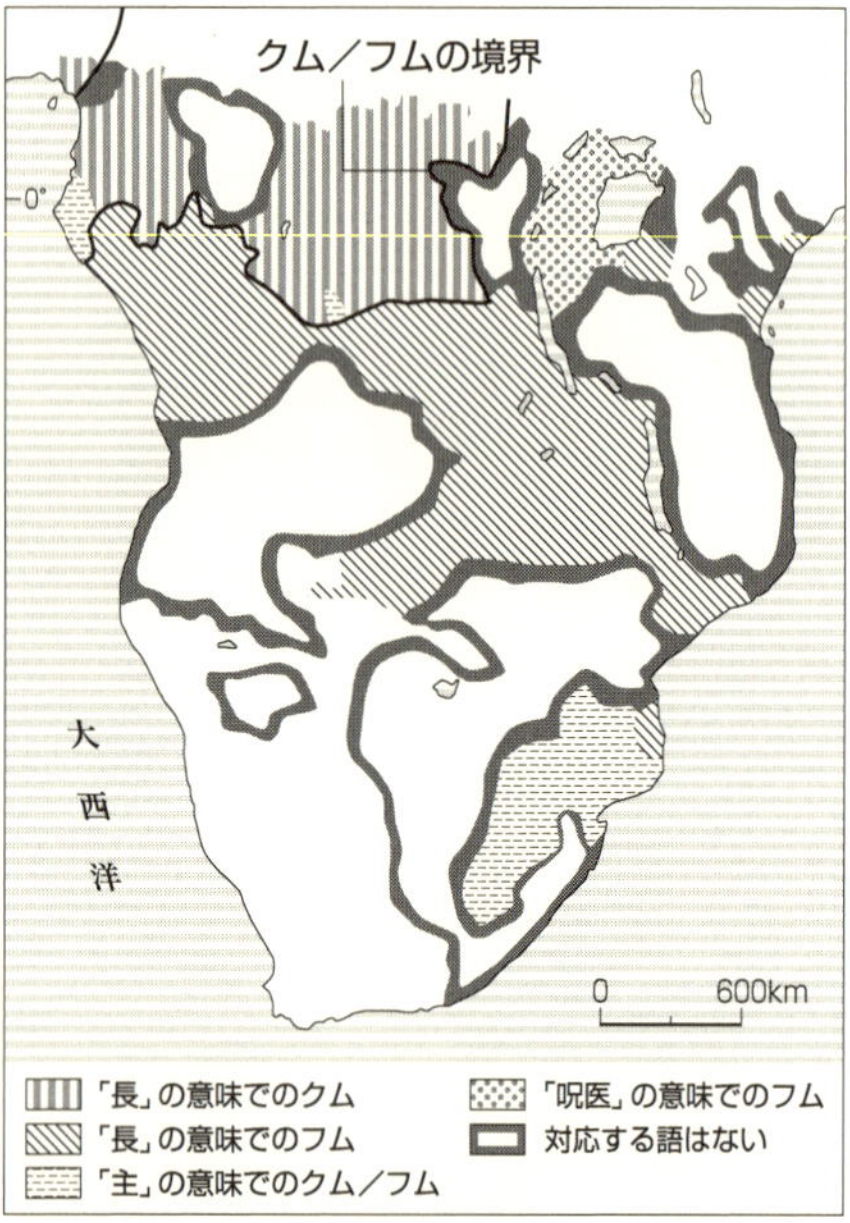

「クム」「フム」という語の意味の違いとその分布
(*History in Africa. 16,* 1989 による)

ている。この初期の移動においては農耕バントゥ集団は、熱帯多雨林地帯で小規模な集団で生きていたピグミー系の狩猟採集民と、サバンナ地帯ではサン系の狩猟採集民と遭遇したが、それぞれが利用する生態系の違いからむしろ棲み分けがおこなわれた。バントゥ集団は到達し定着した生態環境に農耕のシステムを適合させ、また先住集団との関係を構築しながら多様化していった。

バントゥ集団が言語的な基礎を共有することは、「比較言語学」の方法によって基本的な語彙の共通性を検証することで確かめられる。基本的な語彙の一例として、権威あるいは首長をあらわすクム(Kúmù)、あるいはフム(Fúmù)という語彙の広がりは右の図に示されるとおりである。一方ファンシナは「比較言語学」の知見からは、鉄加工技術にかかわる語彙は東アフリカ起源のものが中央からアフリカ南部にかけて広く観察されるとし、初期のバントゥ集団の定着後に東アフリカから伝播したと解釈する。こうした解釈は、最新のガボンの考古学とは両立しがたく、両者の見解の総合はまだおこなわれていないのが現状である。

王国中心史観とその再検討

二十世紀前半に言語学の知見を基礎に、比較的短時間に(とはいえ一〇〇〇年を単位としてはかられる時間の幅だが)、人の群れが怒濤のように移動したというイメージで描かれたバントゥ集団の移動は、考古学の知見を加味した修正をへて、現在改めて総合されるべき段階にきているといえるだろう。

中央以南のアフリカ大陸に広がったバントゥ集団は先住の集団との相互影響、進出先の生態環境、技術の伝播、農耕の変遷(まだ不明の点が多いが、アジアからのバナナの導入は大きな意味をもったとしばしば指摘される)、交易の展開などによって社会と文化を多様化した。そして一〇〇〇年代後半の東海岸からのイスラーム圏の影響、一五〇〇年前後からのポルトガルを先駆けとするヨーロッパの影響にさらされることになる。しかしバントゥ集団は外部からの影響のみには還元されない自然発生的な多様化の過程をすでにたどり始めていた。

二十世紀なかばまでに現地調査の目立った対象として研究されたさまざまな王国は、そうした自然発生的な多様化の到達点として考えられていたといえよう。それらは赤道直下の熱帯多雨林をとりまく湿潤サバンナ地域に形成され、接触の初期からヨーロッパ人たちの注目をとりわけひきつけ、文書資料に記載された大西洋岸のコンゴ王国と周辺のいくつかの王国、イスラーム交易とかかわった南アフリカ内陸のモノモタパ王国とジンバブウェ(第Ⅰ部第六章)、東アフリカの大湖地方の諸王国(第Ⅰ部第一章)などである。ポルトガルとそれを引き継いだスペインや他の西欧諸国による大西洋交易、なかでも奴隷貿易の影響下で内陸の通商ルートが成立すると、それにともなってすでに形成されていた中央集権的な王国(あるいは王国の前身)群は大きな変容をとげて拡張、分裂、あらたな中心の出現などの動きを示していった。現コンゴ民主共和国南部のサバンナに形成されたルバ゠ルンダ王国群、やや北部のクバ王国などがそれである(二九〇ページ図参照)。

とはいえ二十世紀なかば、イギリス社会人類学の視点からフォーテスとエヴァンズ・プリチャードによって編まれたアフリカの政治システムの比較研究の論集では、意識的に歴史的次元をそぎ落として類型の比較を志したために、国家をもつ社会と国家をもたない社会(人類学では分節社会と呼ぶ)というやや粗雑な二類型に限定し、それぞれの類型における社会の下部構造としての親族関係のあり方とその機能に関心を集中するという方法が採用された。国家の存在は社会の規模(社会成員の人口数)と相関し、人口密度とは相関しないという視点が提示された。その後こうした歴史の不自然な排除を批判した、バントゥ集団の歴史的再構成では、中央集権化した王国群を頂点としてその手前にある首長制社会、首長制「以前」の部族社会といった進化論的な見方が暗黙のうちに前提とされる傾向が根強かった。一九八〇年代以降の考古学の新知見を踏まえて九〇年代に始まった総合の試みでは、こうした進化論的な見方や植民地体制時代から引き継がれた、細分化された部族社会という見方の克服も重要な課題とみなされている。たびたび参照してきたファンシナはそうした再検討の主導者の一人とも目されている。その見解を中心にまずこうした視点の大筋を検討しよう。

ファンシナが、広範囲に拡散したバントゥ集団が基本的な概念や語彙を共有していたと想定していることとは、すでに例示した首長をあらわす言葉のとらえ方にも読みとれる。こうした基本語彙の共通性と差異を手掛りにバントゥ集団の基層を仮説的に再構築する方法を、少し気取って「言葉と物」と呼び、自らの研究の基礎のひとつと位置づけている。そのうえで、前三〇〇〇～後一五〇〇年ごろまでの数千年、東アフリカの一部を除いて「外部からの影響にほぼさらされることなく」進行したバントゥ集団の多様化の過程の概略はつぎのように描かれている。

ファンシナによると、当初、バントゥ集団の基礎的な社会集団は長老によって率いられた「家」であった。いくつかの家が「村」をつくり、四～五の村を含む人口五〇〇程度の「地域」が単位の上限をなす。地域は、内部で密度の高い人と物の流通があり、他の地域にたいする自己防衛の単位ともなった。系譜的なつながりやそれを補強する食物禁忌、身体への刻印の共有などによって、村のあいだ、さらには地域を越えた「氏族」意識が維持され重要な絆として機能した。こうした社会関係は長老の権威によるまとまりへの志向と、成員間の平等への志向という背反するベクトルをつねに内包し、そのバランスによって動態が生まれた。たとえば居住集団内の葛藤が統御できないレベルにまで達すれば集団は分裂し、未開拓地に一部が分封するというように。権威への志向は宗教的観念に裏打ちされた長老支配を支え、その延長線上に「神聖王権」の観念が形成されるとファンシナは考える。一方、平等への志向は特異な存在に刻印を付して排除あるいは制御するバントゥ集団に深く根をおろした「妖術信仰」の基礎となったとされる。ファンシナ自身はこうした言い方はしていないものの、背反するベクトルは(人口増加による)増殖→緊張→分裂→移動→変化(多様化)というサイクルを駆動していったともいえよう。［Vansina, 1999］

短くても一〇〇年単位、長くて一〇〇〇年を単位とする変化を考えるためのこうしたおおづかみな枠組みについてはいくつか注意すべき点がある。

第一に、考古学の知見を踏まえた近年の議論では、人類学が成立した植民地時代の見方、そして進化論的な偏見が疑問に付されている。とはいえ、そうした再検討においても人口密度の増加を首長制あるいは王国といった複雑な社会の成立の条件とする見方は基本的に変更されていない。人口密度の希薄な社会は、進化論と植民地主義の偏見の色合いの強い「部族社会」という呼び方がたとえ捨てられたとしても、比較的単純な、いわば最小限の社会とみなされる。進化論の時間軸が複雑さの度合いにおきかえられただけ、という側面はぬぐえない。

第二に、長老支配から「神聖王権」への発展という発想には、捨てたはずの進化論の残滓がほのみえないだろうか。王権にまつわる観念には、たとえば鍛冶技術の主としての王といった技術や文化と切り離せない側面があり、こうした点は長老支配からの発展とは直接関係はない。

第三に、多くの王権で先住の集団の「征服」もしくは服属という観念が神話や儀礼によって表明されている。先住の集団が身長の低い狩猟民とされることもある。分裂→移動によるあらたな居住地への移動は真空のなかで起こったわけではなく、ほかのさまざまな集団との交渉、接触をともないながら起こったことを強調すべきであろう。

第四に、首長あるいは王の権力の形成がかなり無造作に社会変化の到達点とみなされる傾向がある。権力の中心化をあえて否定し回避し、無化するような社会の力学がありうることを主張する、政治人類学における「国家に抗する社会」という提起を形成期のアフリカ社会においても視野にいれることで、バントゥ集団の多様化の過程はより豊かなニュアンスでとらえられるのではないだろうか。

第五に、バントゥ集団に深く根ざしたと想定された「妖術信仰」のイメージは植民地支配下で大きく変化していたという可能性を排除できない。しばしばキリスト教の布教と一体となった植民地化の過程では「妖術信仰」はあってはならないものとみなされ、バントゥ集団がもっていた妖術者を制御する社会装置(たとえば試罪法や村の浄化の儀礼。これらは長老の権威と結びついていたかもしれないが別個のものである)は強権的に禁止され、そのことがむしろ人々の観念のなかで妖術信仰を蔓延《まんえん》させたとも考えられる。人類学による報告を植民地化以前の時代にまでさかのぼらせて再構成の手掛りとすることには慎重でなければならないのではないだろうか。

こうしたいくつかの点は考古学的な物的な証拠によっては裏づけることがむずかしく、人類学的な知見の援用が必要な問題であるだけにあえて注意を喚起したのである。以下に、考古学を手掛りにバントゥ集団の変容の過程をある程度、再構成できる数少ない事例のひとつを検討するにあたっても、わずかな物証から推論できる範囲と、物証のみでは推論できない社会の様相との関係については、注意深くなければならない。

ウペンバ低地の考古学

現コンゴ民主共和国カタンガ州のコンゴ川(ザイール川)上流、ウペンバ湖その他の一連の湖とそれを取りまく周辺の低湿地(次ページ上図)は、紀元六〇〇年前後からのちのルバ王国の形成(十六～十七世紀)にいたるまで確認された五〇ほどの遺跡のうちわずか六遺跡とはいえ、それぞれの時代について発掘がおこなわれ、社会の変容がほぼ一〇〇〇年にわたって連続的に考古学的に裏づけられる、バントゥ圏でもきわめてまれな事例となっている。一九五七年以来、近年までの成果をまとめたド・マレの報告に従って概要を紹介し検討しよう。

ウペンバ低地の遺跡は、土器の編年を基礎に六期に分けられ、墓とその副葬品の特徴とそこから推定される交易のありさまが以下のようにまとめられている。各時代の葬制とそこから考古学的に推定された社会の様相の特徴づけは、ほかに類例がないだけに興味深い。

カミランバ期(紀元七世紀)　このもっとも初期の遺跡から出土する土器は、より南方のコッパーベルト地帯(ザンビアとコンゴ民主共和国の国境付近)に広がる土器文化と共通であり、その北限をなす。それにもかかわらずこの時期の墳墓からは銅製品はでず、ひとつの墳墓のみ副葬品として武器などの鉄器が発掘された。

初期キサレ期(八～九世紀)　墳墓以外から鉄製鋤《すき》が出土し、農耕に鉄器を使用したことが明らかである。また鉄製ナイフや鏃《やじり》がまとまって出土し、実用的な武器としてよりも交換手段として使われたことを推測させる。鉄製の斧は権威の象徴を思わせる。埋葬された人骨の頭部のかたわらにおかれた鉄製の鉄床は、権威と鍛冶技術の密接な関係を推測させる(次ページ下図)。二十世紀初頭のルバ王国の即位儀礼の記述にも鉄床が重要な儀礼の小道具であることが報告されている。また、南方のコッパーベルト地帯から銅が入手されたことも明らかである。

古典キサレ期(十~十二世紀)　この時期の遺跡の密度は人口の増加を思わせる。銛や釣針の数、上部に三

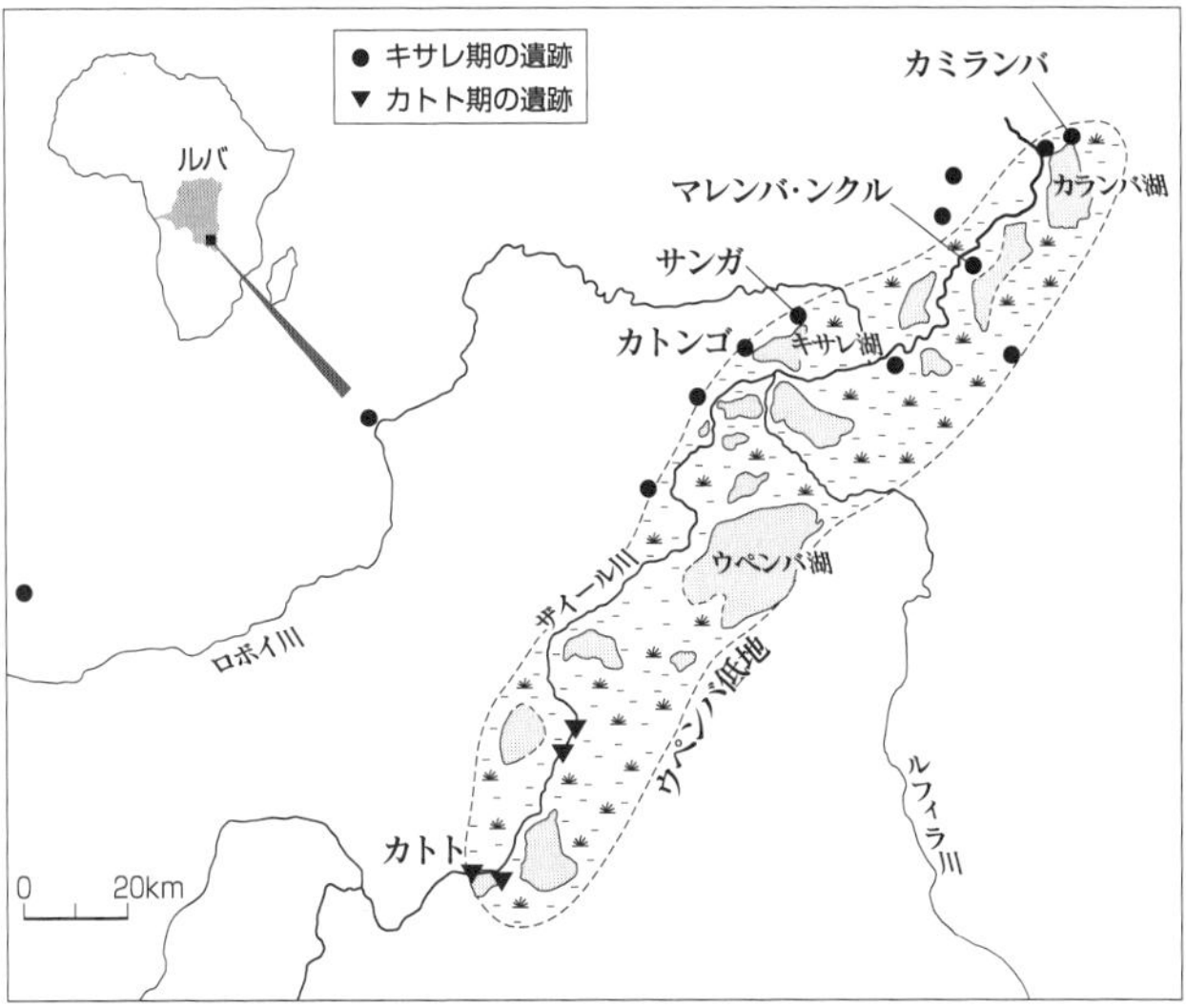

ウペンバ低地の考古学的遺跡　カトト期については未詳。(De　Maret, 1999 による)

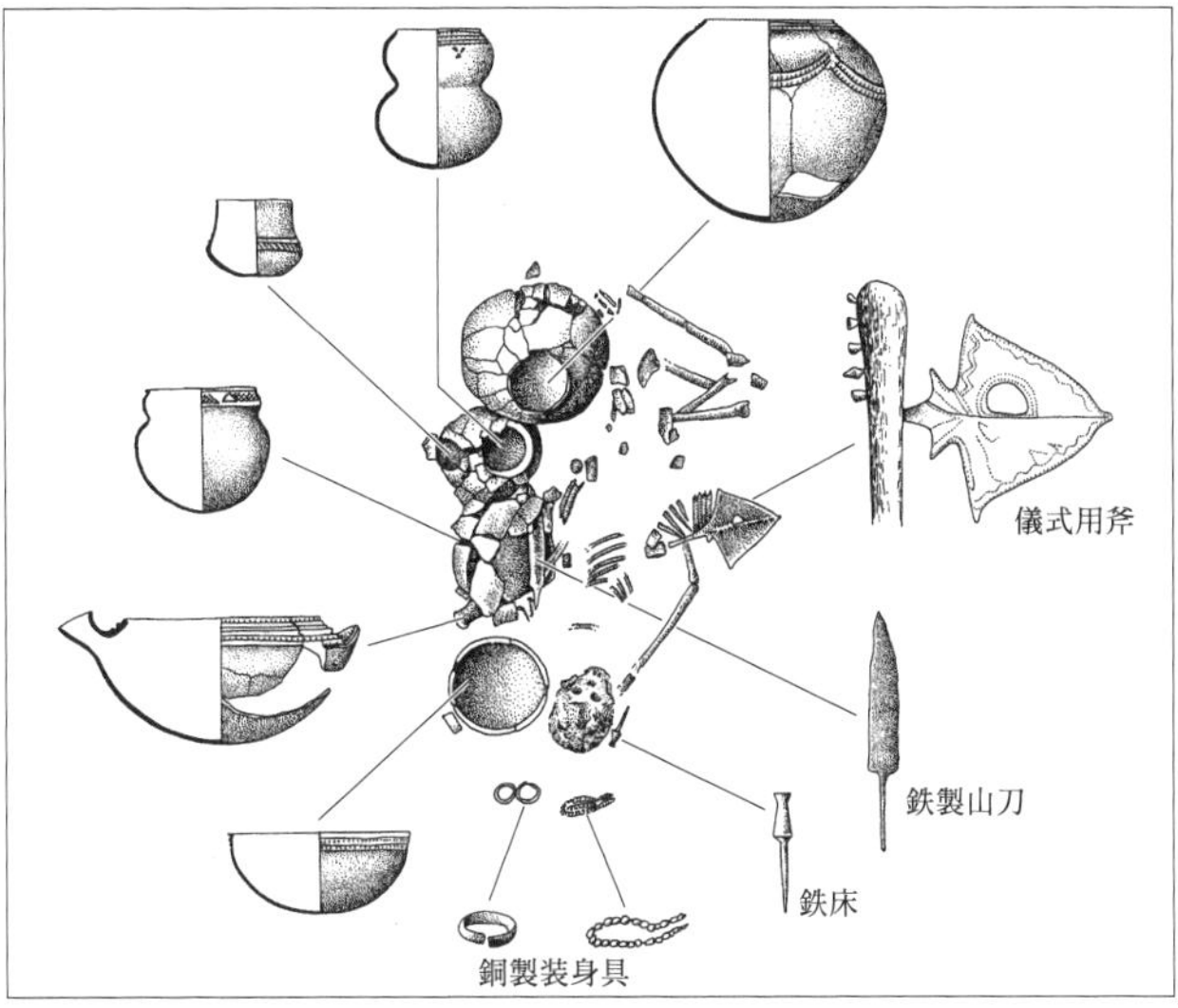

初期キサレ期の男の副葬品(De Maret, 1999 による)

つの支点をもった土製炉(ごく近年までこの地方で使われた、七輪にあたる炊事具)などがこの時期の食糧源としての漁撈の重要性を示唆している。また銅製品や象牙《ぞうげ》を含む副葬品は前代に比べて豪華で精緻なものとなる。一一四基の墓のうち二〇個以上の土器を副葬品とするものはわずか一九基にとどまり、土器の数が富裕な層とそうでない層の差異を示すと解釈される。ヒョウの牙、鉄床、鉄製の斧などが首長的な権威の成立を示唆している。またタカラガイが出土することはインド洋沿岸との交易が始まったことを示している。多くの墳墓が川にそってつくられ、死者の安置の方向も川の流れとの関係で決められているようにみえる。

カバンバA期(十三～十五世紀)　この時期に土器製作の技法はキサレ期と連続性を示しつつも変化する。埋葬習慣も統一感が薄れ、死者の安置の方法も川との関係が失われる。よりおおがかりな埋葬と簡素な埋葬に二極分化するにもかかわらず、おおがかりな墳墓からも前代にみられたような権威を象徴する鉄製の斧やヒョウの牙などが姿を消すという。タカラガイやガラスビーズの増加は長距離交易の発展を示す一方、十字型の銅製品の増加は南方のコッパーベルト地帯との近隣交易ネットワークが密度を増したことを示している。こうした特徴から前代の地域的なまとまりが失われ、ウペンバ低地の北西方向の地方に形成された、やがてルバ王国に成長する中心地からの影響下に組み込まれたことが推測されている。

カバンバB期(十六～十七世紀)　この時期はルバ王国の出現の時期に対応し、末期にはルバ王国は最盛期をむかえる。

ルバ王国期(十八世紀以後)　インド洋沿岸部との交易ルートの支配によってルバ王国が発展し、やがて西欧列強によるアフリカ分割にいたる時期、そして独立から現在までの時期である。土器編年に従えば、紀元七世紀のカミランバ期から現代まで、カバンバA期の節目はあるにせよ、明瞭な一貫性が確かめられるのが、このウペンバ低地遺跡の特徴だとされる。

土器製作における連続性にもかかわらず、考古学は十二〜十三世紀にある変化を読みとっている。それはとりわけ交易(地域的交易と長距離交易のバランスの変化)、およびより大きな政治支配体系への地域の統合(地域独自の支配的権威の象徴が希薄になること、埋葬習慣にみられる宗教的イデオロギーの地域的な統一性の希薄化)を示唆している。また、ウペンバ遺跡群の考古学的な解釈からは、歴史人類学の研究が主張したルバ王国の政治体系を強力な「帝国」とみなす見方を批判し否定する見解がだされているが、その点についてはあとでふたたびふれることにしたい。

3　大西洋岸諸社会の動態――コンゴ王国とその周辺

コンゴ王国の「発見」と解体

バントゥ集団が西洋史に登場したのはおそらくコンゴ王国が最初であろう。エンリケ航海王子の指導のもとで始められた、ポルトガル王国によるアフリカ沿岸航路の開拓プロジェクトの進展のなかで、ディオゴ・カンの率いるポルトガル船が一四八二年(一四八三年とされてきたが、近年の研究ではそれより一年さかのぼるとされる)、コンゴ川(ザイール川)河口に上陸し、多くの人口を有する整備された社会の存在を確認した。カンは陸路二三日かかるという王都に使節を派遣するが、予定の日をすぎても戻らないことに業を煮やし、親しくなった何人かのコンゴ人を誘拐して錨《いかり》をあげポルトガルに帰還した。ポルトガル王国を見聞した人質と、ポルトガル国王からコンゴ国王に宛てた親書をともなってカンがコンゴを再訪したのは一四八五年であった。親書には二つの王国が対等の立場で国交を結ぶこと、キリスト教の布教を認めることなどが求められていた。

脆弱な王権の基盤、キリスト教の導入、ポルトガルが接触後ほどなく開始した奴隷の捕獲と移送、内戦などによって、十五世紀以後、混乱が続くコンゴ王国は名目的な王朝は継続したものの十八世紀をまたず事実上解体した。西洋の衝撃によるアフリカ社会の自然発生的な秩序の解体のバントゥ圏における最初の例となったともいえる。まずその過程をランドルに従って年代記風にたどってみよう。

一四九一年、ポルトガル国王の親書に応えたコンゴ国王ンジンガ・ンクウの要望に従って最初の宣教団が首都ムバンザ・コンゴ(のちのサン・サルバドール)に到着した。王は同年五月三日、洗礼を受け、ジョアン一世を名乗ることになる。当初から洗礼の「特権」を社会層のどの範囲に限るかは大きな問題となった。

一五〇六年、ジョアン一世の死後、熾烈な後継者争いののち、アフォンソ一世が即位した。王位継承における内紛はコンゴ王国の常態だったとはいえ、キリスト教の権威を笠に着た新王と、新宗教を受け入れない(あるいは排除された)集団との軋轢《あつれき》は後遺症を残し、王権基盤の弱体化を招くことになる。また両国が親密な関係を保ったとされるこの治世の時代にも、すでにアメリカ大陸から導入したサトウキビ生産に人手を必要としたサントーメ島へと誘拐されたコンゴ人奴隷の移送は盛んになり、コンゴ国王の再三の抗議にもかかわらず、ポルトガル国王はサントーメ植民地商人を強力に統制しようとはしなかった。

一五一三年、アフォンソ一世はポルトガル国王の強い勧めもあってローマ教皇への帰順を決めた。また、自分の息子エンリケをリスボンに送ってキリスト教理を学ばせアフリカ初の枢機卿に任じさせたが、エンリケは帰国後まもなく病気で没してしまった。王権によるキリスト教の統制は未完に終わったのである。

16〜17世紀のコンゴ王国の州と辺境(Randles, 1968 による)

長い治世ののち、アフォンソ一世は四三年に没し、コンゴは混乱の数世紀にはいってゆく。この後、短命に終わる歴代の王位継承のたびに起こる政治的混乱、コンゴの南方、現アンゴラのルアンダを根拠地とした奴隷商人の軍事的介入、十六世紀後半の、戦闘的で移動するジャガ人による侵入と略奪(時にはジャガ人とポルトガル人が連合してコンゴ王国を侵害した)、地方の反乱が引き続き、孤立した王は奴隷兵だけに守られ、名目的な支配者の地位に転落していった。ローマ教皇に帰順したことで、当初は機能したポルトガル軍事商人からの保護もやがてまったく効力を失った。

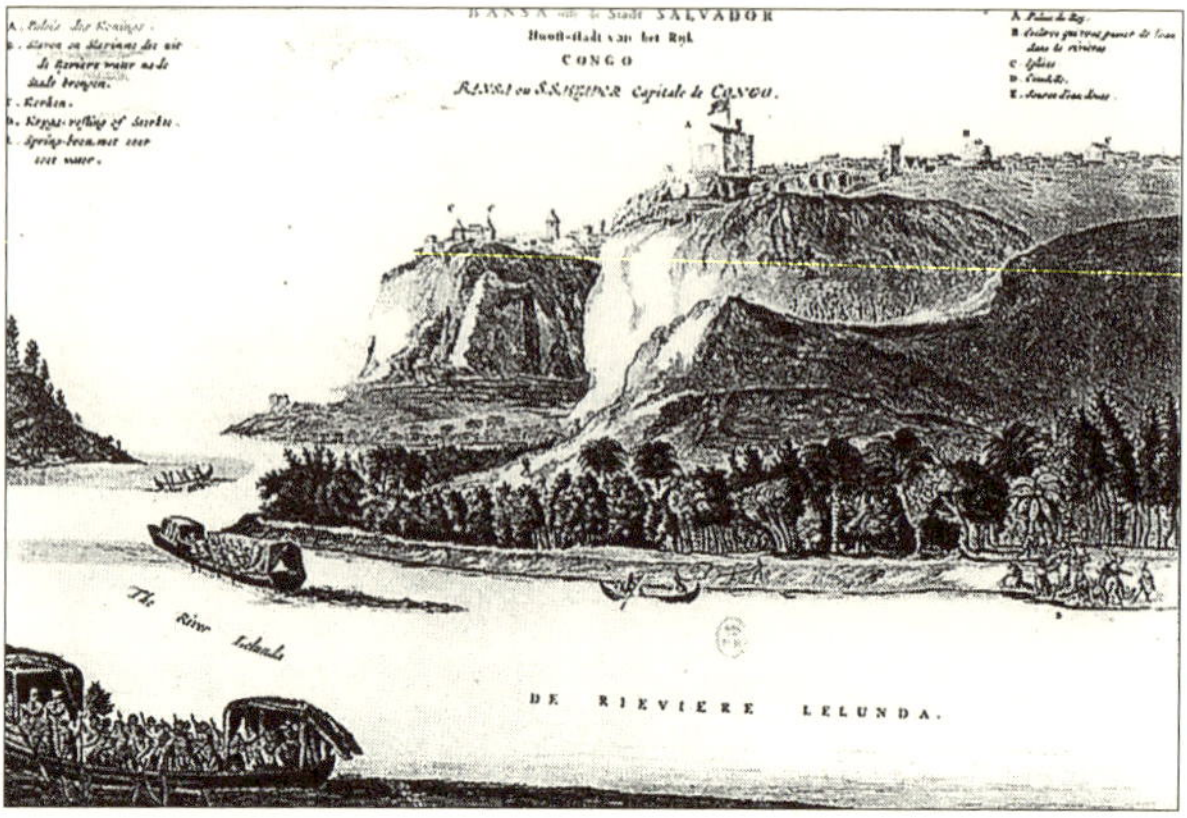

コンゴの王都サン・サルバドール(17世紀に描かれた想像図)

弱体化した王国が、ポルトガルと新興勢力オランダのアフリカ大西洋岸を舞台とした角逐という状況のなかで一時的に力をもりかえしたのがガルシア二世の治世(一六四一〜六一年)であった。ガルシア二世の宮廷ではポルトガルのイエズス会、スペインやイタリアのカプチン会、オランダ商人が影響力拡張のために鎬《しのぎ》を削り、王はバランスをとりつつ最大の利益を引き出すことにつとめた。それでもなおルアンダの武力をもった商人はガルシア二世に圧力をかけ、領土の移譲、国内の銅鉱山の採掘権の奪取をはかった。

ガルシア二世の死後、コンゴ王国はふたたび後継争いで混乱し、それに乗じたルアンダのポルトガル勢力は一六六五年、アンブイラの戦いで新王アントニオ一世に圧勝して王を殺害し、王政を残しつつも事実上コンゴ王国を支配下におさめた。

名目と化した王国には十七世紀末、聖アントワーヌに憑依《ひょうい》されたと自称する若い女性チンパ・ヴィタ(洗礼名ベアトリス)による救世主運動が起こり、中心となったサン・サルバドールは一時活気づいたが、正統カトリックを軸に結束した勢力によって鎮圧された。

コンゴ王権とその周辺の王権

大西洋沿岸の王国形成前の考古学的研究は進んでいない。ルバ王国の形成過程を推測させるウペンバ低地のような手掛りは存在しない。コンゴ王国の前身がいつごろどのように形成されたのかという推測は、ポルトガルの古文書に残された伝承を手掛りにした根拠の弱いものにすぎない。ポルトガルが「発見」する数世紀前に王国の前身が形成されていたとしても、王権の基盤がたいへん脆弱なものだったことは確かである。

ポルトガルの古文書を手掛りとした再構成によれば、コンゴ王国は首都を中心とした王権の中核と、独立性の強い一〇ほどの周辺首長領の弱い連合体だったとされる。ロアンゴ王国のようにもともとコンゴ王国の王族が支配したとされながら、ポルトガル人が到来したときにはすでに独立した王国とみなされていた地域もある。

洗礼名に改称したジョアン一世をさかのぼることわずか三代のンティヌ・ニミ・ルケニが、コンゴ川を北から南に渡り王国を創始したと伝承されている。のちに首都ムバンザ・コンゴとなる土地はマニ・カブンガと称する土着の首長が支配していた。マニ・カブンガはいわゆる「土地の主」であり豊かな収穫を保証する力をもち、播種《はしゅ》や刈入れの指揮をおこなった。ルケニはマニ・カブンガの娘を娶《めと》り王となった。王国内には先住民とみなされるトゥワあるいはアカと呼ばれる身長の低い人々も居住していた、という伝承はクバ王国の伝承などとも共通している。王は母系の王族から選ばれ、既定の長子相続に従うわけではなく、有力な候補を地方の首長を中心にした有力者が後援し、たがいに争い、現実の戦闘によって決着をつ

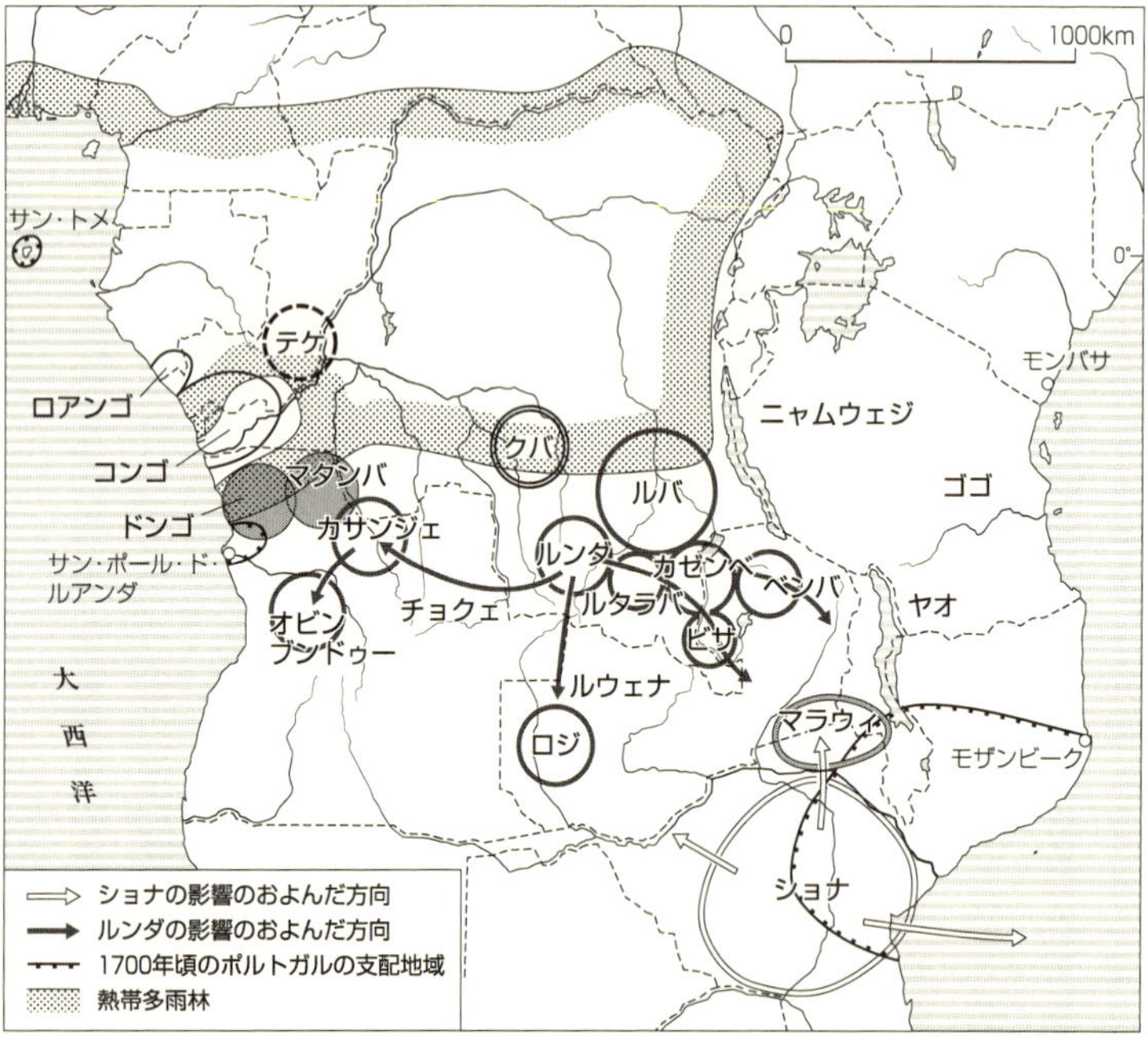

15〜18世紀のバントゥ圏の王国群(Alexandre, 1981 による)

けるのが通例だったらしい。王の代替わりが混乱を招くのが常態だった理由も、またキリスト教の権威によって王権の強化をはかった背景もそこにあるのだろう。

王は伝承では偉大な鍛冶師とされたことはバントゥ集団の共通の観念の表れであろう。王は万物の秩序の維持にかかわり、王の身体が衰弱すると、大地や女性の産出力の衰えを招くので殺さねばならない、という十九世紀イギリスの人類学者フレイザーの主張した「神聖王」の観念にコンゴの王が一致するという確証はない。むしろコンゴ王国の各地方で「土地の主」に相当する役割をもっていたキトミと呼ばれる宗教的権威者が、身体の衰えの兆候を示すと、寿命のつきる前に殺害されたという伝承がある。マニ・コンゴ（王）の即位儀礼にマニ・カブンガの関与が必要不可欠とされたように、コンゴ王国の版図では政治的首長と宗教的権威が相互補完するかたちで王権が成立していたと考えられる。

同様の考え方はロアンゴ王国にもみられ、ハーゲンブュシェ・サクリパンティによれば、大地の霊ンキシが霊媒ともいえる呪術師ンキシを通じて王の力の霊的支えとなると同時に王の権威に従い、人々の生活を成り立たせる大地や女性の出産力を統御したとされる。しかしロアンゴ王国では王そのものは複数の首長のもちまわりのようなかたちで順次即位し、他の首長から、一人、屹立するというかたちにはならなかったらしい。十六〜十七世紀を通じてコンゴ王国を北から脅かしていたテケ王国も、一面では首長連合ともいえる政治形態をもっていたと推測される。

4　内陸サバンナの動態――クバ王国、ルバ＝ルンダ王国群

西洋との接触の影響

大西洋沿岸にあったコンゴ王国は、ポルトガルを中心とした西洋の影響を直接に受けて形骸化し、実質的に解体した。その大きな要因はルアンダを拠点とする奴隷貿易商人の活動だった。ポルトガルに存在する古文書からコンゴ王国史の構築を試みたランドルは、のちに「バントゥ文明史」の素描で、西洋との接触の衝撃が沿岸部にとどまらなかったことを仮説的に指摘している。その大きな要因は奴隷貿易とならんで、ポルトガルが南アメリカから導入した作物マニオク（キャッサバ）の普及だという。

マニオクはいったん根を植えるとあまり手をかけなくても成長し、長期間にわたって収穫できる。そのためにとりわけ男性の労働力は農耕から解放され、不定期な奴隷狩りの軍事力あるいは長距離の交易に動員できることになった。また、農事暦を管理し農耕の主導者、穀類を中心とした作物の品種管理者の役割をはたしていた首長(とりわけ「大地の主」と呼ばれる首長たち)の権威は崩壊していった。こうした社会の基盤からの崩壊は、マニオクが急速に内陸部にまで浸透することでバントゥ圏に広範に広がっていったというのである。十五世紀以後、ポルトガル人の武装した奴隷商人と直接接触をもたなかった内陸部のバントゥ集団の社会と文化の変容にとって、新作物の導入という要因が無視できない衝撃を与えたことは確かなように思われる。内陸サバンナの動態は、そうした間接的な衝撃がありえたことを念頭において検討する必要があるだろう。

王国とその影——クバとレレ

コンゴ王国の故地である大西洋沿岸から約一〇〇〇キロほど内陸にはいった現コンゴ民主共和国カサイ・オリエンタル州にクバ王国がある。一九八〇年代後半、筆者がフィールドワークをおこなっていた時点で、王は独裁者モブツの政権のもとで「伝統首長」という資格で、一党独裁政党の中央委員として一定の政治的プレゼンスを与えられていた。しかしそれはたんに名目というだけでなく、クバ王国では王(ニミと呼ばれる。コンゴ王国の始祖の名にもニミという語が含まれている)の存在が、人々の生活の重要な部分を律していた。ここでは、筆者の見聞とそこから導かれる王国とその近隣の社会のあり方についての仮説的な見方をおおづかみに示してみたい。

二十世紀初頭にクバ王国を訪れたトルデイは、神話的な始祖ウォートから当時の王まで二〇〇代を超える歴代の王の名の伝承を聞き、フィールドワークに基づく民族誌のはしりともいえる本に記録している。アフリカの歴史人類学研究をクバ王国研究から始めたファンシナは、『ウォートの子供たち』[1978]で、伝承に語られた日蝕や一八三五年のハレー彗星の同定などを手掛りに王国史を再構成し、現実の王統は、いわば中興の祖シャームアンブロングオング(以下、慣例に従ってシャーム王)から二二代を数えるとした。それに先立つ伝説的な王は神話的なウォートを含めてもたかだか六代にすぎない。

伝承によれば王国の祖は西方から移住し、伝説的な三代目の王の時代に、サンクル川を渡り現在の居住地に落ち着き、王にまつわるさまざまな制度を順次整えていったという。王の選定を語る伝承には、鉄加工にかかわる鉄床が決定的な小道具として登場することに、王権と鉄の技術の密接な関係があらわれている。王権の整備の中心には王宮の組織があった。王は王国の中核をなすブショングという民族集団のおもだった一八の氏族によって選ばれ、各氏族は服属のしるしとして女性を一人ずつ差し出した。母系相続のおこなわれるクバ社会ではこれらの女性がうむ王の子らには王位継承権はない。しかし「王の子」という称号をえて王国の重臣層をなすと同時に、おもだった氏族の成員として王権を支えるのである。多数の「王の子」の存在はまた王の旺盛な力を示し、神話的な始祖につながる王の「神聖性」の目にみえるしるしともみなされる。

中興の祖シャーム王は、じつは王の女性奴隷のうんだ王位継承権のない簒奪者だったとされる。王位をねらったシャーム王は暗殺の罠をまぬがれ、西方の異郷に逃げ、その土地の強力な呪術を学び、またコンゴ王国からもたらされたというラフィアヤシの繊維を使った機織りの技術や村の長方形のプランを学び、やがて帰国して奇計を用いて前王を殺して王位についた。ラフィア繊維を使って手間暇をかけた衣装は男も女も一生かけてつくる死装束であり、妖術者裁判での賠償にも使われる氏族の財産であり、また着る者の王との距離や、王宮での地位をあらわす文化装置として今も一定の価値をもっている。このことをみればシャーム王が新しい技や文化をもたらし、トリックにも長《た》けた「文化英雄」の色彩をおびているといえるだろう。シャーム王の即位は十七世紀初頭ごろと考えられ、その西方への旅にはコンゴ王国における混乱やあらたな時代への予感が反映されていたのかもしれない。

　シャーム王の伝承には興味深いエピソードも語られている。西方で学んだ強力な呪術は、シャーム王自身の生殖力を犠牲にして王族の子孫をふやす力をもっていたというのである。こうして王統の永続は保証されたが、その代償として王の子が生まれないことになる。シャーム王のもとに差し出された多数の女性は、王以外の男たちによって子を設け、「王の子」という称号を与えられることになったという。「神聖王権」の観念において王の身体的能力が重視されるというフレイザー以来の人類学的知見とは別に、クバ王国では王の生殖力は問題をはらむ王権のあり方の焦点をなしていたともいえる。伝承では、シャーム王の何代かあと、多数の「王の子」と王族のあいだに軋轢が生じ、あらたに即位した王が数十人の先王の子を虐殺したと語るものもある。シャーム王の次代の王の治世では一八の有力氏族だけでなくブショングのすべての氏族が女性を差し出すことになったという。ファンシナはこのことを王宮への女性労働力の集中という側面から理解している。

また、クバ王国の中核をなすブショング以外に二〇ほどの民族集団があるが、これらの集団の首長は王に妻となる女性を差し出し、生まれた子が母系によって首長位を継ぐこともあるという事実にも王権の構成における王の生殖力の重要性があらわれている。

そうした視点からみると、カサイ川を挟んで東に居住するレレの首長との比較は興味深い。レレ語はクバ語に近く、集団としても遠い過去に分かれたといわれている。M・ダグラスの『カサイのレレ族』[1963]という民族誌には、トゥンドゥという首長氏族の長はクバの王と同じくニミと呼ばれ、クバと共通の始祖ウォートの子孫とされる。しかし、レレの首長はきわめて特徴的な社会規範によってクバの王のような強力な中心となる可能性を未然に除去されているようにみえる。

ラフィア繊維でつくられた衣装を着た重臣

首長氏族の長はニミとなったあとは子を設けられないよう老婆を妻とするか、あるいは不能になるような薬物を与えられるという。対照的に首長氏族の女性は、通常の結婚のルールに縛られず自由に村人と交渉し、子をうむ。つまり首長氏族の子(そのうちの男の一人がニミとなる)は潜在的にすべての村人の子だという。こうした「自由な女性」のあり方は、首長が村のあいだの軋轢を調停し、平和を維持する代償として村に与え、村の年齢階梯の複数の男性の性的パートナーとなる「村の妻」と呼ばれる女性と似通っている。

レレ社会はダグラスによって村以上のレベルの権威が成立していない、いわば王権による集権化の対極にある「分散的な」社会として提示されている。王のもとに集中され王権装置を再生産する役割を担うクバの女性と、一妻多夫婚制度の珍しい例とみなされるレレの首長氏族の女性、そして「村の妻」との社会的地位を比較することはアフリカの王権のあり方、あるいは王権を構築した社会と、王権の成立を未然に回避しようとした社会の対比という視点から興味深い。薬物を与えて首長の生殖力を奪い、人為的に「無力な首長」を作り出すという興味深い慣習が、レレのさらに西に居住するペンデからも報告されている。クバ王国のシャーム王が強力な呪術を学んだというのがこのペンデと推定されていることも示唆的である。

ルバ‐ルンダ王国群

クバ王国とレレが現在の居住地に達するまで移住生活をおこなっていたとされるのにたいして、現コンゴ民主共和国南部のサバンナ地帯、カタンガ州に成立したルバ王国の前身が七世紀ごろから定住していたことはすでに考古学の成果を手掛りに確かめた。考古学のいう十二〜十三世紀の「古典キサレ期」と「カバンバA期」のあいだにみられる断絶が、どのような性質のものかは明確ではない。いずれにせよ「カバンバA期」にはルバ王国の前身となる首長権が成長し、やがてインド洋沿岸との長距離交易を支配することでルバ王国が成立したと考えられる。さらにルバ王国の王族が移動した先で土着の首長の娘と結婚して王となるといったかたちで、ルバ王国の西側に隣接するルンダ王国、南側・南東側に隣接するカゼンベ王国、ベンバ王国などが成立した。ここではこれらの王国をルバ－ルンダ王国群と呼んで成立過程の概略を示したい。

ルバ王国に伝承された神話が王国の起源を語っている。それによれば、ルバの始祖はキュバカ・ウバカ（家をつくる者）とキブンバ・ブンバ（壺をつくる者）という男女だった。二人は出会いハイエナの交接をまねて交わり、やがて子が生まれた。世代ごとに西へ移動し、コンゴ川支流の現住地（ボヨワ湖近辺とされる）に達した。子孫のなかから暴力をほしいままにふるう男が生まれ、シロアリの巣を襲うオオクロアリを見て自ら首長になることを決めた。虹を意味するンコンゴロという名のこの男は、体が赤く、行く先々で土地は赤くなった。やがて猟師のムビディ・キルエという男が東の山をくだり、行方不明になった猟犬を追ってンコンゴロのもとにくる。人前ではものを食べないなど洗練された作法を身につけたムビディは、ンコンゴロの二人の妹を妻としてしばらく滞在するが、粗野なンコンゴロと諍《いさか》いになり東に去る。下の妹から生まれた男子は、カララ・イルンガと名づけられた。カララ・イルンガはンコンゴロと対立し、父の土地に逃れ、兵をつのって戻るとンコンゴロに戦いを挑んで勝利して殺害し、ルバ王国の祖となった。

ムビディ・キルエはンコンゴロのもとを訪れる前に、さらに東方に行き土地の女を懐胎させ、やがてムワタ・ヤンボという名の子どもが生まれ、この子がルンダ王国の祖となるとも語られるが、カララ・イルンガの末の息子、チビンダ・イルンガがルバ王国を離れて土地の首長の娘と結婚し、ルンダ王国の祖となったという語りもある。

以上は口頭伝承を採集して書きとどめられた神話のおおまかなあらすじにすぎないが、アフリカ歴史人類学がかたちをとり始めた一九六〇年代から八〇年代にかけてこうした王権神話には大きく分けて二通りの接近がなされてきた。

ひとつはリーフのように「神話」から歴史を読みとることであり、神話は歴史の資料とみなされる。ムビディ・キルエの出身地はタンザニア側のヘンバ(ルバ集団の一員)と解釈され、過去のある時点でカタンガ州のルバ王国はより文明化された東方出身の「外来王」によって服属させられ、さらにルバ王国の影響下でルンダ王国が形成され、ルンダの王族の一部がさらにベンバ王国を設立した、などである。ルバ神話はルバ王国史研究の参照枠を提供するとみなされ、王と緊密な関係を保ちながら近隣社会に伝承を運び、あらたな王国形成の触媒となったとされる伝承者集団の社会的機能が指摘される。

こうしたネットワークは王国形成初期の塩および鉄の域内交易のネットワークと重なり、さらに十八世紀ごろからはインド洋沿岸との象牙、金などの交易が発展し、ルバ王国を「帝国」と呼ばれる複数の民族集団を束ねる強大な中央集権体制に成長させたというのである。大西洋側との交易ネットワークに依拠して拡張したルンダ王国もまた強力な「帝国」となったとされる。

もうひとつの接近はベルギー出身のリュック・ド・ユーシュがレヴィ＝ストロースの南北アメリカ神話研究に範をとって試みた、広範な王権比較神話研究である。「バントゥ神話・儀礼」研究と銘打っているとおり、数多くのバントゥ諸集団の王権神話群を資料としてそこからバントゥ集団に共有された、王権形成の基盤にある世界観を抽出しようとする。ここでは『酩酊《めいてい》王と国家の起源』[1972]から『雌牛の心臓から生まれた王』［1982］をへて『コンゴの王と聖なる怪物』［2000］までの息の長い連作の評価をくだすことはできないが、バントゥの諸王国の起源神話と王権儀礼を多様な変換関係として読み解き、歴史的変化とは異なった論理で結びつけてみようというプランそのものには十分な根拠があると考えられることは指摘できる。ただ「バントゥ神話・儀礼」研究という大きな枠組みをとるのであれば、そのなかで王権の起源神話はきわめて狭い限定になる。

　こうした広範な王権比較神話研究にたいして、歴史人類学の側から真剣な応答はみあたらない。一方、ルバ－ルンダ王国群を「帝国」とみなす従来の人類学の視点にたいしては、植民地時代の誇大な歪曲を無批判に引き継いだ見方として批判がだされている。カタンガ州を中心としたサバンナ地域の王国の形成がルバ↓ルンダ↓ベンバというように玉突き状に進行したとみられていることはすでにふれた。ルバ－ルンダ王国群はこうした連鎖の強力な震源として、また植民地統治の梃子《てこ》として利用するために実際以上に強固な「帝国」として表象され、人類学はそれを無批判に継承したというド・マレによる指摘である。現実には玉突き状に王国の周縁が中心から王族を迎え入れて王国に組み込まれるとき、すでに空洞化した中心以上に周縁が本来的な強力な権力を演出し、中心に幻想としての帝国を投影し、その幻想を西欧植民地帝国が無邪気にかあるいは意図的にか引きとり、人類学は学問的お墨付きを与えたということになる。

　いずれにせよ、二十世紀後半に発展したアフリカの歴史人類学的研究は、さまざまな視点から再検討されるべきときをむかえている。神話を中心的な資料としたリーフのルバ王国史には、カタンガ州にマニオクが浸透したのが十七世紀末から十八世紀初頭だったと指摘されているが、このこととルバ－ルンダ王国の勃興との関連は検討されてはいない。農耕体系の変化と社会変容の関係を広い意味での歴史生態学の視点で見直すという課題もまた残されているのである。こうした視点からはベンバ王国の「大地の主」にあたる「闇の王」が死去した王の墓所を守る一方、王国の「火」を守り、マニオク導入以前からの作物であるソルガムなど穀類の種子を守る(品種管理と形容されている)役割を今もはたしているという杉山の報告はたいへん興味深い。

5　移動する社会──カメルーン、ガボンのファン系集団

ファン系集団

この節では十九世紀末に西洋の植民者たちが遭遇するときまで、集権的な社会をつくらず分散した小さな単位で移動しつづけていた社会を取り上げる。

ガボンからカメルーンにかけての地域はバントゥ集団の移動の出発点だったとみなされている。二〇〇〇年以上前のバントゥ集団の原郷とみなされる土地に、十九世紀後半、人の波のように移動することに専念するバントゥ集団がみいだされたことは興味深い偶然ではある。ガボン中部に居住するファン、カメルーンのブールー、ベティ(別称エウォンド)など比較的人口の少ないバントゥ集団(パゥアンと総称されることもあるが、ここではファン系集団と呼ぶ)は、カメルーン西部のバミレケや、バムン王国群とは言語的にも明確に異なり、たがいにきわめて近い集団をなしている。

十九世紀後半、現在のガボンで、西洋人はガボンの先住民から、狩猟を得意とする獰猛《どうもう》な食人種集団が大挙して南下してきているという恐怖を聞きとっている。それがファン系集団であった。そうした話に興味をそそられたフランス系アメリカ人ドゥ・シャイユ(トラベルライターのはしりというべきか、ガボンの高地に名を残した)が現地に旅し、いわばルポルタージュを著した。それが「人々の慣習と作法、ゴリラ、ワニ、ヒョウ、ゾウ、カバその他の獣の狩猟の説明つき」という長たらしい副題を付した『赤道アフリカにおける探検と冒険』というタイトルの、ファン系集団について書かれた最初の民族誌(的読み物)である。ファン系集団は、二十世紀初頭には現代人類学以前のやや古めかしいが、その文化の細部まで記述したドイツ人テスマンの民族誌にも描かれ、人類学の世界では比較的よく知られた集団となった。さらにのちには、カメルーンの港町ドゥアラの病院に一時勤務したフランス人作家セリーヌの『夜の果ての旅』に、近隣に住む「食人種」として言及されることにもなった。現実は違うと知られていても、怖いものみたさの人々の記憶のなかでは人食い人種伝説は根強く生き続けたのである。

言語学、民族誌、歴史などを総合したアレクサンドルの研究では、これらファン系集団の先頭に立って真っ先にガボンまで達したファン、後続のブールー、ベティ、しんがりのエトンの諸集団が一八五〇年前後にどの時点で目撃されたかがほぼ確定されている。さらに移動の速度が一年に約一〇キロだったことも推測されている。しかし彼らが十五〜十六世紀ごろに、コンゴ川のテケ首長国群のあたりからいったん北をめざして移動し始め、カメルーン北部のアダマワ高地に進出したのち、一転して進路を変え南西方向に移動し始めた経緯や正確な年代、動機などは不明のままである。移動のきっかけはコンゴ王国の動揺の余波と、奴隷狩りを避けることにあったという説は有力だとはいえ確実なものではない。また南下の動機は、アダマワ高地で遭遇した武力にまさるイスラーム王国の支配から逃れ、風聞で聞いた白人との有利な交易を直接におこなおうとして大西洋に達することを急いだという説も頭から否定はできない。いずれにせよ、集団のしんがりがサバンナからカメルーン中部のサナガ川を越え、熱帯多雨林にさしかかった時点で西洋による植民地支配が始まり移動にブレーキがかかったといえる。

森のなかでは細い道にそって両側に簡素な造りの家がならび、村の中央に男たちがたむろし、おしゃべりにふける(情報交換に勤しむ)小屋がつくられ［森 1992］、両端の出入り口には垣根をつくって歩哨の役割をする男の家族が住むというのが基本的なかたちだった。小村は近隣どうしが馬跳びのようにかわるがわる追い越しあいながら南西に向かって移動を続けた。移動することに専念するこれらの人々は、きわめて単純で身軽な装備で生活し、農耕と男たちの罠猟と石弓式のヒゴのような毒矢を用いた小型獣の狩猟が食糧獲得のおもな手段だった。しかし、二十世紀初頭になると、植民地化とともに狩猟はすたれ始め、輸入された缶詰がひろまり、第一次世界大戦後、カメルーンがフランス領となったあとはなかば強制的に小規模カカオ栽培が導入され、小農となっていった。

村ごとの首長の権威とならんで、かつては「ソ」と呼ばれる男性結社が村を越えた男の結びつきと宗教生活の基礎となったようだが、詳しい調査がなされる前に、結社は姿を消していたといわれる。

鉄の技術と口頭伝承

外見的には身軽で単純な生活で特徴のみえにくいこれらの集団には、きわめて特徴的な口頭伝承があった。ラフィアヤシの軸の表皮を縦方向に薄くはぎ、それを四本の弦に切り分け、真ん中に立てた棒状の駒で支え、半分に切った大きなカルバス(ヒョウタン)を共鳴具にしたムヴェットと呼ばれる楽器を自ら奏して歌い、踊り、謎かけをおりまぜながら語る長大な叙事詩(それ自体もムヴェットと呼ばれる)である。演奏者ごとに師弟関係で引き継がれる独自のレパートリーをもっていたが、物語の大きな枠組みは共有されていた。

エノ・ベリンガの紹介によれば、移住の過程を叙事的に物語る(サナガ川では、川の流れと直角に身を横たえた大蛇を橋にして渡河したなど)ジャンルのほかに、もっとも勇壮で演じるのに時間がかかるのが、邪悪な不死の英雄と死すべき人間の男たちの戦いを物語る「アコマ・ンバもの」と称される一連の叙事詩だった(過去形で書くのは一九八〇年の調査当時、すでに語り手は数少なくなっていたからである)。伝承者であるファンのンドン・ンドゥトゥメが書きおろしで残したものの梗概を九つの部分からなる粗筋として示せば以下のとおりである。叙事詩のインスピレーションが徹頭徹尾、鉄の技からくみとられていることは明らかであろう。

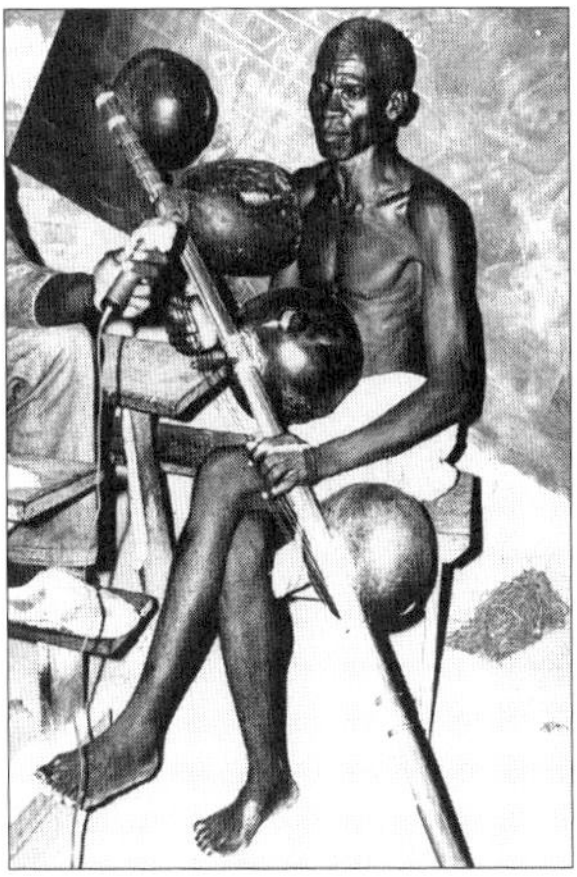

ムヴェットを演奏するカメルーンの男性　ムヴェット伝承保持者，アウォナ・アポリネール氏(1981年，ミンカエ村にて)。

(1)　物語は不死のエンゴン集団と死すべきエカン集団の戦いと和解として展開する。エンゴンの不死性は鉄の技によって保証され、エカンは部分的とはいえ、鉄の技を獲得することで戦いに挑む。鉄製の武器を駆使し不死であるエンゴンの戦士(三つの氏族すなわち「鉄」「岩〈鉄床として使うもの〉」「鉄槌《てっつい》」からなる)と戦うのはエカンの長、「炎」部族のオバメ・ンドンの孫ンドゥム・オバメであり、誕生のとき、祖父によって内臓すべてを鉄製のものに変えた、ほとんど不死のもう一人の自分を戦士としてもつことになった英雄である。

(2)　ンドゥムは、偉大な呪者である父から地上の鉄器をすべて吊り上げて天に持ち去る力をもった呪具を与えられ、死すべき人の世界に平和をもたらすために「鉄器狩り」に乗り出す。「炎」のンドゥムは「蔓性植物」「霧」「樹」の部族に容易に勝って平定するが、「嵐」部族にだけ敗北する。ンドゥムはすでに霊界に移っていた祖父の助力をえて再挑戦して「嵐」の長の足を折り勝利する。「嵐」の長は復讐を誓い、麗しい娘エイェンガ・ンカベをエンゴンの若い英雄エングアング・オンドに与えて助勢をえようとする。

(3)　エイェンガの、静かな、しかし不思議なできごとに満ちた道行。エイェンガを見染めたンドゥムは、仲間たちとあとを追う。

(4)　エンゴンの国に着いたンドゥムはエイェンガを奪い、双方は森の獣などあらゆる武器を用いて壮大な戦いを繰り広げる。エンゴンの若い未経験の戦士二人を捕え、ンドゥムは村に凱旋し、すでに連れてこられていたエイェンガと婚礼をとりおこなう。

(5)　エンゴンの戦士たちは「炎」の国を求めて旅をし、やがて発見し戦いに備える。

(6)　村を急襲したエンゴンの戦士は囚われていた仲間を解き放ち、エイェンガを魔法でエンゴンに送り返し、ンドゥムらと戦う。戦いでは「鉄」の戦士と「鉄槌」の戦士が緊密に連携することが描かれる。エンゴンの戦士はエカンを打ち負かし引き上げる。

(7)　負けたエカンの長オバメ・ンドンは霊界に戻り、死霊の援助を懇請する。

(8)　再度の戦闘。エンゴンは戦いを有利に進めるが、死霊が介入し戦闘は地下世界に移りエンゴンはしだいに押され始める。そこでエンゴンの戦士は死霊を挑発する。「お前たちは不死のわれわれに勝ってまた地上に戻り、苦痛に満ちたこの世で生きたいのか」と。死霊は「死命を制する」弱点を突かれうろたえ、じつはンドゥンが鉄の分身をもっていてほとんど不死であるという秘密を教え、ただ彼の生命だけは絶たぬよう懇願し、敗北を認める。

(9)　鉄の分身を喪失したンドゥムは打ち負かされ、エンゴンの王、アコマ・ンバから死を宣告されるが、ひそかな友情を感じていたエンゴンの英雄エングアング・オンド(今はエイェンガの夫)によって助命され、さらには妹メンゲ・モンドを妻として与えられ、波乱に満ちた不死の英雄と死すべき人界の英雄の壮大な戦いの幕が閉じられる。

この叙事詩の詳細な分析はここではできないが、いくつか注目すべき点を指摘して、鉄の民、バントゥ集団の歴史と文化の深層をこの叙事詩が照らし出していることを示しておきたい。

まず、口頭で演じられるものであるだけに、戦いと道行が交代で展開するという緩急で構成されていることがあげられる。また、鉄と炎の戦いと和解、嵐と炎のシーソーゲーム、嵐の娘の争奪戦などが鉄の製造過程を踏まえて展開していることはおそらく確実であろう。戦いが野外から最後は閉じられた地下世界に移行し、エネルギーはいわば内爆発へと蓄積されてゆくこと(鉄製造の高炉の内部空間を思わせる)は意識的な構成だと思われる。さらに、鉄と炎の戦いに賭けられているのが鉄と女性であることには理由がある。ファン系集団の社会では、一〇人以上の男が数日がかりでおこなう銑鉄製造は、おおがかりで荘重な、さまざまな配慮に満ちた行事でもあった。そしてできた銑鉄をさらに細い棒状の鉄片に加工し束ねたものは、未婚の参加者に分配され、婚資(結婚する相手方へ贈る財)となったのである。

十九世紀なかば、バントゥ集団の故地を身軽な社会として移動しつつあったファン系集団は、それが自らの意志だったわけではないにせよ、王権を採用することはしないまま、王権を正当化する神話とは異なった、鉄の技術の神話世界を想像し生きていたとすれば、二〇〇〇年以上前の祖先たちの生きた世界に意外なくらい近い世界を再現していたのかもしれない。もちろん、ファン系集団の研究に専念していた言語学者アレクサンドルとともに以下のように問うこともできる。

カメルーンとガボンの典型的な分節社会であるブールーおよびファンで広く親しまれている叙事詩ムヴェットは、空想の王国エンゴンとその王アコマ・ンバの年代記である。詩人が描く王国はアフリカ諸王国のあり方に合致している。ところがブールー、ファンの周囲に王国はひとつもない。みつけるためには数百キロ北のアダマワ高地のムブンやティカール王国までいかねばならないが、二〜三世紀前、これらの集団が熱帯多雨林地帯に移住する前、これらの王国と接触したということはありうる。だからどうなのか。エンゴンはまったくの伝説なのか。それとも移住によって解体したファン、ブールーの政治組織の記憶なのか、逆に優勢な彼らのせいで移住を強いられた王国の組織の記憶なのか。現状ではこの問いに答えることはできない。しかし、窮状に追いやられた他の民族においてこれに似た現象がないか探してみるのは興味深い課題であろう。[Alexsandre, 1981]

武器(死)と、農具(生)をもたらす鉄、女性、王(あるいはその不在)の関係とその変奏がバントゥ集団の歴史をあやなしているとすれば、この歴史は確実に人類史に通底している。

群生する首長制社会のなかから王権が台頭し、予期せぬ外からの強力な勢力の介入で解体したコンゴ王国、移動ののち定住化し、近隣のいわば王権の発生を未然に抑制する社会とは対照的な王権形成の過程をたどったクバ王国、自然発生的な社会の複雑化が考古学的に裏づけられ、神話によっていわば内側から王権意識の形成をたどることができるルバ‐ルンダ王国群、これらはバントゥ集団の一〇〇〇年ごろから植民地化直前までの多様化の過程の、ある幅を示している。これらの例は同時に、きわめて断片的ではあるが、バントゥ集団の歴史人類学研究の方法の多様性も垣間見せてくれる。それぞれが古文書、調査に基づく歴史、考古学と神話学を基本的な手法として探求されている。また、それぞれが王権の基盤の弱さと対外関係、王権の再生産のメカニズム、王権を支える伝承の力といった、王権をめぐる多彩な側面のいずれかに光をあてている。

そして王権を生み出した社会のあいだには、より小規模な首長をいただく社会や、あたかも王権を生み出すことを拒み、身軽な装備で移動する社会がみいだされた。一五〇〇年前後までの考古学の知見と、それ以後の歴史人類学の知見の総合、そして何よりも西洋との接触と交易がバントゥの世界に与えた衝撃をどのようにとらえていくか、今後いっそう深められるべき課題である。

第六章　南部アフリカ——コイサン、バントゥ、ヨーロッパ人

本章では、南部アフリカを、現在のアンゴラからザンビア、ジンバブウェをへてモザンビークにいたる地域より南側のアフリカとして規定する。その面積は日本の約一〇倍を示し、その自然環境はあまりにも多様である。オレンジ川、ザンベジ川、リンポポ川などの河川、カラハリ砂漠やナミブ砂漠、東側を南北に走る標高一五〇〇メートルの高原地帯、その南にはドラケンスバーグ山脈が走る（三二一ページ図参照）。またこの地域は、インド洋と大西洋に囲まれており、南端部には、夏乾燥、冬雨の地中海性気候が広がる。

本章では、とくにつぎの三点に留意して叙述した。まず、サハラ以南のアフリカはブラック・アフリカと規定されることがあるが、南部アフリカにはあてはまらない。ブラック・アフリカを代表するバントゥ系のアフリカ人のほかに、コイサンや白人社会にも注目する必要がある。また、この地域を閉じた社会としてとらえるのではなくて、象牙《ぞうげ》、毛皮、ガラスビーズやイスラーム・ガラスなどが交換されるインド洋や内陸部での交易をとおしての、この地域と外部社会との関係の歴史に焦点をあてた。アフリカ大陸内では唯一、東南アジアやマダガスカルなどから奴隷を輸入している地域である点も注目してよいだろう。さ

らに、この地域の先行研究を踏まえ、歴史学における社会史研究および最新の考古学の成果を取り入れた。

本章は、南部アフリカの歴史を対象にして、年代順に五つの節に分けられる。先史時代(七〇〇〇年前〜二〇〇〇年前頃)の狩猟採集民と牧畜民、三〜十一世紀におよぶバントゥ系農牧民の移動と階層社会の形成、十七〜十八世紀のオランダによる植民地社会、十九世紀の植民地化以前の南部アフリカ諸社会、二十世紀前半におけるイギリスとポルトガルによる植民地社会である。

1　先史時代の狩猟採集民と牧畜民の移動

六〇〇〇〜七〇〇〇年前の海水準の変動と資源利用

およそ二万年前の後期石器時代には、現在の狩猟採集民サン(ブッシュマン)の直接の祖先であったと推定される人々が、南部アフリカの各地に広く生活していた。この時代の生活は、現在のケープタウン周辺に集中してみられる考古遺跡から復元できる(次ページ図)。ここでは、海岸部と内陸部に分けて、資源利用からみた生活様式を紹介する。

「海岸部の人々」は、いくつかの貝塚からの発掘により、魚、貝、エビ、海鳥、アザラシ、イルカ、クジラのような海洋資源を利用していたことがわかる。なかでもエランド湾北部の貝塚では、調理の場となる炉の近くに貝殻とエランド(ウシ科、体重四〇〇〜九〇〇キログラム、レイヨウ類のなかでは最大)の骨などが空間的に棲み分けられ、石器と土器類も空間的に切り離されたところで見つかっている。貝塚は数キロ内陸に立地しているので、人々は海岸から貝を運んだものと推測される。男性は狩猟のために石器を、女性は調理に土器類を利用していたとみられる。

「海岸部の人々」は、洞窟(エランド湾洞窟遺跡など)も使っていた。一万二〇〇〇年前の氷河期には、海水準は低く、洞窟のあるエランド湾の海岸線が今よりも二五～三〇キロほど海側に広がっていたとされている。その後、五〇〇〇年前になると海水準が高くなり、現在と比べて二メートルも海水準が上昇している。洞窟の人々は、この変化に対応して食用にする魚の種類を変えてきた。五〇〇〇年前の人々は、アザラシ、海鳥、エビ、魚などの海洋資源とアンテロープ類(森林棲のダイカーなど)、カメ、マングースなどの陸上資源を併用していた。

「内陸部の人々」は、一万五〇〇〇年前から二〇〇〇年前まで山中(メルコートブーム遺跡)に居住し、食用のほかに薬や毒づくりのために二八種類の植物を利用していた。同様にエラン

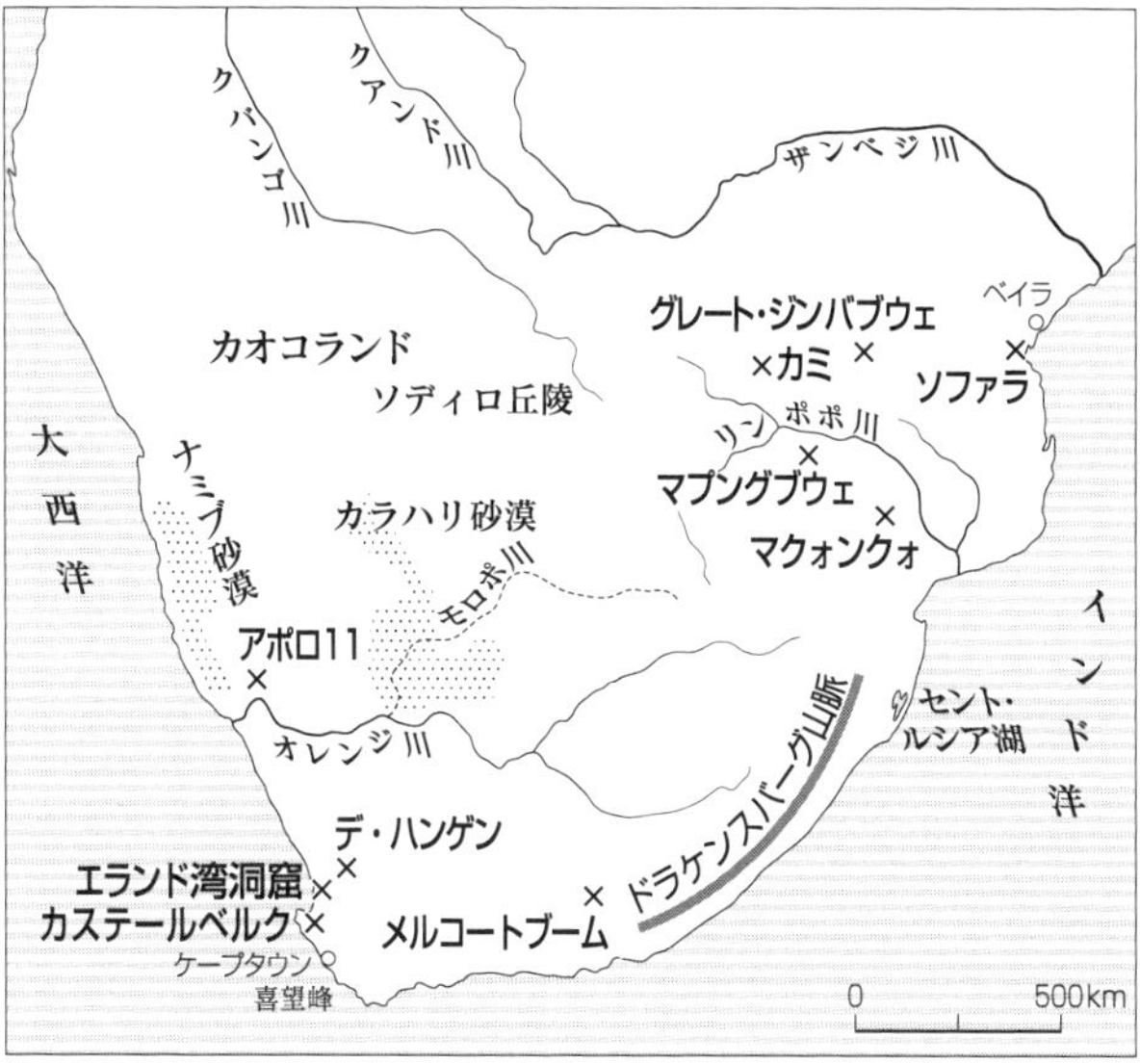

南部アフリカにおける遺跡の分布

ド湾から内陸にはいった山中にあるデ・ハンゲン遺跡では三五種の植物の利用が知られ、ここでは、植物の葉に包まれた黒い二枚貝の殻も見つかっている。これは、山中の洞窟に住む人と海岸に住む人のあいだで接触があったことを示している。しかし同時に、若いハイラックス(イワダヌキ目ハイラックス科の哺乳類。ナキウサギ、タヌキに似ている)の歯を分析すると、九月から二月にかけて多くの獲物をとらえていたことがわかってきた。その結果、考古学者ジョン・パーキントンは、人々が山中の遺跡を夏のみ利用しており、それ以外の時期には海岸部で暮していたという、季節的移動仮説を提唱した。

しかしその後、エランド湾と山中との両所で発掘された人骨のアイソトープ分析から食生活を調べてみると、「海岸部の人々」は一年中ほとんどそこに暮しており、また「内陸部の人々」は海産物をあまり食べていなかったことが明らかにされている。このことは、上述した季節的移動仮説があてはまらず、「海岸部の人々」と「内陸部の人々」とのあいだに資源利用をめぐって地理的な棲み分けがあったと推察される。

南アフリカ共和国南東部のクワズールー・ナタール州において、後期石器時代における狩猟採集民の生活はどうであったろうか。七五〇〇年前～四〇〇〇年前に、避難所のひとつとされるマクォンクォ遺跡が利用されており、そこから、通常に比べてかなり多量の、ダチョウの卵殻製ビーズや少量の貝製ビーズが見つかっている。これは、この場所がビーズ製作の場所であっただけでなく、エランド湾と同様に「海岸部の人々」と「内陸部の人々」との経済的接触がここでもおこなわれていたことがうかがえる。

岩壁画と狩猟採集民のトランス

岩壁画は、北はタンザニアやアンゴラから、南はケープタウン周辺にいたるまで、南部アフリカ各地に広くみられる。なかでもクワズールー・ナタール州からレソトにかけてのドラケンスバーグ山脈、ケープタウン周辺、ジンバブウェ高原、ボツワナのソディロ丘陵、ナミビア中部・南部などの岩石からなる高地に分布している。その数は数千以上におよび、その分布状況から、当時の狩猟採集民が南部アフリカのほぼ全域に生活していたことを示しているといえよう。

従来の研究では、岩壁画の作製年代を確定できないという問題を残していた。しかし、近年に開発された原子力加速装置の発達によって、今日では、炭などの有機物がわずかな量でもあれば、その年代を確定できるようになっている。たとえば、ナミビア南部の洞窟(アポロ11遺跡)の岩壁画は、付着していた炭から二万七〇〇〇年前〜二万五〇〇〇年前に描かれたものであることがわかった。また西ケープのものは、三五〇〇年前ごろのものであり、岩壁画は後期新石器時代のものが多いことがわかった。

すべての洞窟に岩壁画があるわけではなく、絵のある洞窟は、特別の意味をもっていたと解釈されている。また、岩壁画の多くには動物が描かれている。クワズールー・ナタール州のドラケンスバーグ山脈にある岩壁画では、動物のなかでエランドがもっとも頻繁に描かれている。しかし考古学的発掘によると、他のアンテロープ類の骨の量に比べてレイヨウ類のエランドの骨はあまり多く見つかっていない。このことは、当時の信仰生活のなかで、エランドがいかに重要であったかを示しているといえよう。エランドには出生力をシンボライズする力をもっているというサンの民族誌の例などから、当時、雨乞いの対象にな

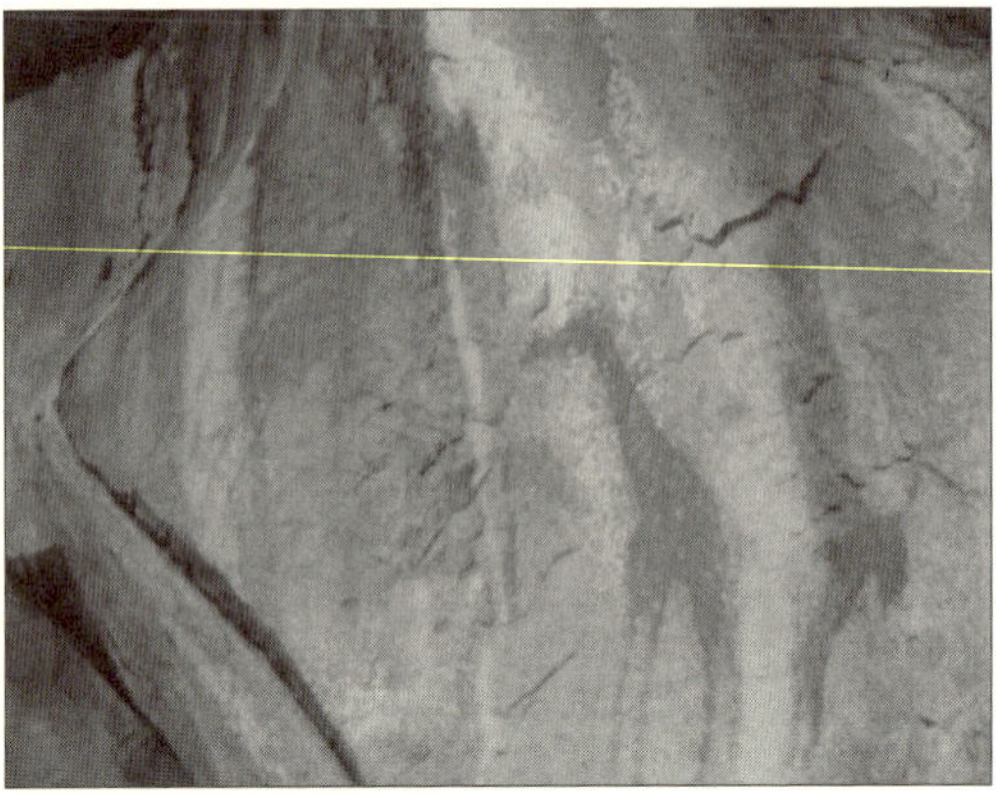

ボツワナのソディロ丘陵の岩壁画　岩壁画は南部アフリカ各地に分布していて，そこから当時の人々の自然にたいする認識の仕方を知ることができる。

っていたのではないかと解釈されている。

南部アフリカの岩壁画には、必ずしも狩猟用の動物だけが描かれているわけではない。西ケープではまれにヒツジが、東ケープでは数頭のウシが描かれている。この岩壁画を描いた人々は、アフリカ人(おそらくコイコイの祖先)の羊飼いや牛飼いとなんらかの関係があったことがうかがえる。

考古学者ルイス・ウィリアムスは、岩壁画にみえる治療者(ヒーラー)がおこなうトランス状態にかんするモチーフを識別し、「多くの岩壁画は、儀礼的治療と結びつき、集団内の社会的・身体的病いを治すための力をえるために、治療者の存在を反映したものである」とするトランス仮説を提出している。

岩壁画に比べて彫刻は、洞窟がなく乾燥の激しい地域にみられる傾向にある。彫刻もまた、トランス・シンボリズムのひとつであったと推測されているが、これを確かめるための証拠はみられない。

近年では、ジェンダーの視点から岩壁画への新しい解釈が加えられている。あるものは雨乞いや社会的再生の儀礼と結びつき、トランス状態における男性と女性の治療者を示していると解釈されてきたのにたいして、他のあるものは、トランス状態をともなう儀礼であることには変わりはないが、ジェンダーと降雨との関連を示しているという指摘もある。また、生殖器を露出した架空の女性が足を広げて描かれているものからは、当時の生活のなかで女性の役割を無視できないことが示唆される。

二〇〇〇年前のヒツジの導入と土器類、牧畜民と狩猟民との関係

約二〇〇〇年前(紀元前後)に、南部アフリカの西ケープでは、家畜としてヒツジが最初に導入された。当時そこは、乾燥した夏をともなう地中海性気候であるために、アフリカの伝統的作物のソルガム、シコクビエなどを栽培できず、鉄器をもつ農牧民が居住できる状態ではなかった。その一方で、東ケープのバントゥ系の社会では、夏の降雨による作物栽培にウシの家畜飼養を組み合わせた混合農耕経済を成立させてきた。

その結果、これらの地域では、家畜を飼養し始めた狩猟採集民、大部分の食糧を家畜に依存する牧畜民、現在のバントゥ系の子孫となる農牧民という、生業の異なった三つの集団が生まれた。これらの集団は、おたがいに交渉をもち、婚姻関係もみられた。

狩猟採集民は、農牧民のために獲物の動物を補給したり、雨乞い儀礼を執行したりしたが、農牧民からは、代価として穀物やヒツジが支払われた。また狩猟採集民は平等主義者であるので、支払われた家畜はただちに屠殺《とさつ》され、集団内で分配されたと推察できる。こうしたことからも、狩猟採集民と牧畜民とでは食糧についての価値観が大きく異なり、おたがいの社会が共通に変化することはなかったと思われる。

言語学者ウエストパルは、南部アフリカにおける狩猟採集民と牧畜民の語彙分析をして、牧畜民ケープ・コイコイとボツワナ北部におけるサン(チュークウェ集団)との言語の類似性が大きいことから、ケープ・コイコイはボツワナ北部から移動してきたと指摘する。しかし、狩猟採集民が、ボツワナ北部でなんらかのかたちで家畜を入手して牧畜民に変化した年代ははっきりしていない。当時の牧畜民は、自らの家畜の群れを維持するために牧草地を求めて移動を始めたと推定されている。

上述の牧畜民の移動経路にかんして、二つの異なった仮説が提示されている。歴史言語学者イーレットは、「語彙の分析をとおして、プロト・コイコイは、ボツワナ北部から南へオレンジ川上流部まで移動したあとに、二つの集団に分かれ、プレ・ナマの集団はオレンジ川に沿って西へ、ケープ・コイコイの集団は南へ、そして海岸に沿って東や西に広がっていった」と指摘している。これにたいして歴史学者エルフィックは、「ボツワナ北部を基点として、まずそこから西に移動したあとに、海岸線沿いに南や東に移動した」とみなしている。現時点では、これら二つの仮説の成否にかんしては決着がついていない。

コイコイは、新鮮な草を求めてたえず移動していたので、彼らの社会で土地を保有することはなかった。家畜は、個人や家族で所有していて、個人や集団での富のかたちを示していた。しかし、男性の系列をとおして小さな血族集団である父系クランは、政治的な力は弱いが首長制で組織されていた。また、彼らは、いったん家畜泥棒、病気、旱魃《かんばつ》などの被害を受けると、家畜の保有数を回復することは困難であった。

西ケープの遺跡(カステールベルク)は、サルダーナ湾の北側で、海岸から四キロほど内陸へはいった見晴らしのよい丘にある。この遺跡では、貝殻や、アザラシ、ハーティビースト、スティーンボック、ヒツジ、わずかなウシの骨などが発掘されている。かつてゾウが存在していたことを示す象牙もみられる。このなかでアザラシの骨がヒツジの骨に比べて格段に多く出土していることから、アザラシがもっとも重要な食用動物であったことがわかる。アザラシは肉だけではなく、体に塗るために、オーカー(鉄酸化物を含んだ粘土)の粉と混合するための油を採るうえでも重要であった。つまりそこは、アザラシ捕獲用の狩猟キャンプであったと推察される。その地からは、一八〇〇年前~八〇〇年前(二〇〇~一二〇〇年)に家畜化したヒツジの骨がでていることから、その当時に最初の羊牧畜民が占有した場所であったと考えられる。このことは、北部ナミビアやナマクアランドでの資料とも一致している。しかし、少量のウシの骨しかでていないことは、東ケープのバントゥ系の農耕民との接触ののち、ウシが導入されたためと推測されている。

　また、牧畜民の南への移動にともない、先住の狩猟採集民は辺鄙《へんぴ》な山岳地域に追いやられることになった。その結果、牧畜民と狩猟採集民のあいだにあらたな関係が生まれたと推測される。この関係をめぐり、二つの仮説が提示されている。

牧畜民コイコイの移動の様子　17世紀にオランダ人がケープタウンに上陸したとき，その地域にはすでに牧畜民コイコイが居住していた。彼らは，ウシを中心にしてヒツジも連れて移動生活をおこなっていた。

まず歴史学者エルフィックは、牧畜民と狩猟採集民とのあいだに、家畜の所有の有無によってエスニシティが容易に変化する「循環モデル」を考えた。牧畜民コイコイの経済は、家畜泥棒や病気や旱魃によって家畜を失うと、容易に壊れやすくなる。彼らは、自らの生存のために狩猟に従事したり、その損失の回復のために他の牧畜民からウシを略奪する。たとえば、ある家族が、家畜を所有していたときには、自らを牧畜民コイコイとみなすが、家畜を失うやいなや狩猟民になるという。

その一方で考古学者スミスは、サルダーナ湾北側とそれに隣接する小さな岩のシェルター（カステールベルク遺跡）での発掘調査によって、異なる二つの集団が共存することを示した。前者では、多量のヒツジやアザラシの骨、多量の土器やダチョウの卵殻製ビーズが見つかっている。後者では、その地域に家畜が到来する以前から植民地時代の初めまで人の居住があり、スティーンボックなどの小型野生動物の骨が大部分を占めるなかで、少量の家畜の骨も見つかっている。ここにもダチョウの卵殻製ビーズや石器などもあるが、前者のそれとは異なっている。

以上、スミスの事例からは、狩猟採集民と牧畜民の居住地は異なっていて、エスニシティは容易に変わるものではなく、それぞれを維持しながら共存できることを示しているといえよう。

2　バントゥ系農牧民の移動と階層社会の形成

鉄器をもつバントゥの移動と初期農耕社会

考古学者ハフマンは、鉄器をもつバントゥ系農牧民が三つの流れによって南部アフリカに定着したとみなした。

第一の流れは、「マトラ」と呼ばれる土器類を共通に利用して、モザンビークとクワズールー・ナタール州北部の海岸沿いに進んだものである。この流れは、放射性炭素の年代測定によって二〇〇〜四〇〇年に生じていることがわかっている。三〜四世紀には、インド洋に面した内陸にある湖と海岸線のあいだ（セント・ルシア湖遺跡）に半定住的な村がつくられた。そこでの生計活動では、家畜飼育の始まる兆候はみられないが、豊かな貝類の採集と農耕とを組み合わせている。この貝類が重要なタンパク質源であった。このように初期の食糧生産者は、内水面や海洋資源を利用しながらも、なお定着的な集落には住んでいなかった。彼らは、狩猟採集民に類似した生存戦略を使いながら、資源のフロンティアを開拓していったと推定される。

第二の流れは、「リデンブルク」と呼ばれる土器類を共通にして、ザンビア、ジンバブウェをとおり南東部の海岸に沿ってズールーランド、トランスカイまで達する。これは、五〜十世紀に生じている。この時期には、第一の流れによって形成された集落に比べて規模が大きくなり、農耕集落的な色彩が濃くなる。

たとえば、ザンベジ川とリンポポ川のあいだの地域では、初期農耕を示す数多くの遺跡が知られ、建造物などは定住的な農耕集落であったことを示している。そこでは、ウシ、ヤギ、ヒツジ、それにいくらかの野生動物の骨が出土している。たとえば、リンポポ川の南では、四世紀なかばから七世紀初めにかけて数多くの村がつくられた。村人は、狩猟のほかに、ヒツジやヤギなどの家畜を飼養しており、まれにウシをもつものもいた。これらから、すべての農耕社会は、はじめウシに比べて多数のヒツジとヤギを飼養していたが、九世紀ごろになるとヒツジやヤギよりもウシが重要な家畜になっていたことがわかる。

第三の流れは、「ゴコメレ」と呼ばれる土器類を共通にして、ジンバブウェをとおり、第二の流れで残された地域を南下していくものである。この移動は、十世紀末ごろに起きたと推定される。とりわけジンバブウェでは、シュロダ集落がもっとも規模が大きい。ここの人々は、およそ一〇〇年間にわたり政治的支配を維持していたが、十世紀末〜十一世紀初めにこの集落を放棄したといわれる。ここは、多量の象牙とガラスビーズが出土する、内陸における最初の集落であった。

このほかにも、第三の流れによる集落の多くではガラスビーズが見つかっていて、これらの集落が、インド洋をめぐる商業ネットワークに直接関与していたことがうかがえる。九世紀のアラブの記録には、スワヒリの交易人が、現在のモザンビーク中部の海岸で象牙を捜していたことが記されている。モザンビーク中部の遺跡(ソファラ)からも、ペルシアの陶器類やイスラーム・ガラスとガラスビーズなどが出土しており、当時の交易の状況がうかがえる。スワヒリの交易人は、モザンビーク南部への航海は危険であったため、到達することができなかった。

王国の形成と崩壊

ジンバブウェ文化は、放射性炭素の年代測定によって、それぞれ王都名にちなんで、マプングブウェ(一二二〇～九〇年頃)、グレート・ジンバブウェ(一二九〇～一四五〇年頃)、カミ(一四五〇～一八二〇年頃)の三つに区分される。

最初の国家マプングブウェ　十三世紀につくられたマプングブウェは、南部アフリカの歴史のなかで最初の国家であったといわれる。その王国は、現在のボツワナ東部、ジンバブウェ、モザンビーク南部、南アフリカ北東部にあたる地域に広がる交易ネットワークをもち、洗練された社会・政治的階層から構成されていた。また、そこでの交易システムは、中東やインドとつながる国際的商業システムの一端を担っていた。

マプングブウェには、約七〇年間にわたって人々が居住していた。そして、この短い期間に、社会のなかに新しいエリート層を発達させたといわれる。そこでの建築物やその空間配列によって、階層区分があったことや神聖な指導者の存在などが明らかになっている。たとえば、丘の上にある石壁で囲われた宮殿には、指導者とその家族や従者が生活していたが、それぞれの居住域は明確に区分けされていたことがうかがえる。またエリート層は他の石壁で区分けされたところに居住していた。これらは、後述するグレート・ジンバブウェのものと類似し、この集落が起源となってグレート・ジンバブウェ文化が生まれた可能性がある。これらの階層に結びつくような人々のイデオロギーが、この時代の文化を示しているといわれ

グレート・ジンバブウェの楕円形建造物　石を積んでつくられた建造物は，長径約100m，短径約80m の外壁をもつ。

る。

石壁の集合体グレート・ジンバブウェ　グレート・ジンバブウェは、南部アフリカに生まれた最初の町であり、交易センターとして王国の首都であったと推定されている。

マプングブウェ文化の後期である一二七〇～九〇年ごろに、グレート・ジンバブウェは、花崗《かこう》岩片を利用した石壁の集合体として、丘の上に建設された。この町は、巨大な集落の中心部を占める少数の支配者階級の居住区と、その壁の外にある高密度に小屋がならぶ庶民居住区から構成されていた。両者を合わせた面積は七〇〇ヘクタールにもなり、全体の推定人口は約一万八〇〇〇と推定されている。

しかし、建造物の役割にかんしては、考古学者のあいだで見解が一致していない。ガーレイクは石壁内のある囲いをもつ建物を支配者階級の家とみなし、豊かな輸入品のあるところを王室の貯蔵所と考えた。ハフマンはこの囲いをもつ建物に溝があることから、それを王室の妻たちの居住区とみなした。また彼は、ショナ(現在、この地域に居住する人々。この文化の担い手であったと推察されている)に「男の所有物の管理をする権利は第一夫人にある」という習慣があることから、豊かな輸入品のあるところをその王の第一夫人の居住区と考えた。

このような町では、ウシを中心とする家畜飼養がもっとも重要な経済基盤であった。また、彼らは、ガラスビーズやタカラガイなどを入手するために、海岸の都市との交易活動をそれに組み合わせていた。発掘資料のなかには、中国・明朝(一三六八〜一六四四年)の時代につくられた陶磁器類やペルシア製の容器、イスラーム・ガラスなどがあり、十三〜十四世紀の交易活動によって入手されたと推定されている。

その後一四二〇〜五〇年に、政治的センターとしての町は崩壊している。その要因としては、王都の拡大にともなう人口圧や、ウシの飼養頭数が増加して、薪や放牧資源の枯渇が生まれ、町の人口や家畜を支えきれなくなったこと、ネットワークが広がりすぎたために国家権力の浸透が弱まり、国家組織の分裂をまねいたという二つの点があげられる。

カミ(ムタパ王国とトルワ王国)　十五世紀初めに、ショナ系カランガの貴族は、グレート・ジンバブウェに従属する一方で、放牧地や金鉱を探し求めて北方に拡大していった。その結果、彼らは新しい地域を支配することによって経済的な力をもち、ムタパ王国の統治者となっていった。

一五〇五年にポルトガル人は、金と象牙を入手するために内陸部の情報を集めて、モザンビークの海岸のソファラに最初の要塞を建設した。彼らは、ジンバブウェの低地と高原に、モノモタパという統治者の称号に名前が由来するムタパ王国が存在しているのを見つけた。ムタパ王国は、一五二五年には、スワヒリの勢力に対抗してソファラを征服し、モザンビーク島に大規模な集落をつくった。その後ポルトガル人は、ムタパ王国の勢力の弱いフロンティアに、王国とスワヒリとの結合を妨げるかのように多くの市場を組織していった。

十六世紀におけるムタパ王国の王都はカミ川の近くにあったといわれるが、正確な場所はわかっていない。そこには二〇〇〇～三〇〇〇人の人々が居住していたと推定され、王国の経済構造や集落パターンは、グレート・ジンバブウェと類似していたと思われる。大多数の人々は、農耕と家畜飼育を組み合わせた生業に従事し、季節に応じて家畜を高原から低地に移動させていた。貴族は金鉱を管理して、支配者は富のシンボルとしてのウシを所有しながら、交易や徴税によって経済的な利益をえていた。とりわけ交易では、スワヒリ商人がインド洋をめぐる中東とアジアを結ぶ国際的交易を独占していた。

十六世紀の中部モザンビークは、ムタパ王国の一部になっていた。ソファラは、王国の金鉱や市場への入口となる港町であった。スワヒリの交易人は、ソファラで土地の女性としばしば結婚し、彼らの子孫は、独特なエスニック・アイデンティティを形成した。

この時期には、ムタパ王国と同様に、カミ川の段丘上にトルワ王国が成立していた。この王国は、十五世紀前半におけるグレート・ジンバブウェの崩壊のあと、すぐにつくられ、十七世紀の終わりまで繁栄した。ここには二〇以上の集落が立地して、石壁で囲まれた中央部には社会のなかで重要な人々が、その周辺部には一般の人々が居住していたといわれる。

以上のように王国の形成と崩壊をめぐる三つの期間を比較すると、この地域の文化は、階級の違いや神聖な指導者の存在などが共通点になっており、植民地化以前の南部アフリカにおいてもっとも複雑な社会であったことが確認できる。ここでは、長距離交易によってえられた莫大な量の富とますますふえる人口によって、経済、社会組織、イデオロギー、信仰、集落パターンなどに一連の変化がもたらされた。当時の社会は、貴族と庶民という二つの社会経済的階級に分化していた。貴族は高い地位の集団で権利や義務をもち、特定の家族が富や政治的権力を独占して官僚的な上流階級を形成した。二つの階級は、それぞれの階級内での結婚を厳守して、おたがいが交わらないようにもなっていた。庶民は農地の近くの小さなホームステッド(集落)に住み、貴族は区、県、国の都となる特別地域に居住するという集落パターンが指摘できる。なお、神との仲介ができる力をもつ指導者が土地との神秘的な結合をもつことで、階級の区分が正当化されていたといわれる。

3　オランダのケープ植民地とアフリカ諸社会

オランダ東インド会社の統治とケープタウン

一四八八年にポルトガルのバルトロメウ・ディアスが喜望峰を「発見」したのをきっかけに、ヨーロッパ世界に南部アフリカが紹介されるようになった。一五一〇年にその地域を支配しようとしたポルトガルは、ケープの牧畜民コイコイとの戦争に敗れたためにケープ地方を征服する企図を放棄した。

十七世紀前半には、オランダ東インド会社がポルトガルから東洋貿易の権利を奪い、一六五二年に、東洋貿易の寄港地としてケープタウンのテーブル湾に注目した。当時のオランダでは、農民の望んだ土地が商業貴族のあいだで分配されるなど、貴族や商人が国家権力を独占していたために、多くの農民が新しい土地への移住を望んでいた。そのため、十七世紀の終わりまでに、約六〇〇人のオランダ農民がケープタウンに移住したのである。彼らは、先住民コイコイとの混血を好まず、また、東インド会社の役員と区別するためにボーア(英語で「農民」の意味。現在ではアフリカーナー)と呼ばれた。当時の東インド会社では、移民の職業に応じて穀物の価格や税額を定めたほか、先住民との貿易を許可制にしたので、移民はこれらに反発した。

オランダが到着してから最初の数十年は、コイコイ、ヨーロッパ人、奴隷の三つの集団が、宗教、文化、容貌の異なる、おたがいに独立した存在であった。そのうえ、三つの集団の社会的地位も異なっていた。コイコイは、オランダ東インド会社の支配下にあるというよりは伝統的な組織を維持していた。奴隷は、ヨーロッパ人の所有物であった。しかし一七九五年には、これら三つの集団の境界に変化が生じてきた。コイコイがオランダ法に従う賃金労働者として、ヨーロッパ人社会に組み入れられていったのである。また、奴隷がキリスト教やイスラームに改宗させられ、奴隷とヨーロッパ人との通婚も含めて、集団間での通婚が進んだ。

奴隷の輸入と多人種社会の形成

ケープ植民地において、一六八六年ごろに奴隷の輸入が開始されて以来、一八〇八年の輸入禁止令が施

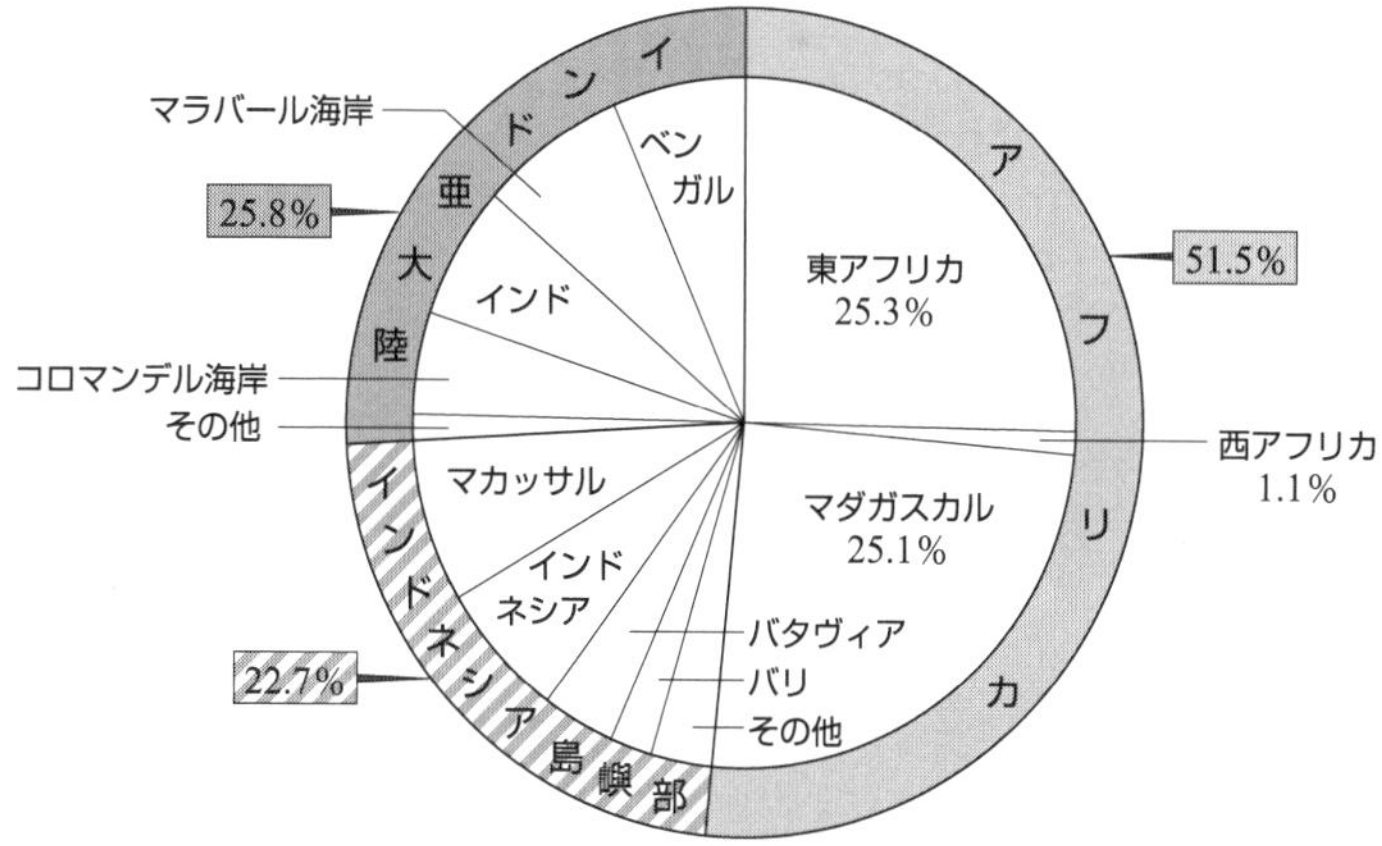

ケープに輸入された奴隷の出身地別割合(1686～1808年)

行されるまでのあいだに、約六万三〇〇〇人の奴隷が、インドネシア、インド、マダガスカル、東アフリカなどの各地から輸入されてきた。上図から、かなり広い地域から集められているという特徴がみいだせる。このような出身地の違いは、都市の奴隷商人と船員との商業取引の変化や交易会社の浮き沈みの影響を受けながら、商業上の競争の結果を反映していると思われる。

一七九二年までの奴隷貿易の基本方針は、オランダ西インド会社とオランダ東インド会社の競争によって決定づけられたといわれる。西インド会社は西アフリカ地域を独占していたために、東インド会社が西アフリカから奴隷を輸入するのを認めなかった。しかし、一六五八年には、数人の奴隷がダホメー(現ベナン)から、一七四人の奴隷がアンゴラから輸入されているように、東インド会社は西インド会社の供給地から輸入している状況がみられる。

その後、ケープ植民地への奴隷の供給が大きく拡大した。その地域は、アビシニア(現エチオピア)、アラビア、ベンガル、ボルネオ(現カリマンタン)、ビルマ(現ミャンマー)、セイロン(現スリランカ)、中国、日本のように、アフリカの東海岸から南アジアや東南アジア、東アジアにまで広がっている。とりわけ十八世紀後半には、東インド会社によるオランダ船の減少によって、輸入奴隷の構成に変化がみられた。インド亜大陸からの奴隷の比率が輸入奴隷の八〇％を占めていたのが、一五％へと大幅に減少している。

一七九五年にイギリスがケープ植民地を占有したころ、ポルトガルの商人は、ブラジルに奴隷を運ぶことを目的として、アフリカの東海岸で活動していた。なかでもモザンビークが、もっとも重要な奴隷の供給地であった。当時ケープ植民地にきた一〇三九人の奴隷のうち七九〇人は、モザンビークからきていた。しかし、モザンビーク出身の奴隷は、ブラジルに向けて運ばれた数が多かったので、ケープのそれの占める割合は低かった。

また一七七〇年以降に輸入された奴隷では、それ以前に比べて若い女性の割合が高くなっていた。このため、ケープ植民地の奴隷は、彼ら自身のなかで奴隷を再生産していった。奴隷の所有者は、奴隷の供給が不足していたので奴隷の自然増加を望んだ。一八〇八年以前に、ケープの奴隷集団はケープ生まれが五割を超え、クレオール化の兆候がみられたが、奴隷集団の再生産によって奴隷所有者の増大する需要を満たすにはいたらなかった。そして一八〇八年に奴隷貿易が廃止されてからは、ケープ奴隷のクレオール化はますます早いペースで進行していった。

奴隷の価格は、出身地、性別、年齢によって異なっていた。クレオール奴隷がもっとも高価で、マダガスカル出身の奴隷がもっとも安かった。この価格の違いは、前者は輸入奴隷に比べて、そこに長く住んでいることで逃亡や犯罪や反逆があまりみられないこと、後者は、死亡率の高さが理由になっている。奴隷の所有者は、反逆される危険度は高かったが、奴隷同士での意思伝達の問題があるために同じ出身地の奴隷を多く集めていた。また、新しく到着した奴隷は、集団で逃亡する確率が高かったので、クレオール奴隷やヨーロッパ文化になじんだ奴隷と一緒の家庭に移される傾向にあった。

十八世紀には、出身地別の特性がますます知られるようになった。マダガスカル出身の奴隷は野生のハチを見つけ、蜂蜜を採集する技術をもっていたため、マダガスカルとその他のアフリカからの奴隷は畑での労働に従事した。他の奴隷もそれぞれの特性に応じて、たとえばインドネシアの奴隷は職人に、インドの奴隷はサービス労働に従事することが多くなった。当時、ベンガル、コロマンデル海岸（インド南東部の海岸）、スマトラやマカッサル（現インドネシア）からの女性奴隷は、技術を身につけた裁縫婦としての評判が高かったので、彼女らには多くの需要があった。

ケープ植民地での奴隷分類の方法は、一八〇八年の奴隷の輸入禁止とともに大きく変わった。一八二〇年代には、奴隷の出身地について言及しなくなったかわりに、家系と人種に基づく新しい分類方法が生まれた。当時のイギリス植民地の行政官は、マダガスカルとモザンビーク出身の奴隷を一括して「ニグロ」と呼んだ。つまり植民者による新しいアイデンティティが、ケープ奴隷に押しつけられた。奴隷の出身地による古くて巧みな定型化が修正されて、奴隷集団を家系と人種に基づく単純な方法で分類するようになったのである。また、この時期に、カラードという言葉が使用され始めている。

十七〜十八世紀におけるオランダ植民者とコイコイとの相互関係

一五九〇年代には、オランダとイギリスの船がテーブル湾に寄港するようになり、そこでの交易が始まっていた。コイコイは、多数のヒツジやウシのかわりにタバコ、銅製品、鉄などを入手していた。一六五二年に、ヤン・ファン・リーベックがテーブル湾に到着してオランダ東インド会社のポストを建設して以降も、同様の交易は続いた。またオランダ人は、交易会社に従事する使用人としても彼らを雇用した。

一六五二年から一七〇〇年に、オランダ人による政治的支配のフロンティアは、テーブル湾から南西ケープにかけて広がっていた。これにともなって、農業的フロンティアも、一六五七年に最初の自由農民がテーブルマウンテンの背後に定住して以来、外側に拡大していった。さらに、オランダからの牧畜従事者が内陸部の乾燥地域にはいっていったことで、コイコイの地域は圧迫されるようになった。

また一方でコイコイは、テーブルマウンテン近くの新しい農地によって放牧地を損失したことに腹をたてていたうえに、給水の道がさえぎられていた。その結果、一六五九年五月に、コイコイは、突然、力に訴えて反撃にでた。彼らはヨーロッパ人の農地の大部分を破壊してウシやヒツジを盗んだりした。しかしオランダは、コイコイを征服したり奴隷にすることはなく、彼らとの戦争を避ける政策をとった。

一六六〇年の四、五月には、コイコイの二つの集団が東インド会社とのあいだで平和協定を締結した。ますますふえるオランダ人の需要に応じて、彼らとコイコイとの家畜交易の量は、ゆっくりと増加していった。また、より多数の船がテーブル湾に出入りするようになり、兵士や行政官のための肉市場がつくられた。また、病院でもヒツジの肉をつねに必要としていた。オランダ東インド会社は、コイコイのウシを購入することをたえず望んだ。しかしコイコイは牛群を大きくするために若い雌牛を売るのを拒絶して、病気の雌牛や雄牛だけを売るようにしたので、ケープ植民地における牛肉の供給は不安定なものであった。

最初のコイコイとオランダとの争いののちに、オランダ東インド会社に物資を供給するために、フロンティアは急激に拡大していった。一六七九年や八七年には、ステレンボッシュやドラケンステインには、会社の進出にともなって、ヨーロッパ人が定着し、彼らは、会社と交易をしていたコイコイと接触をした。

ケープタウンのマレイ学校でコーランを学ぶ少年たち　マレイは，17世紀のオランダの植民地時代に奴隷としてケープに輸入された人々の子孫である。彼らは，当初からイスラームを信仰していた(1849年)。

十八世紀における植民者とコイコイとの関係を、ケープ植民地の北方フロンティアにあたる西ケープ（ナマクアランドの南の地域）を事例にみてみよう。一七〇〇〜四〇年には、西ケープでボーアや家畜を飼養する植民者は、土地、放牧地、水資源をめぐって、コイコイとのあいだに競合が生じていた。この時期には、コイコイが植民者のために労働しないならば、コイコイの家畜が奪われ放牧地や水資源の利用が拒否された。当時のコイコイ社会は、十七世紀におけるオランダ植民者からの圧力によって非常に弱まっていた。彼らは自らの経済基盤を失い、ボーアの使用人にならざるをえなかった。しかしコイコイのなかには、自らの家畜を維持して生存をはかったり、トレック・ボーアの家畜を害獣や牛泥棒から守り、世話をすることで利益をえていたものもいる。

一七四〇〜七〇年は、西ケープおよび北方のフロンティアでは、他の時期に比べて残された記録が少なく、静かな時期であった。この時期にトレック・ボーアが利用できる土地面積は、彼らの人口増が少ないにもかかわらず一〇倍にもふえている。その結果、彼らは分散して住むようになり、コイコイに与える影響も少なくなった。

一七七〇〜一八〇〇年になると、牧畜に直面する環境危機の影響を受けて、ボーアの牧畜がさらに内陸へ拡大したために、フロンティアに沿って、コイコイの抵抗が続いた。このため、おもにコイコイや混血からなるコマンド隊のメンバーは、ボーアが拡大できるようにその抵抗を押しつぶしてきた。このような人々は、コマンド隊に参加して銃やウマを入手することができた。

4 十九世紀の南部アフリカ

植民地化以前の南部アフリカ諸社会

十九世紀の南部アフリカでは、数多くの王国が各地に成立していた。いずれもその主体は、ズールー、ツワナ、ソト、スワジ、オバンボなどのバントゥ系の人々である。当時の王国は、その成立が軍事力に基づくのか、交易から獲得される経済的な富によるかの、二つのタイプに分けられる。

前者には、ズールー王国の例があげられる。そこには、よく洗練された大きな軍隊と絶対的な権力をもつ王とがいた。このような国家は、伝統的な防御や信念を使ってうまく統治されていたので、武器や宗教のようなかたちで導入される西洋の技術や文化を拒絶する傾向にあった。後者は、軍事国家から逃れた避難民のような人々の形成した社会がもとになっている。こちらは、西洋文化による技術を身につけた王によって統治され、ワゴンや鋤《すき》、武器といった道具や技術をはじめ宗教のような思想的なものまで取り入れ、西洋化をおおいに進めた。

当時、海岸部から内陸部への交易ネットワークが延びていったことで、首長国は、そこを財政的基盤にしていった。十九世紀中ごろには、リヴィングストンの探検によって、南部アフリカの内陸部の状況がヨーロッパ人に知られるようになり、その結果、多くの商人や宣教師などが交易品を求めてこの地をおとずれるようになったのである。

その一方で、イギリスのケープ植民地、ナタール植民地、および内陸のグラスランドにボーアによる二つの共和国が形成されたのにともない、彼らの脅威から人々を守るために、南部アフリカのいたるところに王国が形成された。一八六〇年代の終わりに、アフリカの諸王国およびボーアやイギリスの国家から独立して生活を維持している集団は、リンポポ川の南にはほとんど存在しなかったとされている。

ズールー王国の形成・拡大・崩壊

シャカは、一七八七年にズールーの一クランのチーフの息子として生まれ、一八一六年には、そのクラ

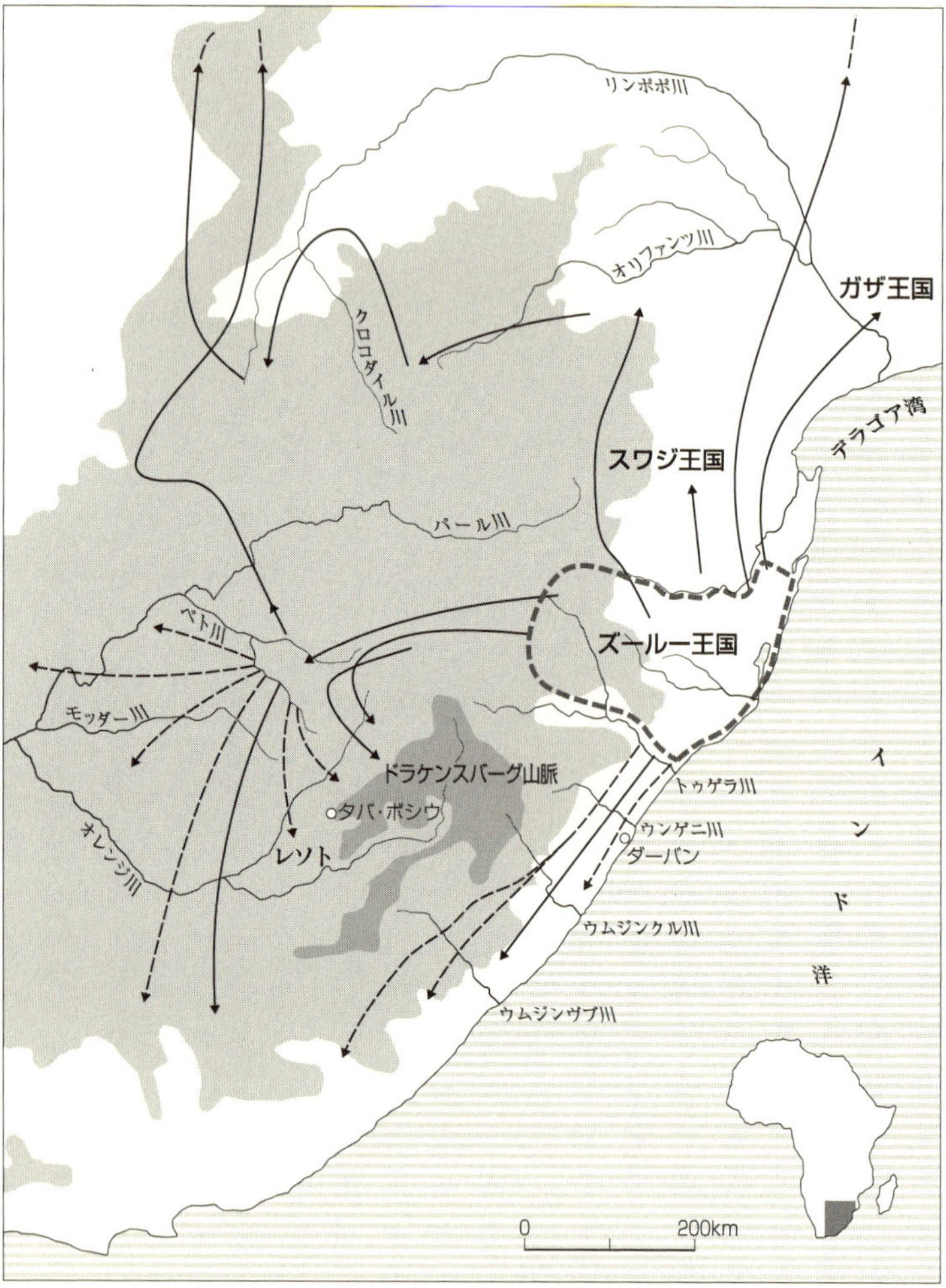

ズールー王国の拡大　破線の囲みはシャカが建てたズールー王国。

ンの首長を継承した。彼は、ズールー内のすべての男性を集めて戦士として、三十〜四十歳からなる年長者集団、二十五〜三十歳の成人集団、十八〜二十五歳の若者集団という三つの連隊に組織した。そして彼は、その新しいズールーの強力な軍事国家に多くの他の集団を吸収していった。その際、戦士たちに長い槍を使うのをやめさせて、鋭い穂先のついた短い槍に変えるという新しい戦術を導入したことが、軍事力を高めるのに大きく寄与していた。

その結果、一八二〇年代中ごろのズールー王国は、現在のナタールやクワ・ズールー地域を中心にその周辺を含めて領土を拡大していた。当時、シャカは、交易を厳格に支配していた。なかでも王国内で狩猟によってえた象牙はすべて王の所有物となり、ビーズや服と交換された。また、王国の政治組織は、全体が軍事的なつながりによって構成され、すべての権力が直接王に集約される中央集権国家になっていった。

一八二八年に、シャカは、弟のディンガネに暗殺された。新しく王になったディンガネは、最初の宣教師が到着した海岸部に定住的な交易集落を確立した。また、一八三〇年代の終わりに、グレート・トレックをしていたボーアのワゴンが、肥沃な土地を求めてドラケンスバーグ山脈の峠を越えてきたときに、彼は、ボーアを招き入れて絶滅させようとした。しかし、三八年の「血の川の戦い」での敗北によって三〇〇〇人のズールーが死亡して、その計画は失敗に終わった。王国は分裂したが、ディンガネの弟のムパンデがボーア側に転身し、王位を継承した。

ムパンデは、一八四〇年に、ズールー王になってから、その後三二年間にわたって王国を統治した。彼は、一八四〇年代中ごろに確立したイギリス植民地ナタールや北西部のトランスヴァールとの境界を明確にして、中心となる地域の統治を確立した。六〇年代には、ボーアの侵入が激しくなり、ズールー王国ではナタールに援助を要求していたので、ナタールが両国のバッファー・ゾーン(緩衝地帯)を占有してはどうかということになった。

一八七二年にムパンデが亡くなると、息子のセテワヨが王位を継承して八年間だけ統治した。そのころ、南部アフリカでは植民地化が進んでおり、ズールー王国の存在は、その障害になっていた。そのため、イギリス軍は七九年に、植民地の力を背景にズールー王国に侵入し、王が国外追放されることでズールーの軍事王国のシステムは終わった。しかし、植民地化にたいするズールーの抵抗は強く、イギリスからズールーランドをでるよう勧められたが、ついに九七年には、トランスヴァールとナタールに分割併合されて名実ともに消滅してしまう。

内陸交易ネットワークと南部アフリカの社会

十九世紀には、南部アフリカの内陸部に交易ネットワークが広がっていく。それにともない、各地で首長国が形成されていき、それに依存する社会も生まれていく。ここでは、ツワナとボーアの事例を中心にみてみよう。

ツワナの首長国　ツワナの多くの人々は、十八世紀前半に、現在の南アフリカのトランスヴァール地方からベチュアナランドに移住してきたといわれる。

一八二九年には、その南東部で、象牙やダチョウの羽根や毛皮を対象にしたトランス・カラハリ交易が盛んになるのをきっかけとして、ツワナの一支族バクウェナのセチェレ一世(在位一八三一～九二)が即位して、バクウェナ首長国を設立した。一八七〇年代には、交易が衰退したことも原因のひとつとなって、セチェレ一世の政治的な力が衰えたといわれる。

その一方でツワナの一支族タワナは、十九世紀初めに南東部から北西部に移動して、現在のマウンの周辺にタワナの集落を建設した。そのころ、先住民であるバントゥ系の人々は、狩猟採集や農耕、漁撈に従事しながら、小さな独立した集落に住んでいた。ここでは、牧畜に従事するタワナの人々が到来するまでは、カラハリ、バエイ、ハンブクシュなどのバントゥの人々は、少数のウシを所有していたものの、牧畜は中心的な生業ではなかったといわれる。

一八〇〇年ごろにタワナの王が即位して、バタワナ首長国が設立された。その後四七年に即位したレショラツェベ一世(在位一八四七～七四)は、王国のなかにカラハリ、バエイ、サンなどの非ツワナの人々を組み入れるような行政組織をつくろうとした。その結果、王国の領土は拡大したので、国のなかを県に分け、役人をおいて貢物を集めさせた。役人は、世襲によるチーフを統治していた。その統治は、たとえばバエイのチーフの場合、村人にタワナの言葉や習慣が押しつけられるようなものではなく、貢物の収集と王の命令の執行だけが要求された。サンとカラハリの場合は、王都から離れた周辺に暮していたので中央政府の影響がバエイほど強くはなかった。つまり、タワナ首長国には多民族の人々が暮していたので、それぞれの集落では自立的性格が強く保持されていた。

レソト王国　ソト社会は、一八二〇年代に始まったキリスト教や現金の流入、隣人の植民者の攻撃など、新しい外的影響によって変えられてきた。

一八二〇年代以前においては、ソトは小さな首長制のもとで、カレドン川の上流の谷沿いに散らばって生活していた。彼らは、農耕と隣人との交易とを複合させた経済活動を実施していた。時には、ウシの略奪もおこなっていた。

このソトの首長制では、通婚やパトロン－クライアント関係をとおしてツワナ、ペディや、グニ語を話す人々をその集団に組み入れていた。なかでもソトとツワナは、それぞれの社会で余剰生産物があり、十八世紀には両者のあいだでさかんに交易していた。

一八二四年六月か七月に、ソトの首長モショエショエは、人々を引き連れて、三日かけて約一一二キロを移動し、山腹に住居をかまえた。彼が、レソト王国の最初の王である。その後、農業生産を拡大して食糧貯蔵庫をつくるために、自分たちの両親の土地に再移住した。ソトは、アフリカ人やヨーロッパの隣人に余剰食糧を供給することで、彼らの経済を急激に拡大することができた。

レソト王国を最初におとずれたキリスト教の宣教師は、パリ福音伝道教会に属するフランス人とスイス人であった。彼らは、一八三三年に、モショエショエの招待で到着した。そして、王都から歩いて一日かかるモリジョに、最初の教会がつくられた。モショエショエは、ソトの人々の安全を高めるために、宗教以外にも外交上や軍事上のつながりをえることを望んだ。

十九世紀中ごろには、モショエショエの指導のもとに、政治経済が発展し、王国の基礎がつくられた。彼は、自分の支配地域のなかに息子や兄弟、宣教師を配置して統治した。とりわけパリからの宣教師は、イギリスの交易人や役人との仲介役として扱われた。当時、キリスト教の布教に反対する人もいたが、一八四八年までに約一〇〇〇〇人の教会員がいたといわれる。モショエショエ自身も、六八年にキリスト教に改宗した。

一八五〇年代および六〇年代のソトは、モショエショエの統治のもとで、政治的安定と経済的に豊かな富をもっていた。彼は、ボーアによって威圧されるソトの人々に鉄砲を供給した。また、農民は、ケープ植民地との穀物やウシの交易の進展にうながされて、輸出用の小麦とトウモロコシを生産した。

その一方でケープ植民地内のボーアは、イギリス支配のなかでの軋轢《あつれき》のために、グレート・トレックを始めていた。一八四〇年代初めには、多数のボーアがソトの土地の南西部に定着していた。当時のボーアは、モショエショエがその土地を支配しているのを知っていたので、彼の許可を求めていた。しかし一八六〇年代に、ソトとボーアのあいだで、肥沃な土地をめぐる紛争が数多くおこり、ソトの人々は肥沃な土地の半分を失った。一八六八年以降には、イギリス植民地が両者の境界を安定化させた。

キンバリーでダイヤモンドが発見されて、一八八〇年代初めにはソトは鉱山へ余剰の穀物や労働力を売ることで利益をえた。以後、ソトと鉱山との経済的結びつきがますます強くなり、ソトは鉱山への安定した労働力の供給地ともなったのである。

牧畜民の社会史(ヒンバとヘレロ)　一八六〇年代以前のヒンバの人々は、牧畜経済を中心にすえてはいたが、狩猟採集にも従事していた。一八六〇年代の南西アンゴラのヒンバは、トウジンビエ(ミレット)やソルガムなどの作物栽培をしていたが、北東ナミビアのカオコランドのヒンバは、一八九七年の旱魃をきっかけにして農業をやめてしまっていた。

一八六〇年代の終わりには、コマンド隊が、カオコランドに侵入し襲撃した。口頭伝承によると、この事件は、「クゥエナの銃」と命名されている。コマンド隊は、銃をもちウマを使って移動した。彼らは、売却するためや自分たちの家畜をふやすために、おもに家畜を略奪した。また、ヒンバの人々が捕えられて庭仕事や家畜の世話をしている例もある。この結果、ヒンバの集団や牧畜生産は破壊された。

この襲撃を恐れて、アンゴラ側に逃亡したヒンバの人々には二つのタイプがある。ひとつは、ウシの群を引き連れて逃げ、牧畜生産を維持した人々である。彼らは、ポルトガルの植民地経済と密接に接触するようになる。もうひとつは、牧畜を放棄してカオコランド西部の山中で狩猟採集生活をするようになった人々である。彼らは、オバンボ王国の西部に拡大してきた交易ネットワークに依存するようになった。クネネ川を越えた人々のなかには、モザメデスの後背地として商業狩猟や交易経済に組み込まれていった人もいる。

こうした経済変化は、ヒンバのエスニシティやアイデンティティに大きな変化をもたらした。襲撃以前には、カオコランドの人々はすべて、自分たちをヘレロと呼んでいた。このような経済的分化が起きたのち、ある集団はヒンバに、他の集団はジンバになった。ヒンバは家畜を連れてアンゴラへ行った人々で、ジンバは家畜を失い、カオコランドに残った人々である。つまり、外的要因によって生じた経済的分化によってエスニックが再定義されているのである。

その後アンゴラでは、ポルトガルが安い労働力を必要としていたので、ヒンバは植民地経済にまきこまれるようになった。彼らは、狩猟隊のための偵察兵になったり、プランテーションの労働者になっていった。一八五〇年代には、ヨーロッパの交易人が資源を求めてクネネ地方をおとずれた。その後、ポルトガルの交易人は、象牙を捜していたウオルスベイを基地とする交易人と協調するようになった。ヒンバは、他の集団と同様に、象牙やダチョウの羽根のような商品、家畜の世話、狩猟行での世話人のようなサービスとひきかえに、毛布、服、アルコールなどを入手した。一八八一年に、南西アフリカでもっとも大きな交易会社も、当時ゾウが多数いたクネネ地方での交易活動に参入してきた。一八八〇年代には、カラハリ西部やナミビア南部では動物資源は枯渇していたので、多数の交易人がアンゴラ南西部まで交易を拡大していった。

ドイツ軍兵士の制服を洗うヘレロの女性　ドイツ領南西アフリカが成立するにあたって，ヘレロはドイツ軍の支配に抵抗したが敗北して，その一部は隣国のイギリス保護領ベチュアナランドに逃げていった(1910年頃)。

しかしながら、ヨーロッパ人とオバンボ社会との長距離交易に比べて、交易人と牧畜民との商品の量は多くなかった。アルコール、銃、毛布が、ポルトガルによって交易されたおもな商品である。当時、ヒンバにチーフはいたが、オバンボ王国のような経済的な力をもつことはなかった。一八九七年には、牛疫《リンダー・ペスト》によって、南西アンゴラに住む牧畜民のもつウシの九〇%が死亡したといわれる。このことが、さらに多くのヒンバの人々を、雇用者として植民地経済のなかにまきこむことになった。

その一方でヘレロの人々は、もともと、南西アフリカ(現ナミビア)の北西部に生活していたが、十八世紀初頭の旱魃によって、放牧地を求めて南西アフリカの中央部に移動してきた。そこには、コイサン系のナマが居住していたので、両者のあいだで土地をめぐる紛争が生じた。

一八四〇年代には、ルター派の宣教師たちがヘレロの土地に侵入して、ヨーロッパ文化の一部がヘレロに吸収されていった。その結果、多くのヘレロがキリスト教徒になった。そのころ、あるヘレロの女性が、ルター派を信奉するドイツ人宣教師の妻の衣装をまねてつくりあげたものが、現在につながるヘレロの衣装となっている。

当時のヘレロは、ヨーロッパからの植民者にウシを販売することで、大量の銃を入手しており、首長マヘレロが、軍事化したヘレロを指揮していた。そのころ、多くの交易人や宣教師がヘレロの土地をおとずれ、ヘレロにナマの人々と交易するよううながしていた。結局、マヘレロがナマの人々にたいして勝利をおさめ、その地域を支配するようになった。一八七〇年代、約一〇万人のヘレロが約一五万頭のウシを飼育していたときに、当時の首長マヘレロは、約二万五〇〇〇頭のウシを所有していたという。

その後、一九〇四年に、ヘレロ - ドイツ戦争ともいわれるドイツ軍にたいするヘレロの反乱が生じた。これは、ドイツ軍の一人の兵士が自分の誘いに応じなかったある首長の妻を殺したことをきっかけに起こった。当時、マヘレロのあとを継いで最高首長になった息子のサミュエルは、ドイツ軍と戦う決心をした。そのころ、植民地支配を確立しようとしたドイツ軍は、六カ月以内にすべてのヘレロを虐殺して絶滅させようと企てた。その結果、当時、約一〇万あったヘレロの人口は、三万以下に減ってしまった。サミュエルは、五〇〇〇人ほどのヘレロとともに逃げて、イギリスの支配するベチュアナランド保護領で安全をうることができた。そして、二万五〇〇〇人の生存者は、南西アフリカ内の狭い保留地やキャンプに集められた。

ボーア(アフリカーナー)のグレート・トレックと国家形成　一八三五年には、その後、一五年にわたって続く、イギリス系白人に押されたボーアによるグレート・トレックが始まった。この移住の原因としては、二八年にボーア語が公用語から除外されたこと、ボーアの地方議会が廃止されて司法権がケープ長官に移ったことや、ボーアの農業には奴隷の労働力が不可欠であったが奴隷の解放によって労働力を失ったことなどがあげられる。

彼らは、すべての家財道具を雄牛のひくワゴンに載せて、家族からなる数百人の単位で自由な世界を求めて出発した。多くの移住者は、先住民と密接な関係をもつ東部地方からでている。また彼らは、ウシ、ヤギ、ヒツジの放牧のために、コイコイやカラードの使用人も連れていった。ボーアの男性はウマに乗り、女性や子どもはワゴンに乗った。途中、彼らは、家畜の肉やミルクをおもな食糧としたが、野生動物を狩猟したり、アフリカ農民から穀物を買ったりもした。一日に一〇キロのゆっくりした速さで進んだ。

彼らは、ズールーの抵抗を避けて北方に向かった。当初、彼らのなかには統合の進んだ社会はなかったが、人々の熱意によってイギリスの承認をえて、一八五二年には現在のプレトリアを中心にトランスヴァール共和国を、五四年にはその南側にオレンジ自由国を設立した。

しかし、その後に両国内で鉱物が発見されたことによって、イギリスの力がおよぶことになった。一八六七年には、オレンジ自由国内のキンバリーで、ボーアの一農民によってダイヤモンドが発見された。そこは西グリクアランドで、グリクアと一〇〇人余りのボーアが住んでいるにすぎなかった。七一年に、イギリスは武力にものをいわせてイギリスの主権を宣言し、ここをイギリス領に編入した。このことは、一八八〇年代のトランスヴァール共和国内での金鉱の発見とともに、この地域の経済構造を農業から鉱業に変化させることになった。

ケープ植民地でのダイヤモンドの輸出額は、一八七〇年以降に急激に増加していく。これに応じて商品需要が増大し、ケープタウンに織物、車輛、食糧加工などの工場が建設されるようになった。九一年には、二〇〇〇余りの工場ができ、一万七〇〇〇人近い労働者を使用していたという。こうして、鉱山や都市へ人口が集中するにつれて、農村での労働者不足が生じていった。

イギリス領ケープ植民地　一八〇六年一月に、イギリスの大艦隊がケープを襲った。そこにはオランダ出身の白人が約二万五〇〇〇人住んでいたが、しだいにイギリスから植民者、交易人、商人などが到着するようになる。イギリス政府は、本国で多数の失業者をかかえていたので、イギリス人を入植させて農耕社会をつくりたかったのである。一四年のパリ条約によって、ケープ植民地は正式にイギリス領になった。二〇年に政府は、五〇〇〇人のイギリス人を東ケープに移住させた。そこには、トレック・ボーアの牧場面積よりは狭いが、四〇ヘクタールの区画が与えられた。しかし、気候や土壌が小麦の栽培にあわないために農耕に成功した人は少なく、多くの人々は東ケープの小さな町で職人や交易人になっていった。

イギリスは、オランダ時代の政策では非効率的で小さな収入にしかならなかったので、新しい土地政策を導入した。当時トレック・ボーアは、政府から土地を借りて低い借地料を支払っていたが、その土地の所有権はボーアのものではなかったので、過放牧状態が生まれていた。そこでイギリスは、もっと効果的で、もっと利益のあがる自由保有システムを導入した。その結果、借地料は値上げされ、土地は売買のできる私有物のように扱われた。

その一方で、ワインや小麦の生産、およびウシやヒツジの飼養などの牧畜業が盛んになり、ますます多くの労働者を必要とした。しかしすでに奴隷貿易は中止されており、労働力の不足が生じた。そこで、コイコイや解放された奴隷、およびコイコイと奴隷との混血が農業労働力になっていったが、賃金はあまり支払われず、彼らは奴隷のように扱われた。

一八三四年に、イギリス軍はズールーと戦い、敗退した。その結果、イギリス軍は、グレートフィッシュ以南には移住しないことを約束してズールーと妥協した。

十九世紀末、南アフリカ経済は金鉱業を基軸として急速な経済成長をとげつつあった。そのころ大規模な国内市場が形成され、インフラの整備が進み、それとともに労働力の需要が高まった。こうして経済的利権をめぐるイギリス植民地とボーア系独立国との対立が激化した。

その結果、一八九九年には両国のあいだで南アフリカ戦争(第二次ボーア戦争)が勃発した。二つのボーア系共和国からの七万三〇〇〇人のボーアと一万三〇〇〇人のケープ植民地の人、それに二〇〇〇人のヨーロッパ人が、五〇万人のイギリス軍と戦った。

戦争には、三つの段階がある。第一段階は、多数のイギリス軍が到着する前にボーアが各地で勝利をおさめた。第二段階は、イギリスが多数の兵士を結集させて、有利になったが、ボーアは敗北を認めなかった。第三段階は、ボーアが各地に分散してゲリラ戦となった。そして、一九〇二年に戦争は終わり、平和条約が締結されることになるのである(第Ⅱ部第三章3節)。

5　二十世紀前半における南部アフリカの植民地社会

イギリス領ベチュアナランド

十九世紀の終わりにヨーロッパ人によって植民地化されたアフリカ諸社会は、イギリス、ドイツ、ポルトガルという支配国の違いに応じて、主体的な対応をしてきた。以下では、イギリス領ベチュアナランド(現ボツワナ)とポルトガル領東アフリカ(現モザンビーク)の二つの事例を紹介する。

一八八五年に、イギリスがベチュアナランド保護領を宣言する。この保護領では、イギリスが軍事や外交を担い、ネイティヴ・リザーヴ(先住民保留地)内での権利はツワナの各首長に認められ、その土地の売買は禁じられた。またそれ以外の土地は、イギリスの王室直属領(クラウンランド)に指定された。さらに、ヨーロッパ人保有地が、ハンシー県に多く認められた。これは、セシル・ローズが、この地域に移住してきたボーアにウシを飼養する農場の土地として一八九九年以降許可したものである。

ネイティヴ・リザーヴのひとつバクウェナ・リザーヴをみてみよう。一九三二年における人口構成は、バクウェナ(ツワナの一支族)、カラハリ、サンからなる地元住民が一万一〇〇〇～一万二〇〇〇、ヨーロッパ人が八六、インド人が一〇、カラードが六〇で、家屋数は、およそ八〇〇〇戸となっている。一九二七～二八年、ハンシー県の年次報告書によると、ウシ、ヒツジ、ヤギの皮の輸出は、前年から増加するようになった。とりわけ牛皮は、海外輸出用に海岸の港に鉄道で運ばれて、多数の野生動物の毛皮とともに、イギリスとアメリカ(主としてアメリカ)に輸出されていた。また交易人が獲得した毛皮の一〇分の一の価格で、現地人の熟練した技術によって外套に加工された。その年には、一人の交易人が五〇〇枚の外套を商品としてもっていたという。

その原料となる毛皮は、リザーヴ外の王室直属領から徴税のために運ばれたものと推察される。これは、前節で述べたように、バクウェナ首長国の時代にみられた首長と人々との関係が再編成されたものである。これらは、毛皮を獲得するサン、徴税するカラハリ、町に住むバクウェナのあいだに、毛皮交易をめぐってのエスノネットワークが形成されていたことを意味している。

ポルトガル領東アフリカ

ポルトガル植民地であったモザンビークとアンゴラの植民地化の歴史は、イギリスやドイツのそれと比べて古い。ここでは、ポルトガル領東アフリカを取り上げる。

ポルトガルは十九世紀までにモザンビーク南部を支配していたが、二十世紀の初めに全地域の統治を完了した。その結果、植民地の統治政策が、新しい労働需要への対応と税の徴収など、社会の基本を変えていった。植民地期は、三つの時代に区分できる。

第一期は、一九〇〇〜二六年で、植民地政府は、地方分権的で組織化をあまり進めていなかった時期である。この地域の経済が南アフリカに依存する体質は、このころに形成される。一九〇七年ごろから、さまざまな行政組織が確立していった。ポルトガルの行政官が、三つのレベルでモザンビークを統治した。もっとも高いレベルは、リスボンで任命される県知事である。それぞれの県は、ヨーロッパ人居住地域と非ヨーロッパ人居住地域に分割されていた。ヨーロッパ人の町は、地方役人によって管理され、一九二〇年代までに、約一万五〇〇〇人のヨーロッパ人がモザンビークに居住していたといわれる。その中心は、首都ロレンソ・マルケス(現マプト)や港町ベイラなどの都市である。これにたいして、多くのアフリカ人は、地方の郡、あるいはそのなかの区に生活していた。これらにはそれぞれ、ポルトガル人の役人が配置された。

第二期は、一九二八〜六二年で、第一期とは対照的に、権力を握ったポルトガルの首相サラザールが、植民地の資源を効果的に開発するために、中央集権的な統治をおこなっていた。サラザールにとって、その植民地は、ポルトガル支配の延長でしかなかった。また、モザンビークの人的資源や自然資源は、ポルトガルの資本家階級のために効率的に開発されなければならなかった。この目的を達成するために、彼は、すべての経済の段階に国家として介入した。最終的に彼は、未開のアフリカ人にキリスト教とポルトガル文化をもたらすものであると植民地を規定した。

彼の統治時代には、農民のあいだにあらたな経済変化がみられる。一九三八年に綿花、その四年後に稲作栽培が導入された。なかでも綿花は、ポルトガルの繊維産業に利益を与えることを目的としている。四五年までに、一〇〇万人以上の農民が綿花生産に従事し、綿花は植民地からの主要な輸出品になった。当時、他の農業生産とは異なり、綿花生産の全工程が植民地政府に支配、管理されていた。

第三期は、一九六二～七五年で、独立への苦闘の時期である。六二年にモザンビーク解放戦線(Ｆ《フ》ＲＥ《レ》ＬＩ《リ》ＭＯ《モ》)が形成され、その賛同者がふえていったが、サラザールとその継承者たちは、植民地システムの改良や合理化にかんする幻想をいだいていた。このフレリモの確立はポルトガルの植民地支配に対抗するための新しい段階となり、七五年に、モザンビークは独立を達成した。

近年、南部アフリカの歴史を考えるうえで、新しい視点の研究成果が注目されている。従来の研究では、男性の政治的指導者の役割を強調してジェンダーを無視した視点がみられるとして、歴史的変化の際の女性の貢献を見直す研究が、生まれている。たとえば、十九世紀中ごろのレソト王国において、市場経済化が進むなかで、農業労働をとおして女性の役割がいかに重要であるかが指摘された。

また、近年、南部アフリカを対象にしての環境史的研究もさかんになっている。本章においても、海水準の変動と資源利用の変化、旱魃と社会変化などが言及されているように、気候の変化は人々の生活に大きな影響をあたえている。しかし、人々はそれらに受動的に対応したわけではない点にも注目しなくてはならないであろう。

Ⅱ

世界史のなかのアフリカ

第一章　人類揺籃の地アフリカ

猿人《えんじん》をはじめとする初期人類はアフリカ固有のものであり、二〇〇万年前をすぎたころからユーラシアへの拡散を重ねてきた人類の出自もことごとくこの大陸である。アフリカはまさしく「人類揺籃《ようらん》の地」であり、その先史は人類の先史と重なり、ことのほか興味深い。

人類誕生をめぐる論議は、古くは『旧約聖書』に基づく神話的な特殊創造説であったが、そこにはアフリカの名はみあたらない。ここに目が向けられることになったのは十九世紀後半にはいり、C・ダーウィンが進化論を提唱したあとのことである。ドイツのE・ヘッケルは人類のアジア起源説を説いたが、これにたいしてダーウィン自身はチンパンジーやゴリラが生息するアフリカ大陸に目を向けた。進化論を踏まえた化石調査がもたらした最初の成果は、インドネシアのジャワ島での原人《げんじん》(ホモ・エレクトゥス)の発見であったが、二十世紀にはいり、南アフリカではジャワよりもはるかに古い人類化石が発見された。第二次世界大戦時には化石調査は一時、中断したが、その後再開、本格化するなかで多くの人類化石標本が蓄積され、最近では七〇〇万年前～六〇〇万年前の化石も加わり、アフリカ先史の奥行きがさらに深いものとなっている。

本章ではまずアフリカの先史を新生代《しんせいだい》の区分に沿って中新世からたどるが、前半では多様な人類化石の記述が中心であり、原人の時代に近づいてはじめて石器にふれることになる。後半ではさきにみた人類化石を総合的な視点から取り上げ、人類の系譜と進化段階をみる。ついで人類進化に特徴的な二足歩行《にそくほこう》や大脳化などの要因を考え、最後に人類揺籃の地としてのアフリカの特異性についても若干ふれたい。

なお、本章の記述では、古人類学、分類学、地質学などにかかわる専門用語の使用は、分類上での不可欠な用語をのぞきできるだけ避けることとした。

1　人類誕生の地アフリカ

アフリカの先史研究小史

人類の起源論や化石研究が進化論に基づいて始まったのは、さきに記したようにそれほど古いことではない。まず、一八六四年にイギリスのT・ハクスリーが人類と類人猿の類縁性を主張し、ついでドイツのヘッケルが人類を頂点とする系統樹をあらわした。それらの影響を受け、一八九一年にオランダ軍医、E・デュボアはジャワ原人を発見し、それを現実のものとした。アフリカでの発見は二十世紀にはいってからであるが、はるかに古く、より原始的な、いわゆる猿人(アウストラロピテクス・アフリカヌス)の化石が発見された。このアフリカ初の人類化石を一九二五年に報告したのは、南アフリカ、ヨハネスバーグの

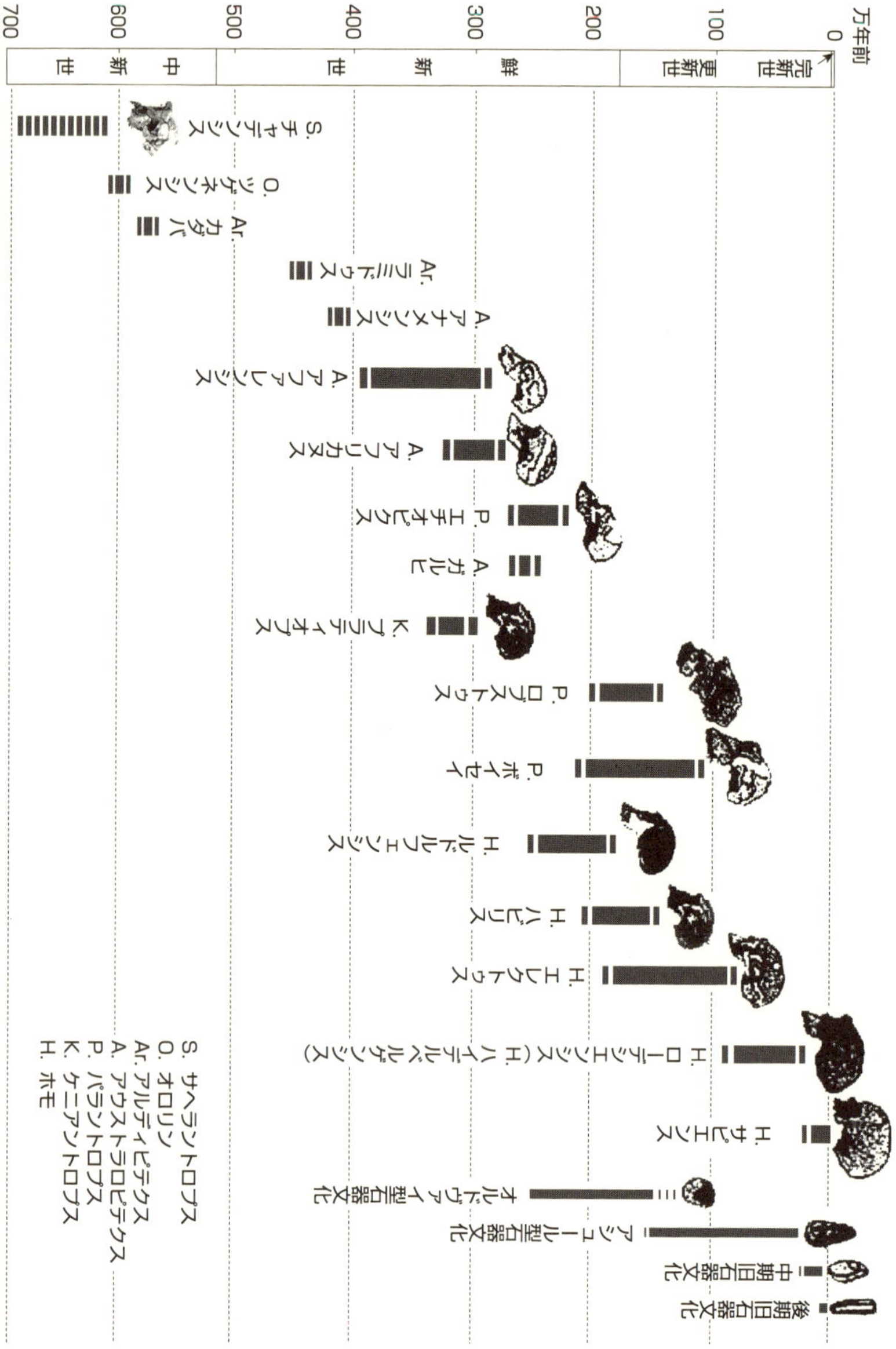
万年前
0
100
200
300
400
500
600
700
完新世
更新世
鮮新世
中新世
S. チャデンシス
O. ツゲネンシス
Ar. カダバ
Ar. ラミドゥス
A. アナメンシス
A. アファレンシス
A. アフリカヌス
P. エチオピクス
A. ガルヒ
K. プラティオプス
P. ロブストゥス
P. ボイセイ
H. ルドルフエンシス
H. ハビリス
H. エレクトゥス
H. ローデシエンシス（H. ハイデルベルゲンシス）
H. サピエンス
オルドヴァイ型石器文化
アシュール型石器文化
中期旧石器文化
後期旧石器文化
S. サヘラントロプス
O. オロリン
Ar. アルディピテクス
A. アウストラロピテクス
P. パラントロプス
K. ケニアントロプス
H. ホモ

ウィットウォーターズランド大学医学部教授、R・ダートであり、この発見はダーウィンのアフリカ起源説を化石から裏づけるものであった。しかし、その真価が認められるまでには四半世紀以上の年月を必要とし、決着は第二次世界大戦後の四七年、オクスフォード大学解剖学教授、W・ル・グロ・クラークの南アフリカ訪問を待つ必要があった。この時、彼の判断を側面から支えたのは、それまでに多くの化石を南アフリカで発見していた医師でもある古生物学者R・ブルームであった。

南アフリカにつぐ新しい展開は東アフリカで始まった。一九五九年、ケニアのリーキー夫妻(ルイスとメアリー)がタンザニアのオルドヴァイ渓谷で猿人化石を発見した。ついで六〇年から六四年の調査では、オルドヴァイで発見されていた石器の担い手とされる人類化石を発見し、ルイスは南アフリカのP・トバイアス、イギリスのJ・ネイピアとともにそれをホモ属のものとみなした。その五年後にルイスの子息、リチャードはトゥルカナ湖東岸から多くの人類化石を発見し、そのなかには貴重なホモ属化石も含まれていた。また、ルイスの没後、一九七六年、メアリーがタンザニアのラエトリから約三八〇万年前の二足歩行の存在を示す足跡化石を発見し、世界を驚かせた(次ページ)。さらにリチャードの妻、ミーブも北ケニアで多くの人類化石を発見し、そのなかには約四一〇万年前のアナム猿人も含まれる。

一方、ケニアの北の隣国、エチオピアでも一九七〇年代以降、今日にいたるまで多くの人類化石が発見されている。最初の発見は一九七三年、ハダールでのD・ジョハンソンらによるもので、「ルーシー」と呼ばれるアファール猿人の発見であった。その化石標本はほぼ全身にわたる(三六五ページ参照)。その後、約四四〇万年前の人類化石がアメリカ人、T・ホワイトの調査隊によって発見されているが、この調査隊には日本の諏訪元も含まれる。

新しい世紀にはいって、予想を超えた古い時代から化石が発見された。現在、最古とされるその化石はフランス人、M・ブルネイにより、アフリカ中央北部のチャドで発見された。七〇〇万年前〜六〇〇万年前のこの化石頭骨は、サヘラントロプスと呼ばれる。また、ケニアのツゲンヒルからは約六〇〇万年前のオロリンと呼ばれる化石が、さらにはエチオピアからは約五八〇万年前から五二〇万年前のアルディピテクスの発見もあった。いずれもごく初期の人類とみてよい。

化石研究のほかに分子生物学を応用した分析的研究もあり、ＤＮＡの塩基配列の比較では、アフリカのチンパンジーがヒトにもっとも近縁であり、その違いも二％に満たない小差であることがわかった。また、いわゆる分子時計からは人類がチンパンジーとの共通祖先から分岐したのが、七〇〇万年前から五〇〇万年前のあいだと推定されている。

二足歩行の足跡（右は拡大）

現代アフリカ人の起源についても研究が進み、細胞内小器官、ミトコンドリアのDNAを分析した結果、現生人類《げんせいじんるい》のホモ・サピエンスがはじめて出現したのもアフリカであり、その時期は一〇数万年前であるとされた。それを示唆する化石もあり、最近ではエチオピアのアワッシュ川中流域のヘルトから約一六万年前〜一五万四〇〇〇年前のホモ・サピエンスとされる化石が発見されている。

人類誕生の母体となったアフリカの類人猿化石の研究は、L・リーキーらにより精力的に進められた。ケニア、ウガンダなどの東アフリカを中心に多くの化石が発見されているが、アフリカ南部のナミビアからも、一例、発見されている。東アフリカでは、どの大陸にも先がけて、二〇〇〇万年以上前に類人猿の祖先が出現し、その後、途切れることなく続いていることが明らかになりつつある。

アフリカ先史の時代と背景

アフリカではどの大陸よりも早く人類が出現し、その古さは七〇〇万年を超えるものと考えられる。そのうえ、人類誕生の母体となった類人猿もさらに古い時代からこの大陸に生息していた。それらの時期を地質年代からみると、次ページのように六五〇〇万年間続く新生代のうち、ネオジン(新第三紀)に含まれる中新世《ちゅうしんせい》、鮮新世《せんしんせい》、第四紀の更新世《こうしんせい》にあたる。類人猿は中新世前期の東アフリカにあらわれ、大きな繁栄をみるが、中新世の中期から後期にかけてその多様性が徐々に減少し、後期においては激減する。これに反して後期から人類があらわれ、鮮新世、更新世へと時代が進むにつれて多様性が生じ、分布も拡大する。このように、時代は類人猿から人類へと移る。

代	紀	世・期		年代
新生代	第四紀	完新世		1万2000年前
		更新世		180万年前
	ネオジン	鮮新世	後期	340万年前
			前期	530万年前
		中新世	後期	1160万年前
			中期	1600万年前
			前期	2300万年前
	パレオジン	漸新世	後期	2930万年前
			前期	3400万年前
		始新世	後期	3860万年前
			中期	5000万年前
			前期	5600万年前
		暁新世	後期	6050万年前
			前期	6500万年前

新生代における地質年代表　パレオジン(Paleogene)，ネオジン(Neogene)はこれまでの古第三紀，新第三紀に相当。(International Stratigraphic Chart ©2008 ISC をもとに作成)

新生代のうち中新世後期は約六三〇万年間続く。その後の鮮新世が約三五〇万年間、更新世がほぼ一八〇万年間にわたる。これらのうち若い約一〇〇〇万年間が、人類の出現と進化にかかわる時代といえる。この間、大陸の配置は現在と大きくは変わらないが、地形をグローバルにみると、ユーラシアに接していたインド亜大陸がヒマラヤをさらに押し上げ、その結果、モンスーン気候をもたらした。南極大陸は他の大陸から離れ、これを取りまく海流が生じ、この大陸が徐々に氷床《ひょうしょう》に覆われるようになる。このことが地球の寒冷化を招き、更新世には北極にも氷床が出現する。さらに、南北アメリカ大陸が接近し、パナマ地峡の形成にともない大洋の海流にも大きな変化があらわれ、いわゆる氷河時代が出現する。現在はその延長線上にあり、ヴュルム氷期に続く間氷期《かんぴょうき》にあたる。

アフリカ大陸ではグローバルな気候変化の影響を受け、乾燥化が徐々に進行する。さらに東アフリカに地殻の裂け目といえる大地溝帯《だいちこうたい》が生じ、この地域ではさらに乾燥化が進行したと考えられている。北半球の氷河形成もアフリカ大陸の気候に大きな影響を与え、氷期には乾燥化が強まり、間氷期には湿潤な気候がこの大陸を覆った。その最盛期には現在のサハラ砂漠が緑に包まれていたと考えられているが、その後は乾燥化が進行した。

新生代における地質時代の区分には現生の哺乳《ほにゅう》動物がどの程度出現しているかを基準としているが、各時代の絶対年代は岩石に含まれる放射性同位体の崩壊の程度を基準として算出されている。人類の化石にこのような絶対年代の測定が応用されたのは、東アフリカ、タンザニアで発見された頑丈なタイプの猿人が最初であった。

2　アフリカ先史の人類

人類誕生の母体――中新世の類人猿

人類誕生の時と場所は、すでに発見されている人類化石を踏まえると、今から七〇〇万年を超える中新世後期のアフリカと推定するのが妥当と考えられるが、ここでは史実としての化石や遺物を年代順に取り上げたい。まず、人類誕生の母体となった類人猿の進化をみる。

人類は中新世の類人猿を母体として、その進化の延長線上に出現したと考えられる。中新世前期はグローバルにも、アフリカ大陸に限っても比較的温暖な気候の時期であった。とくに前期のうち、二三〇〇万年前から一八〇〇万年前までは温暖、湿潤であり、類人猿がもっとも多様化した時代である。この時代を代表する化石出土地はアフリカ最大の湖であるヴィクトリア湖の東北部、ホマ湾に浮かぶ小さな島、ルジンガ島やその周辺である。ここの動物相は当時の気候と植生、熱帯多雨林を色濃く反映している。小型から大型にいたる多様な類人猿がみられ、代表種のプロコンスル類では一〇キログラム程度から五〇キログラム以上のものまでにおよんでいる。この時代の類人猿の大臼歯《だいきゅうし》は、顎骨《がっこつ》からでている部分(歯冠《しかん》)が低く、歯が咬み合う面の周辺部(歯帯《したい》)の広がりが大きく、歯冠を覆うエナメル質が薄い、などの特徴があり、これらから推定できる食性は果実でもやわらかいイチジクなどが中心であったと思われる。また、多数の化石が発見されていることから生息数も多かったことがうかがえる。

この仲間は発見されてから長く「デンタル・エイプ(dental ape)」と呼ばれてきた。その理由は大臼歯では類人猿の特徴が明確であるが、体形では前肢長と後肢長の割合が同じである四足《しそく》型のサル類に類似していたことによる。現生の類人猿であるチンパンジーやゴリラは長い上肢をもち、腕渡りなどをおこなうが、この点でプロコンスル類とは著しく異なる。

中新世中期は一六〇〇万年前から約四四〇万年間続いたが、気候はすでに乾燥化が進んでいる。これはユーラシアとアフリカのあいだに横たわっていたテチス海がアフリカ大陸の北進により分断されたことや、先述したインド亜大陸の北進によるヒマラヤ山脈の形成と、それにともなうモンスーンの出現、さらに東アフリカでは火山活動の活発化と大地溝帯の形成などの影響が考えられている。

乾燥化の兆しは中新世前期の終わりごろにあったとみられ、約一七〇〇万年前の地層から発見された大型の類人猿であるアフロピテクスの臼歯のエナメル質はすでに分厚くなっている。中期初頭の一五〇〇万年前の大型類人猿、ナチョラピテクスやケニアピテクスなどの大臼歯では、歯帯が縮小し、エナメル質も分厚い。したがって、推定される彼らの食物は堅果《けんか》類であり、気候を反映している。こうしたなかで類人猿の多様性は減少し、それにたいして木の葉や草本《そうほん》を食物とするサル類が出現してくる。

東アフリカの化石類人猿のほかに、中期中ごろからは一三〇〇万年前のオタビピテクスが、アフリカ南部のナミビアから発見されており、アフリカにおける類人猿の広がりの一端をみせている。しかし、この化石を除くとアフリカの南部、中央部、西部からの化石は今のところ皆無であり、その実体の解明は今後の研究を待たねばならない。

後期は一〇六〇万年前から五三〇万年前ころまでであるが、このころアフリカでは乾燥化がさらに進行したと考えられる。北ケニアのサンブルヒルズでは約九五〇万年前の大型類人猿、サンブルピテクスが大阪大学調査隊により発見されている。上顎《じょうがく》化石の大きさから推定される体のサイズはメスのゴリラに類似する。大臼歯のエナメル質が比較的分厚いことから、堅果、樹皮、草本の根などを食物としていたようである。付随する哺乳類化石には古いタイプのウマ、ヒッパリオン(三趾馬《さんしば》)があることから、この類人猿は広大な草原に隣接した森に住んでいたことがうかがえる。後期の類人猿はこのサンブルピテクスと、先述のオタピピテクスのほかに、京都大学調査隊により、ケニア中北部、ナカリから発見されたナカリピテクスに限られ、つぎに述べるサヘラントロプス以前の数少ない類人猿化石である。

中新世後期の人類

二十一世紀にはいってそれまでに予期されていなかった中新世後期から人類化石の発見が続いた。それらはここでみる三種のごく初期の人類である。

サヘラントロプス(サヘラントロプス・チャデンシス)　現在、最古とされる人類化石のひとつがアフリカ大陸中央部に位置するチャドからのもので、約七〇〇万年前から六〇〇万年前のサヘラントロプス・チャデンシスである。人類とする理由のひとつは頭骨《とうこつ》の底にある脊髄《せきずい》の出口(大後頭孔《だいこうとうこう》)が四足歩行の類人猿にみられる斜め後方向きではなく、二足歩行のヒトのように下を向いていることである。しかし、頭骨の特徴はモザイク的で、短い顔に小さい歯、それに臼歯のエナメル質が分厚いことなどは人類的であり、眼窩《がんか》の上にある分厚くふくらんだひさしのような隆起(眼窩上隆起)は類人猿的である。このように初期の人類では古い形質と新しい形質がいりまじっている。

人類と類人猿の区別は、現生種《しゅ》では一目瞭然であるが、進化のごく初期ではその区別は容易ではない。かつて人類の定義としては脳容量が八〇〇cc を超えるものであり、二足歩行はその後に獲得されたものとされていた。しかし、猿人の発見によりチンパンジー程度の脳容量(平均約四〇〇cc)のものでもすでに二足歩行をおこなっていたことが判明し、二足歩行への適応を示していることが人類の条件となっている。

オロリン（オロリン・ツゲネンシス）　サヘラントロプス・チャデンシスとほぼ同時代の人類化石が、ケニアのツゲンヒルからも発見されており、これが約六〇〇万年前のオロリン・ツゲネンシスである。ツゲンヒルは、ケニア中西部にある小さい湖、バリンゴ湖の西を南北に走る、やや高い山並みであり、その東斜面に広がる約六〇〇万年前の地層から、ケニアとフランスの合同調査隊が、二〇〇〇年にこの化石を発見した。

三角形をした犬歯《けんし》は原始性を示すが、ＣＴ像からみた大腿骨《だいたいこつ》では、その頸《けい》部の緻密質は上部で薄く、下部で分厚い人類のものに似る。チンパンジーなどの現生類人猿では、上・下部の厚さが同程度であるので、この特徴はオロリンの二足歩行性を示すものであると発見者たちは主張している。この発見は画期的なものであり、その当時最古とされていた人類出現の時期を一気に一五〇万年以上も古いものとした。

アルディピテクス（アルディピテクス・カダバ）　オロリンの発見後に、エチオピア、アファールのミドルアワッシュで約五八〇万年前〜五二〇〇万年前の地層に属する五カ所の化石出土地から一一個の人類化石が発見され、アルディピテクス・カダバという新種名で発表された。アルディピテクスという属名は後述するエチオピアで発見された約四四〇万年前の初期人類であるアルディピテクス・ラミドゥスにつけられた属名であり、カダバはラミドゥスの祖先型にあたるという想定である。この化石の犬歯のかたちは三角形であり類人猿に似るが、足指のかたちは二足歩行者のものであるとされる。

鮮新世の人類

サヘラントロプス、オロリン、アルディピテクスの三種の人類が発見されるまでは、化石調査は鮮新世と更新世に焦点が当てられていた。そのため猿人をはじめとして両時代に属する化石資料は多い。ここではまず鮮新世の人類化石を順次みていこう。

アルディピテクス猿人(アルディピテクス・ラミドゥス)　エチオピアでは一九七〇年代以降、多くの猿人化石が発見されている。そのなかに約四四〇万年前の化石があり、部分的であるが、一七個の標本数を数える。一九九二年と九三年にミドルアワッシュ地区のアラミスから発見され、九四年の発表ではまずアウストラロピテクス属のものとされたが、その特徴が原始的なことから、一年後にアルディピテクスと属名が変更されている。犬歯の歯冠が類人猿のように三角形ではなく、人類に似た菱形を示すが、大臼歯のエナメル質の厚さが現生のアフリカ類人猿に似て薄く、乳歯の形状も類人猿に似る。下肢の化石がないため、二足歩行性を直接に論じることはできないが、この化石が森林性のサルの化石をともなって発見されたことで、二足歩行が森林起源とする説の根拠のひとつとなっている。

アナム猿人(アウストラロピテクス・アナメンシス)　ケニア、トゥルカナ湖岸の南にあるカナポイと湖岸の東に位置するアーリア・ベイから約四一〇万年前の顎骨や歯などの咀嚼《そしゃく》器と四肢骨化石が発見されている。これがアナム猿人、アウストラロピテクス・アナメンシスであり、咀嚼器の形態はまだ原始的であるが、脛骨《けいこつ》や腓骨《ひこつ》から二足歩行への適応が読みとれる。大腿骨にたいする脛骨上部の関節面がヒトと同じように左右でほぼ同型、同サイズで、左右で差があるチンパンジーとは異なる。

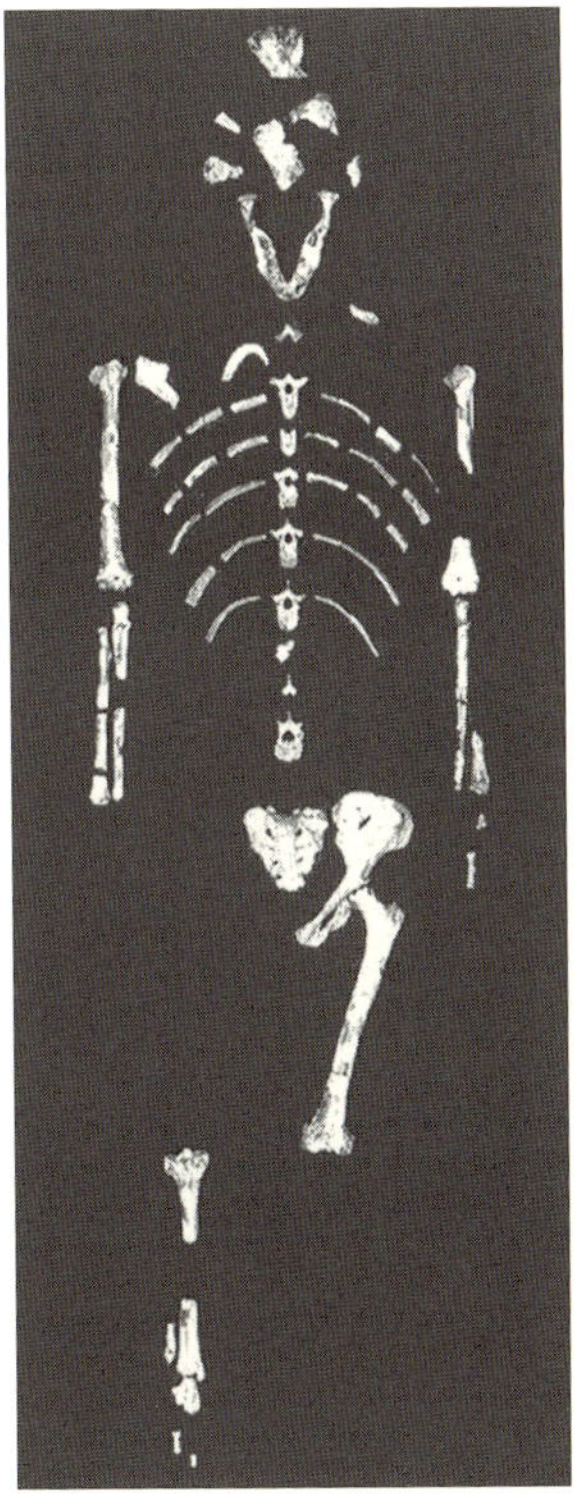
ルーシー(アファール猿人)

アナム猿人の生息環境は、サバンナと森林の両方に棲むネズミ類の化石があること、また、サバンナのカモシカ類が多数みられることから疎開林やサバンナが優勢であったと考えられる。彼らは疎開林やサバンナなどで食物を採集・狩猟し、夜は河辺林《かわべりん》に戻って樹の上で眠っていたものと考えられる。

アファール猿人(アウストラロピテクス・アファレンシス)　エチオピアを人類の化石研究で最初に有名にしたのは、ハダールから発見された約三〇〇万年前のアファール猿人、アウストラロピテクス・アファレンシスの全身の骨格化石で、「ルーシー」のニックネームで知られる。これは一九七四年のエチオピア、ハダールでの発見時、当時流行していたビートルズの曲「ルーシー・イン・ザ・スカイ・ウィズ・ダイヤモンズ」のテープを発掘キャンプで流し続けていたことによる。約三〇〇万年前の骨盤は二足歩行への適応を示しているが、指の骨には現生類人猿に似た湾曲がみられ、生活の一部が樹上であったことを示す。

アファール猿人の切歯《せっし》や犬歯は大きく、人類としては原始的である。また、骨格からみた性差は大きく、身長と体重としてはオスで一五〇センチ・五〇キログラム、メスで一〇五センチ・三〇キログラムと推定されている。

タンザニアのラエトリからもアファール猿人のものとされる化石が発見されており、一九七八年に発見された足跡化石は、三八〇万年前〜三五〇万年前にはすでに二足歩行がおこなわれていたことをみごとに示している(三五六ページ参照)。

バーエルガザリ猿人(アウストラロピテクス・バーエルガザリ)　鮮新世の多くの人類化石は東および南アフリカからであるが、このバーエルガザリ猿人はアフリカ中央部北よりのチャド、ジュラブ盆地のコロ・トロ近くのバーエルガザリから発見された約三〇〇万年前の化石である。種名は「ガゼルの川」を意味し、化石としてはアファール猿人に似た切歯、犬歯、小臼歯、下顎などがあり、下顎縫合部はより垂直で、また、華奢《きゃしゃ》である。

プラティオプス人(ケニアントロプス・プラティオプス)　北ケニア、トゥルカナ湖西岸のロメクイから一九九八年から翌年にかけて発見された約三五〇万年前の化石であり、頭骨や上顎骨が含まれる。小さい頭蓋や、臼歯列が分厚いエナメル質をもつことはアファール猿人に似て原始的であるが、顔面が平坦であることはより進歩的な特徴とされ、ケニアントロプス・プラティオプスと命名された。プラティオプスという種名は顔の平坦さに由来し、この特徴から本種をホモ属とする研究者もあり、属名をケニアントロプス(ケニアのヒト)としていることも後述のホモ・ルドルフェンシスとの類縁を示唆している。

アフリカヌス猿人(アウストラロピテクス・アフリカヌス)　一九二四年に南アフリカのタウングの石切場から

発見された化石をダートが初期人類と認めた。これは、アフリカ大陸で最初に発見された約三〇〇万年前の人類の化石であり、アウストラロピテクス・アフリカヌス（アフリカの南のサル）と命名された。ここにダーウィンの予言が証明されたことになるのだが、当時のイギリス人類学界がこの化石を初期人類として認めるまでには前に記したように長い年月を要した。その理由としては、発見された化石頭骨が「タウングのチャイルド」と呼ばれるように、現代の六歳児に相当する子どものものであったことや、この化石発見に先立ちジャワ原人がすでに発見されていたことから、ミッシング・リンクはアジアで発見されるという先入観があったからである。

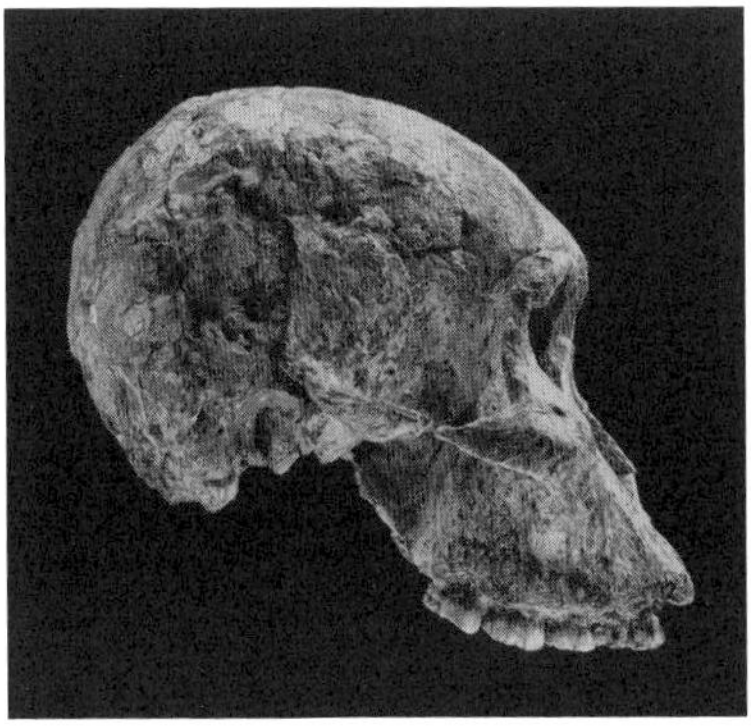
アフリカヌス猿人

アフリカヌス猿人はアファール猿人に比べ、脳容量が四五〇cc程度とやや大きく、頭部、顔面ともに進歩的であるが、側頭《そくとう》筋や咬《こう》筋の付着部や大臼歯がより大きくなり、小臼歯も大臼歯化するなど咀嚼系は頑丈になっている。犬歯にかんしては性差がなくなるか、より小さくなっている。骨盤や下肢にかんしては二足歩行への適応がみられ、その平均体重が四六キログラム、平均身長は一四五センチ程度である。

ガルヒ猿人（アウストラロピテクス・ガルヒ）　一九九〇年にエチオピア、ミドルアワッシュのボーリから二五〇万年前の猿人化石が発見され、アウストラロピテクス・ガルヒと命名された。この頭骨化石の脳容量は四五〇ccと推定され、猿人の域にあるが、近く

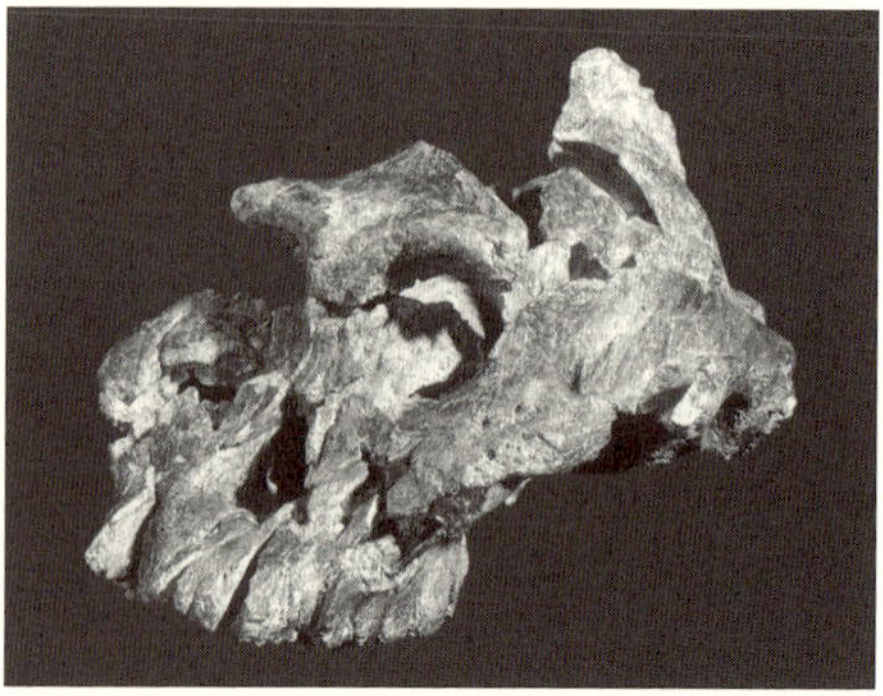
エチオピクス猿人

のゴナで多数発見されたオルドヴァイ型石器(三八七ページ参照)やウシ科の骨につけられた石器による叩き傷との関連が指摘されている。

パラントロプス猿人類(パラントロプス)　猿人のなかには約二五〇万年前以降になるが、大臼歯が非常に大きく、小臼歯も大臼歯化し、それらが生える顎骨も大きいものがある。それらは頭の中央を前頭部から後頭部にかけて強大な側頭筋の起始部となる骨稜《こつりょう》(矢状隆起)が走るなど頑丈な咀嚼器が特徴である。この頑丈型の猿人はアフリカヌス猿人とは異なる属、パラントロプス属として区別され、東アフリカと南アフリカから知られている。以下に古いほうからみる。

〈エチオピクス猿人(パラントロプス・エチオピクス)〉　一九八五年にケニア、トゥルカナ湖西岸のロメクイ周辺で約二五〇万年前の頭骨と下顎化石が発見され、翌年、パラントロプス・エチオピクスと命名された。大きく頑丈な咀嚼器と突顎が特徴である。先述のアフリカヌス猿人に比べ咀嚼器がより頑丈であるため、後述の南アフリカやタンザニアで発見された咀嚼器の頑丈な化石とともに「頑丈型猿人」とも呼ばれ、咀嚼器が華奢なアウストラロピテクスをさす「華奢型猿人」と区別される。このように両者は咀嚼器では大きな差があるが、身長では大差がない。

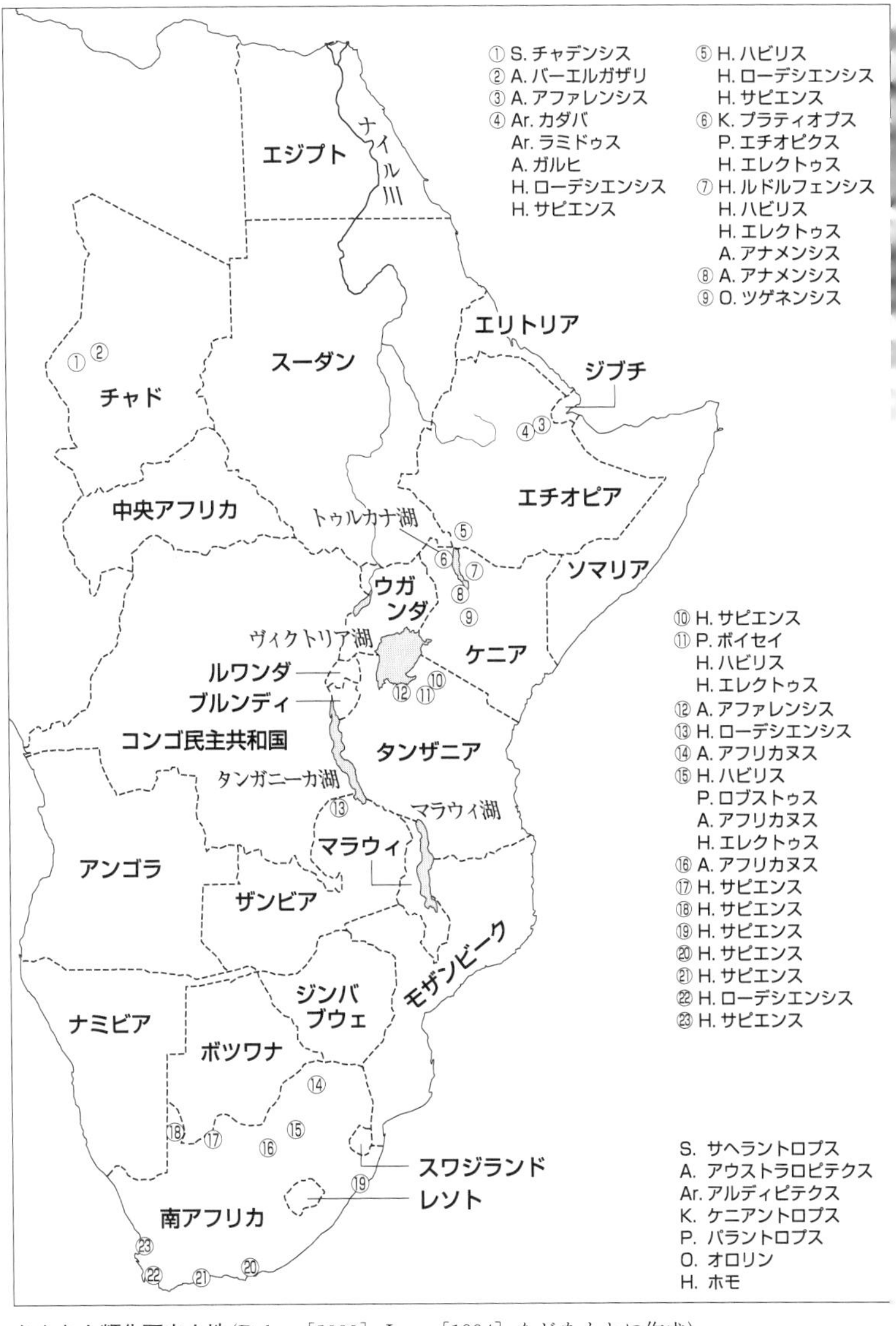
① S. チャデンシス
② A. バーエルガザリ
③ A. アファレンシス
④ Ar. カダバ
Ar. ラミドゥス
A. ガルヒ
H. ローデシエンシス
H. サピエンス
⑤ H. ハビリス
H. ローデシエンシス
H. サピエンス
⑥ K. プラティオプス
P. エチオピクス
H. エレクトゥス
⑦ H. ルドルフェンシス
H. ハビリス
H. エレクトゥス
A. アナメンシス
⑧ A. アナメンシス
⑨ O. ツゲネンシス
⑩ H. サピエンス
⑪ P. ボイセイ
H. ハビリス
H. エレクトゥス
⑫ A. アファレンシス
⑬ H. ローデシエンシス
⑭ A. アフリカヌス
⑮ H. ハビリス
P. ロブストゥス
A. アフリカヌス
H. エレクトゥス
⑯ A. アフリカヌス
⑰ H. サピエンス
⑱ H. サピエンス
⑲ H. サピエンス
⑳ H. サピエンス
㉑ H. サピエンス
㉒ H. ローデシエンシス
㉓ H. サピエンス
S. サヘラントロプス
A. アウストラロピテクス
Ar. アルディピテクス
K. ケニアントロプス
P. パラントロプス
O. オロリン
H. ホモ
エジプト
ナイル川
スーダン
チャド
エリトリア
ジブチ
エチオピア
中央アフリカ
トゥルカナ湖
ソマリア
ウガンダ
ヴィクトリア湖
ケニア
ルワンダ
ブルンディ
コンゴ民主共和国
タンザニア
タンガニーカ湖
マラウィ湖
マラウィ
アンゴラ
ザンビア
モザンビーク
ジンバブウェ
ナミビア
ボツワナ
スワジランド
レソト
南アフリカ

おもな人類化石出土地(Delson[2000], Jones[1994] などをもとに作成)

〈ロブストゥス猿人（パラントロプス・ロブストゥス）とボイセイ猿人（パラントロプス・ボイセイ）〉　南アフリカでは二種の猿人が発見されており、それらは華奢型のアフリカヌス猿人と頑丈型のロブストゥス猿人である。ロブストゥス猿人はアフリカヌス猿人よりも時代が新しく、約二〇〇万年前から一〇〇万年前のクロムドライやスタークフォンテンにある石灰層から一九三八年にブルームにより発見され、パラントロプス・ロブストゥスと命名された。

一方、東アフリカでもはじめて一九五一年に発見された化石が約一八〇万年前の頑丈型猿人であり、このタンザニア、オルドヴァイからの猿人には南アフリカのものと異なる種名、パラントロプス・ボイセイの名がつけられている。この発見までは絶対年代が測定されていなかったが、この化石にたいしてはじめて放射性同位体を用いるカリウム・アルゴン法（K／Ar法）という画期的な年代測定法が用いられ、約一八〇万年前という絶対年代があてられた。

その後もトゥルカナ湖周辺やエチオピアのアファールでも多くの同種の化石が発見されているが、それらはつぎに記すホモ属と同時代を生きていたことから猿人の進化のなかで特異な存在といえる。

ホモ属の登場

頑丈型猿人は約一〇〇万年前まで生存していたが、約二五〇万年前以降になるとアナム猿人以来長く続いた猿人の全盛時代が終わり、原始的な石器をともなったあらたな化石人類の時代が始まり、彼らの脳は大型化の兆しを示すようになる。ここではこの新しくアフリカの先史に登場した人類、ホモ属をみることにする。

ハビリス人(ホモ・ハビリス)　最初のハビリス人の化石は、頑丈型のボイセイ猿人と同じタンザニア、オルドヴァイの約一八〇万年前の地層から発見された。リーキーらがおこなった一九六〇年から六四年にかけての調査成果がそれで、六四年にリーキー、トバイアス、ネイピアの三人がホモ属の新種、ホモ・ハビリスとして発表した。それらの特徴は猿人と比べてより大きな脳容量(五一〇〜七五〇cc)、大臼歯や小臼歯が小さいことなど華奢な咀嚼器、放物線状の歯並び(歯列弓《しれつきゅう》)などである。しかし、身長は猿人に比べて大きくなっており、平均一五〇センチ前後である。その後の多くの化石がトゥルカナ湖東岸のクービフォラをはじめ、エチオピアのオモ、マラウィのチウンド、南アフリカのスワルトクランスなどから発見されている。そのなかでもクービフォラからの化石にはオルドヴァイに似た小型のものと、脳容量が七五〇ccもある大型のものがある。そこで大型のものをルドルフ人(ホモ・ルドルフェンシス)と命名し、区別している。

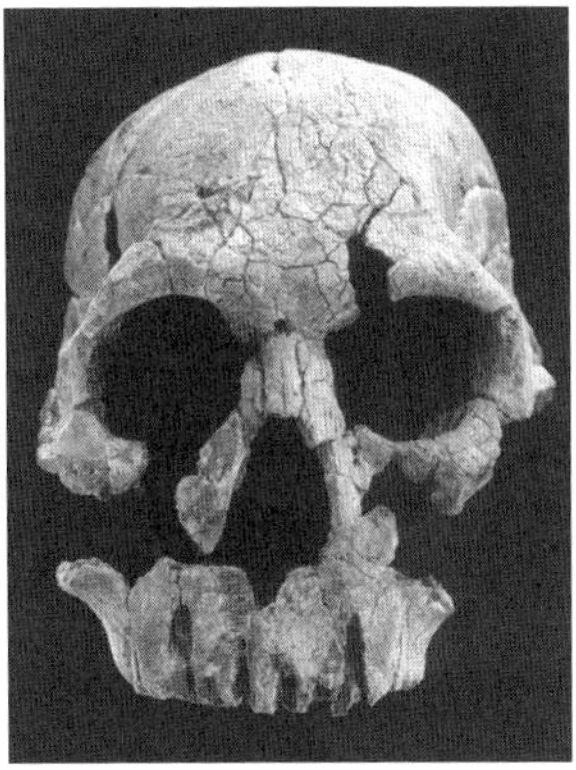
ルドルフ人

ハビリス人・ルドルフ人のもうひとつの特徴は人類史上はじめての石器、オルドヴァイ型石器をともなった点である。現在知られるもっとも古い石器はエチオピア、ゴナの約二五〇万年前の地層からでているが、このタイプの石器はタンザニアのオルドヴァイを中心に一二〇万年前まで続き、約一三〇万年間という長い期間にわたっている。この文化の担い手であったハビリス人の年代をみると、エチオピアのハダールからの化石が二三三万年前ともっとも古く、新しいほうではトゥルカナ湖東岸のイルレットからの頭骨化石が一四四万年前ともっとも新しい時代のものである。この期間には南アフリカのスタークフォンテン、ケニア中部のシェメロン、北部のトゥルカナ湖岸、エチオピア南部のオモ川周辺から発見された化石も含まれる。

更新世の人類

更新世は約一八〇万年間と短い期間であるが、この時代に人類は原人から新人へと著しい変容をとげる。しかも人類はアフリカをでてユーラシア大陸にわたり、遠くジャワ島や中国、ヨーロッパへとその分布を広げた。ここではこの人類拡散の時代にあたるアフリカ先史の姿をみることにする。

エレクトゥス原人（ホモ・エレクトゥス）　最古の原人としては、北ケニアのトゥルカナ湖東岸のクービフォラで発見されたホモ・エレクトゥスの化石がある。ケニア国立博物館に保管されている一九〇万年前のホモ・エレクトゥスの標本にはKNM-ERの記号のあとに三二二八、三七三三、三八八三などの数字がつけられている。この記号、KNMはケニア国立博物館を示し、ERはトゥルカナ湖東岸を意味しているが、「R」はこの湖がかつてルドルフ湖と呼ばれたことによる。化石頭骨は眼窩上隆起が発達しているが、脳容量は八〇〇～九〇〇㏄に達しており、この化石はアシュール型石器と呼ばれる握斧《ハンドアックス》をともなう（三八七ページ参照）。

この仲間で有名なものに、KNM-WT一五〇〇〇という記号と番号をもつトゥルカナ湖西岸から出土した全身骨格がある。一六〇万年前のこの骨格化石は「トゥルカナ・ボーイ」と呼ばれる十一歳から十二歳の少年のものであり、二足歩行への下肢の適応では現代人と変わらない。体格は大きく、この化石を含めた六標本による推定身長の平均は一七〇(一五八～一八五)センチであり、体重は五八(五一～六八)キログラムである。これは現代人の平均をはるかに超え、サイズの大きい現代人の一七%以内にはいる。

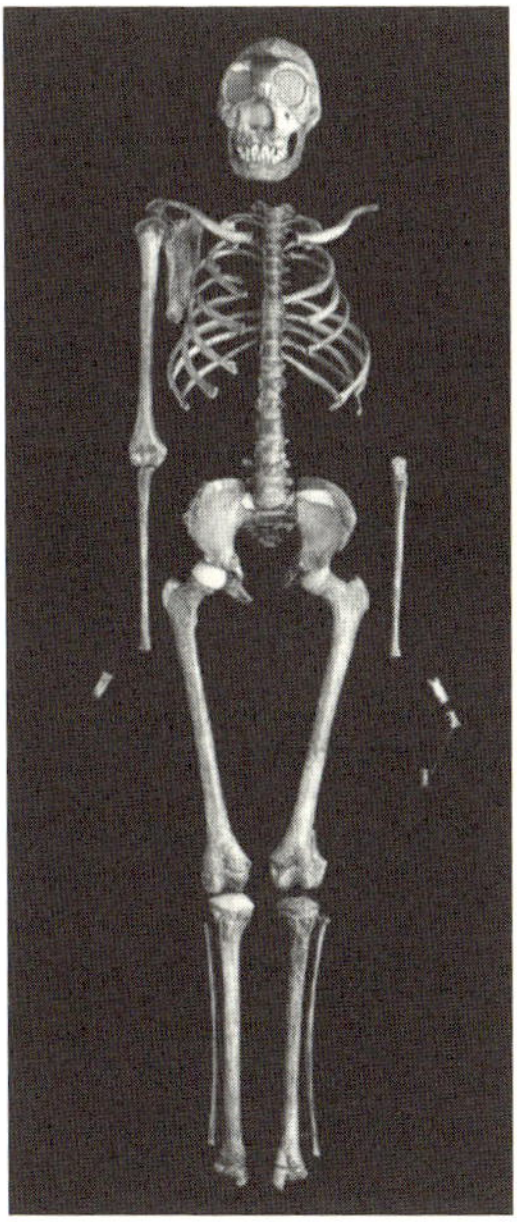

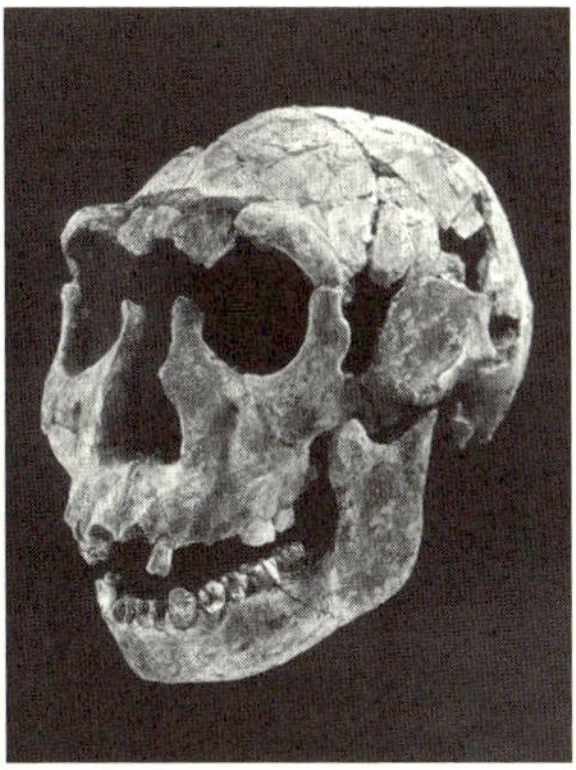

トゥルカナ・ボーイ(エレクトゥス原人)

ハビリス人に比べ脳容量がさらに増加している。石器もオルドヴァイ型からアシュール型へ進化しているように、生活技術の革新が一段と進み、社会生活も、より複雑化しているとみてよいであろう。眼窩上隆起の発達はまだ強い咀嚼力を必要としていたと思われるが、歯はすでに小型化している。

原人ではすでに火の使用が始まっていたと考えられる。落雷による野火からとった火を保持し、夜間の食肉目《しょくにくもく》の攻撃に火で対応していたのであろう。原人にとって火の使用は大きな発見であり、泊まり場を樹上から地上に移すことができたと考えられる。原人がアフリカからユーラシアへと分布を拡大できたのも、火の保存や利用、また火起こし技術のあらたな獲得によるものではなかったか。

アフリカの初期の原人をホモ・エルガステルとも呼ぶが、ここでは一括してエレクトゥス原人と呼び、区別をしないことにした。

ローデシア人（ホモ・ローデシエンシス）　原人がサピエンスに進化したことは論をまたないが、両者のあいだには過渡期的な化石があり、それらは古代型サピエンス、またはハイデルベルグ人（ホモ・ハイデルベルゲンシス）と呼ばれている。ハイデルベルグ人と呼ぶのは、移行期にあたる更新世中期（七〇万年前～二〇万年前）の下顎化石がドイツのハイデルベルグ近郊のマウエルから出土したことによる。このローデシア人（頭骨）もこの時代、もしくはやや先行するものであり、ザンビア、カブエのブロークン・ヒル鉱山で発見された。その頭骨の前頭部は、強くうしろに傾斜するスロープ状であり、眉上の隆起が強いことなど原人に似るが、脳容量は一二八〇ccと原人の平均値を大きく超え、サピエンスの域に近づいている。

この仲間には、エチオピアのボドからの六〇万年前のサピエンスへの類似をみせる頭頂骨などが含まれる。さらに時代が進むとエチオピア南部のオモから頭骨、南アフリカのサルダーナから出土した五〇万年前から二〇万年前の頭骨、ケニアのカプスリンの下顎骨、モロッコのケビバートやサレからの頭骨などがある。

これらの化石は原人に比べて、(1)脳容量が大きいこと、(2)脳頭蓋が高いこと、(3)頭頂部でふくらんでいる(膨大)、(4)顔面部で突顎程度が低いことなどがこの移行段階の特徴としてあげられる。このように新人の祖先であるが、脳容量や顔面の形状などではまだ新人の域に達していない。

サピエンスの登場

アフリカで現代人の直接の祖先が出現したのはいつごろか。先述のようにミトコンドリアのＤＮＡの分析では、二〇万年前から一〇万年前を示唆している。そのような化石がどこにあるのであろうか。まず、エチオピアのヘルトの一六万年前から一五万四〇〇〇年前の頭骨がある。この顔面の形態に古い特徴がみられるものの、脳容量は一四五〇cc と現代人の平均を大きく超え、すでにサピエンスの段階に達しているといってよい。また、モロッコではダルエス・スルタンから、九万年前から六万年前の数個の頭骨と下顎、テラマやズーラからの下顎、エジプトのタラムサから出土した幼児の骨格、スーダンのソレブからの頭骨と下顎がある。

さらにエチオピア、オモ(キビッシュ層)からの一三万年前の骨格や頭骨、タンザニアのムンバの一三万年前から一一万年前の数個の大臼歯があり、南アフリカのボーダー・ケイヴ、クラシーズリバー・マウス、エクス・ケイヴ、ウィットクランス・ケイヴ、ヘージェスプント、ディーケルダース・ケイヴなどから多くの化石片がでている。

現代人、ホモ・サピエンスの特徴とは、脳容量が一四〇〇cc 前後という大きな頭をもつことと、手の器用さ、それに体の華奢さにある。文化的には石器をより精巧化し、それらを用いた大型獣の狩猟をさらに発展させたグループといえる。

3　アフリカの先史を解く

これまではアフリカの先史にあらわれた人類化石を史実として時代順に取り上げ、その姿をおもに形質的な面から個別的にみてきた。ここではそれらを総合的な視点からとらえ、先史の流れのなかにみえる特徴や傾向を探りたい。まず、時代順にあらわれた化石人類をつなぐ縦糸、すなわち、人類の系譜を考えてみたい。

人類の系統樹

サピエンスのルーツをたどろうとするとき、化石人類の類縁関係を時空間的な広がりのなかでとらえ、初期人類を起点とした進化の様相を系統樹に描くことが必要である。近年、分子生物学が進み、DNAの分析から種の類縁関係を知ることができるようになった。しかし、これは現生種の分岐様式や年代を知ることに限られる。古い時代の化石からはDNAを抽出することが困難であり、化石人類の系統樹の作成は化石の形態学的な比較によるのが現状である。

進化論以後、人類の系統樹は幾度となく書き換えられ、新しい化石が発見されるごとに新しい系統樹が描かれ、また複雑になっている。ここに最近描かれた二つの系統樹をとりあげた。(a)はスペインのセラコンデとアメリカのアヤラによるものであり、(b)は諏訪による。両者の大綱は大きく変わらないが、(a)ではオロリン属からアナム猿人―アファール猿人―プラティオプス人―ルドルフ人(ホモ・ルドルフェンシス)

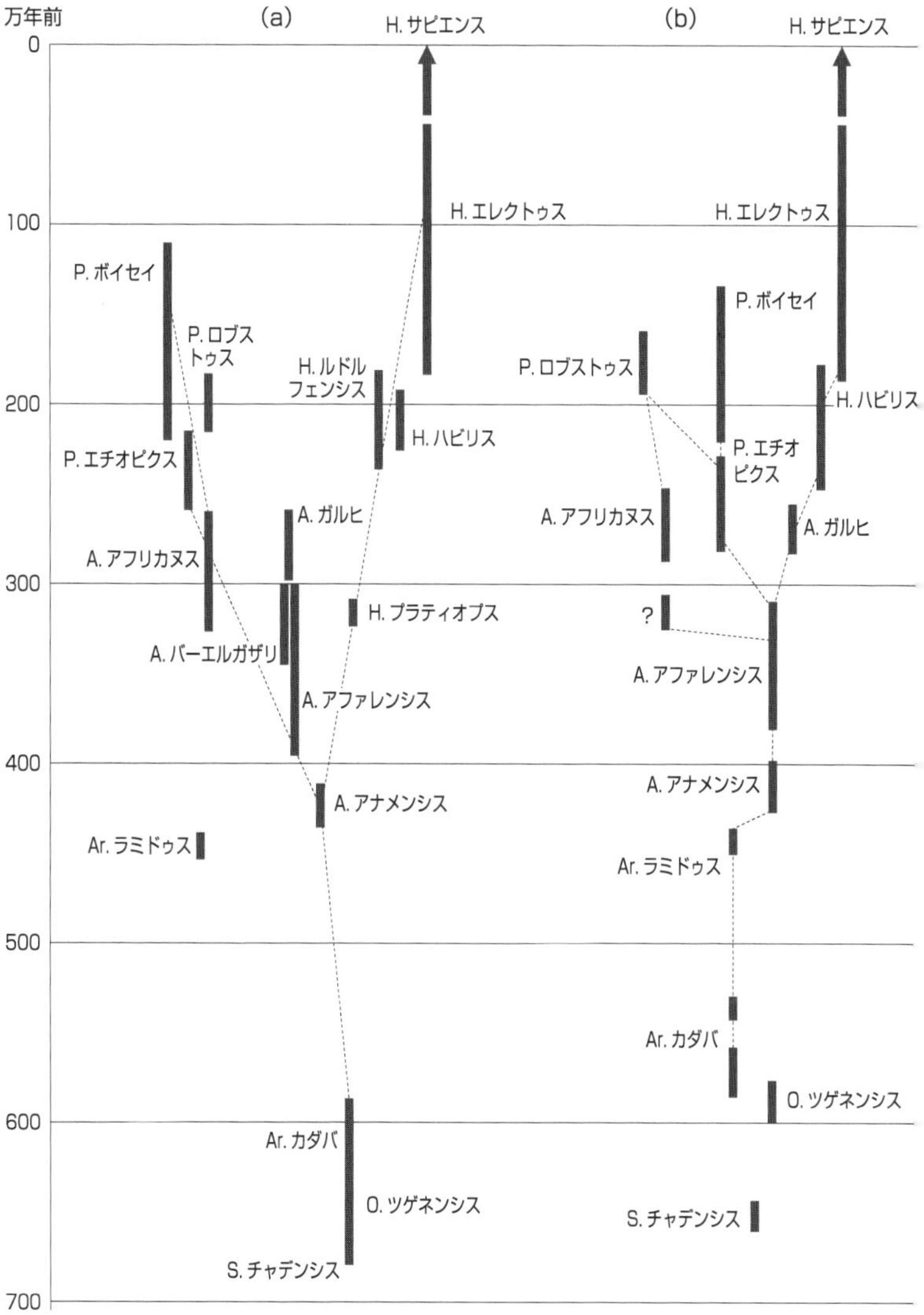

アフリカにおける人類進化の2つの系統樹　本図では，プラティオプス人がホモ属とされているが，一般的にはケニアントロプス属とされ，本書でもそれに準じている。((a)：Cela-Conde & Ayala[2007]に，(b)：諏訪[2006]による)

―ハビリス人と続き、(b)ではカダバを起点としてアルディピテクス・ラミドゥス―アナム猿人―アファール猿人―ガルヒ猿人―ハビリス人であり、エレクトゥス以降はいずれもサピエンスへとつながる。頑丈型の系列でも両図で基本的に変わらないが、(b)では南アフリカと東アフリカの頑丈型が平行的に進化したとする考え方がとられている。きわ立って異なる点はラミドゥスの扱いであり、猿人へとつながる位置を占めるか否か、この点が今後の課題として残る。

系統樹はそれを描くときに重要視する形質や、その解釈により異なるが、現状ではまだ十分な化石が発見されていないため完全な系統図を描くことはむずかしい。中新世の類人猿や初期人類からサピエンスにいたる確かな系譜を知るためには、今後の活発な化石調査による化石標本の蓄積が必要である。

進化段階と特徴

正確な系統樹が描けないとしても、進化の段階をみることによってアフリカ先史の基本的な姿をみることができよう。ここでは進化段階についての考察をより深めておきたい。

人類進化の基本的な様相としては、まず二足歩行の開始と、この移動様式への適応がある。ついで脳の大型化(大脳化)が始まり、これには石器がともなう。さらに進むと生活面では大型獣の狩猟がみられ、石器の製作技術が向上するなかで大脳化がさらに進行している。こうした流れを踏まえて、人類の進化段階をみることにする。

南アフリカの猿人が正当な評価を受けてからは、人類の進化段階には、伝統的につぎの四つの段階がおかれてきた。それらは猿人、原人、旧人、新人の段階である。しかし、旧人は新人につながらないヨーロッパや西アジアから中央アジアでの固有種であるため、アフリカでは猿人、原人、新人の三段階となる。第一の猿人段階は二足歩行への適応がかなり進んでいるが、脳容量はまだ類人猿の域である五〇〇cc程度にとどまり、石器をともなわない段階である。第二の原人段階は脳容量が一〇〇〇ccと猿人の二倍になり、石器も原始的なオルドヴァイ型石器ではなく、より進んだアシュール型と呼ばれる石器をともなう。第三の新人段階ではさらに大脳化が進み、その脳容量は一四〇〇ccを超え、話し言葉も使われていたものと考えられる。

新人段階 20万年前	**H.サピエンス** 言語の発達，大脳化の完成，後期旧石器と骨器，定住化
サピエンス化段階 70万～20万年前	**H.ローデシエンシス（H.ハイデルベルゲンシス）** 生活圏の広域化，中期旧石器，大脳化
原人段階 200万～70万年前	**H.エレクトゥス（H.エルガステル）** アフリカからユーラシアへの移動と拡散，アシュール型石器，火の使用，大型獣の狩猟
ホモ化段階 250万～200万年前	**H.ハビリス，H.ルドルフェンシス** オルドヴァイ型石器，大脳化の始まり，小型獣の狩猟
猿人段階 450万～250万年前	**アルディピテクス，アウストラロピテクス（パラントロプス）** 二足歩行への適応
ヒト化段階 800万～700万年前	**類人猿・初期人類（サヘラントロプス，オロリン，アルディピテクス）** 二足歩行の開始

アフリカにおける人類の進化段階

進化の三段階は、非常に簡潔な区分であり、各段階では形質や、また文化も比較的安定していた期間といえよう。しかし、アフリカの先史をより詳しくみるためにはこの進化段階をさらに細分化し、強く変容する時代にも目を向ける必要があろう。これまでには古代型ホモ・サピエンスを原人と新人のあいだの移行型とする主張もある。そこでここでは移行的な段階として、猿人に先行するひとつの始原的な段階と原人と新人のそれぞれに先行する二つの段階を加えて、合計、六つの進化段階を設定した。

猿人に先行する第一の段階とは、人類誕生の母体となった類人猿、未知の初期人類、それに先述した中新世の人類を含み、二足歩行への助走、出現、それに二足歩行への初期的適応がみられる「ヒト化段階」である。これにつぐ第二の段階はすでに記した鮮新世の「猿人段階」であり、第三の段階はハビリス人やルドルフ人にみられる初期的な大脳化と、最初の石器であるオルドヴァイ型石器をともなう「ホモ化段階」である。第四の段階は「原人段階」であり、これに続くのが第五の「サピエンス化段階」である。かつてヨーロッパではプレ・サピエンスと呼ばれていたドイツのマウエルの下顎化石やスタインハイムの頭骨などを含むハイデルベルグ人と同時代もしくは前駆的な段階であり、ここにはいるアフリカの化石はザンビアのカブエから発見されたローデシア人などである。最終の第六段階の「新人段階」では脳容量が一四〇〇ccに達し、初期の化石種としてはエチオピア、ミドルアワッシュのヘルト人(ホモ・サピエンス・イダルトゥ)などが含まれる。

進化の過程からみた六段階のうちの移行的なヒト化、ホモ化、それにサピエンス化の三段階は大きな変化をともなう点で興味深い。ここではこれらの段階が環境変動、とくに乾燥化にさらされた結果として生じたものととらえている。ちなみにヨーロッパを中心とする地域では更新世の終わり近くにはネアンデルタール人(旧人)があらわれるが、この仲間はサピエンス化段階からヨーロッパに分布を広げたグループであるハイデルベルグ人から進化したものであり、ヨーロッパ、西アジアなどで寒冷気候に適応した人類と考えられている。

二足歩行の起源と進化

古くから人類の特徴として、二足歩行への適応や大脳化、発声器官の進化などが取り上げられ、その進化の過程は徐々に明らかにされてはきたが、それらの進化要因については今後の問題として残されている。ここでは二足歩行と大脳化を中心に取り上げるが、まず二足歩行からみてみよう。

人類と類人猿を比較するとさまざまな点で異なるが、そのなかでもっとも基本的な要素は移動運動であり、人類は下肢のみを用いた二足歩行を常態的におこなう。そこで常態的な二足歩行の出現をもって人類の誕生とするが、その初期では人類の体格は人類誕生の母体となった当時の類人猿とあまり変わらなかったであろう。したがって人類の誕生とは二足歩行をおこなう新しいタイプの類人猿の誕生ともいえる。

二足歩行が常態化するなかで歩行の効率化や、また安定した二足歩行への適応が進んだであろう。それらは足底にみられるアーチの構造であり、骨盤は内臓を下から支え、体重を大腿骨に効果的に伝える漏斗《ろうと》状の構造であり、脊柱は胸郭を保持するために頸部と腰部が前へ張り出し、胸部は背側に張り出したいわゆるS字状構造である。比較的重い頭蓋を直立した脊柱で下から効果的に支えるためには、脊髄が頭から

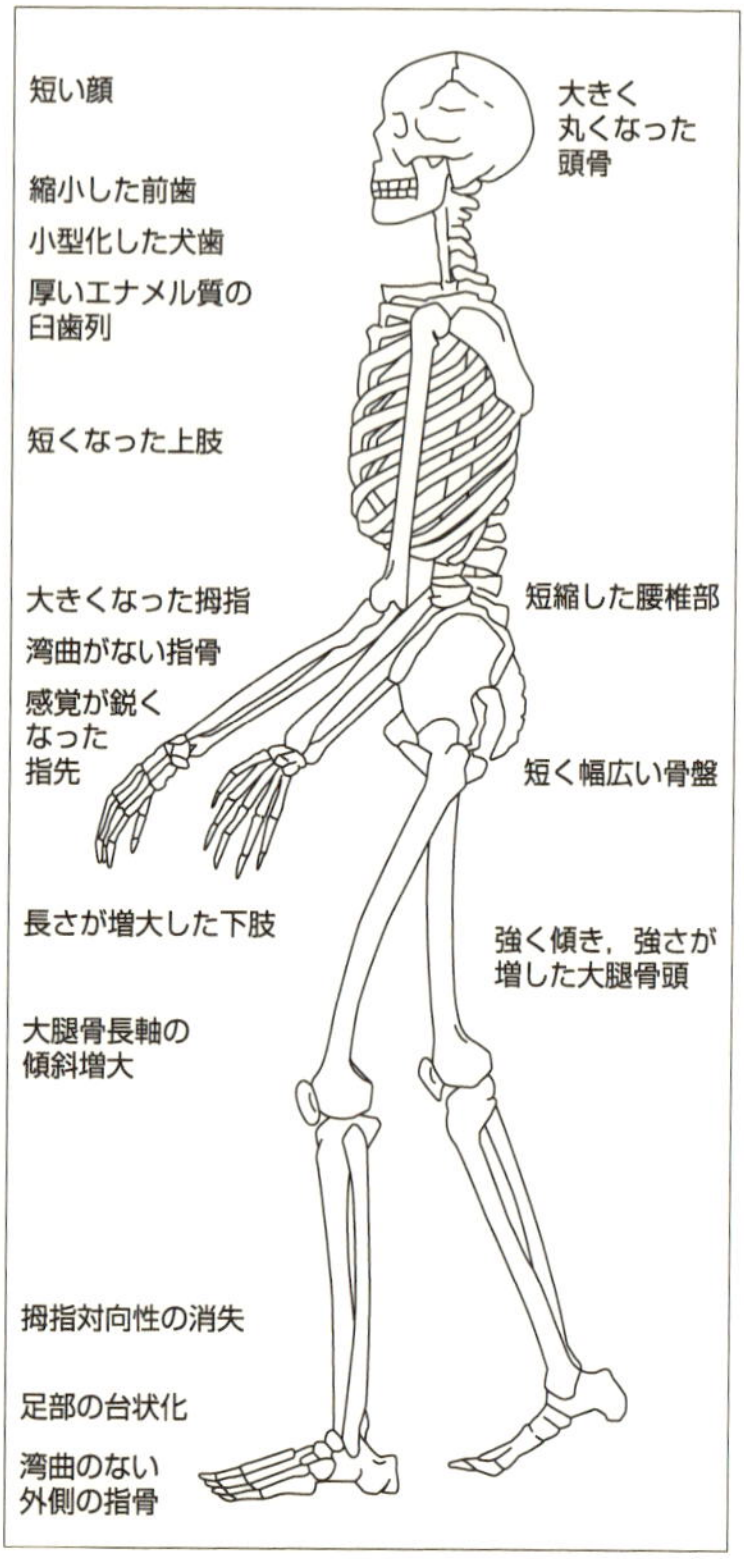

二足歩行への適応（ルーウィン，2002 による）

外にでる穴（大後頭孔）がより前方へ移動する必要がある。こうした二足歩行への適応が徐々に進んだが、猿人の段階では手の指骨はまだ手掌側へ湾曲している。このことから休息や睡眠、摂食などではまだ樹上を利用していたことがうかがえる。現代人のような二足歩行の段階に達した時期は原人以降とみてよく、おそらく火の使用により、夜間の休息や睡眠の場所が樹上より地上へと移った時期に相当するのではなかろうか。

二足歩行への適応は前述のようにして進んだと考えられるが、そもそも一群の類人猿がなぜ二足歩行を始めたのか。この問いは人類誕生の問題でもある。これまでに提唱されている仮説としては、上肢を使って道具、武器、食物、子どもなどを運搬するため、運動効率からみた場合、二足歩行が四足歩行よりも優れている、食物の採集や遠望などをするために二足姿勢を多用し、二足性への適応が進んだこと、さらに威嚇のために二足で立ち上がり、走ったりする動作への適応などがある。この移動運動が出現した環境についても森林起源とサバンナ起源に二分されている。重要な問題でありながらまだ定説はなく、大きな課題として残されている。ここではアフリカの自然環境の変遷を踏まえて、摂食と外敵の回避といった生態学的な観点からこの問題を考えたい。

アフリカ先史の自然環境をみると、中新世前期には森林が豊かであったが、中期以後は乾燥化が始まり、森の縮小化や森林帯の後退が目立つ。このような自然環境の変化は、摂食や休息、睡眠、移動など森林に強く依存していた中新世類人猿にたいして地上移動を強いることになり、その頻度の増加と同時に移動距離も徐々に長距離化していったのではなかろうか。ことに、果実食にこだわった類人猿の集団にとっては、森林間を高頻度に往来することとなり、森林を隔てるオープンランドでの移動距離も格段と長いものとなったであろう。こうした長距離の移動では捕食者に遭遇する機会も著しく増加したものと考えられる。

以上のような背景を踏まえてオープンランドを横断する際、食肉目による捕食から逃れるという問題をどのように解決したかを考えたい。一般的に動物は外敵を撃退する際、体を大きくみせて威嚇する。野生チンパンジーが仲間を威嚇する際、大枝を片手で引きずり二足で走ることがある。オープンランドを横断中の中新世類人猿が捕食者を威嚇しようとするとき、一頭が二足で立ち、歩くことだけでは捕食者に大きな威嚇効果を与えなかったかもしれない。しかし、数頭の成獣オスが一団となって二足で立ち上がり、歩き、また駆けるなどすれば捕食者の目には大型獣として映り、大きな威嚇効果を生んだのではなかろうか。

このような二足姿勢や歩行を「群れ型二足歩行」と名づけているが、手に枝や棒などを携え、頭上で大きく振りかざしたりすればさらに威嚇効果があがると考えてよい。

このような二足歩行が、オープンランドを横断する類人猿から食肉類を遠ざける効果があったとすれば、この行動はしだいに定着したであろう。二足歩行への適応が進むなかで、これらの類人猿が食肉類の捕食対象からはずされていったかもしれない。そうであったとすれば、オープンランドはたんに横断する場所だけではなく、比較的安全な摂食のための場所へと変わり、彼らの生活様式は大きく変わっていったのではなかろうか。ここでは以上の考察を二足歩行という行動を出現させたひとつのシナリオとして提示しておきたい。しかしながら、猿人の二足性の効果は夜間にはおよばず、夜間の休息や睡眠には相変わらず夜行性の捕食者を避けて樹上を利用しており、火を手にして始めて完全に地上化したものと考えられる。

大脳化

現代人の脳容量は霊長類のなかでは抜群に大きく、一四〇〇cc前後に達している。このように大きい脳がどのような経緯をへて形成されたのか、非常に興味深い。猿人の脳容量は、ほぼ二〇〇万年間にわたり大型類人猿のレベルにとどまっており、ホモ属になってはじめて脳の大型化が始まる。したがって、猿人が獲得した二足歩行が大脳化に直接影響したわけではない。ホモ属でも二足性を生活基盤にしてはいるものの、それ自体が脳の大型化をうながしたのではなく、直接の要因は彼らが始めた新しい行動とのフィードバック関係であろう。

その新しい行動とはなにか。この問題を考える際、明確な根拠となるものは石器やその使用痕であろう。ホモ属にともなう最初の石器は原始的なオルドヴァイ型石器(三八七ページ参照)であり、機能としては切る、切り裂く、割る、削る、削り取るなどである。このような石器使用をみるとき、小・中型動物の狩りと解体、それに死肉あさりなどにかかわる行動がみえてくる。

石器の製作技術は時代を追ってより精巧なものとなり、大脳化もそれと平行して進行している。原人ではより大型のアシュール型石器がみられ、脳容量も一〇〇〇ccに達している。彼らの狩猟対象はより大型化し、より組織化された集団による狩猟がおこなわれていたと考えられる。

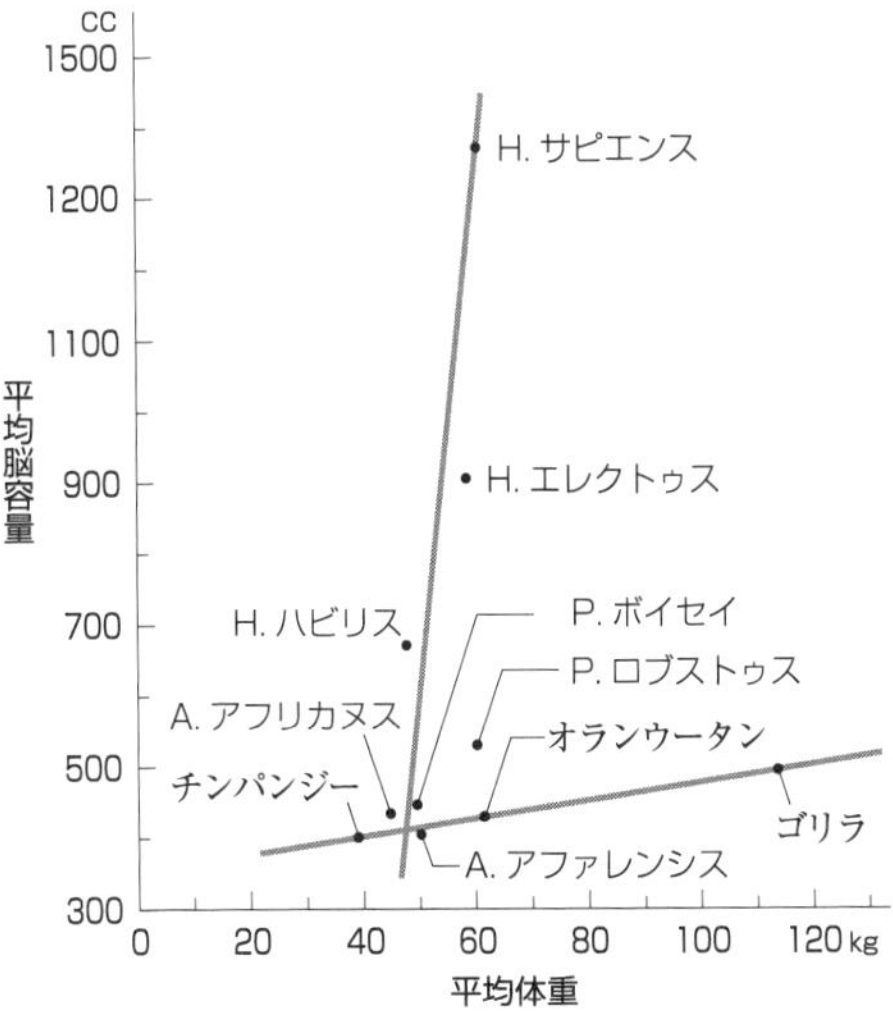

体重にたいする脳の容量(ルーウィン，2002 による)
A. アウストラロピテクス，P. パラントロプス，
H. ホモ

埴原和郎は、脳を大きくした原動力として、ハウエルズの言葉、「言語は単純な道具から組み合わせの道具、道具を作るための道具という技術の発展とともに進んだ」を踏まえて、文化的な要求こそが脳の発達をうながし、手の器用さもそれに関連すると述べている。さらに、保野彰三らは言語の始まりと進化には大脳新皮質の構造にたいする再構成がかかわるとしている。このように生活技術の向上や言語の獲得が大脳

化の重要な要素と考えられる。

ヒト化段階や原人段階で話し言葉がみられたかどうかは不明であるが、それも視野にいれつつ環境変化と生活様式の変化、とくに狩猟を軸にして大脳化の諸要因を考えたい。

地球の自然環境は中新世中期以降、グローバルな寒冷化が進行し、それと対応してアフリカ大陸では乾燥化が始まる。鮮新世後期からは北半球で氷床の出現と気候変動が強まり、更新世中期以降には氷河期と間氷期が繰り返している。こうしたなかで、アフリカでは乾燥化がより強まり、小規模な周期の乾燥と湿潤の繰り返しが幾度となくあったとみてよい。

乾燥期の東アフリカを例にとると、サバンナの植生はマメ科植物が優勢になり、動物相はウシ科を中心とした中・大型獣が主体となってくる。このような環境下で当時の人類が選択できるおもな食物は、マメ科植物のマメか、ウシ科動物の肉ではなかったか。その選択にはいずれかに軸足をおいたのではなかろうか。咀嚼器などからみて、パラントロプス猿人類はマメを、ハビリス人は肉を選択したと考えられよう。

エチオピアでは二六〇万年前には石器がみられ、同時に出土した獣骨にもカットマークがあり、その獣は小型ではない。狩猟は知恵のいる生業である。チーターのように速く走れない人類では、ライオンをはるかにしのぐ、より組織化された集団的な行動や、より効果的な道具の使用がなければ狩りの成功はおぼつかない。獣の習性を熟知し、狩りの手順などをすべての参加者が共有する必要がある。コミュニケーションも、素朴といえどもかなり発達した方法をもち、また発達させる必要もあったであろう。よく組織化された協調的な行動には、多くの情報を記憶し、状況にあわせた情報の統合が必須となったであろう。先述の「ホモ化段階」ではオルドヴァイ型石器をともなうが、それらは小・中型獣の狩猟や解体に用いられたのであろう。

原人の化石にはアシュール型の石器である握斧をともなうが、これらが狩猟に用いられたとすれば、対象となる獣は先のハビリス人に比べ、より大型になっていたと考えられる。それらを仕留める際には大きな危険がともなったことであろう。柔かい皮膚をもつ人類は傷を負ったことも考えられる。傷の手当てや傷ついた個体への援助も必要としたのだろう。集団は共同体として機能し、そのことは人類の生存能力をより強固なものにしたに違いない。また落雷などによる火を保存し、夜の暖をとり、獣を避け、料理に用い、生存技術を徐々に確固たるものとしたのではなかろうか。一〇〇〇ccと大型化した脳は、このような

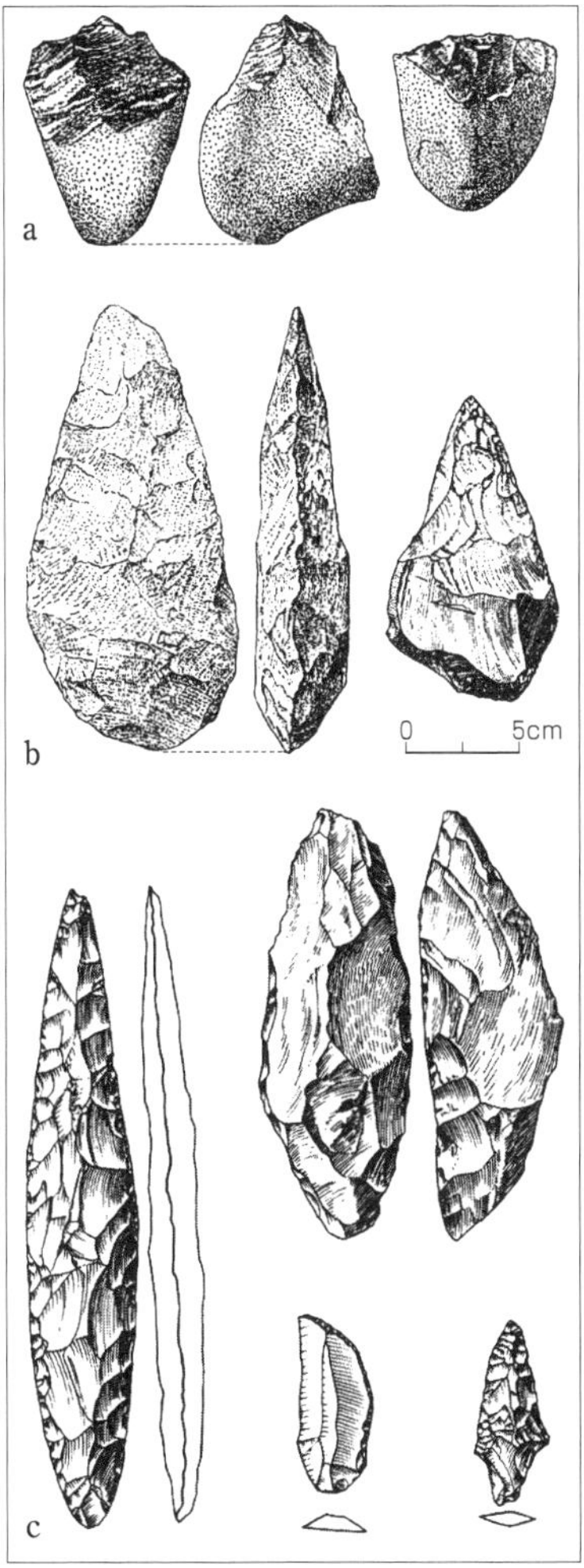

アフリカにおける旧石器の変化
a　オルドヴァイ型石器
b　アシュール型石器
c　中期旧石器型石器
(a・b：オークリー，1971
c：Bordes，1972 による)

原人の生活を支えたとみてよい。

時代がさらに進み氷河期と間氷期の交替する氷河時代では、アフリカの気候はそのつど、乾燥と湿潤にゆれ動いたとされる。また、大規模な気候変化のみではなく、多くの小周期的な変動も起きていたと考えられ、それぞれが人類の生活に影響をおよぼしたであろう。時に人口の増加や多様化があり、また時に激しい選択にさらされる過酷な状況が繰り返されたとみてよい。こうした環境の変化にたいして人類には柔軟に対応できる高い能力が求められ、その能力にも選択が働いたであろう。

二足歩行につぐ適応は、以上のような方向性があったと考えられる。生活技術の革新やそれにともなう複雑な社会の成立も必要とされ、複雑化する生業や社会に対応して高度なコミュニケーションも必要となり、話し言葉が出現したとみてよい。また、それらが生存能力を高めることによって、さらに大脳化が促進され、結果として一四〇〇ccを超える脳容量をもつ人類が誕生したのではなかろうか。

なぜアフリカが揺籃の地なのか

アフリカの先史は人類の進化史にとって特異的といえる。最初の人類が生まれた地がアフリカであり、それに続く各進化段階を創生した種もこの大陸で生まれ、育った。なぜ、アフリカでつぎつぎと新しいタイプの人類が生み出されてきたのだろうか。ここではその要因の考察を若干であるが試み、この章の締めくくりとしたい。

先に二足歩行や大脳化をもたらした背景として、乾燥化する環境を取り上げたが、ここでもこの大陸の古環境、とくに疎開林やサバンナなどの植生を周期的に、また連続的に生みだしてきたアフリカ大陸特有の環境変動に目を向けたい。この大陸の特徴を浮き彫りにするには、他の大陸との比較が必要であろう。ここでは本来、樹上性である霊長類が、中新世以降どのような環境的な影響を受けてきたのか、現生真猿《しんえん》類の生態を軸に南米、アジア、アフリカの大陸間で比較、検討する。

南アメリカに真猿類が出現したのは約二六〇〇万年前の漸新世《ぜんしんせい》後期のなかばである。アフリカから到達直後の熱帯多雨林には有袋《ゆうたい》類以外の樹上性の哺乳類は生息せず、豊かな樹上の生態系のなかで真猿類の多様化が急速に進み、中新世には現生種のほとんどがでそろい、その後の種分化はごく限られている。彼らのすべてが樹上性であり、地上で暮すものはいない。これは南アメリカに真猿類が到着して以来、消長があったものの、熱帯多雨林が今日まで連続的に維持されてきたことの反映といえる。

ユーラシア大陸へは、中新世の中期以後にアフリカから類人猿を含む真猿類が入り込み、分布を広げた。ここでもその直後に多様化がみられるが、以後の多様化はそれほど強くはない。現生類人猿のテナガザル類とオランウータンは樹上生活に特化しており、大型のオスのオランウータンを除いては地上を移動する類人猿はみられない。このような特殊化はユーラシア、ことに東南アジアでも熱帯多雨林が長く連続して維持されてきたことの証しではなかろうか。

一方、アフリカの真猿類をみると、中新世前期に類人猿があらわれ、ついでサル類が出現するが、それらの移動様式は樹上四足型から地上四足型まで多様である。たとえば、犬のような体つきのパタスモンキーはサバンナを疾走して暮す。さらにチンパンジーやゴリラといった類人猿では、上肢が長く樹上への適応がみられるものの、実際の移動では地上を利用し、手の指の中節背側を地面に着けて歩くナックル歩行という地上適応がみられ、テナガザルやオランウータンとは大きく異なる。これはかつての熱帯多雨林が、広域にわたり消失したことの反映といえる。実際に、コンゴ盆地の熱帯多雨林が一時期、草原と化したこともあった。

このように真猿類の大陸間での比較から、南アメリカやアジアの熱帯多雨林は中新世以後、連続して存在したが、アフリカではわずかな地域を残して熱帯多雨林が消失したことがわかる。これは中新世中期以降のグローバルな寒冷化がアフリカを乾燥化させた結果であり、その気候変化が類人猿をはじめとする真猿類に地上適応を強いたといえる。鮮新世においても同様な地球規模の寒冷化は幾度も繰り返され、そのつどアフリカは乾燥化にさらされたと考えられる。

熱帯域の生産性は高いことから、生物の多様性を生成、維持するが、そのための条件として湿潤な気候が必要である。乾燥化が強まれば熱帯多雨林が縮小、消失し、必然的に生産性は低下する。植生からみると乾燥化が熱帯多雨林を疎開林、サバンナ、そして草原へと変える。アフリカ大陸では乾燥化と湿潤化が繰り返し引き起こされるという環境変動が特徴であり、人類についても湿潤化が多様化を生み出し、乾燥化が強い選択をもたらしたとみてよい。このような環境変動のサイクルこそがつぎつぎと新しい人類を生み出した環境的背景であり、周期の短い氷河期、間氷期の反復によって人類の変容がさらに大きく加速され、ホモ・サピエンスの出現をもたらしたものと考えられる。

第二章　十八世紀フランスの奴隷貿易

アフリカとヨーロッパとの関係を考えるとき、黒人奴隷貿易が営まれた時代はひとつのトピックになる。なぜならば、同貿易は、それ自体が特有な歴史的意味をもつと同時に、その後の両者の関係のありようを方向づける重大な契機になったからである。アフリカは、十六世紀から十九世紀までに千数百万の人口を強制的に奪われ、文明の基盤を喪失して、その後の社会経済的な進展を阻害された。一方ヨーロッパ諸勢力は、この貿易から膨大な利益を獲得し、蓄積された資本は産業革命の礎を形成した、とされている。しかし、二つの大陸の未来に多大な影響を与えたこの奴隷貿易について、その実態が十分明らかにされてきたとはいいがたい。つまり、奴隷がどのように売買されたのか、あるいは、地域によって商取引の方法は異なっていたのか、という商業の現場にかかわる問題はこれまでの歴史研究において主要なテーマとはされなかったのである。

そこで本章では、十八世紀に約八二万人の奴隷を購入したとされるフランスを取り上げ、貿易の制度と形態を論じてみたい。

1　奴隷貿易の制度

西アフリカとの出会い

　十六世紀にフランス人は定期的にギニア湾沿岸に接岸して、マニゲットと呼ばれるアフリカ胡椒《こしょう》、金、蜜蠟《みつろう》そして象牙《ぞうげ》を取引した。その後、宗教戦争期にアフリカ交易は中断するが、十七世紀初頭には再開した。しかしこのときすでにアフリカ沿岸には、ポルトガル、スペイン、イギリス、オランダが拠点を設けており、フランスはこれら諸勢力との競争を余儀なくされた。

　国王アンリ四世(在位一五八九～一六一〇)は「フランスの遅れ」をうれい、海外進出策を推進する。まず一六〇八年には、シャンプランがケベックを建設し、北米大陸におけるフランスの活動拠点を確保した。続くルイ十三世治世期(在位一六一〇～四三)には、ヨーロッパ世界に普及し始めたタバコと砂糖の生産地であるアンティル諸島への関心が高まる。二五年、「ディエップの海賊」として知られた二人のフランス人(ピエール・デナンビュとウルバン・ド・ロワセ)がサン・クリストフ島に到着した。彼らは肥沃な土地を確認すると、一時帰国して宰相リシュリューに島への植民とタバコ貿易をおこなうための会社設立を申し出た。宰相自身が出資したこのサン・クリストフ会社は、一〇年間活動したのち、三五年にアメリカ諸島会社として改組される。同会社はグアダルーペ島とマルティニク島に活動拠点をおき、サトウキビ栽培を開始する。労働力は、奴隷である。こうしてフランスは、熱帯産品の産出地向け労働力の調達地としてア

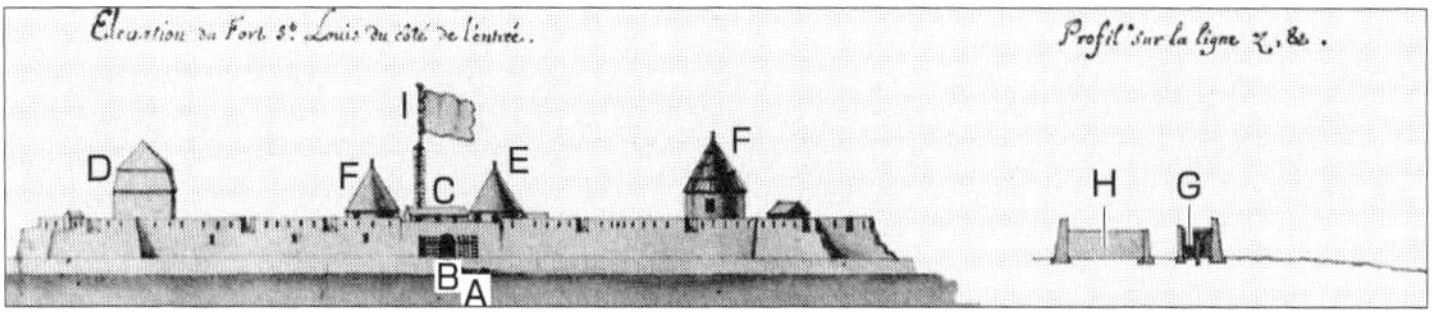

商館設備　A：船荷の積み降ろし場　B：商館入口　C：礼拝堂　D：住居
E：倉庫と食堂を備えた塔　F：武器保管庫　G：倉庫を備えた城壁
H：城壁　I：旗ざお

セネガルのサン・ルイ商館　商館の西側は，突きだした岬によって，また南側は砂洲によって海から隔てられ守られている。大型船舶は満潮時には商館に接岸できるが，それより上流に向かうためには，バルクあるいはシャランと呼ばれる小型船に船荷を積みかえる必要があった。

フリカにふたたび関心を向けるのである。

フランス人が、奴隷取引のための拠点としたのはセネガルであった。彼らは、一六四〇年にセネガル川河口のボコス島に要塞を建設した。また五八年には同島に二つ目の施設を設け、さらに五九年には、隣接するンダール島により大規模な要塞を完成させた。これは、セネガルに最初に到着した船舶の名をとって、サン・ルイと名づけられる。以後フランスは、このサン・ルイ要塞を整備し、ここを西アフリカにおける商業取引の中心地と位置づけ、セネガル川流域に勢力圏を確立していくのである。

困難な西アフリカ貿易

フランス奴隷貿易の制度が本格的に整備されるのは、一六六四年からである。この年、財務総監コルベールはフランス西インド会社を設立し、カナダ、アンティル諸島、カイエンヌ、アマゾン川からオレノコ川までの南アメリカ大陸部、ヴェルデ岬から喜望峰までのアフリカ大西洋沿岸との四〇年間にわたる貿易独占権を与えた。同会社は四五隻の船を所有し、植民地産品の獲得と奴隷貿易の遂行をめざした。しかし、大西洋を囲む広大な地域との商取引を排他的に実行することは不可能であり、早くも六八年には、活動を限定せざるをえなくなった。以後、西インド会社は西アフリカ沿岸における奴隷貿易のみをおこなうが、経営は好転せず、七二年四月九日のフランス国務顧問会議は会社清算の手続き開始を裁決した。こうして重商主義政策の具現としての西インド会社は、設立からわずか八年後の七四年に解散することになる。

しかし、一六五九年に完成していたセネガル川河口のサン・ルイ商館は、そののちも西アフリカにおけるフランスの活動拠点として機能しつづける。西インド会社の資産であった同商館と付属の停泊地、現地倉庫に保管される獣皮やアラビアゴムは、三人のフランス人資産家に買い取られた。彼らは六隻の奴隷船を用いて商館周辺で奴隷取引を継続したのである。またほぼ同じ時期にフランスは、オランダ戦争の過程でヴェルデ岬沖合のゴレ島を獲得している。七七年十月三十日にデストレ元帥は、同島に設けられたオランダ商館を攻撃し、これを陥落させるとともに、周辺のリュフィスク、ポルテュダル、ジョアルの各停泊地を獲得した。淡水が豊富に湧きだすゴレ島は、アンティル諸島へ向かう船舶の飲料水・食糧補給地として重要であったし、また三つの付属停泊地をえたことは、のちのフランスによる西アフリカ経営のあり方を決定づけた。なぜならば、これら停泊地の周辺では、ランサドス(ポルトガル人と現地住民との混血)と呼ばれる人々が、沿岸部と内陸部とを結ぶ交易網を形成しており、フランス人はそれを直接に利用できたからである。こうしてフランスは、セネガル沿岸部において、建造物としての活動拠点をえたにとどまらず、商業圏形成の原動力をえた。

サン・ルイ、ゴレ両商館を核とする商業取引網の構築に踏み出したフランスは、一六七九年三月二十五日にセネガル会社を設立し、奴隷貿易特権を与えた。同会社の活動領域は、ヴェルデ岬から喜望峰までと定められ、八一年までに一三隻の船を派遣して、三八一〇人の奴隷をアンティル諸島に輸送した。しかし、これは拡大するサトウキビ・プランテーションの生産活動を十分にはまかなえず、経営は低迷した。セネガル会社は、早くも八一年七月二日に解散し、その特権と資産は財務秘書官や税務役人に売却された。彼らは、新セネガル会社を設立して貿易を継続させたが、商業実務に無縁な人々による経営は厳しく、特権は三年後に剝奪される。

以上のように、一六六四年以降フランスは、本国においてはいくつかの特権会社を設立して奴隷貿易を伸展させようと試みるが、そのいずれもが失敗に終わった。一方現地では、従来からの活動拠点であるサン・ルイ商館に加え、ゴレ島と大陸部に点在する停泊地をえたので、セ

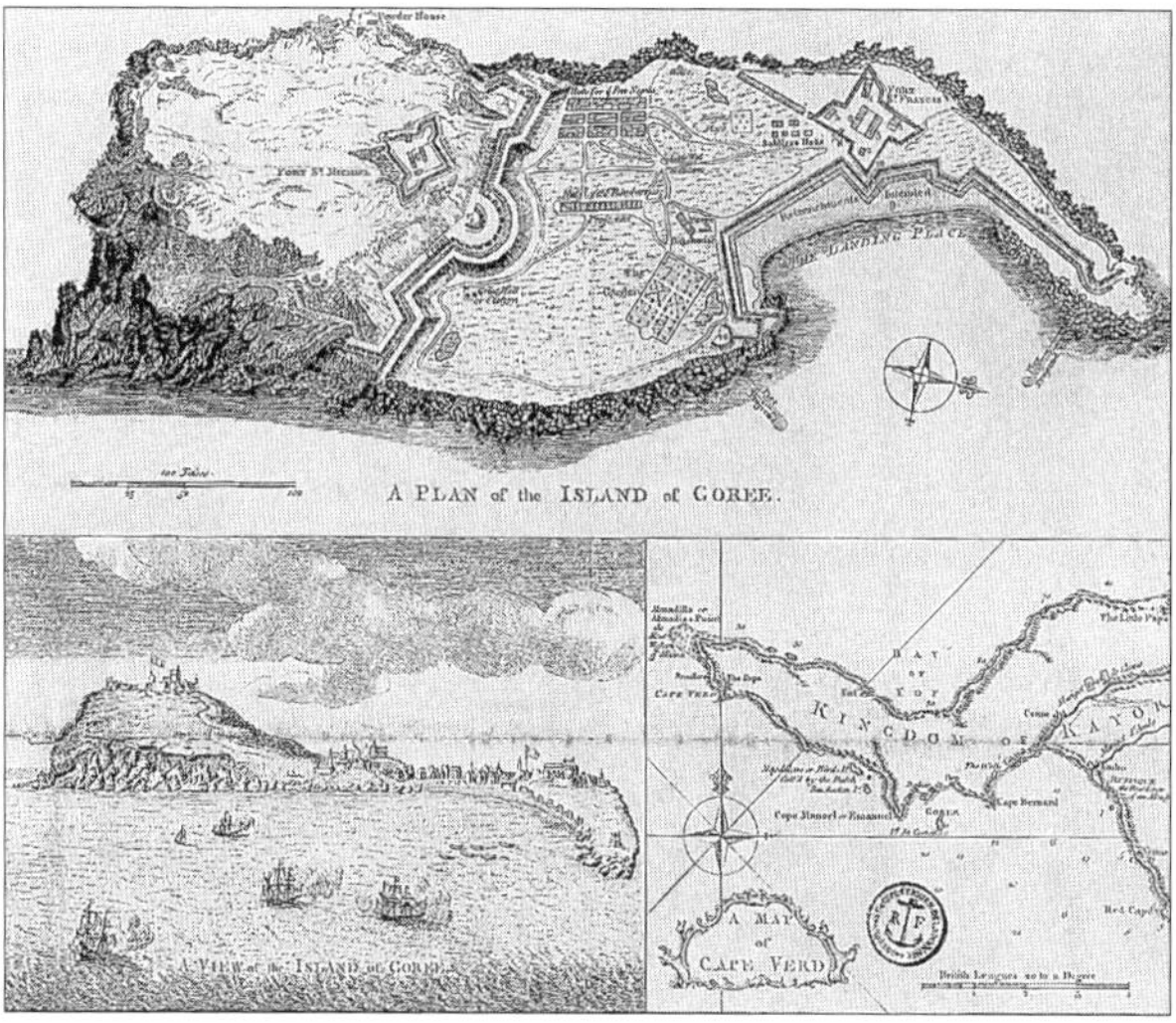

1757年のゴレ島　ゴレ島には，入江のサン・フランソワと丘上のサン・ミシェルという２つの要塞が整備され，18世紀にフランスは，このうちとくに入江のものを活用した。

ネガンビアにおける勢力圏を形成しつつあった。これにたいして、オランダとイギリスの商館が建ちならぶギニア湾沿岸では、フランスはジュダ商館だけしかもつことができなかった。この条件は、一六八五年以降のアフリカ経営の方針を決定することになる。

アフリカ二分割経営——ギニア会社

フランスは、一六八五年一月六日に二つのあらたな特権会社を設立した。そのひとつは、シエラレオネ川から喜望峰までを活動領域とするギニア会社であった。フランス国王は、同会社に商館建設と守備隊の配置、そして現地支配者との交渉権を与えた。これらに基づいてギニア会社は、二〇年間に年一〇〇〇人の黒人奴隷をアンティル諸島に輸送し、熱帯産品を本国へ輸入する義務を負った。七一年に完成したジュダ商館は、シエラレオネ川以南における唯一のフランスの拠点であったが、その立地条件は、さきに述べたセネガンビアのサン・ルイ、ゴレとは大きく異なった。商館には、積み出しを待つ奴隷をまとめ、またその交換商品を貯蔵するための十分な空間を備えることが必要だったが、ジュダ商館がおかれたベナン地域はこの条件に適していなかった。なぜならば、同地域にはイギリスやオランダの商館や停泊地が数キロごとにあり、フランスは厳しい競争を強いられたからである。またギニア会社設立直後に始まったアウクスブルク同盟戦争(一六八八〜九七年)もフランスの海上貿易を停滞させ、同会社の奴隷輸送は当初の目的を達成できなかった。

低迷するギニア会社は、一七〇一年にアシエント会社と名前を変え、スペイン領アメリカへの奴隷輸送をもおこなうようになる。会社所有の船は、ジュダ商館で奴隷を積み、スペイン領のハバナやベラクルス、フランス領のサン・ドマング島のカップ・フランセ、レオガン、グアダルーペ島、マルティニク島に寄港したのち、フランスの出港地に戻るという航路をたどるが、その実績はふるわず、一四年までに艤装《ぎそう》されたのはわずかに五隻であり、取引奴隷数は一七〇六人(年平均一三一人)であった。活動を阻害した原因のひとつは、スペイン継承戦争(一七〇一～一四年)だろう。フランスは、海上では敵国イギリス、オランダの海軍力の脅威を受けた。そしてなによりもギニア湾沿岸において、両国との競争がいっそう厳しくなり、奴隷取引が阻害されたのである。

こうしてついにフランスは、一七一六年一月十六日にシエラレオネ川から喜望峰までの貿易特権対象地域を放棄し、一般商人の自由な商業活動を許可するのである。以後ギニア湾沿岸地域は、フランス商人による民間商業が展開される地域になる。

アフリカ二分割経営――セネガル会社

一六八五年一月六日の国務顧問会議裁決に従って、もうひとつの奴隷貿易会社が設立された。ブラン岬からシエラレオネ川までを特権対象地域とするセネガル会社である。同会社には、ギニア会社と同様に、当該地域にある商館や停泊施設の所有と経営権および奴隷その他の商品取引にかんする現地支配者との直接交渉権を与えられた。

セネガル会社は、一六八六年十一月から八七年初頭までに九隻の船をセネガンビアに送ったが、十分な

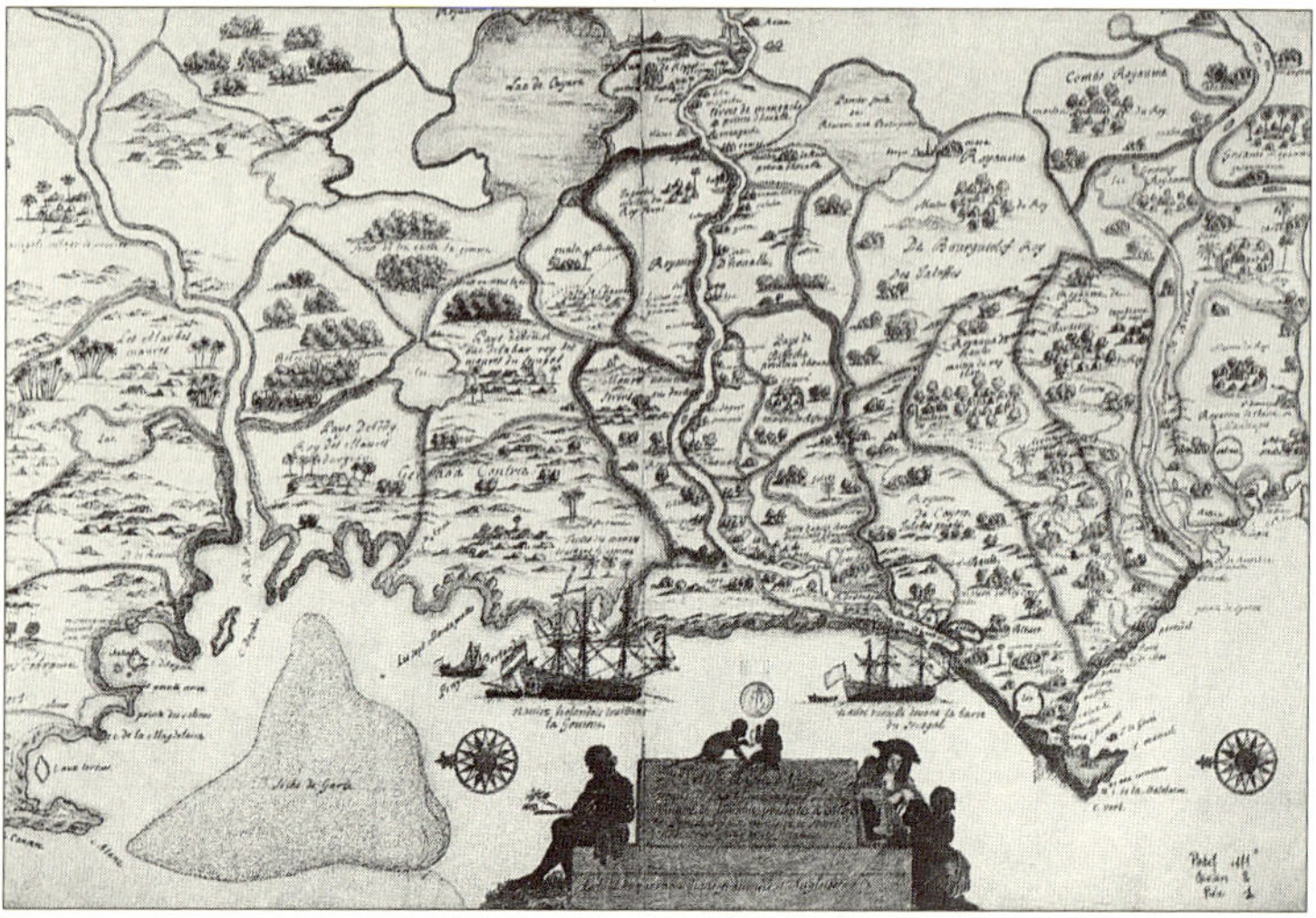

1692年のセネガル図(ブラン岬からシエラレオネ川まで)

奴隷をアンティル諸島に供給できなかった。とくに八八年九月に始まるアウクスブルク同盟戦争は、ギニア会社の場合と同様に、セネガル会社の活動に影響をおよぼし、貿易を停滞させた。たとえば、八九年なかばには五隻のセネガル会社船舶がイギリスによって拿捕《だほ》され、会社の経営を圧迫している。さらに九三年一月にイギリス王立アフリカ会社がサン・ルイとゴレ両商館を攻撃し、いったんはフランスからすべての活動拠点を奪い取った。その後両商館はフランスのもとに戻るが、廃墟と化した施設は商取引の場として機能せず、セネガル会社の破綻は決定的になった。

一六九三年以降フランスは、現地商館の修復と交易ネットワークの再構築につとめ、本国では九六年三月十日に王立セネガル会社が新設された。同会社は、フランス国王よりヴェルデ岬からシエラレオネ川までを特権対象地域として与えられる。アウクスブルク同盟戦争の終結(一六九七年)は、王立セネガル会社の活動開始を準備した。初代居留地長アンドレ・ブリュは、セネガルの実状を把握することにつとめ、一七〇二年六月二十九日にはサン・ルイ、ゴレ、アルブレダ、ビサウの各商館と周辺の地理的状況および取引商品にかんする報告書を作成している。それによると、一六九〇年代に壊滅的な状況に陥っていたセネガル地域の主要な拠点はすでにその役割を回復している。しかし獣皮やアワの取引が豊富におこなわれているのにたいして、奴隷については会社が提示する商品交換比率の低さが原因となって、取引が依然低迷している状況が明らかであった。こうした状況は、一七〇四年四月二日の居留地副総長による報告書でも同じように記録されており、セネガルにおける奴隷取引が停滞していることがわかる。

王立セネガル会社による奴隷貿易が伸展の兆しをみせるのは、一七〇九年である。三月十八日に同会社経営陣は、ルアンの貿易商人と契約を結び、特権と現地の商館および停泊施設の経営権を彼らに売却した。ルアンは、当時フランスを代表する国際商業都市のひとつであり、スペイン領アメリカとの貿易を牽引《けんいん》していた。王立セネガル会社の特権は、アメリカ植民地に麻織物を供給する貿易商人と、彼らに資金を提供するパリの銀行業者に買い取られ、以後同会社は、貿易実務に長けた人々によって運営されることになるのである。

新しい経営陣は、セネガルの各商館設備を整備し、とくにゴレ商館には付属の倉庫を建設した。またセネガル川交通路を有効に利用するために、上流域で新商館の建設を開始する。一七一四年ファレメ川との合流点にサン・ジョゼフ商館を完成させ、以後ここは内陸世界との直接交渉拠点としてフランスによる奴隷貿易に重要な役割をはたすことになる。さらにあらたに経営参加した銀行業者による潤沢な資金投入によって、王立セネガル会社は、一七一〇年からの一〇年間に三一隻の奴隷船を派遣し、六三〇九人の奴隷を取引している。その結果、会社の経営は黒字に転じ、前述のギニア会社とは対照的に好調な奴隷貿易が展開されることになる。こうしてフランスは、ヴェルデ岬からシエラレオネ川までのセネガル地域において商館および停泊地を整備しながら、内陸地域にまで交易網を拡充しつつ安定した奴隷取引をおこなったのである。

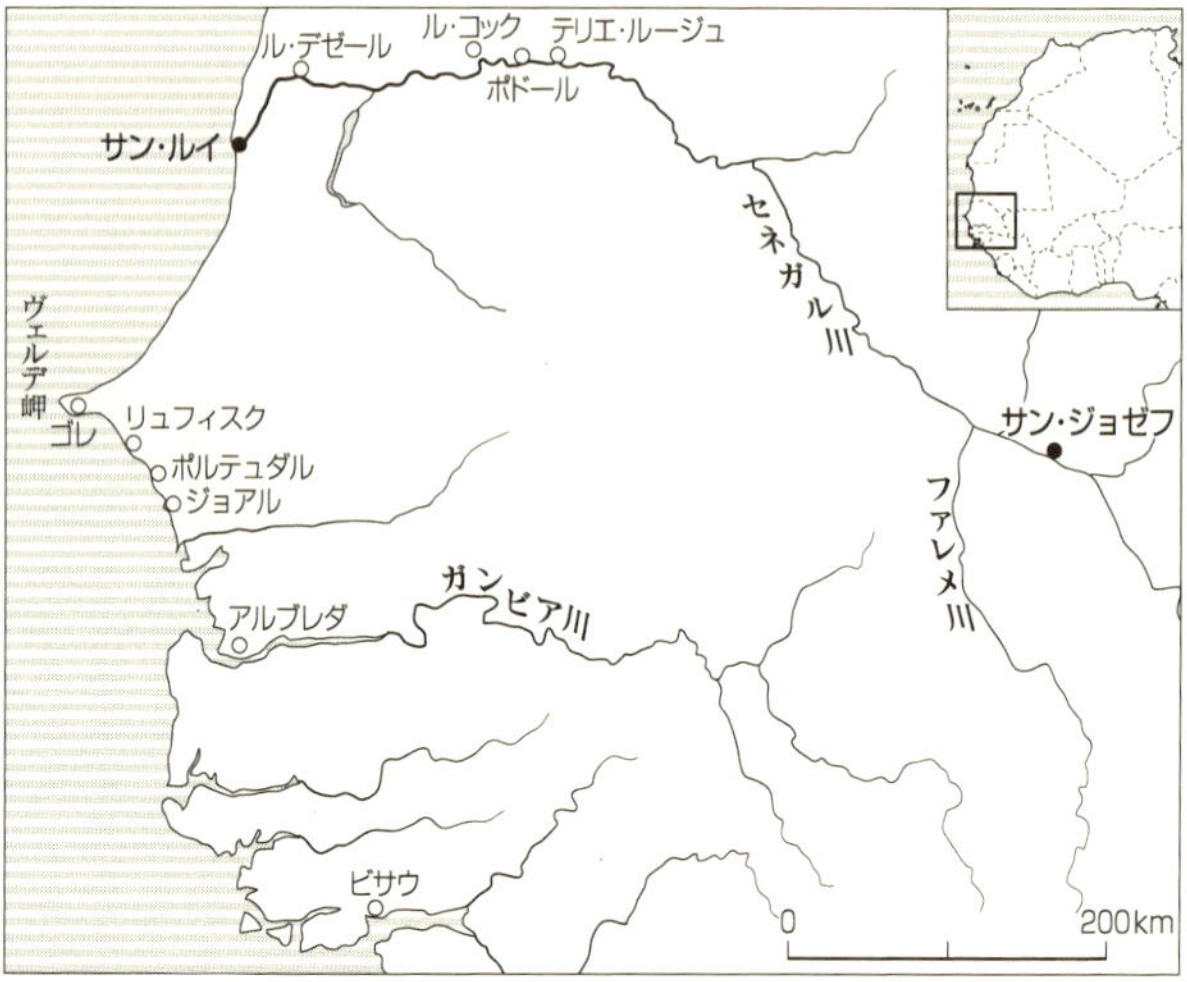

18世紀初頭のフランス商館と停泊地　18世紀にフランスは，セネガル川流域一帯と，ヴェルデ岬沖合のゴレ島からガンビア川河口までをおもな勢力圏としていた。

独占事業の確立

十八世紀初頭までいくつもの会社が設立されては解散するという「不安定な独占」が繰り返されたが、一七一九年に設立されたフランス・インド会社は、その後の約半世紀にわたる独占的な奴隷貿易の形態を確立させた。

同会社は既存の独占諸会社を合併しながら設立され、当初はアジア、アメリカ、アフリカ（セネガルとギニア)を活動領域とした。しかしまもなく、アフリカとの貿易について精査を始め、一七二三年には、旧王立セネガル会社の経営にたずさわったメンバーを取締役に選定し、奴隷貿易の効率的な運営を試みるようになる。彼らは会社内にセネガル委員会を設置し、西アフリカでの商取引の実状を調査しながら独占地域を限定しようと試みたのである。同年、ジュリアン・デュベレがセネガル居留地長としてサン・ルイ商館に派遣され、現地駐在の従業員の監督、取引商品の管理、現地商人との商取引の秩序化をめざした。またジャック・ルヴァンがガラム地域商館長としてサン・ジョゼフ商館に派遣され、セネガル川上流域での商取引を発展させる任務をおびた。

このようにして、インド会社による奴隷貿易特権の対象地域は、しだいにセネガルに限定されていく。一七二六年七月三日のフランス国務顧問会議は、同会社の特権をブラン岬からシエラレオネ川までのセネガルに限定する裁決を下し、それ以南のギニア地域は一般商人に開放した。こうしてフランスによる奴隷貿易の法制的枠組みが確定し、以後この体制が六七年まで維持されることになる。つまり、まとまった勢力圏を形成できなかったギニア湾沿岸部は民間商人の自由な貿易参入地域とする一方、サン・ルイ、ゴレ、サン・ジョゼフの各商館を商取引の拠点とするセネガル商業圏は、王国政府による排他的で独占的な運営地域と定められたのである。こうしてフランス奴隷貿易は、民間商業の舞台であるギニアと、特権会社が経営するセネガルとに完全に二分された。

2　ギニア貿易

奴隷貿易都市ナント

　十八世紀にギニア湾沿岸における民間商業を牽引したのは、ナントの貿易商人たちである。ロワール川の河口内に位置するナントは、早くから北ヨーロッパやイベリア半島との交易を開いた。主要な輸出商品は、河川流域で生産される塩や葡萄酒、小麦、高級麻織物である。一六三五年にアンティル諸島のうち、いくつかの島がフランス領化されると、ナント商人は大西洋貿易に関心を向け始める。とくにナントは、奴隷貿易の分野で他の海港都市を優越し、同港は一七一六年から一九年までの四年間にフランスから出港した四八隻の民間船のうち、四五隻を艤装した。つまりナントは、フランス‐ギニア湾沿岸地域‐アンティル諸島を結ぶ三角貿易をほぼ独占していたのである。

　それでは、ギニア湾沿岸における民間商業は、具体的にどのように営まれたのだろうか。ここに一七三八年九月二十三日にナントを出港したアフリカン号の航海日誌がある。その一部を訳出しながら、奴隷取引の現場を再現してみよう。

　一四〇トンのアフリカン号には、船長以下三六人の乗組員が乗船した。当時としては小型の奴隷船である。同船は、ナントを代表する奴隷商人家系のひとつであるトルション家によって艤装され、日誌は航海士ジュランが記した。同船は、一七三八年十一月十四日にシエラレオネ川河口を通過し、同年十二月十五日からギニア湾沿岸で奴隷取引を開始している。

アフリカン号航海日誌

一七三八年十二月十五日　月曜日　八時　ガリンヌ川を離れる。目的地はマヌである。出発前にイギリス人がやってきて奴隷を売りたがったが、一人当りの価格が高すぎて商談不成立。ヴァージニア産のタバコをカカオと交換した。

同日　十五時　パルム川に到着。ガリンヌ川から約一〇キロ。

同日　十九時三十分　イギリス人が乗った小船が接近。食事をともにする。彼らによるとマヌでの取引はむずかしいらしい。昨日イギリス船がここを通過し、モント岬へ向かったとのこと。多くのイギリス人が活動しているらしい。

一七三八年十二月十六日　火曜日　四時　モント岬へ向かって出発。

同日　六時　マヌを通過。

同日　十五時　モント岬に到着。すでにイギリス船が停泊している。投錨《とうびょう》後まもなくマラブと名乗る混血人が小船でやってくる。内陸地を支配する王の使いという。彼の仲介で、木材と水を購入。また同時に数人の奴隷を購入。

（中略）

一七三八年十二月二十六日　金曜日　四時　グラン・サン・ポールに向けて出発。

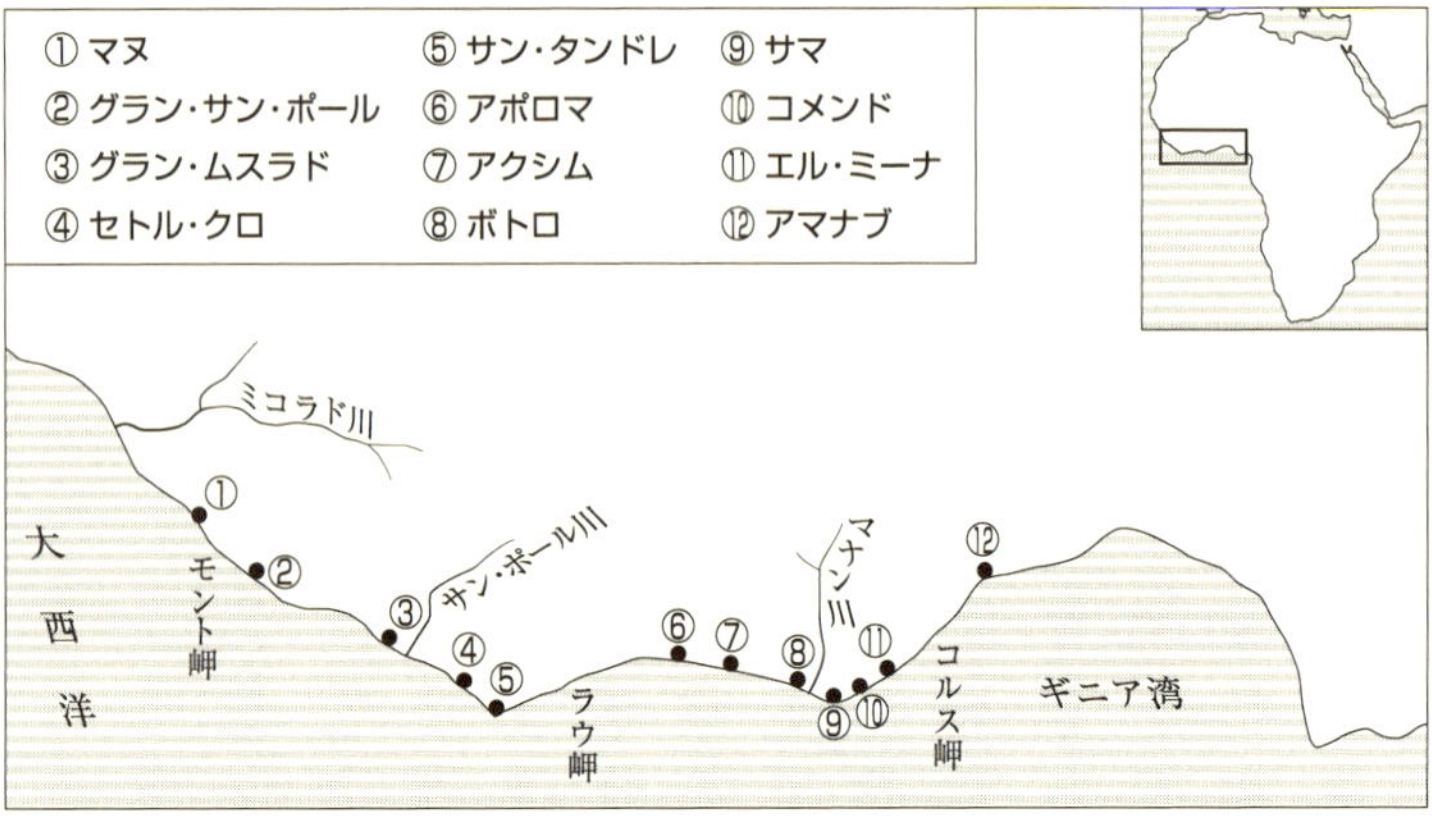

①マヌ
②グラン・サン・ポール
③グラン・ムスラド
④セトル・クロ
⑤サン・タンドレ
⑥アポロマ
⑦アクシム
⑧ボトロ
⑨サマ
⑩コメンド
⑪エル・ミーナ
⑫アマナブ
ミコラド川
サン・ポール川
マナン川
モント岬
ラウ岬
コルス岬
大西洋
ギニア湾

アフリカン号のおもな停泊地

同日　十五時　海岸に接近。グラン・サン・ポールには三、四軒の小屋が建っているだけである。接岸しようとするとすぐに数隻の小船が近づいてくる。以後ここには二日間滞在したが、三人の奴隷と一〇〇ボワソー（約一二七〇リットル）の米を購入しただけである。取引はつねに船上でおこなわれ、上陸することはなかった。

一七三八年十二月二十九日　月曜日　九時三十分　グラン・ムスラドに向けて出発。

同日　十三時三十分　グラン・ムスラドに到着。ここは岬が突きだし、川も流れているので場所を確認するのは容易である。船長は国王ルイに謁見。一一〇九ボワソー（約二六五四リットル）の米と二人の奴隷を購入。

（中略）

一七三九年一月五日　月曜日　船長が男女一人ずつの黒人とともに米一八〇包みをもって帰船。当地で三六〇ボワソー（約四五七二リットル）以上の米を購入。われわれが停泊中に、多くのイギリス船と二隻のフランス船も停泊。フランス船は、ナントとラ・ロシェルからのものであった。

（中略）

一七三九年一月二十一日　水曜日　セトル・クロに到着。岩場が多く接岸は困難。海岸には大きな村がある。

一七三九年一月二十三日　金曜日　イギリス船とオランダ船が停泊。船長はオランダ船乗組員と情報交換。彼らもわずか四〇人の奴隷しか購入していない、とのこと。

一七三九年一月二十五日　日曜日　セトルに到着後、五人の奴隷を購入。いずれも女性と女児。ほかに二人の取引が提示されたが、価格が高すぎたので購入を断念。取引には不向きな土地である。カザリという名の仲買人が商談を設定する。すべての取引は海上でおこなわれた。上陸は危険である。

一七三九年一月二十九日　木曜日　日暮れ　セトルでは、一万八〇〇〇～一万九〇〇〇リーヴル（約八八一一～九三〇〇キログラム）のマニゲットを購入。錫の板と鉄の棒で支払った。

一七三九年一月三十一日　土曜日　仲買人をカネユに派遣し、数人の奴隷を購入。夜には二人の女奴隷を購入。

（中略）

一七三九年二月七日　土曜日　サン・タンドレ沖に停泊中、リヴァプールから来たイギリス船と交渉。彼らはすでに二四〇～二五〇人の奴隷を購入している。

一七三九年二月九日　月曜日　ラウ岬沖に到着。すでに二隻のイギリス船とオランダ船が停泊。彼らに

18世紀の奴隷船　奴隷船の多くは，ふつうの商船を改造したものであった。それらは，新船であれ，フランス海港都市の商業会議所で開催される競売会で販売された。

よると当地での奴隷価格はとても高いらしい。数隻の小船が近づいてきたので、銃と金細工のベルトを販売した。コフィという名の仲買人を雇う。

一七三九年二月十日　火曜日　朝方、四、五隻の小船が奴隷と象牙を積んで接近してくる。価格が高すぎるので、男奴隷一人だけを購入。その後もう一人購入。

（中略）

一七三九年二月十三日　金曜日　アポロマ沖に到着。十七時ごろ、一隻の小船が接近してきて、取引したいという。

一七三九年二月十四日　土曜日　二十時　ラ・ロシェルからのフランス船も停泊。アポロマがよい取引市場であることを確認。

一七三九年二月十五日　日曜日　四時　アクシム要塞に向けて出発。ボルドーとナントからの奴隷船に出会う。アクシム沖で一人の奴隷を購入。

一七三九年二月十八日　水曜日　アクシムからトロワ・ポワント要塞をへてタコラディ要塞を通過。

一七三九年二月二十日　金曜日　ボトロのオランダ要塞沖に到着。要塞司令官から取引の意思があるかどうか尋ねられる。数人の奴隷を購入。近接するスゴンディにイギリスとオランダの要塞がある。
一七三九年二月二十二日　日曜日　サマ要塞沖に到着。オランダの要塞である。これまでに二九人の奴隷(男二八人、女一人)を購入。さらに一四人(男一三人、女一人)を購入。
一七三九年二月二十八日　土曜日　コメンド沖に到着。イギリスとオランダの要塞がある。
一七三九年三月一日　日曜日　六時　エル・ミーナ要塞に向けて出発。沖には小型のオランダ船とインド会社の大型船舶が停泊している。複数の建物がならんでいる。
一七三九年三月六日　金曜日　正午　イギリスの要塞のあるコルス岬沖に到着。奴隷の購入は可能であるが、一人当り二リーヴル二スー二ドゥニエ手数料を支払わなくてはならない。

ギニア湾岸での奴隷の船積み　フランスの奴隷船は，ギニア湾岸に接岸できなかったため，商品の船積みは小船を利用しておこなわれた。

一七三九年三月七日　土曜日　正午　アナマブ沖に到着。すでに三隻のフランス船が停泊。彼らも奴隷の購入が目的である。また一〇隻のイギリス船も停泊。そのうちの一隻は、四〇門の大砲を装備しており、要塞兼商館の役割をはたしている。彼らは以前、陸上に要塞を構えていたが、黒人から襲撃され、現在の状況になった。

(中略)

一七三九年五月三日　日曜日　十五時　アナマブ沖をミサンに向けて出発。当地でこれまでに三二三人の奴隷を購入済。ミサンでは水を購入予定。その後はサン・トメとイル・ド・プランスに向かう。

奴隷の取引

航海日誌から、ギニア湾沿岸におけるアフリカン号の航海の様子をみてきた。地図からもわかるように（四〇四ページ図参照）、同船は短期の寄港を繰り返し、しかもそのたびに奴隷購入に成功しているわけではない。黒人国王および現地仲買人との交渉では、彼らとフランス人の提示価格の差が原因となり、取引が成立したとしても小規模なものにとどまっている。またイギリスとオランダの要塞および商館では、取引は彼らの仲介なしには成立しないし、また奴隷購入にさいしては手数料を要求されている。つまりフランス人は、ギニア湾沿岸において黒人奴隷を一括購入することはできなかったのである。その結果、アフリカン号はこの地域に約六カ月間滞在して三二六人の奴隷を購入し、アンティル諸島をへて母港ナントに寄港するまでの総航海日数は二一カ月におよんでいる。こうした数字は、例外的なものではない。十八世紀なかばのフランスの奴隷船が残している帰港申告書を分析すれば、ギニア湾沿岸での取引に従事した船舶は、奴隷を購入するために平均六カ月間当該地域に停泊し、その総航海日数は一六カ月であることがわかる。そして航海中の奴隷死亡率は一五・四％にのぼるのである。以上のことは、フランスがギニア湾沿岸に独自の商館や停泊地をもてず、したがって現地世界に直接結びつく交易網を形成できなかったためであると考えられる。

ギニア貿易の実状をみたあとでおこなうべき考察は、フランスの商業圏が確立されていたセネガル地域との比較だろう。

3　セネガル貿易

フランス人居留地の施設

ブラン岬からシエラレオネ川右岸までのセネガル地域は、前述のとおり、十七世紀末から複数の商館と停泊地が整備されフランスの商業ネットワークが形成されたところである。本節では、フランスがどのようにしてこの地域を経営したのか、という点をまず分析し、そののちにいかなる商取引が可能になったのかを明らかにしていきたい。

一六五九年に完成したサン・ルイ要塞は、東西八〇メートル、南北二〇メートルの敷地に設けられた三階建ての建造物であり、四方には海上および陸上からの攻撃に備えて、大砲が配置されていた。屋内には、一階に奴隷とその他の商品を保管する倉庫、二階に事務所と武器備蓄庫および礼拝堂、三階に居住施設が整備された。屋外には二五トン舵《かじ》付き船舶二隻と平底船二隻が常時停泊できる施設が設けられており、要塞化された商館としての機能を備えるものであった。また、セネガル川河口付近は砂洲が広がり、浅瀬が続くので、遡航には必ず小型船への商品積みかえが必要であった。そのためサン・ルイ商館は、ここを通過する船舶の監視と管理を確実におこなうことができる施設となり、他のヨーロッパ諸勢力が河川内に侵入するのを阻止できた。さらにフランスは、河川下流域一帯にル・デゼール、ル・コック、ポドール、テリエ・ルージュなど複数の停泊地も確保した。

またセネガル川上流域においても、前述のとおり一七一四年にサン・ジョゼフ商館を完成させている。当時フランスは、現地の黒人王国内で商業を管轄する役人バケリに貢納金を支払うのとひきかえに河川航行と商取引の許可をえていた。こうしてフランスは、セネガル川流域にサン・ルイとサン・ジョゼフ両商館を確保し、これらを拠点に商業圏を確立したのである。

一方、一六七七年にフランスは、ゴレ島をオランダから奪い、セネガル南部における活動拠点とした。十七世紀末には要塞設備を拡充して、礼拝堂、宿泊施設および奴隷取引所として利用できる中庭を整備した。また対岸の大陸部にもリュフィスク、ポルテュダル、ジョアル、そしてさらには南部にアルブレダ、ビサウの停泊地を設け、ガンビア川右岸にまで広がる勢力圏を確立した。

こうしてフランスは、サン・ルイ、サン・ジョゼフ、ゴレの三大商館とそれに付属する多数の停泊地を備えた居留地を形成し、後背地との緊密な関係を築きながらまとまりある商業世界を編成したのである。以上のことは、セネガルがフランスにとって安定した商取引を保証する地域になったことを意味する。そしてこの安定性を維持するために居留地経営組織が整備されていくのである。

居留地の運営組織

居留地を運営するための組織は十七世紀末からしだいに始められたが、体系的に整備されるのはフランス・インド会社(一七一九年設立)期である。一七二一年三月十四日にフランス国王は、居留地の秩序維持を目的とする王令を発布した。それによりフランス・インド会社は、居留民の生活を把握することを義務づけられ、出生、結婚、死亡について記録をとり、本国経営陣に提出するよう定められた。またこの時点で、フランス人男性が現地女性と関係をもつことも厳しく禁止されている。さらにこの王令により居留地運営の方法も具体的に示された。現地での商品管理とその取引にかんする決定権は居留地総長に与えられ、会社従業員による私的な商取引は一切禁止された。

一七二三年には総長の権限が拡大され、従業員の報酬および人事決定権が与えられると同時に、現地に駐留する守備隊の指揮権もえて、商館と従業員居住施設の防護に責任を負うようになる。さらにその三年後には、総長に司法権が与えられ、居留地内で発生する犯罪および暴力行為についての調査と法廷開催権が付された。こうして居留地総長を最高責任者とするピラミッド型の経営組織が編成されたのである。

以上のような体制は、一七三四年に変化する。当時本国では、効率的な経営をめざしてフランス・インド会社の経営組織が改編されつつあった。セネガルのフランス人居留地についても同様に、人件費の削減と経営費用の低減化が検討され始めたのである。同年十月四日に会社細則が決議され、セネガル居留地は新経営体制のもとにおかれることになる。以後同居留地は、サン・ルイ商館に設置されるセネガル高等経営評議会によって運営され、総長と一〇人の評議員がその構成メンバーとなった。同評議会は、商取引を監督する権利をもち、周辺の黒人国王との和平協定締結の権限をもつと同時に、法廷開催権ももった。つまり、高等経営評議会は、それまで総長個人に集中していたすべての権限を委譲され、個人経営体制にかわる組織的経営体制がしかれるようになったのである。

この細則では、居留民の身分と役割も規定された。総長はセネガル高等経営評議会の主宰者として位置づけられ、それに続く副総長は現地で作成される文書の統一とその管理をまかされ、倉庫監査官は取引商品および居留地生活の日常品、操帆具、船具の管理をおもな職務とした。また九名の一級事務員がサン・ルイ、ゴレ、サン・ジョゼフ各商館に配され、倉庫管理、交易事務、帳簿作成の責任を負った。さらに事務担当者のほかに、各商館には施設つき司祭一人と外科医二人が派遣され、居留民の信仰生活の維持と施療を担った。加えて居留地には四四人の海員、四〇人の労働者、七八人の守備隊が本国から派遣され、これに三人の白人奉公人を加えて居留民数は二一〇人となった。これは定数化され、それまで三〇四人を数えたフランス人は約一〇〇人削減された。会社細則発布の目的である人件費削減がここに実現され、効率的な居留地運営と商取引の遂行が試みられるのである。

商業活動——セネガルへの輸入

十八世紀フランスは、セネガル地域で黒人を奴隷として購入するためになにをもちこんだのであろうか。ここではまず、同地域への輸入商品をみていく。

セネガルへ輸入されたおもな商品は、鉄、装身具、綿布、そして武器、弾薬であった。このうち鉄は、十七世紀なかばの輸入品の約五割を占め、その後十八世紀なかばまで輸入量を増加させている。また装身具は、おもにガラスビーズ、琥珀《こはく》、珊瑚《さんご》、タカラガイ、紅玉髄《こうぎょくずい》などであるが、これらのうち琥珀、珊瑚、紅玉髄はもっぱらセネガル川上流以東の地域で奢侈《しゃし》品として取引され、またタカラガイはニジェール川流域に輸送されて、その地で貨幣として流通した。フィリップ・カーティンの研究によれば、フランスからの装身具の大部分がサン・ジョゼフ商館周辺に位置するガジャアガ王国へ高い割合で輸入されているが、これは同王国が東方への中継地としての役割をはたしていたからだと考えられる。

綿布は十八世紀なかば以降、急激に輸入量が増加する商品である。フランスがもちこむ綿布のほとんどは、インド東南部のコロマンデル海岸製の青色綿布であった。フランス・インド会社はインド東海岸にポンディシェリ商館をもっており、ここで買いつけた綿布をいったん本国に持ち帰ったのち、ふたたび奴隷船に積んでセネガルへ再輸出したのである。

最後に十八世紀後半から増加する武器・弾薬について述べよう。西アフリカへ輸入された武器の大部分は、十七世紀末にイギリスで開発された燧《ひうちいし》石銃である。十八世紀前半は、西アフリカ沿岸部の諸王国では王位継承をめぐる内乱や、隣接する王国間での勢力争いが頻発し、権力者はより強力な武器の所有を求めていた。こうした政治状況を背景にしながら、ヨーロッパ製銃は急速に普及したのである。一七三〇年には内陸のフータ・トロ王国が、また三七年からはガジャアガ王国がフランスからの武器輸入を始め、大量の武器取引が成立するようになる。この結果、西アフリカにおける王国間の対立は激しくなり、セネガル川上流域にまで拡大して、同地域で多くの戦争捕虜が生み出されることになるのである。

商業活動──セネガルからの輸出

西アフリカでは、民族間の対立の結果生まれる捕虜が奴隷になり、外部世界との取引に用いられた。フランス・インド会社がセネガルで購入した奴隷も、内乱や戦争によって生みだされた捕虜である。会社資料には、奴隷の出身民族名と輸送ルートが示される。それによると、取引された奴隷の六〇〜八〇％が「バンバラ」と記されている。これがニジェール川中上流域に生活するバンバラを特定するものかどうかは精査の余地があるが、フランス・インド会社が購入した黒人奴隷の多くが内陸部から輸送されてきたであろうことは疑いがない。そのほかには、民族名としてウォロフとセレールが記録されている。奴隷の輸送ルートは、セネガル川経由である。つまり、一度サン・ジョゼフ商館に集められた奴隷が、セネガル川を利用してサン・ルイ商館まで輸送され、そこから大型船で大西洋を横断するのである。この輸送路においては、内陸部からの奴隷をひきつける中継点サン・ジョゼフ商館の役割が重要である。一七三〇年代末から四〇年代前半にかけてフランス人は、同商館周辺での安定した交易の確立に専心している。一七四四年には居留地総長ピエール・ダヴィッドがセネガル川上流域への視察旅行をおこない、その記録を本国に報告した。以下、彼の日記を分析し、セネガル川輸送ルートを確立するためにフランス人がどのような交渉を試みたか確認してみよう。

サン・ジョゼフ商館周辺には、複数の交易市場(集落)があり、なかでもマクサアナとタンブカニは内陸からのさまざまな商品が集まる重要な拠点であった。フランス人は、各市場をおさめるアリマナ(ソニンケの有力者)とギアベ(同)に貢納金をおさめ、商取引の許可をえていたが、一七四〇年代初頭からタンブカニをおさめるギアベがフランス側の対応に不満を示し、奴隷取引の中断をほのめかしてきた。一七四四年十月十一日、総長はギアベと会談し、輸送奴隷数に応じた特別税の引き上げを提案したが、ギアベはタンブカニでの新商館建設を要求し、交渉は決裂した。その後総長はギアベとの直接交渉を断念し、タンブカニ周辺に交易路をもつ商人たちとの接触を通じてギアベに「外圧」を加えようと試みる。なかでも総長は、近くフランス商館を建設予定である集落ケの近郊に勢力圏を形成しているカソンケの有力者デンバ・セガとの会見を重視した。彼は遠隔地商人であり、セネガル川上流域とニジェール川中上流域とのあいだに交易網をもっていた。

先述のとおり、フランス・インド会社が購入する奴隷の大部分は、ニジェール川中・上流域から輸送されてくる戦争捕虜であったから、デンバ・セガとの直接で緊密な関係を構築することは総長にとって、またフランスの奴隷貿易にとって意味深かった。総長はこの会見で、セネガル川上流域におけるギアベの商取引妨害について説明し、インド会社がケ周辺での取引を今後重要視し、これとサン・ジョゼフ商館とを拠点に内陸地域との交易を発展させたい意向を伝えた。デンバ・セガは、ケでの新商館建設計画に賛同し、内陸からの商品を確実にフランス・インド会社へ販売することを約束したのである。

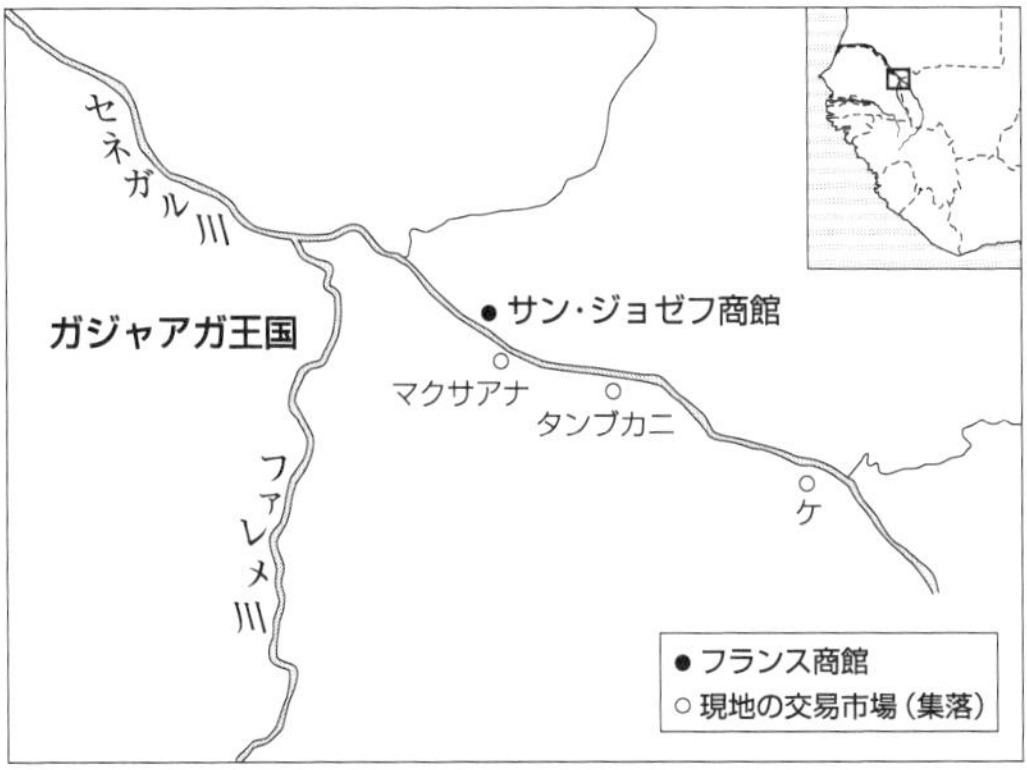

18世紀なかばのサン・ジョゼフ商館周辺図

さらに総長は、タンブカニ近郊の中小交易市場をおさめる複数の有力者と会談し、彼らを仲介者としてギアベを説得しようと試みた。その期間は七二日におよび、しだいに成果をあげつつあった。そしてついに一七四五年にはケ、タンブカニ、マクサアナ、サン・ジョゼフ商館を結ぶ商品輸送路が確保され、一五九九人の奴隷がサン・ルイ商館まで運ばれた。こうしてセネガル川を有効に活用する交易網が確立し、安定した奴隷供給が可能になったのである。

以上みてきたように、恒常的な商取引施設の確保と組織的な居留地経営体制の確立が、現地世界との直接で濃密な関係を生みだし、内陸商業網を沿岸部に引きつけたのである。その結果セネガルにおける奴隷取引は安定し、一七四五年から五五年までフランス・インド会社は年平均八五〇人の黒人を購入してアンティル諸島に供給できた。

サン・ルイ商館からの出港

セネガル川を天然の商品輸送路として利用できたフランスは、奴隷調達を効率的に実行できたことに加えて、サン・ルイ商館からの奴隷積み出しも計画的におこなうことができた。フランス・インド会社は一七五〇年代に特定のナント商人と契約を結び、彼らに定期的な奴隷販売をおこなっている。その契約書からは、サン・ルイ商館における奴隷引き渡しの様子がわかる。

まず居留地総長は、二〇〇人から三〇〇人の奴隷確保が確実になると、そのことを本国経営陣に報告する。つぎに経営陣は、あらかじめ契約を結んだナント商人にたいして、サン・ルイ商館およびゴレ商館における奴隷引き渡し時期を予告し、商人は船舶を艤装してセネガルへ向かう。居留地に到着する奴隷船には、七五日間の商品(奴隷)船積期限が与えられ、セネガル高等経営評議会は、船長が持参するフランス・インド会社発行の通知状にしたがって奴隷を引き渡し、作業が完了するとその数を記した証明書を発行する。ナントからの奴隷船船長は、総長が許可すれば、乗組員用の生鮮食糧品を両商館のいずれかで購入することもできた。しかしその一方で、セネガル居留地においては一切の私的な商取引が禁止され、上陸することも許されなかった。また評議会構成メンバー以外の人物と接触することも禁止された。すべての作業が終わると、奴隷船はセネガルを離れ、アンティル諸島に向かうのである。

一七五〇年からの五年間にセネガル居留地で奴隷を購入したナント奴隷船の帰港申告書を分析すると、平均的な航海の様子がわかる。ナント商人は、奴隷購入のためにサン・ルイとゴレ商館に寄港し、約一カ月と二週間滞在して船積みし、約九カ月の航海ののちにナントに戻る。先述のギニア貿易と比較してみると、一航海が短期に完了していることは明らかであろう。

また航海中の奴隷の死亡率も低く、二・八%にとどまっている。これは、奴隷積み出し前に身体検査がおこなわれたためである。セネガル居留地の各商館には外科医が駐在しており、取引される奴隷はすべて彼らによる検査を受けた。スナノミや疥癬《かいせん》虫の寄生および壊血病やフランベジアへの感染は、航海中に他の奴隷に伝染する可能性が高いと考えられた疾病であり、フランス・インド会社はこうした奴隷を購入しなかった。つまりセネガルから輸出される奴隷は、会社によって管理され、高い「品質」が約束されていたといえよう。こうしてセネガル居留地は、現地に密着した奴隷取引の舞台となり、フランス独自の勢力圏が維持され、効率的な商業が営まれる地になったのである。

以上のことは、フランス-セネガル-アンティル諸島を結ぶ三角貿易の安定をもたらし、一七五〇年代前半には、四七九二人の奴隷が取引されて、貿易は成長した。

植民地支配の時代へ

このように十八世紀フランスによる黒人奴隷貿易の様子を、ギニアとセネガルの二地域に分けて考察してみると、つぎのことが指摘できるだろう。

民間商業の舞台となったギニア地域では、イギリスとオランダを中心とするヨーロッパ諸勢力の介在がつねにあり、フランスによる排他的な商業活動は実践されず、そのため現地商業網との断絶が明確であった。一方セネガル地域では、インド会社の特権事業対象地域として商館設備の拡充や居留地運営組織の整備が進められた結果、フランス独自の交易網が確立され、内陸部にまで広がる商業圏が編成された。遠隔地商人との直接の関係構築は商品輸送路の確保を保証し、貿易それ自体の成長を準備した。つまり、ギニアとセネガルにおいては、フランス人と現地世界との接触の恒常性や緊密性の差異が明らかだったのである。

こうした史実はなにを示唆するだろうか。ここでは十九世紀への展望を試みてみよう。フランス・インド会社は一七六七年に奴隷貿易特権を放棄し、清算されるが、フランスとセネガルとの関係はその後も続く。七九年には二一七人、八六年には七四〇人のフランス人がサン・ルイ、ゴレ両商館で生活している。

その大部分は、イギリスとの対立に備えて本国から派遣された守備隊員である。また八六年には二三一六人の現地住民を兵員として採用している。十八世紀後半にはアンティル諸島植民地での熱帯産品の生産が飛躍的に増大し、それを支えるためにはアフリカから導入される労働力が不可欠だった。特権は消滅しても、セネガルにおいて先の時代に構築された交易圏を維持し、奴隷取引を継続しなければならなかったのである。

しかしこうした状況は、一七九一年のサン・ドマング島における奴隷反乱とそれに起因する熱帯産品の生産の減少によって変化する。セネガルは、奴隷調達市場としての重要性を失ったのである。一八三二年には、一三三一人のフランス人と約二五〇〇人の黒人がサン・ルイ、ゴレ両商館周辺で生活している。黒人の大部分は、ラッカセイとヤシの栽培に従事する奴隷であり、セネガルがすでに農業植民地の様相をおびていることがわかるだろう。五四年のフェデルブ総督の派遣は、以後フランスによる西アフリカ経営のありようを確定する。つまりセネガルは、フランス本国における経済構造の変革を支えるために、原料、資源の調達地と位置づけられるのである。その後フランスが、サン・ルイを植民地総督府としてフランス領西アフリカを建設する経緯は、周知のとおりである。

このように、十八世紀フランス・インド会社による特権事業の遺産、つまり現地世界との直接的で継続的な接触は、植民地形成のための強固な土台となった。セネガルにおける奴隷貿易の内実を知ることは、その後のフランス－西アフリカ関係を理解する素地にほかならないのである。

第三章　「アフリカ分割」の時代

十九世紀後半はヨーロッパによる「アフリカ分割」の時代であった。一八八五年に制定されたベルリン議定書には、アフリカ争奪戦を沈静化させようという意図も含まれていた。しかしながら、他の列強を大きくリードしてきたイギリスの勢力が相対的に低下したこと、対ドイツ報復を優先させていたフランスが植民地争奪戦に本腰をいれたこと、とりわけベルリン(西アフリカ)会議でのホスト役だったビスマルクが失脚し、「新航路政策」を推進したヴィルヘルム二世がドイツの舵《かじ》取りになったことが、世紀転換期におけるアフリカ争奪戦をより激化させた。

本章では東部アフリカと南部アフリカにおいて繰り広げられた争奪戦を、その地に国家やそれに準ずる「自治組織」を形成していたエチオピア帝国、マフディー国家、ボーア(ブール)人の共和国の動向、とりわけ独立・自治を死守しようとする行動を念頭において、「アフリカ分割」期を概観してみたい。いいかえれば、アドワの戦い、ファショダ事件、第二次ボーア戦争と続く時期は、ヨーロッパ列強のアフリカ争奪戦のクライマックスと同時に民族解放運動のスタート期でもあった。

1 マフディー運動とアドワの戦い――「分割期」の東部アフリカ

本格的「アフリカ分割」の開始

アフリカ領有をめぐってヨーロッパ列強が対立を始めたのは、一八七〇年代後半からで、コンゴ地域をめぐる対立がすぐに思い浮かぶ。それは、表向きはベルギー国王レオポルト二世とポルトガルとの対立であったが、背後ではフランスとイギリスがそれぞれを後押ししていた。事態を収拾するために一八八四年にビスマルクが招集したのがベルリン会議であり、そこで取り決められた一般議定書は、「アフリカ分割」の原則を定めていた。けれども、九八年のファショダ事件の背景となるアフリカをめぐる英仏二大列強による対立の出発点は、八二年までさかのぼれる。イギリスがこの年にエジプトを保護領化し、3C政策のうちカイロ‐ケープタウンというライン固めの足がかりを築いたのにたいし、フランスは下院で、コンゴで結んだマココ条約を批准し、アフリカ横断政策を推進するための足場を赤道アフリカや西アフリカに築いたのである。

ベルリン会議後も、「アフリカ分割」争奪戦は、イギリス、フランスを中心にベルギー国王、イタリア、ポルトガルやロシア、またあらたに参加したドイツをもまじえて、より活発化していく。そのプロセスはヨーロッパ列強間の動向をフォローするだけでは不十分である。なぜなら、この争奪戦の開始期は、アフリカ内における戦国時代を脱皮して統一国家を建設する指導者が出現した時期とほぼ符合していたために、

マココ王とド・ブラザの会見　フランスの国益を代表した探検家ド・ブラザはスタンリーに対抗してコンゴ川を探検し,「スタンリー・プール」の支配者マココと会見して「条約」を締結した。

彼らのヨーロッパ列強への対応にも注意をはらう必要がある。その代表格としては、東にはエチオピア帝国を復興させたメネリク二世が、西には「サモリ帝国」を建国したサモリ・トゥーレがいた。また、スーダンにはエジプトでの政治変動につけ込んだムハンマド・アフマドのマフディー国家が存在し、その成立時には、宗教色が色濃くみられた。

南アフリカでは、一八五〇年代に白人入植者によってトランスヴァール共和国が建国されていた。イギリスはダイヤモンドに続いて金が大量に埋蔵されていることを知ると、その主権を脅かし、一八七七年以来、自国領土に併合しようとの野望をいだき、やがて二度におよぶ戦争をへてそれを達成した。

「アフリカ分割」のクライマックスの鳥瞰《ちょうかん》図は、マフディー国家、アドワの戦い、ファショダ事件、二つのボーア戦争、さらにはサモリ帝国の動向によってほぼ描けるのだが、本章では他と比べて結びつきの少ないサモリ帝国については、詳しくふれないことにする。

マフディー運動の展開

一八八一年六月二十九日、信仰心篤い船大工の息子で、ムハンマド・アフマドというイスラームのスーフィー教団のひとつサムマーニーア教団で修行を重ねてきた三十七歳の男が、「マフディー宣言」を公にした。マフディーという概念は、七世紀末よりイスラームにみられるもので、一言でいえば、救世主あるいは神への導き手を意味し、しばしば終末思想と結びつけてマフディーを名乗る人物が出現している。このころスーダンでは、エジプトの重税(スーダンに存在しなかった水車税や通行税の増税など)や横暴な行政支配などに苦しめられていた民衆は危機に瀕し、救世主がまさに待望されていた。もっとも、マフディー運動の支持者は種々の階層からなり、熱心なスーフィー教徒が信仰上の理由から運動に参加したように、

ムハンマド・アフマド

農民の多くは水車税に反対し、奴隷商人は奴隷貿易の廃止に反対してマフディーの支持者になった。

他方、ムハンマド・アフマドは、一八七八年ごろすでに彼の後継者となるカリファ・アブドゥラヒに、「あなたこそ将来のマフディーである」と告げられ、文献に記されたマフディーにふさわしい人物になるための準備を重ねてきた。時が到来したとみたムハンマド・アフマドが「マフディー宣言」を八一年六月に発して、運動は本格的にスタートする。「マ

フディー宣言」がだされてからおよそ二カ月後の八月十七日、重装備をしたエジプト軍と棒と槍のみで武装したマフディー軍との最初の衝突がアバ島で起きた。武器の劣勢にもかかわらず、夜陰に乗じたマフディー軍が完勝した。この翌日、自称マフディーは、預言者ムハンマドの故事にならってヌバ山脈のクァディールへのヒジュラ(聖遷)を実施し、このときに四人のカリファ(高弟)を任命し、彼らを師団長に任じている。

「マフディー」とゴードンの死

マフディー運動が開始された一八八一年は、エジプトにあってはウラービー(オラービー)・パシャを指導者とする「エジプト人のためのエジプト」の運動が盛り上がり、エジプトの副王イスマイール・パシャがイギリスに反旗をひるがえした時期であった。それゆえに、スーダンのエジプト行政官からの援軍要請は聞きいれられず、八一年十二月から翌年にかけてのマフディー軍鎮圧は成功しなかった。ようやく、八三年一月にエル・オベイドが陥落したあとに、エジプトの「保護者」となったイギリスは、八〇〇〇余りの大軍をエル・オベイドの南のシャイカーンに派遣したが、司令官のヒックスを含め、七五〇〇人以上が戦死するという悲惨な結果に終わった。その結果、スーダンの商業の中心地ハルトゥームでは大勢のエジプト人が「陸の孤島」で孤立状態におかれていた。

ハルトゥーム救出作戦を主張したのは、約二〇年前に太平天国の乱を鎮圧し、「常勝将軍」として名声を高めたチャールズ・ゴードンであった。彼は一八七七年から三年間スーダンで総督を務めており、スーダンに愛着をもち、マフディー運動にも関心をいだいていたことは、八四年一月の敏腕ジャーナリスト、ステッドとのインタヴューによっても明白である。このインタヴューのなかでゴードンは、「東スーダンがすべてマフディーの手に落ちてしまうと紅海沿岸のアラビア人に火がつく。……マフディーの勝利で東方問題がまた、くすぶり始める」と語っている。

かつてスーダンの奴隷商人のリーダーであったズベイル・パシャの協力をえられなかったゴードンは、単独でハルトゥームに乗り込み、マフディーとの交渉が決裂したあと、兵糧攻めの日々が続いた。一八八五年一月に殺されるまでのおよそ一年間については、ゴードンが『ハルトゥーム籠城日記』を著しているし、ウラービーの弁護人を務めたブラントの『ハルトゥームのゴードン』にも詳しい。また、『大英帝国衰亡史』［中西］には、ゴードンが救出されずに「殉教者」として殺されたことがイギリス帝国にどのような意味をもたらしたかが論じられている。これに関連して、ゴードンの死から数年後にロンドンの有名な観光所マダム・タッソー蠟《ろう》人形館にゴードン暗殺場面が展示されたことや、ミュージック・ホールでの演《だ》し物などが「帝国意識」形成にはたし

ゴードンの死（マダム・タッソー蠟人形館の展示）

た役割の重要性も、つけ加えておく。

一八八五年六月にムハンマド・アフマドが病死し、後継者に就任したカリファ・アブドゥラヒは、奴隷商人と特定の集団のみを優遇する一方、「マフディー」を崇拝し、純然たる宗教活動を重視した人々をはじめとする粛清をつぎつぎと実施した。また、他方では「マフディー」の意志を継いだと称して教団勢力の拡張に名を借りて領土の拡大も目論んだ。

キッチナー隊の派遣

「ゴードンの報復」の声が高まり始めた一八九六年三月、エチオピアでアドワの戦いが勃発したが、その結果は、スーダンにおける情勢を急変させた。すなわち、イギリス外務省とソールズベリ内閣の対スーダン政策――エリトリア、ソマリア、エチオピアという「アフリカの角」で勢力を拡張していたイタリアにたいする牽制役としてマフディー国家を活用しようとしていた政策――を見直させたのである。エチオピアに敗れたイタリアがこの地域での影響力を弱めたのにたいして、露仏協商勢力がエチオピアでの足場を固めようとしていた。イギリス政府は、エチオピアに隣接するマフディー国家の直接支配の実現が緊急課題となったため、強力なキッチナー隊の派遣を決定した。

キッチナーは、のち、一九〇九年に元帥、一四年に陸相となる軍人の出世頭であり、ファショダ事件や第二次イギリス‐ボーア戦争(以下、第二次ボーア戦争)で有名だが、マフディー運動の鎮圧により「ゴードンの報復」を達成してその名を不動のものにした。キッチナーは、すでにハルトゥームが包囲されてい

オムドゥルマンの戦い　マフディー国家の首都オムドゥルマン(カラリ丘陵)が，キッチナー隊とマフディー軍の決戦の場所となった。

た一八八四年の秋に、ハルトゥームの北西二百数十キロに位置するデッバでゴードンらの救出任務に参加した経験をもっていたし、彼の指揮官としての能力は高く評価されていた。かくして、九六年三月に最新兵器で武装した数万の軍隊を率いてふたたびスーダンの地を踏んだ。

キッチナー隊のマフディー国家鎮圧の特徴のひとつは、軍隊と食糧運搬用に建設した鉄道建設にみられるようにきわめて慎重に事を運んだことである。これは南からファショダをめざしたマクドナルド隊とは好対照をなしていた。もちろん、財政難による資金難が、出発した年のキッチナー隊の進軍を遅らせた一因であろうが、一八九七年の春以降、イギリス経済は上向き、国庫の収支は、五〇〇万ポンド以上の黒字になっていた。そして、マクドナルド隊の行方不明、経済の復興、競争相手フランスの遠征隊(マルシャン隊)の動向などの諸条件が重なり、鉄道建設のピッチも早まり、九八年の幕あけとともにキッチナーは、ついに一大決心をした。それはキッチナーがエジプト総督クロマー・ベアリングに打った電報によって示された。クロマーは、のちに彼の著書『現代エジプト』により日本の台湾・朝鮮支配にも影響力をおよぼした人物であるが、ソールズベリ内閣にとってはエジプト・スーダン政策を立案するうえでの顧問格であった。

敵の進撃にかんして確実なる情報を入手。イギリス軍をアブ・ハメットに派遣されたし。本国からエジプトへの援軍派遣の必要があると思います。ベルベルでの敵軍との衝突が必至の模様。

この電報よりおよそ三カ月後の一八九八年四月、キッチナー隊とマフディー軍との戦闘がベルベルより数十キロ南のアトバラで開始される。もっとも戦闘的なエムル・マームードに率いられたマフディー軍は、キッチナー軍を迎撃しようとしたが、最新の火砲の前にわずか一五分足らずで二〇〇〇人余りが倒れていった。このことが、マフディー国家の近い将来の運命を暗示していた。三カ月後にファショダがフランスのマルシャン隊に占拠されたのに引き続いて、九月一日には、多くのイギリス兵を含む二万人以上の兵力と一〇〇門の大砲を装備したキッチナー隊が、マフディー国家の都オムドゥルマンを包囲していた。そして翌日の戦闘については、キッチナーの伝記作家スティーヴンス、のちに首相となる若きジャーナリスト、チャーチルの『河の戦い』によって知られるようになる。日本でもアラン・ムアヘッドの『白ナイル』によって彼らの見解が広められた。こののち、キッチナー隊の一部はカリファを含め敗走した三万余のマフディー軍の追跡に従事していたが、キッチナーと一緒にオムドゥルマンにとどまった者はマフディーの墓をあばき、掘り出した遺骸の首はカイロに送られ、それ以外は川に捨てられたという。

マフディー国家とエチオピア帝国

つぎに、一八八五年から九八年までのマフディー国家とエチオピア帝国との関係をみてみたい。なぜ八五年から始めるのかというと、この年の六月に「マフディー」は病死したが、この時期こそマフディー国家が国家としての形態を整えた時期であったからである。ちなみにマフディー国家が、八三年のエル・オベイド陥落前後にすでに国庫を設けていたことは、資料的に裏づけられている。

他方、エチオピア帝国が帝国としての領土をおおむね確定したのは、メネリク二世治下の一八九一年であるが、それに先立つヨハネス四世の治世にすでに帝国の基礎固めが実施されていた。ヨハネス四世のお膝元である北部のティグレでは、皇帝（エチオピアでは「王たちのなかの王《ネグサ・ネグスト》」）の命を受けたラス・アルラ将軍がティグレ防衛のためにイタリア軍やマフディー軍と戦った。八七年一月のイタリア軍との戦いは「ドガリの虐殺」と呼ばれる。

中部ではショア地方の王で、ヨハネス四世の後継者として指名されていた、のちのメネリク二世が勢力を伸ばし、一八八七年にかつてエジプトが支配していたハラル地方を併合した。彼はその二年後にイタリアとウチャリ条約を締結し、皇帝としてのお墨付きをもらったが、皮肉にもこれが対立原因となってやがてアドワの戦いが勃発するのである。というのは、イタリア側はショア王をメネリク二世として承認する交換条件として「保護」の受諾を目論んでいたからである。

マフディー国家の二代目支配者カリファ・アブドゥラヒは、国内で粛清を遂行したのち、独裁体制を築こうとしていた。そして彼への忠誠心を強めるために、この時期に「マフディー」の遺言に記されていたと称して「ジハード(聖戦)」を実行していた。それはエチオピア西部国境地帯でもみられた。いうまでもなくエチオピア皇帝の宗教は、東方教会系のキリスト教(コプト教と関係は深いが、教義を異にするエチオピア正教会)であったので、異教にたいするジハードが成立した。

この当時、エチオピアの内政は、マフディー国家以上に混沌《こんとん》としていたといえるが、外敵の侵略が内部の権力争いおよび地域対立を一時的に棚上げし、偽装的なものであるにせよ十三世紀に再編された「ソロモン王朝」というアイデンティティ、より平たくいえばシェバの女王伝説による絆によって結束した。とりわけ、のちのメネリク二世がヨハネス四世に協力したことは大きい。もっとも、結束が固まったのは、国境を越えたエル・クァディール進攻に失敗したあとにマフディー軍の精鋭部隊が逆に東進し、ついに重要な都市ゴンダールにまで進攻して、破壊行為を繰り返したあとのことであった。

戦況は、一八八九年一月にマフディー軍の守備隊長の病死以降、マフディー軍の士気が低下し、エチオピア軍が攻勢にでたためにほとんどマフディー国家領内のエル・クァディール周辺で戦われ、エチオピア軍は、三月には難攻不落といわれていたマフディー軍六万が固めていた要塞もおとしいれた。けれども、このすぐあとに事態は急変する。すなわち、三月九日のメテンマの戦いでヨハネス四世が重傷を負い、床に伏したときに重大発表があった。メネリクを後継者とする約束を反故《ほご》にして、「甥であると公言していたマンガシャは実子であり、彼を後継者に任命する」と遺言したのである。これはあらたな内紛の原因となったが、マフディー国家という周辺の敵のみならずヨーロッパ列強の動向を考慮した指導者たちは、今や強力なリーダー・シップを発揮するメネリクの旗の下に結束するという選択をしていた。

一八八九年より九六年までのエチオピア帝国‐マフディー国家関係は、まったく空白であるが、この期間はウチャリ条約締結からアドワの戦いにいたる時期であり、メネリク二世にとってイタリアとの関係がもっとも重視され、マフディー国家とはあまり事を荒立てないようにしたものと推測される。さらに、カリファ・アブドゥラヒの側も、エジプトやイギリスとの関係を一義的に考えていた。そのような期間があればこそ、アドワの戦い後の両指導者による友好関係樹立のための交渉が開始されたのであろう。

ハルトゥーム大学のズルフォの『カラリ』によれば、アドワの戦い後にメネリク二世のほうからカリファに「イタリアに勝利した」という連絡と、「和平の提案とともに、反ヨーロッパ人の協力条約締結を更新しよう」との申し出があった。アトバラの戦いのあった一八九八年四月にカリファは、メネリク二世の外交使節を歓迎した。このとき、メネリク側は、フランスの軍事技術の利点について語ったが、カリファ側は、自立のためにフランスの力を借りたくないと主張したという。これが最後の外交使節となったが、これ以降も外交関係は継続されていた。あまり十分な資料がなく、アムハラ語のみならず、ティグレ語、アラビア語などの語学力も必要となるので、カリファのマフディー国家とメネリクのエチオピア帝国との関係についてはほとんど語られていないが、私信をも含むイギリスやフランスの外交文書などからも再検討されるべき課題である。

ベイツの『ファショダ事件――ナイル河での遭遇』によれば、メネリクがマフディー国家に外交使節をはじめて派遣したのは一八八九年春とされているが、正確には「非ヨーロッパ人の協定締結の外交使節」

としては最初ということであろう。なぜならば、八九年にヨハネス四世が戦死をとげたのちも、国境紛争は未解決であり、当然なんらかの外交交渉が再開されていたはずである。そしてそれを実証することは、アフリカの指導者のあいだには対ヨーロッパ関係を除けば外交という概念はないのだ、という俗説をくつがえすことになるであろう。

残念ながら、メネリク二世とカリファとの交渉の一次資料はないが、それに準ずる信頼に値する同時代史料が存在している。それはエリトリア総督となったイタリア人が、一八九六年六月にメネリクが派遣した使節の通訳から聞いた話として、九七年八月五日付の「エリトリア総督報告書」において明らかにした事柄である。それによれば交渉(九六年六月)によってつぎの合意に達した。

(1)　エチオピアとマフディー国家間での通商の自由を保障する。

(2)　ゴンダールとメテンマのあいだに双方が利用できる市を設置する。

(3)　ヨハネスの王冠その他の遺品とメテンマでの捕虜交換の代償として、エチオピア側はスーダン側に若干の領土を譲渡する。

それ以外には相互援助にかんする曖昧《あいまい》な約束が述べられただけの合意書であったというから、これは交渉が一八八九年より引き延ばされており、さらにはアドワの戦いでの勝利によりかなり優位に立ったという認識からエチオピア側から交渉をもちかけたと推測できる。ちなみにマフディー運動の経緯を克明にたどったホルトは、カリファの外交についても一次資料を駆使した研究をおこなっているが、それによればカリファ側は、つぎのような合意条件を提起していたという。

あなた方が戦時を除いてすべてのヨーロッパ人の入国を禁止すれば、あなた方と彼らとの接触がなくなり、われわれとの折衝が生まれる。この条件によりわれわれとあなた方のあいだに平和が実現されるにちがいない。［Holt］

イスラームとエチオピア正教会という宗教の壁を乗り越えた二人のアフリカの指導者であったが、彼らのあいだにはヨーロッパ文明にたいする考え方に隔たりがみられた。マフディー国家も、ヨーロッパの銃器に依存していたにもかかわらず、少なくとも十九世紀末におけるカリファは、ヨーロッパ勢力との提携などもってのほかであった。この点にかんしてズルフォは、つぎのような見解を述べている。

カリファは、外交政策にかんしては一層柔軟性があり、マフディア〔マフディー教徒の体制〕を拒んでいたすべての者にたいする敵愾心《てきがいしん》や孤立感からはほど遠かった。けれども、エチオピア王メネリクのようなほかのアフリカの指導者たちとは対照的であり、カリファは、ヨーロッパ諸国間の矛盾を利用するということを決してしなかった。［Zulfo］

メネリクがイタリアとフランスとの対立、さらにはイギリスとフランスの対立をうまく利用しながら独立を保持したことは、アドワの戦い前後の状況からも明らかだし、西アフリカの雄サモリ・トゥーレがシエラレオネのイギリス人から武器を購入してフランスと戦ったことは、比較的知られている史実であろう。そして、ヨーロッパ列強にたいする考え方の相違が、東部アフリカの両雄が手を結ぶことを阻んだ主体的な理由であるが、イギリスがこの両雄の提携を恐れて妨害工作をしていた点も見過ごしてはならない。

アドワの戦い——アフリカの「日露戦争」か

すでに述べたように、アドワの戦いは、「アフリカの角」(この名称の由来である角の地形にはジブチ、ソマリア、エリトリア、エチオピアがあるが、政治・経済的にはスーダンも含むべきである)をめぐるヨーロッパ列強間の勢力関係を変更させるきっかけになると同時に、アフリカ全体ならびにエチオピア帝国の将来にとっても重要な意義をもった。そのひとつは、日露戦争との対比によって示され、もうひとつの意義は、パン・アフリカ運動すなわちアフリカの統一および全世界の黒人の団結の思想と結びついているが、後者はここでは取り上げられない。

それではなぜ、アドワの戦いが日露戦争と比べられるのであろうか。リチャード・パンクハーストやゼウデ・バフルというエチオピアを代表する歴史家の見解や私見を整理するとつぎのようになる。

この二つの戦争は、二つの点が一致している。ひとつは、ヨーロッパ列強の一国に勝利して植民地化を回避できたという点であり、もうひとつは、ヨーロッパ列強による世界分割に日本もエチオピアも加わったということである。以前はアドワの戦いの意義としては、「アフリカ分割」期の例外としてエチオピアが独立を保持したことが強調されたが、エチオピアの脱亜(弗利加《アフリカ》)は、この面のみならず帝国主義の仲間入りをした面も見逃してはならない。具体的には、エチオピア帝国が東南部のオガデン地域を領有したのみならず、イタリアのエリトリア領有をはじめとするエチオピア帝国周辺部におけるヨーロッパ列強による線引きを承認したことは、きわめて重要な事実として記憶にとどめられるべきである。

また、前者に関連しては、日本の勝利が他のアジア諸国のみならず、ロシアに支配されていたポーランドの民族運動を刺激したように、アドワの勝利も他のアフリカ諸地域に影響をおよぼした(じつは一九二〇年代には、エチオピアの青年貴族のあいだで日本モデル論が流布されたが、これも日露戦争とおおいに関係している)。ただし、一九九六年のアドワ戦勝百周年記念シンポジウムでの報告や、アディスアベバにある国立博物館の特別展展示にみられた「アドワの勝利がエリトリアの反植民地勢力を勇気づけ、影響を与えた」との断定は、実証されていないし、そのような事実があったにせよ、誇張があると考える。

アドワの戦い　先発隊を救援する任務をおびていた，イタリア軍のダボルミタ旅団(3800挺の銃と18門の大砲を所持)は，進路を崖に阻まれたために迂回して孤立し，壊滅させられた。

それにたいして、ムッソリーニによる「アドワの報復」が実施された一九三五年には、アフリカ各地の知識人らにアドワの戦いの意義が再確認され、エチオピアがアフリカ独立の象徴的存在となった。そして、アフリカ再分割につながるイタリアの侵略反対の声が高まっていった。もっとも、日露戦争における日本の勝利が、少し遅れてエチオピアで影響力をもったように、アドワの戦いが少し時間が経過してから影響力をもったというつぎのような証言もみられる。

エジプトで成育しつつあった若き民族主義者らは、

トルコ経由ではいってきた日本のロシアにたいする勝利とともに、アドワでのイタリアにたいするエチオピアの戦勝の知らせによって勇気づけられた。少なくとも一九〇八年には、カイロでアドワの戦いにかんするアラビア語の本が刊行されていた。〔テルアビブ大学エルリックによるアドワ戦勝百周年記念シンポジウムでの報告〕

ミラノ大学のライネロは、アドワの戦いが日露戦争よりも大きな意義をもっているという主張をしている。

日露戦争は、極東におけるあらたな状況の先ぶれとなったが、この地域全体にとっては政治的および戦略的状況にほとんど影響しなかった。ヨーロッパ列強は、拡張の過程ですでにみせていたつまずきをこの戦争で追認したばかりでなく、新興の日本とのパートナーシップによりヨーロッパ勢力の幅を拡大できたのである。それは決して帝国主義そのものにたいする挑戦ではなかった。〔それにたいして〕アドワでのイタリアの敗北は、まったく異なる見地からみられるべきであろう。アドワでの勝利は、アフリカのいたるところでの抵抗にたいする〔ヨーロッパ帝国主義の〕勝利によって植民地的決着がついていた時期における大陸的勝利として位置づけられる。〔ライネロ。要約〕

このほかにも、アドワの戦いによって「アフリカの角」の勢力図が大きく変更されたことを指摘した日本人がいる。幸徳秋水《こうとくしゅうすい》である。彼は『万朝報《よろずちょうほう》』においてイタリアのこの地域での後退によってロシアやフランスの勢力、とりわけロシアの勢力が拡大するであろうと予測していた。たしかにロシアは、エチオピア正教会とロシア正教会が同じ東方教会系に属するということを利用してエチオピア皇帝に接近をはかり、『ナロード』には「ロシアの陸軍大臣がメネリク二世の軍事顧問になった」という記事が掲載されていた〔一八九七年八月十七日号〕。また、アドワの戦い以降ロシアは、宗教活動とともに「医療外交」をエチオピアとの交流の目玉にしていたが、全体的にみると、十九世紀末においては、フランスのほうがロシアよりもエチオピアでの影響力をもち、鉄道建設や教育活動にもかかわっていた。

2　ファショダ事件とアフリカ

西洋史としてのファショダ事件

ファショダ事件にたいする一般的な説明は、大きくみると二つある。ひとつは、「一八九八年九月にスーダン南部のファショダにおいてアフリカ縦断政策を進めるイギリスとアフリカ横断政策を遂行したフランスが衝突し、戦争の危機に瀕《ひん》した」というものであり、これが事件の主要な性格説明である。もうひとつは、「フランス政府が譲歩し、フランス軍が撤退した」というものである。

前者の規定は、間違いとはいえないし、ひとつの基本的な性格を表現している。ただし、なぜ一八九八年九月に事件が起こったのかを少し検討するならば、この説明が不十分なものであり、重大な欠点を含んでいることがわかってくる。後者についても、フランス国内におけるドレフュス事件の問題や、この譲歩が、退却させられたマルシャンらへの同情を生み、右翼的潮流に立ったナショナリズムと結びついた点はフランス史によって明らかにされるべき課題であろう。

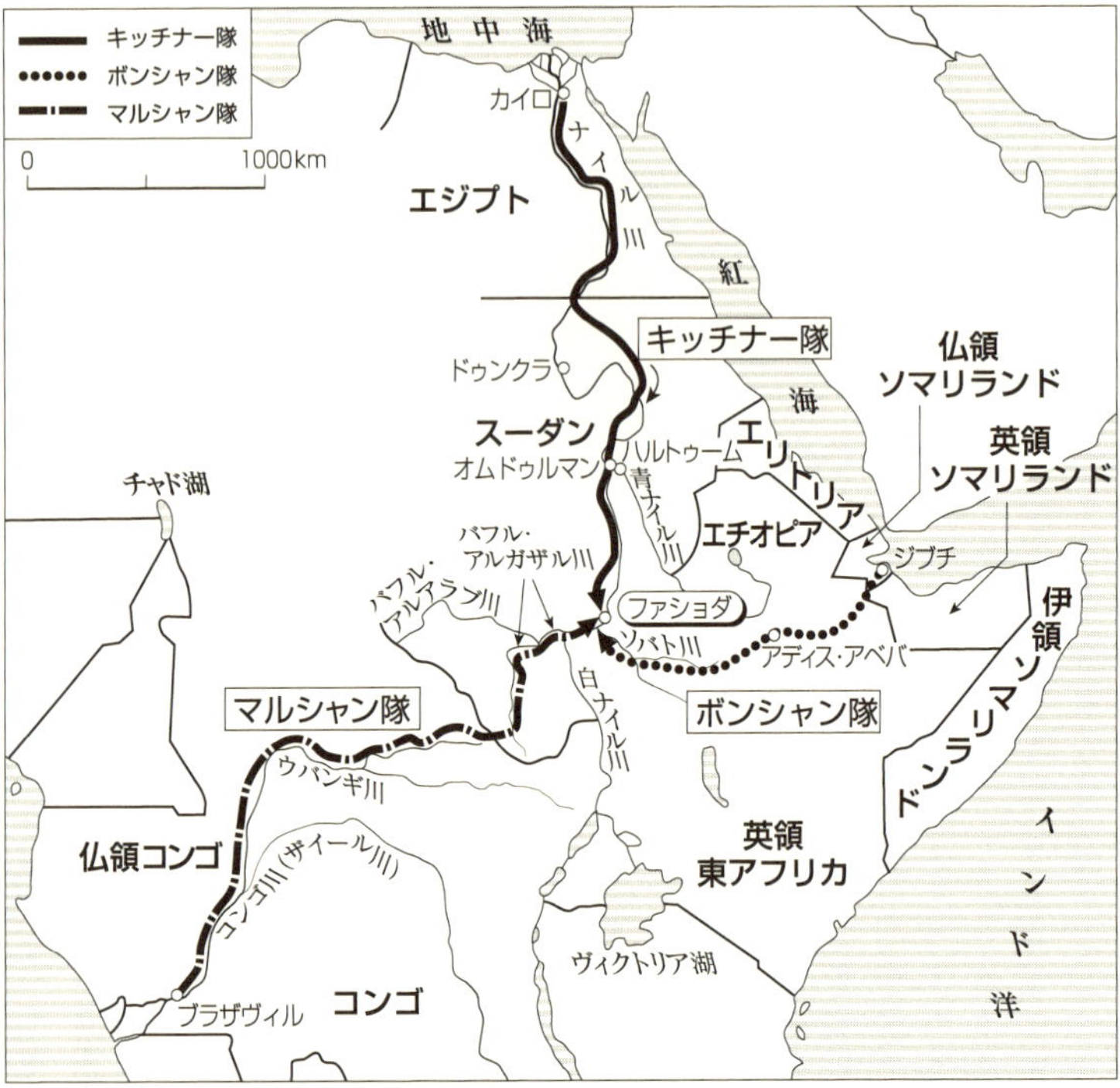

ファショダをめざす遠征隊

さらに、「アフリカにおける帝国主義相互の衝突の最初のものである」との説明が加えられる場合もあるが、軍隊が直接アフリカの地で「対峙」したのは最初かもしれないが、これを「衝突」と表現してよいだろうか(四万以上の敵を相手に二百数十人のマルシャン隊が本気で戦おうと思ったであろうか)。また、一八九五年のデラゴア湾鉄道をめぐる英仏関係や、セネガルやマダガスカル、ガーナ、サモリ帝国などをめぐる英仏関係などは事実上の衝突ではないのかという疑問もあるが、少なくとも帝国主義時代のアフリカの状況を十分に検討したうえで、「帝国主義相互の衝突の最初」という断定的な結論がくだされるべきであろう。

要するに、ここで主張したいのは、ファショダ事件にたいする説明が「アフリカ分割史」、いいかえれば、ヨーロッパ中心史観に偏向してきたことに目を向けてもらいたいのである。一九六九年に提起された、「地球の領土的『分割』の主体たる諸列国政府の間の対立と協調にのみ議論の焦点がおかれ、『分割』の対象とされた従属地域の問題は『国際政治』の背景、取引の材料、動機の一因子としてのみ扱われがちだった」〔板垣雄三「世界分割と植民地支配」『岩波講座世界歴史 22』〕という提言が、今もっていかされていないのである。

フランスの「横断政策」とアフリカ諸国

フランスがアフリカ横断政策について真剣に考え始めたのは、一八八二年前後である。ウラービー(オラービー)反乱の最中のフランスは、実権を握っていた「トンキンのジュル・フェリー」がエジプトよりもインドシナを優先させたが、八三年に再度首相の座に返り咲いたフェリーは、イギリスの3C政策を阻むためと同時に、フランスがアフリカ大陸を横断するためにも、スーダン南部のファショダ占領を視野にいれていた。けれども、実際には一八八〇年代のフランスは、セネガルでのラト・ディオールに始まってトゥクルール帝国およびサモリ第一帝国、さらにはママドゥ・ラミン・ルムの抵抗に悩まされていた。そのために、将来の仏領赤道アフリカや西アフリカ帝国を築く計画実現をめざして軍事力と「友好政策」を使い分けていた。またその時期には、イギリスが西アフリカで譲歩するかわりにフランスが東部アフリカには介在しないとの了解がとれていたようである。たとえば、八九年のガンビア国境をめぐる英仏の協定はその一例といえよう。

しかし、一八八九年にエチオピアがイタリアと締結したウチャリ条約をめぐる対立が表面化すると、フランスはエチオピアに急接近する。そのための足場を提供したのは、すでにフランスの保護国になっていた紅海に面し、エチオピアと国境を接していたジブチであった。おそらく、「フランス・アフリカ委員会」が設置された九一年の時点で、のちにマルシャン隊の補助隊ボンシャン隊に予定されていたエチオピアからのファショダ・ルートが構想されていたと考えられる。九三年五月になると、「東からの遠征ルート」が有力な横断策の一環として主張されるようになる。中心人物は、カルノー大統領と当時の「フランス・アフリカ委員会」委員長アランベール公であった。

しかしながら、あくまでもファショダ遠征の本隊は、大西洋側からコンゴ川(ザイール川)、ナイル川を用いての上ナイル遠征隊であった。ファショダ第一次遠征隊であるモンテイユ隊から第三次遠征隊のマルシャン隊にいたるまで、彼らの計画を狂わせたのはセネガル人であり、コンゴ人であり、あるいはサモリ帝国のマンディングらだったのではなかろうか。

まず最初に、サモリ帝国や前述のマフディー国家とも関連するラービフ帝国について述べておく必要があろう。マルシャン隊の所期の目的をも含めてフランスのアフリカ横断のための遠征隊は、ラービフ帝国とかかわりをもっているからである。いいかえれば、一八八七年のベルギー王レオポルト二世との条約により、コンゴの東に位置する上ウバンギ(現中央アフリカ共和国の首都バンギ周辺)がフランスの領土として承認されてから二年後に、上ウバンギは一種の前線基地となった。さらに数年が経過すると、上ウバンギは、ラービフ帝国およびスーダンにおける英・エジプト勢力と対抗するために重要な役割をはたすことになる。

マルシャンの前任者たるモンテイユ、リオタールの二人が上ウバンギの最高責任者となるが、モンテイユは、サモリ帝国鎮圧の任務を与えられたために上ウバンギを留守にすることが多かった。しかも、一八九三年六月に上ウバンギ司令官に任ぜられていたにもかかわらず、上ウバンギの事情で任地に赴くのが大幅に遅れ、九四年六月に新任の外相アノトーの、任地に急ぐように、との命令を受けたモンテイユは、八月末にようやく仏領コンゴの大西洋岸のロアンゴに到着した。

けれども、サモリ軍によるコートディヴォワールの古い商都、コングの占拠という事態が起こり、鎮圧隊長に任ぜられたモンテイユは、コングに出発した。これがサモリ帝国とファショダ遠征隊の最初の関係であり、サモリ帝国の動向がフランスの横断計画を変更させた一因となっていたといえそうだ。じつはマルシャン自身は、モンテイユよりもさきにサモリ帝国と関与していた。つまり、一八九一年にトゥクルール帝国をつぶし、サモリ帝国を崩壊させることを重視したフランス政府によるいわばサモリ帝国包囲網づくりのためにケネドゥグ王国のティエバ王と交渉したのは、マルシャンにほかならない。さらに九二年以降もマルシャンは、アルシナール将軍率いるサモリ討伐隊にも加わっていた。

つぎに第二次遠征隊長リオタールであるが、彼はマルシャン隊が出発した一八九六年三月には上ウバンギの最高責任者であり、マルシャン隊にたいして物心両面からの援助をおこなっていた。彼自身も、スー

上ナイルに掲揚されるフランス国旗
1898年7月12日，マルシャン隊はファショダ占領の証しとしてフランス国旗を掲揚した。

ダン南東部のエル・オベイドをめざす遠征を試みたが失敗し、九六～九八年にはマルシャン隊へのよきアドバイザーとしての役割をはたしている。その手始めとして、マルシャンがセネガルでようやく狙撃兵を集め終えたころの九六年五月二十四日に、前植民相でファショダ事件後の外相デルカセに宛てた手紙には、「マルシャン隊の出発は、ダーヴィッシュ〔マフディー教徒のこと〕との敵対関係を回避することが前提でなければならない。いかなる衝突もマフディー支持者とは起こしてはならない」と書かれていた。デルカセは、植民相在任中の九四年十一月にリオタールのファショダ遠征隊派遣を議会で提案しており、リオタールとのあいだには強い信頼関係が築かれていた。

　おそらくこの忠告は、最初は電文によって、つぎにはリオタール本人の口からマルシャンにも伝えられていたはずであるが、マルシャンはこれを守ったのであろうか。前述したように、カリファ・アブドゥラヒは、フランスに限らず、いかなる外国人にたいしても信頼をよせてはいなかった。したがって、たとえマルシャンあるいはリオタールがイギリス・エジプトと戦うために友好関係を結ぼうとか、少なくとも協調関係「＝中立」を保証しあおうと提案しても、聞く耳をもたなかった。そのためにマルシャン隊がマフディー国家の支配領域であったファショダに到着したことを知ると、攻撃をしかけてきた。ファショダの住民であるシルック人は、マルシャン隊に食糧を提供してくれたり、友好的にみえたが、彼らの長で王を意味する「メク」という称号で呼ばれていたアブドゥル・ファディルは、カリファ・アブドゥラヒに忠誠を誓い、マフディー国家に貢物を献上していたから、「白人が到着した」との連絡をしていたとしても不思議ではない。

洋上会談　キッチナー(左端)とマルシャン(右端)。
キッチナー「私はエジプト太守の名においてファショダの所有権を回復するようにとの命を受けています」
マルシャン「私への命令は，エジプトが放棄して法的所有者が不在となったファショダと他の上ナイル地域を占領することです」

マルシャン隊先発隊の到着から四日後の一八九八年七月十二日、メクや長老会議メンバーたちが参加してファショダをフランス国旗を掲揚し、「本日よりファショダをフランスの名において占領する」という儀式が催されたが、これはシルック人が事柄の意味を理解していなかったのであろうか。そう考えるよりもむしろ、マフディー軍到着までの時間稼ぎとみなしたほうが妥当であろう。そして、マルシャン隊とメクとの関係は、八月二十五日に先発隊が少人数で一〇〇〇人以上のマフディー軍の兵士を乗せた船をファショダに接近させなかったことで変化し、九月三日には白ナイル右岸のシルック人の支配地域がフランスの保護領になることを定めた条約が結ばれた。さらにマルシャン隊の本隊で大砲も所持していたファイデルブ号が到着し、二度目のマフディー軍の攻撃を蹴散らした九月十四日に、メクは名実ともにフランスの臣下になっていた。

だがこのときすでに、マフディー国家を壊滅させたキッチナー隊がファショダに迫っていた。かくして九月十九日には、キッチナーとマルシャンの歴史的会見がもたれるのである。

3　二つのボーア戦争とアフリカ人の抵抗——南部アフリカ

イサンドゥルワナの戦い

トランスヴァールの独立の回復(イギリス軍に対するマジュバでの勝利)は、ズールー戦争におけるイギリス軍の苦境(諸部族連合はイサンドゥルワナでイギリス軍部隊を全滅させた)によるものであった。イサンドゥルワナとマジュバのいずれを重視するかは、おそらく歴史家の試金石であるだろう。〔板垣、一部省略〕

この指摘のように、たしかに、一八七九年一月のイサンドゥルワナでのズールー軍のイギリス軍への勝利のほうが、第一次イギリス‐ボーア戦争(以下、第一次ボーア戦争)中のマジュバの戦い(一八八一年二月)よりも重要である。その理由としては、イギリス軍の犠牲者数が何十倍も違うという点もあるが、なんといっても、ズールー人の勝利がトランスヴァールのボーア人を勇気づけ、彼らをしてイギリス支配からの独立の戦いに立ち上がらせた点が重要である。

結果的にはイサンドゥルワナの戦い後にイギリス軍の激しい反撃に遭遇したセテワヨ王が捕えられてズールー王国は事実上崩壊するが、一八八六年には彼の息子が蜂起して共和国として再建したものの、九七年にはトランスヴァールとナタールに分割併合されて名実ともに消滅してしまう。

第一次ボーア戦争の開戦

その間にトランスヴァールのボーア人(おもにバーガーと呼ばれる都市住民)は、副大統領ポール・クリューガーを指導者としてあおぐようになった。一八八〇年十二月十三日には、バーガーら数千人がプレトリアのパールデクラール丘(現クリューガースドルフ付近)に集まり、歴史的決議たる独立宣言が発せられるとともに、クリューガー、P・ジュベール、M・W・プレトリウスによる三頭政治体制をしくことが表明された。一八七七年にイギリスがトランスヴァール併合宣言を発し、それにたいして外交的交渉や抗議行動をとってきたトランスヴァール共和国のボーア人は、「パールデクラール宣言」によって事実上の宣戦布告をイギリス政府に発したのである。

もちろん、ケープ植民地長官オーウェン・ラニヨンに送られたつぎの文書が実質上の最後通牒《つうちょう》であろう。

> 一八七七年にわれわれは、一滴の血も流さずに政府を〔イギリスに〕明け渡したから、今回は閣下においても平和に政権を引き渡されることを切望いたします。二四時間以内に回答がえられれば幸いです。

二四時間以内に回答がなければ、宣戦を布告するということが無言で語られている。そして、一九〇〇年の戦争でゲリラ戦指導者としてイギリスに恐れられるようになるP・A・クロンイェの率いた五〇〇人たらずの民兵隊は、このときすでにポチェフストルームという町を占拠し、十二月二十日のプレトリア東方での小ぜりあいでは勝利をおさめていた。

マジュバの丘の戦い

第二次ボーア戦争の動員には「マジュバの報復」が用いられた。これはちょうどアドワの戦いに敗れたイタリアが四〇年後の第二次イタリア‐エチオピア戦争のときに「アドワの報復」をスローガンとして用いたのと同じである。それではこのマジュバの丘の戦いとはどのようなものであり、いかなる意味をもったのであろうか。

一八八一年二月二十七日、マジュバ丘陵に陣取っていたコーリー少佐の部隊は、虚を突かれるかたちでわずか五〇～六〇人のシュミット率いるボーア突撃隊の攻撃の前にほぼ全滅の状態となった。すなわち、コーリー少佐を含め九〇人が死亡、一三三人が負傷し、生存者はほんの一握りにすぎなかった。生存者の何人かがマウント・プロスペクトの陣地に引き返し、援軍の到着を待っているあいだに、ボーア軍は、一度もその陣地に攻撃をしかけなかった。ジュベール将軍がシュミットや彼の部下たちに、「あの霧をみなさい。神がわれわれに攻撃にでることをお許しにならないのです」と語ったからだと推察している者もいる。ともあれ、マジュバでの戦闘(イギリス側からは虐殺といわれている)後、イギリス軍の反撃も思いに任せず、雨期にもはいっていたのでオレンジ自由国のブラント大統領の調停案は、双方にとって「渡りに船」であった。

つぎに、マジュバの丘の戦いの意味であるが、それは一義的にはトランスヴァールのボーア軍の勝利、イギリス軍の敗北を意味していたが、後述されるように、その戦闘の結果と講和条約の内容にはずれがあった。

マジュバの丘の戦いにかんするもうひとつの軽視されている点は、エジプトにおけるウラービー(オラービー)革命(「ウラービー反乱」中のアレキサンドリア蜂起〈一八八二年六月〉が、「白人の財産・生命の保護のため」という口実により自由党員の小英主義者を植民地容認の側に移させたとの指摘との類似性についてである。すなわち、一八八三年からのスーダン情勢への内閣の対応への不満により、グラッドストーンは八五年一月のハルトゥーム陥落後に「ゴードン殺し」の烙印《らくいん》を押されたのである。彼は、小英主義者やイギリスのリベラリストの典型とみなされているが、マジュバの丘の戦い直後に彼がしたためた一文が遺族への哀悼の念にとどまらず、ヴィクトリア女王の臣民にたいする敗北への悔しさの表明になっていたと解釈するのは、当時の状況からも妥当なものと思う。

プレトリア協定とロンドン協定

ブラントの調停を受けて、一八八一年三月六日にはボーア側代表ジュベールとイギリス側代表ウッドが会見し、暫定的な休戦条約が締結された。これは、八月三日のプレトリア会議によって正式な講和条約

(プレトリア協定)となるのであるが、その骨子は、六カ月以内にイギリス軍が撤退してトランスヴァールを自由な国とするかわりに、トランスヴァール側は、イギリスによるいくつかの主権の制限に甘んじ、軍隊を即刻解散させるというものであった。じつは、マジュバの丘の戦いに先立つ一八八一年二月十六日の時点で、コーリー少佐がクリューガーに提案しようとしたためていた和平案があり、それもイギリスの主権または実際上の外交権をトランスヴァール側が承認するというものであった。

トランスヴァール政府は、一度はプレトリア協定に調印したが、その後、真の独立を求めるグループの支持を受けて、クリューガーが条約改定の交渉にあたった。その結果、一八八四年二月二十七日(マジュバの戦いから三年目というのも意図的であろう)、ロンドン協定として改定されたが、どのように変更されたのであろうか。

本質的な変更と考えられるのは、プレトリア協定第二条の保護条項の削除である。これによってアドワの戦いの原因となったウチャリ条約第一七条のイタリア語条文と同様な趣旨で定められた「トランスヴァールが第三国とのあいだに条約を結ぶ場合には、イギリス政府の認可をえなければならない」という外交権剝奪条項が削除されたからである。トランスヴァール側はそれとひきかえに、かつてツワナ人の王国領土であったゴッシェンとステラランドという小さな二つのボーア人の共和国をトランスヴァールに併合することを放棄した(その地は、すぐあとにイギリス領ベチュアナランド〈現ボツワナ〉に併合されることになる)。イギリスにとってこのことは、北に通ずるための陸の「スエズ運河」ともいえる回廊を築けたのみならず、ドイツ領南西アフリカ(現ナミビア)をドイツ領東アフリカ(現タンザニア)やトランスヴァールから孤立させる意図もあった。

ところで、第二条の削除は、外交権の回復をトランスヴァールにもたらさなかった。ただし、そのことが露呈するのは第二次ボーア戦争の勃発間近になってからのことである。すなわち、一八九九年にイギリスがトランスヴァール併合を合法化するために、ロンドン協定では、プレトリア協定第二条を削除したが、それにはイギリスがトランスヴァールにたいする宗主権を撤廃したとは表記されていないという詭弁《きべん》を用いたイギリスは、トランスヴァールの宗主権が自分たちの手にあるのだと主張した。その伏線にロンドン会議でイギリス側が準宗主権者という用語を使用していたことを忘れてはならない。

ジェームソン侵入事件

ロンドン協定締結から二年後にトランスヴァールに大きな変化がもたらされた。一八八六年に同国南部のヨハネスブルク西部に位置するヴィトヴァーテルスラントと名づけられた地方に、世界有数の金鉱脈が発見されたからである。そのために一八四八年以降のカリフォルニアでのゴールド・ラッシュと似た状況が生じ、イギリスの資本家やセシル・ローズのようなケープ植民地のイギリス系支配層の関心をよんだ。トランスヴァール政府が採掘権を私企業に許可したために八七年には二七〇あまりの企業が開発に従事したが、ローズらの「南アフリカ金鉱会社」は、資本金一二万五〇〇〇ポンドで事業を始め、他を圧倒していた。

一八九五年の年末に起きたジェームソン侵入事件と呼ばれるトランスヴァールの反英感情をいたく刺激

したできごとの背景には、金鉱の利権も一因としてあったが、それよりも重要な原因は、金やダイヤモンドおよびヨーロッパの商品の輸送による鉄道収入に加えて、積み出し港での関税収入を減じることにつながるデラゴア湾鉄道建設計画があった。イギリス領のケープやナタールを通過せずにトランスヴァールが貿易を実施できる鉄道の敷設は、前述したベチュアナランド問題とも結びついており、ドイツは、この鉄道の実現を南西アフリカと東アフリカの自国植民地の連絡路として期待していた。

ローズに代表されるケープ植民地当局は、この鉄道の起終点となっていたデラゴア湾を所有していた中立国ポルトガルにたいして、デラゴア湾を含むポルトガル領東アフリカ(現モザンビーク)の南側を売却するように迫った。これを聞きつけたドイツのヴィルヘルム二世は、この地方でちょうど勃発していたアフリカ人の反乱からドイツ人の生命・財産を守るという口実のもとに軍艦二隻をデラゴア湾に派遣した。この英独間での緊張関係が解決したかにみえたときに起きたのがジェームソン侵入事件であり、トランスヴァールとドイツとの関係は、これを契機として親密さを増した。

ジェームソン侵入事件の直接的原因としては、選挙権をはじめとする諸権利を与えられていないことを不満とするトランスヴァールのイギリス系住民(アフリカーンス語でアイットランダーズ〈外人〉と呼ばれた人々の多数派)が「国民同盟」を組織して一八九五年十二月二十七日を蜂起の日と定め、準備を進めていたことが指摘できる。実際の準備状況は、銃が予定した五〇〇〇挺の半分にも満たず、動員数にいたっては、二万人の目標にはほど遠い五〇〇人にも達していなかった。それにもかかわらず、ジェームソンは、「国民同盟」主催者の署名のある「援助要請書」を大義名分として、蜂起予定日の二日後にベチュアナランドよりトランスヴァールに進攻した。けれども、野砲三門とマキシム砲〈速射銃〉八挺の装備と七〇〇〜八〇〇人程度の兵力のみではとても勝ち目がなかった。ジェームソンは、一八九三年七月に一二〇〇人ほどの寄せ集め軍で勇猛なンデベレ人に勝利したことを過信していたのかもしれない。

ジェームソン軍は、進攻からわずか四日後に降伏した。一〇倍以上の近代兵器を装備している敵に包囲されていることがわかったからである。

クリューガー祝電事件

貴国の平和を乱そうと侵入してきた軍隊にたいして、友邦に援助を訴えることなしに、貴殿が人民とともに自力で防衛し、外からの攻撃にたいして独立を保持されることに成功されたことを心から祝福申し上げます。

以上の電報の実物はプレトリアの南アフリカ国立博物館にあるそうだが、これはドイツ皇帝ヴィルヘルム二世の命によりドイツ外務省がトランスヴァールの老齢の大統領クリューガーに打電したものである。その日付は、ジェームソン軍の降伏翌日の一月三日となっているから、これがジェームソン侵入事件にかんするものであったことは明白である。また、この機密電報がすぐに外部に漏れた理由については定かではないが、電報を受信してから二週間後の一八九六年一月十六日に催された祝宴の乾杯挨拶で彼が祝電にふれてつぎのように述べたことも、機密漏洩の一因となりえたであろう。

〔現在〕もしひとつのヨーロッパ列強〔イギリス〕がトランスヴァールに攻め込んできたとしても、必ずや他の列強〔ドイツ〕がわれわれを助けにきてくれるものと確信しています。

この後すぐにトランスヴァールとドイツとのあいだに同盟関係が成立しているが、歴史家のなかにはこの祝電事件をヴィルヘルム二世の外交上の一大失策とみなす者もいるし、実際にこの時点でドイツが本気でイギリスと事を構えようとしていたかは疑わしい。そして、第二次ボーア戦争開戦前夜には、イギリスと「中立条約」を結ぶ一方でトランスヴァールにもいい顔をするという、いわば二枚舌外交を遂行していたとみるのが自然であろう。

第二次マタベレ戦争――ンデベレ‐ショナ連合

ジェームソン侵入事件には、もうひとつの知られざるインパクトがあった。より正確にいえば、それが「ローデシア」のアフリカ人居住者を蜂起させる背景となったのである。まず、一八九六年三月にンデベレ人の小村が蜂起し、特許会社が経費削減のために組織していた原住民警察隊を攻撃した。一八九〇年以降の現地警備費の削減は、ロベングラ王国との和平維持に役立っていたが、他方では遊牧民のンデベレ人にとって土地と同等以上に重要な財産であった家畜までもが白人入植者の所有にされたということが認識され、小村で開始された蜂起に一万五〇〇〇人が槍をもって参加し、ロベングラ王国の本拠地ブラワヨに居住していた白人たちを震撼させるにいたった。

六月にはいるとあらたな展開がみられた。ショナランドに住み、恒常的にンデベレ人に従属させられてきたショナ人がンデベレ人に呼応して反乱に加わったからである。その報はセシル・ローズにも伝わったが、ローズは、間髪をいれずに「マタベレ・ンデベレの反乱の鎮圧を優先すべし」との命令を発した。

一八九〇年に特許会社の白人がショナランドに到来したとき、ショナ人は、またあらたな金探しの山師や商人集団がきたくらいに思い込んでいた。ところが、彼らが入植者としてこの土地に定住することが判明すると不快感と警戒心をいだくようになり、とうとう堪忍袋の緒が切れて立ち上がった。彼らは、ンデベレ人よりも人数はずっと多かったが、もともとおとなしい農耕民であったので、白人入植者は、彼らを軽くみていたふしがある。ところが、ズールー人の流れをくむ戦闘的なンデベレ人が正面から挑んでくるよりも、ショナ人がゲリラ的な小規模集団により変幻自在に抵抗してくるほうが手ごわかった。

ジンバブウェ史の専門家吉國恒雄によれば、ンデベレ人は、抵抗に完敗して国家を喪失したが、彼らの共同体意識は、この抵抗のなかで再構築され、歴史の早い段階でンデベレ人都市コミュニティーがブラワヨ周辺に形成されたという。これはまた、一九六〇年代以降のジンバブウェ解放運動や独立後のショナ人主導政権のありようにまでおよんでいるのではなかろうか。

「南アフリカ覚書」

セシル・ローズと親しかったジョゼフ・チェンバレン植民相(在任一八九五～一九〇二)は、イギリス政府がジェームソン侵入事件とは無関係であることを強調したうえで、それまでの南アフリカにたいする静観姿勢を改めている。その契機となっているのは、一八九六年一月下旬ころにクリューガーが「ヨハネスブルクに自治権を与えてもよい」と口を滑らせてしまったからである。ゴールド・ラッシュの結果、トランスヴァールにイギリス連合王国から人が移動してきたが、ヨハネスブルクだけをとればイギリス系住民が数で圧倒していた。それはきたるべき戦争の直接的原因となる選挙資格問題とも密接に関連していたことはいうまでもない。

一八九四年から翌年にかけてデラゴア湾鉄道をめぐってトランスヴァールとイギリス政府、直接にはケープ植民地当局との対立が浮き彫りにされたとき、九七年にケープ総督に就任することになるミルナーの「トランスヴァールを併合すべきである」との提言を退けていたチェンバレンは、九六年三月にまとめた「南アフリカ覚書」においては事実上のトランスヴァール併合を認める立場に立っていた。

「覚書」では、トランスヴァールを含む南アフリカの統合がどのようなかたちで達成されるかが検討されているが、自由貿易帝国主義論で知られるギャラハーとロビンソンの共著『アフリカとヴィクトリア時代の人々』の表現を借りれば、南アフリカをイギリス国旗のもとにあるカナダ自治領をモデルにした連合体として統合するという案と、ケープ、ナタール、トランスヴァールなどの自立性を成り行きにまかせた結果として南アフリカ連邦というゆるやかな独立合衆国に統合されるというアメリカ型の案が選択肢としてあった。さらに、トランスヴァールが南アフリカ全体に占める位置・役割は、きわめて重要であるとの認識を示し、カナダ型を採用する場合には「連合体――一九一〇年に成立する南アフリカ連邦とほぼ重なるもの――を結成するためには武力行使をできるかぎり回避しなければいけない」と明記されていた。

「覚書」作成の責任者であったチェンバレン植民相は、一八九六年五月八日の下院で「もし南アフリカで戦争が起これば、もっともむずかしい戦争のひとつになり、長期戦になるであろうし、莫大な費用がかかるであろう。また、子孫が消えうせるまでにそれほど長い時間を必要としないであろう」と述べ、戦争不可避論者のミルナーと一線を画した。これは、南アフリカのことのみを考えればいい立場か、植民地全体に目配りする立場かに起因する見解の相違ともいえよう。九六〜九八年前半までのチェンバレンは「エジプト－スーダン問題」を優先させなければならなかったのである。

第二次ボーア戦争開戦の決断

一八九八年の秋にマフディー国家の壊滅、ファショダ事件の解決によりイギリスのスーダン支配が国際的にも承認された時点で、イギリス政府は、トランスヴァールの内政に干渉する余裕ができ、トランスヴァール併合宣言から二〇年以上の歳月をへて、第一次ボーア戦争で達成できなかった野望の実現に向けて、ミルナー総督とチェンバレン植民相が大きな一歩を踏み出した。

彼らは、イギリス系住民の不満を利用してトランスヴァールに内政干渉をした。まずはトランスヴァール政府がダイナマイトの独占権をさらに一五年間持ち続けることの決定に抗議し、つぎには一八九八年十二月に起きたエドガー事件を利用した。この事件は、イギリス系住民のエドガーが酒のうえのケンカで相手を撲殺したとしてボーア人の警官ジョーンズがエドガーの自宅に踏み込み、抵抗した彼を射殺してしまった。裁判ではジョーンズの正当防衛が認められて無実となったばかりでなく、判事がジョーンズを職務に忠実だったとして称賛したためにイギリス系住民を怒らせた。二〇〇〇人余りのイギリス系住民は、ケープ総督を介して陳情書をロンドンの女王陛下に届けてもらうことを願ったが、ミルナーの留守をあずかっていたバトラー司令官は、「こうした事件は日常茶飯事であり、イギリス政府が重大問題としてとりあげないように」とチェンバレンに打電した。

ミルナー総督がその任に復すると事態は急変し、アイットランダーズの不満の声に積極的に耳を傾けた。ミルナーの推測によれば、一九〇一年にトランスヴァールの白人人口は二八万で、そのうち一〇万がイギリス系住民であったが、一八九九年の時点でもヨハネスブルクを中心にイギリス系住民は、一～二万はいたと考えられる。ミルナーは、アイットランダーズがボーア系白人と肩をならべるためには市民権(選挙権)の取得が不可欠であると確信し、その目的を達成するために陰謀をめぐらせた。オレンジ自由国のスタイン大統領の仲介によりクリューガーとミルナーとの会談が決裂した直後の一八九九年六月十三日におこなわれた、「奴隷電報事件」と呼ばれる電報の公表がそれである。ミルナーとチェンバレンは、交渉による解決を最初から期待しておらず、武力行使のシナリオのなかの隠れ蓑としてこの会談を利用したにすぎない。なぜならば、ミルナーのチェンバレン宛の電報は、会談のおよそ一カ月前にすでに打たれ、自分たちの主張がとおらなければこの電報を公表し、好戦的な世論を高めようとの計算が立てられていた。

電報の骨子は以下のようなものであった。

現状のもとで平和と統一について語るのは愚の骨頂である。今や数千のイギリス臣民は、いたずらに政府に救済を求めて嘆願し、恒久的な奴隷《ヘロット》の境遇にあるというあわれな光景は、大英帝国の勢力と名声を傷つけられるのみならず、イギリス政府にたいする属領の尊敬の念をも弱める。トランスヴァール在住の外国人に公正なる参政権を獲得させることこそ、イギリスの正義と権力を彼らにもっともよく示すことになるのである。

奴隷電報公表は、トランスヴァール議会でのアイットランダーズへの譲歩をもたらした。すなわち、選挙資格獲得の期間をそれまでの入国から一四年を七年に半減する法案(そのほかに入国から二年後に帰化した者にも選挙資格を与える)を可決したが、イギリス側はあくまでも五年にこだわり、南アフリカ守備隊の軍事力を強化し、兵員は倍以上の二万二〇〇〇人に、大砲は二四門から六〇門となった。この時点で「もはや戦争以外には問題解決の道はない」とイギリス政府も理解していたが、国際世論を考慮して自分から宣戦布告するわけにはいかなかった。イギリスの大増援部隊が接近中という情報により、十月九日に「イギリス増援隊が四八時間以内に撤退しなければ開戦する」との期限つき最後通牒を発したのは、クリューガーのほうであった。

戦争の経緯

イギリス政府は、「トランスヴァールの申し出は審議に値しない」と一八九九年十月十一日に回答し、開戦となった。中立であったオレンジ自由国のボーア人も、トランスヴァール側につき、「南アフリカ共和国」の一員として戦うことになった。イギリス軍は、「マジュバの報復」をスローガンに一気呵成《いっきかせい》に敵を負かそうと結束し、いくつかの小衝突を制した十月末には「クリスマスまでにはプレトリアへ」の期待が確信されていた。ところが、イギリスがみくびっていたボーア軍には地の利に加え、ドイツ製の性能のよい大砲や銃の装備もあった。だが、ボーア軍が包囲に力を注いだマフェキングやキンバリーは、イギリスにとって補給基地であったり、さほど重要ではなかったので、ここでの敗北は、痛手ではなかった。ところが十二月十日から十七日までの週にイギリス軍は、シュトルムベルク、マゲルスフォンテン、コレンソであいついで大敗を喫した。そのためにこの週は、「暗黒の週間《ブラック・ウィーク》」と命名され、「マゲルスフォンテンの大虐殺」とか「コレンソの戦いはイギリス軍が経験したもっとも不幸な戦闘」といわれた。

この大敗は二つの変化をもたらした。ひとつはイギリス国内で多くの志願兵(義勇兵)の希望者がでたことである。「十二月十日からの週は、われわれの世代が知るもっとも暗い週であり、十九世紀のイギリス軍隊史上でもっとも大きな災いであった」と『大ボーア戦争』に記しているコナン・ドイルは、四十歳を越えていたにもかかわらず正体を隠して志願している。もうひとつの変化は、オーストラリア、ニュージーランド、さらにはカナダという自治領から軍隊を派遣させたことである。当時の最高司令官ロバーツは、白人同士の戦争で、ましてや劣勢の敵にたいする戦いで有色人種の力を借りることをきらっていたために植民地からの兵力動員は考えなかった。その点でも一九〇〇年九月以降にロバーツと交替した「スーダンの将軍」キッチナーと異なっていた。

年が明けるとボーア側にも義勇兵が参加した。とりわけ、ユグノー教徒という、信仰でボーア人とのつながりのある、ナントを拠点とするフランスからの志願者が目についた。けれども、「暗黒の週間」をばねとしたイギリス軍とその援軍の攻撃が威力を発揮し始めた。「マジュバの戦い」十九周年にあたる一九〇〇年二月二十七日、イギリス軍が「報復」作戦を展開した。キンバリー戦線のマゲルスフォンテンの東に位置したパールデベルクでの戦いがそれである。九日前に開始された戦闘は、まるで計算されたかのように記念日にクロンイェに率いられたボーア軍およそ四〇〇〇人に白旗を掲げさせることに成功したのである。

名将クロンイェの降伏がボーア軍の士気におよぼした影響は甚大であり、ロバーツは、この機に乗じてボーア軍の拠点のあったオレンジ自由国の首都ブルームフォンテンを一気に攻略した。さらに勢いに乗ってトランスヴァールの首都プレトリア占領のために進軍し、六月五日にプレトリアが陥落した。それから三カ月後にロバーツは、戦争終結宣言をだして本国に帰還するが、これはまだ戦争の折り返し点にすぎなかった。

ゲリラ戦争とゲリラ対策

一九〇〇年十月以降になると、戦いはゲリラ戦争という性格をもつが、ゲリラ戦法は、戦いの前半でもすでに用いられていた。一九〇〇年三月三十一日のサンナスポスの戦いでこの戦法を最初に用いたのはドゥ・ウェットである。彼は十一歳のときに「オレンジ自由国の独立を守るため」にソト人鎮圧戦に参加して以来の根っからの武人であったが、八月にはわずか五〇〇人ほどの部下を率いてキッチナーに指揮された三万人のイギリス軍の包囲網をかいくぐってオレンジ自由国に舞い戻っている。イギリスはその後も「ドゥ・ウェット捕獲作戦」を試み、一九〇二年一月の作戦は完全に成功したかに思えたが、ドゥ・ウェットはもっとも手薄な場所からの逃亡にまたもや成功した。ちなみに主たるゲリラ活動は、鉄道と通信の破壊であった。

ヴェトナム戦争の例からもわかるように、ゲリラ戦法が成功するのは民衆（農民）の協力があればこそである。そのためにゲリラ対策としてキッチナーが実施したのは、焦土作戦と強制収容所に女性や老人、子どもを送り込むことであった。農家はボーア民兵《コマンド》が衣食を補給したり、情報収集の場であり、イギリス側からみれば農民がスパイの役割をはたしていた。また、ゲリラ協力者と非協力者との区別がつかないために対応の手段は焦土作戦しかなかった。焦土作戦により焼かれた農場は三万カ所にもおよび、屠殺されたヒツジは三六〇万頭といわれている。この作戦に従軍記者として参加したウィンストン・チャーチルでさえ、この作戦を「卑しむべき暴挙」と非難した。

強制収容所の設立が認可されたのはロバーツ時代であり、最初の目的は文字どおりの捕虜収容所であったが、キッチナーによって非戦闘員の強制収容所に変貌をとげた。死亡率が三五％という数字が示すように、そこでの劣悪な待遇と環境は、南アフリカの強制収容所やキャンプを訪問したイギリスのジャーナリストで社会活動家、エミリー・ホブハウスらによってイギリス国内はもちろんのことヨーロッパ中に知られるようになり、イギリス政府は改善に着手せざるをえないほど追い込まれた。

以上のような卑劣な作戦と二億ポンド以上の戦費や四〇万人以上の兵力を使用したが、一九〇二年になってもイギリスの勝利は確信されなかった。また、国内の世論は休戦に傾き、下院では自由党がチェンバレンと軍需産業の関係を追求していた。他方、ボーア側はゲリラ戦法によってよくもちこたえていたが、武器、弾薬や衣服、食糧が枯渇してまったく勝ち目はなかった。

こうした状況でキッチナーは、一九〇二年三月よりスタインやトランスヴァール共和国大統領代理のブルゲル、さらにはのちに南アフリカ連邦首相となるスマッツと連絡をとり、和平交渉の根回しを開始した。五月には公式の会談が開かれ、ボーア側が国民大会でイギリスの休戦条件を検討することを約束した。五月十五日に開催された国民大会では議論が百出したが、議論のポイントは、独立のために最後まで戦うか平和のために屈服するかであった。講和賛成派は、無条件賛成(ブルゲル、ボタら)と消極的賛成(ドゥ・ラ・レイ、スマッツら)に分かれていた。もちろんゲリラの名将ドゥ・ウェットは、反対に回った。スタインが反対意見であったのは意外に思われるが、完全に荒廃させられたオレンジ自由国の代表としては当然の結論であろう。

結局、国民大会ではトランスヴァールとオレンジ自由国双方から三〇名ずつの代表を送ってイギリスと交渉するということと、「完全な独立を犠牲にしないでイギリスとの防衛同盟を締結すること」が合意された。それから二日後にプレトリアで交渉が開始されたが、「完全な独立を犠牲にしない」の中身は、外交権の放棄と両共和国がイギリスの保護国になることであり、「完全な独立」はまったく犠牲となってしまった。五月三十一日に講和条約は調印されたが、ブルゲルは、このときの心境を「われわれは二つの共和国の墓場に立っている」と語っている。また、ドゥ・ラ・レイ夫人の「いったいなんのために血を流し、犠牲をこうむってきたのでしょう」との発言は、当時のボーア人の心境を語っており、これは反英感情を絆としたアフリカーナ・ナショナリズムの高揚の基盤ともなった。

イギリスの少数金融資本家の南アフリカにおける利潤追求のために、二年七カ月の歳月と多大な犠牲がはらわれたが、それのみならず和平の条文が南アフリカの多数派住民である黒人たちのその後の運命とかかわっていた。すなわち、「原住民にたいする選挙権付与の問題は、自治政体設置後に決定されること」という条項は、黒人やインド系などの有色住民の選挙権、財産権その他の人権の剝奪、いいかえればアパルトヘイトの源泉となっており、人種差別の軽減や撤廃を期待してイギリス側に協力した有色人——そのなかにはのちに「インド独立の父」となるガンディーの姿もあった——にたいするイギリスの裏切り行為であった。それにたいする抗議活動は、一九〇六年にナタールで開始され、イギリス領南アフリカ連邦となって二年後の一二年には、南アフリカの都市部を中心にアフリカ人民族会議（ＡＮＣ）が結成された。

Ⅲ 国民国家と政治社会の未来

川田順造
栗本英世
武内進一
永原陽子
真島一郎

1　地域からみた政治社会

アフリカの政治社会の諸問題

川田　新版「世界各国史」アフリカ史の討論を始めたいと思います。この討論の課題は、「アフリカ史」という視野のなかで、アフリカの政治社会が直面する問題を検討し、その未来を考えることです。

ご出席いただいた方々は、必ずしもこの本の第I部で地域別の執筆を担当しているわけではありませんけれども、それぞれの方がおもに研究してこられた地域の政治社会についての概況と問題点を、まず手短にお話しいただきたいと思います。私たちの討論の特色は、長い歴史の時代幅のなかで政治社会の問題を考えることにあるので、植民地化以前の政治社会の様相と、それが植民地化によってゆがめられたり、新しくつくられたりして、現在の状況へと続いている、その概観を、関心を一番深くおもちの地域について、まずやっていただくことから始めましょう。

口切りに、司会役の私から、西アフリカについてお話しします。第I部の西アフリカの海岸地方も担当していますが(第I部第四章1・2節)、海岸地方は真島さんがご専門なので、内陸のほか、一部海岸の、私が直接調査する機会があった、ナイジェリア、ベナン、ガーナをおもに考えます。

西アフリカ内陸部は、「王国」と呼ぶのがふさわしい集権化された政治組織や、強大な権力中枢が多文化の住民を広域支配した「帝国」が、植民地化以前から発達したところです。ナイジェリア北部のハウサなど、イギリス植民地時代に典型的な間接統治がおこなわれ、それ以前からの集権的政治組織が、植民地行政府によって変形され、ある面では強化されて植民地支配に利用されました。ハウサ以外にも、私がおもにつきあってきたモシ王国もそうですけれども、国家としての主権や刑事裁判権は奪われながらも、植民地行政を容易にするために補強されました。それにもかかわらず、こうした植民地化以前の集権的政治組織の首長たちは、一九六〇年の独立後の政治的な中心には、まったくはいってきていません。これは、どう考えるべきなのでしょうか。

ブルキナファソでも、モシ王国というのはフランス統治以前、この地方でもっとも強大な政治組織としてありました。十九世紀末にフランス軍が侵入して保護領としたときも、フランスはいくつもの地方に割拠していたモシの諸王朝のうちでも最強と思われた、ワガドゥグ王朝の首長、モーゴ・ナーバに署名させて、オートヴォルタという名称の植民地としたのですが、一九六〇年に共和国として独立し、一九八四年のトマ・サンカラ時代以後はブルキナファソと呼ばれている地域を、フランスの保護領とすることを、この地域の奪い合いで鎬《しのぎ》を削っていた、南のゴールド・コーストから進んできたイギリスとの関係で、合法化しています。実際にはモシの諸王朝は、フランスの保護領とされた地域の三分の一くらいしか支配していなかったし、そもそも「地域」の支配ではなく、「人」の支配だったのですが、ワガドゥグ王朝は、いくつかの地方に分かれて割拠していた王朝の、当時もっとも強力だったひとつにすぎなかったのです。

モシ王国について話を続けますと、植民地行政府は、おもな王朝の王やその配下の重要な地方首長に、高額の手当てを支給して、住民の人口調査や動員、人頭税の徴収など、地方行政の下請けをさせました。

モーゴ・ナーバをパリ祭のときフランスに招いたり、地方の王にフランス語教育も受けさせましたけれども、独立後の歴代の大統領は、モシの王族からは一人もでていません。伝統的な王様のほうは、ある時期「伝統的首長組合」をつくって、組合活動を通じて影響力を行使しようとしたこともありましたが、非公式なものでした。

マリの場合は、昔のマリ帝国やガオ帝国の痕跡は、植民地化されたころには政治組織としてはなくなっていましたけれども、王族の子孫を標榜《ひょうぼう》する人たちは隠然たる力をもっていたようです。けれども独立後は、社会主義を標榜したモディボ・ケイタ初代大統領が——ケイタ自身はマリンケの名門の出でしたけれども——、伝統的な首長組織を根絶させました。

ナイジェリアのハウサも、植民地時代に伝統的首長の権限として強化されたものは、独立後は、刑事事件ではない民事的な争いを慣習法によって調停するとか、あるいは伝統的な儀礼をおこなうとかの面では機能しつづけていますけれども、政治の表舞台には、王族はでてこないというのが、西アフリカの内陸をみると不思議に思われる点です。

武内さんがよくご存知のルワンダなどのほうが、もちろん、植民地時代にゆがめられたかたちになったのでしょうけれども、ツチとフツの問題とか、かつての政治的な支配-被支配の関係とされたものが、現在まで尾を引いた紛争のもとになっているのではないかと思いますが、これはあとで武内さんに、お話しいただきたいと思います。

一般に西アフリカの内陸諸国では、クーデタで大統領が殺されることはあっても、大規模な武力衝突というところまでは、いっていないのです。ブルキナファソなどは、外国からの評判でもまじめで勤勉だといわれていますが、今のブレーズ・コンパオレ大統領が、前大統領のサンカラを殺す前には、クーデタは何度かありましたけれども、流血は一度もありませんでした。マリでは、一九九一年にムーサ・トラオレ大統領が支配の座を追われたときも、学生や労働者のデモやストライキ、そういう民衆蜂起の力が大きかった。この運動を支え、政変後、大統領に選ばれたアルファ・ウマル・コナレは、歴史学者で高等師範の教授もしたインテリで、穏やかな社会主義路線ですね。むしろ政策面での問題として、政治的な変動が起きているという感じがします。

ただ、現在およびこれからの政治社会のあり方ということを考えると、やはり植民地時代の影響で、植民地時代に宗主国的な、西欧的な教育を受けた人々に独立後も日が当たって、政治や行政の中心になってきた傾向は否めません。たとえばマリとかニジェールの、いわゆるトゥアレグ問題といわれているものがありますけれども、結局、トゥアレグのような、かつてはラクダにまたがった誇り高き遊牧民でしたけれども、西欧的な教育を受ける機会が少なかった人たちというのは、新しい国家の枠組みのなかでは、取り残されてしまった。そういう人たちの不満がいろいろなかたちで、マリでもニジェールでも、根強く残っているのです。かつては彼らが見下していたような人たちが、フランス式の教育を受けたために、新しくできた政治の中心で実権を握っているという状況があったわけです。

これは、いまさらいっても仕方のないことですが、マリにしても、ニジェールにしても、実際にいろいろな地方を歩いてみると、こういうかたちでひとつの国をつくるということ自体の不条理を感じてしまいます。西の端のほうに人口が集中していて、あとは行けども行けども広漠たる乾性サバンナや砂漠が続いて、そのはてにまた都市があって同じ国の国民が住んでいるのですから。

ナイジェリアは、ビアフラ問題で長い内戦がありましたが、やはりビアフラ地帯の、イギリス植民地時代のイボとかイビビオの住民のほうが、キリスト教化もイギリス式教育も早く広く進みました。だから西欧風インテリが多く、工業化も進んだのと、石油資源の問題があったわけで、分離独立しようとした。

他の地域の住民が分離独立を阻もうとして紛争になったのですが、ビアフラ地帯というのは、植民地化以前には、政治組織のうえでは集権的とはまったく逆の、小規模な平等社会で、仮面結社など、血縁を超えた横の結びつきの組織が発達していました。植民地化以前の政治組織の面では、集権的に階層化されて組織されていた、ビアフラより少し西の、今のベニンシティにあたる旧ベニン王国の中心だった地域とか、北部のハウサ王国とか、そういう地域の住民よりは、いわゆる西欧式の近代化という点では、組織の面でも、非集権的な平等社会だったビアフラのほうが、近代社会に移行しやすかったという面があるのではないかと思います(第I部第四章2節「非集権的イボ社会の基礎構造」)。

もうひとつ、マリ、ニジェール、ブルキナファソ、コートディヴォワールなどの地域は、植民地行政の都合で、分割、再統合など行政区分の編成替えが何度かありました。とくに内陸でこの四地域の中央にあって、勤勉という評判の高いブルキナファソの住民を、西海岸のダカールからマリのバマコまでの鉄道建設と、南の海岸のコートディヴォワールのカカオ、コーヒーをはじめとするフランス人のプランテーションへの強制労働に動員しやすくするという、住民をより効率的に働かせるための措置です。近年になって、

「イヴォワリテ(コートディヴォワール性)」という排外思想にもとづいて、コートディヴォワールからブルキナファソの出稼ぎ労働者を閉め出そうというコートディヴォワールの一部の人たちの動きがあり、かなり激しい紛争になり、まだ完全には解決していないのですが、詳しくは、真島さんからお話しがあるかと思います。ブルキナファソの出稼ぎ労働者が、コートディヴォワールのプランテーション経済を豊かにするのに貢献したという、ブルキナファソ側の言い分があるのですが、フランス植民地時代のある時期、一九三二年から四六年まで、ブルキナファソ南部は、行政上コートディヴォワールの一部だったのです。植民地の領域の境をどこに引くかというのも、宗主国の都合だけで決められていました。その結果、独立後もコートディヴォワールに残って国籍を取得したブルキナファソの人は多かったし、コートディヴォワールの中枢で重要な地位に就いた人もいます。縁故も強かったわけですから、二つの国の独立後も、とくにブルキナファソ南部から、コートディヴォワールへの出稼ぎも、ごく当たり前のようにあったのです。

こうした状況から思うのは、植民地化以前と、植民地統治下での政治社会のあり方も踏まえながら、もう一度新しい人間集団の再編成をやって、それをもとに今の国家の枠というものとは別のかたちでの、政治社会をつくっていく努力をすべきではないかということです。学者の理想論といわれればそのとおりですが、現実に密着しているだけでは、状況はよくならないことは、現実問題として明らかです。私たちのような立場、直接の利害関係がないけれども、アフリカに愛着をもっている研究者のひとつの提言です。

グローバル化ということがいわれて、もう久しいのですけれども、グローバルということをユニバーサル(普遍的)と取り違えてはいけないというのが、私の一貫した主張です。

グローバル対ローカルというのは力関係の問題ですが、ユニバーサル(普遍)対パティキュラー(特殊)というのは価値の問題です。グローバルな力でローカルなものに押し込められてしまったもののなかに、パティキュラーな価値をみいだし、育ててゆくべきだと思うのです。グローバルな力が広がったために、それに応じて国民国家の枠組みがゆがめられ、ある側面では破綻《はたん》したといってもいいくらいです。これは、ほぼ基本的に誰もが一致する認識だと思います。

その場合、今度は国家というものの内側からと、外へ向かっての両方から、ローカル、あるいは反グローバルな政治社会の再編成がおこなわれるべきではないか。内側からは、国家よりも生きるうえでの手ごたえとか実感のあるヒトの結びつきを求めて、遊動生活のトゥアレグにしても、平等結社社会のイボにしても、政治的な完全独立とか武力蜂起という方向へ向かうのではない、地域主義とか、差別されている弱者の自己主張のあり方を探求すべきではないか。そういう、国家という枠の内側からのローカルな動きと同時に、外へ向かっては国家を超えた地域連合ですね。これはアフリカでも、アフリカ以外の世界でも、地域連合はいろいろとつくられてきていて、もちろん、問題は山積ですが、今はその模索途上で、むずかしい時期になってはいますが、進む方向にあるといえるのではないかと思います。

比較的孤立している島社会の日本でも、あるシナリオによると何十年後かには、日本列島からいわゆる従来の日本人はいなくなってしまうといわれるくらい、人の移動は激しくて、旧来の観念での住民の等質性を基礎にした十九世紀型「国民国家」というのは、今後世界のどこでも存続しえなくなるのではないか。サハラ以南のアフリカの場合には、大陸以外からの人口というのは、それほど大量に流入しないでしょうから、国内と大陸のなかで、人がまじり合いながら、旧来の国家の枠を、内からと、外とのつながりでの、両面で超えるという意味でのローカルな政治社会の再編成が進んでいったほうがよい。それはひとつの願望でもあります。

外と内からの見直し

真島　アフリカ諸国独立期の一九六〇年代に活躍した政治指導者の出生年代は、ほぼ二十世紀初頭から一九三〇年代前半までの幅におさまりますが、この一〇年(以下の数字は座談会の時点)を振り返りますと、最年長にあたるコートディヴォワールのフェリックス・ウフェ＝ボワニが一九九三年に、最年少にあたる旧ザイールのモブツ・セセ・セコが九七年に、またタンザニアのジュリアス・ニエレレもさる九九年に他界しています。ひとくちに独立後のアフリカといっても、この大陸ではすでに四〇年もの歳月が経過している。時代の変貌を探るうえでは無視しがたい現実を示す、端的な一例になるかと思います。

他方で、この数年西アフリカ諸国を訪れますと、マリのフィリィ・ダボ・シソコやブルキナファソのウェザン・クリバリといった、独立運動の渦中で命を落とした政治エリートの思想と生涯を伝える書籍が、首都の書店に何冊もならんでいることに気づきます。歴史にたいするなんらかの問い直しが、欧米の研究者だけでなく西アフリカ諸国の人々のあいだでも、今、始まろうとしている。だとすれば、一体それは、いかなる意味をもった問い直しなのか。「脱冷戦期」とか「グローバル化」とかいった、とかく世紀転換期のムードに寄り添う言葉が示す状況と無縁ではないにしろ、そうした言葉ではつくせない西アフリカ二十世紀史の評価にたいする問い直しが、今起き始めているのではないかと思うのです。

第一に、外部からの歴史評価、欧米の研究者サイドについていえば、西アフリカ諸国の国民国家史をめぐる評価そのものが近年の議論ではたいへん大きなテーマとなってきました。このテーマにかかわるエピソードをひとつ紹介します。自国に構造調整のメスがはいった一九八〇年代に、当時のコートディヴォワール大統領ウフェ＝ボワニが、フランスのメディアに向けて発信したメッセージがあります。それは当時の仏語圏西アフリカ国家元首による発言として、おそらくかなりポピュラーな内容をもつ歴史観でした。すなわち、「一九六〇年の共和国独立に際して私たちが植民地宗主国フランスから継承したのは、もっぱら国民国家の外枠としてのエタ(国家)であって、統合された市民共同体としてのナシオン(国民)ではなかった。あなたがた西欧でも、国民統合と複数政党制が確立する近代までは、王政のもとで長い戦乱の過程をへてきた事実をどうか失念しないでいただきたい。自国の過去を踏まえてアフリカ諸国の現状を考慮してもらいたい」というものです。

この種のナシオン未成熟論に立てば、リベリアやシエラレオネ、あるいは最近のコートディヴォワールも含めて、この一〇年間に西アフリカ沿岸諸国で吹き荒れた内戦や政情不安も、一見、簡単に説明できそうです。実際、アフリカ独立後の一九六〇〜七〇年代にネーション・ビルディングの方策を論じてきた欧米のアフリカ研究は、いまや「破綻国家」の分析に進んで、アフリカ国家史への負の評価を一段と進めているような気がします。しかし、この大陸で現在破綻しているのは、はたして「アフリカの国民国家」なのか。国家の枠組みがグローバルに問われ始めた八〇年代後半以降、国民国家論がふたたびアフリカ研究の大きなテーマとなりましたが、たとえテーマは同じでも、「アフリカの後発性」を前提としてネーション・ビルディングの近代化論が語られていた七〇年代とは決定的に異なる時間を、ひとは、今、生き始めている。

たとえば、一九九〇年代のリベリア内戦、そしてこの二、三年のコートディヴォワールで起きた隣国移入民排斥のゼノフォビア（外国人嫌い）の暴動（座談会後の二〇〇二年、同国では内戦が勃発した）などは、たしかに一面で、財政状況の悪化から国民国家の編成原理までもが末期的な機能不全におちいった「アフリカ破綻国家」の典型と映るかもしれません。しかし他方では、もともとフランス国内で極右団体・国民戦線が復活させた人民戦線期以来のスローガン、「フランスをフランス人に」が西アフリカに飛び火した結果、「イヴォワールをイヴォワール人に」という言葉が排外主義者に公然と叫ばれる状況もある。国際メディアがこの動向をフランス国民戦線の党首名にちなんで「熱帯のルペン主義」と呼んだように、西アフリカ諸国は西欧の後追いにしくじった「後進破綻国家」などではけっしてなく、むしろヨーロッパ、アフリカ、アジアも含めて二十世紀の私たちが生きた「国家」という空間の危うさを如実に映し出す鏡であるような気がします。たとえばアフリカの内戦を「暗黒大陸」に特有の暴力として眺めていたら、それがある日、いっそう「野蛮」な自己の姿を映す鏡だったことに気づく、そうした悪夢さえ考えられなくもない。破綻国家どころか、近代国民国家の原理に初発から埋め込まれていたなんらかの瑕疵《かし》が植民地期のアフリカに移植され、しかもその瑕疵を内在させた原理が独立後数十年の時を通じて十全に機能した結果、近年の西アフリカの政情不安がもたらされてしまった、そうした見方さえできるかもしれない。ここでいう原理的な瑕疵というのは、たとえば市民共同体の裏側でつねに生ずる排除の原理です。

　第二に、西アフリカ人自身による歴史評価の再検討としては、大西洋奴隷貿易史をめぐる一九九〇年代の動きを例にとります。十五世紀から十九世紀の密貿易期にいたる数百年のタイムスパンで、一体どれほどの数のアフリカ人が大陸から消え去ったかという統計上の問題には、もとよりたいへんデリケートな側面があります。奴隷貿易のトータルな規模についてある推計値を示した瞬間に、その歴史家の政治的な立場さえ、議論の対象になりかねない側面がある。ドイツ第三帝国の「最終的解決」がヨーロッパにもたらした暴力規模にまつわる歴史修正主義論争とも通ずる側面です。奴隷貿易史の被害者であり、しかも二十世紀には帝国主義の暴力まで体験しなければならなかった西アフリカ諸国の人々にとり、同じ西欧世界がふるった暴力の過去は、たんにデリケートという以上にきわめてアクチュアルな政治問題、ないしは記憶することの倫理をめぐる問題にまで発展しかねません。

　たとえば、セネガルの首都ダカールの沖合には、かつて奴隷貿易中間航路の拠点だったゴレ島があります。オランダの奴隷商人が十七世紀に建造したという「奴隷の家」が現存することで有名な小島です。フランス政府の資金援助もあって修復された「奴隷の家」は、一九八〇年にユネスコの世界遺産に登録されました(二二四ページ参照)。八〇年代末には、ゴレ全島がセネガル政府による文化センター構想の対象地にも指定されています。こうしてゴレが国際的な脚光を浴び始めた九〇年代前半、西アフリカ諸国にはあらたな動きが起きました。奴隷貿易と植民地収奪による過去の補償を西欧世界に要求し、同時にゴレ島をアフリカン・ディアスポラの象徴的な空間として演出するというものです。これは同じ西アフリカ諸国が旧宗主国のイギリス、フランスに「アフリカ美術品」の返還を求めた運動とも重なる動きでしょう。

　しかし一九九六年になって、ひとつの事件がもちあがります。ゴレ島の「奴隷の家」は神話の産物であるというセンセーショナルな記事を、フランスの『ル・モンド』紙が掲載したのです。この記事によれば、問題の建造物は十七世紀のオランダ奴隷商館などではなく、一七八三年にフランス人がひとりの現地混血女性のために建てたもので、今日奴隷置き場として知られる建物の一階部分も、おそらくは通常交易品の倉庫だった。「奴隷の家」の物語は、長年この建物の管理運営を手がけてきたセネガル人の築きあげた神話だということでした。

　この事件を考えるうえで大切なのは、『ル・モンド』の指摘が事実か否かということ以上に、たとえ過去の歴史のあやまちを告発するヒューマンな神話であっても、それが事実の脚色であるかぎりは、記憶の倫理にたいする皮肉な裏切りになりかねないという問題、また、旧植民地宗主国の権威あるメディアが否定した「史実」をめぐって当のセネガル国内に巻き起こった議論ではないかと思います。セネガルではその後、国内の研究者が「ゴレ島の神話と現実」という会議を開き、ゴレにかんする数冊の論集を編みながら、この問題に直接向きあうことになりました。歴史をめぐる記憶とは、はたして誰にとっての記憶であり、誰のアイデンティティを保証したり裏切ったりする記憶なのかという一連の問いかけが、西アフリカ史の評価をめぐる問い直しとして、今日避けてとおれない問題を提起しているような気がしています。

固有の歴史と世界史の文脈から考える

栗本　私の担当は東・北東アフリカですけれども(第I部第一章)、その地域だけに限らず、お二人のお話を受けて一般的な問題提起をしてみたいと思います。

先ほど真島さんが、一九八〇年代に独立当時のナショナルなリーダーたちが、独立以降を振り返ってどういうことを述べたかということをおっしゃったわけですが、それは一九八〇年代の話ですね。おそらく、一九五〇年代や六〇年代の前半には、彼らはそう思っていなかったのではないかと思います。

将来を構想するとか想像するというときに、われわれの想像力というのはかなり限定されているというか、貧困であって、たとえば二十世紀初めに、同じ世紀の後半に植民地のすべてが独立して主権国家になっているだろうと予想した人はほとんどいなかったでしょう。それから、五〇年代、六〇年代に、三〇年後、四〇年後のアフリカの独立国家が非常にひどい状態になっているというふうに予想した人も少なかったと思います。ですから、今現在のわれわれが、将来のアフリカの国家なり政治社会がどうなっていくかということを考えるには、現在のわれわれの常識というものにとらわれずに考える必要があると思います。そのときに、二つの重要なことがあって、ひとつは、アフリカ固有の歴史の文脈のなかで現在をとらえて将来を考えるべきであるということと、もうひとつは、もっと広く人類史的というか、世界史的な文脈のなかでアフリカを考えるということです。

一番目のアフリカ史の文脈のなかで考えていくときに、一般的にいうと、六〇年代以降、アフリカのほとんどの国で政治経済的な状況というのは悪くなる一方です。それをどう考えるかというときに、最初に川田さんは、植民地時代と独立後のギャップを指摘されたわけですけれども、多くのアフリカ諸国が独立してからもう四〇年以上たっているわけですから、現在の問題の責任は、その国の主人公である政治家あるいはアフリカ人自身にあるという考えもあります。他方で、独立後のいろいろな問題は、ほとんどすべて植民地時代の負の遺産であり、政治経済的な破綻の原因は、すべて植民地時代にあるという歴史的な観点は、やはり現在でも非常に説得力はあると思います。

現在の混乱した状況は無秩序とか混沌とかいわれることがありますし、アフリカの多くの国は弱い国家であるとか、あるいは、極端な場合は破綻国家であるといわれています。現在の混乱した状況が、新しいものが生まれるためのいわば産みの苦しみというか、過渡的な状況であって、それを通り過ぎると、なにか新しいよりよいものが生まれてくるとみるのか、あるいは、これからもっともっと悪くなっていくとみるのか、どちらの立場に立つのかという、決定的に重要な選択があります。それで、産みの苦しみという立場に立つとすると、一体どういうものが生まれてくるのかを提示しないといけないと思います。

政治社会の話に戻ると、川田さんがおっしゃっているように二つのレベルがあります。ひとつは、これはアフリカだけに限らず、どこの国家でもそうですが、「国民」という曖昧模糊《あいまいもこ》としたナショナルなレベルであり、もうひとつは、家族や親族、あるいは身近な近隣集団と国民とのあいだのどこかに位置する中間点というレベルがあります。自分のアイデンティティというものが依拠できる中間点を、みんなは模索していると思います。

アフリカの場合は、この中間点はエスニックなものであったり、地域であったり、宗教的なものであったりします。人々がそこにリアルなアイデンティティを求められることを保証するには、そこがなんらかの社会的・歴史的な記憶の繋留点となっていることが必要かと思います。

それは同時に、真島さんがいったように、そのレベルに所属しない人を排除するということになるわけですね。話はやや飛躍しますが、アフリカのどこの国でも民主化が達成されて、選挙がおこなわれています。そうすると、地理的空間である選挙区というものが、エスニシティとからまりあいながら、アイデンティティのあらたな拠り所として浮上してくる。そのとき、われわれこそ、この選挙区のあるじであると考える人たちがでてくるわけですが、そうなると「われわれ」以外の人たちは排除されることになる。

そのときに、われわれはもとからここに住んでいる先住民というか土着民であるが、彼らは違う、したがって、この土地では権利をもたない、と、必ず論理的にそうなってしまうわけです。ナショナルなレベルでの民主化や地方分権化が、地方のレベルでは一部の人々を排除しつつ、あらたな政治社会を模索するという結果になるわけです。

以上のようなナショナル、ローカルなレベルの動きと対照的に、国家の枠を超えてなにか新しい政治社会を模索することも同時に生じています。それは、複数の国家が経済共同体を構成して、ある種の国家連合のようになっていくということがひとつと、それからもうひとつは、人々自身が国境を越えた人間の集まりの言語的あるいは文化的・歴史的なつながり、要するに、植民地時代以降分断されてしまったつながりを再確認、再構築して、たとえば、われわれはバントゥ系であるとかマンデ系であるというような、新しいつながりを求めていくことがあるのではないかと思います。

最後に、今後の議論の材料としてもうひとついっておきますと、国家と暴力の問題というのは非常に大きいと思います。アフリカの国家が世界の国家の将来を先取りしているところがあるとしたら、本来国家が負うべき義務がどんどん民営化されて、なし崩し的になくなってきているという現象があると思います。国民の安全を保障するということができなくなっている国がたくさんある。近代国家では軍隊と警察が暴力を独占しているわけですけれども、今のアフリカの多くの国では、それが非常に細分化というか、分断化されていて、民兵やパラミリタリー、準軍事的な組織が誕生し、他方で、政府と関係のない、いろいろな武装集団というのができてきています。それには、ゲリラ組織や地域の自警団的なものが含まれています。要するに、自分たちの安全というのは自分で守らなければいかんということになっているわけです。国家にとって一番根幹である暴力の独占と国民の安全の保障ということを今後どうやって調整していくのかということが、非常に大きな問題としてあるのではないかと思います。

中部アフリカにおける政治社会と国家変容

武内　中部アフリカにおける政治社会を、ルワンダとコンゴ民主共和国（旧ザイール、以下コンゴと略す）という二つの対照的な国を手がかりに考えてみたいと思います。

ルワンダは、アフリカでは比較的珍しく、植民地化以前の政治社会の領域的な単位がほぼそのままのかたちで近代国家に移行したのですが、この過程でエスニシティが極端に政治化し、結果として国家の統合が危機に瀕することとなりました。十九世紀ヨーロッパの人種思想に影響を受けた植民地当局は、ルワンダにおける三つの社会的カテゴリー（ツチ、フツ、トゥワ）について、言語や宗教上の差異がないにもかかわらず、異なる「人種」として分別し、それらを統治体制のなかで支配従属的関係に位置づけました。これら三つの集団、とりわけツチとフツのあいだに緊張関係が生じるのは、植民地化以降の国家機構におけるこうした配置が契機となっています。二十世紀初頭には曖昧だったツチとフツの境界は、植民地統治の過程で明確化、固定化し、それが政党政治における投票行動や政治エリートの権力闘争など、近代国家の統治とかかわる場面で政治化されていきました。一九九四年に起こった大虐殺は、エスニシティ政治化の悲劇的帰結ですが、それはけっして伝統的な「部族対立」ではありません。

他方、西ヨーロッパ全域に匹敵する広大なコンゴは、ヨーロッパ人の接近が遅れたアフリカ中央部が、領土的野心をもつベルギー王に植民地化されたことで成立した国家です。換言すれば、この領域内に存在する数多くの政治社会は、植民地化という事実以外に、コンゴ国家に統合される理由をなんら有していませんでした。アフリカに典型的な国家の成り立ちともいえますが、コンゴほど人口や資源が分散し、遠心的な性格をもつ国はまれです。したがってこの国では、領土的統一性や統治のあり方が今日までつねに問題となっています。それはまず、独立直後から一九六〇年代なかばまで継続したコンゴ動乱というかたちで噴出したのです。

一九六五年にクーデタで政権を掌握したモブツは、欧米諸国の支持をえて政治的混乱を収拾すると、鉱産物など国内の資源を私物化し、それによって国内の政治的有力者とのあいだに親分‐子分関係（パトロン‐クライアント関係）を結んで国家を統治しました。こうした統治のあり方は、経済危機や冷戦終結にともなう国際環境の変化によって立ちゆかなくなっていきました。一九九〇年代以降のコンゴでは、モブツ政権の崩壊やその後の内戦など政治的混乱が続いていますが、これは従来の略奪型統治にかわるべき統治原理がまだ見つかっていないことを示しています。

近年、内戦の頻発に示されるように、政治経済的混乱が続くアフリカ諸国が多くなりました。その原因を考えるうえで、国家の問題はきわめて重要です。従来の国家統治のあり方が立ちゆかなくなり、長期的な混乱を引き起こしている場合が多いからです。

冷戦期のアフリカ国家を考えてみましょう。政治的にも経済的にも比較的安定していたといわれるこの時代、アフリカでは強権的な政治体制をとりつつ、国家の公的資源(鉱物資源、農産物資源、外国からの援助など)を私物化し、それを自分の取り巻き(クライアント)にばらまくことで政権を維持する政治家が少なからずみられました。構造的な汚職と抑圧的政治を指摘されながら、三一年間にわたってコンゴの権力を掌握したモブツはその典型です。

国民国家の理念型から著しく逸脱したこれらの国家は、欧米のアフリカ研究では、新家産制国家(Neo-Patrimonial State)あるいは収奪国家(Predatory State)などと呼ばれてきました。こうした特異な国家が出現した理由は、たんに特定の政治エリートの資質に帰せられるものではありません。その理由はむしろ、アフリカの政治エリートが国民のなかに確たる支持基盤をもたぬまま、恣意《しい》的な国境線で区切られた国家の統治を余儀なくされたこと、そして先進国側が自陣営の政治エリートにたいする支援を、彼らの国内的な正統性に目をつぶりつつ、戦略的な理由で継続したことに求めるべきでしょう。

しかしこうした国家のあり方は、一九八〇年代以降、危機に瀕することになります。公的資源の略奪的利用の結果、経済発展を主導すべき国家はむしろ低開発の原因となりました。資源が生産的投資にまわらず、もっぱら権力者の消費財購入にあてられ、経済の破綻を招いたのです。一九七〇年代以降アフリカで長期化した経済危機は、国家の性格に由来する構造的なものであったといえるでしょう。

また、冷戦の終結により、先進国の対アフリカ政策が転換したことも大きな影響を与えました。東西陣営の争いが消滅し、戦略的理由からアフリカの指導者を支援し続ける必要もなくなりました。逆に、評判の悪い国への支援は援助国内から反発を招く可能性がでてきました。冷戦終結後の先進国では、民主化を援助供与の条件とする政策が一般化し、それに対応してアフリカ各国で民主主義的な政治制度が導入されていったのです。こうした状況下、独裁的権力者を頂点とする従来の統治が立ちゆかなくなり、政治エリート間の権力闘争が激化したことで、今日の混乱が引き起こされています。その混乱を契機として内戦に突入する事例も少なくないのです。

領域による排除の論理

川田　植民地化以前の集権的な体制が核になって、かたちを変えながらも王国として独立国家になった例は、アフリカ大陸で現存するのは、モロッコ王国とスワジランド王国くらいですね。集権的政治社会と領域の問題は、アフリカに限りませんけれども、土地というものが生産手段として決定的な価値をもっていなかった地域では、中世のヨーロッパ、中国、日本などの封建制度における封土《ほうど》のように、階層化された、人による人の支配が、土地を媒介としては成り立たなかったのですね。領域支配と結びついた権力構造というものが、なかったと思うのです。

ですから私も、「モシ王国」などと便宜的に呼んでいますけれども、植民地化以前のアフリカで「王国」という言い方には抵抗を感じるのです。領土をもった「国」ではなかったわけですから。ただ、ナイジェリアのハウサとか、植民地化以前のウガンダのブガンダのように、まれに定着施肥農耕をやっていたところでは、土地というものが生産手段として価値をもっていましたから、配下の首長や官僚を、封《ほう》ずる、日本風にいえば、ある土地に「安堵する」ということがありえたわけで、ハウサの場合もそういうかたちでの官僚制が発達したわけです。

前に王権のシンポジウムで、東南アジアを研究する人たちと議論したときにも、東南アジアの集権的政治組織も、基本的に土地の授受を媒介としない、人による人の支配だったということを聞きました。

独立後、いわゆる近代国家になってからは、国家主権と結びついた領域というものが確定されるので、領域による排除の論理がでてくるわけでしょうね。

真島　近代国家で排除の原理が働くというときには、領域性の要素と、国民主体としての主権性の要素とが複雑にかかわってきます。国籍条項にまつわる法規分類として、属人法主義と属地法主義という言い方がありますが、現実に国家の内部で排除が働く場合には、この二つの発想のあいだで、対応が非常に揺れ動く傾向がある。ちょうど『ドイツ国民に告ぐ』を発表した時点でのヨハン・フィヒテが、地理的国境としての「外なる境界」よりいっそう根源的な国境として、ドイツ民族とドイツ語の一体性からなる言語共同体のみえない国境、「内なる境界」を構想していたことも、ここで想起されてくるはずです。たとえば、同一の「内的」境界を想像できる民族・言語集団であるにもかかわらず、そのうちの一部がある国の国籍をもっていて、残り一部がその国家にとっての隣国移入民であるような状況、たとえばそれがコートディヴォワールのブルキナベ排斥問題を拡大させる素地になりかねない。しかもこの場合、両国の「外的」な国境線は、フランス領西アフリカの植民地再編成過程を通じて、いくどか引き直された経緯をもつだけに、事情はなおのこと複雑でしょう。

武内　あと土地との関連でいうと、これはとくにコンゴの東部のあたりで、一九九〇年代なかば以降、内戦の発火点になってきたところですけれども、ルワンダ系住民の排除の問題がなぜ起きているかというと、ひとつには、植民地期に特定の領域をエスニックな名前で指定していくわけですね。この領域はフンデの土地だとか、ここはニャンガの土地だというようなかたちで区切って決めていくわけです。それで行政を任せるわけですが、そこにルワンダ系の住民がはいっていなかったのです。それが現在まで尾を引いている。これは植民地行政の問題とかかわりますね。

川田　属人主義と属地主義は、ヨーロッパでは、ドイツが伝統的に属人主義だったわけです。日本もそうです。いわゆる国民国家の形成では、イギリスとフランスが先行しましたが、イギリスのように立憲君主制で、王冠にたいする忠誠が核になるのと、フランスのナシオン(nation)という、同じ政治社会をつくろうという共通の意思をもった集団を中心に考える思想とがでてくる。これはもちろん建前の話で、そのために、状況によって排除の論理がでてくるわけですけれども、それにたいして、遅れて国民国家を形成したドイツの場合は、大ゲルマン主義の伝統もあって、国家構成者の血や文化遺産の共通性を重視するわけです。だから、フォルク(Volk)とかエトノス(Ethnos)という概念が、近代国家形成にあたっても、重要になる。

元来、ラテン語「ナティオ」(natio)は「生まれを同じくする者」を意味する語として、中世ヨーロッパの大学など多地域間組織で、同郷者集団をさして用いられていたのが、しだいに、広く文化や政治社会を共通にする人々をさして用いられるようになり、フランス革命で「パトリー」(patrie)、つまり「父のくに、祖国」を構成する「第三身分」をさすものとして、エマニュエル・ジョゼフ・シエイエスによって「ナシオン」という語が用いられてから、ある政治社会の構成員を集合的にさす用法が広まったのです。そして十九世紀ヨーロッパの国民国家、ネーション・ステート(Nation-State)形成以降は、国家と不可分の政治的意味をおびてしまう。両大戦後にできた国際組織も、それぞれ「リーグ・オヴ・ネーションズ」(League of Nations)、「ユナイテッド・ネーションズ」(United Nations)と呼ばれたわけですが、ここではネーション(Nation)は主権国家を意味し、日本語では国際連盟、国際連合と訳されています。

日本も、ほぼドイツと同じころに、西洋式国民国家の体裁を整えて、当時の西洋式国際秩序に加わろうとした。プロイセンを中心にドイツが統一国家をつくったのは一八七一年、対仏戦争に勝った直後で、日本の明治維新は一八六八年ですから、ほぼ同時代です。明治維新の日本は、西洋の「万国公法」に適合させた国家づくりでは、憲法はじめいろいろな面でプロイセンを手本にしていますが、国家形成に「民族」を中心にすえたところも、これはおそらくそれ以前の歴史や、英仏との関係でもドイツと似ていて、ほかに類のないヤマト民族というような、民族的なものをだしていったわけです。「民族」という語は日本製で、それが中国やほかの漢字圏にも伝わりました。

「ナシオン」と「フォルク」の違いは、アルザス‐ロレーヌ、エルザス‐ロートリンゲン地方の帰属の問題でも典型的にでていて、初めは一六四八年のウェストファリア条約で、ルイ十四世のフランス領になった。ドイツ側では、住民がゲルマン民族で、ドイツ語の一方言を話しているのだから、エルザス‐ロートリンゲンはドイツ領だという論理です。フランスのほうは、普仏戦争後のエルネスト・ルナンの説に代表されるように、住民がフランスという枠のなかでナシオンをつくっていこうという意思をもっているとすれば、アルザス‐ロレーヌはフランスに帰属するという主張です。

こうした基本問題は、イギリス、フランス、ドイツなどに植民地支配されたあとの、アフリカでの国家のあり方を考えるときにも、意味をもつだろうと思います。

真島　土地の問題についていえば、西アフリカのいわゆる伝統王国が領域性の概念にどれほど近づいていたかという点を川田さんが別の著作で論じていますが［川田『無文字社会の歴史——西アフリカ・モシ族の事例を中心に』1976 など］、この問題を独立後の状況にまで延長して論ずることはおそらく可能ですね。

南部アフリカと「国民国家」

永原　他のサハラ以南アフリカ地域と比べた場合、南部アフリカのひとつの大きな歴史的特質として、ヨーロッパの到来以前には、王国とか帝国と名づけられるようなある程度大きな集権的な政体がほとんどつくられなかったということがあげられるでしょう。十二〜十五世紀のグレート・ジンバブウェとその前後の国家などは例外的な存在です。規模の大きな政体ができなかった理由として、外界との接触が非常に少なかったことがあります。西アフリカにとってのトランス・サハラの長距離交易や、東アフリカにとってのインド洋交易に匹敵するような交渉が、南部アフリカの場合には十六世紀までありませんでした。グレート・ジンバブウェの場合には、それ以前にインド洋交易と結びつきをもったために、あのような抜きんでた国家の形成があったと考えられます。

南アフリカのズールーは強大になった国家として知られており、一八二〇年代のズールー国家の伸張に連動していくつかの王国も生まれましたが、それはヨーロッパ人が南部アフリカにやってきてからのことです。ズールーの伸張がポルトガルの奴隷貿易とどのていど関係があったのかについて現在まで論争が続いていますが、奴隷貿易との関係をどのようにみるにせよ、大陸南部へのヨーロッパ人の出現という条件ぬきにこの動きを考えることはできません。

ポルトガル、そして続くオランダの到来以降、沿岸部を中心に植民者が定着していくとはいえ、それがそのまま南部アフリカ地域全体の植民地化に直結したわけではありません。奴隷貿易にかかわった地域は限られていましたし、十七世紀なかばに始まるオランダ東インド会社の拠点はあくまでも喜望峰周辺（ケープ）でした。植民者の世界はその後じわじわと拡大し、アジアからの奴隷の導入や銃などの商品の普及を通じてその影響は玉突き的に広がっていきましたが、内陸部の多くの地域では、宣教師や商人の到来のような直接的なかたちでの外界との接触は、十九世紀以降、つまりイギリスが南部アフリカにやってきて以降のことになります。南部アフリカ地域は、全体としてみれば、外部世界との交渉による社会変動を非常に短い期間に凝縮されたかたちで、それももっぱらヨーロッパとの関係のなかで経験したといえます。このことは、今日の政治社会の枠組みを歴史的に考えるときに無視できない要素だと思います。

そのような歴史的前提のうえに、南アフリカではアパルトヘイトと名づけられることになる極端なかたちの植民地支配が成立し、それが周辺の地域と密接な関係をもちながら展開していきました。そして、結果的にはその状態から脱却するのが二十世紀の最後になったのです。

しかし、南(部)アフリカの特殊性を強調しすぎるのは問題でしょう。アパルトヘイトもまた、植民地支配の一形態です。アパルトヘイトにおける「人種」の隔離は、あくまでも「部族」という回路をとおして実現されたのであり、ナイジェリア統治をおこなったフレデリック・ルガードの名とともに知られる「部族」単位の「間接統治」とアパルトヘイトとは、基本的に同じ仕組みのものであったといえます。最近のマフムード・マムダニの研究[*Citizen and Subject*, 1996]は、そのことが、近代法的な世界に生きる「市民」と慣習法に服する「非市民」つまり「臣民」とによる二重構造という、南アフリカを含む現在のアフリカ諸国家のかかえる基本的な問題を構成していると強調しています。

南アフリカでのあらたな政治社会の模索は、七〇年代なかばのアンゴラ、モザンビーク、八〇年のジンバブウェ、そして九〇年のナミビア、といった一連の先行する動き、さらには六〇年代以来のアフリカ諸国の独立の経験――プラスもマイナスも含めて――から多くを学んでいます。同時に、アフリカだけでなく欧米諸国を含む世界各地での国民国家をめぐる議論にかなり大胆に踏み込んでおり、その点で、世界史・人類史の新しい局面を切り開く意味をもっていると思います。つまり、近代国民国家において平等原理と排除の論理とが表裏一体の関係にあったという、今日ではよく指摘される問題にたいして、「自由」や「平等」「民主主義」といった概念に新しい生命を吹き込む実験をしているように見受けられます。

そのことをよく示しているのが、一九九六年に発効した南アフリカの新憲法です。極端な不平等の歴史を経験してきたこの国において、いかに「平等」を現実のものにするかはきわめて切実な問題ですが、その場合、機会の平等、つまり形式的な平等を保障してきたのが旧来の近代国民国家体制でした。それにたいして、この憲法では、制度的な平等――制度的な不平等を国是としてきたこの国では制度的な平等が大事だということはいくら強調してもしすぎることはありませんが――を超えて、実質的な平等を最初から追求しています。たとえば、欧米諸国が近年、法律で導入しているアファーマティヴ・アクションが、国家の基本的な制度設計に組み入れられています。形式的な平等が先にあり、それを補完するものとして不平等是正のためのあらたな制度をつくるのではなく、平等な出発点をつくること自体を国家の責任とするのは、「平等」についての新しい考え方といえましょう。このことは、一九九〇年に独立したナミビアの憲法ですでに端緒的に導入されていますが、南アフリカではさらにそれを発展させています。

「平等」をめぐる別の興味深い例として、南アフリカ憲法での言語の規定があります。そこでは、公用語として従来の支配言語であったアフリカーンス語と英語のほかに九つのアフリカの言語が定められています。アフリカの言語が公用語として認知されること自体がアフリカのなかでは非常に珍しいことですが、それ以上に、公用語に加えて国家として「推進」したり「擁護」すべき言語として列挙されているものが注目されます。たとえば、コイサン系の言語。歴史的にいえば、南アフリカのアフリカ人の多数派を占めるバントゥ系の人々よりはるか以前からこの土地に暮す、いわば「先住民のなかの先住民」といえるのがコイサンの人々です。公用語とするにはあまりにも母語話者が少なくなってしまったのですが、南部アフリカのもっとも古い、土着の言語として、国家がそれを守ろうとしています。

一方、そのような「先住民」の言語とは対照的に、移住者の言語、たとえば、グジャラート語、テルグ語のようなインド系の言語、あるいはギリシア語、ドイツ語のようなヨーロッパ系移民の言語も、憲法が「推進」し「尊重」するとしているもののなかに含まれています。これは、アパルトヘイト後の南アフリカが追求してきた「和解」の思想を体現しようとしたものともみることができます。先のアファーマティヴ・アクションのようなかたちで歴史的に差別を受けてきた人々の底上げをはかる一方で、「移住者」を排除することもないのです。少数派である「先住民のなかの先住民」もまた、「擁護」はされるが特権化はしない、ということです。一九九〇年代以来、世界の各地で「先住民」の権利が認知されるようになってきましたが、逆にそれが一種の特権となり、特定の民族集団が競って「先住民」性を主張するという事態も生じています。南アフリカでの言語の扱いは、そうしたことにたいするひとつの回答を示そうとしているように思われます。

憲法の言語規定でさらに注目されるのは、公用語、コイサン系の言語とならんで国家がその「発展と使用を推進」すべき言語として「手話」があげられていることです。つまり、手話がひとつの言語として認知されているのです。手話をろう者にとっての代替手段、補助手段としてではなく、それ自体を独立の言語としてとらえるというのは、最近になってろう者自身の運動のなかからだされている立場ですが、そうした考え方がいち早く取り入れられています。これは、南アフリカがいわば世界史のなかでもっとも遅い時期に「国民国家」の列に加わろうとするがゆえに、「国民」とか「国家」というものを新しい視点からとらえ、マイノリティの権利をより深いところでとらえることが可能になった例といえないでしょうか。公用語とまではいかないものの、国家として「擁護し推進すべき言語」というのは、要するに「国民」の話すさまざまな言葉、つまり「国語」のひとつということです。そのようにして「国民」を構成するものを民族ないしはエスニックなもの以外のものに開いたという点で、将来的には、国民国家の原理に風穴をあける可能性を秘めていると思います。

同様にして、「性的指向による差別の禁止」、つまりホモセクシュアルなどの人たちにたいする差別禁止の項目がいれられました。性差別の禁止とは別にジェンダー差別禁止の項目があることとならんで、従来の性・家族といった領域の枠組みをも再考させるものです。

このように、国民国家を長らく経験してきた国々で、その行き詰まりとして先鋭化している問題にたいして、いわば先取り的にひとつの回答が南アフリカの新しい国家の構想に取り入れられたという面があります。ナミビアの憲法にも——その実現の度合いはともかく——、同様の方向性がみられます。これらの国々では、国民国家の限界がいわれている時代に遅れ馳せながらそれをつくろうとしているのではなく、むしろ、今までとは違う国民国家のあり方を模索しているといえるのではないでしょうか。これは「先進国」が歩んできたのと同じような国民国家をまずもって通り抜け、その後につぎの局面へ進む、というような段階論的な考え方の不合理さを示し、アフリカという場から世界史をみることの意味を改めて考えさせるものでもあると思います。同時に、そのことを通じて、アフリカ国家を論じるときの常套句的な「国家と民族・部族」という図式に見直しを迫るものともいえるでしょう。

国民国家を超える言語

川田　対外的なつながりがなく、外界との交渉はあくまでも近代ヨーロッパ、それもとくに植民地主義の時代と直結していたということで、近代以前のヨーロッパの重商主義時代のボーア人(アフリカーナー)の問題は、全然ふれられていませんでしたけれども、ポルトガル以後、十七世紀からボーア人が大勢移住しているわけですし、これは、大きな対外的なつながりとはいえないのでしょうか。

ヨーロッパの海外進出における重商主義の時代は、十九世紀以後の近代植民地主義の時代とは、非ヨーロッパ世界との接触・交渉のあり方が、双方にとって質的に違うし、分けて考えたほうがよいのではないかと思うのですが。

ボーア人の問題を、私なりに補足させてください。ボーア人は、アフリカの先住民にたいして加害者になりましたけれども、被害者でもありますよね。貧しいオランダの農民が、オランダ東インド会社の船の往復の補給基地として、ケープ地方に農場をつくらなければならないということで、大勢移住させられた。特許会社による海上交易の時代が終わって、十九世紀初め、ナポレオン戦争のときのいきさつもあって、今度はイギリスがケープ植民地におもにアイルランドやスコットランドの農民を移住させ、インド人の契約労働者もいれてプランテーションをつくった。ボーア人は、北のほうに逃れ、「グレート・トレック」(大移動)をしてナタール共和国をつくったがイギリス軍に潰される。やっと築いたオレンジ自由国も、ダイヤモンドが見つかるとイギリスに併合されてしまう。

ボーア人はイギリスに痛めつけられ、移住先でアフリカ人とも衝突しながら、自分たちの生きる場をつくらなければならない状況に追い込まれたといえます。ボーア系のほうがアフリカ人にたいするアパルトヘイトがひどいといわれますけれども、イギリス人に圧迫されてアフリカ人とぶつかったわけですよね。

パリ留学中に私は、南アフリカ出身の若い歴史学者と親しくしていたのですが、彼に聞いた話で、内陸のアフリカ人側の感情では、いろいろなことはあったけれども、ボーア系のほうにむしろ親しみをもてる、イギリス人はそのうしろにいて、もっと差別的だったから初めから接触しようともしないし、気持ちのうえでも交流がないという面もあったのだそうです。私はそのときは、そんなこともあるのかと思いましたが、無論、これだけから判断すべきではない問題です。いずれにせよ、白人も二層構造になっていたし、先住民側も、生業も文化も著しく違う、コイサン系とバントゥ系とがあったわけですね。

それから、南アフリカの新憲法はいろいろな意味で、これからの国家のモデルをつくっていくうえで注目すべきだし、そういうところからアフリカ・ルネサンスの構想などもでてくるのかもしれないし、期待したいですね。手話を重視することも新しい構想です。手話を、先ほど独立の言語のようにおっしゃったけれども、私はモシ王国の太鼓言葉にたいするのと共通の関心から手話に興味をもっていて、フランスでも調べたのですが、十七世紀以来のヨーロッパで、身振りを重視する立場と、音声言語を基礎にする系統とあるのですね。内的な言葉(langage intérieur)が、音声表現とは独立にあると主張した身振り派の十八世紀フランスのド・レペ神父と、同時代のドイツで音声言語を重視する教育を実践したサムエル・ハイニッケの往復書簡による論争もあったようです。ただ、「身振り派」の手話でも、抽象名詞は文字に頼らざるをえず、たとえば金曜日というのは、現在広く用いられているフランスの手話では人差し指と中指でVの字をつくってフランス語の金曜日「ヴァンドゥルディ」(vendredi)をあらわすのですが、日本の手話では親指と人差し指で○をつくって、金《かね》をあらわします。手話も結局はある言語に乗ったものになるので、独立の言語だとはいえないように私は思うのですが、どういうものでしょうか。南アフリカの憲法では、手話をどのように規定しているのか、何語をもとにした手話なのか知りたいと思いますが、とにかく革新的な試みではありますね。

永原　もちろん、論争はありますし、言語と認めない人もいるでしょう。けれども、そこで国家が、むしろ積極的にこれを言語として認める方向を選びとったところが注目に値すると思うのです。

真島　手話の問題ですが、永原さんがだしてくださったエピソードには、たいへん示唆的なところがあります。国民国家には負の側面が備わるという原理論のところで安易に思考を止める以前に、その枠組みのなかで共和政体の現実を懸命に理想へと書きかえていく試みの印象的な事例を、永原さんが指摘されているからです。手話を国家の公用語、すなわち国語のうちに含めるかどうかという発想は、ナシオンが「民族」とも「国民」とも訳せるという意味での国民国家の従来の構成原理に照らせば、明らかに異質です。あくまで国民国家に内在する「社会」の現実問題に、このようにしてそのつど具体的に対応し、場合によっては憲法の条文さえ丹念に修正していくプロセスを通じて、一見逆説的ながらも、ひとはいつのまにか別のステージに立っていることにならないか、ということです。

これと似たような構図は、多くのアフリカ研究者が改めて目を向けようとしている「アイデンティティ」という言葉にもうかがえます。この言葉で描かれたりめざされたりしている現実は、もはや「主体の同一性」などではない、それを超えたなにかなんだけれども、そのなにかをさす言葉を、われわれはまだ発明していない。そこで従来の言葉づかいが存続する。新しい時代に特有なかたちでの「アイデンティティ」のあれこれを語っているうちに、いつしか語りの対象が、主体の同一性を超えるなにかに変容していくことがあるとすれば、「国民国家」もまたしかりでしょう。独立直後の時点で、アフリカの外側の研究者がネーション・ビルディングの近代化論を語っていたときに、先ほどふれた当のアフリカの国家元首たちは、ステートとネーションの区別を踏まえてそうした議論への強烈ないらだちを示していた。一方、それから数十年の時がたった現在の脈絡で語られるときの「国民国家」は、もはや単一性に執着するタイプの「ネーション・ビルディング」では明らかにないわけですね。もちろん誰がこの言葉を口にするかにはよりますが……。いずれにせよ、そうした次元での具体的な変化にこそ、フェデレーションでいくかリージョナリズムでいくか、みたいな「脱国民国家」をめぐる机上の論理操作とは別の、もっと大きな可能性が拓けてくるように思うのです。

うか。

2 「国民」「国家」「歴史」をめぐって

ナショナル・ヒストリーへの複眼的視点

栗本　永原さんのお考えでは、新生南アフリカでは新しいナショナル・ヒストリーを意図的に書かなかったということになると思いますが、それまでとは違う国定の歴史を書けなかったのか、意図的に書かなかったのかは別にして、書かなかったということに積極的な意味があるというふうにみてよろしいのでしょうか。

ふり返ってみると、一九六〇年代から、それぞれの国でアフリカ人の歴史家がでてきました。そのひとつの結晶がユネスコの「アフリカ史」シリーズですが、さまざまな歴史家の人たちが頑張って、それまで歴史がないといわれていた人々の歴史を書いていったわけですね。それは、あるエスニックな集団のエスニック・ヒストリーであったり、それぞれの国のナショナル・ヒストリーであったりしました。六〇年代にはそういうものがそれぞれの国や人々に必要だったのでしょう。

しかし、これからアフリカの歴史を研究するアフリカ人が、一体、なにを対象にして、誰のために、どういう歴史を書いていったらいいのかということは、大きな問題だと思いますね。ナショナリスティックなヒストリオグラフィーにかわるような新しい歴史というものが、まだでてきていないように思います。

たとえばエチオピアというのは、いろいろな意味で、アフリカのなかでは例外的な国だと思いますが、この国では、ナショナル・ヒストリーの強固な伝統があります。しかし、近年はこうした伝統にたいする自己批判がおこなわれています。それにはふたつの方向性があり、ひとつはエチオピアの独自性を強調するあまり、エチオピア史をアフリカ史のなかに位置づけるのを怠ってきたことにたいする批判、もうひとつは、エチオピアの国内で、主流の歴史を担ってこなかった周辺化された人たちを排除してきたことにたいする批判です。要するに、今までの歴史叙述はある種、偏向していて、それから脱出する手段のひとつは、それをアフリカ化することであるという自己認識があっておもしろいなと思っていたのです。

川田　先に栗本さんが、アフリカ史のコンテキストと、世界史のコンテキストの二つがあるということをいわれましたが、まさにその両方を合わせることが必要だけれどむずかしいと思います。私が個人的な体験からも多くを考えさせられたのは、真島さんも先ほどだした世界遺産にもかかわる奴隷貿易の問題ですね。私はユネスコの世界遺産に指定されている、現在のベナン共和国にあるダホメーの王宮跡のうち、未完のまま放置されていた最後の王の王宮跡の復元を、ベナン、イタリア、日本の合成チームのまとめ役として、六年かかわって完成させたのですけれども、奴隷貿易の問題が含んでいる二面性と国民意識のあり方について、痛切に考えさせられました。

最後の王ベハンジンは、十九世紀末にフランスがダホメーを植民地化しようとして、軍事侵攻してきたとき、それに抵抗して二年近く戦ったあげく降伏し、アルジェリアに流刑になってそこで死んだのです。その王が残した王宮の復元が完了した今、死後百年記念の国家的式典によってベナンの国民的英雄にされたのです。ベナン共和国は北朝鮮と関係が深かった時期があり、この王宮群があるかつてのダホメー王国の首都アボメーの入口広場に、北朝鮮がベハンジンの巨大な像を建てて、植民地主義にたいして戦って悲劇の死をとげた英雄としてのイメージを物体化してしまいました。

そういうイメージがもとになって公式化された歴史になるというのは、私は怖いと思うので、この修復が完成して、博物館として一般公開されるにあたって、ユネスコからベナンの公用語であるフランス語と、英語二カ国語の小冊子をだしてもらい、ベハンジンの悲劇的な生涯は、ダホメー王国の矛盾を体現しているということを、私の視点で書いたのです［Junzo Kawada (éd.), *La restoauration du Palais du Roi Gbèhanzin: Palais royaux d'Abomey*］。

ダホメー王国が栄え、世界遺産にもなるような宮廷文化を開花させることができたのも、十八世紀を最盛期としてフランス、ポルトガルの奴隷貿易商人に、ダホメーの王たちが近隣の弱小住民を襲ってえた捕虜を、奴隷として大量に売ったからなのです。フランス、イギリスなどは、十七、八世紀の大西洋三角貿易によって莫大な利益をあげ、工業を発展させ資本を蓄積しました。大西洋三角貿易のことは、第II部第二章にも述べられていますが、ヨーロッパから武器・弾薬や火酒、真鍮《しんちゅう》の装身具、ガラス玉などを積んだ船が、アフリカ海岸の拠点で現地の首長から、これらの品とひきかえに捕虜を受け取り、奴隷としてアメリカ大陸で売ってえた利益で、アメリカ産の綿花、砂糖、タバコ、カカオ、ヴァニラなどを買って、ヨーロッパの港に帰るというもので、航海にたずさわる者の危険も大きいが利益も大きかった交易です。

けれども産業革命後は、西欧諸国にとって奴隷貿易は不要になり、かわって、産業の原料としての第一次産品を供給し、同時に製品の市場にもなるアフリカが求められるようになった。つまり奴隷貿易時代のように海岸の拠点を通じて現地の首長と取引をするのではなく、住民ごと地域を支配する植民地としてのアフリカが求められ、一八八四、五年の列強のベルリン会議を中仕切りとして、おりからのヨーロッパにおける国民国家形成にともなうナショナリズムの、拡大投影されたかたちでのアフリカ分捕り競争が激烈をきわめるようになるのです。

ベハンジンも、父王の死にともなって一八八九年に五十一歳で即位するまでは、勇猛な王子として、捕虜捕獲のための略奪遠征の指揮をしていました。この時代には、フランスは奴隷貿易をやめていたので、一八八八年に世界で最後にブラジルが奴隷制を廃止するまで、ダホメー王国に商館をもっていたポルトガルの奴隷商人に、捕虜を売っていたのです。

しかしベハンジンは、自分の王国がフランスに領土として支配されることは拒否したのですね。彼の即位以前に父王がフランスと結んでいた保護領の条約を破棄し、あらたにフランスから提案された条約も拒否して、フランス軍――といっても実際に尖兵になっていたのは、早くからフランスに植民地化されたセネガルの兵士でしたが――と戦い、一万人ともいわれる犠牲者をだした末に一八九四年にフランス軍に投降し、マルティニク、ついでアルジェリアへ妻たちや召使いをともなって流刑にされ、一九〇六年にアルジェリアで死ぬのです。ベハンジンの悲劇は、ダホメー王国のかつての取引相手で王国に富をもたらしてくれたフランス人が、フランス側の状況の変化によって、今度はダホメー王国の土地と住民を支配しようとして、軍事力を後ろ盾に侵入してきた、その状況の変化を把握できなかったことで、それはダホメー王国自体の矛盾の表れでもあるわけです。

フランス軍の侵入にたいして頑強に抵抗したベハンジン王を、ベナン共和国の国民的英雄にしようという動きは前からあり、しかし奴隷貿易時代にダホメー王国による交易用捕虜略奪の犠牲になった多数の人たちの子孫——そのなかには新しく選ばれたボニ・ヤイ大統領も含まれるのですが——をどうするかという難問があるのです。一九六〇年に他の多くの旧フランス領アフリカと同様、植民地時代の領域と名称「ダオメー」（ダホメーのフランス語式読み）をそのまま受け継いで独立していながら、一九九〇年に国名を大統領令で「ベナン」に変えたのも、かつてこの地方を武力支配し、同胞の略奪で栄えた王国の名を国名とすることに、国民のかなりの部分を占める、王国の犠牲者の子孫が抵抗を感じていることへの配慮からでした。しかし死後百年記念祭が、ユネスコによって修復されたベハンジン王の王宮のベナン政府への引き渡し行事と重なったこの機会に、ベナン政府は国民的「和解」を演出し、ひとまず成功しました。けれども、植民地時代の作為的な境界で仕切られた領域内——それは旧ダホメー王国の勢力圏をはるかに超えるものです——の住民全体を、そのようなかたちで「国民」として改めて統合することは、今度はこの国境をまたいで、東西北三方向に連続している住民に、人為的な分断を再認知させることにもなるのです。王宮の修復には協力しましたが、その結果がこういうかたちでの「国民的英雄」の創出と、植民地時代の人為的境界の追認につながったことにたいしては、やはり部外者にすぎない研究者の立場の、割り切れなさを感じるばかりです。

これは、ゴレ島の場合もそうですが、オランダ人やフランス人が上陸してきて、直接、アフリカ人をつかまえて奴隷として売ったわけではなくて、奴隷にされる捕虜の提供者もアフリカ人だったわけです。世界遺産のゴレ島にしても、ダホメーの王宮にしても、ヨーロッパとアフリカとアメリカという、先ほど栗本さんがいったような意味でのアフリカを超えた大陸間の歴史のなかで、アフリカの奴隷貿易の問題も、ダホメー王宮とかゴレ島などの世界遺産も、複眼的にみて、そこからもう一度ナショナルなレベル、ローカルなレベルにつなげていくべきなんでしょうね。

ベハンジン王宮の修復作業の過程でも、地域的なレベルでの世界遺産の意味を、王宮のあるアボメー周辺の住民や王族の子孫の人たちと、何度も話し合ったのですけれども、そういう人たちにとっては、自分たちの王様をとにかく立派に祀ってもらいたいという念願なんですね。

そして今のベナン共和国全体、つまりナショナルなレベルでいえば、奴隷貿易でダホメー王国の犠牲者になった人たちの子孫の視点も含めたナショナルな歴史が問題になるし、さらに視野を広げれば、フランスやアメリカの開発との関係でのアフリカの視点、そしてインターナショナルないし世界的というような歴史意識の重なり合いがあるのではないかと思うのです。

永原　アフリカにおける歴史意識の問題、歴史をいかに書くかという問題を考えるうえでたいへん興味深いのが、南アフリカの真実和解委員会です。

この委員会は、アパルトヘイト時代に引き起こされた「重大な人権侵害」について調査し、事実を明らかにすることを通じて人種間に分裂した社会に和解をもたらすという趣旨でつくられました。三年以上にわたる活動ののち、多くの人々の証言をもとに大部の報告書をだしました。こうしたやり方は、中南米諸国などに前例がありましたが、アフリカでもシエラレオネなどでも同じようなことを追求する動きがあります。その目的は、近過去の紛争の傷痕を癒し、分裂した社会に安定をもたらすことにあるのですが、それはとりもなおさず、歴史をいかに認識し、いかに描くか、ということです。

ほとんどのアフリカ諸国では、独立後、ナショナル・ヒストリーが書かれました。それは、独立国家の正統性を根拠づけるために、「国境」という空間的な枠組みのなかに生きる人々を歴史の主体とみなす、ナショナリストの立場からの歴史でしたが、同時に、「国家」が主導して歴史を描く、という意味も含んでいました。誰が歴史の主体であると考えるかということと、誰が歴史を書く主体であるかということとは本来別の問題ですが、両者が重なり合わざるをえない状況がありました。ナショナリストの歴史叙述が批判され、「民衆の歴史」「下からの歴史」が盛んになってきても、同様の、書く側と書かれる側との権力関係の問題は、依然として存在し続けました。

真実和解委員会が注目に値するのは、歴史の見直しを試みながら、あえてナショナル・ヒストリーを書かなかった点でしょう。国家のイニシアティヴで過去の事実の調査はしましたが、そこで重視されたのは公聴会や個別の聞き取りの場での、体験者個々人の「語り」でした。それは、アパルトヘイト体制の「被害者」ばかりでなく「加害者」を含み、また、反アパルトヘイト運動の側で起こされた人権侵害の「被害者」と「加害者」も含むものでした。それらについて、委員会は「複数の真実」という考え方をとり、まったくの「ファクツ」のレベルから、個人の語りや記憶、そして国民的な記憶にいたるまでのさまざまなレベルの「真実」の存在を認めるという、非常にポストモダン的な「真実」の理解をとったのです。それによって新しい国家がみずからの価値観でもって歴史を描いてみせるのではなく、当事者一人一人に語らせ、それを生のかたちで提示することで議論を引き起こし、国民としての「記憶」を形成するプロセスを国民自身に委ねたわけです。

このようにして議論の窓口を開いたことにより、狭義のアパルトヘイト時代の問題だけでなく、それ以前の植民地時代、さらには十七世紀以来の歴史の見直しにまで議論は広がってきています。

近年、歴史認識における「記憶」という問題が歴史学において大きな問題になっています。真実和解委員会の試みは、「歴史」に、異なった立場からかかわった人々の「記憶」を掘り起こし、それを共有することを通じてさらに集合的な「記憶」を形成し、それによって旧来の歴史を描き直していこうとする試みでした。しかし、国民的な記憶の形成への道が開かれたというよりは、むしろ、さまざまな記憶を噴出させることになったという点で、アフリカにおいていかに歴史を描きうるかを考えさせるものだといえるかもしれません。

「国家」の調整機能とその破綻

川田　「国民の歴史」というものも、単一の視点からだけ書ききれる問題ではなくて、もっと複眼性ということが必要だと思う。それでは、いわゆる国民意識をまとめるという方向にはいかないけれども、国民意識というものをまとめるのが、本当に必要なのかという問題にもなってくる。国民意識を無理に単一のものとしてまとめることには、私は反対です。

それで、先ほど真島さんもいったけれども、アフリカの独立が達成される時期までは新しい国民形成、とにかくステートの枠組みから出発して、そこで国民意識の形成をする、つまりネーション・ビルディングをやることが大事であって、その方向に一九七〇年代ぐらいまではいっていたわけです。それで、「民族の世界史」第12巻の『黒人アフリカの歴史世界』〔山川出版社 1987〕の最後の座談会(「アフリカにおける民族と歴史」)でも、そういう話がでています。政治学の小田英郎さんは、そういう意味での国民形成ということ、ネーション・ビルディングということに、むしろ期待をもっていた。これもひとつの時代の証言としては、とても貴重だと思います。そのときに民族というのは、そういうネーション・ビルディングに貢献するポジティヴなものと考えられて、部族とかトライバリズムというのは、それを分断させるマイナスの要因として考えられる、そういうひとつの方向性をもっていた時期というのは、たしかにあったと思うのです。

けれども、少なくとも一九九〇年代以降、つまりソ連の崩壊と旧社会主義国の民主化の進行、新自由主義経済のグローバル化以後は、その種の議論は御破算になったと思います。

今、皆さん、それぞれの立場から、貴重なご意見をだしていただいたのですが、これは無理にまとめる必要はないし、第一、まとまらないでしょうけれども、国家の役割というのは一体なにかということを、もう一度問い直すべきだと思うのですね。

二〇〇〇年、広島市立大学でのアフリカ学会のシンポジウムのとき、勝俣誠さんがきわめて機能主義的に問題を提起されました。国家の一種の調整機能ですね。けれども世界銀行などの構造調整政策で、国家というものの調整機能が大幅にゆがめられたことは確かだと思います。

国家の役割は、一九七〇年代以降大幅に「民営化」されたといわれますけれども、まさにアフリカ諸国で、直接的にも国営企業はどんどん払い下げになって、ある意味で国家は一種の責任回避をして、そのために大量に失業者もでました。ですから、ああいうものをみていると、本当に国家というのは、みんなが幸せになるためにやるのならば、失業者をださずに、もっとなんとかやっていくほうが、いいのではないのか。つまりマーケット・エコノミーの原理で、そういうグローバル・スタンダードを直に適用して、失業者を大勢だすよりも、むしろ多少、薄暗い要素はあっても、ネポティズムとかのほうが人間的ではないかという感じさえ、アフリカの現場でみていて、私はもちました。

結局、国家というのは、そういうグローバル・スタンダードの大波にたいする一種の防波堤として、存在価値があるのではないのか。グローバルな力が、個人あるいは小規模な組織を直撃する前の、中間的な調整機能をもった枠組みというのは、やはり今後とも必要なのではないか。そうだとすれば、そういうものはどうやってつくればいいのかということになりますね。

栗本　岩波講座「開発と文化」の第一巻『いま、なぜ「開発と文化」なのか』〔岩波書店 1997〕の序論(「いまなぜ「開発と文化」なのか」)で川田さんが、市場経済原理が世界の隅々へ浸透していくことに警鐘を鳴らしています。国家の垣根が高かったときは、国民の多数は、自給自足的で、生業的な農民や牧畜民も市場原理主義の荒波を直接かぶることから守られてきました。

別の面からいえば、どんどん発展してお金儲けをするチャンスを奪われていたのだけれども、ほかの面からみると保護されて存続してきたわけです。しかし今は国境の壁が非常に低くなって経済のグローバル化が進むと、多くの人たちは生きていけなくなりつつあります。自分たちが食べていく食料も十分に生産できないようになっていく。要するに貧民化するという人がたくさんいます。もちろん、他方でどんどんお金持ちになる人も少数いるのですけれども。人口的には多数を占める多くの人たちが、これからどうやって生存していけばよいのかという大きな問題があります。こうした問題を調整する主体は、やはり国家だと思います。

武内さんのお考えでは、破綻した国家というのは、あるタイプの国家であって、それはパトロン‐クライアント関係に基づく、いわゆる新家産制国家ですね。たとえばコンゴの場合は、ひとつの大きな新家産制国家が破綻したのですが、それが、要するに細分化されて、いくつもミニ家産制国家ができているわけでしょう。

そういう意味では、新家産制国家というのは続いているといえます。そうすると、国家の権限というのが縮小されて経済が自由化されていったとしても、同じ構造というのは続くと考えられるのではないでしょうか。つまり、いろいろな新しいビジネスがはいってくると、それが新しいパトロン‐クライアント関係の利権を生み出すわけですからね。それは、国家というものには直接かかわりのないパトロン‐クライアント関係になるかもしれないけれども。

だから、そういう意味では、やはりパトロン‐クライアント関係に基づく新家産制国家というものは非常に大きな問題であって、その動態を比較検討する必要があると思います。つまり、新家産制の度合いの比較といったものですね。

インフォーマル・セクターの問題

武内　家産制的な国家の破綻は、市場経済化のグローバルな流れとも重なり合っています。一九八〇年代以降、市場にたいする国家の介入を抑制し、経済の調整機能を市場機構に委ねる思想が世界的に一般化します。世界銀行などの国際金融機関は、アフリカ諸国にたいしても、構造調整政策という市場原理優先政策を課し、その結果、公企業の民営化、補助金の撤廃、為替の自由化といった措置があいついで実施されました。これによって、従来国家が有していた機能は大幅に削減されたのです。

ただし、現在アフリカ国家にみられるさまざまな「民営化」現象は、この市場経済化政策だけに由来するわけではありません。むしろ、新家産制国家の破綻にともなう機能不全から、本来国家が担うべき分野まで「民営化」される状況が生まれています。たとえば、一九九〇年代のアフリカの紛争で顕著な特徴だったのは、国軍の能力が低下する一方、民兵や外国の民間軍事会社(傭兵会社)の影響力が増大したことです。ルワンダやコンゴ共和国の紛争では、政権側が民兵を組織し、それが暴力の主たる行使主体となりました。アンゴラやシエラレオネの政権は、外国の民間軍事会社に依存することで、ようやく反政府勢力の活動を抑止しました。暴力装置が内外の民間部門にアウトソーシングされたわけです。安全保障分野のほかにも、教育や保健・衛生など、国家のはたすべき役割が大きいはずのところで、外国NGOの活動だけが目立っています。これは民営化というよりも公的な領域にかかわる国家機能の瓦解といえましょう。

こうした現象が極端なかたちであらわれたのが、「ウォーロード」(warlord)や「犯罪国家」です。「ウォーロード」とは、国家の一地方を実効支配し、そこに産出する資源を販売するなどして資金を稼ぐ武装勢力の領袖《りょうしゅう》のことです。ダイヤモンドの違法取引で国連から非難されたＵＮＩＴＡ(アンゴラ全面独立民族同盟)のジョナス・サビンビやＲＵＦ(シエラレオネの革命統一戦線)のフォディ・サンコーがその典型です。「犯罪国家」とは、政権の中枢が、麻薬取引やマネー・ロンダリングを通じた資金稼ぎなどの犯罪的行為に従事する国家をさします。二〇〇三年に崩壊したリベリアのテイラー政権は、その典型といわれていました。

「ウォーロード」は、国家の統治がおよばない地域で私的利益を追求します。「犯罪国家」では国家機構の私物化が極端に進展し、国益が特定権力者の私的利益と同一視されます。両者の行動原理は、私的利益の追求という点で本質的に似通っています。また、いずれも統治領域内の住民から強い支持を受けてではなく、武力に依存した強権的な支配のうえに成立しています。軍事技術が進展し、武器価格の下落が著しい今日、住民の支持は――少なくとも短期的には――統治に不可欠の要素ではなくなっています。これらは、長期化する内戦のなかで、新家産制国家の論理を極限まで推し進めた統治形態といえましょう。

家産制的な統治との関係で、インフォーマル・セクターについてふれておきたいと思います。インフォーマル・セクターは多義的な概念であり、いかなる経済活動がそこに含まれるのか必ずしも合意があるわけではありません。公式な機関(国家)による捕捉の有無、零細性、違法性など、インフォーマル・セクターを定義する基準もさまざまです。そのためこの概念は、時代と文脈に応じて、肯定的にも否定的にも使われてきました。当初その零細性のために、発展から取り残された貧困層の活動とみられていたインフォーマル・セクターは、一九七〇年代のILO報告書などを契機として、むしろ活力ある発展の担い手とみなされるようになります。その考え方は、民間部門を発展の主軸におく八〇年代以降の経済思想とも合致し、今日にいたるまで、インフォーマル・セクターという言葉には肯定的な意味合いが付与されています。ここでこの言葉は「中小企業」に近い意味合いで使われています。

他方、先ほどお話しした「ウォーロード」や「犯罪国家」もまた、インフォーマル・セクターに深く依存しています。ダイヤモンドの違法取引を考えてみましょう。ダイヤモンドは、採掘人が川底の砂利を掬《すく》って鉱石を選別するという単純な方法で生産されます。反政府武装勢力の制圧地域において、それは中間商人の手をへて有力者にわたり、彼らが外国の買い付け商に転売することで国際市場へ流れ込むのです。個々の採掘人によるダイヤモンド生産は、単純かつ零細な、まさにインフォーマル・セクターの経済活動ですが、こうした違法取引から反政府勢力や国際的なダイヤモンド買い付け商が手にする富は巨額なものです。ここでは、アフリカのインフォーマル・セクターに、世界各国(多くは先進国)の違法かつ犯罪的な「ヤミ経済」が結びついています。

アフリカのインフォーマル・セクターによせられた「期待感」は、しばしば国家の無能力さから導かれた、いわば消去法的なものでした。国家に期待できないから、インフォーマル・セクターに期待するというわけです。しかし、こうした論理からインフォーマル・セクターに期待することは、経済のグローバル化という時代状況を考えれば、ややナイーヴな印象をまぬがれません。「犯罪国家」の麻薬取引やマネー・ロンダリングにしても、違法性という点でいえばインフォーマル・セクターの経済行為です。先進国の経済主体がアフリカの国家の脆弱性を利用し(あるいはアフリカの政治エリートが先進国の犯罪組織と結託し)、違法行為を通じて巨額の富をえているのです。経済のグローバル化が進むなかで、先進国の「ヤミ経済」がアフリカにアクセスしやすい環境が成立しつつあります。

インフォーマル・セクターは経済発展との関連で議論されてきたわけですが、先の事例が示しているのは、国家を視野の外においたまま、ある「セクター」に発展の担い手としての役割を期待することなどできないという事実です。小規模零細な経済主体が活力に満ち、その活動振興が重要なことは事実ですが、経済発展のために国家がはたすべき役割もまた大きく、法制度の整備など国家にしかできない機能もあります。国家とインフォーマル・セクターを二分法的に考えず、発展にはたすべきそれぞれの役割を結びつけて論じる必要があると思います。

アフリカの国家は脆弱であり、破綻国家といわれることさえありますが、その存在感は大きいものです。一般人の日常生活においても、軍人や警官にハラスメントを受けたり、役人から些細《ささい》なことで呼び出されたりなど、いわゆる国家権力と接触する機会が多くあります。それは多くの場合、不愉快な経験です。しかし、その一方で、自らの窮状を救う能力をもつものとして、人々が国家に言及する場面も目につきます。私の限られた経験からいえば、コンゴ共和国(首都ブラザヴィル)でも、ガボンでも、ルワンダでも、「レタ」(L'État)という「国家」を意味するフランス語が現地語化しており、農民なども「レタがなにもしてくれないから私たちは貧しい」といった文脈で、頻繁にその言葉を口にします。彼らが「レタ」というとき、イメージしているのは国家機構の上層に位置する「パトロン」なのかもしれませんが、国家にたいすの発展を考えるうえで決定的に重要な意味をもつと私は考えています。

政治社会のあり方と中間団体

真島　国家というものは、本来ひとつのレジーム、政治システムにすぎません。しかしその一方で、たとえば「暴力装置を管理する」のような行為の主語に「国家」をすえおく発想には、これまでおおむね二つの国家観がかかわってきたような気がします。そのひとつは、主権者としての国民主体を国家そのものとみなしたうえで対内・対外主権のありようを語るという、古典的ないしは理想主義的な国民国家観です。もうひとつは、よりアクチュアルな問題意識から、「市民的公共圏」や「市民社会」の理念的な対極に、匿名の権力主体である国家を措定するという考え方です。この討論では、「アフリカの政治社会」に植民地化以前の政治組織も含まれていますが、一方で近年「政治社会」という言葉がさかんに論じられている背景には、今いった第二の国家観に属するアントニオ・グラムシの理論、つまり「政治社会」の理念的な対極に「市民社会」を措定する彼のヘゲモニー論が、国民国家をめぐる議論の前提として再評価を受けてきたという経緯があります。アフリカ研究についても事情は同様で、一九八〇年代後半から従来の国家論にかわる「アフリカ市民社会」論が政治学、文化人類学の分野でひとつの大きな主題にのぼってきました。その点、アフリカ諸社会のエスニシティを再検討するという最近の議論は、世紀転換期にあたるアフリカ大陸の今を探るうえで、こうした市民社会論の流れとけっして偶然とはいえない同時代性をもっている。

とくに最近の私は、この二種類の議論を「中間団体」というキーワードで包括することがあるいは可能なのではないかと考えています。

いうまでもないことですが、近代国民国家の原像にあたる十八世紀フランス市民革命のジャコバン主義的な国家観というのは、自由で平等な権利主体としての「個人」を「国家」システムと直結させるために、絶対王政以来の封建的なギルドや前近代的共同体のような中間団体を、一切、排除することから出発しました。しかし、個人を国家に直結させる発想が、共和政体の本来の理念とは裏腹に個人の自由を奪いかねない状況がみえてくる十九世紀後半になると、中間団体が国家の手で公式に復権されて、自発的な加入意志を建前にした職能別組合が生まれていく。これと連動するような構図が、現代アフリカ史からも引き出せるように思うのです。むろん歴史に厳密な意味での反復などありえないわけですが、かといってアフリカ史を世界史全体とはどこか異質な「特殊な後発大陸」の歴史とみなす時代錯誤の先入観にとどまるかぎり、そこから有益な視点などなにひとつ、えられはしません。

私がここで注目したいのは、個々人の主権が集権的な国家に侵されていることが人々に鋭く意識される時代には、国家と個人の中間に位置する「社会」がつねに台頭してくるという、国民国家システム特有の通時的な波動です。アフリカ現代史からみたその第一波は、たぶん第二次世界大戦後の脱植民地化から独立期にかけて起きた社会運動ではないでしょうか。西欧植民地帝国という強大な「国民国家」を前にした独立運動とは、端的にいって学生同盟、農民組合、労働組合など、植民地の都市部を中心に結成されたさまざまな中間団体のうねりに支えられていました。「アフリカナイゼーション」の課題をめぐってこの第一波の再現にあたる反体制の社会運動がアフリカ諸国に吹き荒れた一九七〇年前後の動向を別にしますと、その後数十年の時をへてかつての新生諸国家が今や「脱冷戦期の破綻国家」と呼ばれだしたこの時代に、アフリカ社会運動史における第二の波が押しよせつつあるのかもしれません。

政治と経済の破局的な混乱が、国民ひとりひとりの日常からあまりにかけはなれた集権的な統治システムのせいで引き起こされたという認識が先鋭になってくると、さまざまな組合組織や宗教団体、大学構内の学生運動、あるいは相互扶助組織やインフォーマル・セクターにあたる流通ネットワークの自助努力、そしてこれらに加えて、あるいはこれらと部分的に重なるかたちで、なんらかのエスニックな性格をもつ政治団体や武装勢力が目立って出現してくる。人類学者ならば、このうち「民族」や「宗教」の出現に目がいくでしょうし、政治学者や経済学者なら「利益集団」や「組合」や「インフォーマル・セクター」に関心が向かうかもしれません。ただ、こうしたひと続きの現象を学問の専門分野ごとに切り分けたり、「市民社会」のように楽観的な響きをもつ言葉で簡単にかたづけてしまうかわりに、特定の長期的な歴史、ロング・デュレの末端に位置する中間団体のダイナミズムという視点で事実関係を大きくとらえかえしていく作業からも、なにかがえられるのかもしれないと思うんですね。

川田　私は、国家の役割といったときには、既存の国家だけを考えているのではなくて、要するに、そういう防波堤、国際企業とかグローバル・エコノミーと個人とのあいだの防波堤になるようなものを考えているので、それは国家という言葉でなくてもいいと思う。

ただ、中間団体といっても、これは、やはりかなり強力な組織をもたないと、むずかしいと思います。

先ほど武内さんがいわれた安全保障の問題にしても、安全保障というのは、対内的と同時に対外的なもので、ある社会のなかでの治安という問題もある。ただ、そこで対外とか対内といった場合、すでにひとつの枠を考えているわけですけれども。

だから、今の国家というものを固定的に考えたうえで、それをどうしようというのとは違う発想でいくほうがいいと思います。そのとき、いわゆるエスニックなものというのが、そういう基盤になりうるだろうか。松田素二さんのいうインフォーマル・エスニシティというのは、なにか、そういうものの基盤として希望を託しているようですけれど、それが多少とも制度化されたものになると、今度はインフォーマルではなくなってしまうわけです。

今、西アフリカなどで重要な問題になっているのは、先進国のゴミ捨て場ということですね。産業廃棄物とか核廃棄物、放射能を含んだ汚染物質、ナイジェリアでも大騒ぎになりましたね。結局、国家的なレベルの強力な調整機能がないと、イタリアとかスウェーデンの船がきて、土地の顔役とのやりとりで、その土地の顔役にお金をたくさんやると、それでOKになって、堂々と捨てていく。そこで公的な領域が調整機能をもって働かないと、核廃棄物のみならず産業廃棄物でもかなり問題です。今はアフリカのなかで生まれる産業廃棄物だってあるのですから。

もうひとつは、先ほどの安全保障の問題と関係しますが、武器の輸出ですね。アフリカというのはヨーロッパの、フランスなどで要らなくなった武器の一番いいお得意様で、大量に売っているわけです。もし、国家でないようなもっと小さい集団、中間団体がそれぞれ武装することになった場合、そういう古い武器の輸出などというものは、歯止めがきかなくなってくるでしょうね。今までだって、それは随分ひどいし、それによってまた、まさに国家元首が私腹を肥やしてきたわけです。

武内　アフリカの統治という問題を考えるとき、これまでどのような制度が人々から正当なものととらえられてきたのかを認識する必要があると思います。アフリカの国家が多くの問題をかかえているのは、端的にいうなら、それに代表される公的な政治制度を人々が信頼せず、正当性をそこに付与してこなかったからです。人々はむしろ、よりローカルな、自生的な制度を信頼してきたわけです。

人々が公的な制度に正当性を与え、信頼するようにならなければ、それは機能しません。そのためには、公的な制度が土着の自生的な制度によって下支えされていなければならない。土着の制度は往々にしてインフォーマルなものですから、よりよい統治を実現するためには、それをみいだし、発展させていく努力が求められます。今日、紛争後の平和構築過程に多くの国際的なアクターが関与し、制度構築のために努力をはらっていますが、どのような制度が、いかなる条件のもとで機能するのかについて、突っ込んだ研究が必要だと感じています。

アフリカの経済発展や平和構築のために、これまで膨大な援助が投じられてきました。しかし、その成果は必ずしもかんばしいものではありません。貧困問題はいまだに深刻だし、平和の確立に向けた展望がどこでも開かれているわけではない。今日までの援助を振り返ってみると、やはりアフリカになにかモノをあげる、あるいはアフリカに先進国と同じ制度を移植することに力点がおかれていて、アフリカでどのような制度が機能しているのか調べる、そこから学ぶという観点は希薄だったように思います。しかし、モノは使ってなくなれば終わりですし、先進国と同じ制度をアフリカにもっていって、そのまま機能するはずはありません。この点、なお研究の余地が大きいと感じています。

真島　たとえば先ほどのお話にでてきたリベリアやシエラレオネ問題についていえば、ダイヤモンド権益と内戦の関わりという点で問題となるシエラレオネ北部からリベリア北西部にかけての一帯は、現実の言語使用に必ずしも一致しないしかたで「マンデ」というエスニック・ラベルを貼られた、広域の商業ネットワークをもつ人たちの拠点です。ギニア国境線さえ軽々とまたぐような彼らの経済活動は、まさしくインフォーマル・セクターに属する営みといえそうですが、たとえばこうした事例は、社会的なものの力が発現した姿をいわゆる「インフォーマル・セクター」にみいだしてきたような社会学・人類学系の議論とどのようにつなげられるのか、私はいささか疑問に思います。

栗本　今の話は、ローカルなインフォーマル・セクターの経済が直接世界市場というか、グローバルな経済とつながっているという話ですね。そういうふうに考えたら、「世界最先端の実験場」も、そのひとつの例といえないこともないわけです。

現代のアフリカをわれわれが語るときに、今回のディスカッションも、自分のしゃべっていることも、なかなか近代化論の呪縛《じゅばく》から逃れられないことがあると思うのです。

もし、アフリカが世界の最先端をいっていて非常に実験的な場であるとしたら、もっと別の語られ方がされるべきです。それがなにかなと思うけれども、たとえばこれはかなり通俗的な観点ですけれども、アフリカは、要するに、日本とか欧米と違うアフリカ的な近代化をすでにとげているのであって、進んでいるとか、遅れているという基準は意味がないという見方があります。

たとえば先ほどの真島さんの、現代のアフリカ国家というのは、国民国家の理念をよりよく達成しているという見方は、そうした例のひとつです。こうした見方を獲得しないと、いつまでたってもアフリカは、あれもできていない、これもできていないということから逃れられないと思うのです。

アフリカン・ペシミズム

川田 まったく別の意味でのアフリカ的市民というものは考えうるか、ニエレレのいうアフリカ的社会主義とか、西アフリカのフランス語圏でよく使われる「パラーブル」(palabres)、つまり「樹の下でのはてしない議論」で、多数決ではなく、落ち着くところに落ち着くというような話し合いのあり方とか、そういうものにどれだけ価値づけをしていけるか。

それからもうひとつは、こういう議論をするときに問題なのは、われわれアフリカの人ではない部外者がこういう議論をしているのとは別に、アフリカの人が、「自分たちは公害が起こるくらい工業化したいんだ、もっと自動車が欲しいし、電気が欲しい」というような、そういうアフリカ人自身の希望というか、気持ちというものもあるわけですね。われわれがいっていることは、彼らからみれば、ある意味ではお腹がいっぱいな人たちの議論だといえるかもしれない。

前にモロッコ南部のベルベル人の住んでいる地帯で、自然も豊かで、麦畑がたくさんあって、羊たちが草を食べていて、ブドウやオレンジがたくさんとれて、海が近いので海産物もあって、私などからみると夢のようにいいところなのですけれども、若者はみんな村を捨てて、カサブランカのような犯罪の渦巻く空気の汚れた大都会にでていく。私なんかは、たまにそういう自然に恵まれた地帯に行くから、なんと夢のようないいところかと思うけれども、その土地に「一生、お前、そこで暮らせ」といわれたら、やはりそこからでていきたくなるかもしれない。だから、そういうレベルでの土地の人の意識と、外からみたときの意見というのは、当然違ってくるとは思いますね。

そういうかたちで未来を考える場合に、先ほど栗本さんがいわれた今の混乱というのは産みの苦しみと位置づけられるのか、それとも先のみえない闇夜なのかという問題ですけれども、ただ、産みの苦しみというのは、かなり未来が予見できないといえないわけです。だから、それは前に真島さんもいったように、ヨーロッパだって、宗教戦争なんて本当にものすごい殺し合いですね。それが、ようやく殺し合いの最後の三十年戦争が決着して、ウェストファリア体制ができて、多国間関係、いわゆる国際社会というものがはじめてできてくるわけです。でも、宗教戦争の最中には、当事者は「これは俺たちの産みの苦しみだ」なんて、きっと考えていなかったと思いますね。

まさに、それは現代の二十一世紀の問題なのであって、けっしてヨーロッパが過去にたどった、それこそ、『ル・モンド』などにもでていましたけれども、「今、ようやくアフリカはヨーロッパの中世までできた」とかいう見方はとてもおかしいと思いますね。日本でもよく、「独立後のアフリカの国は、日本でいうと明治時代だ」とかいう人がいますが、そういうのはアナクロニズムだと思う。今、私がいったのは、それが産別にそれにたとえられるというのではなくて、ヨーロッパの人たちだって宗教戦争の時代には、それが産みの苦しみだなんておそらく考えていなかったわけで、考えられもしなかっただろうと私は思うのです。その後生まれたものがいいか悪いかというのは、また別の話ですが。

でも、アフリカの将来にたいしても初めから、独立のときから悲観的だった見方はずいぶんあったわけですね。一九六〇年にフランス語圏アフリカが大挙して独立してまもなくでた、フランスの農業経済学者ルネ・デュモンの『黒人アフリカの出発はまずかった』［*L'Afrique noire est mal partie*, 1966］という本も、ずいぶん評判になったのを憶えています。

真島　いわゆるアフリカン・ペシミズムについていえば、哀しいばかりで終わらせてはならないというようなんらかの対案を探る流れが、研究者にしろ、ドナー国の実務担当者にしろ、外部からアフリカに向けた同じ視線のうちに宿っていたはずです。むしろ対案提示のための「ペシミズム」という形容だったとすらいえなくもない。

ただ、だからといって、アフリカにおける社会的なものの空間を「市民社会」などと呼びかえながら、ありうべき未来のオプティミズムを安直に語ってしまえば、それがアフリカの外部からの気ままな発言である分だけ、よけいに深刻なペシミズムを当のアフリカにもたらしかねない気もしてきます。「あまりに哀しいアフリカだから、そこになにかをみいださねばならない」というのも、発話としてはひとつの不自由にほかならない。だからそれはそれで、フィールドワーカーとしてのおのれの主観を客観性のはるかな変数とみなしながら、日本語の聴き手や読み手にすべてを委ねるしかたで、いわば「そのまま」語ったり綴ったりしていくしかないとも思うのです。

武内　アフリカン・ペシミズムということで考えるなら、アフリカがかかえる多様な問題、たとえば暴力や貧困には近代の所産という側面が強くあり、欧米を中心に進行した近代化の影の部分が顕在化したものだと思います。したがって、率直にいって私のなかにもアフリカがかかえる問題がそう簡単には解決しないだろうと考える点でペシミズムがありますが、それは少なくとも私の場合、かなりの程度、近代そのものにたいするペシミズムと重なっています。

日本をはじめ、近代化に成功した先進国が今日、多様かつ深刻な問題に直面していることを私たちは日々実感しています。アフリカはそこから距離をおいている分だけ、逆に希望があるはずですが、それがなんなのか、私はまだうまく言語化できません。日本にいると閉塞感でやりきれない気分になるのに、アフリカに行くと開放感を覚えるといった類いの感覚はありますが、これはきわめてプリミティヴな感覚にすぎません。アフリカン・ペシミズムを超えるためには、アフリカからなにを学べるのかを具体的に考えることが重要だと思いますが、先ほど申し上げた、アフリカでどのような制度が、いかに機能しているのかを理解することは、この点につながると考えています。

川田　ECOWAS(西アフリカ諸国経済共同体)などもそうですが、国家単位で地域秩序を模索するというのは、その未来に、私はあんまり希望がもてないような気がします。

私は、音楽の役割というのはアフリカではものすごく大きいと思うのです。とにかくみんな音楽好きで、カセットテープでしょっちゅう聞いている。だから、私は前に一人で書いた、「地域からの世界史」第九巻の『アフリカ』[朝日新聞社 1993]の最後でも、ユッスー・ンドゥールを写真入りで取りあげたのです。

ユッスー・ンドゥールをはじめ、今、人気のある歌手は、みんなそれぞれかなり政治的なメッセージをこめた歌を歌っています。そういう音楽を通じて、人々の意識が変わり、今の国境を越えていく力になると思うし、それに期待をいだくんですね。

アフリカにおける音楽の役割というのは、とくにそういう政治的な意味で大きいと思います。いま、世界を席巻しているラップ——七〇年代のニューヨークの黒人社会からでてきた——が、ああいうかたちで、つまり一種の節をつけた語りで政治的なメッセージを発信するという伝統が、アフリカにはあると思う。アフリカの人たちはリズム感がいいから、ラップも——あれはあまりぴったりリズムに乗らないで、時々、上手にはずすことが重要らしいけど——、そういう呼吸ものみこんだ政治メッセージが、即興も含めて、いたるところで発信されています。

記憶とアイデンティティ

真島　先ほどはゴレ島の「奴隷の家」について、特定の過去にまつわる記憶は、一体誰にとっての記憶かという問いにふれました。記憶とアイデンティティのかかわりは、現代アフリカ史においても、じつに今日的な主題であるように感じています。ただし、繰り返しになりますが、こうしたときにひとがよく使う「アイデンティティ」という言葉の内実は、「同一性」という本来の語義から、少しずつ離れ始めている。アイデンティティという言葉を用いながらも、厳密にはもはやアイデンティティと呼べないなにごとかを、ひとは今、目の前にしているような気がするのです。

たとえば、かつての心理学では「自我の統合」や「自己同一性＝アイデンティティ」の現実的なよりどころとして個人の記憶という意識現象が注目された時期もありましたが、ちょうど集団としての人間もそれと同様に、たがいの記憶をたぐりよせながら、国家としての、民族としての、村としての、家族としての、あるいは「国家に抗する」なんらかの集団としての統合的なアイデンティティを組み立てているようにみえるかもしれません。ただ、現実はそれほど単純でもない。たとえば栗本さんの話されたエチオピアの事例では、これまで歴史記述から排除されてきた人々の記憶をナショナル・ヒストリーに取り込み復権させようとする方向がみられる一方で、他方では自決権をもつ大小の民族集団が国内でたえず細分化していく傾向があったわけで、国家や民族という歴史主体の同一性を保証するはずの記憶は、じつのところ統合しえない断片としてつねに揺れ動き続けているようにもみえます。あるいは永原さんが話された新生南アフリカの事例でも、真実和解委員会が過去の事実調査を遂行したからといって、それが必ずしも「反アパルトヘイトの正義の記憶」で統合されたナショナル・ヒストリー構築のほうに向かっていくわけでもない。まさにそれこそが、国民国家という古びた歴史主体の同一性を内側から実質的に掘り崩していく兆しになるかもしれないという刺激的な指摘として、私は受け止めました。人間の記憶はそのとき、「国家権力が人々に一方的に押しつけてくるマスター・メモリーとそれに対抗する住民側のカウンター・メモリーとのせめぎあい」のような、研究者サイドの単純な図式を乗り越えていくことはまちがいありません。

たとえば、奴隷貿易期から植民地化にいたるまでアフリカ人がこうむってきた苦痛と損失の補償は、一体、いかになされるべきかという問題をテーマに掲げた国際会議が、一九九〇年代にラゴスで開かれています。アメリカ合衆国のアフリカ系の人たちのあいだでも、かつてアフリカから強制連行されてきた奴隷の子孫として、法的な補償の可能性を探る動きがではじめています。そうした動向を前にして、「彼らはアフリカ人としての単一のアイデンティティを築こうとしている」などと簡単にいえるのかどうか。問題はそうしたところにあるわけです。

川田　だけど、その場合は、先ほど栗本さんや私も申しましたけれども、ナショナルということをアフリカ史のコンテキスト、それから、今度は世界史のコンテキストのなかで考えた場合には、一種の複眼的な構造をアイデンティティ自体がもつのではないかと思うのです。奴隷貿易の問題もそうですけれども、加害者・被害者の意識も重層的になってくる。

ナショナル・ヒストリーということを考えた場合に、それは個人ではなくて、少なくとも、あるそういう記憶を共有できる範囲というのは今後必要になってくるのではないでしょうか。複数の集合的な記憶。

集合的な記憶というものを、地域論との関係で、より一般化されたかたちで、つまり理論的に考える必要があると思います。

栗本　アフリカの場合は、植民地化以前の歴史を知ろうとしたときに、現在の国というのはほとんど意味がないというのは確かですね。現在の国というのは、あくまでも植民地化以降の単位にすぎないわけです。だから、地域を明確に確定することはできないので、ぼんやりとした地域のなかで記述するわけです。

ナショナル・ヒストリーの話に戻ると、どういう要素を社会的な記憶の対象として取り出して意味を付与するかというのは非常に恣意的で、かつ政治的であるし、かなりパターン化されていますね。多くの場合、非常に遠い過去の王国とか帝国であったり、あるいはもっと時代がさがってきて植民地化への抵抗運動ですね。

それで、必ずそこから排除される人がでてくるわけです。そんなものはわれわれの祖先には関係ないという人たちがでてくるのです。どこの国でも、ナショナル・ヒストリーというのは同じ特徴をもっていると思うのですが、必ず排除される人がでてくる、要するにつくられるものであるということです。

ジェンダーの視点

永原　アフリカ史を考えるうえでこれまで欠落していた視点としてジェンダーの問題にふれておきたいと思います。
従来の(とくに日本の)アフリカ(史)研究のなかで、そもそも女性の問題が扱われること自体が非常に少なかったのです。そのなかで比較的よく取り上げられてきたのは、個々の集団における男女の役割・分業といったことでしょう。しかし多くの場合、そのような役割分担がもつある種の必然性や機能の面が強調され、そこに内在する権力的な関係をみる視点は弱かったのではないでしょうか。たとえば、部族を梃子とした植民地支配、つまり植民地体制のなかで創出された部族の体制という問題を考えるとき、それが不平等なジェンダー関係に媒介されて成り立っていたことを忘れるわけにいきません。植民地体制のなかで再発見・再構築された慣習法・部族法といったもののもつ家父長的な性格をとらえることは、現代のアフリカ社会のかかえる問題を考えるうえでも不可欠な視点だと思います。

もっとも、不平等なジェンダーの構造が植民地主義によって導入されたとだけとらえては、植民地化以前のアフリカ社会を理想化することにもなります。たしかにジェンダー関係は植民地主義によって大きく変化し、多くの場合、不平等な構造は強化されましたが、植民地化以前のアフリカ社会の歴史からの連続性もまた見過ごすわけにいきません。今日、アフリカの女性たちがかかえている問題——生産活動における重要な役割とアンバランスな政治的・経済的・社会的地位の低さ——の背景を植民地主義にのみ帰することはできないでしょう。これは、いわゆる「伝統」というものをどう考えるか、ということにもかかわってきます。

最近の女性史・ジェンダー史の実証的な研究は、日記や手紙など従来使われてこなかった私文書やオーラルヒストリーを駆使して、たとえば、植民地主義に抵抗する運動のなかで女性たちが追求した目標、彼女らの独自の動きを明らかにしています。「伝統」と「近代」とのあいだで、さまざまな機会を縦横に駆使しながら生きていった女性たちの姿が浮き彫りになってきています。それは、たんに人口の半分を占める女性についての事実を従来の歴史叙述に付け加えるのではなく、ナショナリスト的な、あるいは民衆史的な歴史叙述に根本的な再検討を迫っています。このことは、歴史のなかの連続性と断絶をどこにみるかという点で、アフリカ史における時代区分を考えるうえでも大きな意味をもつと思います。

川田　誰にとっての歴史かという問題を、私は、まさにある本の最後のところに書いたのですけれども、ずっと前に発表して、その後に書き加えて、日本語の本としても出し［川田『サバンナミステリー——真実を知るのは王か人類学者か』NTT出版 1999］、フランス語の論文としても発表しました。モシの王様の即位三三年目にやる儀礼で当事者たちがやった、一回きりの行為として示した解釈というのと、私の研究者の立場からの解釈というのは違う。だけど、そういう違いにたいしてどういう態度をとればいいのかという問題に、私も個人的にだけれども、悩んでいるわけです。

私は、以前はわりと楽観的に、そういう複数の異なる主観性というものがあって、それが相互のフィードバックによって、より高次の相互主観性に止揚されるのではないかというふうに考えていたけれども、今はかなり悲観的になったのです。もしそういう、より高次の相互主観性というものが考えられるとしたら、それがより高次であるというのは誰が判断するのかという問題がまずあります。

ガヤトリ・スピヴァクが『サバルタンは語ることができるか』〔上村忠男訳、みすず書房 1998〕でいうように、要するに、歴史、記憶することとか、あるいはそれを表象することが、権力との関係で問題になってくるわけです。

全体として、文字をもって、たくさん本も読んで、もっともらしくやっている人のほうが優越しているようではあるけれども、無文字社会のローカルな歴史のレベルでは、私のほうがはるかに弱者なんですね。当事者の王様が、そういう儀礼をやって、国営テレビが撮影してそれを放映すると、オフィシャルに承認されたことになってしまう。

だから結局、誰のための歴史で、それが誰にたいしてどういう意味をもっているかということが、過去の思い出され方、記憶のされ方のなかにも直にはいってくると思うのです。複数の人が記憶した場合、その内容は、けっして単一のものには収斂されえないと思います。

誰のための歴史かという、歴史研究、歴史記述の基本問題、そして誰のための国家かという現代政治の基本問題は、サハラ以南アフリカの場合、きわめて先鋭的なかたちで提起されるのではないでしょうか。これらの基本問題は、グローバル化、相互関連化が政治、経済、文化の面でさらに速度と密度を増して進みつつある現在、アフリカとも一層、緊密に結びあわされようとしている日本で、アフリカ研究者ではない人々にも認識していただきたいと思うのです。アフリカで先鋭的なかたちで提起されるけれども、全世界に通じる問題ですから。

この「世界各国史」シリーズの締めくくりになった「アフリカ史」の巻、とくにこの討論が、アフリカを一つの重要な検討の場として、シリーズ全体にも通じる問題提起の契機となることを、期待しています。

この討論は二〇〇一(平成十三)年一月十二日に山川出版社でおこなったものに、二〇〇九年五月まで、各発言者が逐次加筆修正したものである。

この巻の構成とアフリカという地域の性格から、全体の執筆完成に予想以上の長時間を要した。この討論も、各発言者が加筆修正をおこない、相互にまた紙上で再検討したため、結果としては、一時点を超えた重層的なものになりえたともいえる。

コモロ
モロニ
マイヨット島(仏)
モーリシャス
ポートルイス
アンタナナリヴ
マダガスカル
モザンビーク海峡
ザンベジ川
モザンビーク
マラウィ
マラウイ湖
リロングウェ
ムウェル湖
ルアンダ
クワンザ川
アンゴラ
ザンベジ川
ザンビア
ルサカ
カリバ湖
ハラレ
クネネ川
ジンバブウェ
ナミビア
ウィントフーク
ボツワナ
リンポポ川
ガボローネ
プレトリア
マプト
エスワティニ(スワジランド)
ムババネ
オレンジ川
マセル
レソト
南アフリカ
喜望峰
南回帰線
セント・ヘレナ諸島(英)
西
洋
インド洋
ヌアクショット
モーリタニア・イスラーム
セネガル
ダカール
ガンビア
バンジュル
ビサウ
ギニア・ビサウ
ギニア
コナクリ
フリータウン
シエラレオネ
カボ・ヴェルデ
プライア
大
西
洋
0 200 400 600km
(ポ) ポルトガル領
(ス) スペイン領
(英) イギリス領
(仏) フランス領

新版《しんぱん》 世界各国史《せかいかっこくし》 10

アフリカ史《し》

2009年8月25日　1版1刷　発行
2019年1月31日　1版2刷　発行

編　者　川田《かわだ》 順造《じゅんぞう》

発行者　野澤伸平

発行所　株式会社 山川出版社

〒101-0047　東京都千代田区内神田1-13-13
電話　03(3293)8131(営業)　8134(編集)
https://www.yamakawa.co.jp/
振替　00120-9-43993

印刷所　図書印刷株式会社

製本所　株式会社 ブロケード

装　幀　菊地信義

ISBN 978-4-634-41400-6

執筆者紹介(執筆順)

川田 順造 かわだ じゅんぞう
1934年生まれ。東京大学大学院社会学研究科博士課程単位取得退学
東京外国語大学名誉教授　現在，神奈川大学日本常民文化研究所客員研究員
主要著書：『口頭伝承論』上・下(平凡社ライブラリー 2001)[1992]，『人類学的認識論のために』(岩波書店 2004)，『アフリカの声――〈歴史〉への問い直し』(青土社 2004)，『文化の三角測量』(人文書院 2008)，*Genése et dynamique de la royauté: Les mosi méridionaux (Burkina Faso)* Préface de Gerorges Balandier, L'Harmattan, Paris, 2002.

栗本 英世 くりもと えいせい
1957年生まれ。京都大学大学院文学研究科博士課程単位取得退学
現在，大阪大学大学院人間科学研究科教授
主要著書：『民族紛争を生きる人びと――現代アフリカの国家とマイノリティ』(世界思想社 1996)，『未開の戦争，現代の戦争』(現代人類学の射程 岩波書店 1999)，*Rewriting Africa: Toward a Renaissance or Collapse?* (ed., National Museume of Behnology, 2001), *Remapping Ethiopia: Socialism and after*.(eds., James Currey, 2002)

富永智津子 とみなが ちづこ
1942年生まれ。東京大学大学院社会学研究科博士課程単位取得退学
元宮城学院女子大学学芸学部教授
主要著書・論文：『ザンジバルの笛――東アフリカ・スワヒリ世界の歴史と文化』(未來社 2001)，『新しいアフリカ史像を求めて――女性・ジェンダー・フェミニズム』(共編，御茶の水書房 2006)，「世界分割とアフリカ・東南アジア・オセアニア」(歴史学研究会編『講座世界史 5 強者の論理――帝国主義の時代』東京大学出版会 1995)

深澤 秀夫 ふかざわ ひでお
1954年生まれ。一橋大学大学院社会学研究科博士課程単位取得退学
現在，東京外国語大学アジア・アフリカ言語文化研究所教授
主要論文：「家内的領域と公的領域の位相の語られ方――北西部マダガスカル・ツィミヘティ族におけるムラの集会の会話資料の分析に基づいて」(『アジア・アフリカ言語文化研究』61号 2001)，「戦記という旅の表象――1895年マダガスカル・マジュンガからアンタナナリヴへの道」(高知尾仁編『表象としての旅』東洋書林 2004)，「インド洋の十字路――マダガスカル」(共編『自然と文化そしてことば』2号 言叢社 2006)，「マダガスカル北西部における『生存』と稲作――小商品化した生活の実践」(小川了編『資源人類学 4 躍動する小生産物』弘文堂 2007)

竹沢尚一郎 たけざわ しょういちろう
1951年生まれ。フランス社会科学高等研究院社会人類学科博士課程修了
国立民族学博物館名誉教授
主要著書・論文：『サバンナの河の民――記憶と語りのエスノグラフィ』(世界思想社 2008)，『人類学的思考の歴史』(世界思想社 2007)，「西アフリカ最古の王宮の発見」(『アフリカ研究』73 2008)

故渡辺　公三　わたなべ　こうぞう
1949年生まれ。東京大学大学院社会学研究科修士課程修了
現在，立命館大学大学院先端総合学術研究科教授
主要著書：『レヴィ＝ストロース――構造』（講談社 1996），『司法的同一性の誕生――市民社会における個体識別と登録』（言叢社 2002），『アフリカンデザイン――クバ王国のアップリケと草ビロード』（共著，里文出版 2000），『レヴィ＝ストロース「神話論理」の森へ』（共編，みすず書房 2006），『身体・歴史・人類学　I，II』（言叢社 2009）

池谷　和信　いけや　かずのぶ
1958年生まれ。東北大学大学院理学研究科博士課程単位取得退学，博士（理学）
現在，国立民族学博物館人類文明誌研究部教授
主要著書：『国家のなかでの狩猟採集民――カラハリ・サンにおける生業活動の歴史民族誌』（国立民族学博物館 2002），『朝倉世界地理講座――大地と人間の物語 11 アフリカⅠ』（共編著，朝倉書店 2007），『ヒトと動物の関係学 4 野生と環境』（共編著，岩波書店 2008）

石田　英實　いしだ　ひでみ
1939年生まれ。京都大学大学院理学研究科博士課程中退，理学博士
京都大学名誉教授
主要著書・論文：「人類揺籃の地」川田順造編『アフリカ入門』（新書館 1999），Current Thought on Terrestrialization in African Apes and the Origin of Human Bipedalism,: Ishida Hidemi, Tuttle Rusell, Pickford Martin, Ogihara Naomichi, Nakatsukasa Masato, *Human Origins and Environmental Backgrounds*, New York, Springer, 2006., Ishida Hidemi and Pickford Martin 1997 A New Late Miocene hominoide from Kenya: *Samburupithecus kiptalami gen. et sp. nov., C. R. Acad. Sci, Paris*, 325.

大峰　真理　おおみね　まり
1967年生まれ。九州大学大学院文学研究科後期博士課程修了，博士（文学）
現在，千葉大学大学院人文科学研究院教授
主要著書・論文：『フランス・インド会社と黒人奴隷貿易』（九州大学出版会 2001），「ナント商人の奴隷貿易――商事会社の組織形態について」（深沢克己編『近代ヨーロッパの探求 9 国際商業』ミネルヴァ書房 2002），「近世フランスの港町と外国商人の定着――国際商業都市ナントとアイルランド・ジャコバイト」（羽田正編『港町に生きる』青木書店 2006），"Le commerce international de Nantes au XVIIIe siècle: l'exemple de la famille Walsh", dans *Mémoires de la Société d'historie et d'archéologie de Bretagne*. 2003.

岡倉　登志　おかくら　たかし
1945年生まれ。明治大学大学院政治経済研究科博士課程単位取得退学
大東文化大学文学部名誉教授
主要著書：『二つの黒人帝国――アフリカ側から眺めた「分割期」』（東京大学出版会 1987），『西欧の眼に映ったアフリカ――黒人差別のイデオロギー』（明石書店 1999），『アフリカの歴史――侵略と抵抗の軌跡』（明石書店 2001），『ボーア戦争』（山川出版社 2003）

武内 進一　たけうち しんいち
1962年生まれ。東京大学大学院総合文化研究科博士課程単位取得退学，博士(学術)
現在，東京外国語大学教授，東京外国語大学現代アフリカセンター長
主要著書：『現代アフリカの紛争と国家』(明石書店 2009)，『戦争と平和の間——紛争勃発後のアフリカと国際社会』(編著，アジア経済研究所 2008)，『国家・暴力・政治——アジア・アフリカの紛争をめぐって』(編著，アジア経済研究所 2003)

永原 陽子　ながはら ようこ
1955年生まれ。東京大学大学院人文科学研究科博士課程中退
現在，京都大学文学研究科教授
主要著書・論文：『新しいアフリカ史像を求めて——女性・ジェンダー・フェミニズム』(共編，御茶の水書房 2006)，『「植民地責任」論——脱植民地化の比較』(編著，青木書店 2009)「和解と正義——南アフリカ『真実和解委員会』を超えて」『歴史の壁を超えて——和解と共生の平和学』(内海愛子・山脇啓造編，法律文化社 2004)

真島 一郎　まじま いちろう
1962年生まれ。東京大学大学院総合文化研究科博士課程単位取得退学
現在，東京外国語大学大学院総合国際学研究院教授
主要著書：『沖縄／暴力論』(共著，未來社 2008)，『統治者と国家——アフリカの個人支配再考』(共著，アジア経済研究所 2007)，『グローバル化と奈落の夢』(共著，せりか書房 2006)

付　　録

■索　引

人名索引

●ア―オ

アケンズア2世　217,218
Akenzua II　位 1933-48
アフォンソ1世　286,287
Afonso I　位 1506-43
アブダッラー・ジャンマー　92
'Abdallah Jamma　15世紀後半
アブダラー　201
Ahmed Abdallah　1919-89
アブドゥラヒ　423,425,428,429,431-433,442,443
Khalifah Abdoallahi　1846-99
アフマド・イブン・イブラヒム・アル・ガジ──→アフマド・グラニィ
アフマド・グラニィ　88
Ahmad Grañ　1506-43
アムダ・シヨン　87,88
Amda Siyon　位 1314-44
アル・バクリー──→バクリー
アルメイダ　124,126
Francisco de Almeida　1450頃-1510
イェクノ・アムラク　80,81
Yekuno Amlak　位 1270-85
イブン・バットゥータ　106,114,116,124,125,155,253
Ibn Baṭṭūṭa　1304-68/69
ヴァスコ・ダ・ガマ　122,123,207,208,212
Vasco da Gama　1469?-1524
ヴィルヘルム2世　420,450,452
Wilhelm II　1859-1941(位 1888-1918)
ヴィレー　189
Le Myre de Vilers　1833-1918
ウフェ＝ボワニ　471,472
Félix Houphouët-Boigny　1905-93
ウラービー(オラービー)・パシャ　424,425,439,447
'Urābī(Orābī) Pasha　1841-1911
エザナ　74,79
Ezana　位 320頃-360頃
エンリケ航海王子　207,285
Henrique o Navegador　1394-1460
オセイ・トゥトゥ　227
Osei Tutu　位 17世紀末-18世紀初

●カ―コ

カイエ　237,256
René Cailleé　1799-1838
カイラ　197
Léon Cayla　1881-1965
ガスリー　262,263
Malcolm Guthrie　1903-72
カダモスト　14,206,214
Alvise da Càda Mosto　1426?-83
ガラウェドス　88
Galawedos　位 1540-59
ガリエニ　192-194
Joseph Simon Gallieni　1849-1916
ガルシア2世　288
García II　位 1641-61
カン　285,286
Diogo Cão　15世紀後半
カンカン・ムーサ　249
Kan Kan Mūsā
キッチナー　426-428,444,458-460
Horatio Herbert Kitchener　1850-1916
グラッドストーン　447
Wikkiam Ewart Gladstone　1809-98
グラント　53
James Augustus Grant　1827-92
クリバリ　471
Daniel Ouezzin Coulibaly　1909-58
クリューガー　445,448,451,453,456,457
Stephanus Johannes Paulus Kruger　1825-1904
グリーンバーグ　47,262
Joseph H. Greenberg　1915-2001

クロンイェ　446,459
Piet Arnoldus Cronje　1836-1911
ケイタ　466
Modibo Keita　1915-77
ゴードン　424-427,447
Charles George Gordon　1833-85
コナレ　467
Alpa Oumaru Konaré　1946-
コルベール　223,393
Jean Baptiste Colbert　1619-83
コロンブス　209
Christopher Columbus　1451?-1506
コンパオレ　467
Blaise Compaoré　1951-

●サーソ

サイイド・サイード　135-138
Sayyid Sa'īd　1791頃-1856(位 1806頃-56)
サビンビ　508
Jonas Malheiro Savimbi　1934-2002
サモリ・トゥーレ　422,433
Samori Touré　1830?-1900
サラザール　348,349
António de Oliveira Salazar　1889-1970
サルトル　5
Jean-Paul Sartre　1905-80
サンカラ　465,467
Thomas Sankara　1947(49?)-87
サンコー　508
Foday Sankoh　1937-2003
サンゴール　5
Léopold Sédar Senghor　1906-2001
シエイエス　485
Emmanuel Joseph Sieyès　1748-1836
シソコ　471
Fily Dabo Sissoko　1900-64
ジード　5
André Gide　1869-1951
シャカ　333, 335
Shaka　1787頃-1828
シャーム　293,294,296
Shyáám áMbúl áNgoong　位 17世紀前半
ジュベール　445-447
Joubert Piet　1831-1900
ジョアン2世　207
Joãn II　1455-95(位 1481-95)
ススネヨス　89,90
Susneyos　位 1607-32
スピーク　53
John Hanning Speke　1827-64
スマッツ　461
Jan Christian Smuts　1870-1950
セシル・ローズ──→ローズ
セゼール　5
Aimé Fernand Césaire　1913-2008
セチェレ1世　337
Sechele I　位 1831-92
セリグマン　55,56
Charles Gabriel Seligman　1873-1940
セリーヌ　301
Louis-Ferdinand Céline　1894-1961
ソールズベリ　426,428
Robert Arthur Talbot Gascoyne-Cecil, 3rd Marquis of Salisbury　1830-1903
ソンニ・アリ　253
Sonni 'Ali　位 1464-92

●タート

ダヴィッド　414
Pierre David　1710-95
ダーウィン　352,355,367
Charles Robert Darwin　1809-82
チェンバレン　453-456,460
Joseph Chamberlain　1836-1914
チャーチル　428,460
Winston Leonard Spencer Churchill　1874-1965
ツィラナナ　200,201
Philibert Tsiranana　1912-
ディアス　325
Bartolomeu Dias　?-1500
ディオップ　5
Alicune Diop　1910-80
ティップ・ティプ　140

Tippu Tip　1837?-1905
ディンガネ　335
Dingane　1795頃-1840(位 1828-40)
テオドロス2世　90
Tewodros II　位 1855-68
デュベレ　401
Julian Du Bellay　17世紀後半-18世紀前半
デルカセ　442
Théophile Delcassé　1852-1923
ドゥ・ウェット　459,461
Christian Rudolf de Wet　1854-1922
ドゥ・シャイユ　301
Paul Du Chaillu　1835-1903
トゥーレ──→サモリ・トゥーレ
ド・ブラザ　422
Pierre Paul François Camille Savorgnan de Brazza　1852-1905
トラオレ　467
Moussa Traoré　1936-

●ナーノ

ナポレオン1世　224
Napoléon I　1769-1821(位 1804-14,15)
ナポレオン3世　178,179
Napoléon III　1808-73(位 1852-70)
ニエレレ　471,517
Julius Kambarage Nyerere　1922-99

●ハーホ

バウマン　29,32,33
Hermann Baumann　1902-72
パーク　237,256
Mungo Park　1771-1806
バクリー　16,206,251
al Bakrī　1040頃-94
ハースコヴィッツ　28,32
Melville Jean Herskovits　1895-1963
ハメド・ビン・ムハンマド・アル・ムルジェビ──→ティップ・ティプ
バランディエ　5
Georges Balandier　1920-
バルト　255
Heinrich Barth　1821-65
バルトロメウ・ディアス──→ディアス
バンジェル　15,214
Louis Gustave Binger　1856-1936
ファシリダス　89,90
Fasilidas　位 1632-67
ファンシナ　261,268,274-276,278,279,293,294
Jan Vansina　1929-
フェデルブ　419
Louis Leon César Faidherbe　1818-89
ブラント　447
Borand Henricus　1823-88
ブリーク　261
Wilhelm H. I. Bleek　1827-75
ブリュ　399
André Brue　1654?-1738
ブルース　93
James Bruce　1730-94
フレイザー　290,294
Sir James George Frazer　1854-1941
プレトリウス　445
Marthnus Wessels Pretorius　1819-1901
ヘッケル　352,353
Ernst Heinrich Haeckel　1834-1919
ベハンジン　226,498-501
Gbèhanzin　1837-1897(位 1889-94)
ボニ・ヤイ　500
Boni Yayi　1952-
ホブハウス　460
Emily Hobhouse　1860-1926

●マーモ

マインホフ　262
Carl Meinhof　1857-1944
マスウーディー　113
al-Mas'ūdī　896?-956?
マードック　29,32,242,243

George Peter Murdock　1893-1985
マルシャン　427,428,437,438,440-444
Jean-Baptiste Marchand　1863-1934
マンサ・ムーサ⟶カンカン・ムーサ
マンスール　15,214,232
Aḥmad al-Manṣūr　位 1578-1603
ミルナー　454-456
Alfred Milner　1854-1925
ムッソリーニ　79,435
Benito Mussolini　1883-1945
ムパンデ　335,336
Mpande　1800 頃-72
ムハンマド・アフマド　422,423,426
Muhammad Ahmad　1844 頃-85
メネリク2世　54,90,92,422,429-433,437
Menelik II　1844-1913(位 1889-1910/13)
モショエショエ　338,339
Moshweshwe(Moshoeshoe)　1785 頃-1870(位 1824-70)
モブツ　292,471,480,481
Mobutu Sese Seko　1930-97
モンテイユ　441
Monteil Parfais Louis　1855-1925

●ヤ―ヨ

ヤクート　114
Yāqūt al-Rūmī　1179-1229
ヤン・ファン・リーベック　330
Jan Van Riebeeck　1618-77
ユッスー・ンドゥール　520,521
Yousson N' Dour　1959-

●ラ―ロ

ライニライアリヴニ　180,182,185,186,188,189
Rainilaiarivony　1828-96
ラダマ1世　174,175,177
Radama I　位 1810-28
ラダマ2世　176,178-181,184
Radama II　位 1862-63
ラナヴァルナ1世　176-180,184,187
Ranavalona I　位 1828-61
ラナヴァルナ2世　180,182
Ranavalona II　位 1868-83
ラニヨン　445
Lanyon Owen　1847-87
ラライムング　195-197
Jean Ralaimongo　1884-1943
ラリベラ　80
Lalibela　位 1185-1225 頃
ランベール　178,179,181
Joseph Lambert　1820-73
リヴィングストン　333
David Livingstone　1813-73
リオタール　441,442
Liotard Victor　1858-1916
リーキー(メアリー)　355
Mary Leakey　1913-96
リーキー(ルイス)　355,357,371
Louis Seymour Bazett Leakey 1903-72
リシュリュー　392
Armand-Jean du Plessis de Richelieu 1585-1642
ルイ14世　223
Louis XIV　1638-1715(位 1643-1715)
ルヴァン　401
Jacques Levens
ルガード　488
Frederick John Dealtry Lugard 1858-1945
レオ・アフリカヌス　253
Leo Africanus　1488?-1554?
レショラツェベ1世　337
Letsholathebe I　位 1847-74
レノー　197
Paul Reynaud　1878-1966
レブナ・デンゲル　88
Lebna Dengel　位 1508-40
ローズ　346,449,450,452,453
Cecil John Rhodes　1853-1902
ロバーツ　458-460
Frederick Sleigh Roberts　1832-1914

事項索引

●ア─オ

●カーコ

●サーソ

●ター卜

●ナ―ノ

●ハ―ホ

●マ―モ

●ヤ・ユ・ヨ

●ラーロ

●ワ・ン

■年　表

進化段階	年代	人類の進化
ヒト化段階	約700万～600万年前	サヘラントロプス・チャデンシス―最古の人類化石のひとつとされる(チャド出土)
	約600万年前	オロリン・ツゲネンシス(ケニア出土)
	約580万～520万年前	アルディピテクス・カダバ(エチオピア出土)
	約440万年前	アルディピテクス猿人(アルディピテクス・ラミドゥス。エチオピア出土)
猿人段階	約410万年前	アナム猿人(アウストラロピテクス・アナメンシス。ケニア出土)
	約380万～350万年前	アファール猿人―二足歩行の生痕化石(アウストラロピテクス・アファレンシス。タンザニア出土)
	約350万年前	プラティオプス人(ケニアントロプス・プラティオプス。ケニア出土)
	約300万年前	アファール猿人「ルーシー」(エチオピア出土)
		アフリカヌス猿人「タウングチャイルド」(アウストラロピテクス・アフリカヌス，南アフリカ出土)
		バーエルガザリ猿人(アウストラロピテクス・バーエルガザリ。チャド出土)
	約250万年前	ガルヒ猿人(アウストラロピテクス・ガルヒ。エチオピア出土)
		エチオピクス猿人(パラントロプス・エチオピクス。ケニア出土)
ホモ化段階～原人段階	〔このころよりオルドヴァイ型石器の使用(約250万年前～120万年前)〕	
	約200万年前	ルドルフ人(ホモ・ルドルフェンシス。ケニア出土)
	約200万～100万年前	ロブストゥス猿人(パラントロプス・ロブストゥス。南アフリカ出土)
	約190万年前	エレクトゥス原人(ホモ・エレクトゥス。ケニア出土)
	約180万年前	ボイセイ猿人(パラントロプス・ボイセイ。タンザニア出土)
		ハビリス人(ホモ・ハビリス。タンザニア出土)
	〔このころよりアシュール型石器の使用(約160万年前～30万年前)〕	
	約160万年前	エレクトゥス原人「トゥルカナ・ボーイ」(ホモ・エレクトゥス。ケニア出土)
サピエンス化段階～	約133万～78万年前	ローデシア人(ホモ・ローデシエンシス。ザンビア出土)
	約16万年前	ヘルト人(ホモ・サピエンス・イダルトゥ。エチオピア出土)
	約16万年前～	ホモ・サピエンス(エチオピア，タンザニア，南アフリカなどから出土)

年　代	事　　項
前7万～前4万	中・南部アフリカにサンゴアン文化
前3万～前1万5000	中・南部アフリカにルペンバ文化
前2万	東アフリカにマゴシ文化
前9000～前3000	サハラの湿潤化時代(サハラに湖沼が存在)
前8000	西アフリカで土器製作が始まる
前8000～前6000	東・中・南部アフリカに地域文化が展開
前6000～前1000	西アフリカのタッシリ・ナジールに岩壁画
前2500～前2000	サハラの乾燥化進む
前9世紀	ナイル川中流域ヌビア地方でクシュ王国おこる(～4世紀)
前8～前5世紀	西アフリカ各地で鉄の生産始まる(ノク文化など)
前4世紀	クシュ王国が首都をメロエに移す
前300頃	プロト・バントゥの拡大はじまる
1世紀	エチオピア高原北部でアクスム王国おこる(～1137頃)
3～8世紀	バントゥが中・南・東部アフリカへ拡大
333頃	アクスム王エザナがキリスト教に改宗，キリスト教を国教化
4世紀半ば	アクスム王国がクシュ王国を滅ぼす。アラビア半島にも侵攻
7世紀	ガーナ王国・ハウサ王国・ガオ王国の形成始まる
8世紀末	カネム王国おこる
9世紀	サハラ交易活発化
850頃	スワヒリ都市キルワなどが勃興
9世紀末	ヨルバ王国の形成始まる
915頃	マスウーディーがオマーンより東アフリカ沿岸を訪れる
11世紀	ガーナ王国最盛期。ソファラ(現モザンビーク)でアフリカ内陸部との交易(金・象牙)盛ん。ガオ王国・トゥクルール国家でイスラーム化始まる
1056	ベルベルのムラービト朝創始(～1147)
1076	ムラービト朝がジハード(聖戦)によりガーナ王国の王都を攻略
1107	ザンジバル島にシラジ・モスク建設
1137頃	アクスム王国がザグウェ朝に滅ぼされる
13世紀	コンゴ王国繁栄期(～15世紀)。カネム王国最盛期
1220頃	ジンバブウェ文化の一つとされるマプングブウェ文化の形成始まる
1230頃	スンジャータ王がマリ王国(帝国)を建国
1250頃	トンブクトゥなどマリ帝国のサハラ縦断の遠隔地交易都市発展
13世紀後半	スルタン・アリ・シラージがキルワを支配
1270	ザグウェ朝がソロモン王朝によって滅ぼされる
1270頃	マンサ・ウリがマリ帝国を拡大し，メッカに巡礼
1290頃	グレート・ジンバブウェの建設(～1450頃)

14世紀	ルオの諸集団，大移動を開始。キタラ王国・ベニン王国おこる。カネム王が本拠をボルヌーに移し，ボルヌー王国(帝国)おこる
1323	イブン・バットゥータがマリ帝国を訪れる
1324	カンカン(マンサ)・ムーサがメッカ巡礼(～1325)。マリ帝国最盛期
1331	イブン・バットゥータが東アフリカ沿岸部を探訪(～1332)
1417	鄭和の率いる明の艦船が東アフリカ沿岸部を歴訪
1434	ポルトガルが大西洋側に拠点を設け，西アフリカで交易を開始
1444頃	ポルトガル人がセネガル沿岸に到来
1450頃	ジンバブウェ文化の一つとされるカミ文化がおこり(～1820頃)，ムタパ王国とトルワ王国が成立
15世紀半ば	ヴェネツィアの船乗りカダモストがセネガルを訪れる
15世紀後半	ケニア沿岸部でモンバサが隆盛し，キルワが衰退する
1482	ポルトガルがエル・ミーナ(現ガーナ)に城塞を建設。ディオゴ・カンがポルトガル人としてはじめてコンゴ川(ザイール川)河口に到着
1485頃	ポルトガルがベニン王国を訪れ，交易を開始
1488	ポルトガルの航海者バルトロメウ・ディアスが喜望峰を「発見」
1491	コンゴ王がカトリックの洗礼を受け，ジョアン１世と称す
1493頃	ガオ帝国のアスキア・ムハンマドがアスキア朝を樹立
1498	ポルトガルのヴァスコ・ダ・ガマの艦隊が，キルワ，モンバサ，マリンディなどに寄港
1500	ポルトガルの航海者ディエゴ・ディアスがマダガスカルに漂着
16世紀初	大湖地方にニョロ王国，ガンダ王国，アンコーレ王国などがおこる
1503	ポルトガルがザンジバルを占領
1504	フンジ王国おこる
1505	ポルトガル艦隊により，キルワ，モンバサ攻略される
1506	コンゴ王，洗礼を受けてアフォンソ１世として即位
1510頃	アラブの旅行家レオ・アフリカヌスが西アフリカを旅行
16世紀前半	アフリカ西海岸から黒人奴隷が積み出される(大西洋奴隷貿易の本格的開始)。ガオ(ソンガイ)帝国最盛期
1526	コンゴ王国のアフォンソ１世がポルトガルのジョアン３世に奴隷貿易に抗議する書状を送る
1531	ポルトガルがムタパ王国を支配
1543	エチオピア王国がポルトガルの支援をえて，イスラーム勢力を破る
1545/46	ガオ帝国がマリ帝国の王都を占領する
16世紀後半	ボルヌー帝国最盛期。オヨ王国，騎兵隊により強大化
1591	モロッコのサード朝がガオ帝国を滅ぼす
1592	ポルトガルがモンバサを占領し，要塞(フォート・ジーザス)を建造(1593～96)
17世紀	マダガスカルの中央高地にイメリナ王国成立
17世紀初頭	ダホメー王国の形成始まる
1636	エチオピア皇帝ファシリダスが北部のゴンダールに遷都
1638	フランスがブルボン島(のちのレユニオン島)を領有
1640	ポルトガルのイエズス会宣教団がエチオピアから追放される

1643	——	フランスが東インド洋の基地を，マダガスカル南東部のフォー・ドーファンに建設(〜1674)
17世紀半ば		オヨ王国，最盛期。オランダが南アフリカやギニア湾での活動を活発化
1652	——	オランダ東アフリカ会社の艦隊が南アフリカのケープに上陸し，ケープ植民地を建設
1659	——	フランスがサン・ルイを獲得し，セネガルの植民地化を開始
1664	——	コルベールのもとでフランス西インド会社が設立される
1665	——	ポルトガルがアンブイラの戦いでコンゴ王を殺害。事実上，コンゴ王国を支配下におさめる
1666	——	フランス西インド会社が，ベニン湾の要地ウィダーに交易拠点を築く
1673	——	コイサンと白人入植者の戦闘(〜1677)
1698	——	オマーンがモンバサのフォート・ジーザスを攻撃
17世紀末〜18世紀前半		ベニン湾岸で奴隷貿易が活発化。英王室アフリカ会社がケープ・コーストに城砦を築く。オマーンのスルタンの勢力がソマリア南部の沿岸部にも拡大。ヴィクトリア湖岸のブガンダ王国興隆。西アフリカのクマシでオセイ・トゥトゥが即位し，デンキラ王国を破り，アシャンティ王国が成立。ダホメー王国が奴隷交易で繁栄。西アフリカのバンバラ人がセグー王国を建国
1723	——	アシャンティ王国がボノ・マンスー王国を攻略
1728	——	ポルトガルがモンバサから撤退(〜1729)
1744	——	アシャンティ王国が北のダゴンバ王国を攻略
18世紀後半		ブガンダのガンダ王国が沿岸部と交易ルートを築く
1770	***2***	スコットランドの旅行家ブルースが，エチオピア北部のゴンダール王国に到着
1786	——	イギリスで奴隷貿易廃止促進委員会が創設
1787	——	イギリスの奴隷貿易廃止主義者が，シエラレオネに解放奴隷の入植地の開設を始める(のちのフリータウン)
1795	***6****-11*	イギリスが南アフリカのケープ植民地を第一次占領
	——	イギリスの探検家マンゴ・パークが，ニジェール川中流域のセグー王国を訪れる
1803	***2***	オランダ(バタヴィア共和国)がケープ植民地をイギリスから再獲得(〜1806)
1804	——	西スーダンのフルベ人ウスマン・ダン・フォディオがジハードを始め(***2***)，フルベ王国建国
1806	***1****-19*	イギリスが南アフリカのケープ植民地を第二次占領(〜1877)。***5*** アシャンティ王国がファンティ連合王国をケープ・コースト付近で破る
1807	***3****-2*	アメリカが奴隷貿易禁止令を発令(1808. ***1****-1* 発効)。***3****-23* イギリスが奴隷貿易禁止令を発令(1808. ***3****-1* 発効)
1808	***1****-1*	シエラレオネがイギリス直轄植民地となる
	——	ウスマン・ダン・フォディオのジハード軍がボルヌー帝国を制圧
1812	——	イギリス軍がフィッシュ川西岸からコーサ人を追放
1813	——	ラム諸島でラムとパテの戦い(ジェラの戦い)がおこなわれ，ラムが勝利(〜1814)

1815	***6****-9*	ウィーン会議(1814.***11****-1*～1815.***6***)の最終議定書調印。イギリスのケープ植民地・モーリシャス領有などを確定
	——	南アフリカのバスト人のモショエショエが，ソト人の王に即位
1816	——	シャカがズールー王国内の首長となる
1817	——	イメリナ王国がイギリスと友好通商条約を協定。イメリナ国王は「マダガスカル王」と認められる
1818	***10****-15*	フランスがマダガスカルを再征服
	——	シャカ王がズールー王国を建国
1821	***7****-3*	シエラレオネ，ガンビア，ゴールド・コーストが英領西アフリカを結成
	——	フンジ王国がエジプトによって滅亡
1822	***4****-22*	ゴールド・コーストのモンロヴィア(現リベリア)で，アメリカ植民協会によるアメリカ解放奴隷の入植はじまる
1823	——	第1次イギリス－アシャンティ戦争
1824	——	アシャンティ連合軍がゴールド・コーストのイギリス要塞を制圧。エジプトがハルトゥームにスーダン統治府設置
1824頃		ソトの首長モショエショエがレソト王国を形成
1825	***5****-2*	西アフリカのポルトガル領ギニア(現ギニア・ビサウ)で，反ポルトガル蜂起(～***5****-7*)
	——	イスラーム指導者エル・ハジ・オマールがメッカ巡礼へ
1826	***8***	第2次イギリス－アシャンティ戦争，アシャンティ王国敗北(カタマンスの戦い)
1827	——	フランスの探検家ルネ・カイエがニジェール川上流を探検し(～1829)，マリのトンブクトゥに到着(1828.***4***)
1828	***9****-24*	ズールー王国のシャカ王が弟のディンガネに殺される
	——	イメリナ国王ラダマ1世没。ラナヴァルナ1世即位
1831	***4***	アシャンティ王国，イギリスとファンティ人が協定締結
1833	***8****-1*	イギリスが大英帝国内の奴隷制を廃止する法令を制定
	——	モショエショエ(モシェシュ1世)の招待でフランス人とスイス人の宣教師がレソト王国を訪問
1835	***10***	南アフリカでボーア人のグレート・トレック(大移動)開始
1838	***12****-16*	南アフリカで血の川の戦い。ボーア人がズールーを破る
1839	***5***	ボーア人がナタール共和国樹立を宣言
1840	——	サイイド・サイード，ザンジバルに本拠を移す
1843	***5****-4*	イギリスが南アフリカのナタール共和国を併合。***12****-13* イギリスがバスト王国を保護領とし，バストランドと命名
1844	***3****-6*	ファンティ諸首長，イギリスと協約を結ぶ(1844年協約)
1846	——	イギリス人探検家・宣教師リヴィングストン，第1回探検(～1856)。ザンベジ川，ルアンダなど
1847	***7****-26*	リベリア共和国独立，アフリカ大陸で最初の黒人共和国となる。初代大統領ジョセフ・ロバーツ
1848	——	宣教師レープマンがヨーロッパ人としてはじめてキリマンジャロ山に到達
1850	***1***	イギリスがゴールド・コーストとシエラレオネを分離。***8*** イギリスの探検隊がカネム＝ボルヌー帝国に到達

1852	*1-17*	サンド・リヴァー協定成立し，ボーア人が南アフリカ内陸部にトランスヴァール共和国を建国
	——	エル・ハジ・オマールがセネガルなどでジハードを展開
1853	——	セネガルでフェデルブが総督に就任
1854	*2-23*	ブルームフォンテン協定成立し，ボーア人がオレンジ川中流域にオレンジ自由国を建国(*3*)
1855	*2-11*	エチオピアでテオドロス2世が皇帝に即位
1856	*12-16*	プレトリウスがトランスヴァール共和国の初代大統領になる
	——	ズールー王国で内戦開始。ザンジバルのスルタン，サイイド・サイード没。内紛続く
1857	*2*	南アフリカでの牛殺戮・穀物破壊でコーサ人が大量餓死(〜*4*)
	——	エル・ハジ・オマールが反フランス抵抗運動開始
1858	*2-13*	イギリス人探検家バートンとスピークがタンガニーカ湖に到達
	——	グレレがダホメー王国王位を継承。リヴィングストン，第2回探検(〜1864)。ザンベジ川，ニヤサ湖など
1860	——	インド人6000人が，南アフリカのナタールに入植を開始(〜1866)
1861	*8-6*	英領ラゴス植民地成立
1862	*2*	スピークとグラントがヴィクトリア湖北岸のガンダ王国北部に到達。*3-11* フランスがアファール人よりオボク港(現ジブチ)を買収。*7-28* スピークがナイル川の水源がヴィクトリア湖であることを確認
1863	——	第3次イギリス-アシャンティ戦争，アシャンティ勝利
1864	——	エル・ハジ・オマールが反イスラーム教徒に殺害される
1865	——	オレンジ自由国がバストランド(現レソト)と戦い，勝利(〜1867)
1866	*1*	英領カフラリアがケープ植民地に吸収される
	——	イギリスがバスト王国を保護領化。リヴィングストン，第3回探検(〜1873)。ヴィクトリア湖がナイル川の水源であることを確認
1867	*4*	オレンジ自由国の西グリクアランドのキンバリーでダイヤモンドが発見される。採掘開始
1868	*4-13*	エチオピア皇帝テオドロス2世が，マグダラの戦いでイギリス軍に敗北
1869	*2*	イメリナ王国で，女王と宰相がプロテスタントに改宗
1870	*11-24*	ポルトガルが西アフリカのボラマを一時奪還
	——	ギニアでサモリ・トゥーレのジハードが始まる
1872	*12*	ジャジャがオポボ国王になる(1893年イギリスが承認)
1874	*2-4*	第4次イギリス-アシャンティ戦争。イギリス軍がクマシに侵入し，アシャンティに勝利。フォメナ協定を結ぶ(*2-13*)。*7-24* ゴールド・コーストがイギリスの植民地・保護領になる
1875	*4-5*	アメリカの探検家スタンレーが，ブガンダ王国でムテサ王と会見。*10* フランスの探検家ド・ブラザがオゴウェ川・コンゴ盆地を探検(〜1879)
1877	*4-12*	イギリスがトランスヴァール共和国を併合
1878	*11-25*	ベルギーのレオポルド2世が「上コンゴ研究委員会」を設置(1879年コンゴ国際協会に改称)，コンゴの植民地化に着手
1879	*1-12*	イギリス-ズールー戦争始まる。イサンドゥルワナの戦い(*1-22*)ではズールー軍が勝利。のち，イギリス軍が反撃し，ズールーランドをナタールに併

		合(9)。9-10 ダカール - サン・ルイ間の鉄道敷設始まる
1880	10-16	第1次ボーア戦争勃発(～1881)。トランスヴァールのボーア人が独立共和国の創設を宣言(12-30)
1881	2-27	マジュバの丘の戦いでイギリス軍がボーア軍に大敗。6-29 スーダンでムハンマド・アフマドが「マフディー宣言」
	——	ベルギー国王がレオポルドヴィル(現キンシャサ)を建設
1882	6-28	イギリスとフランスがシエラレオネとギニア間の国境協定に調印
	——	統一アフリカ会社がナショナル・アフリカ会社に再編
1883	2	アシャンティ王のメンサー・ボンスー退位。5 マダガスカルで第1次フランス - イメリナ戦争(～1885.12-17)
	——	フランスのド・ブラザらが3度目のコンゴ川流域の探検
1884	3	ドイツ植民協会のカール・ペータースがドイツ東アフリカ会社を設立。7 ドイツがトーゴ(7-5)，カメルーン(7-12)を保護領化。8 ドイツが南西アフリカ(現ナミビア)を保護領化。11-15 ベルリン会議(～1885.2-26)
1885	1-26	スーダンのマフディー軍がハルトゥームを占領(ゴードン戦死)。マフディーがスーダンを統一(～1898)。2-6 イタリアがエリトリア地方を保護領化。2-26 ベルリン議定書でアフリカ分割の原則を規定。2-27 ドイツ植民協会に特許状付与。ドイツ東アフリカ保護領成立。5-2 ベルギーのレオポルド2世がコンゴ独立国を私領として獲得し，ベルギーの同君連合のコンゴ自由国とする。9-30 ベチュワナランド(現ボツワナ)がイギリス保護領となる
1886	1-13	ナイジェリアのラゴスが，ゴールド・コースト植民地から分離。7 イギリスの特許会社，ロイヤル・ニジェール会社設立。11-1 ロンドン会議で東アフリカ分割をめぐる英独協定
	——	アマドゥ・バンバがセネガルでムーリッド教団創設。トランスヴァール共和国で金鉱発見。サモリ・トゥーレが統一国家建国(現ギニア周辺)。コモロ諸島がフランスの保護領となる
1887	5-14	イギリスがズールーランドの領有を宣言。7-20 ソマリランドがイギリス保護領となる。8 イギリスがオポボ国王ジャジャを国外追放
	——	セシル・ローズが南アフリカ金鉱会社を設立
1888	9-3	イギリス東アフリカ会社，特許状を付与され，帝国東アフリカ会社に改称，東アフリカを統治。10-30 ローベングラ(ンデベレ人)，セシル・ローズに鉱山採掘権を付与する(ラッド利権)
	——	アシャンティ王プレンペ1世即位
1889	2-8	ソマリア南部のオピア・スルタン国がイタリア領となる。3 エチオピア皇帝ヨハネス4世が対マフディー戦に敗れる。メネリク2世即位。5-2 エチオピアがイタリアとウチャリ条約締結。10-29 イギリス南アフリカ会社が特許状を付与される。12 ニヤサランドがイギリスの保護領となり，英領中央アフリカと呼ばれる
1890	4-1	ドイツが，東アフリカ植民地の直接統治を開始。6-27 イギリス南アフリカ会社がローデシア(現ジンバブウェ)，バロツェランド(現ザンビア西部)を保護領化。7-17 セシル・ローズがケープ首相に就任(～1896)。9-12 イギリス南アフリカ会社がマショナランド(現ジンバブウェ)を占領
1891	10-26	コートディヴォワールがフランスの保護領になる

	——	西アフリカのトゥクルール帝国が崩壊
1892	*3-27*	ダホメー王国とフランスとの戦闘おこる(～1894.*1-29*)
1893	*11-13*	スワジ王国がトランスヴァール共和国に併合される
	——	コートディヴォワールがフランスの直轄植民地となる。エチオピア，イタリアとのウチャリ条約を破棄。中央スーダン(チャド湖周辺)にラービフ帝国おこる。ショナ人の反英闘争続く(～1897)
1894	*3*	エチオピアのメネリク２世が鉄道敷設権をフランスに譲与。*4-11* ウガンダがイギリスの保護領になる。*6-22* ダホメー王国滅亡し，フランス領になる。*12-12* 第２次フランス‐イメリナ王国戦争(～1895.*9-30*)
1895	*6-15*	セネガル，ギニア，スーダン(現マリ)，コートディヴォワールからなる仏領西アフリカ(AOF)が成立。*6-15* イギリスが帝国東アフリカ会社領を直接植民地化。同社の解散にともない，東アフリカ保護領成立(*7-1*，現ケニア，ウガンダ，ザンジバル)。*12-29* 南アフリカ共和国でジェームソン侵入事件。*12* イタリア軍がエチオピアに侵攻
	——	イギリス南アフリカ会社が，占領統合したマタベレランド(1893～94)とマショナランド(1895)を，南ローデシアと命名
1896	*1-20*	アシャンティ王プレンペ１世が逮捕され廃位。*3-1* エチオピア軍，アドワにおいてイタリア軍を破る(～*3-2*)。*8-6* マダガスカルがフランス植民地となるが，反フランス抵抗(～1905)。*8-16* イギリスがアシャンティ王国の保護領化を宣言
	——	ンデベレ人の反英闘争
1897	*2-28*	ガリエニ総督がイメリナ王国のラナヴァルナ３世をマダガスカル島外に追放し，王国を滅ぼす。*7* ラービフ帝国の中央スーダンにおける支配権拡大に対し，フランス軍が介入
1898	*1-1*	シエラレオネのイギリス保護領に，小屋税導入。小屋税反対暴動おこる(*2*～*11*)。*9-2* スーダンのマフディー国家滅亡。*9-19* スーダンのファショダでイギリスとフランスが衝突(ファショダ事件，～*11*)。*9-28* サモリ・トゥーレが対仏抗戦に敗れ，追放される。サモリ帝国事実上の崩壊
1899	*1-19*	スーダンがイギリス・エジプトの共同統治下に入る。*9-1* ソマリアでサイイド・ムハンマド・ハッサンがジハード(反英闘争)を開始(～1920)。*10* 第２次ボーア戦争(南ア戦争，～1902)
	——	ケニア‐ウガンダ鉄道のナイロビ駅開設。ルワンダ，独領東アフリカの一部となる
1900	*1-1*	イギリス保護領北ナイジェリアが設立され，高等弁務官にルガードを任命。*4-22* ラービフが没し，ラービフ帝国事実上崩壊。*9-1* イギリスがトランスヴァールを併合
1901	*4-1*	ナイジェリアで奴隷身分を廃止。*9-25* イギリスのアシャンティ領が英領ゴールド・コーストに併合される(1902.*1-1* イギリスの保護国に)。*12-26* ケニア‐ウガンダ鉄道がキスムまで延伸
1902	*2*	トランスヴァールに大量の中国人労働者派遣。*5* ボーア軍の敗北により，ボーア戦争終結。オレンジ自由国とトランスヴァールがケープ植民地に併合される。*6* セネガルとセネガンビアがニジェール領と分離
1903	*2-3*	イギリス軍がナイジェリアのカノを占領

1904	4	イギリスのモレルがコンゴ改革協会を組織。コンゴ自由国政府の暴政を告発
	——	独領南西アフリカ(現ナミビア)で，ヘレロ人とナマ人がドイツに反乱(～1907)。モーリタニアが仏領西アフリカ(AOF)に編入される
1905	7	独領東アフリカ(現タンザニア南部)で「マジマジ運動」おこる(～1907.8)
1906	7-4	イギリス，フランス，イタリアがエチオピアの独立を保障。12-6 イギリスがトランスヴァールとオレンジリヴァー植民地に自治権付与
1907	3-22	トランスヴァール政府がアジア人登録法を公布。インド人移民を制限
	——	インドのマハトマ・ガンディーが，南アフリカのナタールでインド人の権利回復のための非暴力・不服従運動を組織
1908	4-9	コモロ諸島がマダガスカル総督府の管轄下に併合される。8-20 ベルギーのレオポルド2世が統治政策への非難をあび，コンゴの主権をベルギー政府に移譲。11 ベルギー領コンゴ誕生
	——	南アフリカ植民地連絡会議，鉄道と関税に関する協定を成立させる
1910	5-31	南アフリカ連邦成立し，英連邦内の自治領になる。ボーア系のルイス・ボタが首相(9-15)
1912	1-8	南アフリカ原住民民族会議(SANNC)結成。12 南ローデシアのワンキー炭鉱で黒人労働者によるストライキ
1913	6-16	南ア連邦で原住民土地法制定
1914	1-1	南・北ナイジェリアが合併し，英領ナイジェリアが成立。7-28 第一次世界大戦始まる
1915	1-23	英領ニヤサランド(現マラウィ)で，チレンブウェの反乱(～2-3)。5-12 南ア連邦軍が，独領南西アフリカ(現ナミビア)の首都ウィントフークを占領
	——	コートディヴォワールでハリスが宗教的運動始める(のち抵抗運動化し，国外追放される)
1916	3-6	独領カメルーンの一部を分離し，英領カメルーンとしてナイジェリアとともに統治。4-3 独領カメルーンの残りの部分を仏領カメルーンとし，仏領赤道アフリカに編入。9-4 イギリス軍が，独領東アフリカ(現タンザニア)の首都ダルエスサラームを占拠
	——	ドイツ軍がルワンダ，ウルンジから撤退。ベルギー軍が占領
1917	6-7	ジブチ - エチオピア間にジブチ - アディスアベバ鉄道完成。8 仏領トーゴを仏領西アフリカに編入
	——	南アフリカにアングロ・アメリカン社設立
1918	——	ケニアでアフリカ人のコーヒー栽培禁止(～1950年代)
1919	2-19	パリで第1回パン・アフリカ会議開催(～2-21)。5 連合国最高会議が委任統治領のリスト発表。6-28 ヴェルサイユ条約締結
1920	6	独領東アフリカがイギリスの支配下に入り，タンガニーカとなる。7-23 東アフリカ英保護領がケニアに改称。12-4 仏領西アフリカ再編し，オートヴォルタ分離。12-17 独領南西アフリカ(現ナミビア)が，南ア連邦の委任統治領となる
1921	3	ベルギー領コンゴでキンバングの反植民地運動広がる。8-28 ロンドン，ブリュッセル，パリで第2回パン・アフリカ会議開催(～9)。9-21 ベルギー領コンゴでシモン・キンバング逮捕される。12-13 仏領西アフリカのニ

		ジェールがフランス領になる。12 ケニアでハリー・トゥクの民族主義運動(東アフリカ・アソシエーション〈EAA〉)高揚(～1922.3)
	——	南アフリカ共産党結成。コーヒーの国際価格大暴落で，アフリカ人農民に打撃
1922	1-10	南ア連邦のラントで大規模ストライキ(～2)
	——	ウガンダのマケレレ・カレッジ開校。ナイジェリアで国民民主党(NNDP)結成
1923	9-1	イギリスの自治植民地として南ローデシア(現ジンバブウェ)成立。初代首相にコグラン就任(10-1)。12-25 南アフリカ原住民民族会議(SANNC)がアフリカ民族会議(ANC)に改称
	——	ベルギー領コンゴでキンバング派教会が各地に開設され，クリスマスの大規模ミサがおこなわれる(12-25)
1924	4-1	英領北ローデシア(現ザンビア)がイギリスの直轄植民地となる。6-25 スーダンの反英抵抗運動(1924年革命)が挫折。6-30 南ア連邦でヘルツォーク内閣成立し，アフリカーンス語を公用語に採用(1925)。10-20 ルワンダとブルンディが，正式にベルギーの委任統治領になる
1925	12-1	イギリスとイタリアがアフリカ問題に関する協定に調印。エチオピアをイタリアに，ケニアの一部をソマリアに割譲
1926		ロンドンで西アフリカ学生連盟が結成
1927	8	ニューヨークで第4回パン・アフリカ会議開催
	——	ザンジバルで丁子生産販売組合設立。北ローデシアでアフリカ人のストライキ
1928	——	ガンビアのバサースト(現バンジュル)で労働組合結成
1929	10-24	ニューヨーク発の世界大恐慌が，1930年からアフリカ経済にも影響
	——	ナイジェリアのアバで女性の税反対闘争
1930	4-3	エチオピアのハイレ・セラシエ1世が皇帝に即位
1930～40年代		仏領西アフリカ，セネガルのサンゴールが，マルティニク出身のセゼールらとネグリチュード運動を展開する
1931	7-1	初のアフリカ横断鉄道がベンゲラ(現アンゴラ) - カタンガ(現コンゴ民主共和国)間に開通
1932	11-5	オートヴォルタが仏領スーダンとニジェールに分割
1933	3	ケニアでヨーロッパ人入植者が所得税反対運動
1934	12-5	エチオピアとイタリア領ソマリランドで国境紛争(ワル・ワル事件)
1935	1	セネガル社会党結成。2-1 イタリアがエリトリアとソマリアに軍隊を派遣。10-3 イタリアがエチオピアに侵入し，第2次イタリア - エチオピア戦争開戦
1936	5-5	エチオピアの首都アディスアベバを，イタリア軍が占拠。エチオピアはソマリア，エリトリアとともにイタリア領東アフリカとなる
1937	10	ゴールド・コースト(現ガーナ)の農民が，買い付け割当て制に抗議してココア不売運動(～1938.4)
1938	10-31	配流先のアルジェリアで没した(1917)ラナヴァルナ2世の遺骨が，タナナリヴに戻される
1939	8-1	ケニアのモンバサで港湾労働者がストライキ(～8-4)。9-3 第二次世界大戦勃発し，アフリカ人も宗主国側に徴兵される
	——	ベルギー領コンゴで，ムパディ指導の新キンバング・カーキスト運動始まる

1940	***6**-10* イタリア軍がエチオピアからケニア北部に進攻。***8**-26* ニジェール，チャドがド・ゴール支持を宣言 —— 南ア連邦が枢軸側から連合国側へ
1941	***2**-10* イギリス軍が英領ケニアからイタリア領ソマリアに進撃。首都モガディシオを占領。***5**-5* エチオピアでイギリス軍に支援された皇帝軍が首都入場し，ハイレ・セラシエ皇帝帰国
1942	***1**-31* イギリスとエチオピアが協定締結。ソマリランド保護領，旧イタリア領ソマリア，エチオピア東部をイギリスが暫定的に統治。***5**-7* イギリス軍がマダガスカル北部のディエゴ・スワレスを攻撃，占領。***5**-30* 日本軍の特殊潜行艇が，ディエゴ・スワレス港に停泊中のイギリス海軍艦艇を雷撃 —— ナイジェリアが労働組合会議を創設。西アフリカ軍がビルマ戦線で活動(～1946)
1943	***5**-13* ドイツ・イタリア軍が降伏し，北アフリカでの第二次世界大戦終了。ソマリアで「大ソマリアの独立」をめざすソマリ青年クラブ(のちのソマリ青年連盟)が結成
1944	***1**-30* フランスと仏領植民地諸国の大戦後の諸問題について，ブラザヴィル会議を開催(～***2**-8*)。関係の民主化・地位向上を宣言。***8**-26* ナイジェリアのアジキウェとマコーレーが中心になってナイジェリア・カメルーン国民会議(NCNC)を結成。***10**-1* ケニア・アフリカ人同盟(KAU)結成 —— リベリアでウィリアム・タブマンが大統領に就任
1945	***10**-13* マンチェスターで第5回パン・アフリカ会議開催(～***10**-21*) —— カメルーン(***9**-24*)，ローデシア(***10***，現ジンバブウェ)で鉄道労働者のストライキ勃発。スーダンでウンマ党結成(指導者ラフマーン・アル・マフディー)
1946	***8**-4* 南ア連邦で鉱山労働者7万人がストライキ。***10**-18* 仏領スーダン(現マリ)のバマコでアフリカ民主連合(RDA)結成，ウフェ＝ボワニが総裁に就任。仏領西アフリカ諸国の民族主義運動の中心となる。***12**-13* 国際連合がタンガニーカ，ルワンダ，ブルンディのベルギーの信託統治を決定。***12**-14* 国際連合が南ア連邦の南西アフリカ(現ナミビア)併合案を否決 —— マダガスカルの独立をめざし，マダガスカル革新民主運動党(MDRM)が結成される
1947	***3**-29* マダガスカルでMDRM支持者などによる反フランス蜂起(～1948)。***6*** ケニヤッタがケニア・アフリカ人同盟(KAU)党首となる。***6*** ギニア進歩党(PPG)が，ギニア民主党(PDG)に改称。のちセク・トゥーレが書記長に就任(1952)。***8*** ゴールド・コースト(現ガーナ)で，首長・エリートを代表する統一ゴールド・コースト会議(UGCC)結成
1948	***6**-4* 南ア連邦でマラン政権樹立。***11*** セネガルでサンゴールに指導されたセネガル民主連合(BDS)結成
1949	***6**-12* ゴールド・コーストで，労働者・青年を代表する会議人民党(CPP，指導者エンクルマ)結成
1950	***4**-1* イギリスが国連信託統治を承諾し，ソマリアがイタリアの監視下に入る —— シエラレオネ人民党(SLPP)結成(ミルトン・マルガイ党首)。アフリカ行動党(AG)がひそかに結成(1951.***3*** 公表)

1951	2	ゴールド・コースト立法議会選挙でCPPが勝利。4 エチオピアが国連軍に参加し，朝鮮戦争に派兵(韓国側支援)。6-11 ポルトガル植民地のアンゴラ，モザンビークがポルトガルの海外州となる
	——	南ア連邦政府が原住民代表審議会を廃止，人種差別立法制定反対運動が活発化。ナイジェリアでマクファーソン憲法発布。エチオピアのハイレ・セラシエ大学設立(1974年よりアディスアベバ大学)
1952	3-21	ゴールド・コーストでエンクルマが初代首相に就任。9 国連決議によりエリトリアとエチオピアが連邦制を結ぶ。10-20 ケニアで土地と独立を要求する「マウマウ反乱」起こり，非常事態宣言
	——	セネガルで議会選挙，BDSが圧勝
1953	7-30	ナイジェリアで憲法制定会議(～8-2。リットルトン憲法〈1954年制定〉)。8-24 ケニアで「マウマウ反乱」に対する徹底弾圧。10-23 ローデシア・ニヤサランド連邦(中央アフリカ連邦。現ザンビア，ジンバブウェ，マラウィ)成立。11-30 ブガンダ王国のムテサ2世が，イギリス植民相の東アフリカ統合問題発言に抗議して(8-6)逮捕。ロンドンへ追放
1954	7	タンガニーカ・アフリカ人民同盟(TANU)結成。9 ゴールド・コーストで，国民解放運動(NLM)結成
1955	4-17	バンドンでアジア・アフリカ会議開催(～4-21)。「平和十原則」を定める。6 ヨハネスブルクで黒人，カラード，インド人代表が「自由憲章」採択。11-9 南ア連邦がアパルトヘイトに関する「クルッツ報告」に抗議し，国連総会から退場
	——	仏領西アフリカ(AOF)でアフリカ労働者総連合結成
1956	1-1	スーダン共和国独立。ハリール首相。アラブ連盟に加入(1-19)。6 南ア連邦でアフリカ人民族会議(ANC)が「自由憲章」を制定。9 北ローデシアの産銅地帯でアフリカ人鉱山労働者のストライキ。非常事態宣言発令(～1957.1-1)。10-21 ケニアで「マウマウ反乱」の指導者デダン・キマチ逮捕(1957.2 絞首刑)。12-5 南ア連邦でアジア系，黒人，白人が反逆罪で逮捕(1958.1 裁判開始)
	——	リスボンでネト，カブラルら留学生が会合し，民族文化復興をめざす闘争を誓う。ポルトガル領アンゴラでアンゴラ解放人民運動(MPLA)，ギニア，カボヴェルデアフリカ人独立党(PAIGC)が結成
1957	3-6	英領ゴールド・コースト，英領トーゴランドが，英連邦内自治領ガーナ共和国として独立。初代首相エンクルマ。5-18 AOFの選挙でRDA勝利し，ウフェ＝ボワニが大評議会議長に就任。7 ザンジバルでアフロ・シラジ同盟(ASU)結成
	——	セネガルでアフリカ独立党結成
1958	4-15	アフリカ独立諸国会議，ガーナのアクラで開催(～4-22)。9-28 ギニアを除くフランス領がフランス共同体加入を決定。10-2 フランスよりギニア共和国独立。フランス共同体から離脱。初代大統領セク・トゥーレ。10 マダガスカルがフランス共同体内の自治共和国になる。モーリタニア・イスラーム共和国，フランス共同体内自治共和国として誕生。11～12 仏領西アフリカ・仏領赤道アフリカ諸国が，フランス共同体内自治共和国宣言。スーダン(11-20)，セネガル(11-25)，ガボン(11-28 以下同)，チャド，コンゴ，中央アフリカ(12-1)，コートディヴォワール(12-4 以下同)，ダホメー，オートヴォルタ(12-11)，ニジェール(12-18)など。12 ガーナのア

	クラで第1回全アフリカ人民会議開催
1959	1-17 セネガル，スーダン，ダホメー，オートヴォルタがマリ連邦を結成。1 ベルギー領コンゴのレオポルドヴィルで，反ベルギーの抗議行動を弾圧(～3)。4 南ア連邦でANCから分かれてパンアフリカニスト会議(PAC)が結成。7-19 ガーナ，ギニア，リベリアの3カ国大統領，アフリカ独立国家共同体構想を発表。8-15 ルワンダでルワンダ国民連合(UNAR)，最初の政党として結成。9-14 ルワンダでルワンダ民主会議(RADER)結成。10-9 ルワンダでフツ解放運動党(Parmehutu)結成。12 ザンジバルのアフロ・シラジ同盟，アフロ・シラジ党とザンジバル・ヘンバ人民党に分裂
1960	1-1 仏領カメルーン(東カメルーン)がカメルーン共和国として独立。初代大統領にアヒジョが就任(5)。1-11 ベルギーが，フツの指導下によるルワンダの自治を認めることを明言。1-25 第2回パン・アフリカ会議がチュニスで開催(～1-31)。3-27 ケニア・アフリカ人民族同盟(KANU)設立。3 南ア連邦のPACが，パス法撤廃運動を展開。シャープヴィル事件(3-21)により非常事態宣言され，ANC，PACの活動は禁止される。4-27 フランスよりトーゴ共和国独立。初代大統領オリンピオ。6-20 フランス共同体よりマリ連邦独立。6-26 英領ソマリランドがソマリランド共和国として独立。フランス共同体よりマダガスカル共和国独立。初代大統領ツィラナナ。6-30 ベルギー領コンゴがコンゴ共和国(コンゴ・レオポルドヴィル)として独立(現コンゴ民主共和国)。分権派のカサヴブが大統領，集権派のルムンバが首相。7-1 ガーナが共和制に移行。初代大統領エンクルマ。イタリア領ソマリランドが独立し，ソマリランド共和国(旧英領ソマリランド)と合邦。ソマリア共和国となる。7-6 コンゴ共和国，独立後1週間にしてレオポルドヴィルで軍隊反乱。7-11 コンゴ共和国のチョンベが，カタンガ州の分離独立を宣言。コンゴ動乱に突入。8-1 フランス共同体よりダホメー共和国(現ベナン)独立。初代大統領マガ。8-3 フランス共同体よりニジェール共和国独立。初代大統領ディオリ。8-5 フランス共同体よりオートヴォルタ共和国(現ブルキナファソ)独立。8-7 フランス共同体よりコートディヴォワール共和国独立，ウフェ＝ボワニが初代大統領に選出(11-27)。8-11 フランス共同体よりチャド共和国独立。初代大統領トンバルバイエ。8-13 フランス共同体より中央アフリカ共和国独立。初代大統領ダッコ。8-15 フランス共同体よりコンゴ共和国(コンゴ・ブラザヴィル)独立(現コンゴ共和国)。初代大統領ユールー。8-17 フランス共同体よりガボン共和国独立。レオン・ムバが初代大統領に就任(1961.2)。8-20 セネガルがマリ連邦より離脱し，セネガル共和国として独立，サンゴールが初代大統領に就任(9-5)。9-5 コンゴ共和国(現コンゴ共和国)のカサヴブ大統領，ルムンバ首相を解任。ルムンバもカサヴブを解任。9-14 コンゴ共和国で反ルムンバのクーデタ。陸軍参謀長モブツが権力を掌握。9-22 マリ，マリ共和国として独立。初代大統領モディボ・ケイタ。10-1 イギリスよりナイジェリア連邦共和国独立。アジキエが総督，ベロが首相。11-28 フランス共同体よりモーリタニア・イスラーム共和国独立。初代大統領ダダ。フランス共同体崩壊。12-14 エチオピアで近衛師団によるクーデタ未遂 ―― 「アフリカの年」。1年間で17カ国独立

1961	***2-4***	ポルトガル領アンゴラのMPLAがルアンダの刑務所を襲う。北部で武装闘争を開始(***3-15***)。***4-27*** イギリスよりシエラレオネ独立。***5-31*** 南アフリカ連邦がイギリス連邦を脱退して，南アフリカ共和国に改称。初代大統領スワルト。***9-20*** コンゴ共和国(現コンゴ民主共和国)のカタンガ州で停戦合意。***10-1*** イギリスより西カメルーン(旧英領南部)独立。カメルーン共和国(旧仏領，東カメルーン)とともにカメルーン連邦共和国成立。初代大統領アヒジョ(旧東カメルーン)。旧英領カメルーン(北部)はナイジェリアと合併。***12-9*** イギリスよりタンガニーカ独立。初代首相ニエレレ。***12-17*** ジンバブウェ・アフリカ人民同盟(ZAPU)結成。全アフリカ労働組合連合結成
1962	***3-28***	ポルトガル領アンゴラでアンゴラ国民解放戦線(FNLA)を結成，アンゴラ亡命革命政府を樹立(***4-5***)。***7-1*** ベルギーよりブルンディ王国独立。ベルギーよりルワンダ共和国独立。カイバンダが初代大統領。***10-9*** イギリスよりウガンダが英連邦王国の1つとして独立。オボテ首相。***11-14*** エチオピアがエリトリアとの連邦制を廃止し，併合を議決。***11-21*** KANUがケニア東北部のソマリ人分離運動に反対声明。***12-9*** タンガニーカ，共和国となる。初代大統領ニエレレ。***12-18*** セネガルでディア首相によるクーデタ失敗
	——	モザンビーク解放戦線(FRELIMO)結成
1963	***1-14***	チョンベがカタンガ州の分離終結を宣言。第一次コンゴ動乱終了。***5-24*** 南ア共和国政府が「バントゥ自治促進法」による最初の試みとして，トランスケイに「自治」を承認。***5-26*** アフリカ統一機構(OAU)結成。***5*** スペイン領サハラでリン鉱石発見。***8-8*** ジンバブウェ・アフリカ民族同盟(ZANU)結成。***8-15*** コンゴ共和国(現コンゴ共和国)で，ユールー政権打倒の8月革命おこる。***10-1*** ナイジェリアが連邦共和国に。アジキエ大統領。***11*** ルワンダでツチとフツの衝突。多数のツチ虐殺される。報復の殺戮おこる(***12***)。***12-10*** イギリスよりザンジバル独立。***12-12*** イギリスよりケニア独立。初代首相ジョモ・ケニヤッタ。***12-31*** ローデシア・ニヤサランド連邦解体
	——	スーダン南部にゲリラ組織「アニャニャ」結成
1964	***3-25***	コンゴ共和国元大統領ユールーが，コンゴ共和国(現コンゴ民主共和国)に亡命。***4-23*** タンガニーカとザンジバルが連合を発表，タンガニーカ・ザンジバル連合共和国成立(***4-27***)。ニエレレ大統領。***6-12*** 南ア共和国でマンデラらANC指導者6人に終身刑宣告。***7-6*** イギリスよりニヤサランド独立し，マラウィ(英連邦内自治国)となる。***8*** ザイールがコンゴ民主共和国に改称。***10-5*** カイロで第2回非同盟諸国会議。***10-24*** イギリスより北ローデシア独立し，ザンビア共和国に改称。初代大統領カウンダ。***10-29*** タンガニーカ・ザンジバル連合共和国がタンザニア連合共和国に改称。初代大統領ニエレレ。***11-16*** スーダンで軍事独裁政権打倒，文民政府樹立。***12-12*** ケニアが共和制に移行，ケニア共和国に。初代大統領ケニヤッタ
1965	***2-18***	イギリスよりガンビア独立。***3-16*** ハルトゥームで南部スーダン問題円卓会議(～***3-26***)。***10-26*** 東・中央アフリカ諸国が東アフリカ経済共同体を創設。***11-7*** コートディヴォワールでウフェ＝ボワニが大統領に再選。***11-11*** ローデシアの白人政権が，南ローデシアからローデシア共和国に改称し，一方的独立宣言。初代首相イアン・スミス。***11-25*** ザイールで無血クーデタ，モブツが大統領となる。***12-9*** スーダン共産党が非合法化。***12-31*** 中央ア

		フリカでクーデタ。ダッコ政権打倒し，ボカサが大統領に就任(1966.1-1)
	――	スーダン南部分離運動「アニャニャ」のゲリラ活発化
1966	1-15	ナイジェリアで第1次クーデタ，イロンシ政権樹立。2-22 ウガンダでクーデタ。オボテ大統領，共和国を宣言(4-15)。2-24 ガーナのエンクルマ大統領が，訪中期間中のクーデタにより失脚。4-1 セネガルのダカールで第1回黒人芸術祭開催(～4-24)。6-30 コンゴの首都レオポルドヴィル，キンシャサに改称。7-6 マラウィ，英連邦内の共和国になる。7-29 ナイジェリアで第2次クーデタ，ゴオン政権樹立(8-1)し，連邦制復活(8-8)。8-20 ナミビア南西アフリカ人民機構(SWAPO)，武力闘争を開始。9-30 イギリスよりベチュワナランド独立し，ボツワナ共和国に改称。初代大統領カーマ。10-4 イギリスよりバストランド独立し，レソト王国に改称。国王モシェシュ2世，初代首相ジョナサン。11-26 ブルンディでクーデタにより王政廃止。ブルンディ共和国となる。ミコロンベが大統領に
1967	2-5	タンザニアでTANU中央執行委員会「アルーシャ宣言」を採択。社会主義化路線をとる。3-19 仏領ソマリランドが仏領アファール・イッサに改称。 3 スーダン-エチオピア国境紛争。5-27 ナイジェリアが戒厳令。4州制から12州制に移行。5-30 ナイジェリア東部州がビアフラ共和国として分離独立宣言。7-6 ナイジェリアでビアフラ内戦開始(～1970.1)。9-13 タンザニアのニエレレ大統領「ウジャマー村構想」発表
1968	3-12	イギリスよりモーリシャス独立。ラングーム首相。5-14 コートディヴォワールがビアフラを承認し，ナイジェリアと断交。6-12 国連総会，今後，南西アフリカをナミビアと呼ぶことを決議。9-6 イギリスよりスワジランド王国独立。国王ソブフーザ2世。10-12 スペイン領ギニアが赤道ギニア共和国として独立。初代大統領マシアス・ンゲマ。11-9 マリでクーデタによりモディボ・ケイタ政権を打倒，ムーサ・トラオレが権力を掌握
	――	南ア共和国は「南西アフリカ原住民自治発展法」を制定し，ナミビアに6つのホームランドを創設
1969	5-25	スーダンでクーデタ，ヌメイリ少佐が政権掌握。スーダン民主共和国に改称。7 南ア共和国のスティーブ・ビコ指導下に，黒人だけの南アフリカ学生組織(SASO)が結成され，「黒人意識」運動開始。8-12 トーゴで，トーゴ人民連合(RPT)を単一政党として結成。10-21 ソマリア共和国でクーデタ，ソマリア民主共和国に改称し，バレ将軍が最高革命評議会議長に就任(11-1)。12 コンゴ共和国でコンゴ労働者党(PCT)結成，権力を掌握(1970.1～3)
	――	スーダン南部解放運動がアニャニャを中核にして結成
1970	1-3	コンゴ共和国がコンゴ人民共和国に改称。1-12 ナイジェリアで，ビアフラ軍が正式に降伏，内戦に終止符。3-2 ローデシアが一方的に共和国宣言。デュポン大統領。4-24 ガンビアが共和制に移行。初代大統領ジャワラ。4 スーダン政府がイマーム-アル・マフディ派を弾圧。5-4 リベリアでウィリアム・タブマン大統領7選。5-27 アシャンティ王プレンペ2世没。5 ウガンダ(5-1)，ソマリア(5-9)，スーダン(5-25)が外資系企業国有化。10-1 ナイジェリアのゴオン国家元首が民政復帰計画発表。10-10 スーダンでヌメイリが大統領に就任
1971	1-24	ギニアとセネガルが国交断行。1-25 ウガンダでクーデタ，アミンが大統

		領に就任(2-20)。1 西サハラのポリサリオ戦線がアルジェで結成。4-19 シエラレオネが共和国となり，スティーヴンスが大統領に就任(4-21)。7-23 リベリアのタブマン大統領没，トルバート副大統領が大統領に就任。10-1 ジンバブウェでZAPUとZANU統合をめざすジンバブウェ解放戦線(FROLIZI)結成。10-27 コンゴ民主共和国(コンゴ・キンシャサ)，ザイール共和国に改称。10-30 南ア共和国政府がボフタツワナに「自治」承認
1972	1-10	ガーナでクーデタ，アチャンポン大佐が国民経済評議会(NRO)を組織。2-27 スーダン政府と南部スーダン解放勢力が「アディスアベバ協定」に調印。第一次内戦終結。3 中央アフリカでボカサが終身大統領になる。5-18 マダガスカルでラマナンツァ将軍がクーデタ。ツィラナナ政権崩壊。6-2 カメルーン連邦共和国が連邦制を廃止。カメルーン連合共和国に改称。6 ラバトでアフリカ首脳会議開催。7-9 海外で病死した(4-27)ガーナのエンクルマ元大統領の遺骨が，故郷に埋葬される。8-1 南ア共和国政府がシスケイに「自治」承認。10-2 南ア共和国政府がレボアに「自治」承認。10-26 ダホメー(現ベナン)でケレク少佐によるクーデタ
1973	5-8	スーダンで新憲法発効。7-5 ルワンダでクーデタ。ハビャリマナ大統領就任(8-1)。9-24 ギニア・カボヴェルデ独立アフリカ党(PAIGC)がギニア・ビサウの独立を宣言。国家評議会議長にルイス・カブラル
1974	1	西アフリカ経済共同体(CEAO)成立。7-4 ケニアのケニヤッタ大統領が英語以外にスワヒリ語を公用語に採用。9-12 エチオピアで軍事クーデタ。ハイレ・セラシエ皇帝を廃位し，暫定軍事政権樹立。エチオピア軍部評議会(DERG)が社会主義国家宣言(12-20)。10-1 ナイジェリアのゴオン大統領が民政復帰計画延期を発表。11-30 ダホメー(現ベナン)のケレク元首がマルクス・レーニン主義国家を宣言
	——	ポルトガルがギニア・ビサウの独立を正式に承認。初代大統領ルイス・カブラル
1975	1	エチオピアでDERGが外資系企業国有化を発表。さらに国有化進める。2-28 アフリカ・カリブ・太平洋諸国(ACP46カ国)が，ヨーロッパ共同体(EC 9カ国)とロメ協定に調印。3 エチオピアでDERGが土地国有化(3-4)，帝政廃止(3-21)を発表。5-28 西アフリカ諸国経済共同体(ECOWAS)設立。6-25 ポルトガルよりモザンビーク人民共和国独立，FRELIMOが実権。7-5 ポルトガルよりカボヴェルデ共和国独立。7-6 フランスよりコモロ共和国独立。初代大統領アーメド・アブダラー。7-12 ポルトガルよりサントーメ・プリンシペ民主共和国独立。初代大統領ダ・コスタ。7-29 ナイジェリアで第3次クーデタ。ムルタラ・ラマット・ムハマッド政権樹立。11-11 アンゴラの3解放組織(MPLA，FNLA，アンゴラ全面独立民族同盟〈UNITA〉)，それぞれ独立を宣言。11-30 ダホメー共和国がベナン人民共和国に改称。12-21 マダガスカルがマダガスカル民主共和国に改称。ディディエール・ラツィラカが大統領として承認される
1976	1-2	コモロ共和国でクーデタ，アリ・ソワリが大統領就任。1-9 ガーナのアチェンポン国家元首が民政移行を発表。1-15 西ソマリア解放戦線(WSLA)再建大会。2-9 アンゴラのMPLAがユアンボを占領し，内戦終結。アンゴラ人民共和国樹立。2-26 サハラに対するスペインの統治終了。2-27

		ポリサリオ戦線がサハラ・アラブ民主共和国の樹立を宣言。4-14 モロッコとモーリタニアがサハラの分割領有協定に調印。6-10 南ア共和国のソウェトでアフリカーンス語強制授業に反対して学生蜂起(~6-16)。6-28 イギリスよりセイシェル共和国独立。初代大統領マンカム。9 エチオピアでDERGがエチオピア人民革命党(EPRP)を弾圧。12-4 中央アフリカのボカサ大統領が共和制を廃止して帝制を実施
1977	1	ナイジェリアのラゴスで黒人芸術祭開催。2-5 タンザニアでTANUとASPが合同し，革命党(CCM)を結成。2-22 ソマリア軍，エチオピアのオガデン地域に侵攻(~1978)。国交断交(9-7)。3-8 コンゴ解放民族戦線(FNLC)，ザイール(現コンゴ民主共和国)のシャバ州へ侵攻を開始。第1次シャバ紛争始まる(~5-26)。5-16 ザンビアがローデシアに戦争宣言。ローデシアがモザンビークに侵攻(5-30)。6-27 旧仏領アファール・イッサがジブチ共和国として独立。初代大統領グーレド。9-7 エチオピア，ソマリアと国交断交を発表。9-12 南ア共和国の「黒人意識運動」指導者，ビコが拷問死
	——	国際連合安保理，対南ア共和国武器禁輸決議
1978	3-24	エチオピアがソマリア領内全域を制圧。5-13 ザイールで第2次シャバ紛争始まる(~5-23)。5 コモロ共和国でクーデタ。8-22 ケニア，ケニヤッタ大統領没，モイが大統領に就任。9-28 南ア共和国，政治腐敗のなかでボタが首相に就任。10 ウガンダ軍がタンザニア北部に侵攻。コモロ共和国がコモロ・イスラーム連邦共和国に改称。元大統領のアーメド・アブダラーが大統領に復帰。11-21 ギニア，ギニア民主党(PDG)が党大会でコナクリ憲章採択。ギニア人民共和国に改称
	——	国連安保理，国連ナミビア独立支援グループ(UNTAG)の設置を決定(1989活動開始)。アパルトヘイト終焉へむかう
1979	3-23	ウガンダの反アミン勢力が結集し，タンザニアでウガンダ民族解放戦線(UNLF)を結成。4-11 ウガンダのUNLFが新政府を樹立。ルレ暫定政権。アミン独裁政権崩壊するも混乱続く。チャドで暫定国家連合政府成立。ウエディが大統領に。6-1 ジンバブウェ・ローデシア政府発足。6-4 南ア共和国でフォルスター大統領辞任。ガーナでローリングスらのクーデタ。アチェンポンが処刑され(6-16)，リマンが大統領に(7-9)。6-19 マリでムーサ・トラオレを大統領に選出。8-3 赤道ギニアで軍事クーデタ。8-5 モーリタニアがポリサリオ戦線と平和協定に調印。同戦線に譲渡予定地域をモロッコが併合し，同戦線とモロッコ対立(8-6)。9-11 ソマリアでオガデン(エチオピア)からの大量難民流入。非常事態宣言。9-20 中央アフリカで無血クーデタ，ボカサ皇帝追放され，ダッコ前大統領が大統領に。共和制復帰宣言。10-1 ナイジェリアが民政に復帰。シャガリ大統領
1980	3-22	チャドのンジャメナで大統領派と国防相派が銃撃戦，内戦状態に。3-28 ソマリアがアメリカに対する基地提供を公表。4-12 リベリアでクーデタ，ドウが国家元首に就任。4-18 南ローデシア，ジンバブウェ共和国として独立。ジンバブウェ・アフリカ民族同盟愛国戦線(ZANU-PF)のムガベが首相に，バナナが大統領に。10-12 コートディヴォワールのウフェ゠ボワニ，大統領5選。11-14 ギニア・ビサウでクーデタ。カブラルが追放され，

		首相のヴィエイラが大統領に。12-10 ウガンダ人民連合(UPU)が選挙に圧勝し，オボテ元大統領が大統領に復帰(12-15 就任)。12-31 セネガルで独立以来大統領を務めてきたサンゴールが高齢を理由に引退。かわって，ディウフが第2代大統領に就任(1981.1-1)
1981	1-30	南ア共和国軍のアンゴラ，モザンビークなど周辺諸国に対する攻撃始まる(〜1983)。2-17 南部アフリカ前線5カ国首脳，ザンビアのルサカで会議。9-1 中央アフリカでコリンバ将軍によるクーデタ。12-31 ガーナでクーデタ。ローリングス，リマン大統領を追放して，権力掌握
	——	世界銀行が「バーグ報告書」発表。各国で構造調整政策が導入される
1982	2-1	セネガルとガンビアが連邦国家となる(セネガンビア連邦)。3〜6 ジンバブウェ，マタベレランドで騒乱(その後，1983年初頭にかけて国軍の掃討作戦にともない，一般住民の虐殺事件発生)。6-9 ケニア，憲法改正により，KANUの一党制となる。10-12 スーダンのヌメイリ大統領とエジプトのムバラク大統領が統合憲章に調印。11-7 オートヴォルタでクーデタ。ウェドラオゴ少佐が権力掌握。11 カメルーンでアヒジョ大統領が辞任，首相のビヤが大統領となる
1983	1-18	南ア共和国が，南西アフリカに樹立した傀儡政権的な自治政府を廃止し，直接統治を復活。5 南部スーダンに駐留していたスーダン政府軍の2個大隊が反乱を起こし，エチオピア領内に撤退。第二次スーダン内戦勃発。8-4 オートヴォルタでクーデタ。トマ・サンカラら，ウェドラオゴ政権を倒す。8-20 南ア共和国の575団体，人種別三院制議会導入に反対して統一民主戦線(UDF)結成。8 チャド内戦深刻化にともない，フランスが派兵。カメルーンで，前大統領(アヒジョ)派が大量逮捕。アヒジョは国外に脱出。12-31 ナイジェリアで軍事クーデタ。シャガリ政権にかわってブハリ軍事政権樹立(1984.1-1)
1984	1-25	カメルーン連合共和国，カメルーン共和国に改称。4-3 ギニア人民革命共和国でセク・トゥーレ大統領没後のクーデタ。コンテ大佐が大統領に就任し，憲法停止。国民議会を解散し，国名をギニア共和国に改称。8-4 オートヴォルタ共和国がブルキナファソに改称。9-3 南ア共和国で，カラードとアジア人の人種別選挙実施。12-12 モーリタニアで，タヤ参謀総長(兼首相)がクーデタにより実権掌握
	——	エチオピアで飢餓が深刻化(〜1985)
1985	1	エチオピアからユダヤ系住民5000人以上がイスラエルに移住(「モーゼ作戦」終了)。4-6 スーダンで軍事クーデタ。ヌメイリ大統領解職し，ダハブ軍事政権樹立。反政府運動激化。スーダン共和国に改称(12)。7-21 南ア共和国で非常事態宣言。暴動激化。7-27 ウガンダでオケロ将軍によるクーデタ。オボテ大統領亡命。8-27 ナイジェリアでクーデタ。ババンギダ陸軍参謀長が国家元首になる。10-27 コートディヴォワールで，ウフェ＝ボワニ大統領6選。10 タンザニアでニエレレが引退。ムウィニが大統領に就任。11-28 シエラレオネで大統領選挙。単独候補のモモが選出。11-29 南ア共和国で36の労組が南アフリカ労働組合協会(COSATU)結成
1986	1	ウガンダ内戦で国民抵抗軍(NRA)が勝利。ムセヴェニが大統領に就任(1-29)。5 スーダンで民政移管。ウンマ党のマフディ党首を首相とする連立

		内閣成立。***6-12*** 南ア共和国全土に3度目の非常事態宣言。***6-19*** タンザニアが国際通貨基金(IMF)と合意し，自国通貨を大幅切り下げ。***11-4*** モザンビークでシサノが大統領に就任。***12-22*** チャドの内戦，リビア・アメリカ・フランスなどを巻き込んで拡大
	——	ナイジェリアのショインカがアフリカ人として初のノーベル文学賞受賞
1987	***2-22***	エチオピアで新憲法発布。***3-11*** ガンビアの総選挙でジャワラ大統領の人民進歩党(PPP)が勝利。***7-16*** 南ア共和国で新国家安全保証制度(NSMS)発足。***9-3*** ブルンディで軍事クーデタ。バガザにかわってブヨヤが大統領に就任。***9-11*** チャドとリビア，OAUの調停により停戦。***10-2*** ニエレレ前タンザニア大統領を委員長に「南南委員会」設置。***10-15*** ブルキナファソでクーデタ。サンカラ暗殺される。コンパオレが権力掌握。***12-22*** ジンバブウェで与野党が合併し，ジンバブウェ・アフリカ民族同盟愛国戦線(ZANU-PE)設立。権限が強化された大統領にムガベが就任(***12-30***)
1988	***2-27***	セネガルで総選挙，セネガル社会党が圧勝。ディウフ大統領3選。***4-4*** エチオピア－ソマリア間に停戦協定。***5-14*** エチオピア政府がティグレ，エリトリアで非常事態宣言。***5-25*** 南ア共和国のアフリカ人民族会議(ANC)が日本に支部開設。***8*** ブルンディでフツ系住民が多数虐殺される。***10-1*** ギニアでコンテ大佐が民政移行計画を発表。***12-21*** キューバ・アンゴラ・南ア共和国の3国，アンゴラ和平協定に調印。南ア共和国撤退に合意
1989	*5-25*頃	ナイジェリア中西部ベニンで，物価高騰などに反対する大規模な市民・学生デモ。***6-22*** アフリカ18カ国首脳，アンゴラ問題で協議，全面合意。***6-30*** スーダンで国民イスラーム戦線(NIF)によるクーデタ。***7-5*** 南ア共和国のボタ大統領と黒人指導者マンデラが会談。***9-14*** 南ア共和国でデクラークが大統領に就任。***9-30*** セネガンビア国家連合解体。***11-7*** ナミビア，国連監視下の選挙で南西アフリカ人民機構(SWAPO)が第1党に。***11-26*** コモロ・イスラーム連邦共和国でアブダラー大統領が暗殺される。***12-7*** ベナンがマルクス主義の放棄を発表。***12-24*** リベリアの反政府武装勢力リベリア国民愛国戦線(NPFL)が，コートディヴォワールからリベリア東部に侵攻
1990	***2-2***	南ア共和国でANC，PAC，南アフリカ共産党(SACP)が合法化，アパルトヘイト廃止へ向けての改革を発表。ANC最高指導者ネルソン・マンデラが釈放される(***2-11***)。***2*** ベナンで国民会議開催。さまざまな民主化の措置を決定。ベナン人民共和国からベナン共和国に改称(***3-1***)。***3-21*** ナミビア共和国が正式に独立，SWAPOが与党に。初代大統領ヌジョマ。***3*** コモロ・イスラーム連邦共和国で複数政党制による大統領選挙実施，モハメド・ジョハールが新大統領に。***4-24*** ザイール(現コンゴ民主共和国)のモブツ大統領，複数政党制導入を発表。***5*** ガボンが憲法改正して，複数政党制を容認。***7*** 南ア共和国で，インカタ自由党が旗揚げ。***8*** ECOWAS監視グループ(ECOMOG)がリベリア内戦に介入。のちにドウ大統領暗殺(***9***)。***9*** カボヴェルデが複数政党制を導入。***10-26*** コートディヴォワールでウフェ＝ボワニ大統領が複数政党制を容認，のちに7選(1990)。***10-28*** ガボンで複数政党制による初の国民議会選挙実施。与党勝利。***10*** ルワンダ愛国戦線(FPR)が，ウガンダからルワンダ北部に侵攻。***12-2*** チャドで，デビィ率いる反乱軍が首都制圧。***12*** コンゴ人民共和国がマルクス・レーニン主義を放棄し，

		複数政党制導入を承認。カメルーンが国会で憲法改正し，複数政党制を導入。ギニアが複数政党制を認める新憲法採択
1991	1-29	南ア共和国でANCと武力衝突したインカタが和解の協議。ソマリアで反政府ゲリラ。バレ大統領，首都を追われる。全国的に内戦状態。3-24 ベナンで複数政党制移行後初の大統領選挙。ソグロが勝利。3-26 マリでクーデタ。民主化運動を抑圧するトラオレが逮捕され，国民会議開催へ(7)。3 シエラレオネで内戦勃発。リベリアの反政府武装勢力NPFLが関与。5-1 アンゴラが包括和平協定(ビセッセ合意)に調印。内戦終結。5 ウガンダのムセヴェニ政権，アミン政権時代に追放されたインド人に帰還を呼びかけ。エチオピアで，エチオピア人民革命民主戦線(EPRDF)が首都を制圧。メンギスツ大統領が国外脱出(5-22)。6-2 ブルキナファソが複数政党制を定めた憲法を制定。6-10 ルワンダが複数政党制を定めた憲法を制定。6-17 南ア共和国がアパルトヘイト体制終結を宣言。6 マダガスカルで野党連合が憲法改正とラツィラカ大統領の退任を求め，ゼネストを含む大衆行動を展開(～8)。7-5 南ア共和国でアフリカ人民族会議(ANC)議長にマンデラを選出。7 エチオピアでメレス大統領選出。8-6 ソマリアでアリ・マハディ派とアイディット派が合意文書に調印。8-12 ジブチでアファール人が「統一と民主主義回復のための戦線」(FRUD)を結成。8 スーダンで反政府武装勢力のSPLAが分裂。10-31 ザンビアで複数政党制導入後初の大統領選挙。チルバがカウンダを破る。12 ケニア，複数政党制導入を決定
1992	1	アフリカの難民500万人を突破(国連発表)。3-7 コンゴ共和国(旧コンゴ人民共和国)が新憲法を採択，大統領選挙実施。3-8 マリの総選挙で，マリ民主同盟(ADEMA)が単独過半数獲得。大統領選挙(4-12)では，コナレが当選。4-2 ガーナで，多党制を容認する新憲法がレファレンダムで採択。4-29 シエラレオネで軍事クーデタ，ストラッサー大尉が暫定評議会議長に就任。4 国連ソマリア活動(UNOSOM)の設置。6-8 エチオピアの総選挙・地方選挙でEPRDFが圧勝。8-9 マダガスカル民主共和国がマダガスカル共和国に改称。9-29,30 アンゴラで大統領・国会議員選挙。UNITAが選挙結果を拒否し，内戦再発(10)。10-4 モザンビークで，和平合意(ローマ協定)締結。10-11 カメルーンで複数政党制移行後初の大統領選挙。現職のビヤが勝利。11-3 ガーナで複数政党制移行後初の大統領選挙。現職のローリングスが勝利。12-9 ソマリアで，人道支援環境確保のために，国連安保理決議の承認を受けた多国籍軍(UNITAF)展開開始。12-29 ケニアで複数政党制移行後初の大統領選挙。現職のモイが勝利。ガーナで野党が総選挙をボイコットし，国民民主会議(NDC)が議席を独占
1993	1-7	ガーナが民政移管。ローリングスが大統領就任。2-10 マダガスカルの大統領選挙で，ザフィがラツィラカを破り当選。3 頃 シエラレオネで反政府武装勢力RUFの活動活発化。4 ソマリアのUNITAFがUNOSOM IIに継承。南ア共和国のANC有力指導者ハニが暗殺される。5-24 エリトリア，エチオピアから分離して独立。6-1 ブルンディで複数政党制による大統領選挙。ンダダエ選出。6-12 ナイジェリアで大統領選挙。途中で開票が中止され，政府が選挙の無効を発表(6-23)。6 ソマリアで，UNOSOM IIと現地武装勢力が衝突。多数の死傷者をだす。8-4 ルワンダで政府とFPR

		の和平合意(アルーシャ合意)成立。***8***-*25* トーゴで複数政党制移行後初の大統領選挙。現職のエヤデマが当選。***8*** 南ア共和国がウォルビス湾のナミビア返還を決定(1994.***3*** 返還)。***9***-*19* 中央アフリカ，複数政党制移行後初の大統領選挙実施。第2回投票でパタセが当選。***10***-*5* 第1回アフリカ開発会議(TICAD)が東京で開催(～***10***-*6*)。***10***-*21* ブルンディで，ンダダエ大統領が軍により暗殺される。***10*** ソマリアで，現地勢力と衝突によりアメリカ兵士18人が死亡。アメリカは部隊撤収を決定。***11***-*17* ナイジェリアでアバチャ将軍が暫定統治評議会を設置し，議長に就任。***12***-*7* コートディヴォワールのウフェ＝ボワニ大統領没。ベディエが大統領に就任(1994.***2***)。***12***-*19* ギニアで大統領選挙。コンテが当選
1994	***1***	ナイジェリアとカメルーンが，バカシ半島の領有権をめぐって紛争。***4***-*6* ルワンダとブルンディ両国大統領同乗の飛行機が撃墜される。ルワンダ全土で大量虐殺開始，内戦再発。国連平和維持軍(UNAMIR)は，事実上撤退。***4***-*27* 南ア共和国の全人種参加型総選挙でANCが勝利し，ネルソン・マンデラが大統領に就任(***5***-*10*)。***5***-*17* マラウィで複数政党制移行後初の大統領選挙。ムルジがバンダを破って当選。***7***-*19* ルワンダで内戦と虐殺の犠牲者が50万人以上に。FPRが内戦に勝利して政権樹立。***7***-*22* ガンビアでクーデタ。ジャメーが政権掌握。***10***-*27,28* モザンビークで，複数政党制による大統領選挙。シサノが当選。***10*** ルワンダ難民支援のために，日本が自衛隊を東部ザイール(現コンゴ民主共和国)に派遣(～***12***)。***11***-*8* 国連安保理がルワンダ国際刑事法廷(ICTR)設立を決議。***11***-*20* アンゴラ内戦の停戦合意(ルサカ合意)締結。***12*** ナミビアでヌジョマ大統領を再選
1995	***1***	レソトのモシェシュ2世が国王に復位。***2*** ナイジェリアでサニ・アバチャ大統領に対するクーデタ未遂。***3*** UNOSOM II がソマリアから完全撤退。***5***～***6*** エチオピアで総選挙。EPRDF圧勝。メレスが首相就任。***6*** スーダン反政府勢力が幅広く結集したNDAがエリトリアで会合し，アスマラ宣言を採択。***9***-*27* コモロ・イスラーム連邦共和国でクーデタ未遂，ジョハール大統領失脚。***10***-*11* タンザニア，複数政党制移行後初の大統領選挙で与党CCMのムカパを選出。***11***-*10* ナイジェリアで，環境保護や民族の権利を訴えたサロ・ウィワが処刑される。***12***-*15* 南ア共和国政府，白人政権下の人権犯罪調査を目的とする「真実和解委員会」設置を決定
	——	多党制を憲法で保障した文民政府がアフリカ全体で38カ国になる
1996	***1***	シエラレオネで無血クーデタ。ストラッサーが失脚。***3***-*2* ベナンで大統領選挙。ケレク元大統領がソグロを破って返り咲き。***3***-*16* コモロ・イスラーム連邦共和国でモハメド・タキが新大統領に選出。***3***-*29* シエラレオネの大統領選挙で，人民党党首のカバが当選。***4*** 南ア共和国で「真実和解委員会」が活動開始。***7***-*25* ブルンディでクーデタ。ブヨヤが元首に復権。***8***-*1* ソマリアのアイディット将軍没し，息子のフセイン・モハメッドが後継者に。***8*** リベリアで武装6派が停戦合意。***9***-*26* ガンビアで大統領選挙。ジャメーが当選。***10*** ザイール(現コンゴ民主共和国)東部でコンゴ・ザイール解放民主勢力連合(ADFL)が蜂起し，内戦へ発展。大量のルワンダ難民がキャンプから帰国(***11***)。***12***-*29* マダガスカルの大統領選挙で，ラツィラカがザフィを破って当選。***12*** ガーナの大統領選挙でローリングス再選

1997	***4***	アンゴラで挙国一致内閣成立。UNITAが入閣。***5-17*** ザイールでADFLが内戦に勝利。ADFL議長ローラン＝デジレ・カビラが大統領に就任，国名をコンゴ民主共和国に改称。***5-25*** シエラレオネでクーデタ。コロマがカバを追放して国家元首に就任。***7-19*** リベリアで内戦が終結。大統領選挙でチャールズ・テーラーが当選。***10*** コンゴ共和国で，サスー・ンゲソ派が内戦に勝利。アンゴラが軍事介入。***12-22*** ソマリアの各派代表，カイロで和平協定に調印。***12-29*** ケニアで大統領・国会議員選挙。モイが再選される
	――	コモロ・イスラーム連邦共和国のアンジュアン島，モヘリ島で分離独立を求める運動活発化
1998	***3-10***	シエラレオネでカバが大統領に復帰。***3-31*** ボツワナで1980年以来大統領職にあったマシレが引退。モガエが継承。***5*** エリトリア－エチオピア国境で武力衝突。両国間の戦争へ。セネガルの国会議員選挙で，セネガル社会党(PS)が過半数を獲得。***6-8*** ナイジェリアのアバチャ将軍が死去。***6-15*** ブルンディのアルーシャで，内戦の和平会議(アルーシャ和平会談)が開催。***6*** ギニア・ビサウで軍の反乱から内戦へ。セネガルがギニア・ビサウ政府支援のために軍隊を派遣(1999.***3*** 撤退)。***8-2*** コンゴ民主共和国で第二次内戦勃発。政府側にジンバブウェ，アンゴラ，ナミビア，反政府勢力側にルワンダ，ウガンダが派兵し，軍事介入。***8*** ケニアとタンザニアのアメリカ大使館で爆撃テロ。***9*** 南ア共和国のダーバンで，第12回非同盟諸国首脳会議(参加113カ国)開かれる。パレスティナ自治政府も参加。***10-19*** 第2回アフリカ開発会議(TICAD II)が東京で開催(～***10-21***)。***12*** ガボンでボンゴ大統領が6選。アンゴラで内戦激化。ルサカ合意崩壊
1999	***2-27***	ナイジェリアで民政移管選挙。オバサンジョが当選。***3*** トーゴの総選挙で野党がボイコットし，与党トーゴ人民連合が圧勝。***4-9*** ジブチの大統領選挙でイスマイル・ゲレが当選。ニジェールのマイナサラ大統領暗殺される。***4-30*** コモロ・イスラーム連邦共和国でクーデタ，アザリ参謀長が国家元首となる。***5*** ナイジェリアでオバサンジョ元最高評議会議長が大統領に就任。***6-16*** 南ア共和国で，ムベキが大統領に就任。***7-7*** シエラレオネでカバとサンコーRUF議長間に和平協定(ロメ協定)調印。***7-15*** コンゴ民主共和国で内戦の停戦合意(ルサカ合意)成立。***10-14*** タンザニアの初代大統領ニエレレがロンドンで病死。***10*** ニジェールで民政移管の大統領選挙(～***11***)。ママドゥ・タンジャ元内相を選出。***11-28*** ギニア・ビサウの大統領選挙でヤラ当選。***12-23*** コートディヴォワールでクーデタ。ゲイ元参謀長がベディエを追放し，国家元首に就任
2000	***2-27***	セネガルで大統領選挙。野党候補のワドが当選。***2*** ジンバブウェで憲法改正案が国民投票で否決される。この頃，政府が白人農場の不法占拠を促すキャンペーンをおこなう。***3-23*** ルワンダでビジムング大統領が辞任。元ルワンダ愛国戦線(FPR)最高司令官のカガメが後継大統領に就任。***5*** シエラレオネで，国連平和維持軍(UNAMSIL)の要員約500人がRUFによって拘束され，イギリスが派兵。南ア共和国のキンバリーで，南部アフリカのダイヤモンド生産諸国会合。いわゆる「紛争ダイヤモンド」流通規制を協議(「キンバリー・プロセス」開始)。***6*** OAUの調停で，エチオピアとエリトリア

	が停戦に合意。ジンバブウェで国会議員選挙。野党 MDC が大躍進。*8-26* ソマリアのアブディカシム・ハッサンが，ジブチにて暫定大統領に正式就任。*8-28* ブルンディで和平合意(アルーシャ協定)成立。ただし，反政府武装勢力の一部は参加せず。*10-22* コートディヴォワールで選挙によりゲイ大統領を選出するも，不正が表面化。ローラン・バボが第 4 代大統領に就任(*10-26*)。*12-12* エリトリア - エチオピア間で包括的和平条約締結。国連エチオピア・エリトリア・ミッション(UNMEE)が展開。*12* ガーナの大統領選挙で野党候補のクフォーが勝利
2001	*1-16* コンゴ民主共和国でデジレ・カビラ大統領が暗殺され，ジョゼフ・カビラ将軍が後継。*1* 森喜朗首相が日本の首相としてはじめてサハラ以南アフリカを歴訪。*2-21* スーダンで，NIF 指導者のトゥラビが逮捕される。*3-12* ウガンダで大統領選挙。ムセヴェニ大統領勝利。*3* ソマリア南部の反政府勢力，ソマリア和解・復興委員会(SRRC)を結成。*5-7* 国連でリベリア産ダイヤモンド禁輸決議が採択される。この頃，リベリアで再び内戦激化。*6* エリトリア - エチオピア両国国境間に安全保障地帯設定。*11-1* ブルンディで移行期政権発足。*11-11* ギニアで憲法改正。大統領任期を 5 年から 7 年に延長し，三選禁止条項を撤廃。*12-16* マダガスカルで，大統領選挙の結果をめぐり混乱。結局，ラヴァルマナナが新大統領に就任(～2002.*5-6*)。*12-23* コモロ・イスラーム共和国で新憲法採決。コモロ連合に改称。*12-27* ザンビアの大統領選挙で，与党候補のムワナワサが当選
2002	*1-17* コンゴ民主共和国東端のゴマ近くで火山が大噴火。溶岩流で多数の犠牲者。*1-18* シエラレオネで政府が内戦終結宣言。*2-22* アンゴラで UNITA のサビンビ議長，政府軍との戦闘で戦死。*3-30* アンゴラで，UNITA が停戦に応じる。*4-4* アンゴラの政府軍と UNITA 間で停戦合意に関する覚書に署名。内戦終結。*5-12* マリで大統領選挙。トゥーレが当選。*5-14* シエラレオネで大統領・国会議員選挙。カバが当選。*7-9* OAU を改組し，アフリカ連合(AU)が発足。*7-20* スーダンの南北内戦に関するマチャコス合意成立。*8～9* 南ア共和国，ヨハネスブルクで地球サミット開催。*9-19* コートディヴォワールで内戦勃発。反乱軍が第 2 の都市ブアケなどを占拠。*10-17* コートディヴォワール内戦に関し，セネガルなどの調停で停戦協定。*12-17* コンゴ民主共和国内戦に関し，包括的和平合意(プレトリア合意)成立。*12-29* ケニアで，モイ前大統領の後継候補のケニヤッタ初代大統領長男が大統領選挙に敗北，初の政権交代。ムワイ・キバキが大統領に就任
2003	*1-24* パリ近郊のリナ・マルクーシで，コートディヴォワール内戦の和平合意成立。*2-25* スーダン西部のダルフールで，スーダン解放軍(SLA)，正義と公正運動(JEM)が反政府蜂起。ダルフールの人道状況著しく悪化。*3-15* 中央アフリカで，元国軍参謀長のボジゼが首都を制圧。パタセは亡命。*6-12* コンゴ民主共和国東部の治安状況悪化を受けて，EU(ヨーロッパ連合)が治安維持を目的とした派兵を決定(「アルテミス作戦」)。*6-30* コンゴ民主共和国で挙国一致の移行期政権が成立。*7* ガボンで国会が大統領選挙の出馬制限規定を撤廃。*8-11* リベリアのテイラー大統領，辞任してナイジェリアに出国。*8-25* ルワンダで大統領選挙。カガメが当選。*9-14* ギニア・ビサウでクーデタ。ヤラ失脚。*9-29* 第 3 回アフリカ開発会議(TICAD III)が，

		東京で開催(〜***10***-*1*)
2004	***4***	ルワンダ虐殺10周年を契機として，ダルフール問題への関心が欧米で急速に高まる。***5***-*20* マラウィで統一民主運動(UDF)のムタリカを大統領に選出，国民議会選挙ではマラウィ会議党が与党に。***5*** チャドで国会が大統領の三選禁止条項を撤廃。***7***-*29* 国際刑事裁判所(ICC)，ウガンダ北部の状況(LRAによる内戦)につき捜査を開始すると発表。***8*** スーダンのダルフールで虐殺あいつぐ。住民がチャドへ大挙避難し，難民化(〜***10***)。***10***-*8* ケニアのマータイが，アフリカ女性初のノーベル平和賞受賞。***11*** コートディヴォワールで大規模な反仏暴動。***11***-*14,15* ナミビアで大統領選挙。SWAPOの候補ポハンバが当選。***12***-*1,2* モザンビークで大統領選挙。FRELIMOのゲブザが当選。***12***-*22* 映画「ホテル・ルワンダ」がアメリカで公開。大ヒットとなる(日本公開 2006.***1***)
2005	***1***-*9*	スーダン政府が南部の反政府勢力と包括的和平合意(CPA)。***2***-*5* トーゴで在任38年のエヤデマ大統領が病没。息子のニャシンベが権力継承。***2***-*24* ソマリアの暫定大統領アブドゥラヒ・ユスフら，亡命先より一時帰国。***2***-*28* ブルンディで憲法レファレンダム。政府機関や軍におけるツチとフツの比率を定める。***3***-*31* 国連安保理，ダルフール問題をICCに付託。***5*** 中央アフリカで大統領選挙。ボジゼが当選。エチオピアで総選挙。EPRDFが勝利するも大幅に議席減。結果をめぐって，学生ら治安部隊と衝突(***6***-*8*)。***6***-*14* 南ア共和国のジェイコブ・ズマ副大統領，収賄疑惑で罷免され，初の女性副大統領にムランボーングクカ鉱業エネルギー相が就任(***6***-*23*)。***7***-*2* 世界同時コンサート「LIVE 8」開催。サミット開催に先駆けて，世界の貧困撲滅を訴える。***7***-*6* イギリスのグレンイーグルスで先進国首脳会議。アフリカが主要議題となる。***7***-*24* ギニア・ビサウの大統領選挙で，ヴィエイラが勝利。***7***-*30* スーダン第1副大統領で，SPLA議長のガランが事故死。***7〜8*** ウガンダでレファレンダムにより多党制導入が決定。ウガンダ議会が大統領選挙の三選禁止条項を廃止。***8***-*19* ブルンディで，ンクルンジザが大統領に任命される。***10***-*11* リベリアで内戦終了後初の大統領選挙。決選投票でエレン・ジョンソン・サーリーフ当選(***11***-*8*)し，初の女性大統領として就任(2006.***1***-*16*)。***11***-*23* ケニアで憲法改正案否決される。***12***-*14* タンザニアで大統領選挙。与党CCMのキクウェテ当選
2006	***1***-*1*	ケニアで旱魃が深刻化し，政府が「国家的災害」宣言。***2***-*23* ウガンダで大統領選挙。ムセヴェニ3選。***3***-*29* 元リベリア大統領のテイラー，逮捕される。シエラレオネ特別法廷での審理のため，ハーグに送致される。***4***-*6* ベナンの大統領選挙で，ボニ・ヤイが当選。***4***-*13* チャドで反政府武装勢力が首都に侵攻。***5***-*5* スーダン，ダルフール紛争に関する和平協定がナイジェリアの首都アブジャで締結。署名主体は，政府とSLAミナウイ派のみ。***5***-*16* ナイジェリアでオバサンジョ大統領が引退を表明。***6*** ソマリアで武力衝突が激化し，イスラーム法廷連合(UIC)が首都モガディシュを制圧。AUが派兵を承認。***7*** コンゴ民主共和国で大統領選挙。ジョゼフ・カビラが当選し(***10***)，大統領に就任(***12***-*6*)。***8*** ウガンダが反政府武装組織「神の抵抗軍(LPA)」との間で「敵対行為停止合意」に署名。***12***-*20* エチオピアが「対テロ戦争」と主張し，ソマリアへ本格介入

2007	***1**-8*	アメリカ軍がソマリア空爆。***2**-25* セネガルの大統領選挙で，現職のワドが再選。***3**-4* コートディヴォワール内戦に関し，ワガドゥグ合意成立。***3**-21* ソマリア激戦。首都モガディシュ南部に避難命令(～***3**-22*)。***4**-21* ナイジェリアの大統領選挙で，ヤラドゥアが大統領に就任(***5**-29*)。***4**-29* マリで大統領選挙。トゥーレ再選される。***7**-11* シエラレオネで大統領・国会議員選挙。コロマが大統領に選出される。***7**-31* 国連安保理で，ダルフールへの平和維持部隊(UNAMID)派遣を承認。AU との混合部隊。***12**-18* 南ア共和国でズマ元副大統領が ANC 新議長に選出。***12**-27* ケニアで大統領選挙。キバキが勝利するも，選挙結果をめぐって国内各地で暴動
2008	***1**-24*	コンゴ民主共和国東部紛争に関し，当事者間で停戦合意成立。***1～2*** チャドで，反政府勢力が首都に侵攻。***2**-28* ケニアで連立政権の協力原則に関する合意文書に署名。合意に基づき連立内閣が発足(***4**-17*)。***2*** UNMEE が，暫定安全保障地帯からの一時移転，停戦監視活動を中断。***3**-29* ジンバブウェで大統領・国会議員選挙。大統領選挙では，第 1 回投票で野党のツァンギライがムガベをリードしたが，治安悪化を理由に選挙戦から撤退(***6**-27*)。下院では ZANU-PF が過半数を割り込む。***3*** AU，コモロ連合のアンジュアン島に軍事制圧作戦。バカル大佐を追放し連合政府の実効支配回復。***5**-10* スーダンで，ダルフール地方の反政府武装勢力 JEM が，首都ハルトゥームを攻撃。***5**-28* 第 4 回アフリカ開発会議(TICAD IV)が，横浜で開催(～***5**-30*)。***7**-16* ICC のモレノ・オカンポ検事が，人道に反する罪やジェノサイドによる罪などを理由として，スーダンのバシール大統領に対する逮捕状を請求。***7**-30* エチオピア-エリトリア国境で活動していた国連平和維持軍(UNMEE)活動を終了。エリトリア側の妨害などで事実上，活動停止に追い込まれる。***8**-19* ザンビアのムワナワサ大統領，入院先のパリで死去。***9**-4,5* アンゴラで内戦終了後初の国会議員選挙。MPLA が圧勝。***9**-24* 南ア共和国で，ムベキ大統領辞任。***10**-30* ザンビアで大統領選挙。与党候補のバンダが当選。***11*** コンゴ民主共和国東部情勢，再び悪化。元ナイジェリア大統領のオバサンジョが国連事務総長特使として派遣される。***12**-16* 南ア共和国で，与党の ANC から分裂した新党「国民会議」(COPE)が旗揚げ。***12**-22* ギニアのコンテ大統領死去。直後にカマラ大尉がクーデタで政権掌握。***12**-28* ガーナで，大統領選挙。第 2 回投票実施。接戦の末，野党候補のアッタ・ミルズが勝利。***12*** ウガンダの反政府武装勢力 LRA が，コンゴ民主共和国領内で市民を襲撃。多数の避難民がでる。エチオピア，ソマリアから撤退
	——	ソマリア沖で海賊による被害相次ぐ。ジンバブウェでインフレ深刻化，コレラが流行

■ 参考文献

I　アフリカ史全体・序章に関するもの

⑴　伊谷純一郎他監修『アフリカを知る事典』平凡社　1989（新訂増補版 1999）
⑵　川田順造『無文字社会の歴史——西アフリカ・モシ族の事例を中心に』岩波書店　1976（岩波現代文庫 2001）
⑶　川田順造編『黒人アフリカの歴史世界』（民族の世界史 12）山川出版社　1987
⑷　川田順造『アフリカ』（地域からの世界史 9）朝日新聞社　1993
⑸　川田順造編『ニジェール川大湾曲部の自然と文化』東京大学出版会 1997
⑹　川田順造『サバンナ・ミステリー　真実を知るのは王か人類学者か』NTT 出版　1999
⑺　川田順造編『アフリカ入門』新書館　1999
⑻　川田順造『人類学的認識論のために』岩波書店　2004
⑼　宮本正興・松田素二編『新書アフリカ史』（講談社現代新書）講談社 1997
⑽　スピヴァク，G・C，上村忠男訳『サバルタンは語ることができるか』みすず書房　1998
⑾　*UNESCO Histoire générale de l'Afrique*, 1980–98.（ユネスコ編『アフリカ史概観』）
⑿　Baumann, H., *Völkerkunde von Afrika*, Essen, Essener, 1940.
⒀　Desmond Clark et al., (eds.), *The Cambridge History of Africa*, 8 vols., Cambridge University Press, 1975–86.
⒁　Fage, J. D., *An Atlas of African History*, 2nd ed. 1978 (reprinted 1982).
⒂　Jolly, Jean, *L'Afrique et son environnement européen et asiatique: Atlas historique*, Paris, Éditions Paris-Méditerranée, 2002.
⒃　Murdock, G. P., *Africa: Its Peoples and their Cultural History*, New York/Toronto/London, McGrow-Hill, 1959.

(17) *Recueil des sources arabes concernant l'Afrique occidentale du VIIIe au XVIe siècle*, traduction et notes par Joseph M. Cuoq, Paris, Éditions du Centre National de la Recherche Scientifique, 1975.

アフリカ通史の困難の一つは，この広大な大陸のとくに植民地支配以前の多様な文化を，地域と時代をどのように設定して記述するかにある。さらに，1957年に始まる旧植民地の大挙独立以後も含めた通史となると，視点のとり方によって，独立後の時代についての評価が多様になるためもあって，きわめて少ない。また先史時代については，新しい発見による知見の更新が必要になる。こうした意味で，この山川出版社の『アフリカ史』は，異なる地域での現地調査経験の豊富な複数の筆者によっていること，討論で異なる視点の相互検討がなされていること，人類の起源についても最新の知見が含まれていることなどによって，現時点では，アフリカ史の最良の日本語文献といえるだろう。

(1)は刊行後歳月をへているので，アップトゥデイトな事典として全面改訂中。(2)は西アフリカ・旧モシ王国の事例を中心にしてはいるが，無文字社会の歴史研究の方法論の考察として，アフリカ史全体への示唆を含んでいる。(3)は自然，人種，言語などの章も立て，「歴史」という観点からの全体像というよりは，民族誌的把握に重点がおかれている。執筆の時点も古く，物故された執筆者も何人もある。とくに推移が激しい国家形成など現在の問題については，当時を知るのにはよいが，現在には当てはまらないものが多い。(4)は一人の著者による，日本語ではおそらく唯一の，太古から現代にいたるアフリカ全史。著者が単独であることによる当然の限界もあるが，統一された視点によるアフリカ通史の俯瞰がなされている点に特色がある。(5)のなかの「サヘルとスワヒリ——アフリカ・アラブ接触の二つの地域」(川田順造)は，アラブ人にとっての東西アフリカの二つの「岸」を対比した，歴史・物質文化を中心とする考察。この二つの「岸」がそれぞれに発達させた文化と，それについてのアラビア語文献は，アフリカ史全体を問題にするうえでも基本的な重要性をもっている。(6)は歴史認識における「当事者」と「よそ者研究者」の違いは，どのように考えられるべきか，歴史認識において「より高次の相互主観性」はありうるかなどの根源的な問題が提起された，西アフリカ・ブルキナファソ旧モシ王国の事例の克明な記述。

(7)は狭義の「歴史」に限定された著書ではないが，各分野の執筆者による，北アフリカも含めた多面的な把握が，おのずと歴史の相におけるアフ

リカも浮かび上がらせている。内容は「自然とその変動」(門村浩),「人類の揺籃の地」(石田英實),「アフリカ人の身体特徴」(尾本恵市),「言語と言語生活」(加賀谷良平・江口一久),「歴史のとらえ方」(川田順造),「ベルベル文化とアラブ文化」(宮治一雄・宮治美江子),「採集狩猟民の生活」(菅原和孝・市川光雄・田中二郎),「水との共生」(安溪遊地・竹沢尚一郎),「サバンナと森林の文化」(川田順造),「農耕・牧畜民」(福井勝義),「農耕社会の家族と親族」(松園万亀雄),「王国文化の諸相」(川田順造・渡辺公三),「女たちの世界」(上田冨士子),「都市,そして民族の生成」(日野舜也,松田素二),「ものと人間」(川田順造),「家畜を通して見る世界」(福井勝義),「世界観とその表象」(阿部年晴・吉田憲司),「音の世界を探る」(塚田健一・中村雄祐),「現代文学の展開」(宮本正興・元木淳子),「開発をめぐる問題」(吉田昌夫・原口武彦),「アフリカが提起するもの」(川田順造)。

⑻には本書におけるアフリカの歴史把握の基本となった「地域」の概念についての考察,「しるす」という言葉でとらえなおした,歴史把握・叙述の再考,図像と言語による歴史表象の根源的再検討の諸論攷(「『地域』とは何か——その動態研究への試論」「『しるす』ことの諸形式」「肖像と固有名詞——歴史表象としての図像と言語における意味機能と指示機能」)がある。

⑼はベテラン,若手とりまぜた16人の執筆者によるアフリカ史の新しい把握の意欲的な試み。植民地化以前のアフリカの「伝統的」社会の形成を「川世界の歴史形成」として,「ザイール川世界」「ザンベジ・リンポポ川世界」「ニジェール川世界」「ナイル川世界」としてとらえた視点はユニークである。外の世界との交渉では,「トランス・サハラ交渉史」「インド洋交渉史」「大西洋交渉史」に分け,抵抗と独立,独立後のパン・アフリカニズムとナショナリズムから未来への展望にまで記述がおよんでいる。新書のかたちをとっているが,きわめて濃い内容のアフリカ史概説である。
⑽は「サバルタン・スタディーズ」などと呼ばれる研究領域を,いわゆるカルチュラル・スタディーズの領域で生み出すもとになった論文。サハラ以南アフリカの歴史を,それも王朝年代記としてでなく,一般民の歴史としてとらえ,叙述することは可能かという,本書を書くこと自体に突きつけられる問いかけでもある。

ユネスコ執行委員会の1970年の決議で刊行計画が決まり,仏語版・英語版により刊行の年は多少ずれるが,1980年から98年のあいだに,⑾の『ア

フリカ史概観』(全8巻)が刊行された。第1巻『方法論とアフリカの先史時代』，第2巻『古代アフリカ』，第3巻『7世紀から11世紀のアフリカ』，第4巻『12世紀から16世紀までのアフリカ』，第5巻『16世紀から18世紀のアフリカ』，第6巻『1880年頃までの19世紀』，第7巻『植民地支配下のアフリカ，1880年～1935年』，第8巻『1935年以後のアフリカ』，それに別巻として『アフリカの地図』。

「アフリカ人によるアフリカ史を」という趣旨で，各巻の編者はすべてアフリカ人，執筆者の3分の2はアフリカ人研究者にあてられた。しかし企画編集の中心になったのは，英語圏アフリカのオゴト(ケニヤ)，フランス語圏のキ＝ゼルボ(ブルキナファソ，当時はオートヴォルタ)，ハンパテ＝バ(マリ)など，独立後第一世代の「アフリカ歴史家」としてユネスコにかかわっていた人たちであったため，欧米の高名な学者をふくむ執筆者の人選においても，当時はすでに時代遅れの有名人か，未熟なアフリカ人執筆者が多いという批判が，パリの第一線アフリカ研究者たちからはでていた。

ともあれ，ユネスコというお墨付きで，英・仏・アラビア語の正本に加えて，他のさまざまな言語での訳本も刊行された。日本語版は，第7巻が宮本正興責任編集で1988年に，第1巻が宮本正興・市川光雄責任編集で1990年に，第4巻が宮本正興責任編集で1992年に，それぞれ同朋舎出版から刊行されたが，出版社の経営上の理由で，その他の巻は，訳稿ができている巻もあったが，未刊に終わった。

⑿はとくに戦前の日本における民族学にも大きな影響をおよぼした，ドイツ・オーストリア文化史学派の系譜を引くおそらく最後の大物研究者で，この学派の欠陥をもっともよく克服したと思われるアフリカ専門の著者によるアフリカ民族誌・民族史の集成。本書でもその成果を一部取り入れ，紹介しているが，精密化し，だが地域的に細分化されたアフリカの諸文化を歴史的な視野で，巨視的にとらえなおそうとするときに，いまなお参考にすべき多くのものを含んでいる。日本語訳もなく，原著のリプリント版も出版されていないようなので，参照困難ではあるが，重要な文献としてあげておく。

⒀は発行年代からいえばやや古いが，アフリカ通史の基本文献。各巻の書名，編者名，発行年を記せば，以下の通り。

Vol. 1: *From the Earliest Times to c. 500 B.C.*, Desmond Clark (ed.), 1982.

Vol. 2: *From c. 500 BC to AD 1050*, J. D. Fage (ed.), 1978.
Vol. 3: *From c. 1050 to c. 1600*, Roland Oliver (ed.), 1977.
Vol. 4: *From c. 1600 to c. 1790*, Richard Gray (ed.), 1975.
Vol. 5: *From c. 1790 to c. 1870*, John E. Flint (ed.), 1976.
Vol. 6: *From 1870 to 1905*, Roland Oliver and G. N. Sanderson (eds.), 1985.
Vol. 7: *From 1905 to 1940*, A. D. Roberts (ed.), 1986.
Vol. 8: *From c. 1940 to c. 1975*, Michael Crowder (ed.), 1984.

⒁はアフリカ歴史地図として高い評価をえてきた。取り上げられた時代によって，アフリカ大陸内の地域への重点の置き方，地域ごとの詳しさが異なっている点が，特色である。⒂は人類の起源から始まって，グローバル化する市場経済のなかにおかれたアフリカにいたるまでの諸問題を，33枚の多色地図で示す。そこで取り上げられた33の各時代の全アフリカの状況と，ヨーロッパおよびアジアとの関係を全時代について図示している点が，これまでのアフリカ歴史地図にない特色だ。索引も多項目で調べやすく，地域別参考文献も充実している。

アフリカの歴史資料において，アラビア語文献の占める位置はきわめて大きい。とくに8～16世紀については，サハラ南縁の西アフリカ諸地域が，サハラ砂漠を越えての交易によって，アラブの進出した北アフリカとの交渉を基盤として，アフリカの他の地域にも重要な影響をおよぼした。⒁は，この時期のおもだったアラビア語文献を，イブン・バットゥータの旅行記の西アフリカ関連部分なども含めて網羅し，この領域での当代の第一人者によるフランス語訳と詳しい注とを，集成したものだ。本書刊行以前は，これらの文献については，校訂や注の質についてもまちまちな個々の資料を参照せざるをえなかったが，この本の刊行によって，少なくともフランス語を通しては，主要文献のすべてを，信頼できる注をともなったかたちで参照することが可能になった。

⒃はアフリカ研究の専門家でないが，文化の広汎な比較に熟達した著者による，戦後の脱植民地アフリカ時代に書かれた，基本的枠組みとしてはまだこれを凌駕するものはないといってよい概説書。とくに栽培植物の系譜を重視した，アフリカ諸文化の大胆なとらえ直しは，その後の研究の進展にともなう当然の微修正を必要としてはいても，その叩き台としての意味は，現在も失われてはいない。各章の参考文献や人口のデータなどはとくに，新しいものに改められなければならない。

II　各章に関するもの

第Ⅰ部第1章　東・北東アフリカ

(1)　岡倉登志『エチオピアの歴史──〝シェバの女王の国〟から〝赤い帝国〟崩壊まで』明石書店　1999
(2)　清水紀佳「アフリカの諸言語」亀井孝他編『言語学大辞典』1　三省堂　1988
(3)　諏訪兼位『裂ける大地　アフリカ大地溝帯の謎』(講談社選書メチエ)講談社　1997
(4)　武内進一「ルワンダのツチとフツ」武内進一編『現代アフリカの紛争──歴史と主体』(研究双書)日本貿易振興会アジア経済研究所　2000
(5)　福井勝義・赤阪賢・大塚和夫『アフリカの民族と社会』(世界の歴史24)中央公論社　1999
(6)　宮本正興・松田素二編『新書アフリカ史』(講談社現代新書)講談社1997
(7)　アルヴァレス，池上岑夫訳『エチオピア王国誌』(大航海時代叢書 II-4)岩波書店　1980
(8)　グレアム・コナー，近藤義郎・河合信和訳『熱帯アフリカの都市化と国家形成』河出書房新社　1993
(9)　D.T.ニアヌ編，(日本語版)宮本正興責任編集『ユネスコ　アフリカの歴史　4　12世紀から16世紀までのアフリカ』(全2巻)　同朋舎出版1992
(10)　D.W.フィリップソン，河合信和訳『アフリカ考古学』学生社　1987
(11)　ジェイムズ・ブルース，長島信弘・石川由美訳『ナイル探検』(17・18世紀大旅行記叢書 10)岩波書店　1991
(12)　Adams, W. Y., *Nubia: Corridor to Africa*, London, Allen Lane, 1977.
(13)　Ehret, Christopher, *An African Classical Age: Eastern and Southern Africa in World History, 1000 B.C. to A.D. 400*, University Press of Virginia, 1998.
(14)　Ehret, Christopher and Merrick Posnansky (eds.), *The Archaeological and Linguistic Reconstruction of African History*, University of California Press, 1982.
(15)　Fasi, M. El (ed.), *UNESCO General History of Africa III: Africa from the Seventh to the Eleventh Century*, London, Heinemann Educa-

tional Books, 1988.
(16) Gray, R. (ed.), *The Cambridge History of Africa, vol. 4: From c. 1600 to c.1790*, Cambridge University Press, 1975.
(17) Holt, P. M. and M. D. Daly, *The History of the Sudan: From the Coming of Islam to the Present Day*, London, Weidenfeld and Nicolson, 1979.
(18) Johnson, Douglas and David Anderson (eds.), *The Ecology of Survival: Case Studies from Northeast African History*, London, Lester Crook Academic Publishing, 1988.
(19) Marcus, H. G., *A History of Ethiopia*, University of California Press, 1994.
(20) Munro-Hay, S., *Aksum: An African Civilisation of Late Antiquity*, Edinburgh University Press, 1991.
(21) O'Fahey, R. S. and J. L. Spaulding, *Kingdoms of the Sudan*, London, Methuen, 1974.
(22) Ogot, B. A. (ed.), *Zamani: A Survey of East African History*, Nairobi, East African Publishing House and Longman, 1974.
(23) Ogot, B. A. (ed.), *UNESCO General History of Africa V: Africa from the Sixteenth to the Eighteenth Century*, London, Heinemann Educational Books, 1992.
(24) Oliver, R. (ed.), *The Cambridge History of Africa, vol. 3: From c. 1050 to c.1600*, Cambridge University Press, 1977.
(25) Sanders, E. R., "The Hamitic Hypothesis: Its Origin and Functions in Time Perspective", *Journal of African History,* 10, 1969.
(26) Seligman, C. G., *Races of Africa*, Oxford University Press, 3rd ed., 1957.
(27) Shaw, Thurstan et al. (eds.), *The Archaeology of Africa: Food, Metals and Towns*, London/New York, Routledge, 1993.

東・北東アフリカの歴史に関する日本語の出版物はそれほど多くない。考古学の分野では，以下の翻訳２冊が重要である。(10)はアフリカ史研究の世界的な中心のひとつであるケンブリッジ大学教授の著書。1980年代初めまでの研究成果が概観できる。(8)は考古学と文献史料によりつつアフリカにおける都市の生成と発展を論じたもの。ナイル河谷とエチオピア高原に関する章がある。人類進化の舞台であり民族移動の回廊であった大地溝帯

については，地質学者の(3)を参照。

日本の研究者たちによる簡便な通史として(6)がある。(5)は北東アフリカのアラブ化・イスラーム化，および牛牧畜民の社会と世界観について参考になる。(1)は近代以降に力点のおかれたエチオピアの通史である。諸言語の分類については，(2)がもっとも包括的である。(4)はルワンダ王国の成立と発展だけでなく，バントゥの移動と拡散に関する諸研究を批判的に整理している。

ヨーロッパ人による記録の翻訳を二つ。(7)は1520年から6年間「プレスター・ジョンの国」に滞在したイエズス会宣教師の滞在記。原著は1540年にポルトガル語で出版された。長島信弘の「解説」は，エチオピアの歴史と，王国の政治・社会構造に関する，もっともまとまった日本語文献である。(11)は1770年から約2年間，ゴンダールの宮廷に滞在したスコットランド貴族，ブルースの記録(抄訳)。

『ユネスコ　アフリカの歴史』は1980年代から90年代にかけて刊行されたシリーズで，現在のところもっともスタンダードな通史であるが，残念なことに翻訳の刊行は中断されている。

(9)はその第4巻で，とくに下巻の以下の諸章は重要。L.クロパチェク「12世紀後半から16世紀初頭のフンジ征服までのヌビア」，T.タムラト「アフリカの角地域——エチオピアのソロモン王朝とアフリカの角地域の諸国家」，C.エーレト「海岸地方と大湖地方のあいだ」，B.A.オゴト「大湖地方」。

(15)(23)は『ユネスコ　アフリカの歴史』の未翻訳の第3巻と第5巻。(15)は以下の諸章が重要。M. El Fasi and I. Hrbek, “The Coming of Islam and the expansion of the Muslim empire”, “Stages in the development of Islam and its dissemination in Africa”; F. De Medeiros, “The Peoples of the Sudan: population movements”; S. Lwango-Lunyigo and J. Vansina, “The Bantu-speaking peoples and their expansion”; S. Jakobielski, “Christian Nubia at the height of its civilization”; T. Mekouria, “The Horn of Africa”; E. Cerulli, “Ethiopia’s relations with the Muslim world”; C. Ehret, “The East African interior”; J. Devisse and J. Vansina, “Africa from the seventh to the eleventh century: Five formative centuries.”

(23)はとくに以下の諸章が重要。Y. F. Hasan and B. A. Ogot, “The Sudan, 1500-1800”; E. Haberland, “The Horn of Africa”; J. B. Webster,

B. A. Ogot and J. P. Chretien, “The Great Lakes Region, 1500-1800”; W. R. Ochieng, “The Interior of East Africa: The Peoples of Kenya and Tanzania”.

ユネスコのシリーズ以前には，1970年代に刊行された⒃㉔の『ケンブリッジ　アフリカの歴史』がスタンダードな通史であった。両者の比較は興味深い。顕著な違いのひとつは，ユネスコシリーズの編者と執筆者におけるアフリカ人の割合の増加である。なお，⒃は以下の諸章 R. Oliver, ‘The East African Frontier’; T. Tamrat, ‘Ethiopia, the Red Sea and the Horn’ が，⒅は以下の諸章 P. M. Holt, ‘Egypt, the Funj and Darfur’; E. A. Alpers and C. Ehret, ‘Eastern Africa’; M. Abir, ‘Ethiopia and the Horn of Africa’ が重要である。

⑽以降の10年間における発展を含む，1990年代初めにおける考古学・言語学に基づく先史学の成果については㉗が包括的に論述している。とくに以下の諸章が重要である。P. J. J. Sinclair et al., “Introduction”, A. T. Grove, “African Climate in the Holocene”; J. R. Harlan, “The Tropical African Cereals”; J. Clutton-Brock, “The Spread of Domestic Animals in Africa”; C. Ehret, “Nilo-Saharans and the Saharo-Sudanese Neolithic”; R. Blench, “Recent Developments in African Language Classification and Their Implications for Prehistory”; D. W. Phillipson, “The Antiquity of Cultivation and Herding in Ethiopia”.

方法論の議論も含めて東アフリカの先史学については，⒁がよくまとまっており，とくに以下の諸章が重要である。S. H. Ambrose, “Archaeology and Linguistic Reconstructions of History in East Africa”; D. Nurse, “Bantu Expansion into East Africa: Linguistic Evidence”; R. Soper, “Bantu Expansion into Eastern Africa: Archaeological Evidence”; H. O. Kiriama, “The Iron-using Communities in Kenya”.

⒀は⒁の編者のひとりで，言語学の分野から歴史研究に大きな貢献をしてきたエーレトの著作。やや古くなるが，㉒は民族史(エスノヒストリー)の古典である。⒅は環境と生態に焦点をあてた論文集で，とくに以下の諸論文が重要。D. M. Anderson and D. H. Johnson, “Introduction: Ecology and Society in Northeast African History”; John A. J. Gowlett, “Human Adaptation and Long-term Climatic Change in Northeast Africa: An Archaeological Perspective”.

ヌビア地方の歴史に関しては，大著⑿が古典である。スーダンの通史と

しては⒄がスタンダードである。フンジ王国とダルフール王国については㉑を参照。近年の発掘成果を踏まえたアクスム王国史としては⒇がある。エチオピアの通史としては，記述が近代に片寄っているものの，⒆が簡便である。

人類学者セリグマンの著書㉖は，19世紀から20世紀前半にかけての人種観がアフリカの歴史研究におよぼした影響を考察する際に重要である。㉕はこうした人種観のひとつである「ハム仮説」を批判的に再検討した論文である。

第Ⅰ部第２章　東アフリカ沿岸部・スワヒリの世界

⑴　生田滋『ヴァスコ・ダ・ガマ――東洋の扉を開く』(大航海者の世界２)原書房　1992
⑵　高橋英彦『東アフリカ歴史紀行――ナイル川とインド洋の間に』(ＮＨＫブックス)日本放送出版協会　1986
⑶　富永智津子「インド洋海域における東部アフリカ沿岸地域――19世紀スワヒリ世界の展開」『歴史学研究』691　1995
⑷　富永智津子『ザンジバルの笛――東アフリカ・スワヒリ世界の歴史と文化』未來社　2001
⑸　富永智津子『スワヒリ都市の盛衰』(世界史リブレット)山川出版社　2008
⑹　日野舜也「東アフリカにおけるスワヒリ認識の地域的構造」富川盛道編『アフリカ社会の形成と展開――地域・都市・言語』東京外国語大学アジア・アフリカ言語文化研究所　1980
⑺　宮本正興・松田素二編『新書アフリカ史』(講談社現代新書)講談社　1997
⑻　家島彦一『イスラム世界の成立と国際商業――国際商業ネットワークの変動を中心に』岩波書店　1991
⑼　家島彦一「東アフリカ・スワヒリ文化圏の形成過程に関する諸問題」『アジア・アフリカ言語文化研究』41(別冊)　東京外国語大学アジア・アフリカ言語文化研究所　1991
⑽　家島彦一『海が創る文明――インド洋海域世界の歴史』朝日新聞社　1993
⑾　家島彦一「ブズルク・ブン・シャフリヤール『インド奇談集』に関する新資料」『アジア・アフリカ言語文化研究』59　東京外国語大学アジ

ア・アフリカ言語文化研究所　2000

(12) 吉田昌夫『アフリカ現代史II　東アフリカ』(世界現代史 14)山川出版社　1978(2版2000)

(13) イブン・バットゥータ，イブン・ジュザイイ編，家島彦一訳注『大旅行記　3』(東洋文庫)平凡社　1998

(14) 村川堅太郎訳注『エリュトゥラー海案内記』(中公文庫)中央公論社　1993

(15) Allen, J. de V. Allen, *Swahili Origins: Swahili Culture and the Shungwaya Phenomenon*, London, James Currey, 1993.

(16) Casson, Lionel Casson, *The Periplus Maris Erythraei*, Princeton University Press, 1989.

(17) Freeman-Grenville, G. S. P., *The East African Coast: Select Documents from the First to the Earlier Nineteenth Century*, London, Rex Collings, 1975.

(18) Gray, John, *History of Zanzibar, from the Middle Ages to 1856*, Westport, Connecticut, Greenwood Press Publishers, 1962.

(19) Kusimba, Chapurukha M., *The Rise and Fall of Swahili States*, Walnut Creek/London/New Delhi, Altamira Press, 1999.

(20) Nurse, Derek and Thomas Spear, *The Swahili, Reconstructing the History and Language of an African Society, 800-1500*, University of Pennsylvania Press, 1985.

(21) Pearson, Michael N., *Port Cities and Intruders: The Swahili Coast, India, and Portugal in the Early Modern Era*, The Johns Hopkins University Press, 1998.

(22) Pouwels, Randall L., *Horn and Crescent, Cultural Change and Traditional Islam on the East African Coast, 800-1900*, Cambridge University Press, 1987.

(23) Sheriff, Abdul, *Slaves, Spices and Ivory in Zanzibar*, London, James Currey, 1987.

(24) Tolmacheva, Marina, *The Pate Chronicle*, Michigan State University Press, 1993.

(25) Loimeier, Roman and Rüdiger Seesemann (eds.), *The Global Worlds of the Swahili: Interfeces of Islam, Identity and Space in 19th and 20th-Century East Africa*, Berlin, LIT Verlag, 2006.

(1)はヴァスコ・ダ・ガマの航海について，史料を紹介しながら解説したもの。ガマは，第１回と第２回の航海で，東アフリカ・スワヒリ沿岸に寄港している。(2)は歴史好きの商社員による東アフリカの歴史紀行。読みやすい入門書。(3)は19世紀のスワヒリ都市史。(4)はザンジバルを中心として描いたスワヒリの歴史と文化。著者の調査ノートが随所に織り込まれ，歴史のほかにも音楽や踊りや宗教にも言及されている。(5)はスワヒリ史の入門書，(6)は地域によって異なる「スワヒリ」認識を構造的に分析した論考。(7)は包括的なアフリカ史入門書。スワヒリ史にも１章分が割かれている。

(8)〜(11)の著者は，アラビア語の史料やフィールドワークに基づき，インド洋海域のイスラーム世界を構造的に分析。イスラーム世界をネットワーク論によって新しい学問領域を切り開いた。イスラーム・インド洋中世史の必読書。(12)は日本語で読めるもっとも信頼のおける東アフリカ通史。(13)は14世紀のアラブ人旅行家イブン・バットゥータの旅行記で，スワヒリ沿岸を訪れた部分の訳が収録されている。(14)は１世紀ごろにギリシア人によって書かれたとされるインド洋案内記。スワヒリ沿岸に関する最古の文書の解説付き邦訳。ギリシア語の原文とその英語版の訳および解説は(16)を参照。

(15)はスワヒリのアフリカ起源を論証しようとした研究。(16)はギリシア語と英語対訳の『エリュトゥラー海案内記』。(17)は１世紀から19世紀までの東アフリカ沿岸部に関する基本的な史料の抜粋集。(18)は中世から19世紀中葉までのザンジバル史で，概説書としてもっとも詳しい。(19)は考古学からのスワヒリ史再構成の試み。文字史料のない時期の歴史的変遷を解き明かすのに寄与している。(20)はスワヒリ語の形成過程から，スワヒリ社会の歴史的展開を跡づけようとした研究。言語学からそのアフリカ起源説の論証を試みている。(21)は東アフリカ沿岸部の歴史における港市の役割を，内陸部と世界経済，およびポルトガルの侵略のなかで究明しようとした研究。(22)は東アフリカ沿岸部の文化変容についてイスラームを軸に考察。スワヒリ地域の人々が外部の影響とどのように折り合いをつけてきたかが論点となっている。(23)はオマーン支配下のザンジバル経済を世界経済との関係のなかで考察。低開発理論の影響を強く受けている。(24)はケニア沿岸のパテ島の王朝年代記。東アフリカ沿岸部の年代記のなかではもっとも詳しい歴史伝承を記録している。(25)は東アフリカ沿岸部社会の複合的な側面や世界観，あるいはアイデンティティを学際的に解き明かそうとした編集。イスラーム，ダンス，儀礼からグローバリゼーションにいたるまで幅広いテー

マが扱われている。

第Ｉ部第３章　マダガスカルとインド洋西域島嶼世界

(1)　崎山理「マダガスカルの民族移動と言語形成――民俗語彙・植物名称の意味的変遷から」『国立民族学博物館研究報告』16-4　1991
(2)　田中耕司「マダガスカルのイネと稲作」『東南アジア研究』26-4　1989
(3)　宮本正勝『鄭和の南海大遠征――永楽帝の世界秩序再編』(中公新書)中央公論社　1997
(4)　森山工「描かれざる自画像――マダガスカルにおける文化的統一をめぐる言説」『民族学研究』61-1　1996
(5)　森山工「名前をめぐる運動――マダガスカル植民地前史における名乗りと名指しの抗争」黒田悦子編『民族の運動と指導者たち――歴史のなかの人びと』山川出版社　2002
(6)　森山工「王国から植民地へ――マダガスカル，首都アンタナナリヴの変貌」石井洋二郎・工藤庸子編『フランスとその〈外部〉』東京大学出版会　2004
(7)　家島彦一『海が創る文明――インド洋海域世界の歴史』朝日新聞社　1993
(8)　家島彦一『イブン・バットゥータの世界大旅行――14世紀イスラームの時空を生きる』(平凡社新書)平凡社　2003
(9)　家島彦一『海域から見た歴史――インド洋と地中海を結ぶ交流史』名古屋大学出版会　2006
(10)　家島彦一他『海のアジア　2　モンスーン文化圏』岩波書店　2000
(11)　M.エスアベルマンドルウス「マダガスカル，1880年代から1930年代まで――アフリカ人の主体性と植民地征服・支配に対する抵抗」A.アドウ・ボアヘン編，(日本語版)宮本正興責任編集『ユネスコ　アフリカの歴史　7　植民地支配下のアフリカ――1880年から1935年まで』(全２巻)　同朋舎出版　1988
(12)　F.エスアベルマンドルウス「12世紀から16世紀のマダガスカルと近隣の島々」D.T.ニアヌ編，(日本語版)宮本正興責任編集『ユネスコ　アフリカの歴史　4　12世紀から16世紀までのアフリカ』(全２巻)　同朋舎出版　1992
(13)　エルヴェ・シャニュー，アリ・ハリブ，花渕馨也訳『コモロ諸島』

(文庫クセジュ)白水社　2001
⒁　ユベール・デシャン，田辺貞之助訳『海賊』(文庫クセジュ)白水社　1965
⒂　ユベール・デシャン，木村正明訳『マダガスカル』(文庫クセジュ)白水社　1989
⒃　ファン・ネック・ハウトマン，渋沢元則訳『東インド諸島への航海』(大航海時代叢書 II-10)岩波書店　1981
⒄　モーリス・ブロック，田辺繁治・秋津元輝訳『祝福から暴力へ——儀礼における歴史とイデオロギー』(叢書・ウニベルシタス)法政大学出版局　1994
⒅　グザヴィエ・ヤコノ，平野千果子訳『フランス植民地帝国の歴史』(文庫クセジュ)白水社　1998
⒆　フランソワ・ルガ，中地義和訳／ベルナルダン・ド・サン=ピエール，小井戸光彦訳『インド洋への航海と冒険／フランス島への旅』(17・18世紀大旅行記叢書 2-1)岩波書店　2002
⒇　Boiteau, Pierre, *Contribution à l'histoire de la nation malgache,* Paris, Editions Sociales, 1958.
(21)　Brown, Mervyn, *Madagascar Rediscovered: A History from Early Times to Independence*, London, Damien Tunnacliffe, 1978.
(22)　Campbell, Gwyn, *An Economic History of Imperial Madagascar, 1750-1895: The Rise and Fall of an Island Empire*, Cambridge University Press, 2005.
(23)　Dahl, Otto Chr., *Migration from Kalimantan to Madagascar*, Norwegian University Press, 1991.
(24)　Deschamps, Hubert, *Histoire de Madagascar*, Paris, Berger-Levrault, 1972.
(25)　Gow, Bonar A., *Madagascar and the Protest Impact*, New York, African Publishing Company, 1979.
(26)　Kent, Raymond K., *Early Kingdoms in Madagascar 1500-1700*, Holt, Rinehart and Winston, 1970.
(27)　Mutibwa, M., *The Malagasy and the Europeans, Madagascar's Foreign Relations, 1861-1895*, London, Longman, 1974.
(28)　Ottino, Paul, *Madagascar les Comores et le Sud-Est de l'Ocean Indien*, Centre d'Anthropologie Culturelle et Sociale, Universite de

Madagascar, 1974.
(29) Toussaint, Auguste, *History of the Indian Ocean*, The University of Chicago Press, 1966.
(30) Vérin, Pierre, *The History of Civilisation in North Madagascar*, Boston, A.A.Balkema, 1986.

(13)(15)はコモロ諸島とマダガスカルに関する歴史を含めた基本的な概説書である。(17)はイメリナ王国とメリナ系の人々のあいだでおこなわれている割礼儀礼をめぐる社会人類学的分析の本であるが，第２章でイメリナ王国の歴史についてふれられている。(14)は世界の海賊についての概説書であるが，マダガスカルを中心としたインド洋における欧米系海賊の歴史についても一章を割いている。(11)(12)はユネスコから刊行された『アフリカの歴史』のなかのそれぞれ一章であり，12世紀から16世紀，19世紀から20世紀前半のマダガスカルの歴史について，マダガスカル人歴史研究者が，かなり詳細に記述している。

(16)はインドネシアに向かったオランダ人航海者が，1595年から96年にかけてマダガスカルに寄港した際の自然や住民についての記述であり，16世紀のマダガスカルを知る原典史料とされている。(19)は1691年から96年にかけてロドリゲス島とモーリシャス島に滞在したユグノー教徒のフランス人による記録，および1768年から70年までフランス島(現モーリシャス)に滞在したベルナルダン・ド・サン＝ピエールの日記と手紙であり，17世紀から18世紀のモーリシャスおよびインド洋・西域についての原典史料である。

(4)〜(6)は，文化人類学研究者の手による，19世紀から20世紀にかけて「マダガスカル」や「マダガスカル人」の意識が，フランスやイギリスとの歴史的かかわりのなかでどのように生成してきたかについての詳細な研究論文である。(3)は15世紀の鄭和による７回の航海を中心に，当時のインド洋海域史とアジア史について記述している。(1)はオーストロネシア語族研究の専門家が，マダガスカル語による植物の命名を他のオーストロネシア諸語と比較対照させることによって，インドネシア方面からマダガスカルへの人々の移住の年代と様態について推定した専門論文である。(2)は東南アジアの稲作を中心とする農耕の専門家が，マダガスカルの稲の品種と稲作法を東南アジアのそれと比較し，マダガスカルにおける稲作農耕の特徴および成立について考察した論文である。(10)はインド洋海域世界史についてのさまざまな専門家による平易な論考集であり，内堀基光と飯田卓による民族学的視点からマダガスカルへの人の移住や航海について考察した

論考も収録されている。

⑺〜⑼はインド洋海域世界史研究の第一人者による論考集およびイブン・バットゥータについての概説書であり，マダガスカルの歴史について必ずしも直接言及しているわけではないものの，マダガスカル人の成立を考えるうえで重要なインド洋海域世界の歴史的な情報や考察に満ちている。⒅はフランスによる植民地化の歴史について簡潔にまとめた本であり，フランス史のなかでのマダガスカルを知るうえでは，たいへん有益である。⒇はマダガスカル通史について定評の確立した本である。⒇はフランス人社会主義者が描いたマダガスカルの通史であるが，フランスによる植民地化後から独立にいたるまでのマダガスカル人の主体的運動の経緯の記述の点において，いまなお読まれるべき本である。㉑はマダガスカル英国大使の手になるマダガスカル通史であるが，とりわけ19世紀のイメリナ王国とイギリスとの関係が原典に基づいて詳しく記述されている。

㉒は，インド洋などの奴隷交易史を同時世界的な繋がりと広がりのなかで考察してきた筆者が，経済史的な視点からイメリナ王国の発展と滅亡に焦点をあてて描いた18〜19世紀の歴史である。この本において筆者は，マダガスカル地域史やフランス植民地史の枠組みを超えた世界史の脈絡におけるあらたなイメリナ王国像を提示している。

㉓はマダガスカル語とオーストロネシア諸語との比較研究の第一人者が，言語だけではなく歴史や文化的史料をも含めて，インドネシア方面からマダガスカルへの人々の移住について総合的に考察した本である。㉕は現代マダガスカルの成立にも大きな影響を与えた19世紀のイメリナ王国とロンドン宣教協会との相互交流について要領よく記述している。㉖は「マダガスカル人の形成」について，インドネシアなどの東南アジアよりもアフリカからの影響の強さについて主張し，論争をまき起こした歴史書であるが，マダガスカル各地の王国の歴史および構成について簡潔にまとめられている。㉗はケニア出身の著者が，ラダマ２世による門戸開放からフランスによる軍事征服に屈するまでのイメリナ王国を中心とするマダガスカルの歴史について，「アフリカ人による抵抗の主体性」への共感をこめて描いた本である。㉘はマダガスカルの民族学的研究を専門とする著者が，言語学や歴史学や民族学の成果を駆使しながら，マダガスカルへの人の移住と言語的・文化的に「マダガスカル人」の形成について論じた基礎文献のひとつであるが，原典史料の提示については不備が目立つ。㉙はインド洋史の脈絡においてモーリシャス島およびレユニオン島の通史を描いた書籍とし

て古典的な評価をえている。(30)は民族学者である著者が，考古学的資料や文献史料を用いて，マダガスカル北西部から北部におけるアラブ系の人々の文化的・歴史的な影響について論じたものである。

第Ⅰ部第4章1・2節　西アフリカ内陸部(1)

(1)　阿久津昌三『アフリカの王権と祭祀——統治と権力の民族学』世界思想社　2007

(2)　川田順造『サバンナの博物誌』(新潮選書)新潮社　1979　(ちくま文庫)　筑摩書房　1991

(3)　川田順造「無文字社会における歴史の表象——西アフリカ・モシ王国とベニン王国の事例」阿部年晴・伊藤亜人・荻原眞子編『民族文化の世界(下)——社会の統合と動揺』小学館　1990

(4)　川田順造「図像にこめられた歴史」『アフリカの心とかたち』岩崎美術社　1995

(5)　川田順造編『ニジェール川大湾曲部の自然と文化』東京大学出版会　1997

(6)　川田順造『口頭伝承論』(上・下)(平凡社ライブラリー)　平凡社　2001

(7)　川田順造『アフリカの声——〈歴史〉への問い直し』青土社　2004

(8)　川田順造『人類学的認識論のために』岩波書店　2004

(9)　アズララ「ギネー発見征服誌」(長南実訳，川田順造注)，カダモスト「航海の記録」(河島英昭訳，山口昌男注)『西アフリカ航海の記録』(大航海時代叢書　Ⅰ－2)岩波書店　1967

(10)　ガマ「ドン・ヴァスコ・ダ・ガマのインド航海記」(野々山ミナコ訳，増田義郎注)『航海の記録』(大航海時代叢書　Ⅰ－1)岩波書店　1965

(11)　Adandé, Alexandre, *Les récades des rois du Dahomey*, Dakar, IFAN, 1962.

(12)　Binger, L. G., *Du Niger au Golfe de Guinée par le pays de Kong et le Mossi*, Paris, Musée de l'homme, 1980 [Hachette, 1892].

(13)　Bradbury, R. E., *Benin Studies*, London/NewYork/Ibadan, Oxford University Press, 1973.

(14)　Egharevba, Jacob U., *A Short History of Benin*, Ibadan University Press, 1960 [1934].

(15)　Goody, J., *Technology, Tradition and the State in Africa*, Oxford

University Press, 1971.
⒃ Kawada, J.(éd.), *Boucle du Niger: Approches multidisciplinaires*, 4 vols., ILCAA, Tokyo University of Foreign Studies, 1988-94.
⒄ Le Hérissé, A., *L'Ancien royaume de Dahomey*, Paris, Larose, 1911.
⒅ Rattray, R. S., *Ashanti*, Oxford University Press, 1923.
⒆ Rattray, R. S., *Religion and Art in Ashanti*, Oxford University Press, 1959［1927］.

西アフリカ沿岸部についてのおもな文献には⑵⑸⑹⒂⒃があげられる。ニジェール川大湾曲部は，西アフリカの歴史の中心的な舞台となってきた。⑸は1987年から1994年まで，マリ人研究者も加えて，川田を代表者としておこなった文部省科学研究費の助成による海外学術調査のフランス語による成果報告書(４冊)からの抜粋和訳。考古学的研究や口頭伝承に基づく地域史も含む，すべて第一次資料による西アフリカ史への貴重な貢献。⒃が⑸のオリジナル文献で，考古学，生態系，伝承史，生業，言語生活，物質文化，身体特徴，身体技法，家族など生活全般にわたる総合的地域史へ向けての，日本人・マリ人の共同研究。

⒂はウマと鉄砲が，西アフリカにおける国家形成にとってはたした役割を中心とする，刺激的な考察。当時ヨーロッパの人類学界を風靡していた，アジア的生産様式論などのマルクス主義的生産手段論に対して「破壊手段」という概念を提起した。議論の骨子の紹介と検討が，川田順造『無文字社会の歴史――西アフリカ・モシ族の事例を中心に』(岩波現代文庫)岩波書店　2001［1976］，16「発展段階の問題」になされている。

⑹は河出書房新社から1992年に刊行された同名の一冊本に，三遊亭圓朝論「はなしが文字になるとき」が加わっただけで，西アフリカを中心とする口頭伝承の研究や，それに基づく歴史叙述の様態についての考察「叙事詩と年代記」などは，原著のまま。西アフリカ内陸諸社会の歴史についての基本文献である。

また，⑵には「柄の短い鍬――作物を育てるより雑草を掻く」「火の熱さ――金属加工の条件」など，本書で歴史展開の条件として，西アフリカに限らず問題にされた事柄についての，西アフリカ内陸諸地方での直接の観察や聞き取りに基づく具体的な多くの叙述を含む。

西アフリカ海岸部全般についての文献には⑼⑽⑿がある。西アフリカ海岸部の諸王国のうち，ベニン王国については，⒀がもっとも信頼できる総合研究の成果。⑷はベニン王国以外の西アフリカ諸文化における造形表象

についても，多くの考察を含む。⑶は歴史表象におけるベニン王国とモシ王国の対比について，⒁はベニン王国の知識人による，簡約明快なベニン王国史である。現地人による記述という意義はあるが，研究ではないので，批判的検討が必要。

ダホメー王国については⒄が概観を得るにはよいが，批判的検討を要する。⑾は王の即位名の図像表象としてきわめて興味深い，王杖についての網羅的研究として貴重。王のメッセンジャーの印の意味もあり，ダホメー王国文化の重要な一側面であり，王国史研究の手がかりとしても重要。⑺はダホメー王国の栄華と奴隷貿易への協力という，不可分の二側面などについての論攷をはじめ，西アフリカの歴史にかかわる多くの論攷を含む。

アシャンティ王国については⑴⒅⒆がある。⒅⒆は，イギリス植民地統治において，現地人の習俗調査を担当した係官による「模範的」記述。アシャンティ王国研究の基本文献。⑴はアシャンティ王国について，ガーナで多年現地調査もおこなった著者の博士論文が基になっている。王権や王の祭祀についてのきわめて一般化された議論との往還が，モノグラフとしての迫力を弱めている。

イボ社会についての日本語文献としては，⑻の第２章「民族と政治社会」，３「国家なき民族」に簡潔な記述があり，多数の英語参考文献があげられている。ほかに日本語では，イボに関して参照すべき文献は，これまでにない。

第Ⅰ部第４章３・４節　西アフリカ内陸部⑵

⑴　竹沢尚一郎『表象の植民地帝国――近代フランスと人文諸科学』世界思想社　2001

⑵　中尾佐助『栽培植物と農耕の起源』(岩波新書)岩波書店　1966

⑶　マンゴ・パーク，ロナルド・ミラー編，森本哲郎・廣瀬裕子訳『ニジェール探検行』(世界探検全集　５)河出書房新社　1978

⑷　Barth, Heinrich, *Travels and Discoveries in North and Central Africa*, (engl.trad.), London, Frank Cass, 1965.

⑸　Caillié, René, *Voyage à Tombouctou*, Paris, La Découverte, 1979.

⑹　Cuoq, J. (éd.), *Recueil des sources arabes concernant l'Afrique occidentale du VIIIe au XVIe siècle*, Paris, Ed. du CNRS, 1975.

⑺　Filipowiak, Władysław, *Etudes archéologiques sur la capitale médiévale du Mali*, Szczecin, Museum Narodowe, 1979.

(8) Haaland, Randi and Peter Shinnie (eds.), *African Iron Working*, Oslo, Norwegian University Press, 1985.
(9) Harlan, Jack R., "The Origins of Indigenous African Agriculture", *Cambridge History of Africa*, 1, 1982.
(10) L'Africain, J.-L., *Description de l'Afrique* (trad.franç.), Paris, Maisonneuve, 1956.
(11) Levtzion, N. and J.F.P.Hopkins (eds.), *Corpus of Early Arabic Sources for West African History*, Cambridge University Press, 1981.
(12) Lhote, Henri, *A la Découverte des fresques du Tassili*, Paris, Arthaud, 1958.
(13) McIntosh, Suzan K. and Roderick J. McIntosh, *Prehistoric Investigations in the Region of Jenné (Mali)*, Oxford, Cambridge Monographs in African Archaeology, n.2, B.A.R., 1980.
(14) McIntosh, R. J., *The Peoples of the Middle Niger*, Oxford, Blackwell, 1998.
(15) Miller, D. E. and N. J. van der Merwe, "Early Metal Working in Sub-Saharan Africa", *J.A.H.*, 35, 1994.
(16) Munson, P.J., "Archaeological Data on the Origins of Cultivation in the Southwestern Sahara and Their Implications for West Africa", in J.R. Harlan et al. (eds.), *Origins of African Plant Domestication*, The Hague, Mouton, 1976.
(17) Murdock, George P., *Africa: Its Peoples and Their Culture History*, New York, McGraw-Hill, 1959.
(18) Palmer, H.R., *Sudanese Memoirs*, Government Printer, 1928.
(19) Portères, Roland, "Vieilles agricultures de l'Afrique intertropicale", *L'Agronomie tropicale*, 5, 1950.
(20) Raimbeault, M. et K. Sanogo (éd.), *Recherches archéologiques au Mali*, Paris, Karthala, 1991.
(21) Shaw, Thurstan et al. (eds.), *The Archaeology of Africa: Food, Metals and Towns*, London, Routledge, 1998.
(22) Takezawa, Shoichiro et Mamadou Cissé, "La domestication des céréals au Méma, Mali", *Proceedings of 11th Congress of Panafrican Association, Prehistory and Related Fierds*, Bamako, 2004.
(23) *Tarikh es-Soudan*, (trad.franç.), Paris, Maisonneuve, 1981.

(24) *Tarikh el-Fettach* (trad.franç.), Paris, Maisonneuve, 1981.

西アフリカ内陸部の歴史研究のための資料としては，大別して考古学資料と文献史料があり，後者はさらに8～16世紀のアラビア語による史料と，15世紀以降のヨーロッパ人による資料とに分けることができる。

(12)はタッシリ・ナジールの岩壁画をヨーロッパ人として最初に発見・研究したロートによる古典的研究である。(7)(14)(16)(20)(22)は西アフリカの考古学研究のうち主要なものであり，(14)(20)は総覧的研究，(16)(22)はガーナ王国地区における気候変動と農業の起源を跡づけたもの。(7)はマリ帝国の首都とされてきたニアニにおける考古学発掘の結果であり，(13)は西アフリカ考古学の知識を一新した，アメリカのマッキントッシュ夫妻による内陸三角洲のジェノ遺跡での研究である。

(9)(17)(19)は西アフリカにおける農業の起源について論じた研究。西アフリカの農業はエジプトからの伝播によって開始されたというのが世界の「常識」であったなかで，西アフリカにおける農業の独立起源を最初に説いたのが(17)(19)である。西アフリカにおける完成度の高い農耕複合について，日本語で読むには(2)が最適である。(8)(15)(21)は西アフリカにおける製鉄の起源についての研究であり，(8)が独立起源説に近く，(15)が中東からの複数の経路による伝播の立場に立つ。

以上の考古学研究と異なり，西アフリカ史研究に不可欠の文献史料がある。(6)(11)は，8～16世紀のアラブの地誌家や歴史家が書いた西アフリカに関する記述を，それぞれ仏語と英語に翻訳したもの。(10)は，数奇な運命をたどったレオ・アフリカヌスが残した16世紀の西アフリカの記録。(23)(24)は17世紀のトンブクトゥで，現地の知識人がアラビア語を用いて書いた歴史書。(18)はナイジェリアのカノに残された，やはりアラビア語による歴史書。

一方，西洋人の手になる歴史資料のうち，植民地支配に先立って西アフリカを訪れた探検家たちは，18～19世紀の西アフリカについて貴重な記録を残している。(3)は西アフリカ内陸部をヨーロッパ人として最初に探検し帰還したマンゴ・パークによる探検記。(5)は「黄金の都」トンブクトゥを最初に訪れたルネ・カイエの，(4)は他の二人と異なり科学者でもあったハインリヒ・バルトの記録。(1)はこれらの探検がおこなわれた時代的背景と，地理学や人類学などの諸科学の成立との関係について論じている。

第Ⅰ部第5章　バントゥ・アフリカ

(1)　杉山祐子「闇の王・光の王　ベンバ族における王墓守の役割」『ドル

メン』4　言叢社　1990
⑵　西江雅之「アフリカの諸言語」北村甫編『世界の言語』(講座言語 6)大修館書店　1981
⑶　森明雄『カメルーンの森の語り部』平凡社　1992
⑷　渡辺公三「『神判』の解体――アフリカにおける妖術現象の歴史民族学への一視点」江淵一公・伊藤亜人編『儀礼と象徴――文化人類学的考察』九州大学出版会　1983(『身体・歴史・人類学 II』言叢社　2009 所収)
⑸　渡辺公三「多産の王と不能の王」東京都立大学社会人類学会編『社会人類学年報』15　弘文堂　1989(『身体・歴史・人類学 II』言叢社　2009 所収)
⑹　ピエール・アレクサンドル，西江雅之訳「バントゥー語とその領域」(近代言語学大系 2)紀伊國屋書店　1972
⑺　フォーテス，エヴァンス・プリッチャード編，大森元吉他訳『アフリカの伝統的政治体系』みすず書房　1972
⑻　ピガフェッタ「コンゴ王国記」河島英昭訳，松園万亀雄注『ヨーロッパと大西洋』(大航海時代叢書 II-1)岩波書店　1984
⑼　デヴィッド・フィリップソン「バンツー語族文化の拡大」『日経サイエンス』1977年6月号　日経サイエンス社　1977
⑽　Alexendre, Pierre, “Proto-histoire du groupe beti-bulu-fang: essai de synthèse provisoire”, *Cahiers d’études africaines*, t.5 4e, Cahier, 1965.
⑾　Alexandre, Pierre, *Les Africaines: Initiation à une longue histoire et à de vieilles civilisations, de l’aube de l’humanité au début de la colonisation*, Paris, Édition Lidis, 1981.
⑿　Denbow, James, “Congo to Kalahari: Data and Hypotheses about the Political Economy of the Western Stream of the Early Iron Age”, *The African Archaeological Review*, 8, 1990.
⒀　Douglas, Mary, *The Lele of the Kasai*, International African Institute, 1963.
⒁　Du Chaillu, Paul B., *Explorations and Adventures in Equatorial Africa*, London, John Murray, 1861.
⒂　Eno Belinga, Samuel Martin, *L’Epopée Camerounaise: Mvet Moneblum ou l’homme bleu*, Yaounde, Edition Bilingue, 1978.

(16) Eno Belinga, Samuel Martin et Watanabe Kozo “La civilisation du fer et l'épopée orale du mvet des bulu du Cameroun (Afrique centrale)”, *Folklore in Africa Today: Proceedings of the International Workshop*, 1981.

(17) Hagenbucher-Sacripanti, Frank, *Les fondaments spirituels du popuvoir au royaume de Loango, République populaire du Congo*, Paris, O.R.S.T.O.M, 1973.

(18) McIntosh, Susan Keech (ed.), *Beyond Chiefdoms, Pathways to Complexity in Africa*, Cambridge University Press, 1999.

(19) Ndong Ndoutoume, Tsira, *Le Mvett*, Présence africaine, 1970.

(20) Oslisly, Richard et Bernard Peyrot, “L'arrivée des premiers métallurgistes sur l'Ogooué, Gabon”, *The African Archaeological Review*, 10, 1992.

(21) Randles, W. G. L., *L'ancien royaume du Congo, des origines à la fin du XIXe siècle*, Paris, Des édition de EHESS, 1968.

(22) Randles, W. G. L., “La civilisation bantou, son essor et son déclin”, *Annales, Économies Société Civilisation*, 29e année - no.2, 1974.

(23) Reefe, Thomas Q., *The Rainbow and the Kings: A History of the Luba Empire to 1891*, University of California Press, 1981.

(24) Vansina, Jan, *The Children of Woot: A History of the Kuba Peoples*, The University of Wisconsin Press, 1978.

(25) Vansina, Jan, “Western Bantu Expansion”, *Journal of African History*, 25, 1984.

(26) Vansina, Jan, “Deep-down Time: Political Tradition in Central Africa”, *History in Africa*, 16, 1989.

(27) Vansina, Jan, Paths in the Rainforests, *Toward a History of Politival Tradition in Equatorial Afirca*, The University of Wisconsin Press, 1990.

(28) Vansina, Jan, *How Societies are Born, Governance in West Central Africa before 1600*, The University of Virginia Press, 2004.

(29) Weber, William, Lee J. T. White, Amy Vedder and Lisa Naughton-Treves (eds.), *African Rain Forest Ecology and Conservation: An Interdisciplinary Perspective*, Yale University Press, 2001.

アフリカの他の地域と同様，バントゥ集団の歴史についても日本語で読

める文献は多くはない。ただここでは中央アフリカのバントゥ集団についての人類学的調査報告が，専門的なものを避けたとはいえ手薄であることは否めない。

「バントゥ」という言語学からきた用語については，⑵と⑹で概観をえることができる。⑻はコンゴ王国がポルトガル人航海者ディオゴ・カンによって知られたのち，ほぼ1世紀後に現地に滞在した商人から，イタリアの文人が聞き書きしまとめた記録。16世紀末のコンゴ王国をうかがう貴重な史料とみなされている。⒁は時代が下って19世紀後半のアメリカ人によるカメルーンからガボンにかけての冒険旅行記。歴史研究書として⒇⒇はポルトガルの古文書を使ってアフリカの王国史を試みた異色のもの。⑽はもともと植民地の行政にたずさわった後，言語学者になった⑹の筆者によるカメルーンのバントゥ諸集団の移動の再構成の試論。⑾は同じ著者によるアフリカ史研究の総決算ともいえるもの。

⑺は機能主義人類学（アフリカ諸社会の歴史的背景を排除した社会分析）の視点からアフリカ諸社会を「原始国家群」と「無国家社会群」の2大類型に区分し，20世紀後半のアフリカ社会研究の起点となった論文集。バントゥ集団からもいくつかの社会が取り上げられている。アフリカ諸社会の歴史的背景を等閑視したことで後の歴史研究を刺激した。(24)〜(28)は中央アフリカの人類学的歴史研究をリードしてきた著者の論文と著作。(29)は⑺の機能主義的類型論や進化主義的な歴史観を批判し，首長制社会の研究を軸にあらたな展望を開こうとした論文集。Pierre de Maret, “The power of symbols and the symbols of power through time: probing the Luba past”; Jan Vansina, “Pathways of political development in equatorial Africa and neo-evolutionary theory”; James Denbow, “Material culture and the dialectics of identity in the Kalahari: AD 700–1700” などの論文が収録されている。De Maret の論文には神話を歴史資料とした歴史人類学的研究である(23)への批判が含まれている。⑼はやや古いが比較的一般向けに1970年代までのアフリカ考古学の知見をまとめたもの。1980年代以降のガボンを中心とした考古学の論文の多くは省略するが，⒇はその代表として示す。より新しいまとめが⒅に収録された Oslisly, “The history of human settlement in the Middle Ogooué Valley (Gabon), implications for the environment” の論文にある。⑿は考古学と人類学を架橋する，気鋭で(29)の執筆者でもある Denbow の論文。

以下には人類学関係の文献を紹介する。⑶は霊長類研究のかたわら現地

で出会ったアフリカの人々の日常生活での語りを活写した興味深い記録。(1)は現在のコンゴ民主共和国の南部のサバンナに成立したルバ・ルンダ王国群から派生したベンバ王国の現状についての興味深い記述。(4)は「妖術信仰」と密接に関係する「試罪法」の歴史的変化について検討した論文。(5)はコンゴ民主共和国内の隣接するいくつかの社会の比較研究への見通しを示した論文。(13)は中央アフリカ社会の人類学的研究の古典。(17)は現コンゴ共和国のロアンゴ王国に関する数少ない業績のひとつ。(15)(16)はカメルーンの口頭伝承ムヴェットに関する研究。(19)はムヴェット伝承者による再話。

第Ⅰ部第6章　南部アフリカ

(1)　池谷和信『国家のなかでの狩猟採集民——カラハリ・サンにおける生業活動の歴史民族誌』(国立民族学博物館研究叢書　4)国立民族学博物館　2002

(2)　北川勝彦『南部アフリカ社会経済史研究』関西大学出版部　2001

(3)　鈴木正四『セシル・ローズと南アフリカ』(改訂復刻版)誠文堂新光社　1980

(4)　星昭・林晃史『アフリカ現代史Ⅰ　総説・南部アフリカ』(世界現代史 13)山川出版社　1978(2版1992)

(5)　前川一郎『イギリス帝国と南アフリカ——南アフリカ連邦の形成 1899～1912』ミネルヴァ書房　2006

(6)　吉國恒雄『グレートジンバブウェ——東南アフリカの歴史世界』(講談社現代新書)講談社　1999

(7)　吉田賢吉『南阿聯邦史』富山房　1944

(8)　レナード・トンプソン，宮本正興・吉國恒雄・峯陽一訳『南アフリカの歴史』(新版)明石書店　1995(2版1998)

(9)　Beach, D., *The Shona and their Neighbors*, Oxford, Blackwell Publishers, 1994.

(10)　Bonner, P., *Kings, Commoners and Concessionaries: The Evolution and Dissolution of the Nineteenth-century Swaji State*, Johannesburg, Ravan Press, 1983.

(11)　Boonzaier, E., C. Malherbe, A. Smith and P. Berens, *The Cape Herders: A History of the Khoikhoi of Southern Africa*, Cape Town, David Philip, 1996.

(12)　Davenport, T.R.H. and C. Saunders, *South Africa A Modern*

History, London/Basingstoke, Macmillan Press, 2000.
(13) Davis, N.E., *A History of Southern Africa*, Essex, Longman, 1972.
(14) Eldredge, E., *A South African Kingdom: The pursuit of security in Nineteenth-century Lesotho*, Cambridge University Press, 1993.
(15) Eldredge, E. A. and F. Morton (eds.), *Slavery in South Africa: Captive Labor on the Dutch Frontier*, Boulder, Westview Press, 1994.
(16) Elphick, R., *Kraal and Castle: Khoikhoi and the Founding of White South Africa*, Yale University Press, 1977.
(17) Elphick, R. and H. Giliomee (eds.), *The Shaping of South Africa Society, 1652-1840*, Cape Town, Maskew Miller Longman, 1979.
(18) Epprecht, M., *'This matter of women is getting very bad': Gender, Development and Politics in Colonial Lesotho*, Pietermaritburg, University of Natal Press, 2000.
(19) Garlake, P.S., *Great Zimbabwe*, New York, Stein and Day, 1973
(20) Gewald, J. B., *Herero Heroes: A Socio-Political History of the Herero of Namibia 1890-1923*, Oxford, James Currey, 1999.
(21) Guy, J., *The Destruction of the Zulu Kingdom*, London, Longman, 1979.
(22) Hall, M., *The Changing Past Farmers Kings and Traders in Southern Africa, 200-1860*, Cape Town, David Philip, 1987.
(23) Huffman, T., *Snakes and Crocodiles: Power and Symbolism in Ancient Zimbabwe*, Johannesburg, Witwatersrand University Press, 1996.
(24) Lewis-Williams, D. and T. Dowson, *Images of Power: Understanding Bushman Rock Art*, Johannesburg, Southern Books, 1989.
(25) James, W. and M. Simons (eds.), *The Angry Divide: Social and Economic History of the Western Cape*, Cape Town, David Philip, 1989.
(26) MacKittrick, M., *Generation, Christianity, and Colonialism in Ovamboland*, Oxford, James Currey, 2002.
(27) Mountan, A. *The Rise and Fall of the Zulu Empire*, Constantia, KwaNtaba Publications, 1999.
(28) Newitt, M., *A History of Mozambique*, Indiana University Press, 1995.

(29) Omer-Cooper, J. D., *History of Southern Africa*, Cape Town, David Philip, 1987.

(30) Parsons, N., *A New History of Southern Africa*, London, Macmillan Press, 1982.

(31) Plessis, I. D., *The Capa Malays*, Cape Town, Maskew Miller Limited, 1944.

(32) Ross, R., *A Concise History of South Africa*, Cambridge University Press, 1999.

(33) Shillimgton, K., *A History of Southern Africa*, Essex, Longman, 1987.

(34) Smith, A., C. Malherbe, M. Guenter and P. Berens, *The Bushmen of Southern Africa: A Foraging Society in Transition*, Cape Town, David Philip, 2000.

(35) Tlou, T., *A History of Ngamiland: 1750 to 1906: A History of Ngamiland 1750 to 1906*, Gaborone, Macmillan Botswana, 1985.

(36) Tlou, T. and A. Campbell, *History of Botswana*, Gaborone, Macmillan Botswana, 1984.

(37) Williams, F.N., *Precolonial Communities of Southwestern Africa: A History of Ouambo Kingdoms, 1600-1920*, Windhoek, National Archives of Namibia, 1991.

(38) Wilmsen, E. N., *Land Filled with Flies: A Political Economy of the Kalahari*, The University of Chicago Press, 1989.

(39) Wilson, M. and L. Thompson (eds.), *The Oxford History of South Africa*, Vol.1, Oxford University Press, 1969.

(40) Worden, N., *Slavery in Dutch South Africa*, Cambridge University Press, 1985.

南部アフリカの歴史(13)(29)(30)(33)，および南アフリカの歴史の概説書(8)(12)(32)(39)は数多い。しかし，わが国における研究のなかで南アフリカに限定すれば，戦前には(3)や(7)の著書がみられ，1995年に訳書(8)が出ている程度である。現在のところ，南部アフリカ全体を視野にいれた歴史書，しかも日本人研究者による歴史書は(2)(4)(5)などがある程度といわなければならない。なお，1940年ごろまでの英語圏における南アフリカ史関係の文献については，(3)を参照されたい。当時の研究水準の高さが認識される。

考古学者による南部アフリカ全体におよぶ歴史書としては，(22)(38)がよく

知られている。(22)はバントゥの移動から王国形成など全体を把握するには便利である。(38)は考古学的成果と19世紀の経済史的研究を統合していて，従来の閉鎖的な民族社会の研究を打破するものとして文化人類学のなかではよく知られた本である。

(24)は岩壁画研究の第一人者の本として著名で，(34)はサンの考古・歴史・文化の概観を総合的に知るのには便利である。(9)はショナの歴史学的研究，(19)(23)はグレート・ジンバブウェの考古学的研究であり，(6)はこの地域の歴史に関して日本語で読める唯一のものである。

(16)はコイコイの歴史的研究の古典であり，(11)はコイコイの考古・歴史・文化の概観を知るには便利である。(17)はオランダ植民地ケープの経済史・政治史・社会史的研究の代表的成果であり，このほかにも(25)(31)のようにかなりの研究の蓄積がみられる。なかでも(15)(40)はケープ奴隷の研究の到達点を示している。

南部アフリカの王国や各地の社会史的研究では，事例研究が多い。(21)(27)はズールー王国，(1)(35)はツワナの首長国で，(36)はボツワナの通史，(14)(18)はレソト王国，(37)はオバンボ王国，(20)(26)はそれぞれドイツ植民地下のヘレロ社会やオバンボ社会，(28)はモザンビークの通史，(10)はスワジ王国の研究を示している。近年では，(18)のようなジェンダーの視点を取り入れた研究も注目されている。

第Ⅱ部第１章　人類揺籃の地アフリカ

(1)　阿部彩子・増田耕一「第四紀の気候変動」住明正他『気候変動論』(岩波講座地球惑星科学 11)岩波書店　2000
(2)　石田英實「人類の揺籃の地」川田順造編『アフリカ入門』新書館　1999
(3)　門村浩「環境変化からみたアフリカ」水野一晴編『アフリカ自然学』古今書院　2005
(4)　諏訪元「化石から見た人類の進化」石川統・斎藤成也・佐藤矩行・長谷川眞理子編『ヒトの進化』(シリーズ進化学 5)岩波書店　2006
(5)　埴原和郎『人類の進化——試練と淘汰の道のり　未来へつなぐ500万年の歴史』講談社　2000
(6)　増田富士雄「地質時代の気候変動」住明正他『気候変動論』(岩波講座地球惑星科学 11)岩波書店　2000
(7)　俣野彰三「ヒト化への脳の再構成」俣野彰三・遠山正彌・塩坂貞夫編

『新・行動と脳』(大阪大学新世紀レクチャー)大阪大学出版会　2006
(8) 山越言「アフリカの気候変動と植生変化からみた類人猿とヒトの進化」水野一晴編『アフリカ自然学』古今書院　2005
(9) ドナルド・ジョハンソン，エデイ・マイトランド，渡辺毅訳『ルーシー――謎の女性と人類の進化』(自然誌選書)どうぶつ社　1986
(10) クレイグ・スタンフォード，長野敬・林大訳『直立歩行――進化への鍵』青土社　2004
(11) チャールス・ダーウィン，池田次郎・伊谷純一郎訳，今西錦司責任編集『人類の起原』(世界の名著 39)中央公論社　1967
(12) チャールス・ダーウィン，八杉龍一訳『種の起原』(岩波文庫)岩波書店　1990
(13) エルンスト・ヘッケル，石井友幸訳『自然創造史』1・2　晴南社　1946
(14) ロジャー・ルーウィン，保志宏訳『ここまでわかった人類の起源と進化』(人間科学全書)てらぺいあ　2002
(15) ダート・レイモンド，山口敏訳『ミッシング・リンクの謎――人類の起源をさぐる』みすず書房　1995
(16) Broom, R., “The genera and species of the South African fossil ape man”, *American Journal of Physical Anthropology*, 8, 1950.
(17) Brown, F., J. Harris, R. Leakey and A. Walker, “Early *Homo erectus* skeleton from West Lake Turukana,” Kenya, *Nature*, 316, 1985.
(18) Brunet, M. et al., “A new hominid from the Upper Miocene of Chad”, Central Africa, *Nature*, 418, 2002.
(19) Cela-Conde Camilio and Ayala Francisco, *Human Evolution*, Oxford University Press, 2007.
(20) Dubois, Eugene, *Pithecanthropus erectus, eine Menschenahnriche Ubengangsform aus Java*, Batavia, Landesdruckerei, 1894.
(21) Haile-Selassie, Y., “Late Miocene hominids from the Middle Awash”, Ethiopia, *Nature*, 412, 2001.
(22) Huxley, Thomas, *Evidence as to Man's Place in Nature*, The University of Michigan Press, 1959.
(23) Hidemi, Ishida, “Current Thoughts on Terrestrization in African Apes and the Origins of Human Bipedalism”, in Ishida Hidemi et al. (eds.), *Human Origins and Environmental Backgrounds*, New York,

Springer Science + Business Media, Inc., 2006.
(24) Johanson, D., and T. White, "A systematic assessment of Early African hominoids", *Science*, 260, 1979.
(25) Leakey L., "A new fossil skull from Olduvai", *Nature*, 184, 1959.
(26) Leakey L., P.V. Tobias and J.R. Napier, "A new species of the genus *Homo* from Olduvai Gorge", Tanganyika, *Nature*, 202, 1964.
(27) Leakey, M., C. Feibel, I. McDougall and A. Walker, "New four-million-year-old hominid species from Kanapoi and Allia Bay", Kenya, *Nature*, 376, 1995.
(28) Leakey, R., "Skull 1470", *National Geographic*, 143, 1973.
(29) Leakey, R., "Evidence for an advanced Plio-Pleistocene hominid from East Rudolf", Kenya, *Nature*, 242, 1973.
(30) Senut B. et al., "First hominid from the Miocene" (Lukeino Formation, Kenya), Comptes rendus de l'Academie des Sciences Paris, *Earth and Planetary Sciences*, 332, 2001.
(31) Walker, Alan and Richard Leakey (eds.) *The Nariokotome Homo erectus skeleton*, Berlin, Springer Verlag, 1993.
(32) White, T. et al., "*Australopithecus ramidus*, a new species of early hominid from Aramis", Ethiopia, *Nature*, 371, 1994.
(33) White, T. et al., "Pleistocene *Homo sapiens* from Middle Awash", Ethiopia, *Nature*, 423, 2003.

ダーウィンの進化論(12)に啓発され，賛同したヘッケルとハックスリーによる人類の系統に対するそれぞれの主張が(13)(22)である。(12)ではダーウィン自身が人類発祥の地としてアフリカを示唆している。(20)はデュボアのジャワでの発見，(15)は，デュボアに遅れたがダートが偶然に手にした化石を初期人類と認めたことや，その後の研究の経緯がまとめられている。

アフリカにおける本格的な人類化石の研究の始まりは第二次世界大戦後であり，まずブルームがそれまでに発掘していた南アフリカの猿人をまとめて発表した(16)。その後，南アフリカを含めてケニア，エチオピアから多くの人類化石が発見され，以下の論文などに記されている。(25)(26)はL・リーキーによるタンザニアのオルドヴァイ渓谷で発見したボイセイ猿人やハビリス人についてであり，(9)(24)はジョハンソンによるルーシーを含むアファール猿人の発見記と論文である。(28)(29)はR.リーキーがトゥルカナ湖東岸で発見したルドルフ人であり，(32)はホワイトほかによるエチオピアのア

ラミスからのアルディピテクス猿人についてである。(27)はM.リーキーによるケニアのカナポイとアーリア・ベイからのアナム猿人についてであり，(17)(31)はケニアのナリオコトメからの原人，(33)はエチオピアのミドルアワッシュからの新人について記している。これらの化石からアフリカの先史の概要が明らかにされ，アフリカ大陸の先史が人類の先史を先導した可能性がきわめて高いことを示す。今世紀に入りさらに古い人類化石がチャド，ケニア，エチオピアからあいついで発見されたが，(18)(30)(21)はそれぞれの論文であり，アフリカでの人類の出現が鮮新世から中新世の後期へと大きくさかのぼることを示している。

それらを踏まえて人類の系譜を系統樹に描いたものが(4)と(19)である。二足歩行の出現要因について多くの説が提唱されているが(10)，まだ定説をみない。(2)と(23)では乾燥化と森林の後退という環境変化への適応として始まる二足歩行のシナリオを描いている。大脳化も人類進化のなかで重要な要素であり，(14)にあるようにハビリス人の段階から始まり，原人などをへて新人(サピエンス)で完成するが，その要因は(5)と(7)のように社会，文化，言葉などとの関連で考察されている。また，アフリカでの人類進化はその環境変動と関連すると思われるが，(1)(3)(6)(8)はアフリカの古環境をあつかったものである。

第II部第2章　18世紀フランスの奴隷貿易

(1)　池本幸三・布留川正博・下山晃『近代世界と奴隷制――大西洋システムの中で』人文書院　1995

(2)　服部春彦『フランス近代貿易の生成と展開』ミネルヴァ書房　1992

(3)　浜忠雄『ハイチ革命とフランス革命』北海道大学図書刊行会　1998

(4)　浜忠雄『カリブからの問い――ハイチ革命と近代世界』岩波書店　2003

(5)　藤井真理『フランス・インド会社と黒人奴隷貿易』九州大学出版会　2001

(6)　藤井真理「ナント商人の奴隷貿易――商事会社の組織形態について」深沢克己編著『近代ヨーロッパの探求　9　国際商業』ミネルヴァ書房　2002

(7)　ジャン・メイエール，猿谷要監修，国領苑子訳『奴隷と奴隷商人』(「知の再発見」双書)創元社　1992

(8)　Créte, Liliane, *La traite des nègres sous l'Ancien Régime*, Paris,

Perrin, 1989.
(9) Curtin, Philip D., *Economic Change in Precolonial Africa. Senegambia in the Era of the Slave Trade*, The University of Wisconsin Press, 1975.
(10) Delcourt, André, *La France et les établissements français au Sénégal entre 1713-1763*, Dakar, L'Institut français d'Afrique Noir, 1952.
(11) Haudrère, Philippe, *La Compagnie française des Indes au XVIIIe siècle*, Paris, Librairie de l'Inde, 1989.
(12) Mettas, Jean, *Répertoire des expéditions négrières françaises au XVIIIe siècle*, édité par Serge Daget, 2tomes, Paris, Société française d'histoire d'outre-mer, 1978 et 1984.
(13) Meyer, Jean, *L'Armement nantais dans la deuxième moitié du XVIIIe siècle*, Paris, Editions de l'Ecole Pratique des Hautes Etudes, 1969.
(14) Pétré-Grenouilleau, Olivier, *Nantes au temps de la traite des Noirs*, Paris, Hachette, 1998.

(1)は工業化以前の近代を「西洋的近代」と位置づけ，ヨーロッパ・南北アメリカ・西アフリカが，黒人奴隷制と奴隷貿易を基軸にしてひとつの交換システムを形成する過程を解き明かす。今日的な問題である異民族へのまなざしを歴史的に熟考させる。(2)はフランス王国政府が作成した貿易収支統計を網羅的に分析し，18世紀フランス対外貿易の構造を明らかにした。同テーマを取り扱ったわが国で最初の本格的な研究書である。

(3)(4)の著者は，わが国におけるハイチ研究の第一人者である。奴隷貿易時代から現在にいたる西インド諸島(ハイチ共和国)とヨーロッパ(フランス)との関係を多様な視点から解き明かす。詳細な史料分析と広い視野は，「未知の国」への歴史的関心を喚起するだろう。

(5)は18世紀フランスによる奴隷貿易のうち，セネガルでの特権事業について，制度と実務を分析する。特権会社，民間商人，西アフリカ商業網の相互連関を解明しようと試みる。(6)は(5)で奴隷貿易の制度と実務の検討を試みた著者が，商業活動の主体に関心を寄せ，ナント商人の人物誌と企業形態を分析した論文。フランス商人と外国商人による事業組織の編成を考察し，彼らの多角的経営者としての姿を示す。(7)は多くの図版を示しながら，奴隷貿易の全体的な歴史を描き出している。出版元のフランスでは，「啓蒙書として高い社会的貢献をはたすシリーズ」として定評がある。(10)

が出版された当時は，フランスに視座を設定した研究がほとんどであった。これに対して著者は，西アフリカに設けられた居留地に着目し，その運営組織や内陸世界との接触を検討して黒人取引の現場を描いた。(9)は奴隷貿易が西アフリカ(セネガル・ガンビア)に与えた経済的な影響を考察した著作。1970年代後半以降に繰り広げられる奴隷取引数をめぐる議論の出発点になった。

(13)の著者は，フランス海運・商業史の泰斗である。本書は，彼による学位副論文。18世紀後半の沿岸交易，アメリカ直行貿易，奴隷貿易について資本調達や利潤形成など貿易のメカニズムを分析する。ナント海運業を考えるための基本文献。(12)は，学位論文執筆中の著者が残した約3300枚の分類カードをもとに編集された。カードには奴隷船の船舶艤装にかかわる諸情報が記されており，一次史料としての高い価値が認められる。

1980年代フランスでは，奴隷貿易の全体像を解明しようとする動向が強まったが，(8)はその代表的作品である。著者は，特権会社，貿易商人，アフリカ社会，西インド社会など，この貿易にかかわる多様な要素を包括的に論じようと試みる。(11)はフランス・インド会社(1719年設立)に関する学位論文。会社の設立経緯，経営組織，アジア・アフリカの居留地運営組織を分析し，フランス植民地貿易の実態を明らかにした。ブルターニュ南部大学助教授である(14)の著者は，近年もっとも精力的に奴隷貿易関係の研究を発表している。とくに18世紀末から19世紀前半に関心を寄せ，奴隷貿易廃止へ向かう時期の商業活動を論じるとともに，商人世界の文化史的検討も試みている。

第II部第3章 「アフリカ分割」の時代

(1) 岡倉登志『ボーア戦争——金とダイヤと帝国主義』(教育社歴史新書) 教育社 1980
(2) 岡倉登志『アフリカの歴史——侵略と抵抗の軌跡』明石書店 2001
(3) 岡倉登志『ボーア戦争』山川出版社 2003
(4) 樺山紘一他編『イスラーム世界とアフリカ——18世紀末～20世紀初』(岩波講座世界歴史 21)岩波書店 1998
(5) 鈴木正四『セシル・ローズと南アフリカ』誠文堂新光社(改訂復刻版) 1980
(6) 中西輝政『大英帝国衰亡記』PHP研究所 1997
(7) W・S・ブラント，栗田禎子訳『ハルツームのゴードン——同時代人

の証言』リブロポート　1983
(8)　アラン・ムアヘッド，篠田一士訳『白ナイル――ナイル水源の秘密』(筑摩叢書)筑摩書房　1970
(9)　Bates, Darrell, *The Fashoda Incident of 1898*, Oxford University Press, 1984.
(10)　Holt, P.M., *The Mahdist State in the Sudan*, Oxford University Press, 1977.
(11)　Lewis, D.H., *The Race to Fashoda*, London, Weidenfeld & Nicolson, 1988.
(12)　Pakenham, Thomas, *The Boer War*, London, ABACUS, (Reprint), 1994.
(13)　Rainero, R.H., “The Battle of Adowa on 1st. March 1896: A Reappraissl”, in J.A. de Moor and H.L.Wesseling, *Imperialism and War*, Leiden, E.J.Brill, 1989.
(14)　Warwick, Peter (ed.), *The South African War*, London, Longman, 1980.
(15)　’Ismat Hasan Zulfo, *Karari*, London, Frederick Warne, 1980 (translated from Arabic).

(1)はボーア戦争のみを取り上げた日本で最初の研究書だが，新書でスペースに限りがあり軍事的記述にかたよっている。(2)はアフリカ分割期にも多くのページを割く16世紀から現代までの通史。(3)は1980年代の研究成果を踏まえ，大衆文化・黒人・国際世論にも目配りした(1)よりも総合的な研究・啓蒙書。(4)にはマフディー運動と中央アフリカにおける分割に抵抗したイスラーム運動に関する論文が3本掲載されている。(5)はセシル・ローズの伝記という形式をとってはいるが，南部アフリカのアフリカ人の動向をも視野にいれた先駆的な研究である。(6)は大英帝国の絶頂期に衰退の兆しを予感するという視点で書かれ，「帝国意識」研究の潮流とは立場を異にするが，ゴードン神話の章が典型的である。ボーア戦争の章でも大英帝国の「威信のシステム」を浮き彫りにしながら，作為されたナショナリズムを問題にしている。(7)は同時代人のイギリス人ジャーナリストでオラービー・パシャの弁護人もつとめた反帝国主義者によるエジプト3部作の1冊で，板垣雄三が解説を記す。(8)は多くの同時代資料を駆使しながら，マフディー運動以前からファショダ事件までの白ナイル(スーダン)情勢を興味深く語っている歴史小説。(9)は広い視野からファショダ事件を取り上げ，エピソードもまじえた読みやすい啓蒙的研究書。(10)はイギリスにおける一

次資料を駆使した本格的なマフディー運動の研究書だが，世界情勢との関連での位置付けは弱い。⑾は⑼以上にアフリカ情勢との関連でファショダ争奪戦を位置づけており，アメリカで高い評価をえた。⑿はボーア戦争の背景・経過を詳細に述べ，1979年の初版以来，イギリス内外で高い評価をえている。⒀はイタリアの学者によるアドワの戦いの意義を論じた論文である。⒁は社会史の視点や当事国以外の地域での反応などをも取り上げた南アフリカ(ボーア)戦争の画期的な総合研究書。⒂はイギリスでつくられたマフディー運動のイメージを覆すことを意図したスーダンの歴史学者の研究書である。

■ 写真引用一覧

1 ……Le Capitaine Binger, *Du Niger au Golfe de Guinée par le pays de Kong et le Mossi (1887-1889)*, tome 1 et 2, Paris, Librairie Hachette, 1892.

2 ……農林省熱帯農業研究センター編『熱帯の有用作物』農林統計協会　1974

3 ……重田眞義「エチオピア西南部におけるエンセーテの品種保存」田中二郎・掛谷誠編『ヒトの自然誌』平凡社　1991

4 ……S. Munro-Hay, *Aksum*, Edinburgh University Press, 1991.

5 ……A. Moorehead, *The White Nile*, London, Rev. ed., London, Hamish Hamilon, 1971.

6 ……Mohamed Amin, Duncan Willetts, Peter Marshall, *Journey through Tanzania*, Kenya, 1984. (second impression, 1988)

7 ……James Kirkman, *Fort Jesus Monbasa*, Kenya, 1981 (9th edition).

8 ……*Bulletin de Madagascar*, mai 1957.

9 ……*Les Souverrains de Madagascar*, Karthala, 1983.

10……*Bulletin de Madagascar*, octobre 1957.

11……ファン・ネック・ハウトマン『東インド諸島への航海』(大航海時代叢書 II—10) 岩波書店　1981

12……F. H. S. William Ellis, (The Rev.) *Three Visits to Madagascar*, London, John Murray, 1858.

13……Documents Historiques de Madagascar, no. 39-40, *L'Expédition de Madagascar*, Centre de Formation Pédagogique Ambozontany, Fianarantsoa.

14……Marie-France Barrier, *Ranavalo, dernière reine de Madagascar*, Paris, Balland, 1996.

15……Jean Paulhan, *La vie est pleine de Choses Redoutables*, Seghers, 1989.

16……*Charte de la Revolution Socialiste Malgache Tours Azimuts,* 26 aout 1975, Imprimerie d'Ouvrages Educatifs.

17……J. Kawada, (éd.), *La restauration du Palais du Roi Gbèhanzin: Palais royaux d'Abomey*, UNESCO, Paris, 2007.

18……Henri Lhote, *A la Découverte des fresques du Tassili*, Paris, Arthaud, 1958.

19……B. Davidson, *African Kingdoms*, London, Time Inc., 1966.

20……*Objects interdits*, Fondation Dapper, 1989.

21……E. Boonzaier et al., *The Cape Herders: A History of the Khoikhoi of Southern Africa,* David Philip, 1996.

22……R. Oliver and M. Crowder (eds.), The Cambridge Encyclopedia of Africa. Cambridge University Press, 1981.

23……The South African Permanent Building Society by Cape & Transvaal Printers Limited, 1967.

24……J. B. Gewald, *Herero Heroes: A Socio-Political History of the Herero of Namibia 1890-1923*, Oxford, James Currey, 1999.

25……Agnew Neville and Demas Martha, Preserving the Laetoli footprints, (The discovery of hominid hootprints in East Africa reshaped the study of human

origins. Now conservators have protected the fragile tracks from destruction). *Scientific American*, vol.279, no.3, 1998, Sept.

26……ドナルド・ジョハンソン, エディ・マイトランド, 渡辺毅訳『ルーシー――謎の女性と人類の進化』(自然誌選書)どうぶつ社　1986

27……Donald Johanson and Edgar Blake, *From Lucy to Language*, London, George Weidenfeld & Nicolson Ltd., 1996.

28……オークリー・ケネス, 国分直一・木村伸義訳『石器時代の技術』ニュー・サイエンス社　1971

29……Bordes Francois, *The Old Stone Age*, World University Library 030, Weudenfeld and Nico, 1972 (1968).

30……Jacques Soulillou (sous la direction de), *Rives Coloniales. Architectures de Saint-Louis ã Douala*, Paris, 1993.

31……*Musée de la Compagnie des Indes*, Morbihan, 1993.

32……Jehan Mousnier (présenté et commenté par), *Journal de la traite des noirs*, Paris, 1957.

33……Henri Brunshwig, *L'Afrique Noire, du temps de l'empire français,* Paris, Donoël, 1988.

34……*History of a Continent*, London, 1969.

35……Robert H. MacDonald, *The language of empire: Myths and metaphors of popular imprerialism, 1880-1918*, Manchester University Press, 1994.

36……Alan Moorehead, *The White Nile* (Vintage Books), New York, A Division of Random House, 1971 (1983 revised edition).

37……Ezio Viarona, *Abissinia*, Milano, 1936.

38……*Le Petit Perisien*, du 2 octobre 1898.

口絵 p.1, p.4 上――著者(川田)撮影
p.2 上・下, p.3 上・下, p.4 下――ユニフォト・プレス提供

p.8――著者(川田)撮影
p.13 下――著者(川田)撮影
p.17――**1**, p.471
p.23――著者(川田)撮影
p.26――著者(川田)撮影
p.34 下――著者(川田)撮影
p.35 上――著者(川田)撮影
p.35 中――著者(川田)撮影
p.35 下――著者(川田)撮影
p.66 上――**2**, pp.497, 503, 505
p.66 下――**3**, p.219
p.79――**4**, p.135
p.96――**5**, p.57
p.107――**6**, p.68
p.115 左――**6**, p.64
p.115 右――**6**, P.56
p.118――著者(富永)提供
p.119――**6**, p.30
p.127――**7**, p.5
p.142――CAPITAL ART STUDIO, ZANZIBAR
p.146――著者(富永)撮影
p.154――**8**, 表紙
p.165――**9**, pp.128-129
p.167――**10**, 表紙
p.170――**11**, p.47
p.178――**12**, 口絵
p.191――**13**, p.139
p.193――**14**, pp.200-201
p.196――**15**, pp.160-161
p.199――**16**, p.15
p.205 下――著者(川田)撮影
p.208――著者(川田)撮影
p.216――著者(川田)撮影
p.220――**17**, p.24
p.222――著者(川田)撮影
p.224――著者(川田)撮影
p.228――著者(川田)撮影
p.231――著者(川田)撮影
p.240――**18**, pl.2
p.248――**19**, p.89
p.249――著者(竹沢)撮影

p.288——**20**, pp.270-271
p.295——著者(渡辺)撮影
p.303——著者(渡辺)撮影
p.314——著者(池谷)撮影
p.317——**21**, p.3
p.322——**22**, p.127
p.331——**23**
p.341——**24**, p.206
p.356——**25**, p.32
p.365——**26**, p.31
p.367——**27**, p.140
p.368——**27**, p.118
p.371——**27**, p.178
p.373——**27**, p.72, 183
p.387(a)(b)——**28**, p.48, 52
(c)——**29**, p.123
p.395——**30**, p.37
p.398——**31**, p.39
p.406——**32**, p.4
p.407——**32**, p.96
p.422——**33**, pp.160-161
p.423——**34**, p.265
p.425——**35**, p.80
p.427——**36**, pp.224-225
p.435——**37**
p.442——**38**
p.443——**36**, p.294

■ 図表出典一覧

1 ……Melville J. Herskovits, “A Preliminary Consideration of the Culture Areas of Africa”, *American Anthropologist*, N. S., no. 26, 1924.

2 ……Hermann Baumann, *Völkerkunde von Afrika*, Essen, Essener, 1940.

3 ……鈴木秀夫「自然の変化と民族」川田順造編『黒人アフリカの歴史世界』(民族の世界史 12)山川出版社　1987

4 ……グレアム・コナー『熱帯アフリカの都市化と国家形成』河出書房新社　1993

5 ……Hubert Deschamps, *Histoire de Madagascar*, Paris, Berger-Levrault, 1972.

6 ……*An Atlas of African History*, London, Edward Arnold Ltd., 1978.

7 ……R. J. McIntosh, *The Peoples of the Middle Niger*, Oxford, Blackwell, 1998.

8 ……ピエール・アレクサンドル，西江雅之訳「バントゥー語とその領域」(アンドレ・マルティネ編「近代言語学大系 2」)紀伊國屋書店　1972

9 ……デヴィッド・フィリップソン「バンツー語族文化の拡大」『日経サイエンス』(1977年 6 月号)日経サイエンス社　1977

10……James Denbow, “Congo to Kalahari: Data and Hypotheses about the Political Economy of the Western Stream of the Early Iron Age” *The African Archaeological Review*, 8, 1990.

11……Richard Oslisly, “The History of Human Settlement: the Middle Ogooué Valley (Gabon), Implications for the Environment”, William Weber et al. (eds.), *African Rain Forest Ecology & Conservation, An Interdisciplinary Perspective*, (ch. 7), Yale University Press, 2001.

12……Jan Vaunna, “Deep-down Time: Political Tradition in Central Africa”, *History in Africa,* 16, 1989.

13……Pierre de Maret, “The power of symbols and the symbols of power through time: probing the Luba past”, McIntosh, Susan Keech (ed.), *Beyond Chiefdoms, Pathways to Complexity in Africa*, (ch. 12), Cambridge University Press, 1999.

14……W. G. L. Randles, *L'ancien royaume du Congo, des origines à la fin du XIXe siècle*, Paris, Des édition de EHESS, 1968.

15……Alexandre, Pierre, *Les Africaines: Initiation à une longue histoire et à de vieilles civilisations, de l'aube de l'humanité au début de la colonisation*, Paris, Édition Lidis, 1981.

16……R. Elphick and H. Giliomee (eds.), *The Shaping of South Africa Society, 1652-1840*, Cape Town, Maskew Miller Longman, 1979.

17……イアン・タッターソル，高山博訳「最後のネアンデルタール」『別冊日経サイエンス』 日経サイエンス社　1999

18……International Stratigraphic Chart@2008 ISC

19……E. Delson, et al. (eds.), *Encyclopedia of Human Evolution and Prehistory*, 2000.

20……S. Jones et al. (eds.), *The Cambridge Encyclopedia of Human Evolution*, 1994.

21……Cela-Conde Camilio and Ayala Francisco, *Human Evolution*, Oxford University Press, 2007.

22……諏訪元「化石から見た人類の進化」石川統・斎藤成也・佐藤矩行・長谷川眞理子編

『ヒトの進化』(シリーズ進化学 5)岩波書店　2006
23……ロジャー・ルーウィン，保志宏訳『ここまでわかった人類の起源と進化』(人間科学全書)てらぺいあ　2002
24……*Musée de la Compagnie des Indes*, Morbihan, 1993.
25……藤井真理『フランス・インド会社と黒人奴隷貿易』九州大学出版会　2001
26……Jehan Mousnier (présenté et commenté par), *Journal de la traite des noirs*, Paris, 1957.
27……Pierre David, *Journal d'un voyage fait en Bambouc en 1744*, publié par A. Delcourt, Paris, 1974.
28……Glenn Brown, *Fashoda Reconsidered*, London, 1969.

p.13 上——著者(川田)作成
p.28——**1**, p.50-63 をもとに著者(川田)作成
p.30・31——**2**, p.25, 29, 36, 42, 51, 61, 67 をもとに著者(川田)作成
p.33——著者(川田)作成
p.34 上——著者(川田)作成
p.47——**3**, p.19 をもとに著者(栗本)作成
p.75——**4**, p.72 をもとに著者(栗本)作成
p.110——著者(富永)作成
p.173——**5**, p.155 をもとに著者(深澤)作成
p.205 上——**6**, pl.20 をもとに著者(川田)作成
p.239——**7**, p.70 をもとに著者(竹沢)作成
p.243——著者(竹沢)作成
p.246——著者(竹沢)作成
p.259——**8**, p.325 をもとに著者(渡辺)作成
p.266——**9**, p.65 をもとに著者(渡辺)作成
p.267——**9**, p.67 をもとに著者(渡辺)作成
p.268——**10**, p.140 をもとに著者(渡辺)作成
p.270——**11**, p.140 F.7-2 をもとに著者(渡辺)作成
p.272——**11**, p.102 をもとに著者(渡辺)作成
p.273——**11**, p.107 F.7-4 をもとに著者(渡辺)作成
p.276——**12**, p.351 をもとに著者(渡辺)作成
p.283 上——**13**, p.153, F.12-1 をもとに著者(渡辺)作成
p.283 下——**13**, p.156 F.12-3 をもとに著者(渡辺)作成
p.287——**14**, p.22 をもとに著者(渡辺)作成
p.290——**15**, p.314 をもとに著者(渡辺)作成
p.311——著者(池谷)作成
p.327——**16** をもとに著者(池谷)作成
p.334——著者(池谷)作成
p.354——**17**, 図48 をもとに著者(石田)作成
p.358——**18** をもとに著者(石田)作成
p.369——**19**, p.27, 30, 34, 36, **20**, p.232, 242, 246, 247 などをもとに著者(石田)作成
p.377(a)——**21**, p.191, (b)——**23**, p.26 をもとに著者(石田)作成
p.379——著者(石田)作成

p.382——**22**, p.87
p.385——**23**, p.201
p.393——**24**, p.38 をもとに著者(大峰)作成
p.400——**25**, p.30 をもとに著者(大峰)作成
p.404——**26**, pp.184-185 をもとに著者(大峰)作成
p.415——**27**, 折り込み図 No.9 をもとに著者(大峰)作成
p.438——**28**, p.167 をもとに著者(岡倉)作成